EIGENARTIGE SENNE

Zur Kulturgeschichte der Wahrnehmung
einer peripheren Landschaft

ROLAND SIEKMANN

EIGENARTIGE SENNE

Zur Kulturgeschichte der Wahrnehmung einer peripheren Landschaft

Landesverband Lippe
Institut für Lippische Landeskunde
Lemgo 2004

Impressum

Titelmontage: Ludwig Maasjost, Archiv Biologische Station Paderborner Land (Foto) und Staatsarchiv Detmold D 73 4/10623 (Karte)
Frontispiz: Wilhelm Pecher, Historische Bildersammlung im Institut für Lippische Landeskunde
Foto Seite 6: Claudio Hils, entn. aus HILS 2000: 5

Gedruckt mit freundlicher Unterstützung der Sponsoren:

Gefördert vom Landschaftsverband Westfalen-Lippe, Abteilung Kulturpflege
Lippische Landes-Brandversicherungsanstalt, Detmold
Naturschutzstiftung Senne
Kreis Lippe
Sparkasse Detmold
Sparkasse Lemgo

Landschaftsverband Westfalen-Lippe
Lippische Landes-Brandversicherungsanstalt
Naturschutz-Stiftung Senne

Bibliographische Information der Deutschen Bibliothek
Die Deutsche Bibliothek verzeichnet diese Publikation in der Deutschen Nationalbibliographie; detaillierte bibliographische Daten sind im Internet über „http://dnb.ddb.de" abrufbar.

Redaktion: *Sabine Klocke-Daffa*
Manuskriptkorrekturen: *Sabine Hülsen, Münster*
Reproduktionen: *Roland Siekmann, Bielefeld*
Satz, Layout und EBV: *Jörg Aufdemkamp, Bielefeld*
Druck und Verarbeitung: Merkur Druck GmbH, Detmold
ISBN 3-936225-13-3

Lippische Studien | Band 20
Forschungsreihe des Landesverbandes Lippe
Institut für Lippische Landeskunde

Danksagung

Bei der vorliegenden Publikation handelt es sich um die überarbeitete Fassung einer gleichlautenden Studie, die im Jahre 2002 an der Universität Bielefeld als Dissertation im Fach Geographie angenommen wurde. Als letzte redaktionelle Aufgabe fällt dem Autor nun die angenehme Aufgabe zu, jenen Personen und Institutionen danken zu können, die am Zustandekommen des Buches Anteil hatten. Zu vorderst gilt dabei meinen beiden akademischen Lehrern an der Universität herzlicher Dank, dem Sozialgeographen Prof. Dr. Ulrich Mai und dem Umwelthistoriker Prof. Dr. Joachim Radkau; beide haben mir über Jahre Interesse und Zutrauen entgegengebracht, haben mich mit Ratschlägen, Kritik und ihrer Erfahrung unterstützt. Meinem Doktorvater Ulrich Mai und dem ganzen Bielefelder Fachbereich für Geographie danke ich darüber hinaus für die institutionelle und nicht zuletzt auch finanzielle Unterstützung, insofern ich hier im erheblichen Maße wissenschaftliche Infrastrukturen nutzen konnte. Auch die Graduiertenförderung des Landes Nordrhein-Westfalen hat durch die Gewährung eines zweijährigen Stipendiums großen Anteil an der Ermöglichung der notwendigen Rahmenbedingungen für die Forschung gehabt. Für die finanzielle Unterstützung der Drucklegung danke ich der Naturschutz-Stiftung Senne, dem Landschaftsverband Westfalen-Lippe, dem Kreis Lippe, den Sparkassen Detmold und Lemgo sowie der Lippischen Landes-Brandversicherung.

Ganz besonderer Dank gebührt meinen Interviewpartnern, sämtlich Senne-Experten, die im Text allerdings nur anonymisiert zu Wort kommen und daher auch an dieser Stelle nicht namentlich genannt werden können; sie alle nahmen sich bereitwillig Zeit für meine Fragen und gaben den Gesprächen durch offene und aufrichtige Antworten eine besondere Qualität. Für das Korrekturlesen einer frühen Manuskriptfassung danke ich meinem Freund Holger Wissel aus Aachen, für die professionelle Korrektur der Endfassung Frau Sabine Hülsen, Münster. Die redaktionelle Betreuung der Veröffentlichung hat Dr. Sabine Klocke-Daffa vom Institut für Lippische Landeskunde in hervorragender Weise erledigt, für die angenehme Zusammenarbeit in der Produktionsphase und die gelungene Gestaltung des Buches danke ich Jörg Aufdemkamp, Bielefeld. Nicht zuletzt gilt mein Dank den Mitarbeitern sämtlicher Bibliotheken, Archive, Heimatmuseen, Biologischen Stationen, Forstämtern und sonstigen Institutionen sowie allen freundlichen und hilfsbereiten Personen, denen ich auf dem Weg meiner Recherchen in den Lesesälen und in der Landschaft begegnet bin.

Roland Siekmann

Vorwort von Ulrich Mai 11

1. Einleitung 14

1.1. Motive und Ziele 15
1.2. Methoden 20

2. Grundlegende theoretische Exkurse 28

2.1. Landschaft als Forschungsfeld 29
2.2. Landschaftsgeschichte 35
2.3. Landschaftswahrnehmung 50
2.4. Naturschutz 68

3. Geographie und Geschichte der Sennelandschaft 82

3.1. Zur geographischen Gliederung der Landschaft und der Etymologie des Landschaftsnamens 86
3.2. Überblick über die Nutzungs- und Siedlungsgeschichte 96
3.3. Literatursituation und Kategorien der Analyse 106

4. Die Senne als peripherer Freiraum 116

4.1. Die Senne als Grenz- und Niemandsland 122
4.2. Langweilige Ödnis: zur Negativwahrnehmung der Senne 128
4.3. Die Senne als Armutsregion 141
4.4. Randgruppen in der Randlandschaft 155
4.5. Fluch und Segen: die Modernisierung des ungenutzten Freiraums 174
4.6. Die Senne als Freiraum für Sondernutzungen 191

5. Aus öde wird schön. Zur Ästhetisierung der Sennelandschaft 212

5.1. Der weite Blick auf die schlichte Heide 216
5.2. Geheimnisvolle Senne: von Irrlichtern, Spukgestalten und dem „Mythos hinter'm Zaun“ 240

5.3. Uralte Senne: die Temporalisierung des Blickes auf die Landschaft 254
5.4. Grabhügel in der Heide 264
5.5. Der Diskurs um „germanische Heiligtümer“ 276
5.6. Alte Wege durch die Senne 294
5.7. Das „uralte Kulturgut“ Senner Pferde 301
5.8. Die Heide als Natur- und Urlandschaft: ein willkommenes Missverständnis 309
5.9. „Jammergestalten“ oder „prächtiger Menschenschlag“: zur Umwertung des Bildes von den Menschen in der Senne 319

6. Die Senne als Naturparadies 330

6.1. Geschichte des Naturschutzes in der Senne von seinen Anfängen bis in die 1980er Jahre 336
6.2. Der neuere naturschützerische Diskurs: Wildnis oder Kulturlandschaft in der Senne? 363
6.3. Der Disput um die offene Sennelandschaft: Meinungen über Schutzkategorien und ästhetische Qualitäten 376
6.4. Abgesperrte Landschaft oder erlebbarer Freiraum: über Naturschutz, Naturerleben und Zukunftserwartungen 398
6.5. Biographische Spuren: zum persönlichen Natur- und Landschaftsbezug von Senne-Experten 421
6.6. „Das ist der Kontrast zur Alltagslandschaft“: zur Aneignung individueller Lieblingsorte in der Senne 446

7. Zusammenfassung und Schluss

Über Eigenart und Eigenartigkeit der Senne 460

8. Verzeichnis der Literatur 480

8.1. Allgemeine Literatur 481
8.2. Literatur und Quellen mit Sennebezug 489

Vorwort

Mit der vorliegenden Arbeit analysiert Roland Siekmann die Wahrnehmung der Sennelandschaft etwa über die letzten 300 Jahre, deren Stilmerkmale, Veränderungen, aber auch Kontinuitäten trotz gesellschaftlicher und politischer Brüche. Ein wichtiger Teil der wissenschaftlichen Geographie, hier insbesondere der Landeskunde, hat sich in ihrer langen Geschichte ausgesprochen elaboriert, zum Teil aber auch relativ trivial, um eine wissenschaftliche Beschreibung von Landschaften und Regionen bemüht. Zweifellos hat die Disziplin dadurch auf ihre Weise auch zur Produktion von Wahrnehmungsbildern spezifischer Räume beigetragen, und mancher imageproduzierende Reiseführer steht durchaus noch heute in dieser Tradition.

Völlig anders steuert Roland Siekmann mit seiner Dissertation nicht etwa einen weiteren Beitrag zur ohnehin umfangreichen landeskundlichen Literatur über die Senne bei, sondern – sehr viel interessanter – analysiert den bisherigen Diskurs über diese Landschaft und seine inhärenten Wahrnehmungsmuster. Hier ist ausdrücklich zu betonen, dass sich der Verfasser nicht wenig vorgenommen hat: Diskursanalytische Untersuchungen sind in der wissenschaftlichen Geographie bislang praktisch ohne Vorbild, und auch sonst sind hermeneutisch und interdisziplinär orientierte Forschungsmethoden in der Disziplin – zumal zu landeskundlichen Themen – ausgesprochen rar.

Die theoretische Orientierung an den hermeneutischen Sozialwissenschaften impliziert, dass Landschaften nicht nur als objektive Wahrheit aufgefasst, sondern gleichsam wie Texte gelesen werden, und entsprechendes gilt freilich auch für Texte über Landschaften. Dabei sind die Wahrnehmung der Landschaft bzw. das Lesen der Texte immer auch von persönlichen Erfahrungen und kollektivem Zeitgeist abhängig, in diesem Sinne also subjektiv. Auf diesem Hintergrund macht es Sinn, dass Siekmann die überaus umfangreiche heimat- und landeskundliche Literatur über die Senne durchforstet und den Veränderungen von Wahrnehmungsmustern, von Einstellungen und Bewertungen gegenüber Natur und Landschaft nachspürt. Theoretische Kernaussage der Fallanalyse Senne ist also, dass die „Eigenart" einer Landschaft immer auch die „soziale Konstruktion" eines Diskurses über sie beinhaltet.

Die vorliegende Dissertation ist keineswegs nur von theoretisch-akademischem Interesse. Vielmehr ist sie von ausgesprochen aktuellem Wert wegen der überaus wichtigen Analyse der gegenwärtigen Diskussion über Möglichkeiten des Naturschutzes in der Senne, nicht zuletzt über die Einrichtung eines Nationalparks. In diesem Zusammenhang macht Roland Siekmann deutlich, dass der Diskurs unter Naturschutz-Experten der Region über die Identifikation einer auch naturschutzfachlich relevanten „Eigenart" der Landschaft nicht nur in erheblichem Umfang konstruktive Elemente trägt, sondern sich in einer langen und offenbar stabilen kulturhistorischen Kontinuität befindet, die stark von romantischen Bildern einer offenen Heidelandschaft geprägt ist.

Eines der besonders anregenden Kapitel ist wohl jenes über die Ästhetisierung der Landschaft. In ihm wird sehr überzeugend dargestellt, wie sich der Blick auf die Heidelandschaft seit Mitte des 19. Jahrhunderts verändert. Roland Siekmann zeigt nicht nur, wie sich unter dem Eindruck gesellschaftlicher Veränderungen und zunehmender Zivilisationskritik das romantische Bild von der vormodernen Agrarlandschaft etabliert; am Beispiel der Senne macht er sehr deutlich, wie auch die Wahrnehmung der Landschaft in zunehmendem Maße von der unseligen Diffusion von Vaterland und Heimat erfasst wird und zunehmend mit historischen Symbolen und Zeichen nationaler und völkischer Bedeutung aufgeladen wird. Mit dem Kunstgriff der Temporalisierung werden nicht nur unstrittig vorhandene historische Insignien vermeintlich nationaler Bedeutung wieder-entdeckt, so etwa die neolithischen und bronzezeitlichen Hügelgräber, sondern „germanische Heiligtümer" auch gleichsam erfunden.

Aufschlussreich sind auch die Ausführungen des Verfassers zur „romantischen Logik des Vergessens" bezüglich des Charakters der Heidelandschaft als einer Sekundär-Landschaft, dabei gleichsam als einer sozialen Konstruktion von Ursprünglichkeit und Authentizität. Relativierend weist Siekmann hier auf den Wandel im Sprachgebrauch des Terminus „ursprünglich" hin, der vermutlich ähnlich suggestive Kraft hatte wie jener der „unberührten Natur" im modernen Reisekatalogen.

Nach 1945 erfährt der Naturschutz-Diskurs mit Verwissenschaftlichung und Professio-nalisierung eine deutliche Veränderung im Sinne eines Realitätsgewinns, was sich nicht zuletzt in Produkten wie etwa Landschaftsplänen und Leitbildern über die Senne niederschlägt. Konsistent mit seinem Paradigma der Landschaft als sozialer Konstruktion untersucht Siekmann nun, ob dieser konstatierte Rationalitätsschub tatsächlich auch mit einer Versachlichung des Bildes von der Senne, etwa in der Auseinandersetzung um die verschiedenen Zielvorstellungen des Naturschutzes, einhergeht. Zum einen ergibt sich unter Naturschützern und Senne-Experten ein erstaunlich umfangreiches Maß affektiver Bezüge zum Gegenstand ihrer ökologischen bzw. wissenschaftlichen Arbeit, was selbstverständlich ihr Naturschutzanliegen in keiner Weise diskreditiert. Im Übrigen spricht vieles dafür, dass das romantische Bild von der offenen Heidelandschaft nicht nur bis heute in der Öffentlichkeit weit verbreitet ist, sondern in der Folge auch wichtiger Teil einer Legitimationssemantik im politischen Prozess über die Realisierung von Naturschutzkonzepten ist. Insgesamt also weist Roland Siekmann die Modernisierung des alten romantischen Bildes von der Sennelandschaft, ja seiner hinhaltenden Instrumentalisierung in der aktuellen Diskussion um einen Nationalpark, nach.

Abschließend ist anzumerken, dass die vorliegende Arbeit nicht nur von beachtlichem wissenschaftlichen Wert ist, sondern darüber hinaus auch Ausdruck von Sympathie und Engagement des Verfassers für die Senne ist. Die Arbeit hat damit alle Voraussetzungen, zu einem Standardwerk des Senne-Diskurses zu werden.

Ulrich Mai

1. Erstes Kapitel: Einleitung

1.1. Motive und Ziele

Seit einigen Jahren findet in Ostwestfalen-Lippe ein Diskurs über die Zukunft eines Landschaftsraumes statt, der sowohl historisch wie auch aktuell stets den Charakter einer ausgesprochenen Peripherie hatte: die südwestlich im Bogen des Teutoburger Waldes gelegene Senne, einem knapp 300 qkm großen Sand- und Feuchtgebiet, das über Jahrhunderte vor allem über seine Siedlungsleere, seine relative Unfruchtbarkeit und weitläufige Verheidung, seinen Status als Ödland und Grenzraum und später insbesondere über die Funktion als Truppenübungsplatz charakterisiert wurde. Die Wahrnehmung dieser Landschaft hat in ihrer kulturhistorischen Entwicklung zwischen ambivalenten Bewertungen wie der Verachtung als ‚nutzlose Ödnis' auf der einen und gleichsam einer Romantisierung als ‚uralte Heidelandschaft' auf der anderen Seite changiert. Der Diskurs der letzten Jahre thematisiert die Senne in erster Linie als einen hochgradig schützenswerten Naturraum und versucht, Leitbildvorstellungen für die Sennelandschaft der Zukunft zu entwickeln, wobei freilich auch der Blick in die Vergangenheit Ideen liefert. Als Kandidat für einen möglichen Nationalpark spielt die Senne mittlerweile in der ‚höchsten Liga' naturschützerischer Begehren und dient dabei als Projektionsfläche für ganz unterschiedliche Naturvorstellungen und Landschaftsideale: Ein neuer Urwald, meinen die einen, könnte auf dem Sandboden heranwachsen; andere wünschen, die westfälische Heidelandschaft als Zitat einer historischen Kulturlandschaft auf großer Fläche zu pflegen.

Bei allen naturschutzfachlichen Erkenntnissen und Differenzen über (vermeintlich) objektivierbare ökologische Qualitäten der Landschaft, über die quantifizierbare Bewertung der Biodiversität und Artenseltenheit, über den Nutzen von Kulturlandschaftspflege und den Wert natürlicher Prozessdynamik bleibt das *ästhetische* Argument stets von hochrangiger Bedeutung für den Prozess der Leitbildfindung, auch dann, wenn es nicht konkret genannt wird. Eine spezielle ästhetische und historische ‚Eigenart' dieser Landschaft ist es, die, wie gezeigt werden soll, ihre Besonderheit ausmacht und letztlich auch dem zugrunde liegt, was als schützenswert empfunden wird.

Eine ‚eigenartige' Ästhetik der Sennelandschaft ist freilich weder a priori gegeben noch klar und eindeutig fassbar; sie wurde und wird vielmehr erst über soziale Kommunikation konstruiert und hat zu tun mit Wahrnehmungen und Bewertungen, mit Traditionen und Assoziationen, mit Intentionen und Wunschvorstellungen. Ästhetisches, d.h. Wahrgenommenes, muss dabei nicht, wie im landläufigen Verständnis des Begriffs, stets positiv konnotiert sein; die als Eigenartigkeit empfundene Qualität der Sennelandschaft basiert auf den Kontinuitäten und zugleich dem Wandel ihrer Bewertungen und Nutzungen, die einander gegenseitig beeinflussen und gleichsam auch bedingen. Der historischen Entwicklung ästhetischer Wahrnehmungen dieser Landschaft spürt diese Studie nach.

Dass sich die wertende Wahrnehmung einer Landschaft, wie sie sich im zu untersuchenden heimat- und landeskundlichen Schrifttum niederschlägt, zunächst entlang kollektiver Leitmotive, aber ebenso auch entlang subjektiver Erfahrungen ausrichtet, gilt wie für jeden der in diesem Band zitierten Autoren freilich auch für den Verfasser dieser Studie. Ich selbst kenne die Senne zwar schon von Kindheit an, doch die Landschaft war mir bis zum Beginn meiner Forschung seltsam fremd geblieben. Obwohl sie nur wenige Kilometer von meinem lippischen Heimatort entfernt war, hatte ich sie tatsächlich kaum einmal betreten. Die obligatorischen Sonntagnachmittagsausflüge mit den Eltern führten zumeist in den laubgrünen Teutoburger Wald, nur selten darüber hinaus; doch da ‚hinterm Berg' begann sie erst, die Senne. Die Wanderpfade wurden zunehmend sandig und tief, wenn man beim Waldspaziergang in ihre Nähe kam, aber mir schien, dass die Wege scheinbar irgendwie endeten oder der eigentlichen Senne auswichen, bevor wir sie wirklich erreichten. Und kamen wir manchmal doch bis an die breite, betonierte ‚Panzerstraße' des Truppenübungsplatzes, die in meiner Wahrnehmung definitiv ihren Beginn markierte, so hatte man spätestens hier umzukehren. Die Senne war für mich gleichbedeutend mit dem militärischen Übungsplatz, das Donnern der Mörser und Granaten war oft zu hören, die Gegend schien unzugänglich und gefährlich zu sein. Ganz selten, das erste Mal erinnere ich genau, fuhren wir mit dem Auto durch die geöffneten Absperrschranken hindurch über kleine Landstraßen durch das Sperrgebiet. Die Landschaft erschien irgendwie morbide und besonders faszinierend für den Jungen dann, wenn man an manchen Stellen einen Blick über weite sandige Flächen hatte und rostige, zerschossene, aber ‚echte' Panzerwracks zu sehen waren. Als wir die Ruinen des ehemaligen Ortes Haustenbeck passierten, von denen damals noch mehr zu sehen war als heute, schaute ich höchst aufmerksam, geradezu aufgeregt von meiner Rückbank aus durch die Scheiben und hatte das Gefühl, ganz woanders zu sein als sonst immer: nicht auf einer normalen Landstraße, nicht in der Nähe eines langweiligen Ausflugslokals, vielmehr in einer eigenartigen, geradezu verwunschenen Welt. Soviel kindliche Romantik konnten, wenn ich mich recht entsinne, meine Eltern wohl nicht teilen; jedenfalls fuhren wir nicht sehr oft durch diese Gegend. Erst mit meinem eigenen kleinen Motorrad knatterte ich später über die kopfsteingepflasterten Straßen durch den Truppenübungsplatz in der Senne. Aber als Achtzehnjähriger interessierten mich Rockmusik und Mädchen dann doch mehr als die Ruinen und der Sand, außerdem durfte man ja sowieso nicht absteigen und herumlaufen, und bald darauf zog ich um nach Hessen. Erst fast zehn Jahre später, als ich in Bielefeld studierte und begann, viel im Teutoburger Wald zu wandern, erinnerte ich mich an diese Senne, die auch jetzt wieder ‚hinterm Berg' begann. Im Studium hatte ich mich mit Landschaftsgeschichte und Landschaftswahrnehmung beschäftigt und meine Examensarbeit über den Teutoburger Wald geschrieben; als mir dann vorgeschlagen wurde, im Kontext des Nationalparkdiskurses über die Senne zu promovieren, begann ich alles, was ich zur Senne finden konnte, zu lesen. Es war viel mehr zu finden, als ich zunächst geahnt hatte, und es führte mich weit über den naturschützerischen Diskurs hinaus in die Tiefe der angestaubten Heimatkunde, deren spezifische Inhalte und eigentümlich-volkstümlicher Sprachstil mir als Zugang zur Landschaft selbst Forschungsgegenstand wurde:

> „Und die Senne? Urheide bedeutet ihr Name. Urheide, unwirtlich und verschlossen, ist sie lange geblieben. Hermann Löns liebte die herbe Schwermut dieser Landschaft mit den weißen Wegen und den harzigen Kiefernforsten und den hingeduckten Katen unter kupfernen Föhren, wo zwischen Heidekraut und Ginster, Machangel und Gagelstrauch seine ‚stille, gute, liebe, kluge Freundin, Frau Einsamkeit' wohnte. Wilhelm Raabes ‚Schulmeisterlein Michel Haas' glaubte, hier sei ein ein ‚Örtlein für ein krankes Gemüte', aber bei längerem Verweilen deuchte es ihm unmöglich, ‚die Einöde und Wildnis auszuhalten'" (WEGMANN 1955: 50).

Alfred Barthelmess stellt für Landschaft grundsätzlich fest, dass sie für den Menschen „nicht nur Biotop wie für andere Lebewesen", sondern auch „Psychotop" sei, „Lebensraum auch für Geist und Gemüt" (BARTHELMESS 1988: 15).[1] Die etwas einseitige Dominanz bio- und ökowissenschaftlicher Fragestellungen bei der Erforschung von Landschaftsräumen etwa dann, wenn ihre Unterschutzstellung diskutiert wird, hat zuletzt aufgrund der Einsicht,

1 Barthelmess übernimmt den Begriff „Psychotop" vom Schweizer Kulturgeographen Emil Egli.

dass immer auch normative, soziokulturelle und subjektive Bezüge den naturwissenschaftlichen Bewertungen immanent sind, etwas abgenommen. Das ist – ohne natürlich die Notwendigkeit ökologischer Analysen im Kontext der Landschaftsplanung in Frage stellen zu wollen – gut so, da solche Forschungen *allein* den angesprochenen „Psychotop Landschaft" kaum hinreichend beschreiben können. Das in der bundesdeutschen Naturschutzgesetzgebung angesprochene Schutzgut der „Eigenart" einer Landschaft hat viel zu tun mit der spezifischen Geschichte einer Gegend und ihrer Nutzung, dem Wandel bzw. der Kontinuität ihrer Wahrnehmung und den semantischen Bedeutungszuweisungen an diese Landschaft. Die Eigenart bzw. die Eigenartigkeit der Senne ist denn auch das Thema dieser Studie; ihr soll nachgegangen werden mittels einer Analyse der landes- und heimatkundlichen Regionalliteratur und anhand von Interviews, die mit Senne-Experten, lokalen Protagonisten des Natur- und Landschaftsschutzes, geführt wurden.

Im Kontext der wissenschaftlichen Beschäftigung mit Natur und Landschaft will diese Studie einen sozialgeographischen Beitrag zu Fragen nach der Wahrnehmung von Landschaft und den emotional-ästhetischen Bedeutungsmustern innerhalb des Diskurses über sie leisten. Dies soll nach einer theoretischen Einführung in grundlegende Themenbereiche der Landschaftsgeschichte und der Landschaftswahrnehmung exemplarisch für die Senne in historischer wie aktueller Hinsicht durchgeführt werden. Es soll dargestellt werden, welche Themen den Diskurs über die Senne zu welcher Zeit bestimmten und warum das so war. Es interessiert, wer wann was mit welcher Motivation über die Senne schrieb oder sagte und damit aktiv zur sozialen Konstruktion einer ‚eigenartigen Landschaft' beitrug. Was ist das für eine Landschaft, die Senne, was macht sie überhaupt zu *einer* Landschaft? Welche inneren Zusammenhänge gibt es zwischen den kulturgeschichtlich ambivalenten Wahrnehmungen dieser Gegend? Wann und wieso fand eine Umwertung der Landschaft statt, und was überhaupt wurde umgewertet? Welche Aspekte, welche Nutzungen, welche Geschichte und Geschichten, welche ästhetischen Stimmungen und assoziativen Bedeutungen wurden dieser Landschaft zugeordnet? Wie erscheint sie im heimatkundlichen Schrifttum durch die Jahrhunderte, wie erscheint sie aktuell? Worum geht es im Naturschutz, worüber reden die Naturschützer, und was haben sie persönlich mit der Senne zu tun? Viele Fragen, deren Beantwortung neue interessante Aspekte liefern und auch über das Fallbeispiel selbst hinausweisen könnte.

Der Begriff Landschaft subsumiert wie kaum ein anderer – im alltags- wie im fachsprachlichen – eine Fülle an verschiedenen Assoziationen und Bedeutungen, an Wertungen und an Urteilen, die für das menschliche Natur- und Umweltverhältnis paradigmatisch sind. Das kulturelle Konstrukt, das wir meinen, wenn wir ‚Landschaft' sagen, setzt sich zusammen aus natürlichen physischen Gegebenheiten, prägenden Nutzungsformen und darauf bezogenen kulturellen Sinnsystemen und Bewertungsnormen. So fällt es bezeichnenderweise im stets auf Eindeutigkeit bemühten juristischen Jargon schwer, Vorgaben eines anzustrebenden Landschaftsschutzes klar zu formulieren; denn die Entscheidung, was an einer Landschaft gut oder schlecht, schön oder nicht schön, eigenartig oder austauschbar, schützenswert oder überformbar sein könnte, ist ausgehend von kollektiven Wahrnehmungsmustern jeweils subjektiv in den Biographien, in den Köpfen (und in den Bäuchen) der Nutzer oder Betrachter oder Schützer eines Gebietsraumes verankert. In der naturschutzfachlichen oder landeskundlichen Darstellung wird allerdings zumeist versucht, intersubjektiv-kollektive Bewertungsnormen wie auch subjektiv-biographische Natur- und Landschaftsbezüge zu ‚objektivieren'. In Reflexion dieses Umstandes ist es ein Ziel dieser Untersuchung, aus einer hermeneutisch-verstehenden Metaebene den landes- und heimatkundlichen sowie den naturschutzfachlichen Diskurs über die Senne in Hinblick auf Bewertungen, Einstellungen und Interessen vor sozialgeographischem und historischem Hintergrund zu durchleuchten und zu systematisieren. Es wird Wert gelegt auf eine gründliche Herleitung der kulturgeschichtlich signifikanten Faktoren der Landschaftswahrnehmung, da aktuell kommunizierte Positionen stets ihre ethischen und ästhetischen Paradigmen aus historisch gewachsenen Werte- und Wahrnehmungsschemen rekrutieren. Ziel der Studie ist eine umfassende Darstellung und systematische Einordnung der sowohl aktuell wie auch historisch wirksamen Wahrnehmungskategorien in Heimatkunde und Naturschutz bezüglich des ostwestfälischen Landschaftsraumes Senne. Die Geschichte und die kulturelle ‚Erfindung' der Eigenartigkeit dieser Landschaft soll aus der Perspektive ihrer Wahrnehmung beschrieben werden; eine Kulturgeschichte der Sennelandschaft aus diesem besonderem Blickwinkel soll entstehen. Dabei ist es von vornherein zugleich Problem als auch Anreiz, dass es vergleichbare Arbeiten zu anderen Landschaften praktisch nicht gibt; zwar existiert überall Regional- und Heimatliteratur in großer Anzahl, doch gibt es kaum Sekundärliteratur *über* sie und ihre Rolle bei der Konstruktion eines eigenartigen Bildes von Landschaft.

1.2. Methoden

Der Ansatz dieser Studie ist interdisziplinär; eine kulturwissenschaftlich zu nennende Herangehensweise an das Thema verbindet Forschungsaspekte der Sozialgeographie, der historischen Geographie, der Sozial- und Umweltgeschichte und der Literaturwissenschaft. Entsprechend vielfältig variiert auch das methodische Vorgehen: Von der theoretischen Erörterung grundlegender Themenfelder, der geographischen und landschaftsgeschichtlichen Darstellung des Untersuchungsraumes über die Analyse des landschaftsbezogenen Diskurses in der Literatur bis zur Durchführung qualitativer Interviews vereinigt diese Studie eine Mehrzahl an methodischen Zugängen. Die interdisziplinäre Verzahnung historischer und sozialwissenschaftlicher Ansätze mit der Geographie geht wissenschaftsgeschichtlich auf die französische Schule der „Annales" zurück, als deren Gründerväter Lucien Febvre und Marc Bloch gelten; hieran orientierte Kulturwissenschaftler richteten ihr Augenmerk auf die Prägung von Menschen und Raum durch soziale Lebenswelten, auf Einstellungen und Wahrnehmungsweisen, auf Verhältnisse von Raum und Zeit, von Kultur und Natur. Ute Daniel definiert die „Bedeutsamkeit von Bedeutung" als den gemeinsamen Nenner moderner kulturwissenschaftlicher Ansätze; diese gingen einmütig davon aus, dass Fragestellungen, Handwerkszeug und Begrifflichkeiten der Forschung stärker als bisher berücksichtigen sollten, dass Wahrnehmungsweisen und Sinnstiftungsmuster, Selbstdeutungen und Weltbilder der im Untersuchungsraum agierenden Subjekte mindestens ebenso wichtige „Fakten" darstellen wie „objektiv feststellbare" Tatsachen (Daniel 1997: 200). Ein Grundgedanke beim sozial- und kulturwissenschaftlichen Umgang mit Aspekten der Wahrnehmung bildet das hermeneutische „Verstehen" als Adäquat zum naturwissenschaftlichen „Erklären". Hermeneutische Methoden arbeiten – statt rein ontologische Erkenntnistheorie zu betreiben – stets mit der Reflexion auf den jeweiligen Betrachter eines Gegenstandes, und auch der Forschende selbst wird als Beobachtender aus einer Metaebene als nie vorurteilslos, nie freischwebend urteilend, vielmehr seinen eigenen Wahrnehmungen und Weltdeutungen folgend erkannt (ebd.: 211).

Um zum Ziel der Forschung, einer umfassenden systematischen Darstellung historischer wie aktueller Aspekte zur Landschaftswahrnehmung der Senne, ihrer Kategorisierung und theoretischen Einordnung, zu gelangen, wurde eine Vorgehensweise und Methodik gewählt, die sich in der Struktur der Kapitelfolge widerspiegelt. Den empirischen, auf den Landschaftsraum Senne bezogenen Kapiteln ist zunächst ein Grundlagenteil (Kapitel II) vorgeschaltet: Hier werden relevante kulturwissenschaftliche Diskurse und Theorien zur Konzeptionierung von Landschaft als wissenschaftlichem Thema erörtert und in die diese Studie als Leitmotive begleitenden Themenfelder

Landschaftsgeschichte, Landschaftswahrnehmung und Naturschutz eingeführt. Es folgt ein einleitender Abschnitt zum Fallbeispiel Senne (Kapitel III), in dem geographische und historische Aspekte zur Übersicht dargelegt werden. Der anschließende empirische Hauptteil der Studie (Kapitel IV – VI) basiert auf der Sichtung und Interpretation von landes- und heimatkundlicher Literatur einerseits und der Durchführung und Analyse von qualitativen Interviews mit Senne-Experten andererseits. Aus der Unterschiedlichkeit der Quellen und Materialien, die der Forschung zugrunde liegen, ergeben sich unterschiedliche Methoden der Generierung von Daten, ihrer Einordnung und Interpretation: zum einen die umfangreiche Literaturrecherche in Bibliotheken und Archiven und die systematische Analyse von ausschnittsweisen Textpassagen, zum anderen die Durchführung, Transkription und Auswertung von Gesprächen mit Protagonisten aus Landeskunde und Naturschutz zur Senne. Die Literaturanalysen schlagen sich vor allem in den Kapiteln III, IV, V und VI.1 nieder, während die qualitativen Interviews in erster Linie als Datenbasis für die Unterkapitel VI.2 – VI.6 dienen, welche in erster Linie den aktuellen Naturschutzdiskurs thematisieren. Allerdings werden, wo sich dieses aus inhaltlich-thematischen Gründen anbietet, wiederholt auch Interviewpassagen in die Kapitel IV und V vorgezogen.

Texte als Material: Das Material, an dem die Geschichte der Wahrnehmung der Senne untersucht werden soll, bildet in erster Linie das regionale Schrifttum, welches in vier Jahrhunderten mit Bezug auf diese Landschaft publiziert worden ist. Die Quellenlage und -auswahl der benutzten heimat- und landeskundlichen Literatur wird weiter hinten (in Kapitel III.3) noch eingehender thematisiert. Zunächst soll an dieser Stelle als Vorbemerkung genügen, dass sehr umfangreich Literatur (d. h. Monographien, Regionalperiodika, Zeitungsartikel, Archivalien) recherchiert und durchgesehen wurde, die der Senne – entweder direkt oder implizit – landschaftliche Eigenart zuschreibt, sie bewertet, sie beschreibt. Die in der Literatur kommunizierten Bewertungen der Sennelandschaft werden sowohl als Ausdruck der subjektiven Wahrnehmung der jeweiligen Autoren als auch als Ausdruck allgemeinerer Zeitgeisterscheinungen verstanden. Die landes- und heimatkundliche sowie die naturschutzfachliche Literatur zum Landschaftsraum wird ‚gegen den Strich' gelesen, um daraus einerseits bestimmte Wahrnehmungskategorien zu extrahieren, und andererseits ein Gesamtbild der Entwicklung der landschaftsbezogenen Wertesysteme zu zeichnen, an deren vorläufigem Ende der aktuelle Naturschutzdiskurs steht. Es findet sowohl wissenschaftliche als auch nichtwissenschaftliche Literatur Beachtung; der jeweils individuelle Impetus der wissenschaftlichen Bearbeitung eines landschaftsbezogenen Themas ist ohnehin oftmals weitgehend deckungsgleich mit dem einer nichtwissenschaftlichen Beschäftigung. So ist der Ökologe vielfach zunächst ‚Naturfreund' und *darum* Biologe, der Geograph ein ‚Landschaftskenner' und *darum* Raumtheoretiker. Besonders in der laienwissenschaftlichen ‚Heimatkunde' findet häufig eine Vermischung populärer und interdisziplinär-wissenschaftlicher Zugänge zum Thema statt. In älterer Literatur ist ein Zusammenhang von ‚Landschaftsgefühl' und ‚Landschaftsanalyse' sprachlich noch offensichtlicher, da auch wissenschaftliche Sprache hier noch in kleinerer Distanz zur belletristischen Sprache stand; aber auch aktuellen Studien ist freilich stets ein subjektiver Impetus immanent; schließlich wählt kein Autor sein Thema zufällig. Es geht bei der Analyse der Senneliteratur also weniger um die Frage, ob die jeweiligen Texte im wissenschaftlichen Sinne ‚korrekt' Realitäten beschreiben, als vielmehr um ihre deutende Interpretation in Hinblick auf auch außerwissenschaftliche Einflüsse. Es interessiert die *Wahrnehmung* von Sachverhalten, die Art und Weise ihrer *Versprachlichung* und die damit einhergehende Konstruktion ‚eigenartiger' Sennebilder. Es werden Kategorien zur Wahrnehmung der Senne entwickelt, die – dargestellt in verschiedenen Kapiteln – inhaltlich analysiert und anhand von Textpassagen aus älterer und neuerer Literatur zum Landschaftsraum beschrieben werden. Regelmäßig wiederkehrende Aussagen und Motive, die den Status von Selbstverständlichkeiten im Diskurs über die Senne besitzen, werden dabei in Hinblick auf Inhalt und Semantik untersucht.

Die Methoden des Zugangs und der Analyse sind beeinflusst von Theorien des Sozialgeographen Gerhard Hard, der seit den späten 1960er Jahren Landschaft und den sprachlichen Diskurs über sie in Hinblick auf semantische Bedeutungs- und Wahrnehmungsmuster erforscht und in diesem Zusammenhang die analytische, an der Semiotik orientierte Methode des „Spurenlesens" weiterentwickelt hat (vgl. HARD 1970, HARD 1995, auch ESER 1999). Spuren können demnach sowohl sprachliche als auch physisch-materielle sein; sie sind in der Landschaft selbst zu finden wie auch im heimatkundlichen Aufsatz über sie. Spuren können als Symptome für Soziales gelesen und interpretiert werden, wobei die Indikatorfunktion von Landschaft für Soziales ohnehin das klassische Forschungsgebiet von Geographen ist: Hard erkennt das „Spurenparadigma" als eigentliches „Kernparadigma der klassischen Geographie", als „die einzig tragfähige disziplinäre Sinntheorie zumindest der Kulturgeographie" (HARD 1995: 10, 184). In seiner Monographie über „Spuren und Spurenleser. Zur Theorie und Ästhetik des Spurenlesens in der Vegetation und anderswo" versucht er, das Spurenparadigma auf theoretischer Ebene zu strukturieren und transparent zu machen. Demnach ist „Spurenlesen" idealerweise eine „ent-automatisierte Lektüre der Wirklichkeit, ein ent-automatisiertes Zeichenlesen, bei dem Zeichen und Kodes nicht nur mehr oder weniger reproduziert, vor- und wiedergefunden, sondern auch neu produziert und erfunden werden“ (ebd.: 182). Eine Spur in seinem Sinne kann explizit auch ein *Text* („...und anderswo“) sein. Die Bioethikerin Uta Eser wendet das Hard’sche Paradigma bei ihrer diskursanalytischen Spurensuche in ökologischen Texten an, benutzt „Text als Material“: „Die Methode beruht auf der Auffassung, daß Worte nicht nur einen genau bestimmbaren, eindeutigen Inhalt haben, sondern einen größeren Bedeutungshof. Jedes Wort hat zum einen feste Sinnkopplungen, die sich aus den üblichen Kontexten des Wortes ergeben, zum anderen auch eher lose, assoziative Bindungen“ (ESER 1999: 35). Worte, Phrasen und Begriffe können als Zeichen oder Kodes verstanden werden, denen assoziative Nebenbedeutungen, so genannte Konnotationen, immanent sind. Wer also etwa in Bezug auf die Senne von „Einöde“, von „devastierten Flächen“, von „blühenden Heidewogen“, vom „Niemandsland“, von der „Urheide“ oder vom „Naturparadies“ spricht, verknüpft mit diesen Begriffen stets mehr: Wertungen, Stereotypen, Idealbilder und Nutzungsinteressen, zeitgeistabhängige Sichtweisen und Assoziationen, persönliche Vorlieben und biographische Erfahrungen schwingen stets mit – gerade wenn über das emotionalisierbare Thema Landschaft kommuniziert wird, wenn Eigenart, Heimat und Region konstruiert werden. Die Auswahl etwa von Adjektiven, mit der ein Autor eine Landschaft beschreibt, sagt oft mehr über ihn selbst und seinen Standpunkt aus als über die gemeinte Landschaft. Dennoch werden über die wiederholte Verwendung phrasenhafter Begriffe auch Wesensmerkmale einer Landschaft konstruiert, die dann letztlich ‚bei ihr bleiben‘: Die Heide *ist* irgendwann schlicht oder öde oder ursprünglich, wenn sie nur oft genug so genannt wurde.

Zusammenhänge zwischen Kode und Botschaft, zwischen Zeichen und Diskurs, zwischen Spur und Phänomen, untersucht die Semiotik (Zeichentheorie). Ein intentionales Zeichen kann gegen die Intention des Autors gelesen werden, das Zeichen umkodiert und so aus einem manifesten Text ein Subtext extrahiert und ein Gegentext formuliert werden (vgl. HARD 1995: 180). Freilich bleiben Interpretationen in einem bestimmten Maße notwendig spekulativ, und es ist zu beachten, dass „eine Spur oft mehr mit dem Spurenleser als mit der Realität zu tun“ (ebd.: 181) haben kann; das mag die Ergebnisse einer solchen Vorgehensweise in den Augen auf ‚Objektivität‘ bedachter Wissenschaft zweifelhaft erscheinen lassen. Gerhard Hard und Uta Eser stellen das ‚Spurenparadigma‘ dagegen als einen Beitrag dar, der einer „verengenden Gegenüberstellung in der wissenschaftlichen Methodik zu entkommen“ (ESER 1999: 39) versucht. Hard empfiehlt, „Spurenlesen als eine seriöse (nichtreaktive) Methode der Sozialforschung einzuführen und zugleich die potentielle Borniertheit des ‚üblichen‘ Methodenkanons an plastischen Literaturbeispielen vorzuführen, dann die interessante Logik des Spurenlesens zu explizieren und diese Logik dann an vielen Stellen alter und neuer Wissenschaften zu entdecken“ (HARD 1995: 184). Ich folge Uta Eser, die für ökologische Texte (im Fall dieser Studie auch landes- und heimatkundliche Texte) davon ausgeht, dass die Art und Weise, wie die Interaktion von Mensch und Natur beschrieben wird, immer eine Interpretation darstellt, die wiederum Rückschlüsse auf Einstellungen der solcherart Interpretierenden zulässt. Es interessieren also „Textstellen, an denen Einstellungen und soziale Erfahrungen ihre Spuren in [...] Sprache und Theoriebildung hinterlassen haben. Die in den Texten benutzten Begriffe, Metaphern und Interpretationen betrachte ich somit als Zeichen, die nicht nur auf konkrete Phänomene verweisen, sondern zugleich auch etwas über die Forschenden aussagen“ (ESER 1999: 39). Die Eigenart der Sennelandschaft soll also aus der Perspektive ihrer Wahrnehmung beschrieben werden; die in der Regionalliteratur zu findenden Wahrnehmungsmuster, Bedeutungsfelder und Themenstränge sollen extrahiert und systematisiert werden, um am Ende wieder zu einer Gesamtschau der kulturhistorischen Wahrnehmung der Sennelandschaft zusammengebunden werden zu können.

Interviews als Material: Um zusätzlich zum publizierten Schrifttum weitere qualitative Quellen zur Wahrnehmung der Senne aus Sicht der Landes- und Heimatkunde und besonders des Naturschutzes zu generieren, wurden ausführliche Interviewgespräche mit Senne-Experten durchgeführt. Qualitative Interviews boten sich als eine Methode der empirischen Sozialforschung zur Erhebung und Analyse von qualitativen Daten mit Bezug auf den aktuellen Diskurs an, um über die fachlichen Veröffentlichungen hinaus zu weiteren Aspekten der naturschutzorientierten Natur- und Landschaftswahrnehmung zu gelangen. Die Durchführung und Auswertung der qualitativen Interviews nimmt methodisch Bezug zur so genannten „grounded theory“ des amerikanischen Sozialwissenschaftlers Anselm Strauss; diese Theorie bot sich insofern an, als sie den „Fall als eigenständige Untersuchungseinheit“ betont und dem Wissenschaftler einen Theoriegenerierungsprozess anbietet, der die „Kontinuität von alltagsweltlichem *und* wissenschaftlichem Denken“ einbezieht (STRAUSS 1991: 12 f.). Es wird hierbei nicht von eindeutig festgelegten Hypothesen ausgegangen, die unbedingt im Zuge der Forschung beibehalten und überprüft werden, sondern es sollen vielmehr die ermittelten Daten und theoretischen Konstrukte durch Bildung von Kategorien und ihrer Vernetzung zu einer Theorie und Gesamtschau verdichtet werden, die Einsichten statt nur bloßer Befunde vermittelt. Mit Verweis auf Wilhelm Diltheys Diktum ‚Die Natur erklären wir, das Seelenleben verstehen wir‘ empfehlen GARZ u. KRAINER (1991: 2 f.) narrative Interviews als qualitative sozialwissenschaftliche Methode, bei der es darum geht, auch subjektiv gemeinten Sinn und objektive Bedeutungen, die mit Handlungen einhergehen, aufzudecken; Intension als Erkenntnisinteresse, Verstehen als Methode.

Die Gespräche wurden als leitfadenorientierte Interviews mit narrativer Struktur angelegt und durchgeführt. Gemäß dem Prinzip einer offenen und flexiblen Interviewführung enthält der Leitfaden Themen, die anzusprechen sind, nicht aber detaillierte und ausformulierte Fragen. Orientiert am zuvor erarbeiteten Leitfaden versucht der Interviewer, die Befragten quasi ‚ins Erzählen' zu bringen. Diese offene Art der Interviewführung ist zumeist für beide Seiten angenehmer als es strikt strukturierte Fragebögen wären; zudem entsteht durch die offenere Gesprächssituation eher ein Klima, das die Befragten auch zum ‚Plaudern' inspiriert: Sofern dies gewünscht ist – und hier ist es das –, sind qualitative Gespräche eine geeignete Methode, um auch subjektiv-geprägte Daten vor einem kulturhistorisch-sozialgeographischen Forschungshintergrund zu ermitteln. „Es sind oft die narrativen Passagen, die sich als Schlüsselstellen für die Rekonstruktion von ExpertInnenwissen erweisen" (MEUSER u. NAGEL 1997: 487). Dabei können die Stärken qualitativer Interviewempirie freilich auch zugleich ihre Schwächen sein: Gesprächsinhalte könnten erstens leicht zu schnell vom eigentlichen Thema wegführen, sie könnten schwammig oder langatmig werden. Und da zweitens auch spontane Äußerungen erfasst werden und dadurch wesentlich mehr normative, subjektive und biographische Aspekte im Transkript erscheinen, könnte der interpretierende Forscher in der Allmacht über ‚sein Material' dem Reiz erliegen, Personen quasi ‚bloßzustellen' und ihrer Rede Denk- und Sachfehler nachzuweisen. Andererseits stehen dem verantwortungsvollen Forscher durch diese Methode solche Daten zur Verfügung, die sich durch Authentizität und große Dichte auszeichnen können. Sein Ziel und seine Aufgabe ist es, die Gesprächsführung so zu organisieren, dass die Inhalte einerseits nicht zu sehr vom Thema weggleiten, andererseits aber auch offen zu sein für ungeplante inhaltliche Sprünge, die vielleicht ganz neue, im Leitfaden zunächst nicht erwogene Aspekte eröffnen. In diesem Kontext wird empfohlen, dass „unerwartete Themendimensionierungen" nicht verhindert, sondern „gegebenenfalls in folgenden Interviews aktiviert" werden sollten (ebd.: 487). Der Forscher hat in der Analyse die Aufgabe, die Strukturen des Gesagten aufzuzeigen und einzuordnen, ohne den Befragten zu nahe zu treten. Da in qualitativen, narrativ orientierten Interviews, die in der Durchführung durchaus freien Gesprächen ähneln, die geäußerten Darstellungen, Meinungen und Einschätzungen der jeweiligen befragten Person ‚ungeschminkter' erscheinen, als sie die Interviewten selbst in Schriftform ausarbeiten würden, muss auch in der Darstellung und der Interpretation anders mit diesen Daten umgegangen werden als mit Quellen aus dem veröffentlichten Schrifttum. Aus diesem Grund werden üblicherweise – so auch hier – die Gesprächspassagen anonymisiert wiedergegeben; die Befragten erscheinen unter einem Pseudonym, allzu ‚verräterische' biographische Daten werden weggekürzt.

Die Interviewpartner, mit denen Gespräche über den Landschaftsraum Senne sowie über ihren persönlichen Natur- und Landschaftsbezug geführt wurden, können sämtlichst als ausgewiesene Experten für landeskundliche und naturschutzfachliche Fragen bezeichnet werden. Seit mehr oder weniger langer Zeit sind sie in unterschiedlicher Weise mit Bezug auf die Senne ehrenamtlich engagiert oder professionell tätig, mehrheitlich haben sie Literatur zum Landschaftsraum publiziert und sind in dem aktuellen Nationalparkdiskurs eingebunden. Dennoch sind die Gespräche nicht im engen Sinn als Experteninterviews zu verstehen, die in erster Linie zum Ziel hätten, dem Forscher spezielles Fachwissen zugänglich zu machen; vielmehr ist das Expertentum der Befragten lediglich als Kriterium für ihre Auswahl als Gesprächspartner zu sehen. Zudem schlagen MEUSER u. NAGEL (1997: 485) vor, den „Begriff des ExpertInnenwissens zu erweitern und das ExpertInneninterview im Interesse der Analyse gerade auch solcher Strategien und Relevanten zu nutzen, die zwar im Entscheidungsverhalten zur Geltung gelangen, den ExpertInnen aber nicht unbedingt reflexiv verfügbar sind". Eben nicht nur fachliches *Wissen*, sondern auch und in erster Linie *Wahrnehmungen und Empfindungen* sollten mit den Gesprächen eruiert werden: Ziel war stets, auch solche Meinungen, Positionen und Schilderungen zu erfassen, die gerade durch ihren höheren Grad an Subjektivität über die in den jeweiligen landeskundlichen und naturschutzfachlichen Publikationen gemachten Stellungnahmen hinausgingen bzw. sie verdichteten. Von Bedeutung für die Durchführung der Interviews und deren Analyse war daher auch ein Fokus auf die individuelle Persönlichkeit ‚hinter' dem Funktionsträger im ehren- oder hauptamtlichen Landschaftsschutz, auf persönliche Erfahrungen und Einstellungen, auf biographische Spuren im Zusammenhang ihres jeweiligen Landschaftsbezuges.

Die Interviews fanden zwischen Mai 2000 und Oktober 2001 statt. Die Gesprächstermine wurden nach einer ersten Kontaktaufnahme per Telefon oder E-Mail, bei der ich mein Forschungsprojekt kurz nach Titel und Inhalt vorstellte, verabredet. Allen Interviewanfragen wurde bereitwillig zugestimmt. Die Gespräche verliefen dann durchweg in recht entspannter Atmosphäre, zumeist am Arbeitsplatz oder in der Privatwohnung der Interviewten, dauerten jeweils zwischen 45 Minuten und 2 Stunden und wurden auf Tonband mitgeschnitten. Aufgrund der Zielsetzung, auch biographische und somit persönliche Erfahrungen und Meinungen in den Interviews anzusprechen, stellte sich das Problem der Wahrung von Diskretion. Meiner grundsätzlichen Zusicherung einer anonymen Behandlung der Interviews wurde in allen Fällen vertraut, wobei mir mehrfach signalisiert wurde, dies eigentlich nicht für notwendig zu erachten. Einer der Gesprächspartner thematisierte in diesem Zusammenhang zu Recht das Problem, dass sich aus der letztlich doch sehr überschaubaren Anzahl in Frage kommender Experten zum Naturschutz in der Senne ergibt: Zumindest innerhalb der Expertenszene selbst würden die Befragten womöglich trotz einer Anonymisierung wiedererkannt werden können. In den weiteren Interviews wies ich zusammen mit der Zusicherung der Anonymisierung konkret auf diese Vermutung hin, jedoch wurde dies auch weiterhin nicht als problematisch empfunden. Während der Gespräche war in vielen Fällen zu bemerken, dass die Gesprächspartner, die sich ja (auch ganz richtigerweise) in erster Linie aufgrund ihres Expertentums befragt wähnten, zunächst vom auch auf sie persönlich ausgerichteten Gesprächsverlauf überrascht waren. Gleichzeitig wurde mir aber mehrfach im Anschluss an das Interview bedeutet, dass gerade dieser persönlichere Zugang insgesamt als angenehm empfunden wurde. Dementsprechend hatte ich als Interviewer auch wahrgenommen, dass auf die biographischen Fragen oftmals viel freier, spontaner und unbedachter geantwortet wurde als beispielsweise auf Fragen nach naturschutzfachlichen Zusammenhängen und dem Stand des Naturschutzdiskurses; bei letzteren wurden viel eher ‚nur' Statements ‚abgespult', die die Befragten offenbar schon öfter so oder ähnlich formuliert hatten.

2. Zweites Kapitel: Grundlegende theoretische Exkurse

2.1. Landschaft als Forschungsfeld

Zum einen ist Landschaft als physisch-räumliches Objekt Lebensraum für den Menschen, für Wildflora und -fauna, für Kulturflora und -fauna, ist dabei sowohl Produkt als auch Basis ökonomischer Wertschöpfung und natürlicher Sukzession; zum anderen ist Landschaft dem Menschen auch eine Folie normativer Projektionen, ästhetischer Wahrnehmungen und sinnlich-symbolischer Aneignungen. Dementsprechend geht es bei der Reflexion auf Landschaft nicht nur um ihre physische Beschaffenheit, sondern auch um ihre Rolle als soziale Konstruktion und kulturelles Sinnsystem; um ihre Bedeutung als „Biotop" wie auch gleichsam als „Psychotop" (BARTHELMESS 1988: 15). Hartmut Leser definiert dagegen Landschaft als „Ökosystem einer bestimmten räumlichen Ausdehnung mit einer gewissen inhaltlichen Füllung und einer daraus resultierenden Funktionsweise"; Landschaft sei „sicherlich nicht", fährt er fort, „ein ästhetisiertes Etwas im Grenzbereich zwischen Kunst und Wissenschaft" (LESER 1978: 75). Die Schärfe, mit der er sich als Geograph von Landschaft als „ästhetischem Etwas" distanziert und die „inhaltlich pervertierte Bezeichnung einer Sache" beklagt, die er vielmehr als klar definierten „Fachausdruck" sieht (ebd.: 74), ist als ein Hinweis auf die zeitweilig lauten Dispute innerhalb der Geowissenschaften zu verstehen, die als Disziplin mit sowohl natur- als auch geisteswissenschaftlichem Charakter in den 1970er Jahren einen kontroversen Diskurs darüber führte, ob „Landschaft" überhaupt noch als geographisches Forschungsparadigma taugt und wenn ja, was sie als Forschungsobjekt dann sei: materieller Ausschnitt der Erdoberfläche, räumliches Funktionssystem, ästhetisches Konstrukt, alles zusammen?

Als die zwei klassischen Grundprinzipien der geographischen Wahrnehmung ihres Forschungsgegenstandes gelten *Holismus* einerseits und *Physiognomik* andererseits (vgl. GUNZELMANN 1987: 30). Das ganzheitliche Konzept des Holismus sieht Landschaft als ein organisches Wirkungsgefüge aller in einem bestimmten Raum wirksamen Geofaktoren. Die Physiognomik betont den visuellen Aspekt eines Ausschnitts der Erdoberfläche; insbesondere der Geomorphologie ist dieses Prinzip immanent, wenn Landschaftsmodelle als Abbilder sichtbarer Realität konstruiert werden. Beide Prinzipien wurden seit Ende der 1960er Jahre von Teilen einer jüngeren Geographengeneration als unwissenschaftlich abgelehnt; die Physiognomik wurde als zu beschränkt auf einen Teilbereich der Realität beurteilt, der holistische Zugang in seinem Allerfassungsanspruch als empirisch kaum belegbar, methodisch nicht exakt und leicht ideologisierbar kritisiert.[2] Der traditionell-holistische Landschaftsbegriff der Geographie geht auf Alexander von Humboldt zurück, der Landschaft als „Totalcharakter einer Erdgegend" beschrieb. Spätere Geographen sahen im Humboldt'schen Verständnis bereits den Systemzusammenhang aller physischen Erscheinungen eines Ausschnittes der Erdoberfläche antizipiert. In der holistischen Tradition steht auch die moderne Landschaftsökologie, die aber nicht mehr wie die alte ganzheitliche Landschaftsgeographie versucht, die Gesamtheit der Wirkungszusammenhänge in der Landschaft „nur intuitiv und beschreibend" zu erfassen, sondern sie systemisch, etwa auch über messbare Stoff- oder Energieflüsse, zu quantifizieren versucht (GUNZELMANN 1987: 32). Das Humboldtsche Postulat der Landschaft als „Totalcharakter einer Erdgegend" konnte allerdings nur über ein „glückliches (?) Mißverständnis" (ebd.: 30) zum landschaftsgeographischen Kernparadigma mit naturwissenschaftlichem Charakter werden: Gerhard Hard konnte nachweisen, dass Humboldts Betrachtungsweise vielmehr im ästhetisch-emotionalen Bezug stand und eher den Landschaftsbegriff des Landschaftsmalers implizierte (vgl. HARD 1970 b).

Hard beschäftigte sich in seiner vielbeachteten Habilitationsschrift unter dem Titel „Die Landschaft der Sprache und die Landschaft der Geographen" mit den Differenzen und Ambivalenzen im umgangssprachlichen wie im fachsprachlichen Gebrauch des Landschaftsbegriffs. Die Beschäftigung mit der Etymologie ist lehrreich, weil die inhaltliche Mehrdeutigkeit des Wortes Landschaft sich in seiner Begriffsgeschichte spiegelt; in seiner Entwicklung hat es einen Bedeutungswandel erfahren und ist bis heute weiterhin mit (mindestens) zwei grundlegend unterschiedlichen Inhalten verbunden. In mittelalterlicher Bedeutung bezeichnete der Lautkörper als althochdeutsches *Lantscaf(t)* einen mehr oder weniger geschlossenen Siedlungs- und Wirtschaftsraum mit gewissen einheitlichen rechtlichen und sozialen Normen; der Begriff schloss zugleich auch die Menschen mit ein,

2 Als Dokument der innerdisziplinären Debatte vgl. den Tagungsbericht des Deutschen Geographentages in Kiel 1969; zur Reflexion dieser Debatte vgl. BLOTEVOGEL, Hans Heinrich: Geographische Erzählungen zwischen Moderne und Postmoderne. In: *Lokal verankert – weltweit vernetzt.* Tagungsbericht zum Deutschen Geographentag in Hamburg 1999: 465–478.

die in diesem Raum lebten und wirtschafteten, die sich mit und über ihn identifizierten. Diese Bedeutung von Landschaft – synonym wäre am ehesten Region – dominierte in der Hochsprache bis ins späte 18. Jahrhundert (vgl. HARD 1970 a; AMANN 1999). In einer Einengung wurde der Begriff auch zur Bezeichnung für ein Personenkollektiv verwendet, das funktional oder administrativ solch eine Region repräsentierte (heute noch in ‚Landschaftsverband'). Die etymologische Herleitung des alten deutschen Landschaftsbegriff ist auch über Sprachgrenzen hinaus für die Konzeptionierung von Landschaft als Thema wissenschaftlicher Forschung interessant; so beginnt der amerikanische Historiker John R. Stilgoe sein Buch über „Common Landscape of America" mit einer Reflexion auf den deutschen Begriff: „Originally the word was German – *landschaft* – and meant something other than it does today. [...] Like the Anglo-Saxon *tithing* and the Old Frensch *vill*, the word meant more than an organisation of space; it connoted too the inhabitants of the place and their obligations to one another and to the land. The idea of *landschaft*, of a traditional landscape is very old. [...] Meadows, arable fields, and pastures [meant] more than food; they gave identity to each inhabitant" (STILGOE 1982: 12).

In dieser alten Bedeutung bestand noch kein direkter Zusammenhang zwischen dem Landschafts- und dem Naturbegriff, kein unmittelbarer Bezug zu einer ästhetischen, bildhaften Erscheinungsform, wie er heute der Verwendung des Wortes immanent ist. Landschaft ist alltagssprachlich weitgehend zum Synonym für grüne, naturnahe Idylle (für deren ‚Aussehen') geworden, darüber hinaus wird der Begriff universell verwendet: „Wer das Wort Landschaft benutzt, faßt ein Aggregat höchst verschiedener Phänomene zu einer Gesamtheit zusammen, organisiert ein weitläufiges, vieldeutiges und diffus begrenztes Wahrnehmungsfeld als eine ‚Figur' oder ‚Gestalt' (nämlich als eine Landschaft); er klassifiziert eine bestimmte Reizsituation, einen bestimmten Umweltausschnitt als Landschaft und schreibt ihm damit bestimmte Merkmale und Werte zu, auch wenn diese gar nicht unmittelbar wahrzunehmen sind. Er weiß darüber hinaus stillschweigend, wie ein Repräsentant dieser Klasse Landschaft idealerweise sein sollte, um zu verdienen, eine (richtige) Landschaft genannt zu werden" (HARD 1976, zit. n. LESER 1982: 78).

Der naturästhetische Aspekt kam dem Wort Landschaft erst über den Umweg der Malerei zu. Die Fachsprache der Kunstmaler kannte bereits seit der Renaissance die Bezeichnung *Landschaftsbild*. War die Darstellung von Landschaft zunächst nur Hintergrund und arkadisches Beiwerk zu Personenarrangements, so fokussierte man im Laufe der Zeit mehr und mehr die Naturbetrachtung in Gemälden und etablierte damit letztlich einen Landschaftsbegriff, der den schönen, den idyllischen Aspekt von Natur in der

Landschaft betonte. Der Übergang dieser Konnotation in die Gemeinsprache vollzog sich mit der Romantik: „Es handelte sich um eine Zeit, die bestrebt war, die Realität mit den Augen des Malers und so auch die Natur mit den Augen des Landschaftsmalers zu sehen; unter dem Einfluß solcher Sehgewohnheiten wurde in ‚gehobenen Sprach- und Stilebenen' die Bezeichnung ‚Landschaft' auch für die Realität, den ‚malerischen Naturausschnitt' übertragen" (HARD 1976: 14, zit. n. LESER 1982: 79). Was vorher nur die Bezeichnung für das künstlerische Abbild war, etablierte sich nun als Bezeichnung für das Gelände selbst, den realen Naturausschnitt; und dies vor allem dann, wenn er als malerisch oder schön, also als bildfähig erschien. Zugunsten dieses neuen, ästhetischen Landschaftsbegriffs wurde die aus dem Mittelalter stammende Wortbedeutung (im Sinne von Region) im 19. Jahrhundert mehr und mehr aus der Alltagssprache herausgedrängt. Lebendig blieb sie aber in der geographischen Fachsprache: „Eine spezielle Form der Landschaft ist die ‚geographische Landschaft', die zu Beginn des 20. Jahrhunderts als ein Amalgam aus der alltagssprachlichen [d. h. der ästhetischen, RS] Landschaft und der Bedeutung von Landschaft als Region entstand" (AMANN 1999: 32).

Sowohl die wissenschaftliche wie auch die alltagsweltliche Betrachtung differenziert Landschaft in die Begriffe *Naturlandschaft* und *Kulturlandschaft*; für die Beurteilung, die Wahrnehmung und die Bewertung spielt diese Klassifikation eine zentrale Rolle. Der okzidentalen Kulturgeschichte ist ein dichotomisches Verhältnis von Natur und Kultur immanent, das menschliches Wirken abgrenzt vom außermenschlichen, natürlichen Geschehen. Seit der Renaissance wird mit einem wissenschaftlichen Weltbild gelebt und gearbeitet, dass die Bemächtigung der Natur durch den Menschen anstrebte und so zunehmend scharfe Trennlinien erzeugte. Als *Naturlandschaft* werden im Fachwissenschaftlichen nur solche Landschaften bezeichnet, die zu keiner Zeit anthropogen ge- oder überformt wurden. Naturlandschaft wäre demnach also faktisch mit unberührter Wildnis gleichzusetzen, die ganz in ihrer natürlichen Ausprägung verblieben ist, ohne dass oder bevor der Mensch in irgendeiner Form in die Landschaft eingriff. In Mitteleuropa sind in diesem Sinne schon lange keine Naturlandschaften mehr vorhanden: „Die gestaltenden Eingriffe des Menschen sind so alt, dass wir heute kaum noch irgendwo einen Rest von wilder, natürlicher Natur finden können" (KONOLD 1996: 5). Beinahe jeder Quadratmeter wurde oder wird genutzt als Agrar- oder Forstfläche, als mehr oder weniger urbanisierte Siedlungs-, Verkehrs- und Produktionsfläche, als Freizeit- und Erholungsraum. In Ermangelung echter Naturlandschaften gibt es die Begriffe der *naturnahen* und der *halbnatürlichen* Landschaften.[3] Als naturnah werden solche Landschaftsteile bezeichnet, die seit zumindest relativ langer Zeit (einige

Jahrzehnte können da aber schon reichen) ohne oder unter nur schwachen menschlichen Einflüssen sich vergleichsweise naturgemäß entwickeln und ein vorwiegend einheimisches Artenspektrum ausbilden konnten. Als halbnatürlich gelten solche Landschaftsteile, die extensiv vom Menschen genutzt werden oder wurden und dadurch, wie etwa Hude- oder Weidelandschaften, eine geringere Gehölzdichte und insgesamt artenreichere Gesamtausstattung aufweisen, die so aber auch kleinflächig in natürlichen Biotopkomplexen vorkommen könnte. Naturnahe Nischen in der heutigen Landschaft, oft sehr kleinteilig, verstreut und singulär gelegen, sind zumeist Relikte überkommener Landnutzungen und also Kulturlandschaftselemente, die irgendwann aus verschiedensten Gründen aus dem menschlichen Nutzungsplan herausfielen. Zu unpraktisch gelegen oder zu klein und unpraktikabel waren sie, oder manchmal wurden sie auch einfach vergessen: etwa alte Rotteteiche, Mergelkuhlen oder Steinbrüche, Steilhänge, Begrenzungswälle oder Bahndämme. Vom Naturschutz werden viele solcher naturnahe verbliebenen Nischen als schützenswerte Biotope wahrgenommen und entsprechend als Schutzgebiete ausgewiesen.

Der Begriff *Kulturlandschaft* bezieht anthropogene Veränderungen der Naturlandschaft mit ein, beschreibt die „Verschmelzung und Interferenz natürlicher und kultürlicher Eigenschaften und Elemente in einem Raum" (Weichhardt 1975, zit. n. Gunzelmann 1987: 32). Die Kulturlandschaft umfasst nicht nur, wie landläufig oft spontan angenommen, agrarisch genutzte Acker-, Forst- und Weideflächen, sondern auch Siedlungs-, Verkehrs- und Industrieräume; rauchende Schlote gehören genauso zur Kulturlandschaft wie idyllische Waldweiden und die großräumig versiegelten Asphaltflächen der Städte. Die Kulturlandschaft entwickelte sich durch menschliche Aneignung und Nutzung der Landschaft in historisch unterschiedlich schnellen und unterschiedlich raumgreifenden Schüben. Je nach Bedürfnissen und Möglichkeiten der Kultur ihrer Zeit nahm die Landschaft als Lebens- und Funktionsraum für den Menschen, aber weiterhin auch als immer wieder durchbrechende Wildnis, unterschiedliche Erscheinungsformen an; eine Kulturlandschaft trägt stets eine Menge an lesbaren Informationen über gegenwärtige und vergangene Nutzungen in sich. Aufgrund der prägenden Wirkung menschlicher Bedürfnisse wird „Kulturlandschaft als Ausdruck gesellschaftlicher Verhältnisse" (Hülbusch 1988, zit. n. Machatschek 2001: 18) gesehen und kulturphilosophisch als „objektivierter Geist" (Schwind 1967) beschrieben. „Kulturlandschaften entstehen aus Wechsel-

3 Vgl. dazu Dierschke, H.: *Pflanzensoziologie.* Stuttgart 1994; naturschutzfachliche Bewertungsstufen der Naturnähe von Biotopkomplexen gliedern in natürlich, naturnahe, halbnatürlich, naturfern, naturfremd und künstlich.

wirkungen zwischen symbolischen und materiellen Systemen: Gesellschaft und Natur interagieren. [...] Gesellschaftlich organisierte menschliche Populationen [...] unternehmen kolonisierende Eingriffe in natürliche Systeme, um diese in einen gesellschaftlich nützlichen Zustand zu bringen und dort zu halten" (WINIWARTER 1999: 57). Nicht nur die physische Kulturlandschaft selbst wird von gesellschaftlichen Aktivitäten geprägt, auch ihre Wahrnehmung wird „durch ästhetische Bild- und Vorstellungswelten vermittelt. Diese Konstruktion dominanter Wahrnehmungsmodi von Landschaft erfolgt durch bestimmte gesellschaftliche Interessengruppen, die sich Landschaften als jeweils spezifische Bilder aneignen" (GROSSMANN 1999: 30).

Der Amerikaner John R. Stilgoe konzeptioniert seinen Landschaftsbegriff über die Antithese zur Wildnis und somit Landschaft per sé als Kulturlandschaft: „The antithesis of wilderness is landscape, the land shaped by men" (STILGOE 1982: 12). Über die Wildnis jenseits der von Menschen kultivierten Landschaft schreibt er: „*Wilderness* identified those spaces beyond human control, the spaces of bewilderment, the spaces of *heathen*" (ebd.: 7). Aber auch auf der anderen, der Wildnis abgewandten Seite sieht Stilgoe Landschaft begrenzt; als zweiter Gegenbegriff fungiert für ihn die „*cityscape*", die moderne, urbane Stadtlandschaft. Stilgoe gebraucht somit einen sehr traditionellen Landschaftsbegriff, der einer Romantisierung des Agrarischen als ‚echte Landschaft' Vorschub leistet: Landschaft ist bei ihm das Konzept einer lokalen Einheit aus ländlichem Raum und sozialem Gefüge, jenseits von Stadt und jenseits von Wildnis. Damit kommt er einem verbreiteten landläufigen Verständnis recht nahe, welches Landschaft zunächst als bäuerliche und naturnahe Idylle imaginiert. Gerhard Hard hat empirisch ermittelt, dass im allgemeinem Sprachverständnis der hochdeutschen Umgangssprache das Wort Landschaft hauptsächlich in seiner ästhetisch-emotionalen Bedeutung verstanden und verwendet wird (vgl. HARD 1970: 32ff).

Freilich ist das alltagsweltliche vom wissenschaftlichen Naturverständnis zu differenzieren; ein Waldspaziergang etwa gilt verbreitet als *Natur*erlebnis, wobei es für die meisten Spaziergänger in der Regel wohl zunächst weitgehend unerheblich ist, ob der begangene Wald ein Kulturforst ist oder nicht. Das Bewusstsein eines Unterschiedes zwischen Natur- und Kulturlandschaft ist zumeist nur recht oberflächlich ausgeprägt und wird schnell und gerne vergessen, sobald man keinen Asphalt mehr unter den Füßen hat. Während urbaner Raum mithin gar nicht unter ‚Landschaft' subsumiert wird und nur agrarisch genutzte Räume als ‚Kulturlandschaft' gelten, wird Wald zumeist als ‚Naturlandschaft' empfunden, als ein Restbestand naturgemäßer Landschaft, als Refugium für wilde Tiere und allerlei Pflanzen, als Abenteuerwildnis und gar als Wohnort von Zwergen. Ein Verständnis von

Natur als all das, wo es ‚kräucht und fleucht', etwa die hintere Ecke im Garten, die frei wächst seit einigen Jahren, die ungepflegten Hinterhofnischen und Grundstücksgrenzen, die Brachlandschaften oder Gärten und letztlich das ‚grüne Draußen' allgemein, ist ebenso weit verbreitet. Unabhängig davon, dass die Geowissenschaften stets bemüht waren, klare Definitionen zur Unterscheidung zu formulieren, ist das landläufige Verständnis der Begriffe Natur- und Kulturlandschaft sehr verschwommen geblieben. Gerade dadurch, so könnte eine These lauten, eben durch die *nicht* eindeutige Differenzierung und Dichtomisierung des Natürlichem vom Kulturellem, ist die unreflektiert-alltägliche Anschauung von Landschaft vielleicht manchmal etwas näher an einer ‚richtigen' Vorstellung von diesem höchst komplexen Sachverhalt, der den Naturschutz oftmals in Begründungsnot hinsichtlich seines Schutzgutes Natur innerhalb der Kulturlandschaften bringt.

2.2. Landschaftsgeschichte

„Jeder Fleck in der Landschaft wird nicht nur durch die momentan herrschenden Gegebenheiten geprägt, sondern auch durch das, was sich früher auf ihm abgespielt hat; man kann sagen, die Landschaft hat ein ‚Gedächtnis' für das, was sich früher in ihr ereignet hat, und auch für das, was die Kultur des Menschen mit sich brachte." (Hansjörg Küster)

Landschaftsgeschichte meint im Folgenden, da sie zunächst getrennt von der Geschichte der Landschaftswahrnehmung behandelt werden soll, die Beschreibung von Entwicklungsprozessen und -stadien, die Landschaft zu jener äußeren Gestalt formten, wie sie sich uns physisch darstellt. Der Wandel von Landschaften, ihrer Strukturen und Funktionen ist stets gesteuert von zugleich geogenen, biogenen und anthropogenen Faktoren (vgl. Bork 1998: 31). Grundsätzliche Erkenntnisse aus einschlägiger Literatur zur mitteleuropäischen Landschafts- und Siedlungsgeschichte sollen in diesem Kapitel zusammenfassend genutzt werden, um den Wandel der einstigen Naturlandschaft zur heutigen Kulturlandschaft in Abhängigkeit von menschlichen Nutzungsinteressen darzustellen.

Die Geschichte jeder Landschaft beginnt mit den reliefformenden Vorgängen der frühen Erdzeitalter, mit Sedimentations- und Gebirgsbildungsphasen, mit glazialen Formungsprozessen und klimatischen Einflüssen. Erkenntnisse aus Geologie und Geomorphologie stehen zusammen mit der Vegetationskunde, chronologischer Logik folgend, am Anfang einer jeden

Landschaftsgeschichte, da hier die Grundlagen beschrieben werden, auf denen die spätere Geschichte der Landnutzung, der Landschaftsveränderung und der Landschaftswahrnehmung aufbauen. Die von der Geomorphologie beschriebenen Vorgänge, die eine Landschaft in vielen Jahrmillionen prägten, sollen hier allerdings nur kursorische Erwähnung finden: Das grundlegende Relief der Erdoberfläche entstand im Paläozoikum und im Mesozoikum. Prägend für die Ausbildung von Gesteinsschichten waren die Sedimentationsphasen einstiger Meere einerseits und die Vegetationsphasen auf den Landmassen andererseits; für ihre Zerrüttung und Neugestaltung wirkten neben dem Vulkanismus vor allem die Schübe der Gebirgsbildungen. Die Faltungen des Reliefs, die weiten Teilen der Landschaften ihr Gepräge geben, sind Reste von Wölbungen und Brechungen der äußeren Erdschichten, so auch die nordwestlichsten deutschen Mittelgebirgszüge wie der des Osnings am Rand der Senne. Jahrmillionen der Witterung, der fluvialen und glazialen und äolischen Erosion, schliffen die Bruchkanten und Auffaltungen der höheren Lagen und schwemmten erodiertes Material in die Täler. Eindrücklich für die entstehenden Landschaftsformen waren dann zuletzt die Kaltzeiten des Neozoikums, die Phasen der Vereisungen und Gletscherwanderungen, welche mit ihrer enormen Reibungsenergie letztlich jene weichen Formen schufen, die wir heute vor uns haben. Die Gletscher zermalmten Gestein, transportierten es weiter und häuften es auf, hinterließen tonige Moränen und erastrische Blöcke, Schmelzwässer flossen in großen Mengen ab und erodierten die Landschaft.

Neben dem geologisch beschreibbaren Prozess der Entstehung und Ausformung von anstehendem Gesteinsmaterial ist für die Landschaftsgeschichte der Prozess der *Bodenbildung* wichtig, da die *Vegetationsdynamik* in einem Beziehungsgeflecht hiermit eng verwoben ist; das gilt sowohl für die voranthropogene Entwicklung der Landschaft als auch (und noch viel mehr) für die spätere, vom Menschen beeinflusste Landnutzungsgeschichte. Böden sind als oberste Schicht der Erdoberfläche dasjenige Substrat, in dem – sozusagen wörtlich – alles Landleben wurzelt: Böden sind in ihrer Beschaffenheit einerseits abhängig von dem anstehenden Untergrund, bzw. dem Ausgangsmaterial, und andererseits von der Form und Art der Vegetation, die auf ihm wächst und deren Zerfallsprodukte seinen organischen Anteil bestimmen und verändern. Ein Bodensubstrat ist also gleichzeitig Anzeiger vergangener als auch Prospekt zukünftiger Entwicklungen der Vegetation. Natürlich hatten die Klimawechsel zwischen Kalt- und Warmzeiten starken Einfluss auf die Vegetation und die Fauna; immer wieder starben Lebensformen aus oder wurden in andere, je nachdem wärmere oder kältere, Regionen verdrängt. Die Zusammensetzung der Böden und der Vegetation nach der letzten Kaltzeit und vor dem beginnenden Eingriff durch den Menschen wird relativ zur heutigen Landschaftsausstattung oft als ‚Urlandschaft' begriffen. Nach heutigen Erkenntnissen ist die Vorstellung *einer* Urlandschaft allerdings nicht haltbar; keineswegs befand sich nämlich die damalige Vegetation in einem stabilen Klimaxzustand, der ohne weiteren menschlichen Einfluss unverändert geblieben wäre. Vielmehr kann immer nur von bestimmten Zuständen einer stets in dynamischer Entwicklung begriffenen Landschaftsausstattung ausgegangen werden. Vielfältige Prozesse und Prozessregler, geogene und klimatische, evolative und ökosystemare, sorgen auch ohne den Menschen fortwährend für eine Veränderung der Landschaft. Die vorherrschende Vegetation, die der kaltzeitlichen Versteppung in Mitteleuropa folgte, war Wald. Ging man früher zumeist von einer weitestgehend geschlossen Bewaldung für diese Zeit aus, so vermuten neuere Autoren durchaus auch lichtere Offenlandbereiche, vor allem im ökologischen Zusammenhang mit den Lebensräumen von Großwild: „Wir müssen uns wohl daran gewöhnen, dass wesentlich höhere Wilddichten als angenommen der natürlichen Situation entsprechen dürften und unsere Naturlandschaft ursprünglich durch die Megafauna offen gehaltene Bereiche besessen hat" (Wächter 1999: 184). Die Vegetationszusammensetzung des aber zweifelsfrei landschaftsbestimmenden Urwaldes war jedoch unstet; die Prozesse der klimatischen Anpassung waren keineswegs abgeschlossen, viel war noch in Bewegung.

Der signifikante Einfluss des Menschen auf die Landschaftsentwicklung Mitteleuropas ist nach neueren Erkenntnissen der Vorgeschichts- und Vegetationsforschung schon früher anzusetzen und in seinen Folgen als wesentlich erheblicher zu beurteilen, als man bislang gemeinhin annahm. Nicht erst der Mensch geschichtlicher Zeit prägte seine Umwelt merklich; bereits seit der Mittel- und Jungsteinzeit kam es zu bedeutsamen Einflüssen anthropogener Ursache mit teilweise sehr langfristigen Folgen für die Entwicklung von Flora und Fauna, von Ökosystemen, von Landschaft. Zwar gingen Siedlungsgeographen schon seit langem davon aus, dass nach der so genannten neolithischen Revolution, beginnend in flussnahen Lössgebieten, die ersten Rodungen einsetzten und so die ersten anthropogenen Agrarökosysteme entstanden; als Schwerpunktgebiete solcher frühen größeren Rodungen von Urwäldern im heutigen Deutschland vermutet man die wärmsten und trockensten Landstriche, so z. B. das Rhein-Main-Gebiet oder das Trockengebiet im Raum Leipzig-Halle-Magdeburg. Aber die gängige Vorstellung, dass die vorgeschichtlichen Kulturen Mitteleuropas bis zur raumgreifenden fränkischen Kolonisation des Mittelalters in überschaubaren, aufgelichteten Siedlungsinseln inmitten einer weitgehend natürlichen Urlandschaft lebten und von tiefen und tiefsten Urwäldern umgeben waren, die von den Menschen kaum betreten und nur äußerst marginal beeinflusst wurden, muss nach neuerem Forschungsstand zumindest relativiert werden. Der Landschaftshistoriker Hansjörg Küster stellt die These auf, dass „so gut wie jede Waldparzelle, die sich dafür eignete, irgendwann zwischen dem 5. vorchristlichen Jahrtausend und der Römerzeit oder dem Mittelalter einmal von Menschen gerodet wurde, damit dort Wirtschaftsland angelegt werden konnte“ und dass „praktisch jeder Fleck, der sich dafür eignete, im Verlauf der Vorgeschichte einmal oder mehrfach für die Gründung einer Siedlung ausgewählt“ wurde (KÜSTER 1998: 89). Auch andere Autoren betonen, dass das Bild der Landschaft seit der Neolithisierung nicht als „großflächiger dichter Urwald mit eingestreuten Siedlungskammern“, sondern vielmehr als „weithin naturnahe, artenreiche Kultursavanne, die vom Menschen und seinem Weidevieh erhalten wurde“, vorzustellen ist (WÄCHTER 1999: 199).

Die nicht ganz ortsfeste, noch dynamische Siedlungsweise vorgschichtlicher Kulturen auch nach der neolithischen Revolution der Sesshaftwerdung, die ihre Haus- und Hofstellen – vielen archäologischen Befunden zufolge – charakteristischerweise nach wenigen Dekaden wieder aufgaben, um sich an anderer Stelle neu anzusiedeln, hatte über mehrere Jahrtausende signifikante Folgen für das Ökosystem der Landschaft, zumal die nacheiszeitliche Vegetationsdynamik bis dahin keineswegs einen abgeschlossenen Klimaxzustand erreicht hatte. Zwar wuchs aufgegebenes Siedlungs- und Wirtschaftsland schnell wieder zu und wiederbewaldete innerhalb weniger Jahre, jedoch keineswegs in gleicher Weise und gleicher Artenzusammensetzung, wie sie der ursprüngliche Wald vor der Rodung aufgewiesen hatte. Natürliche und potentiell-natürliche Vegetation differenzierte sich bereits in dieser frühen kulturgeschichtlichen Zeit. Küster geht mit seinen diesbezüglichen Vermutungen soweit, für die in Mitteleuropa weithin bestimmenden Buchenwälder anzunehmen, dass diese weitgehend schon eine Sekundärvegetation nach anthropogener Einflussnahme darstellen. Zwar wäre die Rotbuche auf ihrem Ausbreitungsweg von Süden her wohl irgendwann auch ohne den Menschen zur vorherrschenden potentiell-natürlichen Vegetation weiter Teile Mitteleuropas geworden, jedoch wurde dieser Prozess sehr stark vom siedelnden Menschen begünstigt: „Die meisten Buchenwälder in Mitteleuropa entstanden erst nach dem Beginn der Beeinflussung der Vegetation durch den Menschen“, da nach der Aufgabe einer Siedlung im Wüstungsbereich neuer Wald emporwuchs, wobei „jahrtausendelang die Ausbreitung der Buche begünstigt wurde. Und hatte sie einmal die Herrschaft im Wald übernommen, blieb es nachhaltig so. In vielen Gegenden bildeten sich mit der Zeit reine Buchenwälder heraus“ (KÜSTER 1998: 88f). Dagegen hatte der „echt natürliche“ Wald vor der Siedlungsgründung viele Ulmen, Eichen und Haselbüsche enthalten; im neuen Wald „aus zweiter Hand" standen zunehmend Buchen, und „noch sehr lange mögen stickstoffreiche Plätze, an denen einst Häuser gestanden hatten und das Vieh seine Rastplätze gehabt hatte, am Bewuchs von stickstoffliebenden Gewächsen, zum Beispiel von Schwarzem Holunder, identifizierbar gewesen sein" (ebd.: 90f). Auch die Fauna wurde durch die dynamische Siedlungsweise der Menschen beeinflusst; so fanden etwa Mäuse, Hamster, Ratten, Hasen, Rehe und Wildschweine in den ersten Jahren nach der Wüstfallung von offenem Wirtschaftsland hier besonders nahrhafte Gewächse vor. „Man kann annehmen, daß alle genannten Tiere in einer Landschaft häufiger wurden, in denen der Mensch erst Wirtschaftsflächen anlegte, sie dann aber [...] verließ" (ebd.: 87). Bis zur Mitte des 19. Jahrhunderts sollte sich seither die Artenvielfalt in von Menschen beeinflussten Landschaften aufgrund der größeren Vielfalt an unterschiedlichen Lebensräumen erhöhen.

Der Grad der Zivilisation der Landschaft erhöhte sich nach dem Ende der Völkerwanderungsperiode im frühen Mittelalter vor allem ausgehend vom expandierenden Karolingerreich; im 8. Jahrhundert gingen kolonisierende (zugleich christianisierende) Bestrebungen von dort aus nordostwärts voran. Dabei wurde aber nicht, wie oft angenommen, eine bislang völlig unkultivierte Landschaft sächsischer oder slawischer Barbaren endlich urbar gemacht, etwa indem man großflächig rodete; vielmehr kam es „zur Überführung eines Systems mit nicht völlig ortsfesten Siedlungen vorgeschichtlicher Prägung in ein System mittelalterlicher, ortsfester Dörfer" (ebd.: 110). Diese wurden „verschenkt, gekauft, besetzt, aber nicht, wie man immer wieder meint, im eigentlichen Sinn gegründet, sondern nur aus einem Zustand des von Zeit zu Zeit stattfindenden Lokalitätenwechsels in eine fixierte Lage überführt" (ebd.: 111). Die von den fränkischen Kolonisten vorgefundene Landschaft mag ihnen noch weitgehend als Wildnis erschienen sein, jedoch bestand sie nicht nur aus hochgewachsenem „Urwald", sondern sie ist in weiten Teilen durchaus auch als eine „Gestrüpp-Landschaft" vorstellbar: Als Folge der jahrtausendelangen prähistorischen Nutzung hatte sich nach zeitweiligen Rodungen nicht nur Wald als Sekundärwildnis ausgebreitet, sondern auch mancherlei Gestrüpp aus Adlerfarn, Waldrebe, Himbeer- und Brombeerranken, welchem erst jetzt mit den scharfen Klingen einer fortgeschrittenen Kultur beizukommen war, um es in dauerhaftere Nutzung zu überführen (vgl. ebd.: 111). Politische, ökonomische und geistliche Stabilität zogen in diese „Wildnis" ein: „Sekundärsukzessionen des Waldes auf verlassenem Wirtschaftsland waren zu verhindern, es mußte ökonomisch mit den Nutzflächen umgegangen werden" (ebd.: 111). Der Kolonisationsprozess der vorgeschichtlichen Landschaft ist aber nicht als kurzfristig wirksamer revolutionärer Umbau vorzustellen; weder fand ein bedeutsamer Bevölkerungsaustausch statt, noch wurde plötzlich allerorts gerodet und der Boden durchgehend mit neuen Kulturtechniken bewirtschaftet. Die meisten Menschen werden zunächst noch weiter in prähistorischer Art und Weise im Lande gesiedelt haben, denn „die Kolonisation in Mitteleuropa dauerte Jahrhunderte, vom frühen Mittelalter bis in die frühe Neuzeit hinein" (ebd.: 113). Über Jahrzehnte und Jahrhunderte kam es dabei immer wieder zu Begegnungen zwischen den ‚Zivilisierten' und noch ‚unzivilisierten Heiden', deren latenter Rückzug in abgelegene Gegenden, in Gebirgsregionen und Wälder und Heiden, das Kulturmuster der Angst vor unzivilisierten Wilden, die tief im Wald hausen und sich nicht in die neue Gesellschaft integrieren ließen, konstituierte.

Erste völlig ortsfeste ländliche Siedlungen gibt es im nördlichen Mitteleuropa in der Regel seit dem 8. Jahrhundert. Wenngleich die Siedlungen und Hofstellen jetzt weitgehend festgelegt waren, wurde auf den Nutzflächen noch lange nach dem Prinzip des Feldwechsels gewirtschaftet; wie zuvor wurden die Ackerflächen immer wieder langen Brachesukzessionen überlassen. Seit dem Hochmittelalter wurde ortsnahes Ackerland dann zunehmend regelmäßig umgebrochen; die Anlage von solchem Dauerackerland bedeutete für die anderen, zuvor feldwechselwirtschaftlich genutzten Flächen eine Extensivierung, da diese jetzt zu selten besätem und nur noch zu Weidezwecken genutztem ‚Wildland und Rottland' wurden.[4] Der Übergang von der Feldwechselwirtschaft zum Dauerackerbau fand sowohl örtlich als auch zeitlich sehr differenziert statt: Für siedlungsnahe fruchtbare Böden wird angenommen, dass diese bereits im 13. Jahrhundert weitgehend waldlose Dauerackerflächen darstellten; abgelegene Gebiete, die außerhalb der Zentren wirtschaftlicher Prosperität lagen, wurden dagegen manchmal erst im 18. und 19. Jahrhundert, selten auch erst im 20. Jahrhundert zu Intensivnutzland kultiviert. Aufgrund der immer wieder verschiedenartigen Kombinationen von naturräumlichen Gegebenheiten einerseits und sozial- und wirtschaftsgeographischen Impulsen andererseits entwickelten sich regional unterschiedliche Siedlungsstrukturen und Kulturlandschaften. In Nordwestdeutschland etwa bedingte die extreme Landschaftsnatur schon recht früh den Dauerackerbau auf hierfür geeigneten und hergerichteten Flächen und führte zur Ausbildung des typischen Eschdorfes; auf der an-

---

4 Die Siedlungsgeographin Anneliese Krenzlin vermutet in diesem Zusammenhang, dass ein zu früheren Zeiten noch vorhandenes Bewusstsein des individuellen Besitzrechtes an Feldwechselwirtschaftsflächen verloren ging und diese erst jetzt den Status gemeinschaftlich genutzter Allmenden bekamen: „Wildland entsteht aus Wechselacker in Individualbesitz", so verkürzt Krenzlin ihre These. Demnach können auch Allmenden landschaftsgeschichtlich relativ jung sein; sie sind nicht immer ein Rest von jenem großen Gemeinland, das seit altersher die intensiver bewirtschafteten siedlungs- und hofnahen Bereiche, die Gewannfluren und Esche, umgeben hatte (vgl. KRENZLIN 1974: 125).

deren Seite bildeten sich hier auch entsprechend große Allmenden außerhalb der intensiv genutzten Flächen aus (vgl. KRENZLIN 1974: 133).

Struppige Hudewälder und Heiden, so genanntes Unland und Ödland, erstreckte sich weiträumig um die Plaggenesche herum. Trotz der flächenanteiligen Dominanz des Extensivnutzlandes wurde die an ortsfeste Siedlungen gebundene Kulturlandschaft durch zunehmend spezialisierte und dauerhafte Nutzungen jedoch insgesamt immer strukturreicher. Neben dem Dauerackerbau begann man mit der Anlage von vielfältigen Spezialkulturen (etwa Obstgärten und Weinberge), die ortsnahen Wälder wurden gezielt und regelmäßig als Niederwald genutzt, der stetige Eintrieb von Vieh in die Wälder und die einstigen Feldwechselbrachen entwickelte lichte Hudewälder und offene Heiden, und auf den regelmäßig genutzten Wirtschaftsflächen entstanden im Laufe der Zeit typisch nutzungsbedingte Kulturlandschaftselemente wie Feldraine, Wölbäcker und Hohlwege. Die Fixierung anthropogener Strukturen in der Landschaft war das Hauptprinzip der mittelalterlichen Landschaftsveränderungen; unsere Landschaft ist bis heute in vielen räumlichen Strukturen mit der Entstehung dieser agrarischen Kulturlandschaft verknüpft.

Da durch den höheren Organisationsgrad die landwirtschaftlichen Erträge vermehrt wurden, leitete die mittelalterliche Kultivationsphase der Landschaft ein Bevölkerungswachstum ein, welches in der Folge wiederum mehr agrarischer Nutzfläche bedurfte. In den noch verbliebenen Wald- und Gestrüppgebieten der Ebenen und des Hügellandes wurden in der Ausbauperiode des 12. und 13. Jahrhunderts die Rodungen und Kultivationen fortgesetzt und Dauerackerland hergerichtet, so dass der Waldanteil auf etwa 20–30% seines ursprünglichen Bestandes zurückging. Um 1300 erreichte Mitteleuropa seine höchste Zahl an Siedlungsplätzen (vgl. MAKOWSKI 1983: 49). Mit der ‚urbanen Revolution' entstand ein relativ dichtes Netz aus Städten und Dörfern mit dazugehörigem Straßen- und Wegenetz, das die heutige Verteilung von Stadt und Land weitgehend vorprägte; großenteils blieben die Strukturen der mittelalterlichen Kulturlandschaft bis zu den Agrarreformen des 18. und 19. Jahrhunderts wenig verändert. Zwischenzeitlich waren auch Rückentwicklungen im Grad der Kultivierung der Landschaft zu verzeichnen: Bedingt durch die starke Dezimierung der Bevölkerung in den Pestjahren, durch Vertreibungen und kriegerische Auseinandersetzungen, durch klimatisch bedingte schlechte Ernten in der so genannten „kleinen Eiszeit" sowie durch die Landflucht in Richtung neugegründeter Städte kam es vom 14. bis 17. Jahrhundert immer wieder zur Aufgabe von Siedlungsflächen, von Einzelhöfen, ganzen Dörfern und gar ganzen Regionen; Phänomene, die man als spätmittelalterliche Wüstungsphasen zusammenfasst. Auf den brachliegenden Nutzflächen konnten sich, wenn sie nicht von anderen Hausstellen aus weiter bewirtschaftet wurden, Buschwerk und in der Folge auch wieder Wälder ausbreiten. Spuren im Relief wie Wölbäcker und Hohlwege, Fundamente von Häusern und Kapellen sowie Rudimente von Brunnen und Öfen weisen bis heute auf die ehemalige Besiedlung von längst wieder bewaldeten Gegenden hin.

Die mittelalterliche Kulturlandschaft wies durch ihre nutzungsbedingte Vielfältigkeit außerordentlich hohe, der unkultivierten Naturlandschaft weit überlegene Artenzahlen auf und erscheint daher aus landschaftsökologischer Sicht bis heute beispielhaft. Die Kulturlandschaften bestanden aus einem System von Gärten und Äckern, von Wäldern und Weiden, von Brachen und Heiden, in dem der Übergang zwischen verschiedenen Bereichen relativ fließend war. Wälder hatten weitgehend nicht das Aussehen altersgleicher Hochwälder, sondern ungleichaltrige, lückige Hude-, Plenter- und Niederwälder bestimmten das Bild. Der fließende Übergang von Wald zu Heide – sowohl betreffend der Landschaftsentwicklung auf der Zeitachse als auch ihres räumlichen Nebeneinanders in der Landschaft – war eine Folge vielfältiger Nutzungen des Waldes. Wälder dienten nicht nur der Holzentnahme zu Bau- und Heizzwecken, zur Feuerung von Kohlenmeilern, Eisen- und Glasverhüttungsanlagen, sie dienten insbesondere auch als Viehweide und wurden noch in mannigfachen anderen Weisen alltäglich und gemeinschaftlich genutzt; man sammelte Laubstreu und schneitelte Äste, betrieb Niederwaldwirtschaft, entnahm dem Waldboden Plaggen zur Düngung der Äcker, sammelte allerlei Beeren und Kräuter und Pilze, schälte Baumrinden und erntete Baumharz. Während des so genannten hölzernen Zeitalters, welches bis ins 19. Jahrhundert andauerte, bedienten sich die Menschen ganz selbstverständlich zu diesen und noch anderen Zwecken im wie eine unendliche Ressource wahrgenommenen Wald.[5] Für die Vegetationsausstattung und Physiognomie der Wälder blieb diese Nutzungsvielfalt natürlich nicht folgenlos; sie lichteten zu lockeren Hudewäldern mit struppigem aber zugleich auch parkartigem Aussehen auf, in denen die verbliebenen Bäume knorrig überalterten und nur wenig Jungbäume unter dem stetigen Verbiss des Nutzviehs aufwuchsen. Offene, vergraste oder verheidete Flächen, dorniges Gesträuch und Gestrüpp, dass sowohl Tier wie Mensch mieden, bestimmten zunehmend ehemalige Waldbereiche: Je siedlungsnäher gelegen, desto offener und baumärmer wurde die Landschaft. Die Entwicklung offener Heide- und Wildland- und Ödlandflächen hing jedoch nicht nur von der Intensität der Nutzungen ab, sondern auch von der Qualität des Untergrundes: Auf relativ fruchtbaren, fetten Böden – sofern

5 Zur äußerst vielfältigen Nutzung von Wäldern im so genannten „hölzernen Zeitalter" vgl. KÜSTER 1998: 133ff.

diese nicht als Dauerackerland genutzt waren – wurde die immer wieder aufkeimende Vegetation weniger nachhaltig niedergehalten als etwa auf kargen, trockenen Böden. Die sandigen Bereiche Nordwestdeutschlands devastierten nicht zuerst deshalb zu riesigen ericoiden Heideflächen, weil sie *besonders intensiv* beweidet worden waren, sondern weil sie aufgrund naturgegebener Voraussetzungen *besonders anfällig* waren; sie hatten selbst einer extensiven regelmäßigen Beweidung nur wenig Wachstumsenergie entgegenzusetzen.

Im 18. Jahrhundert begann mit den Forst- und Agrarreformen die Zeit schwerwiegender Veränderungen der lange Zeit relativ stabilen Kulturlandschaft. Über diese Epoche schreibt Rainer Beck unter dem Titel „Die Abschaffung der Wildnis“: „Von Anfang an war [die] Natur, waren das Land oder die Landschaft in das Projekt der Moderne, des Fortschritts miteinbezogen. In relativ rückständigen Ländern wie Deutschland begann der ökonomische Modernisierungsprozeß überhaupt eher noch in der Landwirtschaft als im Gewerbe, jedenfalls längst vor der eigentlichen Industrialisierung“ (Beck 1996: 28). Nach und nach wurden Feuchtgebiete entwässert, Bäche begradigt und Flussauen eingedeicht, gemeine Allmenden wurden in Besitzparzellen geteilt, verkoppelt oder mit neu eingeführten Nadelholzkulturen aufgeforstet; für das Vieh wurde die Stallhaltung eingeführt, Wälder wurden forstlich-planvoll bewirtschaftet und sonstige Waldnutzungen als ‚Waldfrevel‘ unter Strafe gestellt. Für die aufgeklärt-pragmatischen Agrarreformer in den Beraterstäben der Landeshoheiten waren Hutwälder, Heiden und Moore keineswegs Orte positiv besetzten Landschafts- und Naturerlebens; ineffiziente agrarische Wirtschaftsweisen und ungenutzter ‚Filz‘ riefen bei ihnen vielmehr Abscheu hervor. Man empfand Wildnis als Zeichen von Unkultur und schlechter Ökonomie, unberührte Natur galt als brachliegende Ressource. Das aufklärerische Ideal war auf „Schönheit als verwirklichte Nützlichkeit“ gerichtet, auf die „Verbindung von Natur mit einem praktischen Nutzen“ (ebd.: 29). Erstes wichtiges Ziel der Reformen war es, solche Landschaftsteile in Nutzung zu bringen, die bislang gar nicht oder nur sehr extensiv genutzt worden waren; das waren in erster Linie vernässte Bereiche, also Flussauen, Nieder- und Hochmoore, und das waren die überall im Land vorhandenen Heiden. Der nutzen- und ertragsorientierte Blick der Agrarökonomen richtete sich kritisch auf die als ‚bäuerlicher Schlendrian‘ gebrandmarkte herkömmliche Wirtschaftsweise insgesamt, wobei ihnen vor allem die bisherigen Weidegewohnheiten des Viehs, das extensiv in Wäldern und auf großzügigen Allmenden graste, ein Dorn im Auge war: „Viehtrieb und Gemeindeweide repräsentierten das extensive Moment der alten ländlichen Wirtschaftsweise, das es im Kampf um höhere Erträge zu eliminieren galt“ (ebd.: 31). Auch die seit Jahrhunderten übliche

Dreifelderwirtschaft wurde wegen der üblichen Brachephase als Vergeudung kostbarer Ressourcen kritisiert. Freilich wirkten die Reformen nicht von heute auf morgen, sondern mit regionalen und lokalen Differenzierungen erst im Verlauf vieler Jahrzehnte. Neben der Austrocknung von „Morastwelten" (GUDERMANN 2000) war die Meliorierung von ungenutzten Heideböden ein wichtiges Ziel der Landeskultivationen; doch während Entwässerungen weitgehend schon im 18. und in der ersten Hälfte des 19. Jahrhunderts durchgeführt werden konnten, gelang die Urbarmachung karger Podsolböden weitgehend erst nach der Entwicklung chemischer Düngemittel zum Ende des 19. Jahrhunderts.

Erfolgreicher waren die Forstreformer, die auf Basis der neuen Forstwissenschaften ein System ökonomisch-nachhaltiger Waldnutzung entwickelten, das den gebeutelten Wald zwar erhielt und ausweitete, sein Erscheinungsbild und seine sozialen Funktionen jedoch grundlegend veränderte. Bekanntlich wurden gleichaltrige, möglichst schnell wachsende Schläge zum Maß aller Dinge, und mit der Argumentation einer drohenden Holznot verbannte man sämtliche anderen Nutzungen aus den zuvor lebhaft genutzten Wäldern. So wurde neben der Abschaffung der Waldweide u. a. auch das Gewohnheitsrecht des Holzsammelns kriminalisiert, was zu einer Flut an aktenbekundigten Holzdiebstählen führte und die Mehrheit der landlosen Bevölkerung vor existentielle Probleme stellte. „Waldkonflikte gehörten zu den Wurzeln der Revolution von 1848", meint der Umwelthistoriker Joachim RADKAU (1989: 18) in diesem Kontext. Entgegen anderslautender Interpretationen war die von den Forstreformern beklagte Devastierung der Wälder und die vermeintlich drohende Holznot nicht in erster Linie eine Folge der seit Jahrhunderten üblichen Waldweide und Streusammlung als vielmehr eine des gesteigerten Holzbedarfs protoindustrieller Aktivitäten wie der Glas- und Stahlverhüttung im großen Stil, der Salzgewinnung, des Bergbaus und des in vielgestaltiger Weise im ganzen Land entstehenden Manufakturwesens. Da vor dem Bau der Eisenbahnlinien kaum Stein- oder Braunkohle als Brennstoff verfügbar war und praktisch der gesamte Energiebedarf durch die Verbrennung von Holz gedeckt wurde, ging diese Entwicklung massiv auf Kosten der Wälder. Die ausgerufene Holznot kann somit als eine interessengeleitete Konstruktion beurteilt werden, die einhergehend mit der allgemeinen Ökonomisierung des Forstwesens einer elitären Aneignung der einstigen Volksallmende Wald diente (vgl. RADKAU 1986).

Der Tenor der Agrar- und Forstreformen war insgesamt einer der Ordnung; Wald hatte Forst zu sein, also reiner Holzlieferant, Weide hatte Wiese zu sein, möglichst von immer der gleichen Güte und Art, und die beackerten Flächen reines Ackerland, nicht etwa mit einzelnen Bäumen und

Buschwerk versehen. Die Agrarreformer empfanden die in der Kulturlandschaft bislang verbliebene Natürlichkeit als Unordnung; eine rationelle Landschaft, ausgerichtet an der Erkenntnis wahrer Naturgesetze, musste erst noch erschaffen werden. Das Prinzip der Trennung sollte gelten und dem undeutlichen Ineinanderübergehen von verschiedenen Nutzflächen ein Ende bereiten: Vom Dorf und den Gärten aus, über die dorfnächsten Äcker, die gemeinen Weiden und Heiden und die Waldhuden bis hin in die Nieder- und Plenterwälder bestand zuvor eine gleitende Abnahme des Kultivationsgrades. Es handelte sich um „eine Abstufung und Mischung, die die Vielfalt der Arten und die Buntheit der Landschaft, die häufig noch von irgendwelchen unregulierten Gewässern durchzogen war, begünstigte. Ökologisch betrachtet setzte sich diese Landschaft – obwohl bäuerlicher Wirtschaftsraum und ‚ökonomische Ressource' auch damals – aus einer Vielzahl unterschiedlicher, aber auch in sich vernetzter ‚Biotope' zusammen" (Beck 1996: 33). Statt gleitender Übergänge wurden nun scharfe Abrisskanten und die schachbrettartige Anordnung der Flächen unterschiedlicher Nutzung zum ökonomischen und gleichsam ästhetischen Ideal. Gerade Linienführungen und rechte Winkel sollten Kultiviertes vom Wilden trennen und die Zweckmäßigkeit der eingerichteten Landschaft betonen; scharfe Waldränder, rechteckige Flurstücke und Koppeln, schnurgerade Baumreihen, Wege und Gewässer prägten das moderne Bild der Kulturlandschaften. Für Rainer Beck bedeuteten die Reformen des 19. Jahrhunderts und ihre Umsetzung „das Ende der Kulturlandschaft vorindustrieller Prägung – jener Landschaft, die die Romantiker des 19. Jahrhunderts noch einmal in suggestive Bilder zu bannen versuchten. Es wurde ein Tod in Stücken, der bis in unser Jahrhundert dauern sollte und spärliche Reste der vorindustriellen Landschaft, ‚Biotope', immerhin bis heute verschonte" (ebd.: 31).

Durch die Intensivierung der Landwirtschaft erreichte man das angestrebte Ziel, einen gewaltigen Anstieg der agrarischen Produktion; Europa konnte sich nun seinen Aufschwung leisten, sein Bevölkerungswachstum, seine Verstädterung und seine Industrialisierung. Mit und infolge dieser Entwicklung fanden Landschaftsveränderungen statt, die die der bisherigen Kulturgeschichte in Geschwindigkeit, Ausmaß und Dauerhaftigkeit bei weitem übertrafen. Die tiefgreifenden Veränderungen der mitteleuropäischen Kulturlandschaften nahmen äquivalent mit den technologischen Fortschritten des industrialisierten Zeitalters zu: Städte und Vorstädte wuchsen immer weiter ins ehemalige Agrarland hinein, Industriezonen und Rohstoffabbaugebiete prägten ganze Regionen um, Verkehrsinfrastrukturen wie Eisenbahnen, Kunststraßen und Kanäle entstanden, Abwässer und Abgase gelangten in die Luft- und Wasserkreisläufe und chemische Kunstdünger wurden den Böden zugemischt. Diese und weitere umwälzende

Neuerungen des ausgehenden 19. Jahrhunderts führten zu einem Wandel vieler bislang relativ naturnaher Lebensräume und erstmals zu einer deutlichen Verringerung der Artenvielfalt, die bislang im Kielwasser der kulturellen Erschließung der Landschaft und der damit einhergehenden Schaffung vielfältiger Lebensräume stets zugenommen hatte. Motorkraft und Chemie erlaubten bald auch die Urbarmachung von verbliebenen Ödländereien, von trockensten Sandheiden und feuchtesten Niederungen; die nordwestdeutschen Heiden wurden im 20. Jahrhundert weitgehend zu Kiefernforsten umkultiviert, und insgesamt wurden bis heute auf dem Gebiet der heutigen Bundesrepublik ca. 7 Millionen Hektar ehemaliger Feuchtgebiete entwässert. In Nordwestdeutschland existiert heute „kein einziges wachsendes Moor mehr, in ganz Deutschland gibt es keinen einzigen unregulierten Fluß selbst bescheidener Größe" (Hampicke 1996: 53).

Nach einer These des Umwelthistorikers Christian Pfister fanden die in ihrer Qualität tiefgreifendsten Landschaftsveränderungen allerdings keineswegs zeitnahe zur Industrialisierung, sondern im entscheidenden Maße erst in der gegenwartsnahen Moderne nach dem Zweiten Weltkrieg statt. Aus Technisierung wurde Hochtechnisierung, Mobilisierung wurde zu Massenmobilisierung, Tourismus entwickelte sich zu Massentourismus, die technologischen, infrastrukturellen und sozialen Disparitäten zwischen Stadt und Land wurden zunehmend nivelliert; Pfister nennt dies „das 50er Jahre-Syndrom" (Pfister 1995). Neuerliche Flurbereinigungen zugunsten einer industrialisierten und hochtechnisierten agrarischen Wirtschaftsweise ließen die Gemeinheitsteilungen des 19. Jahrhunderts vergleichsweise wie ‚Pritzelkram' erscheinen, allerorts verschwanden jetzt letzte Hecken, Raine und Wäldchen, die die alten, kleinflächigeren Flure voneinander abgegrenzt hatten, um Platz zu machen für Mähdrescher und andere große Landmaschinen, die nur auf großen Flächen rentabel einsetzbar sind. Die infrastrukturelle Ausstattung und agrarische Nutzbarmachung der Landschaft wurde auf unser heutiges Niveau optimiert, großdimensionierte und maschinengerechte Monokulturen wurden zur Norm. Wenn man bedenkt, dass noch bis in die 1940er Jahre mit Hilfe lebendiger Pferdestärken Äcker bestellt wurden, so erscheint das „50er-Jahre-Syndrom" als ökoperspektivisches Adäquat zum Wirtschaftswunder augenfällig. Erst in den letzten Jahrzehnten wurde dem immensen Flächenverbrauch durch bodenversiegelnde Urbanisierung und Zersiedelung und den industriell-agrarischen Wirtschaftsweisen ein wirksamer Natur- und Landschaftsschutz entgegenzusetzen versucht, um allzu schädliche Eingriffe zu verhindern oder auszugleichen und um alternative Landnutzungskonzepte zu entwickeln. Zwar ist der Naturschutzgedanke bereits eine Idee des ausgehenden 19. Jahrhunderts, jedoch kam ihm erst seit den 1970er Jahren eine wirkungsmächtige administrativinstitutionelle Rolle zu, die ihn als tatsächliche – wenn auch weiterhin bescheidene – Konkurrenz zu den vielfältigen anderen Landnutzungsinteressen auf der Handlungs- und Planungsebene erscheinen ließ. Neuere europäische Leitbilder zielen auf eine Unterschutzstellung von rund zehn Prozent der Gesamtfläche, darüber hinaus scheint eine maßvolle Änderung agrarwirtschaftlicher Praktiken gesellschaftspolitisch durchsetzbar.

Wenn auch die landschaftsverändernden und -zerstörerischen Tatsachen, die in den letzten Absätzen angesprochen wurden, das Bild der geschichtlichen Entwicklung von Kulturlandschaft massiv zu trüben scheinen, so ist dennoch auch ein optimistischerer Blick möglich: Es gibt auch heute noch allenthalben Landschaft zu finden, die naturnah anmutet, es gibt Natur zu beobachten, die aus den Ritzen und Nischen der versiegelten Kulturwelt emporsprießt. Zwar sind die engmaschigen Feldraine der altbäuerlichen Kulturlandschaft weitgehend verschwunden, doch auch (ja sogar: gerade) die moderne Agrarlandschaft weist Grenzsäume auf, ist von vielerlei Ecken und Kanten durchwirkt, die für große Landmaschinen unzugänglich sind. Götz SCHMIDT (2001: 20) geht in einem Aufsatz über „Moderne Landschaften" antithetisch an die verbreitete pessimistische Diagnose heran, die moderne Kulturlandschaften einseitig als „ausgeräumt" und als „nivelliert" in ihrer Standortqualität beurteilt. Schmidt schlägt vielmehr einen „Mikro-Blick" vor, der Sukzessionsflächen nicht nur am Rande, sondern durchaus auch inmitten moderner Kulturlandschaften ausfindig macht, der „das Gute im ‚schlechten Neuen'" entdeckt und scheinbar widersprüchliche Entwicklungen aufzeigt. Sein Fazit: „So weh es tun mag: die traditionelle Hecke schwindet dahin – doch vielleicht entsteht sie ja in verwandter Form neu: neben dem illegal ausgebauten Weideunterstand oder den Strohballen, die am Wegrand verrotten." Schmidts Mikro-Blick weist einen Weg, dem fortwährenden Nebeneinander von kultureller und natürlicher Dynamik auch in der technisierten und urbanisierten mitteleuropäischen Gegenwartslandschaft gewahr zu werden und liefert ein Gegenmodell, um jene zuweilen hoffnungslos anmutende Sichtweise, die nur jammernd in die Vergangenheit blickt, zu überwinden und eine ganz neue Vielfalt in der Landschaft zu entdecken.

Daher sollen in diesem Exkurs auch solche Landschaftsteile Beachtung finden, die als ökonomisch periphere Räume aus unterschiedlichen Gründen einer regelmäßigen Nutzung oder Pflege entbehren oder zumindest in diesem Sinne ‚vernachlässigt' werden. Ungepflegte Zwischenräume, verwildernde Grundstücke und Industriebrachen, Brachäcker, Abbaugruben oder -halden, Bahndämme, Sperrgebiete und allerlei Grenzsäume können beispielsweise solch eine Charakteristik von kultureller Vernachlässigung aufweisen. Im wissenschaftlichen Diskurs fanden solche Räume kultureller

Vernachlässigung generell eher wenig Beachtung, jedoch bestätigen Ausnahmen diese Regel. So thematisierte der Geograph Wolfgang Hartke bereits in den 1950er Jahren brachfallende Agrarflächen – er sprach von „Kümmererscheinungen der Kulturlandschaft" – als ein Phänomen der geographischen Differenzierung der Landschaft und prägte den Begriff der „Sozialbrache" (vgl. HARTKE 1956: 267). Das Thema wurde in den 1960er und 1970er Jahren in Geographie und Landschaftsplanung weiter diskutiert, da technologische und soziale Veränderungen der Agrarproduktion weiter zu einer deutlichen Zunahme von Brachflächen im ländlichen Raum führten (vgl.: BORCHERDT 1968; DÄUMEL 1972; HARD 1975; NOHL 1976). Innerhalb des Fachdiskurses wurden auch ästhetische Aspekte der Wahrnehmung solcher Flächen betont; Gerhard Hard stellte in diesem Kontext fest, dass gerade Brachflächen „ästhetische Qualitäten und landschaftliche Reize zugesprochen werden können und tatsächlich zugesprochen" würden. Ein brachliegender Flurteil sei demnach „die potentiell ursprünglichere und reinere Natur als eine intakte ‚bäuerliche Kulturlandschaft', oft auch als eine Naturwaldparzelle oder ein Naturschutzgebiet" (HARD 1975: 148 f).

Im Zeitgeist ökologischer Sensibilität fanden Restflächen jetzt zunehmend Beachtung: Reiner Feldmann verwendet für aus der Nutzung gefallene, inselhafte Flächen den Begriff der „sekundären Lebensräume", stellt deren Bedeutung als „ökologische Ausgleichsflächen" dar und nennt sie in diesem Kontext „Paradiese aus zweiter Hand" (FELDMANN 1977: 117). Wilfried Stichmann schlägt für die Bezeichnung der neu entdeckten Phänomene den alten Begriff „Wildland" vor, welches man wegen seiner Funktion als „ökologische Zelle" „nicht mehr abwertend als ‚Ödland' bezeichnen sollte" (STICHMANN 1978: 30). Für aus der Nutzung genommene ehemalige Abbaugruben und -halden tauchen in den Medien zunehmend sprachliche Neuschöpfungen wie z. B. Tagebaulandschaft, Nachkohlelandschaft oder Kippenlandschaft auf. Neben Brach- und Restflächen sind es besonders auch die Grenzsäume, die in der Landschaft Raum für Natur bieten; ob als schmaler Maschendraht, an dem ungewollt eine Waldrebe rankt, ob als Ackerrain oder als flächige Grenzregion (exemplarisch bis 1989: das ‚Zonenrandgebiet'). „In der intensiv genutzten Agrarlandschaft sind die Mantel- und Saumgesellschaften dieser Flächen auch fast die einzigen Standorte relativ (sub)spontaner, nicht direkt wirtschaftlich kalkulierter Vegetation und infolgedessen diejenigen Stellen, die in dieser Agrarlandschaft am ehesten noch den Eindruck von Ursprünglichkeit und Natur zu produzieren vermögen" (BORSTEL 1974, zit. n. HARD 1975, 148 f). Aus dem angloamerikanischen Raum kommt der Begriff der ‚wildness', der „eher die kleine verwilderte Ecke, die überschaubare Sukzessionsfläche, den brachgefallenen Platz oder den wilden Rest in der Kulturlandschaft" bezeichnet (TROMMER 1999: 10).[6]

Mit der zunehmenden Beachtung der natürlichen Dynamik, die auch modernen Landschaften weiterhin immanent ist, ist – wie noch ausgeführt werden wird – ein paradigmatischer Wandel naturschützerischer Ethik verbunden.

Die Geschichte des menschlichen Umgangs mit seiner Umwelt beschreibt keinen unumkehrbaren Niedergang und permanenten Missbrauch von Natur; das wäre zu einfach und zu kurz gegriffen. Vielmehr konnten anthropogene *und* natürliche Prozesse in gegenseitiger Einflussnahme, in mal mehr, mal weniger ausgewogenen Verhältnissen stets gleichzeitig stattfinden. So wird, ohne die zweifelsfrei feststellbare biologische Verarmung in Relation zur Biodiversität der Vormoderne leugnen zu wollen, trotz aller menschlicher Inanspruchnahme der Ressource Natur auch für die Zukunft davon auszugehen sein, dass die mitteleuropäische Landschaft zumindest weitgehend chlorophyll-grün bleiben wird. Trotz aller Landschaftsveränderung und der vielfach destruktiven Beeinflussung der biotischen und abiotischen Faktoren des Naturhaushalts durch menschliche Kultur ist kaum davon auszugehen, dass der Prozess natürlicher Dynamik jemals nachhaltig aufgehalten werden würde; jeder Riss im Beton würde wieder von einer Pionierart besiedelt werden, die dann wortwörtlich den Boden bereitete für nachfolgende Pflanzen- und Tiergesellschaften, und keine Klimaveränderung würde so extrem sein, dass eine Anpassung organischer Lebensformen langfristig ausbliebe. Im Kontext der allzu dramatischen Klagen aus der von übertriebenem Pessimismus geprägten ‚Waldsterbensära' der 1980er Jahre merkte der tschechisch-brasilianische Philosoph Vilem Flusser zynisch an: „Man muß sich diesem überhandnehmenden Grünzeug irgendwie stellen. Es genügt nicht, alle Hoffnung auf sauren Regen, radioaktive Asche und ähnliche Bekämpfungsmittel zu setzen: die biologischen Systeme sind zäh, sie regenerieren schnell und haben die kybernetische Fähigkeit, gestörtes Gleichgewicht wiederherzustellen" (Flusser 1995: 200). Max Frischs Romanfigur des ‚Homo Faber', die ausgestattet mit nur wenig Achtung vor allem Natürlichen ein literarisches Bild des modernen, technisch orientierten Menschen verkörpert, prägte im gleichen Sinne den Satz: „Wo man hinspuckt keimt es". Nicht selten stellen Biologen heute fest, dass etwa die Biodiversität in Städten die einer ländlichen Gegend überschreiten kann, und manchem Vogel ist es ‚piep-egal', ob er auf einem Strommast rastet oder auf einer tausendjährigen Eiche. Solche ökooptimistischen Denkweisen werden hier freilich nicht angeführt, um das Problem der Landschaftsveränderung und des Artenschwundes grundsätzlich infrage zu stellen;

6 Beachte den Unterschied zum Begriff ‚wilderness' als unerschlossenes und ursprüngliches Gebiet.

vielmehr sollen sie ein Hinweis darauf sein, dass manche Standpunkte der Umweltgeschichte letztlich mehr mit gegenwärtiger Wahrnehmung und unmittelbarem subjektiven Erleben zu tun haben können als mit objektiven Katastrophen für die Natur.

2.3. Landschaftswahrnehmung

„Das Verläßlichste sind Naturschönheiten.
Dann Bücher; dann Braten mit Sauerkraut." (Arno Schmidt)

Wahrnehmung ist der „außer durch Empfindungen auch durch Gedächtnisinhalte, Interessen, Gefühle, Stimmungen, Erwartungen u. a. mitbestimmte physiopsychische Prozess der Gewinnung und Verarbeitung von Informationen aus äußeren und inneren Reizen", der zu einem bewussten oder unbewussten Auffassen und Erkennen von Gegenständen und Vorgängen führt. Dabei besteht nach erkenntnistheoretischem Verständnis die Aufgabe der Wahrnehmung „nicht so sehr in der Vermittlung von Wahrheit im Sinne eines naturwissenschaftlichen Abbilds, sondern in der Entwicklung eines (Um)weltbildes, auf Grund dessen es dem Individuum möglich ist, sich in seiner Umwelt erfolgreich zu verhalten" (Meyer 1987: 299). Im Prozess der Wahrnehmung werden reale Vor-Bilder individuell umgestaltet zu konstruierten Ab-Bildern. Demnach ist gewissermaßen „jedes Bild, das wahrgenommen – also ästhetisch erfahren und erlebt – wird, ein ‚falsches' Bild" (Hasse 1993: 15). Das gilt im besonderen Maße für die Wahrnehmung von Landschaft: „Seh-Erwartungen liegen den reellen Bildern immer schon voraus. Wo Natur zur Landschaft wird, ist sie kulturell als Bild konstruiert" (Hasse 1997: 151). Freilich prägen wirtschaftliche Interessen die eine Seite der menschlichen Sehweisen auf Landschaft; als Lebensraum soll sie möglichst effektiv genutzt sein, stellt sie doch in vieler Hinsicht eine grundlegende Ressource dar. Auf der anderen Seite ist Landschaft dem Menschen aber auch eine Folie, die über unmittelbare ökonomische Interessen hinaus für allerlei Emotionalisierungen und Mythisierungen offen ist. „Die Natur und unser Bild von ihr sind nicht voneinander zu trennen. Landschaft ist das Werk des Geistes; sie besteht ebenso aus Schichten von Mythen und Ideen wie aus Gesteinsschichten," schreibt Simon Schama und fährt fort: „Was aus bloßer Geologie und Vegetation eine Landschaft macht, war immer die überkommene Tradition, die bis zu den Mythen von Arkadien, dem von Nymphen und Satyrn bevölkerten fruchtbaren Reichs Pans, zurückreichte“ (SCHAMA 1996: 20). Jürgen Hasse bemerkt, dass emotionalisierte Landschaftswahrnehmungen „schließlich als Remythologisierungen in naturwissenschaftliche Abstraktionen einwandern“ können; so seien „insbesondere Ökologie und Landespflege durchsetzt von metatheoretischen Fiktionen einer ‚guten Natur‘, z. B. im harmonistischen Bild ‚ökologischer Gleichgewichte‘“ (HASSE 1993: 41).

„Ob uns eine Landschaft gefällt“, meint Werner NOHL (1990: 366), „hängt keineswegs nur von ihrer sinnlich-wahrnehmbaren Gestalt, sondern wesentlich auch davon ab, ob sie unseren nicht-sinnlichen Erwartungen oder Vorstellungen von der Wunschnatur einer ‚schönen‘ Landschaft entspricht“. Rolf Peter SIEFERLE (1986: 238) stellt klar, dass „das moderne Landschaftsgefühl, das vielfach für das ‚natürliche‘ gehalten wird“, ein historisches Phänomen und somit „zivilisierte Kategorie“ sei. „Für den Menschen ist Landschaft nicht nur Biotop wie für andere Lebewesen, sondern Lebensraum auch für Geist und Gemüt, d. h. auch Psychotop“, stellt Alfred BARTHELMESS (1988: 15) fest. Erwin FROHMANN (1997: 206) schreibt in einem Aufsatz über „Archetypen der Landschaft“: „Die ästhetische Wirkung von Lebensräumen beruht auf einer holistischen, alle Sinne einbeziehenden Wechselwirkung zwischen Mensch und Landschaft. Die formal wirksamen äußeren Bilder der Landschaft sind zugleich innere Bilder, in dem sie als innere Erfahrungen das Seelenhafte in uns Menschen berühren.“ Gernot BÖHME (1999: 99) definiert die „Physiognomie einer Landschaft“ – ein Begriff, der in der Tradition der Naturerkenntnis Humboldts, Goethes und Carus steht – als das „Eindruckspotential gegenüber einem [...] Betrachter“, als „Gesamtheit jener objektiv angebbaren Qualitäten, die für [ihre] Atmosphäre konstituiv sind“. Nach Daniel SPEICH (1999: 94) machen „erst Bedeutungen [...] eine Gegend zur Landschaft“; und da der „touristische Blick“ viel stärker an „bedeutende[n] Zeichen“ als an „bedeutende[n] Objekten“ interessiert sei, müsse er „eine Aussicht notwendigerweise als Landschaft wahrnehmen“.

Gerhard Hard kommt bei seiner Suche nach einer übergreifenden Formel dafür, was eine Erfahrung zu einer ästhetischen Erfahrung macht und was den „ästhetischen Mehrwert“ (hier: einer Landschaft) ausmacht, zu folgender Erkenntnis: „Dieser ästhetische Mehrwert beruht auf einer subjektiven Bedeutung, einer gefühlten Ich-Nähe, auch wenn dieser Innenwelt-Bezug des Aussenwelt-Gegenstandes gar nicht artikuliert werden kann. Eine ästhetische Erfahrung machen, das ist zunächst und vor allem die oft glückliche, zuweilen auch ambivalente oder erschrocken-verschreckte (Wieder)-Erfahrung einer meist überraschend verkleinerten oder verschwundenen Subjekt-Objekt-Distanz. [...] Das ist ja auch der Sinn des modernen Landschaftserlebens: Der Landschaftsbetrachter findet eine Korrespondenz von Seele und Landschaft und so in der Landschaft sein Selbst und im

Erleben des Landschaftslebens die Dynamik seines Seelenlebens wieder" (HARD 1992: 138). Das Ergebnis einer empirischen Studie zusammenfassend formulierte Hard Ende der 1960er Jahre über die phänomenologische Bedeutung von Landschaft und ihre verbreitete semantische Wahrnehmung: „Die (wahre) Landschaft ist weit und harmonisch, still, farbig, groß, mannigfaltig und schön. Sie ist ein primär ästhetisches Phänomen, dem Auge näher als dem Verstand, dem Herzen, dem Gemüt und seinen Stimmungen verwandter als dem Geist und dem Intellekt, dem weiblichen Prinzip näher als dem männlichen. Die wahre Landschaft ist etwas Gewachsenes, Organisches, und Lebendiges. Sie ist uns eher vertraut als fremd und dennoch eher fern als nahe, eher Sehnsucht als Gegenwart, denn sie hebt uns über den Alltag hinaus und grenzt an die Poesie. Aber so sehr sie auch ins Unbegrenzte, ja ins Unendliche weist, so bietet die mütterliche Landschaft dem doch immer Heimat und Geborgenheit. Sie ist ein Hort der Vergangenheit, der Geschichte, der Kultur und der Tradition, des Friedens und der Freiheit, des Glücks und der Liebe, der Ruhe auf dem Land, der Einsamkeit und der Erholung von der Hast des Alltags und dem Lärm der Städte" (HARD 1969: 10f).

Landschaft wird also zunächst ästhetisch wahrgenommen, dabei wird sie nach unterschiedlichen Kriterien bewertet, die einerseits betrachterspezifisch sind, andererseits aber allgemeineren Regeln folgen. Diese zu benennen und nachzuvollziehen ist Ziel theoretischer Landschaftsästhetik, deren Systematik die folgenden Absätze gelten sollen. Marcel HUNZIKER unterscheidet in seiner Dissertation (Hunziker 2000: 30ff) hinsichtlich bislang publizierter theoretischer Ansätze zur Landschaftsästhetik insgesamt fünf Dimensionen: (1.) die Landschaftsästhetik der klassischen Ästhetik, (2.) die biologische Dimension der Landschaftsästhetik, (3.) die soziale Dimension, (4.) die individuelle Dimension und (5.) ein die bisherigen Dimensionen zusammenführendes Intergrationsmodell.

1. Für die Position einer *klassischen ästhetischen* Theorie steht Immanuel Kants Postulat der ästhetischen Erfahrung als grundsätzlich interesselos, als nicht von der Erfüllung der subjektiven Wünsche gesteuert. Er sieht das ästhetische Urteil als dem Praktischen enthoben, als vom praktischen Nutzen unbeeinflusst. Nach Kant ist ästhetische Erfahrung dem Betrachten bildender Kunst und erhabener Natur vorbehalten, nicht der Anschauung jeglicher realer Umwelt. Andere Autoren kritisieren das Kant'sche Postulat der Interesselosigkeit und seine Trennung zwischen ästhetischer Betrachtung und praktischer Welt. Zur Klärung relevanter landschaftsästhetischer Fragen ist der Ästhetikbegriff der klassischen Philosophie kaum brauchbar; wesentlich höhere Signifikanz haben biologische und soziale Dimensionen.

2. Die *biologische Dimension* der Landschaftsästhetik ist im Wesentlichen in drei ausgereiften Theorien beschrieben: der „prospect-refuge-theory" von APPLETON (1975), der „savanna-theory" von ORIANS (1980 u. 1986) und der „information-processing-theory" von KAPLAN & KAPLAN (1989). Ausgangspunkt ist jeweils die vom Evolutionsbiologen Edward O. WILSON (1984) als „Biophilie" bezeichnete Annahme, dass grundlegende menschliche Emotionen auch als Instinktreaktionen betrachtet werden können. Verhaltensbiologische Habitattheorien kommen weitgehend zu dem Ergebnis, dass noch heute solche Landschaften und Landschaftselemente am besten gefallen, die urmenschliche Überlebensbedürfnisse am besten befriedigen könnten: Verfügbarkeit von Wasser, Überblick (*prospect*) über die Landschaft (für die Jagd, für die *Informations*beschaffung) und Schutz (*refuge*) vor Feinden sind die entscheidenden drei Aspekte. Insgesamt wäre demnach eine savannen- oder parkähnliche Landschaft unter praktischen und in der Folge eben auch ästhetischen Gesichtspunkten ideal.[7] In zahlreichen empirischen Studien wurden diese Annahmen überprüft; besonders bei den jüngsten Probanden fiel dabei eine signifikante Positivbeurteilung solcher Landschaften auf. Interpretiert wurden diese Ergebnisse dahingehend, dass Kinder noch relativ wenig sozialisiert seien und dass die biologisch-instinkthafte Reaktion entsprechend stärker durchschlage. Auch RADKAU (2000: 29) weist darauf hin, dass in der Umweltgeschichte vieles für die Existenz einer dem Menschen angeborenen „Biophilie" als anthropologischer Basis seines Naturbezuges spreche.

3. Zunächst diametral hierzu scheinen Erklärungsversuche zu stehen, die aus sozialwissenschaftlicher Perspektive eine *soziale Dimension* der Landschaftsästhetik ausmachen. Demnach werden nicht biologische Präferenzfaktoren vererbt, sondern soziale Faktoren gesellschaftlich überliefert, also vom Individuum durch den Prozess der Sozialisation angeeignet. Wichtigstes Werkzeug für den Aneignungsprozess ist die Kommunikation mittels Symbolen und Zeichen. Auch Landschaften können in diesem Sinne symbolisch aufgeladen sein; traditionelle Kulturlandschaft beispielsweise wird zum nostalgischen Symbol für eine bessere, in größerer Harmonie mit der Natur lebende Gesellschaft, dichter Wald und Gestrüpp wird zum Symbol

7 Noch ein Beispiel für die Interpretation landschaftlicher Ästhetik als Biophilie: „Naturlandschaften, die als ästhetisch empfunden werden, sind Szenerien, die aus der Perspektive unserer Vorfahren besonders gute Möglichkeiten des Nahrungserwerbs und der Wasserversorgung bieten. Dies gilt beispielsweise auch für bestimmte Formen der Baumkronen. Ein Baum, der hoch genug ist, um Sicht ins Umland und gleichzeitig Schutz vor Beutegreifern zu gewähren, der aber andererseits über einen Stamm verfügt, der es erleichtert, den Baum zu erklettern, und dessen Krone schließlich auch in glühender Mittagssonne ausreichend Schatten spendet, wird von uns auch heute noch als schön empfunden, obwohl wir seine ‚Überlebensvorteile' längst nicht mehr nutzen" (SCHRÖDER 1999: 23).

für Natur, für das Wilde, für das Jenseitige der Zivilisation. Ein so erlerntes Sinnsystem, auf das stets assoziativ zurückgegriffen werden kann, erlaubt ästhetische Landschaftsempfindungen auf der *symbolischen Ebene* in vor allem zwei Varianten: als Symbol für *Eigenart* (Vergangenheit, Unverwechselbarkeit, Geborgenheit, Heimat) und als Symbol für *Naturnähe* (Natürlichkeit, Unabhängigkeit, Freiheit).

4. Bezüglich einer etwaigen *individuellen Dimension* von Landschaftsästhetik geht HUNZIKER (2000: 37) davon aus, dass die individuellen Einflüsse letztlich „vernachlässigbar klein" seien. Zwar gebe es einzelne kreative Individuen, die eigene Vorstellungen und individuelle Wahrnehmungsmuster, die vom Konsens abweichen, innerhalb einer gesellschaftlichen Avantgarde antizipieren und durchzusetzen vermögen. Jedoch handele es sich in diesen Fällen wohl eher um soziale Regeln von Minderheiten, die also unter der sozialen Dimension zu subsumieren sind.

5. Als *integratives Modell*, welches die „wichtigsten, teilweise partikularen und sogar widersprüchlichen Theorien zu einem ziemlich kohärenten Theoriegebäude" zusammenbringt, empfiehlt Hunziker die Studie zur Landschaftsästhetik von Steven BOURASSA (1991). Bourassa führt die Strukturierung der Landschaftsästhetik nach biologischen Gesetzen, sozialen Regeln und persönlichen Strategien auf allgemeine entwicklungspsychologische Erklärungen menschlichen Verhaltens zurück; demnach ist menschliches Verhalten *sowohl* durch biologische Evolution (Phylogenese) *als auch* durch kulturelle Entwicklung (Soziogenese) und individuelle Entwicklung (Ontogenese) bestimmt. Die drei Modi sind nicht unabhängig voneinander zu sehen, sie stehen vielmehr in gegenseitiger Beeinflussung. Die biologisch-instinkthaften Reaktionen behalten jedoch, wie experimentelle neurophysiologische Untersuchungen zeigen konnten, eine gewisse Unabhängigkeit. Dementsprechend geht Bourassa in seiner Integrationstheorie zur Landschaftsästhetik von der These aus, dass „biologisch-instinkthafte ästhetische Reaktionen auf Landschaften unabhängig von sozial vermittelten Werten möglich und daher universell sind" (HUNZIKER 2000: 31).

Andere Autoren nennen gesondert eine *historische Dimension* der ästhetischen Landschaftswahrnehmung. In Hunzikers Gliederung würde eine solche historische Dimension unter der sozialen Dimension subsumiert sein; dennoch soll auf die historische Wahrnehmungsdimension gesondert eingegangen werden, da sie für den Landschafts- und Naturschutz eine ganz signifikante Rolle spielt. Neben *Schönheit* und *Vielfalt* ist nach §1 des Bundesnaturschutzgesetzes *Eigenart* ein zentrales Kriterium für den Landschaftsschutz aus ästhetischer Perspektive. Diese Eigenart einer Landschaft wird in aller Regel historisch begriffen, d. h. sie wird als Ausdruck und Ergebnis eines geschichtlichen Gewordenseins der Kulturlandschaft verstanden. Besonderer Schutz wird vor allem solchen Landschaftsteilen zugestanden, die als „Historische Kulturlandschaften“ von modernen Kulturlandschaftsentwicklungen nur abgeschwächt betroffen waren und somit auch Relikte älterer Landnutzungsformen bewahrten. Wilfried Stichmann klagt in Hinblick auf die „ökologische Verarmung“ und „die Uniformierung“ westfälischer Landschaften, die mit der historisch gewachsenen „Eigenart auch einen wesentlichen Teil ihres ästhetischen Reizes“ verlieren würden: „Zugleich drohen ganze Landschaften ihre historisch gewachsene Individualität zu verlieren. Die Brücken zur Vergangenheit sind in den riesigen Komplexen und Fichtenmonokulturen wie in den völlig baum- und strauchfreien Kultursteppen vielfach schon niedergerissen und fast spurlos beseitigt. Mancherorts vermögen nicht einmal Reste alter Hohlwege, Flur- und Bewirtschaftungsgrenzen, überkommener Flurbäume, Gewässer, Kuhlen noch etwas vom Werdegang der Landschaft und dem Wirken des Menschen in ihr zu erzählen. Die hieraus resultierende Verarmung wird möglicherweise im vollen Umfang erst späteren Generationen bewußt“ (Stichmann 1978: 1).

Im Zusammenhang mit historischen Kulturlandschaften wird von Ulrich Harteisen auf deren Bedeutung für die soziale Konstruktion von Heimat hingewiesen: „Die Identifikation mit einem Landschaftsraum als Heimat erscheint insbesondere dann möglich, wenn die Kontinuität in der Landschaftsentwicklung bewahrt worden ist, was sich u. a. auch im Vorhandensein von kulturhistorisch bedeutsamen Elementen ausdrückt. Historische Kulturlandschaften erfüllen diesen Anspruch in der Regel in besonderem Maße. [...] Ganz offensichtlich projizieren viele Menschen diesen Heimatbegriff auf Landschaftsräume, in denen die ‚historische Dimension‘ der Landschaft noch wahrnehmbar ist“ (Harteisen 2000: 188). Als „Aneignung einer Landschaft“ beschreibt Werner Konold (1996: 123f) den Prozess einer lokalräumliche Sozialisierung mit dem Ergebnis der Identifizierung, der Zuneigung, der Ausbildung heimatlichen Gefühls und schließlich auch eines gesteigerten Problembewusstseins. Zur Aneignung einer Landschaft brauche es wiedererkennbare Symbole, historische Figuren oder Legenden, bestimmte Bräuche, vielleicht einen Dialekt und andere kulturhistorische Eigenheiten. Kollektive und persönliche Erinnerungsstücke in einer Landschaft müssen dabei nicht positiv konnotiert sein, um genauso zur Identifizierung beizutragen wie der physische Rahmen eines Horizontes mit Wiedererkennungswert.

Kommen wir nun zu einer Übersichtsdarstellung der kulturgeschichtlichen Phasen menschlicher Naturverhältnisse. Über die Beziehungen der frühen Menschen zu ihrer Umgebung ist wenig bekannt, nur so viel, dass die altsteinzeitlichen Jäger und Sammler wohl solche Landschaftsteile eher als

Lebensraum wählten, die weniger dicht vom Pflanzenkleid bedeckt waren. Sie waren zunächst weitgehend auf offene Steppen und lichte Wälder der Nacheiszeit angewiesen, denn nur hier konnten sie Wild erspähen und bejagen. Mit dem Übergang zur Sesshaftwerdung von Menschengruppen im späten Mesolithikum bzw. im Neolithikum kam es zu ersten größeren anthropogenen Veränderungen der (mittlerweile weitestgehend von Wäldern bestimmten) Vegetationsdecke und zur (zunächst temporären) Entwicklung von Offenlandschaften durch frühen Ackerbau und Beweidung. Nützlichkeitsüberlegungen und schlichte physische Notwendigkeiten waren der beherrschende Aspekt des Mensch-Natur-Verhältnisses und bestimmten auch die jeweilige Wahrnehmung des Einzelnen. In den Habitattheorien zur Landschaftsästhetik wurde bereits der mögliche Zusammenhang zwischen der Wahrnehmung ‚praktischer' und ‚schöner' Landschaft angedeutet: Man vermutet, dass die Qualität der Weite und der Aussicht (d. h. entweder Sicht von erhöhter Stelle aus oder offene, bereits gerodete und kultivierte Landschaft) schon immer für die Menschen aus dem ‚Normal' der Waldlandschaft herausfiel und so womöglich ein bis heute wirksames, ganz grundlegendes und archetypisches landschaftsästhetisches Empfinden des Menschen konstituierte. „Tatsächlich ruft vieles, was den Menschen in ihrer Jäger- und Sammlerzeit das Gefühl von Sicherheit und Überlegenheit gab, auch heute noch positive Gefühle bei uns hervor. Das gilt speziell für [...] Landschaftsformationen, an denen wir unverändert Wohlgefallen finden: Damals waren sie überlebensfreundlich, heute empfinden wir sie nur noch als schön, ohne uns über die Herkunft dieser Empfindungen klar zu sein" (BRÄMER 1998: 52). Doch letztlich bleiben diese Überlegungen nur Theorien; denn alle Fragen danach, ob nicht vielleicht auch schon ein Mensch der Stein-, Bronze- oder Eisenzeit je auf einer Anhöhe stand, ganz zweckfrei (satt und sicher) auf Landschaft schaute und das, was er sah – unserem modernen ästhetischen Empfinden zumindest vergleichbar – *schön* fand, müssen ob der Quellenlage unbeantwortet bleiben. Auch aus historischen Zeiten bis weit in die Moderne hinein weiß man nur wenig über die Lebenswelten, die Innenwelten und die alltäglichen Wahrnehmungsweisen der jeweiligen Zeitgenossen außerhalb gewisser Eliten, die immerhin rare verwertbare Dokumente hinterließen. So wird die Geschichte des menschlichen Naturbezuges in Ermangelung von Quellen üblicherweise entlang naturphilosophischer Paradigma beschrieben.

Die Naturphilosophie der abendländischen Welt fußt in drei Wurzelstämmen: in der antiken griechischen Geisteswelt, in der archaisch-naturreligiösen Vorstellungswelt keltogermanischer Kulturen und in den im Judentum gründenden Glaubenssätzen des Christentums. Die Christianisierung brachte weitgehende Veränderungen des Naturverständnisses mit sich;

das neue Gottesbild vom persönlichen, dem Menschen gegenüberstehenden aber gleichsam außerhalb der Welt positionierten allmächtigen Schöpfer verdrängte das alte Bild vom Göttlichen in den Dingen selbst, von den pantheistischen Naturgottheiten. „Durch diese Entgötterung und Entmystifizierung der Welt wurden völlig neue Handlungsmöglichkeiten gegenüber der Natur denkbar", resümiert Stefan HEILAND (1992: 24). Im Gegensatz zum harmonikalen Weltbild der Antike und zum pantheistischen Weltbild der mitteleuropäischen Vorgeschichte sah das Christentum die Welt als sündig, gefallen und auf die Gnade Gottes angewiesen an und vermochte die irdische Natur nur wenig wertzuschätzen. Zwar beherrschten christliche Werte und Paradigma im Mittelalter den Geist schriftenproduzierender Eliten, jedoch konnten sich im Volksglauben die heidnischen Vorstellungen einer beseelten Natur noch relativ lange halten, oft verquirlt und vermischt mit den neuen christlichen Riten. Kapellen und Einsiedeleien wurden bekanntlich oft an schon älteren ‚Kultorten' errichtet, und viele solcher Plätze in der Landschaft blieben weiterhin Schauplatz jahreszeitlich orientierter festlicher Aktivitäten. Ein Ziel der Christianisierung war es, naturreligiöse Vorstellungen der Bevölkerung abzubauen, die Natur zu entmystifizieren; der „Auftrag, sich die Erde Untertan zu machen, wurde [...] in einen Herrschaftsauftrag der Vernunftseele" umgedeutet, meint HEILAND (1992: 26). Hier liegt das theologische Fundament für die sich langsam vollziehende Entfremdung von Mensch und Natur, die letztlich einen neuen ästhetischen Blick auf das Schöne in der Natur erst ermöglichen sollte.

Der historischen Quellenlage nach war es zuerst Francesco Petrarca, der im Jahr 1336 den französischen Mont Ventoux bestieg, und zwar laut eigenem Bericht „einzig getrieben von der Begierde, die ungewöhnliche Höhe eines Ortes in unmittelbarer Anschauung kennenzulernen" (zit. n. RITTER 1974: 141). Zwar ergriff Petrarca schnell ein schlechtes Gewissen, sich mit solcher Begeisterung dem Irdischen zugewandt zu haben, dennoch hat er mit seiner Bergbesteigung ein Exempel statuiert, dass ob der Nutzlosigkeit dieser rein ästhetisch motivierten Handlung eine „für das Mittelalter fast unvorstellbare Tat" (HEILAND 1992: 45) war und den Beginn eines epochalen Wandels der Naturwahrnehmung markiert. Dieser wirkungsreiche Wandel der Wahrnehmung von Natur und Landschaft vollzog sich seit der Renaissance über die Aufklärung und gipfelte letztlich in der Romantik und der Moderne. Angelehnt an soziale und historische Veränderungen der gesellschaftlichen Realitäten und Lebenswelten wurden – freilich nicht von heute auf morgen, sondern nach dem Prinzip einer ‚longue duree' – ästhetische Schemata der Wahrnehmung begründet, die bis heute den Diskursen über Natur und Landschaft immanent sind, die uns allenthalben in der Werbung, auf Kalenderblättern, im Naturschutz, im eigenen Garten und den eigenen Traum- und Vorstellungswelten wiederbegegnen. Die Ausformung jenes modernen Naturgefühls setzte ein, welche das „historische Phänomen Landschaft“ als eine ästhetisch wahrgenommene „zivilisierte Kategorie“ erscheinen lässt (Sieferle 1986: 238).

„Die Wahrnehmung der Natur unterliegt vom Mittelalter zur Neuzeit einem fundamentalen Wandel. [...] Erst aus ihrer Bemächtigung heraus entsteht der moderne Sinn fürs Naturschöne“, resümiert Hubertus Fischer (1985: 107). Die Zeitenwende zwischen Mittelalter und Neuzeit ist gekennzeichnet durch die Verdrängung des metaphysischen Naturbegriffs durch einen erfahrungswissenschaftlichen. Das zunehmende Verständnis biologischer und chemischer Prozesse ließ die Natur als ein System erscheinen, welches ganz offenbar bestimmten Gesetzmäßigkeiten folgte. In Verbindung mit der epochalen Erfindung des Buchdrucks und der jetzt möglichen Kommunikation des Wissens veränderten sich alte Wahrnehmungsmuster bezüglich der zuvor als eigenwillig empfundenen Natur und bewirkten jene Entzauberung der Welt, die den Beginn der Neuzeit markiert. Die durch den Wegfall des Metaphysischen entstandene emotionale Leerstelle wurde – vor allem mit der Romantik – neu besetzt durch einen ästhetischen Zugang zu Natur als Landschaft. Joachim Ritter (1963) stellte wohl als erster diese Kompensationsthese auf, nach der die Landschaft als Einheit schön-kultivierter oder erhaben-wilder Natur an die Stelle universaler metaphysischer Sinnentwürfe trat. Jörg Zimmermann (1982: 130) bezeichnet die „Transformation des metaphysischen in den ästhetischen Naturbegriff“ als einen der „bedeutendsten kulturgeschichtlichen Vorgänge des 18. Jahrhunderts“. Der Entzauberung der Welt wurde so entgegengewirkt durch eine erneute, jetzt ästhetische Verzauberung.

Dennoch war aber der Blick auf das Schöne, das Besondere der Landschaft keine völlig neue Erfindung der Moderne. Viele vorgeschichtliche ‚Kultplätze‘ hatten die Eigenschaft, sich in der einen oder anderen Weise in der Landschaft abzuheben, ob nun durch Kuppenlage, durch eine Quelle, andersartige Vegetation oder eine auffällige Felsformation; diese Eigenschaften müssen ästhetisch wahrgenommen und bewertet worden sein, *bevor* man sie zur heidnisch-religiösen Nutzung (ihrer metaphysischen Verzauberung) auswählte. Ebenso sind künstlerische Betrachtungen der Natur schon aus der Antike bekannt; Joachim Radkau (2000: 29) bemerkt in diesem Zusammenhang, dass es genüge, einen Blick auf die Wandmalereien in Pompeji zu werfen, um zu sehen „wie alt das Entzücken über die üppig sprießende und blühende Natur“ ist. Die spätere romantische Literatur und Poesie fand Vorbilder in der so genannten bukologischen Dichtung des antiken Griechenlands und Roms. Diese Literaturform, als deren bedeutendste Vertreter Theokrit und Vergil gelten, entwarf ein Bild vom beschaulichen

Dasein bedürfnisloser Hirten in einer lieblichen, paradiesischen Landschaft, die als *arkadische Landschaft* berühmt wurde. Das echte, historische Arkadien war eine gebirgige Region im Hinterland der griechischen Peloponnes, die zur Zeit der Entstehung der griechischen Hochkultur das Rückzugsgebiet der archaischen Bevölkerung war; die ideale arkadische Landschaft kennt man von den großformatigen Wand- und Deckengemälden der italienischen Renaissance, deren Maler ihre biblischen Figuren mit Vorliebe in eine wilde und doch harmonische Wald- und Weidenszenerie als Schauplatz idyllischen Landlebens projizierten.

Noch bis ins 16. und 17. Jahrhundert fand gemalte Landschaft nur im Hintergrund künstlerischer Darstellungen statt, sie war lediglich schmückendes Beiwerk zu den im Vordergrund agierenden Figuren und Bauten. Im 18. Jahrhundert wurde der Begriff des ‚Naturschönen' dann ausdrücklich zum Thema ästhetischer Reflexion erhoben und die Landschaft rückte vom Hintergrund in den Mittelpunkt der künstlerischen Wahrnehmung. Die Romantik transformierte mittelalterliche Natur-Mythologien in kunstvolle Natur-Poesie, Landschaftsmaler und Schriftsteller beschrieben die Natur als ergreifend und erhaben, Landschaften spiegelten nun innere Stimmungen wieder und wurden als Identifikationsobjekte und Fluchtpunkte der menschlichen Existenz angeboten. Romantische Künstler versuchten, der aus aufgeklärter Erkenntnis versachlichten Natur wieder eigenmächtiges Leben einzuhauchen und tendierten zu einer pantheistischen Weltsicht; ästhetische Naturerfahrung wurde nicht selten zur religiösen Naturandacht – ein Moment, der aus den Naturdarstellungen Caspar David Friedrichs berühmt ist. In der sentimentalistischen Ästhetik der Romantik wurde die Natur gleichsam zum Gegenüber, mit dem ein lyrisches Ich, das als erlebendes Subjekt über den Kontakt zur Natur letztlich sich selbst zu erleben vermag, kommunizieren kann. Jean-Jacques Rousseau antwortet in seinen „Träumereien eines einsamen Spaziergängers" von 1782 auf die Frage, was der Träumer angesichts der schönen Natur genieße: „Nichts, das außer uns selbst wäre, nichts als sich selbst und sein eigenes Dasein, und solange dieser Zustand währt, ist man, wie Gott, sich selbst genug."

Als „wirkungsgeschichtlich folgenreichste Kategorie" der romantischen Naturwahrnehmung sieht Zimmermann (1982: 133) neben der *schönen Natur* die *erhabene Natur*. Erhabenheit im ästhetischen Sinn meint eine schönschaurige Empfindung, die, vom Wahrnehmenden emotional erlebt, dabei ‚tiefer' geht als die vergleichsweise oberflächliche Wahrnehmung bloßer Nur-Schönheit: Da scheinen dann alte Weiden schon mal als die Töchter des Erlkönigs. Zu den Kriterien des Erhabenen zählen Rätselhaftigkeit, Unbestimmtheit, Dunkelheit, Leere, leblose Stille, ungeheure Ausdehnung und Weite, hoffnungslose Unendlichkeit und der Eindruck der Übermacht von

Natur, die im Subjekt ‚lustvolle Furcht' erweckt: so etwa die Tiefe im Walde oder die unübersehbare Weite der Heide mit düsteren Wacholdergestalten. Hasse beschreibt das Erhabene als „auf der Grenze zwischen dem Schönen und dem Häßlichen" liegend und bemerkt, dass „nicht erst, aber doch im besonderen mit der technischen Unterwerfung der Natur" die letztlich positive Empfindung des Erhabenen möglich wurde: „Die Vernunft wandelt die Angst vor der Natur in Erhabenheit um" (HASSE 1997: 152). Auch SIEFERLE (1986: 245) weist darauf hin, dass die Ästhetisierung einer Landschaft als erhaben ihre Entschärfung durch Kultivierung voraussetzte, so dass die reale Bedrohung, die einst von ihr ausgegangen war, zwar noch geahnt, nicht aber in letzter Konsequenz erlitten werden musste.

Für den Blick auf die Landschaft war neben neuen ästhetischen Kategorien wie der Erhabenheit und neuen Perspektiven wie der Subjektivität die Erfindung der *Nostalgie* ein wirkungsreiches Wesensmerkmal der Romantik. Der Blick zurück in die Geschichte, auf das Gewordensein von Dingen, auch von Landschaft, gewann an Bedeutung. Die ‚gute alte Zeit' ist ein romantisches Konstrukt, welches zuvor völlig unüblich war. Der romantischen Perspektive war zudem der volkstümliche Moment eigen; nicht die Geschichte von Schlachten und Königen interessierte in erster Linie, sondern die des einfachen Volkes. Die Sammlung der Grimmschen Märchen steht wie kein anderes Schrifttum für die romantische Sicht auf den Gang der Dinge, auf das gesteigerte Interesse am Einfachen: Müller und Hirten, alte Weiber und arme Kinder konnten jetzt nicht nur im Volksgedächtnis wirken, sondern auch zwischen Buchdeckeln und in Studierstuben von Professoren. Die Rolle von Landschaft und ihrer assoziativen Bedeutung in Märchen und Volkssagen ist bekannt; besonders die Wälder sind als Zonen der Gegenwelt zur Zivilisation berüchtigt. Die Erinnerung an alte, teils vorchristliche Mythen und Riten ist ein wesentliches Merkmal jener Nostalgie, die sich allenthalben im romantischen Blick auf Landschaft manifestiert. Ohne die Erfindung von Nostalgie ist nicht nur die Kulturkritik des 19. Jahrhunderts kaum denkbar, das Nostalgische ist vielmehr bis heute eine der wirkungsreichsten ästhetischen Kategorien, zumal in der Landschaftsästhetik.

Die Romantik in ihrer speziellen Ausprägung und ihrem großen Einflussreichtum auf eine veränderte Landschaftswahrnehmung fand freilich nicht zufällig um die achtzehnte Jahrhundertwende statt. Sie ist vielmehr als eine Reaktion auf die kultur- und geistesgeschichtlichen Umwälzungen und Modernisierungen zu interpretieren, die seit der Renaissance in Europa wirksam geworden waren und die mit den Anfängen und Vorwehen der Industrialisierung nun einem signifikanten Höhepunkt zustrebten. Aus der Landschaftsgeschichte ist bekannt, dass zur Zeit der Romantik die großen

Agrar- und Forstreformen stattfanden, die als Telos ja keineswegs eine romantische Landschaft favorisierten, sondern vielmehr versuchten, durch Ordnung und Gradlinigkeit jeden unökonomischen Wildwuchs zu verhindern und die alte, mittelalterliche Kulturlandschaft grundlegend zu renovieren. Diese Ambivalenz des 18. und 19. Jahrhunderts – einerseits Naturromantik, andererseits Technokratie, Nüchternheit und Forstreform – ist in sich selbst begründet: Naturschwärmerei ist als eine Gegenbewegung zur kulturellen Inbesitznahme der Landschaft interpretierbar, ästhetische Empfindsamkeit wurde „zum Gegenbegriff einer dem Geist des Rationalismus verpflichteten Vernünftigkeit" (ZIMMERMANN 1982: 132). Naturromantik ist also eine Art von Sehnsucht, die erst aufkommen konnte, als das Objekt der Sehnsucht, die vormoderne Landschaft, merklich rarer wurde. Joachim Radkau weist darauf hin, dass die wilde Natur „offenbar kein überzeitlicher Wert" sei, sondern dass sie ihren Reiz „erst in einer Gesellschaft, die weite Teile ihrer Umwelt überkultiviert hat", gewinne: „Nur eine Gesellschaftsschicht, die Hunger kaum mehr kennt, hat einen Blick für die Ästhetik des Ödlands, des Felsenpanoramas" (RADKAU 2000: 40).

Das neuzeitliche Verhältnis zur Natur ist nach Jürgen HASSE (1993: 41) „auch eine Funktion der sozialen Folgen der wirtschaftlichen und technischen Nutzung von Natur, und zwar nicht nur technologisch, sondern auch mental". Die Hinwendung zur ‚unberührten' und ‚freien' Natur konnte offenbar an Breitenbedeutung in dem Maße gewinnen, in dem die ‚Entfremdung' von der Natur – *das* Schlagwort der Kulturkritik – voranging. Schon 1846 reflektierte der Arzt und Landschaftsmaler Carl Gustav Carus in seinem Werk über „Psyche" den populären spätromantischen Zeitgeist, in dem er das „Bestreben, sich zeitweise wie zu einer Art Naturadoration hinauszustürzen in Wälder und Berge, in Täler und auf Felsen", als „eine Art Instinkt, um sich ein Heilmittel zu suchen gegen die Krankheit des künstlichen Lebens und die Einwirkung desselben auf die geistige Entwicklung" bezeichnete (CARUS 1846, zit. n. ZIMMERMANN 1982: 141). „Die Verteidigung ‚naturwüchsiger' Natur gegen ihre technische Disziplinierung ist spätestens seit Rousseau auch die Verteidigung des ‚naturwüchsigen' Menschen gegen seine zunehmende institutionelle Disziplinierung", schreibt Jörg ZIMMERMANN (1982: 143). Die schöne Natur erscheint als ein Ort der Freiheit, angefangen von den romantischen Vorstellungen vom ‚Räuber im Walde' und dem ‚Zigeuner auf der Heide' bis hin zur stadtnahen Waldlichtung, wo ‚unbürgerliche' Verhaltensweisen wie Müßiggang, Rausch und Tränenseligkeit ohne Furcht vor Sanktionen entfaltet und ausgelebt werden können. Mit der beginnenden und mehr und mehr die Lebenswelten vieler Menschen bestimmenden Urbanisierung und Industrialisierung wuchs das Bedürfnis nach ‚heiler Natur' äquivalent zum technischen Fortschritt an. „Alle in modernen Industriegesellschaften zustandekommenden Naturbeziehungen stehen dabei unter der Bedingung der Ferne der Natur“, konstatiert HASSE (1993: 46). Diese Bedingung der Ferne gilt auch explizit für die „idealisierte Naturverehrung als Bestandteil des bürgerlichen Weltbildes seit dem 19. Jahrhundert“ (ebd.: 41): Denn „Naturerfahrung im modernen Sinn wird erst durch Distanz möglich; Natur als solche kann erst erfahren und zum Träger von Gefühlswerten werden, wenn der Mensch sich von ihr distanziert und sie dadurch objektiviert“ (BARGATZKY 1992: 879; zit. n. HASSE 1993: 41).

Zweifellos war der romantische Zugang zum Schönen der Landschaft zunächst die Sache einer Minderheit von sensiblen Feingeistern und künstlerischen Eliten, die sich diesen Luxus des Zeitvertreibs auch leisten konnten. Nichtsdestotrotz fanden diese romantischen Trendsetter letztlich eine breite Gefolgschaft, vor allem im biedermeierlichen Bürgertum und später auch in der dem Bürgertum zumindest im Sonntagsverhalten nacheifernden Arbeiterklasse des Kaiserreichs. Eine breite Popularisierung der naturromantischen Wahrnehmung von Landschaft wird in der zweiten Hälfte des 19. Jahrhunderts unübersehbar und spiegelt sich in zahllosen Lebensbereichen der urbanen Gesellschaft: Spaziergänge, Wanderungen und Freiluftsport kamen in Mode, Grünanlagen, Gärten und Parks wurden in den Städten angelegt, auf dem Land entstanden allenthalben Pensionsorte für den einsetzenden Tourismus, die Sommerfrische entwickelte sich zum mentalen Abbild der ländlichen Reiselandschaft des Bürgertums. Der „Naturtraum des Kulturbürgers“ wurde auf bislang eher gemiedene Landschaftsräume wie die Hochgebirge, die Küstenstreifen oder die trockenen Heidegegenden projiziert und machte so erstmals die Peripherie zum Reiseziel (vgl. GROSSKLAUS 1983). Panoramenblicke von zuvor eingerichteten Aussichtspunkten und -türmen boten jetzt Möglichkeiten zur visuellen Aneignung von pittoresk erlebter Landschaft, wenn sie auch noch nicht für jedermann auf Fotopapier zu bannen war (vgl. SPEICH 1999). Die Landschaftsmalerei wurde im biedermeierlichen Deutschland zur populären Trivialkunst; dabei avancierten neben Wald- auch Heidelandschaften zu den beliebtesten Motiven malerischer Idylle und fanden ihren Platz in unzähligen guten Stuben. Regionale historische und naturwissenschaftliche Vereine entstanden und bündelten das Interesse an heimatlicher Landschaft in wissenschaftlichem Gepräge; die Geschichte in der Landschaft wurde entdeckt, ein temporalisierter Blick entstand und gleichsam die nostalgische Überhöhung landschaftlicher Eigenarten. Lehrer zogen mit ihren Schülern aus dem Klassenzimmer heraus nach draußen, um in Feld und Flur und Licht und Luft dem Rousseau'schen Bildungsideal ‚retournons á la nature‘ im didaktischem Prinzip der ‚originalen Begegnung‘ nahezukommen. Reise- und Landschaftsbeschreibungen boomten als vielgelesene Literaturform, wortreiche Wanderungen – ob durch die Mark Brandenburg, durchs Rheintal oder den jeweils heimischen Landstrich – wurden in Heimatkalendarien veröffentlicht.

Joska Pintschovius schreibt über die Etablierung „schlichter Heimatdichtung“ im 19. Jahrhundert: „Dem verstädterten Naturalismus eines Gerhard Hauptmann, den Elendschilderungen der niederen Klassen und dem ungesunden Zivilisationsintellektualismus war der Kampf angesagt, ihm wurde der gesunde germanische Geist in urwüchsiger germanischer Landschaft entgegengehalten. Aus der mythisch-mystisch motivierten Flucht in die Landschaft erwuchs ein neues Genre der deutschen Literatur, die schlichte Heimatdichtung [...]. Vergangenes, Urzeitliches, Bodenständiges wollte sie mit der Gegenwart verknüpfen, erhaltene Tugenden des einfachen Volkes der maroden Welt vor Augen stellen“ (PINTSCHOVIUS 2001: 54). Das besondere Interesse an schlichter Volkspoesie als vermeintlichem Überrest altdeutscher Kunst und Sitte teilte auch die aus kulturkritischem Denken erwachsende Heimatbewegung. Die Zivilisationskritik des 19. Jahrhundert hatte das Naturverhältnis des Menschen in den Mittelpunkt ihrer theoretischen Überlegungen gestellt. Ihrer inhaltlichen Akzentuierung nach waren die postulierten Idealbilder von Mensch und Natur zumeist eher rückwärts gerichtete Träume nach der vermeintlich heilen Welt der Vorindustrialisierung als konstruktive, zukunftsfähige Vorstellungen. Doch neben plumper Fortschritts- und Technikfeindlichkeit war solchen Denkmustern gleichsam ein konstruktiver, visionärer Moment immanent. Der Zeitgeist der so genannten Lebensreform blüte in den Jahren um die neunzehnte Jahrhundertwende auf: Wandervögel und Pfadfinder, Reformköstler und Vegetarier, Naturschützer und Tierschützer, Reformpädagogik und Landerziehungsheime, Naturheilmittellehre und Anthroposophie, Kunst und Esoterik, all diese und ähnliche Zeitgeisterscheinungen prägten insbesondere mit der bürgerlichen Jugendbewegung eine oder zwei Generationen der Vorkriegszeiten und ließen viele an einen neuen gesellschaftlichen Aufbruch glauben. „Der satten und muffigen spätwilhelminischen Wohlstandsgesellschaft war die aus dem Wandervogel hervorgegangene Jugendbewegung entgegengetreten, sie hatte einen neuen Zeitgeist gestiftet, der aus vielen Quellen schöpfte und in dem alldeutsche, sozialistische, theosophische, naturreligiöse und christliche Werte und Ideale zu einem diffusen Brei zusammengerührt waren“ (PINTSCHOVIUS 2001: 49).

Die als schmachvoll empfundene Niederlage des Ersten Weltkriegs, der zahllose junge Männer quasi direkt aus dem jugendbewegten Zeltlager in die Schützengräben und Massengräber katapultierte, förderte als Rückzug aus der nationalen Krise ins Regionale noch die Wirkmächtigkeit naturbezogener Heimatideologie. In seinem Jahresbericht von 1921 formuliert beispielsweise der Lippische Bund für Heimatschutz, dass sich die „Hoffnung, daß nach dem Zusammenbruch des großen Vaterlandes die Liebe zur engeren und engsten Heimat bei all denen, die sie durch die Kriegsereignisse nicht verloren haben, in verstärktem Maße aufleben würde, [...] sich zu unserer Freude erfüllt" habe. Heimat transformierte zum Vaterlandssurrogat; die Mitgliederzahlen der Heimatbünde wuchsen, Heimat- und Wanderliteratur wurde in den 1920er Jahren mehr denn je produziert und gelesen, Eduard Sprangers Heimatkunde war das didaktische Muss eines jeden Volksschullehrers, Geographie und Naturkunde wurden zur wichtigen curricularen Ausrichtung im allgemeinbildenden Wissenskanon und erste Naturschutzgebiete wurden überall in Deutschland eingerichtet. Natur kann als Ideologie sowohl Ausdruck progressiver wie repressiver gesellschaftlicher Tendenzen sein; Idealbilder von Natur und Landschaft können als positive Utopien zur Veränderung menschlicher Lebenswelten beitragen, genauso können sie in gefühlsduseliger Fortschrittsfeindlichkeit oder völkischer Heimattümelei münden. Manch altem Wandervogel mag es geschaudert haben, doch ein Großteil der ehemals jugendbewegten Naturfreunde werden wohl einverstanden gewesen sein, als in den 30er Jahren die Nationalsozialisten eine ganze Reihe lebensreformatorischer Ideen aufgriffen, bündelten und zum Marsch auf die deutschen Wälder und darüber hinaus bliesen. Wanderungen und Geländespiele in naturgeschützter Landschaft, Kraft durch Freude am Sonnwendfeuer germanischen Ahnenbrauchs – ein angeblich urdeutsches Natur- und Ästhetikgefühl wurde verschmolzen mit völkischen und rassistischen Ideen, gesellschaftliche Kräfte erschienen jetzt wie Naturgewalten, Kriege wie Naturschauspiele. Die Blut-und-Boden-Ideologie der Nazis stellte einen „Höhepunkt mystifizierender Verkehrung von Gesellschaft in Natur" (ZIMMERMANN 1982: 144) dar.

Naturmystifizierende Tendenzen verloren nach dem Ende der nationalsozialistischen Ära rasch an Bedeutung; das ist leicht an Inhalt und Sprachgebrauch der Heimat- und Landschaftsliteratur der Nachkriegszeit nachzuvollziehen. Vor allem der zuvor permanent beschworene vorgeschichtliche und naturreligiöse Bezug von deutscher Landschaft zu deutscher Mentalität wurde im Bewusstsein notwendiger Distanzierung weitgehend fallen gelassen. Die Nachkriegsgesellschaft hatte in den ersten Jahren vielmehr einen wesentlich unmittelbareren Naturbezug, der sich ganz real aus der Not der Lebensmittel- und Brennstoffbeschaffung ergab: Beeren und Pilze und Holz wurden jetzt wieder in den Wäldern gesammelt, die so für einige Jahre auch von Städtern mehr als nur ästhetisch beurteilt wurden. Wie nach den meisten existentiellen Krisen – zumal der Krise einer modernen urbanen Gesellschaft – erschienen die Qualitäten des Ländlichen und Subsistenziellen auch nach dem Zweiten Weltkrieg als besonders geeignet, einen materiellen und mentalen Neuanfang zu machen. Es ist kaum überraschend, dass schon bevor die letzten Trümmer aus den Städten geräumt waren, die Lichtspielhäuser erste Heimatfilme ausstrahlten und auf eine riesige Resonanz in der Bevölkerung stießen. Der Trend setzte sich in den Wirtschaftswunderjahren fort; die heilen Filmwelten der Lüneburger Heide oder der Alpen – inklusive der den gesellschaftlichen Katastrophen wie Krieg und Holocaust zeitlos erhaben wirkenden einfachen Landbevölkerung der Heide- und Bergszenerien – wirkten wieder einmal identitätsstiftend auf das angeschlagene Gemüt der Volksseele. Zwar kritisierte eine Avantgarde den Naturbezug der Mehrheit als kitschig und gekünstelt und beurteilte nicht nur den röhrenden Hirsch auf dem Schlafzimmergemälde als reaktionär, sondern auch Landschaft als solche (vgl. SIEFERLE 1986: 257). Dennoch blieben Natur und Landschaft stets populär und die Wahrnehmungsschemen in den Grundzügen dieselben: Ob bei den Wandervögeln zu Jahrhundertbeginn, den HJ'lern der 30er Jahre, den Kinobesuchern der 50er oder den Campingurlaubern der 60er Jahre – das favorisierte Landschaftsideal war die möglichst untechnisierte und abwechslungsreiche bäuerliche Kulturlandschaft mit Wiesen und Wäldern und Weiden. Wüste, wildnishafte Kulissen ließ man sich bei Karl-May-Verfilmungen gefallen, doch postkartentauglich blieb in erster Linie das satte Grün heimischer Landschaft als Symbol geistiger wie körperlicher Gesundheit. Trimmtrap-Parcours und Waldlaufstrecken durchzogen seit den 60er Jahren deutsche Forste, der sonntägliche Familienausflug mit Picknick ‚in der Natur' blieb stets modern.

Die 70er und 80er Jahre verdichteten die allgemeine Aufmerksamkeit auf Natur und Landschaft, insbesondere in Hinblick auf die Notwendigkeit ihres Schutzes. Die warnenden Analysen des Club of Rome über die „Grenzen des Wachstums" von Dennis MEADOWS (1972) und die Atomenergiedebatte stärkten die Ökologiebewegung, die eine neue gesellschaftliche Sensibilität für Natur forderte und kommunizierte. Der Stärkung des Naturschutzgedankens folgten eine neue Naturschutzgesetzgebung, die konkrete Durchführung landschaftspflegerischer und umweltpolitischer Maßnahmen und die Etablierung einer eindeutig auf Ökologie ausgerichteten Partei wie den Grünen. Wie schon zu Zeiten der Lebensreformbewegung der Jahrhundertwende lebten jetzt wieder junge Leute in Landkommunen mit Wildgärten hinter den Häusern und zitierten die Weisheiten nordamerikanischer Indianer. Zum Schutz der Wälder, die wieder zum emotionalisierten Symbol wurden, schrieb man auf grauem Umweltschutzpapier und begann, den Müll sorgsam zu trennen. Die Jahre um 1980 waren in der Bundesrepublik geprägt von geradezu apokalyptischen Prophezeiungen und übertriebenen Ökoalarmen, welche Deutschland innerhalb weniger Jahre entwaldet und zubetoniert sahen. Freilich hatte solcher Alarmismus auch positive Folgen, so etwa die rasche Einführung des Katalysators. Die Ökobewegung der 1970er und 1980er Jahre hatte insgesamt zur Folge, dass die gesellschaftliche Akzeptanz für Umwelt- und Naturschutz wuchs und die alltägliche, die wissenschaftliche und die administrative Beachtung von Landschaft zunahm.

Zur Charakterisierung aktueller Naturverhältnisse bietet sich – wie so oft – der Begriff der Ambivalenz an: Einerseits sind Natur und Landschaft in den Medien allgegenwärtig und werden tagtäglich millionenfach reproduziert, idyllische Landschaften erscheinen als Hintergrund für beworbene Waren, Reportagen über Nationalparke und andere Schutzgebiete laufen regelmäßig im Fernsehen und Abenteuerreisen in exotische Naturwildnisse gehören zu den Rennern des Tourismusgeschäftes. Jeder weiß: Natur ist schön und gesund und gut. Auf der anderen Seite machen Meldungen über einen scheinbar vollends verlorengehenden Naturbezug der jungen Generationen Schlagzeilen: Viele Kinder, so verlautete vor einiger Zeit das Ergebnis einer Studie, halten offenbar Kühe für lilafarben, da sie ihre Informationen nicht mehr der originalen Anschauung entnehmen, sondern den manipulierten Abbildern der Reklame (vgl. Brämer 1998). Das einstige Schlagwort ‚öko' hat kaum zwanzig Jahre nach seiner Blütezeit sein positives Image eingebüßt und gilt bei jungen Leuten als ‚megaout'. Die im zuweilen vom Weltschmerz beseelten Geist der Waldsterbensära in vielen Gärten angelegten Biotope über Teichfolie sind durchlässig geworden, viele Kinder und Jugendliche suchen grüne Dschungelwelten eher im Cyberspace der Computerspiele als im nahen Stadtwald und Naturerlebnisse finden zunehmend in Freizeitparks und anderen Simulationen von ‚echter' Landschaft statt. „Die Präsentation und Wahrnehmung von Natur arbeitet mit der Fiktion ‚authentischer Natur', die von selbst da ist. ‚Wildnis', die hierzulande im günstigsten Falle ausgewilderte Kulturlandschaft ist, oft genug aber als Zitat vergangener Ursprünglichkeit planerisch in Szene gesetzt wird, erfüllt ästhetische Bedürfnisse des Menschen. [...] Der hier herausgestrichene Reproduktionscharakter von Natur, der dem Zustand von Ursprünglichkeit fiktional folgt und sich in der ästhetischen Beziehung von der aktuell lebensbestimmenden Kultur der Naturbeherrschung absetzen will, unterstreicht gerade darin seine tiefe Verwurzelung in derselben Kultur" (Hasse 1993: 43).

Beim Erlebnisbedürfnis besonders der jungen Generation spielt ein Motivationsfaktor eine Rolle, der der ökobewegten Elterngeneration vermeintlich abging: Spaß haben! Spaß ist das Motiv, das einem neuen populären Zugang zu Landschaft, dem Outdoor-Sport, zugrunde liegt. „Die Natur steht wieder hoch im Kurs", schreibt Gerhard Fitzthum, Philosoph mit Themenschwerpunkt ‚Philosophie der Naturbegegnung', und fährt kritisch fort:

„Jedoch nicht als Gegenstand ästhetischer Betrachtung oder als Stätte erholsamen Draußenseins, sondern als Ort aktiven Selbsterlebens, des Abenteuers. Formen ruhigen Sicheinlassens sind nicht mehr gefragt, die Natur verkommt zum Sport- und Spaßplatz. [...] Erholung im Freien ist schwierig geworden. Aus jeder noch so abgelegenen Ecke der Landschaft tobt einem heute der Zeitgeist entgegen" (FITZTHUM 1999: 39). Tatsächlich erfreuen sich Freizeitbeschäftigungen, die in der ‚freien Natur' stattfinden, größter Beliebtheit: 260 „Natursportarten" zählt Fitzthum, vom ‚Mountainbiking' über das ‚Climbing' bis hinunter zum ‚Rafting' reichen die Anglizismen ihrer Bezeichnung. Der Naturkick in steilen Felswänden, am Gummiseil, im Kanu oder auf rasanten Fahrrädern hat Konjunktur, bringt vielleicht vergleichbar viele junge Leute wie zur Wandervogelzeit in Wälder und auf Wiesen, auf Berge und in Schluchten, sowohl in den heimischen Regionen als auch auf exotischen Wildnistouren.

Ist dieser neue Sturm ins Freie nun Zeichen eines gewachsenen Naturbezugs, der auch wieder breitere Bevölkerungskreise erreicht? Ist er als postmoderne Variante dem Aufbruch singender Wanderscharen der Lebensreformbewegung wesensähnlich? – Fitzthum bezweifelt das: „Möglich ist die Radikalisierung des Zugriffs auf die Natur freilich nur, weil sie von einem tiefgreifenden Wertewandel gedeckt ist. Die Stichworte lauten Hedonismus, Individualismus, Selbstverwirklichung, Abenteuer- und Erlebnisorientierung. [...] Gemeinsam ist all diesen Spielarten des Outdoor-Sports, daß der Landschaft nur noch die Rolle der Kulisse bleibt" (ebd.: 40). Andere beurteilen diese Entwicklung weniger kritisch und sehen eine gute Chance der pädagogischen Nutzbarmachung solchen legitimen hedonistisch geleiteten Naturinteresses. Die ‚Umweltpädagogik' (auch als ‚Naturpädagogik' oder ‚Wildnispädagogik') hat sich in den vergangenen Jahren etabliert; während der Biologie-Didaktiker Gerhard Trommer als ein Vorreiter dieser Methode zunächst noch für seine ‚Rucksackschule' und sein Konzept des Wildnis- und Naturerlebens von Hochschulkollegen belächelt wurde, so wird mittlerweile Erlebnispädagogik als Studienschwerpunkt von zahlreichen Studenten gewählt und es gibt kaum noch eine Grundschulklasse, die nicht irgendwann an einem ‚Waldlehrgang' oder ‚Naturprojekt' teilnimmt, bei dem die Schüler Bäume umarmen, Tautropfen schmecken, Kröten mit verbundenen Augen anfassen und Laubboden barfüßig ertasten.

2.4. Naturschutz

„Denn Naturschutz ist letztlich eine Frage der Liebe.“
(HUBERT WEINZIERL)

Für die Landschafts- und Naturwahrnehmung der Gegenwart spielt die Idee des *Schutzes* der Natur eine zentrale Rolle. Seit nunmehr über einem Jahrhundert werden hierüber Werthaltungen geprägt, transportiert, multipliziert und letztlich auch in der Praxis etabliert, die ästhetische und ethische Normen des modernen gesellschaftlichen Zu- und Umganges mit Natur und Landschaft repräsentieren. Freilich ist der Naturschutz in seinen Begründungen, seinen Ausrichtungen und seinen Zielvorstellungen nicht homogen, sondern er ist vielmehr durchaus vielstimmig; doch grundsätzlich ist mit dem Naturschutzgedanken stets die Idee von der *Verantwortung* des Menschen gegenüber der Natur verbunden. Diese Idee einer nicht unmittelbar ökonomisch begründeten Verantwortung hatte erst zu einer Zeit aufkommen können, als dies über eine kulturelle Distanz von Natur geistesgeschichtlich *möglich* geworden war und als es gleichsam an Landschaftsveränderungen infolge der Agrarreformen und der Industrialisierung sichtbar wurde, dass so etwas wie ein unterstützendes Eingreifen in die Natur *nötig* sein könnte. Zuvor waren die Erfahrungen vieler menschlicher Generationen, dass brachliegendes Kulturland sich immer wieder zu Wald entwickeln würde, die Basis eines festen Glaubens an die unzerstörbare Kraft der Natur gewesen. Aus diesem Grund bedachte man die kulturellen Eingriffe in Ökosysteme mit wenig Sorge, war man es doch gewohnt, dass die Natur nach und nach doch alles wieder überdeckt, regeneriert und zurückerobert. Vor diesem Hintergrund erschien die Arbeit des Bauern noch bis in die nähere Vergangenheit hinein als ein ständiger Kampf gegen wuchernde Naturkräfte mit dem Ziel, der Natur kontrolliert Nahrungsmittel abzutrotzen (vgl. VALSANGIACOMO 1998: 8). Bezeichnend und neu war am Naturschutzgedanken die Idee, kulturelle Maßnahmen nicht gegen das Wirken von Natur zu richten, sondern es zum Ziel von Handlungen und Bestimmungen zu machen, sie zu unterstützen.

Naturschutz ist nicht gleichzusetzen mit wissenschaftlicher Ökologie; bestenfalls ist moderner Naturschutz ein theoretischer wie praktischer Versuch, Erkenntnisse aus der ökologischen Forschung unter bestimmten Paradigmen und Normen der Ethik und Ästhetik praktisch umzusetzen. Der Naturschutzgedanke zielte stets auf *Landschaft* mitsamt der Fülle an Nebenbedeutungen und Assoziationen ab, die in dem Begriff mitschwingen. Die ökologische Fachwissenschaft interpretiert Natur als *Ökosystem*, als ein „Gefüge von Wechselwirkungen zwischen Lebewesen und ihrer Umwelt, und zwar in Zeit und Raum" (VALSANGIACOMO 1998: 56). Für die Einordnung des Ökosystembegriffes lohnt eine kurze Rückschau in die historische Entwicklung des wissenschaftlichen Ökologieverständnisses. Die Naturgeschichte der frühen Neuzeit interpretierte die Natur primär wesenhaft-taxonomisch; die Orte und Bedingungen des Gedeihens von Flora und Fauna galten als unwichtig, die vermuteten Verwandtschaftsbeziehungen zwischen einzelnen Lebewesen wurden auf so genannten ‚taxonomischen Tableaus' als Abbildung göttlicher Ordnung dargestellt, nicht in realen räumlich-zeitlichen Verhältnissen. Abhängigkeiten von äußeren Faktoren wurden als nicht relevant angenommen, „man interpretierte nicht ökologisch" (ebd.: 56). Die für eine moderne, systemische Ökologie erforderliche Idee der *Verzeitlichung von Natur* hatte als neue Denkweise im 18. Jahrhundert eine tiefgreifende Veränderung der klassischen Naturgeschichtsschreibung bewirkt. Durch eine Ordnung auf der Zeitachse konnte die wachsende Fülle an biologischen Kenntnissen auf den taxonomischen Tableaus untergebracht werden. Diese neue wissenschaftliche Sicht auf Natur bedeutete „das Ende der göttlichen Vorsehung, den Beginn von Möglichkeit und Zufall", markierte den Paradigmawechsel „von einer konstanten oder höchstens zyklischen zu einer evolutionären Natur" (ebd.: 66). Logisch verknüpft und zeitgleich mit dem Wechsel von einer taxonomischen zu einer ökologischen Sicht auf Einzelindividuen war auch der Wechsel von einer individuenbetonten zu einer biozönotischen Sicht auf Natur, d. h. Lebensgemeinschaften wurden wichtiger als einzelne Arten. Die Integration des evolutionären Artkonzeptes mit dem synökologischen Ansatz der Lebensgemeinschaftsforschung, die Vergesellschaftungen nach Physiognomie, Standort und dominierenden Arten ordnet, war laut Ludwig Trepl „die Geburt der Ökologie als Disziplin" (TREPL 1987: 123).

Der Naturschutzgedanke ist in seiner Entwicklung zunächst getrennt von der wissenschaftlichen Erforschung von Ökosystemen zu sehen. Er steht vielmehr für eine zivilisationskritische und gleichsam auch romantische Geisteshaltung und hat seine Wurzeln im 19. Jahrhundert. Seine Entstehung, Begründung und Popularisierung korreliert mit der faktisch gegebenen Situation wahrnehmbarer Landschaftsveränderungen im Zuge der Agrarreformen und der beginnenden Industrialisierung in Mitteleuropa. Mit der zunehmenden Beherrschbarkeit der Natur und der beschriebenen Neuformierung der Wahrnehmungsweisen konnte Natur aus intellektueller Distanz betrachtet und bewertet, das heißt also auch geliebt, gesucht oder vermisst werden. Die Grundmotive der Naturschutzbewegung der Jahrhundertwende waren eine romantische Naturverehrung, die Liebe zu Heimat und Tradition und eine ablehnende Haltung gegenüber technischen und sozialen Veränderungen. Sie ist insgesamt als eine Reaktion vor allem des

Bildungsbürgertums auf fortschreitende Industrialisierungsprozesse zu sehen, und zwar „nicht nur gegen die durch diese verursachte Umgestaltung der Landschaft, sondern gleichermaßen gegen die damit einhergehenden gesellschaftlichen Veränderungen" (ESER 1999: 116). Stadt- und Zivilisationskritik und der Hang zur Verherrlichung des Vormodernen und Agrarischen wurden zu geistigen Grundlagen erster Bestrebungen, als ‚ursprünglich' und ‚heimatlich' empfundene Landschaften erhalten und schützen zu wollen.

Der soziale Wandel des 19. Jahrhunderts hatte schon 1854 Wilhelm Heinrich Riehl (1823–1897), Kulturhistoriker, Begründer der deutschen Volkskunde und seinerzeit einflussreicher konservativer Publizist, dazu veranlasst, die Erhaltung des Waldes und des wilden Ödlandes aus „socialpolitischen Gründen" zu fordern: „Nicht bloß das Waldland, auch die Sanddünen, Moore, Heiden, die Felsen- und Gletscherstriche, alle Wildniß und Wüstenei ist eine nothwendige Ergänzung zu dem cultvierten Feldland. Freuen wir uns, daß es noch so manche Wildniß in Deutschland gibt. [...] Jahrhundertelang war es eine Sache des Fortschrittes, das Recht des Feldes einseitig zu vertreten; jetzt ist es dagegen auch eine Sache des Fortschrittes, das Recht der Wildniß zu vertreten neben dem Rechte des Ackerlandes" (RIEHL 1854, zit. n. RIEHL 1930: 38). Für Riehl war es ein „grauenhaft unheimlicher" Gedanke, „jeden Fleck der Erde von Menschenhänden umgewühlt" zu sehen; mit solchen Aussagen antizipierte er Gedanken späterer Naturschützer. Zur Vorphase des deutschen Naturschutzes gehören auch die Propagierung des Vogelschutzes[8] und die frühe Naturdenkmalbewegung[9]. Zudem hatte die US-amerikanische Nationalparkbewegung, die mit den Einrichtungen der Yosemite- und Yellowstone-Nationalparke (1864 und 1872) ein Modell großflächiger Schutzreservate entwickelt hatte, einen wesentlichen Einfluss auf Konzeption und Praxis der Naturschutzbegründung.

Für die eigentliche Mobilisierungs- und Konzeptionierungsphase des deutschen Naturschutzes und seine grundlegende Programmatik steht die Person und das Werk Ernst Rudorffs, der seit den 1880er Jahren mehrere Schriften veröffentlichte, u. a. die Aufsätze „Über das Verhältnis des modernen Lebens zur Natur" von 1880, „Schutz der landschaftlichen Natur und der geschichtlichen Denkmäler Deutschlands" von 1892 und seine zusammenfassenden Darstellungen „Heimatschutz" und „Abermals Heimatschutz" von 1897 und 1901. Rudorff gilt als Gründervater des deutschen Naturschut-

8 Zuerst hatte Johannes Bechstein im Jahr 1802 den Vogelschutz in seiner Bedeutung für den Haushalt der Natur thematisiert; 1875 wurde der „Deutsche Verein zum Schutze der Vogelwelt" gegründet.

9 1814 benutzte Humboldt erstmals den Begriff „Naturdenkmal"; mit dem Ankauf des Drachenfelsens im Siebengebirge kam es 1836 zur erstmaligen Sicherung eines Landschaftsteils als so genanntes „Naturdenkmal".

zes, er war der Initiator und Vordenker der Heimatschutzbewegung. In seiner Biographie wird der Bezug naturschützerischer Begehren zur romantischen Landschaftswahrnehmung deutlich sichtbar: Er wurde 1840 in Berlin geboren, im großbürgerlichen Elternhaus verkehrten Friedrich Schleiermacher und Karl Friedrich Schinkel, die Mutter zählte zu Bettina von Arnims besten Freundinnen und sein Urgroßonkel Ludwig Tieck las dem kleinen Ernst noch persönlich seine romantischen Märchen vor. Rudorff verbrachte regelmäßig einige Monate des Jahres bei einer befreundeten Familie auf einem alten Sattelmeierhof im niedersächsischen Lauenstein; ihm wird in diesem Kontext die Entwicklung einer „sehr engen, innigen Beziehung zur Natur und zur landschaftlichen Umgebung" (Knaut 1990: 114) nachgesagt. Beruflich als Klavierlehrer an der königlichen Musikhochschule in Berlin tätig, empfand er „den Einbruch der modernen Welt" in sein „geliebtes Lauensteiner Land" in Gestalt der preußischen Flurbereinigung und Verkopplung als „eine um so stärkere Bedrohung, als sie sein ureigenstes Refugium und seine letzte Rückzugsmöglichkeit erreichte" (Knaut 1990: 114). Dieser ausschlaggebende Moment persönlicher Betroffenheit im Kontext der fortschreitenden Transformation der Physiognomie und ästhetischen Qualität der Kulturlandschaft bewegte den als eher öffentlichkeitsscheu und introvertiert geltenden Rudorff dazu, seit 1878 seinen Heimatschutzgedanken offensiv zu propagieren; er schrieb in einer Rückschau über das Empfinden, welches sein heimatschützerisches Engagement initialisierte: „Jemandem, der so verwachsen mit einer Gegend ist wie ich mit der hiesigen, thut das Herz weh, wenn er sieht, wie das hübscheste, landschaftlich anmutigste, nicht etwa zum Nutzen, sondern dem aberwitzigen Prinzip der Geradlinigkeit [...] zum Opfer gebracht wird" (Rudorff 1910, zit. n. Knaut 1990: 114f).

Rudorff wandte sich energisch gegen die Kulturlandschaftsreformen seiner Zeit, die er als „gewaltsame" Aufzwingung einer „abstracten Theorie" auf die geschichtlich „gewordene" Landschaft beurteilte. Ebenso energisch bekämpfte er Projekte der Industrialisierung und Infrastrukturmaßnahmen, er kritisierte vehement die touristische Erschließung der Landschaft, den Ausbau von Waldwegen und die Errichtung von Aussichtstürmen und Gaststätten. Auch an der modernen Forstwirtschaft und ihrem Hang zu schnellwachsendem Nadelholz und reinlicher Ordnung im Wald störte er sich: „Die erbarmungslose Vernichtung absterbender Bäume, in deren Astlöchern ein Specht nisten könnte, wie die ebenso gründliche Ausrottung aller Bäume und Büsche, die das Unglück haben, auf die Proskriptionsliste der sogenannten ‚Forstunkräuter' gesetzt worden zu sein [...], all dieses deutet auf dieselbe Quelle" (Rudorff 1904, zit. n. Knaut 1990: 115). Rudorffs Programmatik des Heimatschutzes zielte nicht nur auf den Schutz einzelner Landschaftsteile ab, sondern auf einen möglichst umfassenden Schutz der „Gesammtphysiognomie des Vaterlandes, wie sie im Laufe der Jahrhunderte und Jahrtausende sich entwickelt hat" (RUDORFF 1888, zit. nach KNAUT 1990: 115). Das von ihm gemeinte Schutzgut ging über botanische Landschaftsensemble und wilde Tierarten insofern hinaus, als dass er (wie vor ihm schon Riehl und nach ihm viele andere) Kulturlandschafts- und Dorfbilder sowie die volkstümliche Kultur in den umfassenden Heimatschutzbegriff mit einbezog. Die Eigenart einer Landschaft als Heimat, die eigentümlich-volkstümliche Charakteristik in Wesen und in Sitte, um so mehr wenn sie sich auch in der physisch greifbaren Ausprägung eines Landschaftsraumes dinglich manifestiert, wollte er erhalten wissen. „Für den romantisch gestimmten Rudorff war die Natur und Landschaft nicht allein Ort eines rein ästhetischen Genusses, sondern sie war Ausdruck einer jahrhundertelangen gewachsenen Verbundenheit des Menschen mit ihr und daher die Verdinglichung einer spezifischen regionalen [...] Identität" (KNAUT 1990: 115).

Schon bald wurden erste Schritte zur staatlichen Institutionalisierung des Naturschutzes eingeleitet; so wurden das Reichsgesetz zum Vogelschutz (1888) und das preußische Gesetz gegen die Verunstaltung landschaftlich hervorragender Gegenden (1902) beschlossen und der bayerische Landesausschuss für Naturpflege (1905) sowie die Staatliche Stelle für Naturdenkmalpflege (1906) unter Leitung von Hugo Conwentz eingerichtet. Conwentz, bekannt durch seine Denkschrift „Die Gefährdung der Naturdenkmäler und Vorschläge zu ihrer Erhaltung" (1904), war Befürworter einer weniger radikalen Naturschutzkonzeption; seine eher pragmatischen Bemühungen richteten sich auf den Schutz einzelner herausragender Pflanzen, Biotope und geologischer Formationen, seine Vorstellungen von Naturschutz waren realistischer und durchsetzbarer. Rudorff hegte denn auch Vorbehalte gegen Conwentz, dem ‚Realo' der frühen Naturschutzbewegung, dem er als „wenig sympathischen Herrn" die „Empfindung für das, was wir wollen" absprach (RUDORFF 1903, zit. n. KNAUT 1990: 117). Radikalere naturschützerische Positionen im Rudorffschen Sinn formulierte der als Heidedichter bekannte Journalist Hermann Löns (1866–1914): „Sehen Sie sich um [...], erblicken Sie irgendwo einen wirksamen Naturschutz, der eine Errungenschaft der neuesten Zeit ist? Sehen Sie dagegen nicht überall Heimatschändung, Naturverhunzung, Landschaftsentehrung, daß das bißchen Naturschutz gar nicht dagegen in Frage kommt? Und müssen Sie sich dann nicht sagen, den Kopf schüttelnd, die Stirne runzelnd: Das meiste am Naturschutz ist Phrase! Seit einem Jahrzehnt wird beträchtlich viel über Naturschutz geredet und geschrieben, oder vielmehr ‚geschriftstellert'; sieht man sich aber das Ergebnis etwas unbefangen an, so kommt nicht viel mehr als Null Komma Null

Null eins dabei heraus. [...] Es ist ja ganz nett, wenn einige kleine Einzelheiten geschützt werden, Bedeutung für die Allgemeinheit hat diese Naturdenkmälerchensarbeit aber nicht. Pritzelkram ist der Naturschutz, so wie wir ihn haben. Der Naturverhunzung dagegen kann man eine geniale Großzügigkeit nicht absprechen. Sie fährt Auto im 80 Kilometertempo; der Naturschutz kraucht knickebeinig hinterdrein. Die Naturverhunzung arbeitet ‚en gros'; der Naturschutz ‚en detail'. Die Naturverhunzung herrscht, der Naturschutz steht in ihren Diensten. Jawohl, er steht in ihren Diensten, denn er wagt es nicht, soweit er amtlichen Charakter trägt, der Naturverhunzung in gebührender und ausreichender Weise entgegenzutreten. Er ist büreaukratisch organisiert, hat offiziösen Charakter, muß es also vermeiden, anzustoßen, denn Industrie, Handel und Verkehr haben mächtige offiziöse und offizielle Beziehungen und die darf der Naturschutz bei Leibe nicht vor den Kopf stoßen" (LÖNS 1911[10]).

Hermann Löns spielt insofern eine wichtige Rolle in der Naturschutzgeschichte, als er über sein literarisches Werk die weitere Popularisierung des Naturschutzgedankens beförderte. Seine scharfe zeitgenössische Kritik des „conwentzionellen Naturschutzes" wurde und wird bis heute immer wieder abgedruckt, da die seiner Kritik zugrunde liegende Erkenntnis, dass ein wirksamer Naturschutz keine bloße Ausgleichsmaßnahme zur Landnutzung sein dürfe, sondern ein *Gesetz der Landnutzung* sein müsse, nach wie vor aktuell ist. Von den Naturschutzinstitutionen der Weimarer Republik wurde ein Mittelweg zwischen der relativ radikalen Forderung eines umfassenden Landschaftsschutzes im Geiste Rudorffs und Löns' und dem Conwentzschen Objektschutz angestrebt; ein Mittelweg, der „zwar das Ensemble nicht aus dem Auge verlor, aber dennoch ein flexibleres Agieren und eine Versöhnung mit der Industrialisierung" (KNAUT 1990: 118) erlaubte. Obwohl die konkreten Naturschutzmaßnahmen über wenige solitäre Einzelobjekte kaum hinausgingen, so war doch der Naturschutz zu dieser Zeit in Deutschland schon relativ etabliert; 1921 wurde in der Lüneburger Heide das erste größere Naturschutzgebiet staatlich gesichert.

Insgesamt ist die frühe Naturschutzbewegung in die vielgestaltige Lebensreformbewegung der Jahrhundertwende einzuordnen, die positive Werte des Naturerlebens propagierte und Modeerscheinungen wie etwa das Wandern auf breiter Front etablierte. Allerdings wandten sich die Vertreter des Heimatschutzes auch dezidiert gegen eine stärkere touristische Nutzung landschaftlicher Schönheiten; insofern ist handelte es sich immer

10 LÖNS, Hermann: *Der Naturschutz und die Naturschutzphrase*. Manuskript eines vor einem Lehrerverein in Bremen 1911 gehaltenen Vortrages, veröffentlicht 1921 in der Zeitschrift Waldfreund, hrsg. von der Arbeitsgemeinschaft für Forstschutz und Naturkunde.

auch um eine elitäre bildungsbürgerliche Aneignung von Landschaft, die stets eine gewisse Proletariatsfeindlichkeit erkennen ließ. Mit vielen anderen lebensreformerischen Ansätzen teilte der Naturschutzgedanke zudem bedenkliche Grundwerte, unter anderem einen latenten völkischen Nationalismus: Als schöne und schützenswerte Natur sah man im Besonderen solche Landschaftsteile an, die man als ‚dem deutschen Volkscharakter entsprechend' identifizierte; für Hermann Löns bedeutete Naturschutz „ein Kampf für die Gesunderhaltung des gesamten Volkes, ein Kampf für die Kraft der Nation, für das Gedeihen der Rasse" (zit. n. Dupke 1994: 109). Es verwundert daher nicht, dass sich der Naturschutzgedanke (was nicht heißen soll: alle Naturschützer) einige Jahre später recht nahtlos in die faschistische Blut-und-Boden-Ideologie einfügte, deren Natureinheitslehren die deutsche Natur als den ‚Grund völkischen Seins' mystifizierten. Im Übrigen hatte die Ära des Nationalsozialismus für den Naturschutz ambivalente Auswirkungen; auf der einen Seite schwelgte die NS-Administration an vorderster Front im Zeitgeist des Naturschutzes mit, setzte die in der Weimarer Republik begonnenen Naturschutztraditionen fort und machte erstmals Ernst mit seiner rechtlichen Verankerung: Das Reichsnaturschutzgesetz von 1935 ermöglichte die Einbeziehung naturschützerischer Ziele in die Flächennutzungsplanung und blieb bis 1976 in der Bundesrepublik juristisch wirksam. „Kein Zweifel: In der Umweltgeschichte ist der Nationalsozialismus keineswegs nur eine belanglose Episode. Die Blut-und-Boden-Rhetorik war kein bloßes Phrasengebräu, sondern von starken Emotionen, aber auch von rationalen Motiven getragen. [...] In der Tat besaßen manche NS-Ideologen [...] ein besseres Gespür für die Frustrationen, die der Verlust der Beziehung zur Natur bei vielen Menschen auslöst; und nicht zuletzt daraus erklärt es sich, daß die NS-Bewegung bei all ihrer Gewalttätigkeit vielen doch eine Art von Geborgenheit vermittelte" (Radkau 2000: 294f). Auf der anderen Seite fanden jedoch gerade in der NS-Zeit tatsächlich intensive Veränderungen der Kulturlandschaft durch die fortschreitende Technisierung der Landwirtschaft und die Förderung industrieller und infrastruktureller Großprojekte im Zuge der kriegsvorbereitenden Autarkiepolitik statt: „Neben der massiven Unterstützung, die die Schwerindustrie, Chemie, Luftfahrt, Maschinenindustrie vom NS-Regime bekamen, wirkt das, was bei alledem für den Naturschutz übrig blieb, geradezu winzig" (Radkau 2001: 296).

Im Nachkriegsdeutschland der Wirtschaftswunderzeit hatte der Naturschutz zunächst nur marginale gesellschaftliche Bedeutung; der Rekurs auf Natur, Landschaft und Heimat galt insgesamt als allzu sehr verwoben mit der NS-Ideologie, von der man jetzt nichts mehr wissen wollte. „Die Zivilisationskritik, die sich an der Utopie von Volk und Heimat orientierte, war in die moralische Niederlage des Nationalsozialismus hineingezogen worden; sie galt als überholt, ja als verdächtig“ (SIEFERLE 1986: 257). Der Naturschutzgedanke gewann erst während der 1960er Jahre im Kielwasser globalerer Sorgen um die Umwelt (vgl. etwa die DDT-Problematik in Rachel Carsons Buch „Silent Spring“ oder die Debatte über die friedliche Nutzung der Kernenergie) wieder an Aufmerksamkeit. Das europäische Naturschutzjahr 1970, Dennis Meadows berühmte pessimistische Analyse hinsichtlich der „Grenzen des Wachstums“ von 1972, die Gründung neuer Verbände wie etwa Greenpeace und politischer Öko-Parteien wie den Grünen sind Spuren des kräftigen Wiederauflebens des Natur- und Umweltschutzgedankens in den 1970er Jahren. Im Gegensatz zum ‚alten‘, konservativ-traditionellen Naturschutz verortete sich der ‚neue‘ Naturschutz der Ökobewegung weitgehend auf der politischen Linken und verstand sich als progressive Kraft; nicht zuletzt durch diesen Wandel im politischen Selbstverständnis war die Tabuisierung naturschützerischer Ideen nach der Zeit des Faschismus gesellschaftlich auf breiter Front zu überwinden. Das europäische Naturschutzjahr 1970 befreite „den deutschen Naturschutz endlich vom Modergeruch des völkischen Rassismus“ (RADKAU 2000: 295).[11] Neu an der Ökobewegung war zum einen die thematische Vernetzung verschiedener (älterer) Einzelprobleme, so dass der Naturschutz hier nur mehr zu einem Unterthema des umfassenderen *Umweltschutzes* wurde; zum zweiten agierte die neue Ökobewegung – geprägt auch durch die Erfahrung mit Hiroshima – mit dem Bewusstsein einer tatsächlich katastrophalen Bedrohung der Welt durch den Menschen. Zwar war auch für die Naturschutzbewegung der Vorkriegszeit eine gewisse Tendenz zum ‚Katastrophismus‘ identitätsprägend gewesen, jedoch hatten die Befürchtungen nun eine andere, existentiellere Qualität.

Vom deutschen Gesetzgeber wird Naturschutz als ein öffentlicher Belang anerkannt; eine bundesweite, zuletzt im Jahre 2002 novellierte Rahmengesetzgebung von 1976 und die Naturschutzgesetze der Länder sehen im Naturschutz eine anderen Flächennutzungen formal gleichberechtigt gegenüberstehende ethische, ökologische und ökonomische Anforderung des Gemeinwesens. Ziele des Naturschutzes sind dem Gesetz nach die Erhaltung, der Schutz und die Entwicklung der Leistungs- und Nutzungsfähigkeit des Naturhaushalts, der Artenvielfalt und der Eigenart und Schönheit der Landschaft. Naturschutzethische und -ästhetische Diskurse fragen danach, *warum* und *wie* und *welche* Landschaftsteile unter Schutz gestellt

11 Allerdings wurde auch immer wieder vor einer schleichenden Annäherung von rechtem Gedankengut und naturschützerischen Ideen gewarnt (vgl. dazu: *Politische Ökologie* 34, Themenheft „Grün Heil!“, 1993).

werden sollten; auch naturschutzintern werden oft ganz unterschiedliche Antworten hierauf gefunden. Für ein wirkliches Verständnis der ethischen Zielkonflikte des Naturschutzes ist eine Rückschau auf konstruktive Momente der menschlichen Naturwahrnehmung hilfreich; naturschützerische Bewertungsnormen korrelieren gleichsam mit Sehnsüchten nach einem Paradies als auch mit Ängsten vor den Unberechenbarkeiten der Natur. Versuche, wissenschaftlich objektivierbare Bewertungsschemata für den Naturschutz zu entwickeln, verschwimmen immer wieder in einem Strudel subjektiver Zu- oder Abneigungen bezüglich bestimmter Landschaftsbilder und Naturvorstellungen. „Solange eine ausgeräumte Kultursteppe mit ihren sich im Wind wiegenden Ähren oder gar ein Zierrasen mit pflegeleichten Koniferen als schöner gelten können als eine Ruderalgesellschaft am Wegesrand oder eine verwilderte Heckenlandschaft", schreibt Peter FINKE (1986: 288) in seinem Plädoyer für eine ökologische Landschaftsästhetik, „dauert die Misere unseres Landschaftsbewußtseins noch an". Die Vielschichtigkeit und Komplexität der verschiedenen Zugänge zur Naturschutzproblematik ist „letztlich in dem ethisch-moralischen Wertesystem unserer Gesellschaft verankert" (SCHERZINGER 1996: 285).

Naturschutzethische Begründungen beziehen sich auf die grundsätzliche Idee einer menschlichen Verantwortung für die Beschaffenheit der lebendigen Umwelt. Zumeist werden zwei Varianten der Begründung und Zielrichtung dieser Verantwortlichkeit unterschieden: anthropozentrische Begründungen und ökozentrische Begründungen. Anthropozentrisch orientierte Denkweisen richten sich auf den Schutz von Natur als Lebensgrundlage für den Menschen, während ökozentrische Sichtweisen einen nicht an menschlichen Interessen orientierten Schutz von Natur um ihrer selbst Willen anstreben. Bezugsobjekte sind also im ersten Fall die Natur *einschließlich* des Menschen, im zweiten Fall die Natur *ohne* den Kulturfaktor Mensch. Die Verantwortung ist funktional wie auch moralisch begründet; einerseits soll die Funktion ökologischer Prozesse gesichert, andererseits der ‚Achtung vor der Schöpfung' genüge getan werden. Diese Verantwortlichkeit bezieht sich auf (1.) die Artenvielfalt (Biodiversität) der biotischen Welt, (2.) auf den Grad an Natürlichkeit oder Naturnähe und (3.) auf das ästhetische Erscheinungsbild von Landschaft. Diese drei Zielebenen spielten in der Geschichte des Naturschutzes jeweils unterschiedlich gewichtete Rollen, waren jedoch stets nebeneinander existent; sie können einander behindern oder ausschließen: Ein Zustand höchster Artenvielfalt entspricht durchaus nicht dem höchsten Grad an Natürlichkeit, und die ästhetische Beurteilung eines schützenswerten Landschaftsbildes hat freilich, wie bereits dargestellt, noch ganz andere Grundlagen der Bewertung (soziale Bewertungsnormen, historische Bezüge, biologische Dimensionen).

Die klassische Begründung des deutschen Naturschutzes ist die ästhetische; seit Riehl und Rudorff ist mit landschaftlicher Ästhetik ein zivilisationskritisches Sinnsystem verknüpft, welches das Landschaftsbild vormoderner Agrarlandschaften als schön, harmonisch und dem kulturschaffenden Menschen gemäß beurteilt. Ein Kulturlandschaftszustand der frühen Neuzeit, ein belebtes Mosaik aus Wäldern, Feldern, Wiesen und Hecken, das Landschaftsbild einer heilen, bäuerlich geprägten Welt, welches zugleich Träger einer hohen Artenvielfalt ist, ist bis heute die verbreitete Norm im alltäglichen naturästhetischen Empfinden. Die Bewahrung des ästhetischen Heimatbildes gilt als ein wesentliches Grundmotiv der Naturschutzbewegung; es zielt auf eine Vertrautheit und Geborgenheit vermittelnde Landschaft, die als Symbol traditioneller Verwurzelung der in ihr lebenden Menschen wirkt, als Symbol einer verlorengegangenen Harmonie zwischen Mensch und Natur (vgl. ESER 1999: 116). „Traditionale Einstellungskomplexe sind [...] durch eine Orientierung an der Vergangenheit ausgezeichnet, wodurch diese einen starken Einfluss darauf gewinnen, wie in der Gegenwart die Zukunft strukturiert wird" (RÖHRS 1998: 104). Gerade im Naturschutzkontext ist Tradition vielfach handlungswirksam und bestimmend, etwa wenn es im Schutzziel um die Bewahrung der historischen Eigenart einer bestimmten Kulturlandschaft geht. Das Naturbild der Heimat- und Naturschutzbewegung war stets das einer untechnisierten Agrarlandschaft als Ergebnis kleinbäuerlichen Wirtschaftens, Schutzgut waren neben der Natur auch die Stätten ländlich-kulturellen Handelns in der Landschaft. Natur und Kultur scheinen hier eng miteinander verbunden, ‚gute' Kultur quasi wohlgeleitete Fortsetzung natürlicher Anlagen zu sein (vgl. ESER 1999: 119). Der *Heimatschutzgedanke* bzw. der *Kulturlandschaftsschutz* lässt sich damit abgrenzen von dem anderen wichtigen naturschutzethischen Standbein, dem *Schutz der Wildnis*. Während beim Heimat- oder Kulturlandschaftsschutz der Trost einer vertrauten Natur einschließlich kultureller Traditionen im Mittelpunkt steht, stehen beim Schutz der Wildnis die Unberührtheit und Eigengesetzlichkeit von Natur im Zentrum, und Gefühlslagen wie Ehrfurcht, Bewunderung und Fremdheit überwiegen.

Ein Paradigmawechsel zeichnete sich seit den späten 1980er Jahren ab. Dem Artenschutz als oberster naturschützerischer Norm wurde durch den so genannten Prozessschutzgedanken, einem zentralen Begriff der aktuellen Naturschutzdiskussion, Konkurrenz gemacht. Prozessschutz meint das Zulassen einer ungesteuerten Dynamik natürlicher Sukzession und propagiert, anders als der kulturlandschafts- oder artenschutzorientierte Naturschutz, eine ‚Hände-weg-Ideologie'. Der Begriff ‚Prozessschutz' wurde 1993 von Knut Sturm im Kontext eines Konzeptes zur naturgemäßen Waldwirtschaft kreiert; in der Kernaussage entsprach dies dem seit 1985 vom Zoologen Hermann Remmert propagierten „Mosaik-Zyklus-Konzept der Ökosysteme“. Remmerts Entwurf gilt als „der erste ernstzunehmende Angriff auf das traditionell statische Naturverständnis in Mitteleuropa; er dürfte der Prozessschutzidee wesentlich den Boden bereitet haben“ (Böhmer 1999: 16). Wie viele Konzepte und Begrifflichkeiten (etwa auch das der Nachhaltigkeit) entstammt der Prozessschutzgedanke forstwissenschaftlicher Tradition und Theorie. Seit 1970 wird er, ohne so bezeichnet zu werden, in deutschen Naturwaldzellen, in denen zu wissenschaftlichen Zwecken jede Bewirtschaftung eingestellt wurde, durchgeführt. Auch für die Kernzonen von Nationalparken und Biosphärenreservaten ist Prozessschutz die international vorgeschriebene Norm; in Deutschland spielte hier der Nationalpark Bayerischer Wald, das erste deutsche Großschutzgebiet der strengen IUCN[12]-Kategorie II, eine Vorreiterrolle. Die Diskussionen und Meinungsverschiedenheiten etwa betreffend der Nichtbekämpfung des Borkenkäfers und dem anschließenden Massenexodus ganzer Forstareale des Bayerischen Waldes beschäftigten immer wieder auch die Medien und erreichten einen hohen Grad an Popularität, der die Prozessschutzdiskussion über den internen Expertenkreis hinaus öffentlich werden ließ.

Kritiker des Prozessschutzgedankens argumentieren mit dem langfristig sinkenden Niveau der Biodiversität im Falle eines ungehemmten Zulassens natürlicher Sukzession in den offenen Kulturlandschaften Mitteleuropas, da viele heute naturschutzrelevante Arten in den entstehenden Waldlandschaften nicht mehr überleben könnten (Böhmer 1999: 17). Der Artenreichtum der durch menschliche Nutzung geprägten Kulturlandschaften übersteigt bei weitem dem der potentiellen natürlichen Vegetation; Kulturlandschaftspflege ist demnach eine Voraussetzung für den Artenschutz und die Erhaltung großer biologischer Vielfalt. Für diesen Kontext ist die Erkenntnis von Bedeutung, dass auch ursprünglich nicht bewaldete Offenlandschaften (etwa Moore und Flussauen) mittlerweile irreversibel gestört sind, so dass es bei einer völligen Selbstüberlassung vor allem zu einer Ausbreitung solcher Arten käme, die „schon heute als Allerweltsarten gelten“ – „eine wenig verlockende Vorstellung“ (Böhmer 1999: 17). „Reversibilität“ ist für Antonio Valsangiacomo die entscheidende Messlatte einer möglichst objektiven Naturschutzethik. Oberstes Gebot ist seiner Meinung nach die Vermeidung der Zerstörung solcher Ökosysteme, die sich so nicht wieder über Sukzession entwickeln würden. Beispielsweise wertet er einen Kahlschlag in mitteleuropäischen Laubwäldern als einen lediglich auf die ober-

12 IUCN = International Union for Conservation of Nature and Natural Resources. Die IUCN-Kategorie II für Nationalparke schreibt u. a. einen prozessgeschützten Flächenanteil von 75 Prozent vor.

irdische Biozönose gerichteten Eingriff, der nach überschaubarer Zeit durch die Regenerationskraft der Laubbäume ausgeglichen werden würde und also reversibel ist (vgl. VALSANGIACOMO 1998: 9). Irreversibel dagegen sind Eingriffe in solche Ökosysteme, die, entstanden in einer für ihre Primärsukzession klimatisch günstigen Zeit, spätere Ungunstphasen als schon entwickelte Systeme zwar überstehen konnten, deren Regeneration aber nach einer anthropogenen Zerstörung nicht mehr möglich wäre (vgl. ebd.: 14).

Die dem Prozessschutz zugrunde liegende Idee des ‚Natur Natur sein lassen' steht in anglo-amerikanischer Naturschutztradition, die im Gegensatz zur mitteleuropäischen Naturschutztradition nicht Pflege in das Zentrum ihres Wirkens stellt, sondern den Gedanken der ‚wilderness'. In den USA, einem Land mit riesigen Raumressourcen und vergleichsweise junger Siedlungsgeschichte, wurde 1964 ein Gesetz (der so genannte ‚Wilderness Act') verabschiedet, das es erlaubte, größere Landstriche vor der kulturellen Erschließung zu bewahren. Basierend auf den langen Erfahrungen mit extensivem Tourismus in den amerikanischen Nationalparken fand der Begriff der ‚wilderness' vor allem Niederschlag in der bundesdeutschen Erlebnis- und Umweltpädagogik und entwickelte sich in den 1990er Jahren zu einem Schlagwort (‚Wildnispädagogik'); Kritiker benutzten den Begriff der ‚Wildnis-Ideologie'. Während das amerikanische Wort *wilderness* eine nur leicht oder unveränderte Naturlandschaft meint (gemäß der IUCN-Kategorie I), kann das deutsche Wort *Wildnis* nur eine sekundäre Form der verwilderten Kulturlandschaft bezeichnen. Wildnis ist im Deutschen zudem besetzt mit wertenden Assoziationen wie „etwas wild Durcheinanderwachsendes", „Kulturlosigkeit" oder aber auch „Zustand ungebundener Freiheit" (vgl. BÖHMER 1999: 14). Uta Eser ordnet in ihrer Dissertation über den „Naturschutz und das Fremde" mit Bezug auf naturschutzethische Diskussionen Mensch und Natur psychoanalytischen Schemata zu: In der Debatte um *anthropozentrische* (oder: humanistische) versus *ökozentrische* (oder: biozentrische) Ethikkonzeptionen streite man nicht in erster Linie um ein angemessenes Naturverständnis, sondern vor allem um ein angemessenes Menschenbild: „In der humanistischen Konzeption wird Natur als das Reich der Triebe und Zwänge aufgefasst (Kontroll- und Triebnatur), der Mensch hingegen im Reich der Freiheit verortet. Diese Zuordnung der Naturbegriffe erscheint nun in radikalen Konzeptionen ökologischer Ethik, z. B. der sogenannten Deep Ecology, umgekehrt: Hier wird Natur als (sittlich gute) Romantiknatur gedeutet und der Mensch als (verwerfliche) Triebnatur. In dieser Sichtweise erscheint der Mensch als Schädling der Natur" (ESER 1999: 234f).

Die Leitbilder der geordneten heimatlichen Kulturlandschaft und der wilden Natur stehen sich letztlich in konkreten naturschutzethischen

Konflikten vor Ort gegenüber. Eine gewisse Abschwächung des Regional- oder Heimatbewusstseins als ein bestimmendes Leitmotiv naturschützerischer Motivation brachten die Professionalisierungen des institutionellen Naturschutzes in den 1980er und 1990er Jahren mit sich. Auf Grundlage des 1976 erlassenen Bundesnaturschutzgesetzes wurden im Rahmen der administrativen Landschaftsplanung überregionale Planungsverfahren durchgeführt und neue ausführende Behörden geschaffen. Professionelle Kräfte (Biologen, Landschaftsplaner, Geographen), dabei freilich auch solche mit neuen Ideen und Sichtweisen auf den Naturschutz, übernahmen jetzt Aufgaben, die zuvor ehrenamtlich von Personen mit stark regionalem Impetus organisiert wurden. Diese Umorganisation war auch verknüpft mit Neuorientierungen bezüglich der Entscheidungskompetenzen und inhaltlichen Zielausrichtungen naturschützerischen Tuns. Der Naturschutz ist zwar wirkungsmächtiger geworden, wird aber mehr ‚von oben her' bestimmt – ein organisatorisches Faktum, das oftmals zu Konflikten mit lokalen ‚Betroffenen' (Landwirten, Kommunalpolitikern, heimischen Naturschützern mit anderen Vorstellungen etc.) geführt hat. Naturschutzpolitik kann beim Eingreifen in die traditionalen Deutungsmuster ihrer Adressaten keineswegs mit deren Übereinstimmung rechnen (vgl. RÖHRS 1998: 103).

3.

Drittes Kapitel: Geographie und Geschichte der Sennelandschaft

„Diese Gegend welche Die Senne genant wird ist lauter trockene Heyde, die bey Paderborn anfängt und bis den Flecken Halle 6 Meilen lang und 3 bis 4 breit, fortwährt; sie wechselt mit umzäunten Feldern, einzelnen Bauernhöfen, einigen Bächen, Morast und kleinem Gehölz ab." Diese Worte notierte im Jahr 1768 ein junger preußischer Kartograph zur Charakterisierung des sich südöstlich an sein eigentliches Kartierungsgebiet anschließenden Landschaftsbereiches, der Senne, die sich auf insgesamt fast 300 Quadratkilometern am Südrand des Teutoburger Waldes zwischen Bielefeld und Paderborn erstreckt **(Abb.1)**. Heute, bald 250 Jahre nach der Niederschrift der Notiz des Kartographen, ist die bezeichnete Gegend kaum mehr so schnell in einem Satz zu beschreiben; vielmehr haben sich nutzungsbedingt ganz unterschiedliche Bereiche dieser einst relativ einheitlichen Heide- und Sumpflandschaft herausgebildet. Ihr nordwestlicher, der Großstadt Bielefeld zugewandte Teil fällt kaum mehr als außergewöhnlich auf, sondern hat auf den ersten Blick vielmehr das Erscheinungsbild einer üblichen zersiedelten ‚Allerweltlandschaft'; mehr oder weniger urbane Siedlungsbereiche wechseln mit land- und forstwirtschaftlichen Nutzflächen und Gewerbegebieten, die vor allem entlang der Hauptverkehrswege konzentriert sind. Beim Südteil der Senne im lippischen und paderbornischen Bereich verhält es sich anders; schon auf der Landkarte fällt dieser Bereich aus dem Rahmen des Gewöhnlichen, wobei zuerst vor allem die Siedlungsleere auffällt. Ob bei einem flüchtigen Blick in den Autoatlas oder dem aufmerksamen Studium topographischer Karten: Die südliche Senne ist durch äußerst wenig Verkehrsinfrastruktur und Bebauung gekennzeichnet, ohne dabei flächenhaft bewaldet zu sein. Im kleinmaßstäbigen Autoatlas erscheint deshalb jener selten gewordene ‚weiße Fleck auf der Landkarte'; auf topographischen Kartenblättern hingegen fällt eine Flächensignatur ins Auge, die ansonsten kaum mehr, geschweige denn so großflächig, in amtlichen Kartierungen der deutschen Kulturlandschaft auftaucht **(Abb.2)**: Die Legende weist sie als ‚Heide' oder ‚Ödland' aus, und bei genauerer Betrachtung der Karte erkennt man, dass es sich keineswegs um ungenutztes

Land handelt, sondern um eine großflächige Sondernutzung der Gegend als Truppenübungsplatz.

Um die ganze Senne auf einer detaillierten topographischen Karte im Maßstab 1:25.000 betrachten zu können, ist es nötig, neun Kartenblätter zu einem Quadrat zu kombinieren und dabei das Blatt „4118 Senne" in der Mitte zu platzieren; so hat man eine Fläche von gut 30 mal 30 Kilometern abgebildet.[13] Von Nordwest nach Südost streicht der Höhenzug des Teutoburger Waldes und des Eggegebirges im weiten Bogen quer durch diesen Ausschnitt Ostwestfalens; im Nordosten sind randliche Siedlungsbereiche Bielefelds zu erkennen, im Norden die lippische Kreisstadt Detmold, im Süden die Bischofsstadt Paderborn und ihre Vororte, im Westen die Ort-

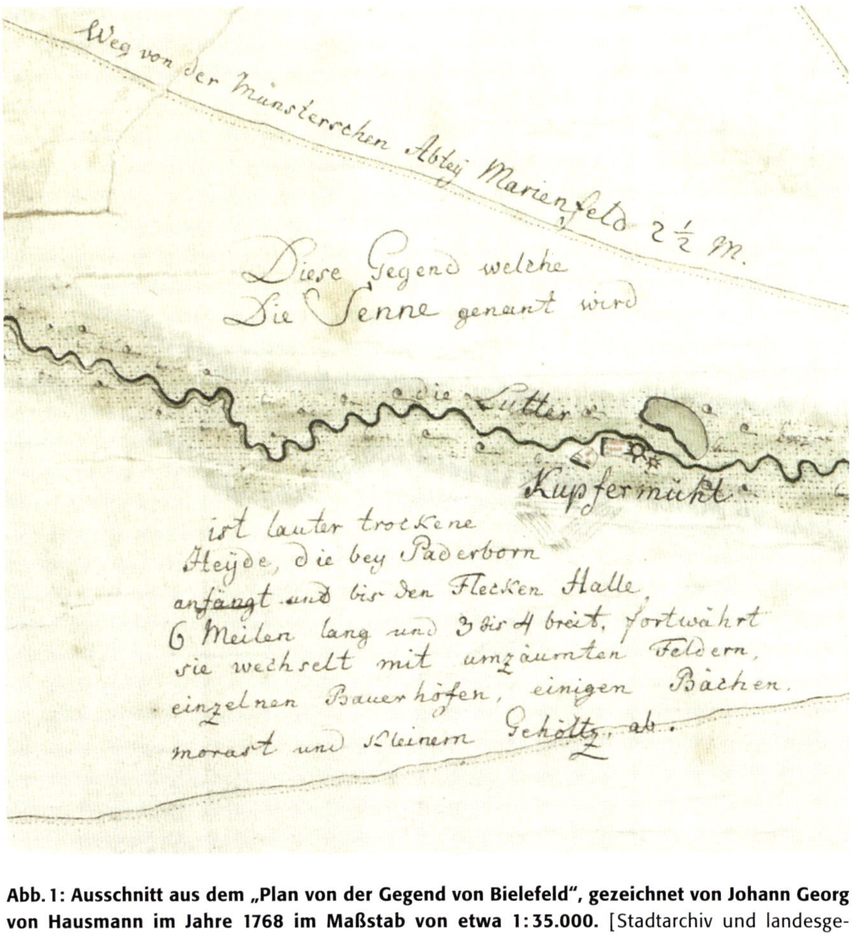

Abb. 1: Ausschnitt aus dem „Plan von der Gegend von Bielefeld", gezeichnet von Johann Georg von Hausmann im Jahre 1768 im Maßstab von etwa 1:35.000. [Stadtarchiv und landesgeschichtliche Bibliothek Bielefeld]

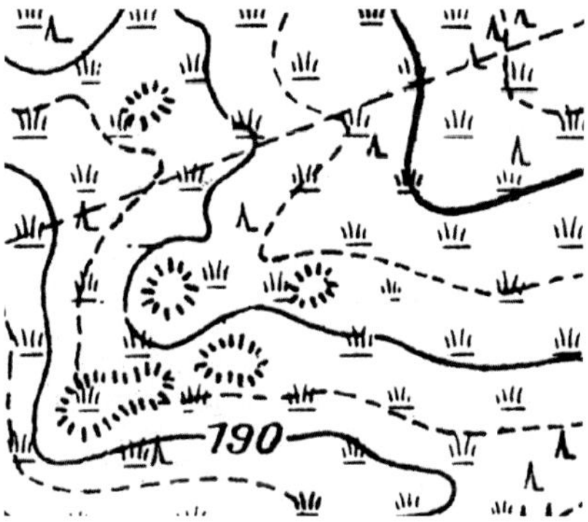

Abb. 2: Flächensignatur für Heide und Ödland auf der topographischen Karte des Maßstabs 1:25.000 im Bereich der Oberen Senne. [Landesvermessungsamt NRW, Blatt 4118 Senne]

schaften Verl, Delbrück und Hövelhof. Der auf dem zentralen Kartenblatt „4118 Senne“ dargestellte Bereich, der nordöstlich vom Bogen des bewaldeten Höhenzugs gerahmt und im Südwesten von der Autobahn 33 markant begrenzt wird, weist augenscheinlich kaum Bebauung auf, dafür relativ viel Offenland mit der angesprochenen Heide-Signatur, dazu Nadelwaldforsten und zahlreiche parallele Bachläufe in Fließrichtung Südwest. Der Namenszug, der diese ungewöhnliche Gegend in großen Lettern bezeichnet, lautet (einschließlich des Artikels) „DIE SENNE“, und vielerlei topographische Ortsbezeichnungen wiederholen diesen Namen: Bielefelds Vororte heißen „Senne I“ und „Sennestadt“, man findet die „Oerlinghauser Senne“, die „Wistinghauser Senne“ und die „Stapelager Senne“, die „Augustdorfer Senne“, die „Kammersenne“, die „Haustenbecker Senne“ und die „Kohlstädter Senne“, dazu die „Mergelheide“ und die „Moosheide“ und einiges Ähnliches mehr. Das ist also die Senne beim Blick auf die Landkarte.

Eine erdkundliche Monographie beschrieb die Senne im Jahre 1925 als „eine eigenartig aus fruchtbaren Landstücken, Heide und Wald sich zusammensetzende Landschaft, in der die Heide immer noch die Herrschaft hat und voller Romantik ist“ (Mielert 1925: 100). Diese Gegend, die einst „lauter trockene Heyde“ war, war stets in erster Linie geprägt durch die enorme Masse eiszeitlich abgelagerten Sandes; die Geschichte dieser Landschaft und auch die Arten und Weisen ihrer Wahrnehmung hängen großenteils an diesem Sandboden, der wortwörtlich *Grund* vieler Eigenarten und Eigenartigkeiten ist, die die Gegend selbst und die auf sie bezogenen Werthaltungen ausmachen. Im Folgenden werde ich den Landschaftsraum zunächst hinsichtlich seiner natürlichen Voraussetzungen, seiner geogra-

13 Hierfür sind folgende topographische Kartenblätter 1:25.000 zu kombinieren: 4017 Brackwede, 4018 Lage, 4019 Detmold, 4117 Verl, 4118 Senne, 4119 Horn-Bad Meinberg, 4217 Delbrück, 4218 Paderborn und 4219 Altenbeken.

phischen Begrenzung und Binnengliederung sowie hinsichtlich seiner historisch-kulturellen Prägung und Entwicklung beschreiben, um dann in den weiteren Kapiteln Fragen und Kategorien der Wahrnehmung dieser Landschaft in der Heimat- und Regionalliteratur zu fokussieren und letztlich in Interviews mit Protagonisten der regionalen Naturschutzszene über die Landschaft und ihren Schutz einerseits und über biographische Aspekte des persönlichen Landschaftsbezugs andererseits zu sprechen.

3.1. Zur geographischen Gliederung der Landschaft und der Etymologie des Landschaftsnamens

Der als „die Senne" bezeichnete Landschaftsraum bildet den östlichen Winkel der Westfälischen Tieflandsbucht und gehört landschaftsgeographisch zum Ostmünsterland (vgl. MÜLLER-WILLE 1952: 66; LIEDTKE 1997) bzw. zum Sandmünsterland (BURGGRAAFF 2000). Als flach abfallende, südwestwärts zu Ems und Lippe entwässernde Abdachung des Osning-Höhenzuges liegt die Senne als schiefe, leicht gestufte und gewellte Ebene in Geländehöhen zwischen etwa 200–240 m (im Norden und Osten zum Osning hin) und etwa 100 m (nach Südwesten hin). Nach SERAPHIM (1977: 128) stellt der „allgemein als Senne bezeichnete Raum keine naturbedingte Einheit" dar. Für Geographen, die traditionell zunächst nach natürlich bedingten Begrenzungen von Landschaftsräumen suchen, stellt sich dementsprechend das Problem einer genauen Abgrenzung dieser Landschaft: Zwar wird sie im Nordosten naturräumlich relativ eindeutig durch den sie bogenförmig umschließenden Höhenzug des Teutoburger Waldes und seine aus dem Sennesand aufstrebenden Kalksteinschichten begrenzt und ihr südöstlicher Abschluss durch die Lippetalung und den Anstieg zur karstigen Paderborner Hochfläche markiert; doch ihr Nordrand und insbesondere die Süd-

14 Vgl. etwa die zu Kapiteleingang zitierte Bemerkung des Kartographen aus dem Jahr 1768: „... bis den Flecken Halle ..." Auch der historische Sennebegriff, der aus ihrer ersten urkundlichen Erwähnung im Jahre 965 abzuleiten ist, lässt die „Sinithi" im Nordwesten bis zur Ortschaft Halle reichen (vgl. RAVENSBERGER REGESTEN 1985: Nr. 21). Allerdings besteht auch die Möglichkeit, dass in dieser besagten Urkunde, die die Abgrenzung eines Forstbannes beschreibt, mit „Sinithi" nicht die Senne gemeint war, sondern ein einstmals „saltu Sinithi" genannter Waldbereich nördlich der Rietbergischen Ortschaft Herzebrock (vgl. PRINZ, Joseph: *Das Territorium des Bistums Osnabrück.* Göttingen 1934: 42).

15 SERAPHIM (1977: 126) errechnet eine Gesamtfläche von ca. 250 qkm; ich selbst komme unter Anwendung der oben angegebenen Begrenzungskriterien, auch bei wiederholtem Nachrechnen, auf ca. 300 qkm.

westbegrenzung der Senne in Richtung ihrer Öffnung zur Westfälischen Tieflandsbucht hin verläuft naturräumlich unscharf. Obgleich man in früheren Jahrhunderten die Senne bereits im Raum Halle beginnen ließ[14], so wird hierfür heute in etwa eine gedachte Linie über die Ortschaften Brackwede, Friedrichsdorf, Kaunitz und Schloß Neuhaus angenommen; auf die fachwissenschaftliche Diskussion zur Begrenzung der Senne wird weiter unten noch eingegangen. Die Gesamtausdehnung des so bestimmten Landschaftsraumes beträgt an die 300 qkm.[15] Das Gebiet liegt im Regierungsbezirk Detmold des Bundeslandes Nordrhein-Westfalen und hat Anteil an den Kreisen Lippe, Paderborn, Gütersloh und der kreisfreien Stadt Bielefeld.

Bevor auf die strittige Frage der äußeren Begrenzung weiter eingegangen wird, sollen zunächst die landschaftlichen Charakteristika und die daraus abgeleitete naturräumliche Binnengliederung der Senne dargestellt werden. Als vorderstes Charakteristikum der Senne gilt, wie gesagt, primär der Sandboden, der mit seinen Einflüssen auf die Geländegestalt (z. B. Dünenbildung, Terrassenbildung, Erosionstäler), die hydrologischen Bedingungen (Wasserdurchlässigkeit, tiefer Grundwasserspiegel, nach südwestwärts verlagerter Quellhorizont) und in der Folge sowohl auf die natürliche Ausstattung der Vegetation als auch auf die kulturabhängige Entwicklung von Flora, Fauna und Bewirtschaftungsweise weithin bestimmendes Merkmal ist. Auf der hypothetischen Kartierung einer potentiell-natürlichen Vegetation erscheint der vom Sandboden bestimmte trockene Bereich in etwa deckungsgleich mit der Fläche des Wuchsgebietes eines bodensauren Birken-Eichenwaldes **(Abb. 3)**.[16] Über das Merkmal Sand hinaus sind zwei weitere

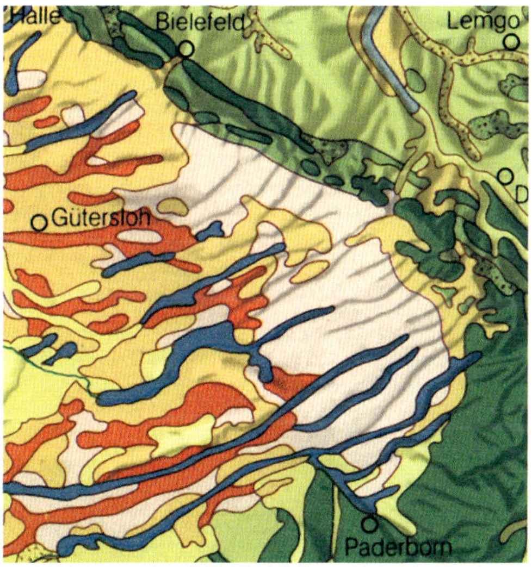

Abb. 3: Kartierung der potentiell-natürlichen Vegetation. Der größte Teil der Senne – ihre Erstreckung scheint hierdurch nahezu definierbar zu sein – erscheint als Wuchsgebiet eines Birken-Eichenwaldes (rosa). In Bereichen der Unteren Senne würde sich ein Erlen-Birken-Eichenwald (rot) entwickeln, in den Bachtälern ein Traubenkirschen-Erlen-Eschenwald (blau), und für die fruchtbarere Drumlin-Senne wäre ein Buchen-Eichenwald (orange) zu erwarten. [Entwurf Burrichter, entn. aus: Geographisch-landeskundlicher Atlas von Westfalen, Münster 1988]

landschaftliche Charakteristika für den Naturraum der Sennelandschaft bezeichnend: zum einen die zahlreichen Bachoberläufe, die in bis zu 12 m tief in den Sandboden eingeschnittenen Erosionstälern verlaufen,[17] und zum anderen ursprünglich versumpfte Feuchtgebiete im tieferliegenden Südwesten der Senne, wo die Bachläufe zum Rande des Sanders hin ihren Taleinschnitt verlassen haben und sich vor der menschlichen Einflussnahme ohne festen Verlauf im Umland ausbreiteten und die Niederungen regelmäßig überschwemmten.

Hinsichtlich dieser landschaftsprägenden Merkmale wurde in der geographischen Literatur stets eine räumliche Binnengliederung der Senne in drei unterscheidbare Zonen vorgenommen: Maasjost (1933: 37) geht hydrographisch vor und erkennt im Nordosten die dem Teutoburger Wald zugewandte, grundwasserferne *Zone der Trockentäler* mit Dünenbildungen aus nacheiszeitlich aufgewehten Sanden; südwestlich hieran anschließend differenziert er die von zahlreichen parallelverlaufenden, wasserführenden

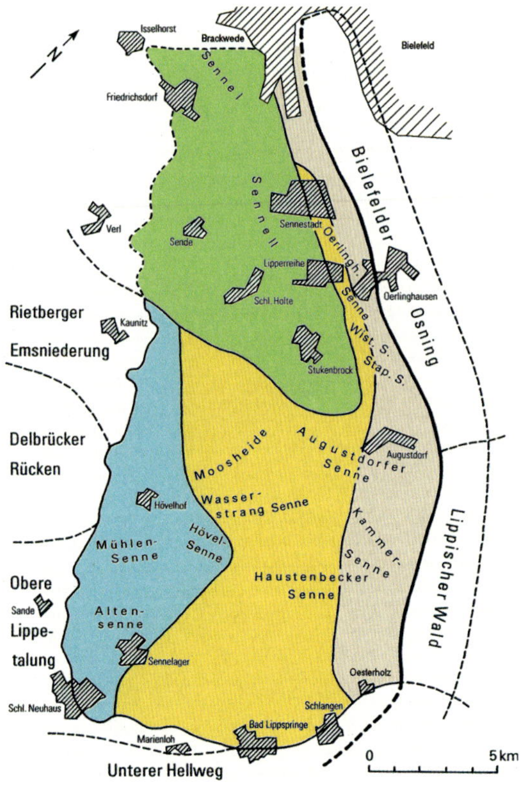

Abb. 4: Schematische Binnengliederung der Senne in naturräumlich unterscheidbare Zonen, so wie Seraphim und Meisel sie bestimmt haben: Dem Teutoburger Wald unmittelbar vorgelagert ist die Obere Senne, untergliedert in die Zone der Trockentäler (beige) und die der Quelltäler (ocker); südwestlich schließt die feuchte Untere Senne (blau) an. Von Nordwesten her unterbricht die vergleichsweise fruchtbarere Drumlin-Senne (grün) keilförmig die ansonsten weitgehend höhenparallele Reihung der Binnenzonen.
[Entwurf entn. aus Seraphim 1978: 9; verändert u. ergänzt]

Erosionsschluchten durchzogene *Quellbachzone* und schließlich im Südwesten die grundwassernahe *Zone der Bachüberhöhung* mit vermoorten Auenbereichen und erhöhten Dammbetten. COPEI (1938: 66) übernimmt Maasjosts Einteilung und bezeichnet die verschiedenen Bereiche der Senne als *quellenlose trockene Randzone*, als *Zone der Erosionsschluchten* und als *Zone der Bachüberhöhungen*. Diese dreizonale Binnengliederung der Senne wird bei FRÖHLICH u. OLTERSDORF (1972: 103f) mit den Begriffen *Trockensenne*, *Quelltälersenne* und *Feuchtsenne* bezeichnet. Eine dazu differente Form der naturräumlichen Dreiteilung der Senne entwickelt SERAPHIM (1977 u. 1978), der die Trockensenne und die Quelltälersenne zusammenfasst zur *Oberen Senne* (untergliedert in *Zone der Trockentäler* und *Zone der Feuchttäler*); die Feuchtsenne bezeichnet er als *Untere Senne*. Als dritte naturräumliche Kleineinheit differenziert Seraphim (in Anlehnung an MEISEL 1959)[18] das keilförmig von Nordwesten aus in die Senne ragende *Friedrichsdorfer Drumlinfeld* (auch kurz: *Drumlin-Senne*); seine Sonderstellung ist in lehmigen und tonigen Geschiebeablagerungen eiszeitlicher Moränen und der hierdurch bedingten anderen Bodenqualität (und in der Folge auch andersartigen Vegetation) begründet. Seraphims Binnengliederung wurde in der Fachliteratur seither weitgehend übernommen **(Abb.4)**.

Die die *Obere Senne* oder *Trockensenne* prägenden Sandmassen wurden als Vor- und Nachschüttsande der Saaleeiszeit am südlichen Rand des Teutoburger Waldes als bis zu ca. 40 Meter mächtige Sanderkissen abgelagert; sie sind zum Teil ein Verwitterungsprodukt des im unmittelbar benachbarten Höhenzug anstehenden Gesteins, das unter der Gewalt eines schließlich abtauenden Gletschers mit dem Schmelzwasser durch periglaziales Bodenfließen in das südwestliche Vorland des Gebirges transportiert wurde **(Abb.5)**.

---

16 Gegen die Annahme eines Birken-Eichenwaldes (*Betulo-Quercetum*) als potentiell natürlicher Vegetation der Senne-Sander steht eine These, nach der sich in der Senne – soweit eine ausreichende Humusschicht durch fortschreitende Sukzession gebildet ist – ein Hainsimsen-Buchenwald (*Luzulo-Fagetum*) durchsetzen würde. HARTEISEN (2000: 45) hält es für „durchaus wahrscheinlich, daß der bodensaure Buchenwald außerhalb des Grundwassereinflusses auf allen silikatarmen Sedimenten der Senne die ursprüngliche Waldgesellschaft bildete" und dass auch potentiell sowohl auf Plaggenesch-Standorten als auch auf den anthropogen degradierten Sandböden letztlich „von einer Etablierung des Luzulo-Fagetum auszugehen" (ebd.: 46) sei.

17 MAASJOST (1973: 83) nennt eine Zahl von „etwa 30 Bächen", die „in den Sanden der Senne zwischen Bielefeld und Paderborn" entspringen; durch frühe Zusammenflüsse verringert sich freilich die Zahl der Ausflüsse. Tiefenangabe der Erosionstäler (bis 12m) ebenfalls nach MAASJOST (1973: 83).

18 MEISEL, S.: *Die naturräumlichen Einheiten auf Blatt 98 Detmold.* Naturräumliche Gliederung Deutschlands. Hrsg. von der Bundesanstalt für Landeskunde, Remagen 1959. Die Autorin nennt den von Seraphim als „Friedrichsdorfer Drumlinfeld" bezeichneten Bereich „Stukenbrocker Lehmplatten" und gliedert ihn als naturräumliche Untereinheit aus der Senne aus.

Nacheiszeitlich entstanden Dünen und Flugsandflächen durch äolische Erosion; die Dünenbildung erfolgte nachweislich aber auch noch in historischer Zeit als Folge der Offenlegung der leichten Sandböden durch anthropozoogene Einwirkungen. Die von Südwest- bis Westwinden ausgewehten Hohlformen entwickelten sich über einer wasserundurchlässigen, durch Podsolidierung im Sandboden verfestigten Ortsteinschicht teilweise zu regenwasserabhängigen Weihern und kleinen Hochmooren **(Abb. 6)**. In aller Regel jedoch stellen die Flächen der Oberen Senne die trockensten, aufgrund ihrer Durchlässigkeit grundwasserfernsten Bereiche der Senne dar. Weite, kaum fruchtbare Sand- und Heideflächen ließen hier zuweilen den Eindruck einer ‚Wüste in Westfalen' aufkommen.

Von oberflächig abfließendem Regenwasser ausgewaschene Trockentäler **(Abb. 7)** leiten von der trockenen Senne in die *Quelltälersenne* über. Durch rückschreitende Erosion verlagerten sich zunächst am südwestlichen Rand des Sanders in Grundwasserspiegelhöhe austretende Quellen im Laufe der Jahrtausende immer weiter nordöstlich, die Bachläufe schnitten sich tief in den Sander ein und gestalteten so die charakteristischen Kerb- und Kastentäler dieser Zone, die seit dem 17. Jahrhundert zur Gewinnung von Grünland anthropogen erweitert wurden **(Abb. 8)**. Im engeren Sinne ist die Quelltälersenne jedoch – wie in Seraphims Gliederung auch deutlich wird – keine eigene Binnenzone; sie ist Teil der trockensandigen Oberen Senne, in die die Feuchtsenne quasi fingerartig mit den Erosionstälern hineingreift. Die Quelltälersenne weist durch das wiederholte Auf und Ab zwischen den höhergelegenen Sandebenen und den tief eingeschnittenen, feuchten Bachtälern die stärkste Reliefenergie und den größten landschaftlichen Abwechslungsreichtum auf und hat damit eine eigene, ganz unverwechselbare Charakteristik, die für viele Wanderer wohl die attraktivste der Senne ist.

Abb. 5: Mächtige pleistozäne Sandablagerungen bedecken als parallelschichtiger Schüttungskörper die erst in bis zu 40 m Tiefe anstehenden Kreideschichten, die sich am Nordwestrand der Senne steil zum Osnig-Höhenzug aufwölben. Im 20. Jahrhundert wurde der Sand an verschiedenen Orten im großen Stile abgebaut. [Foto Ludwig Maasjost, Archiv Biologische Station Paderborner Land]

Abb. 6: Bevor die nur bedingt wasserdurchlässigen Ortsteinschichten im Bodenhorizont der Sennesande großflächig durch Kultivierungsarbeiten umgebrochen wurden, gehörten kleine Weiher und Hochmoore, die zumindest temporär mit Oberflächenwasser gefüllt waren, zum Landschaftsbild der Senne. Auf der Fotografie ist eine solche als Wildsuhle dienende Feuchtstelle gut zu erkennen. [Foto Wilhelm Pecher, Historische Bildersammlung im Institut für Lippische Landeskunde]

Am Westrand des mächtigen Sanderkissens, dem Übergang zu den weichseleiszeitlichen Niederterrassen von Ems und Lippe, beginnt die *Untere Senne* oder *Feuchtsenne*. Von hier an, etwa ab der 110 m-Isohypse, verlaufen die Bäche nicht mehr in eingeschnittenen Tälern, sondern durchqueren ursprünglich stark vernässte Gebiete nahe dem Oberflächenhorizont. Das zuvor erodierte Material wird jetzt akkumuliert, d. h. mitgeführter Sand wird abgelagert. Vor der menschlichen Einflussnahme veränderten die Bachläufe aufgrund des nur geringen Gefälles ihr Hauptbett ständig und bildeten auf Sedimentationskegeln Deltas aus. Das Gelände wurde regelmäßig überflutet und war reich an Niedermooren, an „Morasten, Laken, Brüchen und Sümpfen", die „ganze Breite der südwestlichen Sennezone" war ehemals „ein mächtiges, zusammenhängendes Sumpfgebiet" (Copei 1938: 66); Fröhlich u. Oltersdorf (1972: 105) sprechen daher von einer „amphibischen Landschaft". Bei der späteren Kultivierung der Feuchtsenne nutzte man die natürliche Tendenz der Bachläufe, sich durch Ablagerung des reichlich mit-

Abb. 7: Trockental in der Oberen Senne, 1930er Jahre. Die nur nach sehr starken Regenfällen den Abfluss des Oberflächenwassers kanalisierenden Erosionsrinnen gelten als sennetypisch und landschaftsbildprägend. Die Darstellung von Bildausschnitten, die dem hier abgebildeten stark ähneln, findet sich – oft kurz als „Sennelandschaft" betitelt – zahlreich in landeskundlichen Schriften. [Foto Ludwig Maasjost, Archiv Biologische Station Paderborner Land]

geführten Sandmaterials ein temporär erhöhtes Bachbett selbst zu schaffen, zum Zwecke der Trockenlegung des umliegenden Geländes: Man fixierte die Bachläufe durch Eindämmung und schuf so die dem Umland oft um einige Zentimeter oder Dezimeter erhabenen Dammbetten, die als typisch für die Feuchtsenne gelten, aber bei einer Selbstüberlassung auf Dauer wieder zerstört würden. Die trockengelegten Landriedel zwischen den weitgehend parallelen Bachläufen werden heute durch land- oder forstwirtschaftliche Nutzflächen bestimmt, wenige Mulden euthropher Niedermoore verblieben der Landschaft in diesem Bereich.

Auf den aus Lehm- und Gesteingeschiebe gebildeten Moränenrücken, die im Nordwesten den Bereich des *Friedrichsdorfer Drumlinfeldes* prägen (auch *Stukenbrocker Lehmplatten* genannt) und die zu größeren Teilen auch von der glazialen Sandschüttung ausgespart blieben, entwickelten sich als bestimmende Bodentypen Pseudogleye und nährstoffreiche Braunerden. Dieser ebenfalls von Bachläufen in Senken durchzogene Bereich der Senne hatte aufgrund seiner natürlichen Ausstattung von jeher die vergleichsweise besten Voraussetzungen zur ackerbaulichen Bodennutzung; hier sind daher auch die ältesten Hofstellen der in anderen Bereichen noch bis in die frühe Neuzeit weitgehend siedlungsleeren Senne zu finden. In ähnlicher Hinsicht sind auch noch einige solitäre Kreideinseln im Bereich der Oberen Senne zu nennen, die aufgrund einer holozänen Umlagerung kalkiges Lockergestein im Bereich des Bodenhorizontes aufweisen und daher ebenfalls für menschliche Siedlungsplätze prädestiniert waren, so etwa am Bokelfenn, am Schapeler oder nahe dem Eckelau.

Verschiedene Landschaftszonen haben also Anteil an dem räumlichen Konstrukt der Senne, dabei so ausgeprägt unterschiedliche Typen wie die Trockensenne und die Feuchtsenne.

Abb. 8: Die im Sennesand eingeschnittenen Bachoberläufe (hier das obere Haustenbachtal) bilden seit jeher grüne Oasen im ansonsten zumeist trockenen Umland. Auf der Sohle der anthropogen erweiterten Kastentäler wurde früher Grünlandwirtschaft betrieben; im Bereich des Truppenübungsplatzes konnte sich hier in den letzten Jahrzehnten Sekundärwildnis entwickeln. [Foto Roland Siekmann]

Wieso trägt nun das Gesamtgebiet einen einheitlichen Namen? Und wo endet die (feuchte) Senne im Südwesten? Eine augenscheinliche Landschaftsgrenze ist „aktuell im Gelände nicht mehr feststellbar" (LEITBILD SENNE 1997: 7), der Übergang zu der sich anschließenden Emssandebene scheint hier vielmehr fließend zu sein. Die mit der Senne befassten Geographen neigten in der Regel dazu, naturräumliche Begründungen für die Abgrenzung von Landschaftseinheiten zu suchen (vgl. MAASJOST 1933, MÜLLER-WILLE 1942, SCHNEIDER 1952, MEISEL 1959). Der Teutoburger Wald und die Lippeniederung waren leicht als natürliche Begrenzungen auszumachen, an der Südwestbegrenzung jedoch biss man sich die Zähne aus und suchte nach immer neuen natürlichen Faktoren. FRÖHLICH u. OLTERSDORF (1972: 101) versuchten zuletzt eine naturräumliche Bestimmung der Senner Südwestgrenze über die Zuhilfenahme des Faktors „gleichsinnige Neigung": Ihrer Beobachtung nach endet die Feuchtsenne zwischen der noch relativ hangparallel zum Osning verlaufenden 100 m-Isohypse und der schon stark zerlappten 90 m-Isohypse, die bereits der Emssandebene des Sandmünsterlands zuzurechnen sei. Eine andere, nämlich eine kulturgeographische Herangehensweise an das Problem scheint überzeugender: SERAPHIM (1977) und in der Folge auch RÜTHER u. SCHROEDER (1994) haben den als Senne bezeichneten Gebietsraum über die Definition einer historisch relativ einheitlich gewachsenen Kulturlandschaft mit einer *funktionalen Eigenart* im Kontext ihrer Nutzungs- und Siedlungsgeschichte bestimmt. In diesem Sinn wurde die Abgrenzung nach Südwesten hin unter Zuhilfenahme der Rekonstruktion historischer Landschaftszustände vorgenommen, und zwar über den in Relation zum Sandmünsterland quantitativ noch höheren Verbreitungsgrad extensiv genutzter Heide- und Moorflächen bis zur Mitte des 19. Jahrhunderts.[19]

Diese funktionale Eigenart des Senneraumes wird auch über die etymologische Herleitung des Landschaftsnamens deutlich: *Die Senne* bezeichnet demnach schon rein sprachlich ein Hudegebiet, eine weitläufige und unbesiedelte, aber schon seit mehr als zehn Jahrhunderten – mindestens seit der Entstehung des Begriffes – als Weideland extensiv genutzte Wald- und Heidegegend. Die verschiedentlich angestellten etymologischen Deu-

19 Hierbei ist bemerkenswert, dass die Abgrenzung des Sandmünsterlandes seinerseits zum Kernmünsterland ebenfalls durch den Umfang der Heide- und Moorflächen bestimmt wird, die diese Kulturlandschaft bis ins erste Drittel des 19. Jahrhunderts geprägt haben (vgl. BURGGRAAFF 2000: 75 f). Die sprachliche Steigerung „noch" soll zum Ausdruck bringen, dass die südöstlich an die Senne angrenzenden Landschaftsteile, die zum Sandmünsterland gerechnet werden, in eben dieser Hinsicht von der noch extremeren Senne übertroffen werden. In ihrer „Geographischen Landeskunde Westfalens bezeichneten RÜSEWALD u. SCHÄFER (1937: 83) die Senne daher als „der eigenartigste Teil des Heidesandgebietes".

tungen der mittelalterlich belegten Namensformen *Sinithi* (965), *Sinede* (1001), *Sinedi* (1003), *Synatha* (1036), und *Synethe* (1153) kommen im Großen und Ganzen zu einem ähnlichen Ergebnis: „Sinede kann mit hoher Sicherheit also mit ‚Große Heide' übersetzt werden. [...] Sinedi könnte [...] auch übersetzt werden als ‚großes, lange genutztes Weidegebiet'" (WÄCHTER 1999: 216). „Die Senne bei Paderborn ist sprachlich ein Weideplatz (althochdeutsch Sinithi)" (FÖRSTER 1995). „Die Vorsilbe sin- [kennzeichnet] die Dauerhaftigkeit im Sinne der Unberührtheit. [...] So möchte ich die schriftlich belegten Formen [...] auf ein [...] Kompositum zurückführen, das als altsächsisch sin-hedi anzusetzen wäre, und ‚ewige Heide', ‚unberührtes Heideland' bedeuten würde" (PLASSMANN 1940: 227f). „Der Name wird gedeutet als sin-ithi = die große Heide" (SPRENGER 1939: 198) „Das Wort ‚Senne' geht wahrscheinlich zurück auf sinidi, und das bedeutet Weidetrift" (SUFFERT 1936: 19). „Sinethi von Sins = alt? und ithi, ede = Heide, also große Urheide (vgl. Sintflut)" (MEISE 1928: 319). Auffällig ist auch die Analogie zu dem im niederdeutschen Sprachgebiet eigentlich unüblichen, dafür im süddeutschen Raum verbreiteten Begriff der ‚Senne' als Weideplatz (‚Senn' auch üblich als Bezeichnung des Hirten). Seraphim diskutiert die etymologischen Namensdeutungen verschiedener Autoren und kommt zu dem Schluss, dass „es als gesichert gelten" kann, dass „der Senneraum insofern einmal eine funktionale Einheit darstellte, als es sich um ein weithin als Weide (Hude) genutztes und verheidetes Gebiet handelte" (SERAPHIM 1977: 129ff).

Für die Zeit der Entstehung des so gedeuteten Landschaftsnamens bzw. seiner Vorläufer im frühen Mittelalter ist anzunehmen, dass er sich nur oder hauptsächlich auf die trockene, heute als Obere Senne bezeichnete sandige Landschaftszone bezog: Die weiträumig versumpften Bereiche im Südwesten, die Feuchtsenne, waren kaum als Weideland nutzbar und wurden daher womöglich auch nicht so bezeichnet. In diesem Sinne stellt COPEI (1938: 68) fest, dass „die Senne ehedem nach Süden und Südwesten zu durch einen breiten Sumpfgürtel abgeschlossen" war; in diesem Verständnis war die Feuchtsenne also ehemals nicht ein *Teil* der Senne, sondern ihr *Grenzsaum*. Die Ausweitung des Landschaftsnamens auch auf dieses zuvor wohl namenlose Sumpfgebiet fand wahrscheinlich erst sukzessive, insbesondere mit den ersten Trockenlegungen in der frühen Neuzeit, statt. Die vom trockenen Sandboden bestimmte Obere Senne wird bis heute landläufig als die ‚eigentliche Senne' wahrgenommen. Volksetymologien führen den Landschaftsnamen ohnehin auf „Sand" zurück (vgl. LAMPRECHT 1913). Würde man die landläufige Formel zur Bestimmung und Begrenzung der Senne („die Senne ist da, wo der Sennesand ist" – eine quasi naturräumliche Begründung also) übernehmen, so erhielte der südwestliche Feuchtbereich seine Identität als Senne über die Auslagerung des Sandes entlang der bodennahen und überhöhten Bachläufe, während auf der anderen Seite auch die Mulden einiger Quertäler des Osnings, in die der Sand in großen Mengen hinauf geweht wurde, konsequenterweise zur Sennelandschaft gerechnet werden müssten.

3.2. Überblick über die Nutzungs- und Siedlungsgeschichte

Erste Hinweise auf eine menschliche Nutzung und Besiedlung der Sennelandschaft geben vereinzelte Funde aus dem späten Paläolithikum und dem Mesolithikum; für die Mittelsteinzeit konnten etwa Wohnplätze im Bereich der Sennestadt, am Bokelfenn, am Langelau, am Finkenkrug oder am Strothebach nachgewiesen werden (vgl. ADRIAN 1933; SCHWANOLD 1928; HOHENSCHWERT 1969; WÄCHTER 1999). Besonders das Gebiet um Oesterholz am Südostrand der Senne stellte wegen der Verbindung von trockenen Siedlungsplätzen, gleichzeitigem Wasserreichtum (Quellen) und der Lage an einem Passweg über den Osning „einen idealen Siedlungsplatz des mittelsteinzeitlichen Menschen dar" (HARTEISEN 2000: 47). Mit dem Neolithikum, als jungsteinzeitliche Kulturphase gekennzeichnet durch Sesshaftwerdung, Domestizierung von Nutzvieh und planmäßigen Anbau von Getreide, begann für die Senne offenbar eine Phase früher Wertschätzung. Gründe hierfür lassen sich nur theoretisch rekonstruieren; sie sind aus einem Zusammenspiel vom natürlichen Landschaftscharakter und frühen kulturtechnologischen Entwicklungen ableitbar: Der natürliche Eichen-Birkenwald, der auf dem Sandboden der Oberen Senne stockte, hatte von vornherein einen lichteren Charakter als die Wälder auf den fetteren Böden der Umgegend und erschien den Menschen also als vergleichsweise offene, übersichtliche Landschaft, die sich für Jagd und Quartier anbot, zumal sie auch trocken, warm (am Südabhang des Osnings) und trotzdem frischwassernah (Bachtäler) lag. Und da die leichten, hölzernen Ackerbaugeräte der jungsteinzeitlichen Menschen weniger für die wohl fruchtbareren, aber eben auch schwereren Böden (etwa jenseits des Gebirges) geeignet waren, bevorzugten sie die sandige Senne als Lebensraum.[20] Am südlichen Fuße des Höhenzugs in der Übergangszone zum Sennesander wurden vermutlich erste gartenähnliche Beete angelegt und Wildgetreide angebaut (HARTEISEN 2000: 47). Für die Sandböden der Senne können als neolithische Ackerflächen nach WÄCHTER (1999: 195) „größere Flächen angenommen werden", auf denen vermutlich eine Art Feldgraswirtschaft betrieben wurde. Augenfällige Spuren einer relativ regen Nutzung und möglicherweise auch Besiedlung der Oberen Senne seit der ausgehenden Jungsteinzeit und in der folgenden Bronzezeit sind die ursprünglich sehr zahlreichen Grabhügel, die zumeist konzentriert vor den Passlagen des Osnings bzw. entlang sehr alter Wegführungen aufgeworfen worden sind. Die vernässten Sumpfgebiete der Feuchtsenne waren hingegen von vorgeschichtlicher Besiedlung offenbar ausgeschlossen; dieser Bereich der Senne schien „sogar während der Zeit der optimalen Trockenheit keine brauchbare Wohnstätte abgegeben zu haben" (SCHNEIDER 1952: 24).

Der Beginn einer allmählichen Verheidung der Oberen Senne wird für ca. 1500 v. Chr. angenommen (COPEI 1938: 82; SCHNEIDER 1952: 25; HARTEISEN 2000: 50). WÄCHTER (1999: 220) geht bereits für die Bronzezeit von einem devastierten Zustand weiter Teile der Senne aus.[21] Schon früh, „spätestens seit dem dritten bis zweiten Jahrtausend v. Chr." (HOHENSCHWERT 1969: 11), hatten die Waldhude, also der Eintrieb domestizierter Rinder, Schweine, Schafe und Ziegen in die lichten Eichenwälder der Senne und womöglich auch schon die Weide wilder bzw. halbwilder Pferde einen wirkungsreichen Einfluss auf die Landschaftsgeschichte. Bereits im Neolithikum setzte eine Veränderung des Waldbildes der Oberen Senne durch den stetigen Verbiss des aufkommenden Jungwuchses ein; zudem wurde womöglich auch Brandrodung betrieben. Der so beanspruchte Eichen-Birkenwald konnte nicht ausreichend regenerieren, da die natürlich gegebene Nährstoffarmut des nur mit einer dünnen Humusauflage bedeckten Sandbodens den anthropogen initiierten Prozess eines allmählichen Vegetationswandels beschleunigte und katalysierte. Folge war, dass sich der Vegetationswandel im Ergebnis krasser auswirkte als auf ähnlich genutzten

20 Die Vermutung, dass die Senne für vorgeschichtliche Kulturen einen prädestinierten Lebensraum bot, entspricht verblüffend genau den im Theorieteil erwähnten Annahmen der verhaltensbiologischen Habitattheorien zur Landschaftsästhetik. Diese kommen weitgehend zu dem Ergebnis, dass noch heute solche Landschaften und Landschaftselemente am besten gefallen, die urmenschliche Überlebensbedürfnisse am besten befriedigen würden: Verfügbarkeit von Wasser, Überschaubarkeit der Landschaft und Schutz vor Feinden sind die entscheidenden drei Aspekte. Insgesamt wäre demnach eine savannen- oder parkähnliche Landschaft unter praktischen und in der Folge eben auch ästhetischen Gesichtspunkten ideal. Die warme, sandige Senne am Südhang des von schützendem Kalkbuchenwald bewachsenen Osning mit dem Charakter einer relativ offenen Ebene, leicht beackerbarem Boden und dutzendweise klaren Quellen entspricht recht genau dieser landschaftlichen Idealform.

21 HARTEISEN (2000: 50) weist in diesem Kontext darauf hin, dass für Ausbreitung der Calluna-Heiden keine „harten Daten", etwa in Form von Pollenanalysen, für diese Zeit vorliegen und dass daher Aussagen zur frühen Heideausdehnung „weitgehend Vermutungen" bleiben; jedoch geht auch er davon aus, dass zur Zeit Christi Geburt die ursprünglichen Standortbedingungen der Oberen Senne bereits nachhaltig durch spezifische anthropogene Landnutzungen verändert waren (ebd.: 53).

‚fetteren' Böden anderer Gegenden, die weniger anfällig reagierten und zunächst noch bewaldet blieben. Die schon immer auf den lichtreicheren Standorten unter den Eichen und Birken heimische Besenheide (*Calluna vulgaris*) war schließlich Nutznießer dieser antropozoogen angestoßenen Veränderung der Sennevegetation: Eine einmal ausgebildete Callunadecke bewirkt eine zunehmende Podsolidierung des Bodens und in der Folge die Ausbildung von Bleichsand- und Ortsteinhorizonten; solche Standortverhältnisse begünstigen dann wiederum die weitere Verbreitung der Besenheide: „Die Senne war bis zur Mitte des 19. Jahrhunderts und noch darüber hinaus ein weitgedehntes Callunetum, d.h. sie trug eine Pflanzendecke, in der das Heidekraut [...] durchaus vorherrschte. [...] Das Callunetum bestand nicht von Anfang an; wahrscheinlich haben schon jungsteinzeitliche Siedler den ursprünglichen, lockeren Eichen-Birken-Wald des Ortstein-Sandbodens durch Weidebetrieb (Hude) und Holzentnahme so degradiert, daß die Heideflora überhand nahm und schließlich allein herrschte" (Suffert 1960: 10f). Noch bis ins 20. Jahrhundert hinein hielt man die flächige Verbreitung der Calluna vulgaris für die natürliche Vegetation der Senne; dieses Missverständnis wird an späterer Stelle noch thematisiert.

Im Anschluss an die frühen Siedlungsperioden des Neolithikums und der Bronzezeit fand offenbar eine nahezu vollständige Entsiedlung der Senne statt: Schneider (1952: 24) vermutet die „völlige Aufgabe des Gebietes durch die Kelten noch vor dem Eindringen der [...] Germanen" von Nordosten her. In der Literatur werden verschiedene mögliche Gründe für eine Aufgabe der zuvor z.T. besiedelten randlichen Sennebereiche und auch unterschiedliche Zeiträume ihres Stattfindens angenommen. Beckmann (1989) vermutet, dass aufgrund einer schon fortgeschrittenen Devastierung der Vegetation und des Bodens die fehlende Wirtschaftsgrundlage die Menschen zwang, die Senne als Siedlungsraum zu verlassen. Schneider (1952: 25) nimmt eine Klimaveränderung um 800 v. Chr. als einen „wohl stichhaltigen Grund für die tatsächlich feststellbare Verödung" und Entsiedlung der Senne noch in vorchristlicher Zeit an; seiner Vermutung nach blieben die „ungünstigen Sennestriche" hierdurch von der weiteren Kulturlandschaftsentwicklung ausgenommen und „sich selbst überlassen".[22] Einleuchtend ist neben dieser klimaabhängigen Erklärung auch eine kulturell-technologische: Mit der Eisenzeit begann man, stabilere Geräte für den Ackerbau zu entwickeln, so dass nun auch die schweren Böden jenseits des Osnings unter den Pflug genommen werden konnten und ihrer besseren Fruchtbarkeit wegen in der Folge bevorzugt wurden. Denkbar und naheliegend ist, dass die verschiedenen genannten Faktoren zusammenwirkten. Jedenfalls ist aufgrund ausbleibender archäologischer Siedlungsfunde mit großer Wahrscheinlichkeit davon auszugehen, dass irgendwann in den ersten Jahrhunderten nach der Zeitenwende die vorgeschichtliche Phase einer teilweisen Sennebesiedlung plötzlich abriss und jene Verbrachung der Landschaft einsetzte, die dann das ganze Mittelalter hindurch anhielt. Jedoch verblieb der noch als lichtbewaldet vorstellbare Landschaftsraum wahrscheinlich stetig in extensiver Nutzung als Weidefläche von den umliegenden Siedlungen und Hofstellen aus. Vor allem die verbliebenen Eichen des lichten Waldes waren in der herbstlichen Fruchtphase hochgeschätzte Hudebäume, und für Schafe und Ziegen hatten auch die halboffenen Heideflächen genug zu bieten.

Im frühen Mittelalter, der Phase der Kolonisation und Christianisierung, wurde das sandige und sumpfige Niemandsland (‚res nullius')[23] nach fränkischem Recht zum Königsland und als so genanntes Forstbanngebiet (‚forestis') dem Paderborner Bischof überlassen. Mittelalterliche Urkunden erwähnen die Senne als Jagdgebiet und als Weidegrund für Vieh und für Bienen, nicht jedoch als menschlichen Siedlungsraum. Es entwickelte sich ein Kranz ortsfester Siedlungen an den Außengrenzen des Senneraumes, die Kernsenne wurde jedoch zunächst nicht berührt; aus dem 12. Jahrhundert sind dann zumindest einige Hofstellen bezeugt, mit denen man tiefer in das Gebiet vordrang (vgl. Beckmann 1989). Diese wenigen Ausnahmen mittelalterlicher Besiedlung beschränkten sich auf ganz bestimmte Vorzugsplätze, die sich aufgrund geologisch andersartiger Gegebenheiten vom Umland abhoben und sich wegen ihrer Bodenqualität besser zum Ackerbau eigneten. Als derartige Vorzugsorte sind insbesondere die leicht erhobenen Moränenrücken (Drumlins) zwischen Friedrichsdorf und Stukenbrock zu nennen (die so genannten Senner „Urhöfe" in den Bauernschaften Stukenbrock, Sende und Liemke), weiterhin Standorte über solitären Grundmoränen und Geschiebelehmen, über vereinzelten und aufgrund tektonischer Unregelmäßigkeiten bis knapp unter den Bodenhorizont aufgewölbten Kalkschollen, sowie einige zum Ackerbau nutzbare Niederungsinseln des Emssystems. Über die in der Bodenqualität begründete andersartige Vegetation müssen solche Örtlichkeiten schon immer in der Landschaft wahrnehmbar gewesen sein. Schneider (1952: 31) schreibt beispielsweise über den späteren Forstort Taubenteich, dass dieses Gelände sich „sicher schon vor der Besiedlung von der üblichen Sennevegetation unterschieden und so die Aufmerksamkeit auf sich gelenkt" habe. Teilweise konnten auch Wüstungen

22 Gemeint ist hier ein Wandel von feucht-warmem zu feucht-kühlem Klima (vgl. auch Hohenschwert 1969: 10).

23 Die Bezeichnung ‚res nullius' meint jene Dinge, die niemanden gehören, die ‚herrenlos' sind; umgekehrt wären mit Bezug auf die Sennegegend auch die Bezeichnungen ‚res communis' bzw. ‚res publica' (für Dinge, die der Allgemeinheit gehören, der öffentliche Raum etwa) verwendbar.

frühgeschichtlicher Besiedlung an dieserart prädestinierten Orten nachgewiesen werden, etwa im Bokelfenn oder am Eckelau; auch die jeweilige Nähe von Grabhügelfeldern weist womöglich auf eine schon frühe Benutzung solcher Stätten hin. Einige alte Hofstellen wie etwa der Schapeler Hof in der Stapelager Senne, der Hof Bokelmeier, der Welschhof und einige weitere Hofstellen im Raum Sende/Stukenbrock stellen solche Vorzugsorte dar, waren nachweislich zumindest mittelalterliche Gründungen und blieben bis in die Neuzeit hinein weithin einsame Wohnplätze inmitten riesiger siedlungsleerer Flächen.[24]

Herrschaftliches Jagdinteresse begründete einige weitere Ausnahmen von der vorherrschenden Siedlungsleere im Senneraum: Seit 1325 ritten die seit mindestens 1001 mit dem kaiserlichen Forstbannrecht ausgestatteten Paderborner Bischöfe von ihrer Residenz in Schloss Neuhaus aus auf Jagden in die Senne, im Bereich von Stukenbrock errichteten die Vögte des Fürstbischofs im Jahr 1550 ein Jagdanwesen, 1661 wurde das Jagdschloss Hövelhof gebaut, und das lippische Fürstenhaus erschloss sich ihr Jagdrevier in der Senne vom Lippischen Wald her mit dem Jagdschloss Lopshorn: „Wie das Ödland im Westen für die Paderborner Herren, so war der östliche Streifen auf der trockenen Senne für die Herren von Lippe das bevorzugte Jagdrevier" (Schneider 1952: 31).

Erst frühneuzeitliche, im Kontext der inneren Kolonisation landesherrlich geplante und forcierte Ansiedlungen von Lippe, Paderborn und Rietberg aus veränderten im 17. und 18. Jahrhundert die weitgehende Siedlungsleere der Senne. Von Westen und von Osten her lassen sich zwei deutlich planvolle Siedlungsbewegungen erkennen, die sich einerseits über Trockenlegungen der Feuchtsenne nordostwärts die Bäche hinauf ausdehnten (Hövelhof 1690, Kaunitz 1746, Friedrichsdorf 1786), andererseits direkt in der trockenen Oberen Senne angelegt wurden, teils an relativen Vorzugsplätzen (Haustenbeck 1659, Lipperreihe 1680), teils auf für die Landwirtschaft extrem ungünstigem Standort (Augustdorf 1775). Das landesherrliche Interesse an diesen Besiedlungsmaßnahmen bestand in der Verdeutlichung von Gebietsansprüchen im bislang „herrenlosen Niemandsland", der Sicherung

24 Zur mittelalterlichen Besiedlung der Senne und den wenigen frühen Hofstellen vgl. Beckmann (1989). Die Genese der seit dem 12. Jahrhundert im Vorzugsraum Sende-Holte-Stukenbrock errichteten Hofstellen ist auch bei Gürtler (1985) nachvollzogen.

25 Nach Harteisen (2000: 95) spielte für das Sennedorf Haustenbeck die Schafhaltung allerdings kaum eine Rolle; die großen Herden wurden traditionell von außerhalb her, so etwa aus dem Raum Schlangen, in die Senne geführt. Eine bedeutende Schäferei war auch der Schapeler Hof in der Stapelager Senne. Die Haltung der auf Calluna spezialisierten Heidschnucken, wie sie in der Lüneburger Heide üblich war und wie sie heute zur Landschaftspflege in der Senne eingesetzt werden, war in der Senne zu keiner Zeit üblich.

Abb. 9: Bienenstand in der Oerlinghauser Senne in den 1930er Jahren: „Wenn die Heide blüht, werden von weither die Bienen dem Schutze des Sennebauern anvertraut." Bereits in einer Urkunde aus dem Jahr 1036 ist die Bienenhaltung bezeugt, und bis heute bringen Imker im Spätsommer ihre Völker in die Senne. Im Hintergrund sind die damaligen Segelflugkuppen am Barkhauser Berg erkennbar. [Foto u. Originalkommentar Ludwig Maasjost, Archiv Biologische Station Paderborner Land]

der Grenzen und der Kontrolle von Verkehrswegen. Weiterhin sollte mit der so genannten Peuplierungspolitik auf Dauer die Anzahl steuerzahlender Untertanen erhöht werden: ein „Ausfluß merkantilistischer Staatsauffassung", schreibt Friedrich Copei (1935b: 88), und fährt fort: „Die kleineren oder größeren Territorialherren der Senne wetteiferten darin, zunächst Stützpunkte für Straßen und Grenzbefestigungen zu schaffen, in einer zweiten Phase das weite herrenlose Heideland in Besitz und Kultur zu bringen". Die Neusiedler waren in erster Linie Angehörige der landlosen Unterschichten, „Menschen, die sonst nichts Eigenes hatten, Brot und Heimat suchten und fanden" (Copei 1935b: 88). Mühsam brachen sie, je nach Standort mit unterschiedlichem Erfolg, einen Teil des Heidelandes zu Ackerflächen um, um dort hauptsächlich Buchweizen, nach ihrer Einführung in Europa auch recht erfolgreich die Kartoffel, anzubauen. Man verbreiterte die Bachtäler der Sennebäche, um an der Sole des Kastentals neben dem eigentlichen Bachlauf Grünland zu gewinnen; auf diesen wertvollen Geländestreifen war Rindviehhaltung möglich. Zudem wurden Schafe gehalten, die – wie auch schon zuvor von den Bauernschaften am Sennerand her – in Gemeinschaftsherden über die zur Allmende einer Dorfgemeinschaft gehörenden Heide- und Trockenrasenflächen zogen und dabei auch an den zähen Calluna-Sträuchern knabberten und diese so gleichzeitig verjüngten.[25] Die schon damals jahrhundertealte Tradition der Bienenhaltung in der Senne nutzten viele Sennebauern in soweit, als dass sie den Imkern aus dem Umland zur Zeit der Heideblüte gegen Entgelt Unterstellmöglichkeiten für ihre Bienenstöcke anboten **(Abb. 9)**. Die Nutzung als Bienenweide hatte für die Senne eine geradezu identitätsbildende Funktion; so beschreibt Adolf Rebbe im Jahr 1902 die Senne als einen „Streifen Landes, der von den meisten Lippern nördlich des Waldes nur wenig gekannt ist und es noch weit weniger sein würde, wenn nicht alljährlich die große Völkerwanderung mit den Bienenstöcken dahin stattfände" (Rebbe 1902: 15).

Die ersten Siedlerstellen waren zunächst einige Jahre von Abgaben befreit, trotzdem reichte es in den meisten Fällen kaum zur Sicherung einer wirtschaftlichen Subsistenz; fast alle Familien betrieben zum Zuverdienst die Hausspinnerei oder -weberei, und viele Familienväter verdingten sich saisonal als Wander- und Lohnarbeiter, oft als Ziegler. Um Ackerbau auf den Sandböden der Senne zu betreiben, war es notwendig, die humusarmen Böden fortwährend zu düngen: Das Heidebauerntum basierte darauf, dass den Ödlandbereichen regelmäßig Heideplaggen entnommen, als Stallstreu mit Dung angereichert und anschließend auf den Acker aufgebracht wurden. Die Qualität der so entstehenden Eschböden konnte hinsichtlich ihres Nährstoffgehaltes auf diese Weise gesteigert oder zumindest gehalten werden, während die der abgeplaggten Heidebereiche verschlechtert wurde: Der Verlust an organischem Material wirkte sich dort nachhaltig negativ auf die Fähigkeit des Bodens aus, erneut Humus zu bilden und dadurch Wasser und Nährstoffe zu binden. Die stets auf humose Heideplaggen angewiesene Heidebauernwirtschaft bedurfte dabei prinzipiell eines flächenmäßig wesentlich größeren Anteils an Heideland als an Ackerland, denn eine abgeplaggte Fläche musste mindestens 10 bis 20 Jahre regenerieren, bis sie ein weiteres Mal als Lieferant für organisches Düngematerial nutzbar war. Chroniken berichten trotz der Weitläufigkeit der Senner Heide von regelrechten „Schlachten um die Plaggengründe" (Schneider 1952: 34). Zumindest in Siedlungsnähe war eine weitgehende Auszehrung und Degeneration der Böden die Folge; auf den Flächen des einstigen Eichen-Birkenwaldes entwickelte sich über das Stadium des lichten Hudewaldes nach dem 17. Jahrhundert eine durch verstärkte Holz- und Plaggenentnahme weitgehend baumlose Heidesteppe. Sogar Dünen setzten sich, ihrer Vegetation beraubt, wieder mit dem Wind in Bewegung. Das Landschaftsbild der Senne hatte zu Beginn des 19. Jahrhunderts, nach nur relativ wenigen Generationen der intensivierten Landnutzung von den neuen Siedlungen aus, seine extremste Ausprägung als schier endlos anmutendes Heideland mit darin eingestreuten Plaggeneschen, vereinzelten, verstreut, gebündelt oder in Reihe liegenden Hofstellen und den schmalen, die braune Heide kontrastierenden Grünlandbereichen in den feuchten Bachauen.

Andererseits gibt es auch Hinweise darauf, dass die Heidewirtschaft, solange die Siedlungsdichte ein bestimmtes Maß nicht überstieg, durchaus einem nachhaltigen Prinzip der Landnutzung folgte. Rudolf Höcker analysiert für den solitär gelegenen Schapeler Hof in der Stapelager Senne, dass die Heidewirtschaft „sich durch positive gegenseitige Beeinflussung ihrer tragenden Elemente – Plaggenhieb, Bienenzucht, Ackerbau, Schafhaltung – für die Bewohner des Hofes Schapeler als eine Produktionsweise" erwies, die „zu allen Zeiten ihre Ernährung gewährleistete"; dabei ermöglichte „eine ‚ausgeklügelte', bis ins kleinste Detail die naturbürtigen Produktionshilfsquellen ausschöpfende Wirtschaftsweise" auch eine „Mehrwertproduktion" (Höcker 1986: 55). Inwieweit die vormoderne Landnutzung der Senne als nachhaltig gelten könnte oder nicht, ist eine interessante Frage für die regionale Umweltgeschichte. Das plaggenhauende Heidebauerntum wurde immer wieder als ‚Raubbau an der Natur' verunglimpft, und tatsächlich sind temporäre Übernutzungen des Bodens bis hin zu entblößten Sandflächen sowie eine allgemeine Bodenverschlechterung in Relation zum ursprünglichen Waldboden unstrittig. Dennoch ist auch eine Sichtweise möglich, die den Landschaftszustand der Senne bis ins 18. Jahrhundert als relativ stabil ansieht, wenn auch auf vom Bodenwert her recht geringem Niveau. Wenn man die Nachhaltigkeit einer Landschaftsnutzung über das Ausbleiben einer qualitativen Verschlechterung der organischen Lebenswelt begreift, dann ist die viele Jahrhunderte andauernde Nutzung der Senner Heide als extensive Hudefläche durchaus nachhaltig zu nennen. Erst als die Siedlungsdichte mit den Neuansiedlungen im 18. und 19. Jahrhundert zunahm und die Kolonate und Kotten **(Abb. 10)** relativ dicht auch in die unwirtlichsten Bereiche der Senne außerhalb von natürlichen Vorzugsstellen vordrangen und die Plaggenwirtschaft an ihre ökonomischen wie ökologischen Grenzen stieß, war es ganz offensichtlich vorbei mit einer nachhaltig zu nennenden, der Landschaft gemäßen Landnutzung. Die von Höcker am Beispiel des Schapeler Hofes als „ausgeklügeltes System" angesprochene Heidewirtschaft sicherte zwar ein agrarökonomisches Grundgerüst, jedoch galt dies kaum für alle Hofstellen der Senne – mit fortschreitendem Bevölkerungszuwachs wohl eher nur für wenige.

Spätestens im 19. Jahrhundert stieß das agrarische System an seine Grenzen. Als zudem bei fortschreitender Industrialisierung der Zentren (v. a. der Stadt Bielefeld) die Heimarbeit in den Peripherien und damit die Möglichkeit des Zuverdienstes durch Hausspinnerei und Hausweberei verdrängt wurde, verschlimmerte sich für die Mehrzahl der Sennebewohner die ökonomische Situation. Geringe Erträge und Missernten, Wassermangel und Kartoffelfäule, bitterste Armut und grassierende Malariaepidemien waren Tiefpunkte der menschlichen Nutzung der Senne als Siedelland. Eine allmähliche Verbesserung der kleinstbäuerlichen Lebensverhältnisse fand sukzessive in der zweiten Hälfte des 19. Jahrhunderts statt. Der allgemeine medizinische, technologische und soziale Fortschritt machte auch vor der abgelegenen Peripherie nicht ganz Halt. Die Gemeinheitsteilungen in Verbindung mit der Einführung neuer Anbaumethoden verbesserten zum

Ende des 19. Jahrhunderts allmählich die agrarische Basis. Mit der zunehmenden Anwendung von Mergel- und Kunstdüngern wurden die bisher zur Plaggenentnahme notwendigen Heideflächen frei und zum Teil für neue Siedelstellen verwendet. Im Jahr 1902 beurteilt Adolf Rebbe die Veränderungen positiv: „Daß die Senneteilung im Ganzen von Segen gewesen, kann man wohl annehmen, ist doch die Einwohnerzahl von 1000 auf fast 2000, die Hausnummern von etwa 100 auf nahezu 300 gestiegen. Eine neue Kirche, neue Schulen sind entstanden, die ehemals überaus schmutzigen Wege sind chaussiert und an manchen Anzeichen ist zu merken, daß es vorangegangen" (Rebbe 1902: 28).

Das 20. Jahrhundert brachte der Senne die bislang umfangreichsten Landschaftsveränderungen, großflächige Bodenmeliorationen wurden durchgeführt: Mit schweren, von dampfkraftgetriebenen Drahtseilwinden gezogenen Tiefpflügen ließ sich jetzt der zur Kultivation äußerst hinderliche Ortstein der Podsolböden brechen. Bei diesen Kultivierungsmaßnahmen waren neben den Sennebauern selbst stets auch viele Zwangsarbeiter im Einsatz; Kriegsgefangene beider Weltkriege, Fremdarbeiter, Häftlinge und Insassen sozialtherapeutischer Einrichtungen hatten beachtlichen Anteil daran, den Sandboden auf die Einsaat von Getreide- oder Kiefernmonokulturen vorzubereiten. Der Ausbau der Verkehrsverbindungen ermöglichte das Arbeitspendeln in die wirtschaftlichen Zentren, von denen aus die Senne immer mehr erschlossen wurde; vor allem im Bielefeld zugewandtem Nordteil der Senne und entlang der neuen Verkehrsverbindungen (die Eisenbahnstrecke Bielefeld-Paderborn wurde 1902 fertiggestellt) verschwand immer mehr Heidefläche zugunsten von Nadelholzforsten, Wohnbebauung und Gewerbeansiedlungen. Die in der Vorkriegszeit begonnene Entwicklung setzte sich in den 1950er Jahren verstärkt fort und formte fast alle Bereiche der Senne außerhalb des Truppenübungsplatzes bis heute zu einer Kulturlandschaft moderner Gestalt. Der agrarische Aspekt trat gegenüber der Funktion als Wohnraum zunehmend zurück. Durch den Wohnungsbau in der Bielefelder Sennestadt, in Oerlinghausen Süd und den Gemeinden Schloß Holte-Stukenbrock, Augustdorf und Hövelhof vergrößerte sich die Zahl der Menschen, die *in*, aber nicht mehr *von* der Senne leben mussten, um ein Vielfaches. Die Senne entwickelte sich in der zweiten Hälfte des 20. Jahrhunderts in weiten Teilen zu einer als „Allerweltslandschaft" wahrgenommenen Gegend (Reg. Präs. Detmold 1986: 9). Ihr südlicher Teil nahm allerdings eine andere Entwicklung: Durch die Einrichtung und die Erweiterungen des Truppenübungsplatzes seit 1892 wurde hier eine Landschaft quasi konserviert, an der die Entwicklungen zur modernen Kulturlandschaft hatten vorbeigehen können. Während Landschaftsgeschichte im Allgemeinen die Fortschritte kultureller Entwicklungen in einer ehemaligen

Naturlandschaft und somit eine Zunahme von Kultur in der Landschaft beschreibt, so war im Bereich des militärischen Sperrgebiets in diesem Sinne zumindest teilweise eher eine Rücknahme von Kultur zu beobachten: Siedlungen wurden aufgegeben, Ackerflächen fielen brach, zuvor genutzte Bachtäler verwilderten.

Abb. 10: Typischer Sennekotten in der Oerlinghauser Senne. Die Aufnahme stammt aus den 1930er Jahren, der Bildautor versah die Fotografie mit der Bemerkung: „Das Sennehaus in seiner Landschaft." [Foto und Originalkommentar Ludwig Maasjost, Archiv Biologische Station Paderborner Land]

3.3. Literatursituation und Kategorien der Analyse

als Einleitung zu den Kapiteln 4, 5 und 6

Nach der bislang noch in relativ groben Linien umrissenen Geographie und Landschaftsgeschichte der Senne, die mit der Prämisse hinreichend objektiver Beschreibung zur Übersicht nachgezeichnet wurde, werden in den folgenden Kapiteln einige Aspekte eingehender betrachtet und dabei der Bereich der Wahrnehmungen und wertenden Perspektiven auf die Senne in den Mittelpunkt gerückt. Es geht um individuelle Sichtweisen und Interessen von Autoren, die über die Sennelandschaft schrieben, um deren Eingebundenheit in einen jeweilig herrschenden Zeitgeist, in geistes- und sozialgeschichtliche Umgebungen, die jeweils den Blick auf die Landschaft prägten. Betrachtet werden stets wiederkehrende Themen und normative Topoi im regionalen Schrifttum hinsichtlich immanenter Bewertungen und Klassifizierungen der Landschaft unter auch emotional-ästhetischen Gesichtspunkten; es geht um Imaginationen von Landschaft innerhalb des Diskurses über sie. Damit wird die Landschaftsgeschichte der Senne weit mehr als bisher explizit als *Geschichte ihrer Wahrnehmung* durch den Menschen begriffen: So soll versucht werden, der Eigenart der Senne auf die Spur zu kommen. Die ‚Eigenart einer Landschaft' ist nach §1 des Bundesnaturschutzgesetzes (und darüber hinaus schon im von Ernst Rudorff zum Ende des 19. Jahrhunderts formulierten Naturschutzgedanken) ein Schutzgut des Natur- und Landschaftsschutzes; jedoch ist zur Bestimmung der Eigenart einer Landschaft freilich mehr nötig als eine naturräumliche und kulturlandschaftliche Inventarisierung bloßer materieller Beschaffenheiten. Die Eigenart einer Landschaft zeigt sich vielmehr auch darin, wie Menschen mit ihr umgehen, wie sie wann und in welcher Weise über sie kommunizieren, wie sie sie so bewerten, was sie assoziativ mit ihr verbinden, wie sie sie nutzen und wie gerade nicht. Im Gespräch mit einem Interviewpartner[26] äußerte dieser sich bezugnehmend auf das Thema meiner Forschung folgendermaßen:

> *„Also die Intension auch, die von dieser Landschaft ausgeht, das ist ja 'n Aspekt, der ist bisher eigentlich noch gar nicht beleuchtet worden. Ich nenne das mal Intentionalität, sozusagen; die Landschaft löst ja in ganz vielen Menschen etwas aus. Und das ist eine Emotion, wenn man so will, die positiv ist, oder die auch in Heimat sich ausdrückt, in Verbundenheit ausdrückt. Und diese Gefühle, das ist eigentlich 'ne Welt, die ist bisher vom Naturschutz viel zu wenig meiner Ansicht nach berührt worden. Aber die sind ganz wichtig für den Erfolg von Konzepten im Naturschutz"* (Bernd O.).

Die angesprochene „Intentionalität der Landschaft" versteht Bernd O. in dieser Bemerkung zunächst als Ausdruck einer positiven Wahrnehmung. Freilich sind positiv konnotierte Intentionen bzw. Assoziationen wie „Verbundenheit" und „Heimat" ganz wichtige Aspekte für die Wahrnehmung einer Landschaft, auch der Senne; doch sicherlich sind nicht nur diese, sondern auch negative Konnotationen von Bedeutung. Wahrnehmungen und Bewertungen von Landschaften, auch vermeintlich subjektive, sind stets durch kollektive, kultur- und geistesgeschichtlich nachvollziehbare Schemata der Wahrnehmung geleitet, die sich etwa über soziale Bedingungen, technischen Fortschritt, kulturellen Lebensstandard und dem so genannten Zeitgeist erklären lassen. Ihre öffentliche Kommunikation und somit Multiplikation findet im besonderen Maße über das geschriebene Wort statt; für die Untersuchung der Wahrnehmung der Natur und Landschaft der Senne ist also zunächst eine Sichtung und Analyse der Regionalliteratur notwendig. *Wie* wurde *wann* über die Senne geschrieben, von *wem* und *warum*? Untersuchungsgegenstand ist dementsprechend zunächst die landes- und heimatkundliche Literatur, die zur Senne erschienen ist.

Als ich mit der Literatursammlung zur Senne begann, ging ich noch davon aus, dass die Regionalliteratur auf Anhieb überschaubar sein müsste: Lag diese Gegend doch an den Peripherien der administrativen Zentren, war relativ siedlungsarm und ökonomisch unbedeutend. Doch recht schnell wurde mir klar, dass dem keinesfalls so ist: Über die Senne gibt es, zunächst überraschenderweise, mehr zu lesen als über so manche andere Gegend! Das Heimatschrifttum hatte phasenweise, wie auch gegenwärtig wieder, geradezu einen Hang zur Thematisierung der Sennelandschaft; je nach Zeitperiode mit unterschiedlichen Motiven und aus verschiedenen Perspektiven. Dabei wurde die Senne zu keiner Zeit als ein Landschaftsraum wie viele andere wahrgenommen; stets erschien sie – was zu zeigen sein wird – als recht eigenartig und ungewöhnlich. Vor allem im 20. Jahrhundert wurden mehrhundertfach Aufsätze und Monographien publiziert, wissenschaftliche, halb- und unwissenschaftliche, die die Senne insgesamt wohl zu einem der mit am besten beschriebenen und untersuchten Landschaftsräume machten – eine interessante Korrelation übrigens zu ihrer Darstellung als ‚weißer Fleck' auf vielen Landkarten. Auch diese Studie ist freilich ein weiterer Beitrag dazu.

---

26 Wie in der Einleitung angekündigt, werden im Folgenden hin und wieder – an dieser Stelle zum ersten Mal – auch Passagen aus den von mir geführten Interviews mit ‚Senne-Experten' angesprochen und anonymisiert wiedergegeben. In konzentrierterer Form tauchen die Gesprächspassagen erst weiter hinten im Abschnitt über den neueren naturschützerischen Diskurs auf.

Der Darstellung des heimat- und landeskundliches Diskurses über die Senne liegen mehr als 250 durchgesehene Titel zugrunde, wobei monographische Aufsatzsammlungen oft noch als *ein* Titel gezählt sind. Es verlangte eine intensive Recherche, um die in vier Jahrhunderten publizierten Texte relativ vollständig ausfindig zu machen. Nicht zu oben genannter Anzahl gerechnet sind dabei Texte, die von mir in der Analyse kaum beachtet worden sind; so habe ich beispielsweise die lange Reihe an naturwissenschaftlich-ökologischen Mitteilungen über biologische Spezifika und floristische Seltenheiten der Senne nur relativ oberflächlich ‚quergelesen'. Mich interessierten in erster Linie solche Texte, die die Senne quasi mit einem ‚weiten Blick' betrachten und schildern, die Charakteristisches und Eigenartiges erfassen und vermitteln wollen, die sie beschreibend und darstellend bewerten. Freilich sind den eben angesprochenen biologischen Studien auch normative Aspekte immanent, und ganz eindeutig gehen diese auf eine Wahrnehmung der Senne als Naturparadies; allerdings ist es aber für diese Erkenntnis nicht nötig, alle Publikationen genau zu analysieren. Darüber hinaus hat diese Studie einen gewissen Schwerpunkt auf die lippischen und ravensbergischen Teile der Senne, so dass, auch was das heimatkundliche Schrifttum anbelangt, im Paderbornischen wohl noch einige nicht beachtete Texte zu finden wären.

Noch einige Worte zur Übersicht über die heimat- und landeskundliche Literatur und der Chronologie ihres Erscheinens: Aus der Zeit vor 1900 gibt es gemäß der politischen und wirtschaftlichen Bedeutungslosigkeit der Senne und der generell kleineren Menge an Druckerzeugnissen nur eine überschaubare Anzahl schriftlicher Zeugnisse. Freilich sind bereits mittelalterliche Urkunden über Forstbann, Zehntabgaben oder Nutzungsrechte bekannt, die die Senne erwähnen und als früheste schriftliche Quellen gelten müssen. In solchen Urkunden erscheint die Senne als Grenzgebiet, als Jagdgebiet, als Weidegrund für Vieh und Bienen und als Verkehrsraum, nicht als Siedlungsraum (vgl. dazu Beckmann 1989: 26ff). Seit der frühen Neuzeit, insbesondere seit der Kolonisation der Senne im 17. Jahrhundert, existieren auch Verwaltungsakten, die etwa Hudegerechtigkeiten, Forstangelegenheiten, Gemeinheitsteilungen oder das Aufstellen von Bienenständen betreffen.[27] Einigermaßen detaillierte Landes- und Landschaftsbeschreibungen gibt es im Allgemeinen seit der Renaissance, verstärkt mit der Aufklärung. Für die jeweilige landesherrliche Administration wurden die Herrschaftsräume beschreibend in ihrer geographischen Gestalt, ihrer naturräumlichen Charakteristik, ihrer kulturellen Ausstattung und ihrer Geschichte dargestellt, um sich sozusagen so des Territoriums zu versichern, seiner auch schwarz auf weiß habhaft zu werden. Für die Senne, die stets das Grenzgebiet dreier bis vierer Herrschaftsräume bildete, sind also frühe Landesbeschreibungen aus dem lippischen, dem paderbornischen, dem ravensbergischen und dem rietbergischen Raum verwertbar. Die erste ausführliche Landesbeschreibung für Lippe ist die des Blomberger Pastors Johann Piderit von 1627, in der die Senne allerdings keine direkte Erwähnung findet.[28] Der älteste Text, der die Senne konkret beschreibt, ist eine Passage aus dem zuerst 1669 erschienenen lateinischsprachigen Geschichtswerk „Monumenta Paderbornensia“ vom Paderborner Fürstbischof Ferdinand von Fürstenberg.[29] Lippische Landesbeschreibungen aus dem 18. Jahrhundert wie der so genannte Fürstenspiegel vom lippischen Kanzler Ferdinand Bernhard von Hoffmann und seinem damaligen Archivgehilfen Christian Gottlieb Clostermeier aus dem Jahr 1786[30] oder die 1790 erschienene historisch-geographische Beschreibung von Wilhelm Gottlieb Levin von Donop[31] erwähnen die Senne hauptsächlich im Kontext des Senner Pferdegestüts und im Zusammenhang mit Mutmaßungen zur Varus-Arminius-Schlacht.

Die weiteren wichtigen Quellen aus der Zeit vor 1900 sind recht schnell genannt: 1788 erschien im „Westphälischen Magazin zur Geographie, Historie und Statistik“ der 17-seitige Aufsatz „Bemerkungen zu einer Hin- und Herreise durchs Paderbornische“ von Peter Florenz Weddingen, welche ihn auch durch die Senne führte. 1797 wurden in Berlin die „Fantasieen auf der Reise, und bei der Flucht vor den Franken“ veröffentlicht, welche auch die Beschreibung einer Passage durch die Senne enthalten; herausgegeben wurde der Band vom vormaligen lippischen Superintendenten Johann Ludwig Ewald, einem typischen Vertreter des Aufklärungszeitalters und zeitweiligen Bekannten Goethes.[32] Von A. Cracau Meyer stammt der Aufsatz „Über die Lippische sogenannte Senne“, erschienen im Jahre 1800 in den „Lippischen Intelligenzblättern“, in dem er landschaftsbeschreibende Gedanken über die

27 Vgl. beispielsweise die archivierte Aktensammlung „Senne-Sachen“ der lippischen Wirtschafts-, Kataster- und Bauverwaltung im Staatsarchiv Detmold, Findbuch L 92 o.

28 Piderit, Johann: *Chronicon comitatus Lippiae*, das ist: Eigentliche und außführliche Beschreibung aller Antiquieteten und Historien der uhralten Graffschaft Lipp, 2 Teile, Rinteln 1627.

29 Fürstenberg, Ferdinand v.: *Monumenta Paderbornensia*. Paderborn 1669. – Die erste Ausgabe Paderborn 1669 erschien bei dem Paderborner Verleger Johannes Hesse; die Ausgabe Amsterdam 1672 gilt als die schönste und bedeutendste und erschien bei dem für seine Druckqualität berühmten Verleger und Drucker Elzevir in Amsterdam.

30 Clostermeier, Christian Gottlieb: *Entwurf einer historisch-geographischen Beschreibung des Lippischen Landes*. Detmold 1786.

31 Donop, Wilhelm Gottlieb Levin v.: *Historisch-geographische Beschreibung der Fürstlichen Lippischen Lande*. Lemgo 1790.

32 Ewald, Johann Ludwig (Hrsg.): *Fantasieen auf der Reise, und bei der Flucht vor den Franken*, von E. P. V. B., Berlin 1797.– Abdr. in Wehrmann 1979: 17.

Vergangenheit, die Gegenwart und die mögliche Zukunft der Senne äußert.[33] In ihren Reisetagebüchern berichtet die lippische Fürstin Pauline im Jahr 1807 von ihren Eindrücken von Kutschfahrten durch die Senner Heide.[34] Von 1830 datiert ein ausführlicher gutachterlicher Bericht des Arztes Joseph Hermann Schmidt über eine Malaria-Epidemie in der Senne.[35] Der Bericht enthält landschaftsbeschreibende Passagen (besonders über die Feuchtsenne) sowie Vorschläge zu Landeskulturmaßnahmen, die Schmidt unter medizinisch-hygienischen Gesichtspunkten für notwendig erachtete. Im „Lippischen Magazin für vaterländische Cultur und Gemeinwohl" erschien 1836 in drei Teilen der Aufsatz „Über die Cultur der Senne, insbesondere Augustdorfs" vom Augustdorfer Pastor Christian Friedrich Melm, in dem er vor allem Vorschläge zur Verbesserung der Landbewirtschaftung macht.[36] Im Jahr 1845 veröffentlichte der Detmolder Georg Weerth, nach Friedrich Engels „der erste und bedeutendste Dichter des Proletariats" (Kittel 1978: 216), seine Mitteilungen über „Die Armen in der Senne" als Reportage im Stile des frühsozialistischen Realismus.[37] Im selben Jahr schrieb auch Hermann Lüning in der Monatsschrift „Das Westphälische Dampfboot" einen Bericht über „Die Lage der Weber und Spinner im Ravensbergischen", in dem er, ähnlich wie Weerth, auf die Diskrepanz zwischen romantischem Landschaftsbild und sozialer Wirklichkeit in der Senne hinweist.[38] Mit der Landschafts- und Kulturgeschichte der „Stuckenbrocker Senne" beschäftigte sich im Jahre 1849 der Direktor des Westfälischen Vereins für Geschichte und Alterthumskunde, Georg Joseph Rosenkranz.[39] Im Jahr 1853 setzte sich der preußische Regierungsrat und Agrarreformer Carl Hermann Bitter eingehend mit der Senne, ihrer verarmten Bevölkerung und den Möglich-

---

33 Meyer, A. Cracau: Über die Lippische sogenannte Senne. In: *Lippische Intelligenzblätter vom Jahr 1800*, Lemgo, 3. Stück. – Abdr. in Wehrmann 1979: 16.

34 Reisetagebücher der Fürstin Pauline zur Lippe 1799–1818. In: Niebuhr, Hermann (Bearb.): *Eine Fürstin unterwegs*. Detmold 1990.

35 Schmidt, Josef Hermann: *Gutachterlicher Bericht an das Königlich Preussische Hohe Ministerium der Geistlichen-, Unterrichts- und Medicinalangelegenheiten und die Königliche Hochlöbliche Regierung zu Minden über das Europäische Sommerfieber mit Besonderer Bezugnahme auf die Epidemie, welche im Jahre 1827 in den flachen Moorgegenden des Kreises Paderborn geherrscht hat*. Paderborn und Arnsberg 1830.

36 Melm, Christian Friedrich: Über die Cultur der Senne, insbesondere Augustdorfs. In: *Lippisches Magazin für vaterländische Cultur und Gemeinwohl*, Nr. 46, 47 u. 48, 1836.

37 Weerth, Georg: Die Armen in der Senne. In: *Deutsches Bürgerbuch für 1845*, herausgegeben von Hermann Püttmann, Darmstadt 1845: 266–271.

38 Lüning, Hermann: Die Lage der Weber und Spinner im Ravensbergischen. In: *Das Westphälische Dampfboot*. Eine Monatsschrift, Dezember 1845. Als Neudruck: *Das Westphälische Dampfboot*, 1. Jahrgang, Glashütten 1972: 496–515.

39 Rosenkranz, Georg Joseph: Die Stuckenbrocker Senne. In: *Zeitschrift für vaterländische Geschichte und Alterthumskunde*, Münster 1849: 345–355.

keiten moderner Landkultivation auseinander.[40] 1863 entstand die Augustdorfer Ortschronik des damaligen Pfarrers Küstermann.[41] Hinzu kommen für die Zeit vor der Jahrhundertwende 1900 noch einige weitere Pastoralberichte lokaler Geistlicher sowie einige spezifische Beiträge, die kirchengeschichtliche Aspekte oder die Senner Pferdezucht betreffen Seit den 1870er Jahren erschien auch erste Heimatlyrik zur Senne, so die Gedichte des gebürtigen Augustdorfers Ludwig Altenbernd oder ein Versepos von Carl Bömers, dessen Handlung zum Teil in einem Sennekrug des Jahres 1622 spielt.[42] 1899 schließlich veröffentlichte Hermann Löns erstmalig seinen Aufsatz „Eine Sennefahrt", der in späteren Editionen unter dem metaphorischen Titel „Frau Einsamkeit" erschien.[43]

In den ersten Jahrzehnten des 20. Jahrhunderts steigt die Anzahl und Dichte der heimatkundlichen Aufsätze zur Senne; Hermann Löns' naturromantischer Text war so etwas wie ein Initial für zahlreiche Wanderbegeisterte, Naturkundler und Heimatforscher in den Folgejahrzehnten. Vornehmlich in den regionalen Jahreskalendarien und Jahrbüchern erschienen jetzt vermehrt Aufsätze und Texte zur Senne, die zumeist und typischerweise aus der Feder von Lehrern oder anderen Vertretern des Bildungsbürgertums stammten, deren Impetus oftmals im Zeitgeist der Heimatschutzbewegung wurzelte. Die Senne wurde als Gegend naturästhetischer Schönheiten, ökologischer Besonderheiten und kulturhistorischer Spuren entdeckt. Die heimatkundlichen Aufsätze dieser Jahre kreisten vornehmlich um zwei Themenfelder; um die Urbarmachung des Sennebodens und der darauf abzielenden Kritik einerseits und um Aspekte der Frühgeschichtsforschung andererseits. Als erste umfangreiche Monographie zur Senne, quasi einer Zusammenschau solcher heimatkundlicher Arbeiten und Aufsätze, erschien 1928 der Band „Unsere Senne", herausgegeben vom Wandervogel und Begründer des deutschen Jugendherbergswerkes Richard Schirrmann.[44] Eine 1936 erschienene Schrift mit dem Titel „Aus der Geschichte der Senne" stellt einen zweiten frühen Sammelband von heimatkundlichen

---

40 BITTER, Carl Hermann: *Bericht über den Nothstand in der Senne zwischen Bielefeld und Paderborn*, Regierungsbezirk Minden, und Vorschläge zur Beseitigung desselben, aufgrund örtlicher Untersuchungen ausgestellt. Original 1853, Abdruck in: *Jahresbericht des Historischen Vereins für die Grafschaft Ravensberg 64*, 1965: 1–108.

41 KÜSTERMANN, E. F.: Geschichte von Augustdorf. Original 1863, teilweise abgedruckt in: MÜLLER-KÖNIG 1975 u. WEHRMANN 1979.

42 ALTENBERND, Ludwig: Die Senne. In: *Frühlingsblüthen und Herbstblätter*. Detmold 1872; BÖMERS, Carl: *Haideblume. Ein Sang von Lenz und Liebe*. Berlin 1872.

43 LÖNS, Hermann: Eine Sennefahrt. In: *Illustrierte Halbmonatsschrift für Geschichte, Landes und Volkskunde, Sprache, Kunst und Literatur Niedersachsens*, 5. Jg., Bremen 1899/1900.

44 SCHIRRMANN, Richard: *Unsere Senne*. Staumühle 1928.

Texten zur Senne dar.[45] Hervorzuheben sind aus den 1930er Jahren weiterhin die Forschungsarbeiten des Volksschullehrers und vormaligen Hochschuldozenten Friedrich Copei und die Haustenbecker Ortschronik von Hans Sprenger.[46]

Auch wissenschaftliche Literatur zur Senne existiert im beachtlichen Maße. Bereits Schmidts und Bitters amtliche Gutachten von 1830 bzw. 1853 könnte man, da sie methodisch und ausführlich vorgehen, als solche bezeichnen, und auch die 1916 in Detmold veröffentlichte Arbeit von Fleege zur „Kultivierung der Lippischen Senne“ hat die Erscheinungsform einer wissenschaftlichen Studie.[47] Die erste akademische Veröffentlichung zur Senne ist die 1933 publizierte geographische Dissertation von Ludwig Maasjost über „Landschaftscharakter und Landschaftsgliederung der Senne“.[48] Es folgten Adrians und Hoyningens Forschungarbeiten zur Vor- und Frühgeschichte, wobei die letztgenannte – dieses wird noch thematisiert – als unseriös gelten muss.[49] Nach dem Weltkrieg wurde Peter Schneiders siedlungsgeographische Abhandlung über „Natur und Besiedlung der Senne“ von 1952 wie Maasjosts Schrift zu einem Standardwerk.[50] Im Abstand von einigen Jahren erschienen in der Folge weitere wissenschaftliche Publikationen, die vornehmlich aus der Feder von Geographen, Historikern und Biologen stammten. Seit den späten 1960er Jahren beschäftigten sich insbesondere Friedrich Hohenschwert[51] (Archäologie, Frühgeschichte) und Ernst Theodor Seraphim[52] (Geologie, Ökologie) wissenschaftlich mit der Senne.

---

45 Bäuerliche Bezugs- und Absatzgenossenschaft Hövelhof (Hrsg.): *Aus der Geschichte der Senne*. Hövelhof 1936.

46 Copei, Friedrich: Heidesiedlung in alter Zeit. In: *Siedlung und Wirtschaft*. Zeitschrift für das gesamte Siedlungs- und Wohnungswesen, 17. Jg., Heft 12, Berlin 1935. – Copei, Friedrich: Zur Siedlungsgeschichte der Senne. In: Unveröff. Manuskript 1935. – Copei, Friedrich: Milch und Honig in der Senne. In: *Lippischer Kalender*, Detmold 1936. – Copei, Friedrich: Die alten Sennekrüge. In: *Lippischer Kalender*, Detmold 1937. – Copei, Friedrich: Heer- und Handelsstraßen im Sennegebiet. In: *Mitteilungen aus der Lippischen Geschichte und Landeskunde 16*, 1938: 163 – 207. – Copei, Friedrich: Frühgeschichtliche Straßen der Senne. In: *Mannus*. Zeitschrift f. deutsche Vorgeschichte 30, 1938: 64 – 91. – Sprenger, Hans: *Haustenbeck*. Ein Buch der Erinnerung. Detmold 1939.

47 Fleege, F. A.: *Die Kultivierung der lippischen Senne*. Detmold 1916.

48 Maasjost, Ludwig: *Landschaftscharakter und Landschaftsgliederung der Senne*. Emsdetten 1933.

49 Adrian, Walther: *Steinzeitliche Funde aus dem Naturschutzgebiet Kipshagen und ein Ueberblick über die steinzeitliche Besiedlung der Senne*. VI. Jahresbericht des Naturwissenschaftlichen Vereins für Bielefeld und Umgebung. Bielefeld 1933. – Hoyningen, P. F. v.: Langelau und Königslau in der Senne. Bodenkundliche und pollen-analytische Untersuchungen germanischer Stätten. In: *Jahrbuch der Preußischen geologischen Landesanstalt zu Berlin 58*, 1937: 135 – 185.

50 Schneider, Peter: *Natur und Besiedlung der Senne*. Münster 1952.

51 U. a.: Hohenschwert, Friedrich: *Die Lippische Senne. Landschaft. Ur- und frühgeschichtliche Besiedelung*. Detmold 1969.

52 U. a.: Seraphim, Ernst Theodor (Hrsg.): *Beiträge zur Ökologie der Senne*, 3 Teile. Bielefeld 1978, 1980 u. 1981.

Für die letzten Jahre und den aktuellen Naturschutzdiskurs sind stellvertretend Andreas Wulf[53] (Ökologie), die Mitarbeiter der Biologischen Stationen[54] (Biologie, Naturschutz), Ulrich Harteisen[55] (Historische Geographie) und Rita Gudermann[56] (Geschichte) herauszuheben.

Auch die heimatkundliche Literatur brachte in der zweiten Jahrhunderthälfte zahlreiche Aufsätze, die in den einschlägigen Regionalperiodika publiziert wurden, und umfangreiche monographische Ortschroniken hervor. Zu nennen sind hier insbesondere die beiden siedlungsgeschichtlichen Dokumentationen zur Bielefelder Senne[57] sowie die jeweils ortsbezogenen Heimatbände von Rohtraut Müller-König, Hans Held, Rudolf Gürtler, Heinz Wiemann, Johannes Buschmeier, Heinrich Koch und Karl Beckmann.[58] Volker Wehrmann gab 1979 eine populärwissenschaftlich gestaltete Quellensammlung älterer Originaltexte und bildlicher Darstellungen heraus.[59] Zum hundertjährigen Bestehen des Truppenübungsplatzes erschienen zwei umfangreiche Monographien mit Fokus auf dessen Geschichte und seinen Naturraum.[60] Zuletzt sind verschiedene Bildbände, Rad-, Wander- und Landschaftsführer zur Senne auf dem Markt gekommen.[61] Insgesamt ist in den vergangenen 15 Jahren ein starker Anstieg der Menge an Veröffentlichungen zur Senne zu beobachten (vgl. dazu das chronologische Literaturverzeichnis im Anhang); dieses Phänomen gesteigerter Beachtung und Wahrnehmung erklärt sich insbesondere über die (Wieder-)Entdeckung der Sennelandschaft inner- und außerhalb des Truppenübungsplatzes für den Naturschutz.

---

53 WULF, Andreas: *Urwald Senne*. Schloß Holte-Stukenbrock 1993.

54 BIOLOGISCHE Station Senne & Biologische Station Paderborner Land: *Naturschutzfachliches Leitbild Senne*, 2 Bände. Als Fachgutachten vorgelegt im September 1997.

55 HARTEISEN, Ulrich: *Die Senne*. Eine historisch-ökologische Landschaftsanalyse als Planungsinstrument im Naturschutz. Münster 2000.

56 GUDERMANN, Rita: *Morastwelt und Paradies*. Ökonomie und Ökologie in der Landwirtschaft am Beispiel der Meliorationen in Westfalen und Brandenburg (1830–1880). Paderborn 2000.

57 WASGINDT, Horst: *Sennestadt*. Geschichte einer Landschaft. Bielefeld 1968. – WASGINDT, Horst u. Hans SCHUMACHER: *Bielefeld Senne*. Siedlungsgeschichtliche Dokumentation mit Beiträgen zur Volkskunde und Heimatgeschichte. Bielefeld 1989.

58 MÜLLER-KÖNIG, Rohtraut: *Geschichte der Gemeinde Augustdorf 1775–1975*. Augustdorf 1975. – HELD, Hans: *Haustenbeck*. Auflösung und Abschied. Oesterholz-Haustenbeck 1975. – GÜRTLER, Rudolf: *Mitte der Senne. Schloß Holte-Stukenbrock*. Ein Heimatbuch. Gütersloh 1985. – WIEMANN, Heinz (Hrsg.): *Lanchel, Colstidi, Astanholte*. Beiträge zur Geschichte der Ortschaften Schlangen, Kohlstädt und Oesterholz-Haustenbeck. Schlangen 1969. – WIEMANN, Heinz (Hrsg.): *Schlangen, Kohlstädt, Oesterholz, Haustenbeck*. Beiträge zur Geschichte (Bd. I). Schlangen 1991. – WIEMANN, Heinz (Hrsg.): *Schlangen, Kohlstädt, Oesterholz, Haustenbeck*. Beiträge zur Geschichte (Bd. II). Schlangen 1999. – BUSCHMEIER, Johannes: *Straßen und alte Wege in Hövelhof:* Namen, Natur und Landschaft, Geschichte. Paderborn 1995. – KOCH, Heinrich und Gunter STRATMANN: *Das Dreieck in der Senne. Vom Ödland zur Sennestadt*. Bielefeld 1999. – BECKMANN, Karl u. Rolf KÜNNEMEIER: *Brackwede. Stationen einer 850-jährigen Geschichte*. Bielefeld 2001.

59 WEHRMANN, Volker (Hrsg.): *Die Senne in alten Ansichten und Schilderungen*. Detmold 1979.

Für die theoretische Analyse und Interpretation dieser Literaturfülle ist freilich eine Kategorisierung der Texte und Themen angeraten. Hinsichtlich der auf die Sennelandschaft bezogenen Bewertungen, die all diesen Texten immanent sind, sind bei den verschiedenen wissenschaftlichen und nichtwissenschaftlichen Autoren freilich Diskrepanzen auszumachen, die in erster Linie dem jeweiligen Zeitgeist oder einem speziellen Nutzungsinteresse Ausdruck geben. Weder sind Begeisterung noch Abneigung gegenüber einem Objekt (hier: der Sennelandschaft) lediglich subjektive Werthaltungen; Interessen und Sichtweisen unterliegen in der Regel überindividuellen Wertmustern, so dass etablierte Schönheitsbegriffe etwa als ästhetisch verklausulierte Geisteshaltungen darstellbar sind. Die zeitlich weiter zurückliegenden Veröffentlichungen, die sich in Inhalt und Sprache zumeist eindeutig von neueren Texten unterscheiden, sind insofern auch für den aktuellen Diskurs von Belang, als sie freimütiger (als gegenwärtig in der Landeskunde üblich) Werturteile transportieren, auf die sich noch heute die landesplanerischen und naturschutzfachlichen Diskurse latent beziehen. Eine Analyse solcher historischer Ausblicke auf die Senne trägt also auch zum Verständnis heutiger Zielkonflikte und Leitbild-Diskussionen bei, da sie das ‚Gewachsensein' bestimmter Bewertungsmuster verdeutlicht. Die jeweilige Wahl der Themen beim Schreiben über die Senne, die stets ähnlichen Ex- und Diskurse, die Beurteilungen, Zuschreibungen und Bewertungen innerhalb der Regionalliteratur lassen immer wiederkehrende Aspekte kollektiver Landschaftswahrnehmung erkennen. Aus der inhaltlichen Beschäftigung heraus erwies sich für die analytische Darstellung letztlich eine Einteilung in drei Hauptkategorien mit jeweils weiteren Unterkategorien als sinnvoll; die Hauptkategorien tauchen im folgenden als eigene Kapitel auf.

Im Kapitel über die Senne als einem *Freiraum* sind solche Themen subsumiert, die die Senne in verschiedener Hinsicht als eine periphere Randlandschaft erscheinen lassen: als Grenzland und Ödnis, als Armutsregion, als rückständigen, zu modernisierenden Landschaftsraum. Das darauf folgende Kapitel behandelt die Senne als Projektionsfläche verschiedener *Posi-*

---

60 PIESCZEK, Uwe (Hrsg.): *Truppenübungsplatz Senne. Zeitzeuge einer hundertjährigen Militärgeschichte.* Chronik, Bilder, Dokumente. Paderborn 1992. – REGIERUNGSPRÄSIDENT Detmold, Oberfinanzdirektion Münster, Britische Rheinarmee (Hrsg.): *Truppenübungsplatz Senne. Militär und Naturschutz.* O. O. 1992

61 TEICHMANN, Ludwig u. Siegfried WOLF: *Naturparadies Senne.* Paderborn 2000. – HILS, Claudio: *Red Land – Blue Land.* Mit Beiträgen von Rolf Schönlau u. Anna Eifert-Körnig, Ostfildern 2000. – SCHROEDER, Christel u. Peter RÜTHER: *Senne und Teutoburger Wald. Natur entdecken und erleben.* Stuttgart 2000. – KIPER, Thomas (Hrsg.): *Faszinierende Senne zu Fuß. Das Wanderbuch für die Senne.* Bielefeld 2001.

tivwertungen und Ästhetisierungen, als eine Landschaft, die romantisierend und temporalisierend aufgewertet wurde. Ein weiteres Kapitel betrachtet die Senne als schützenswerten Naturraum, als ein stark positiv bewertetes Bezugsobjekt des Naturschutzes, als ein so genanntes *Naturparadies*. Die verschiedenen Wahrnehmungskategorien sind dabei nicht immer trennscharf zu behandeln, da es immer wieder Querverbindungen und Abhängigkeiten zwischen den verschiedenen Aspekten gibt; so muss freilich die Wahrnehmung als Naturparadies im Kausalzusammenhang zu den beiden ersten (Freiraum und Landschaftsromantik) gesehen werden. Auch über die Reihenfolge, in der die Analysekategorien im Folgenden bearbeitet werden, war nur schwer eindeutig zu entscheiden. Es wurde eine solche gewählt, die am ehesten eine kausale Bedingungsfolge erkennen lässt, auch wenn z. T. mit Rück- und Vorgriffen gearbeitet werden musste. Innerhalb der thematischen Analysekategorien sind die behandelten Texte weitgehend chronologisch geordnet; so wird für jede Kategorie ihre verschiedene Epochen und Zeitgeistströmungen durchlaufende Entwicklungslinie deutlich.

4. Viertes Kapitel: Die Senne als peripherer Freiraum

Noch bis in die Mitte des 20. Jahrhunderts waren große Teile der Senne, auch außerhalb des Truppenübungsplatzes, weitläufig von so genanntem ‚Ödland' bestimmt. Ödland oder Wildland im Sinne von nicht planvoll kultiviertem und nur extensiv genutztem Land ist im dicht besiedelten Mitteleuropa heute kaum mehr zu finden; mehr oder weniger intensiv genutzte Forsten, Äcker, Wiesen und Gärten machen den Großteil der nicht ohnehin baulich versiegelten Fläche aus. Allenfalls in aus bestimmten geographischen oder historischen Gründen entstandenen Nischen der Kulturlandschaft konnte sich ein gewisser Grad an ‚Unkultiviertheit' erhalten, konnten sich funktionale und ökologische – mithin auch soziale – Freiräume etablieren. Die Senne kann in verschiedener Hinsicht sowohl historisch als auch aktuell als ein Freiraum betrachtet werden, als eine große Nische innerhalb der ‚normalen' Kulturlandschaft, die aber immer wieder in der ein oder anderen Weise kulturell inwertgesetzt und sehr spezifisch in diesem Sinne wahrgenommen und genutzt wurde.

Begründet in den naturräumlichen Gegebenheiten stellte die Senne seit früher Zeit einen kulturell äußerst peripheren Raum dar, einen, wie es der Geograph Gerhard Fuchs in seiner Raumanalyse formuliert, „benachteiligten Passivraum" (Fuchs 1983: 297). Obwohl im gesamten westfälischen Umland im Verlauf des Mittelalters ein umgreifender Ausbau der zuvor ‚dynamisch' genutzten vorgeschichtlichen Landschaft zur ‚festgesetzten' Agrarlandschaft stattgefunden hatte, in dessen Zuge Drubbeldörfer, später Hagen-, Hufen- und Streusiedlungen das Land überzogen und Ackerflächen als Esche die Wildland- und Waldflächen zurückgedrängt hatten, war die Senne von dieser Entwicklung fast ausgenommen geblieben. Die sandige und sumpfige Gegend galt als kaum brauch- oder nutzbar, als nicht für den Ackerbau und für die Anlage von Haus- und Hofstellen geeignet. Früh-, hoch- und spätmittelalterliche Bauern siedelten an Orten, die für den Landbau geeigneter schienen, und umgingen die Senne mit Ausnahme weniger solitärer Vorzugsplätze fast völlig. Administrationen und Grundbesitzer hatten zunächst nur wenig Interesse an diesem sandig-trockenen bzw. versumpften Teil im

Grenzbereich der Territorien; er verblieb weitestgehend als abgelegene Allmende im Gemeingebrauch. Lediglich von den Rändern her wurden die zentralen Bereiche der Senne für die Viehhude, die Bienenweide und die Jagd genutzt und stellten für die umliegenden Siedlungsräume „jahrhundertelang zunächst ein extensiv genutztes agrarwirtschaftliches Ergänzungsgebiet" dar (Fuchs 1983: 297). Eine planmäßige und intensivere Nutzung fand erst zu historisch relativ später Zeit und auch dann nur in eingeschränktem Maße statt.

Über Jahrhunderte hatte sich die eigenartige Ausprägung dieser Landschaft als siedlungsleeres Grenzgebiet und Niemandsland (‚res nullius'), als inselhafter, herrenloser Freiraum inmitten intensiver genutzter Kulturlandschaften ausgebildet, und in Teilen ist der Gegend bis heute der Charakter einer ‚terra incognita', einer ganz eigenartigen, schlecht zugänglichen und extensiv genutzten Randlandschaft erhalten geblieben. Eine stark landschaftsprägende Art der Inwertsetzung der Senne stellte im 20. Jahrhundert vor allem ihre Funktion als militärisches Sperrgebiet dar. Dieser nach wie vor aktuellen Sondernutzung würde nach deren etwaigem Ende womöglich eine andere Form der kulturellen Inwertsetzung und Sondernutzung folgen, denn die Funktion des Freiraums als ökologische Nische ist eine Voraussetzung, an die typischerweise der Naturschutz ansetzt. So auch in der Senne, in der auf dem Gebiet des Truppenübungsplatzes Landschaftsausprägungen überdauert bzw. sich entwickelt haben, die in ihrer Großflächigkeit einen seltenen, inselhaften Freiraum für Natur inmitten der umgebenden modernen Kulturlandschaften darstellen. Der Naturschutz, seinerseits stets auf ökonomisch entbehrliche Peripherien angewiesen, steht gut vorbereitet in den Startlöchern, weite Teile der Senne als Großschutzgebiet in seine Obhut zu übernehmen. Bevor weiter hinten auf diese spezielle Inwertsetzung der Senne als Naturraum, gleichsam auch auf die positive Ästhetisierung als ‚Naturparadies' eingegangen wird, soll in den folgenden Abschnitten zunächst die Wahrnehmung der Senne als kulturell peripherer Freiraum nachvollzogen und entlang verschiedener Aspekte erläutert werden. Die Senne wird interpretiert als klassisches Grenz-, Niemands- und Hinterland, als negativ wahrgenommene Ödnis, als Armutsregion, als zu kultivierende und zu modernisierende rückständige Landschaft, als randständiger Raum für Sondernutzungen und voller sozialer wie ökologischer Nischen.

Doch blicken wir zunächst noch einmal über die „Senner Heide" hinaus: Bereits dem Begriff der ‚Heide' ist eine Bedeutung als ‚Freiraum' und ‚öffentlicher Raum' (‚res communis' bzw. ‚res publica') immanent. Heiden stellten als gemeine Allmenden jahrhundertelang sowohl funktionale als auch disfunktionale Freiräume der Kulturlandschaft dar, die charakteristisch genutzt und wahrgenommen wurden. Bei der etymologischen Rekonstruktion des Wortes ‚Heide' ergeben sich vom indogermanischen ‚kei' über das germanische ‚caitjo' und das gotische ‚haithi' oder ‚haipi' stets Bedeutungen, die mit dem für alle Mitglieder einer Siedlungsgemeinschaft nutzbaren Land jenseits der Hof- und Ackergrenzen zu tun haben; gemeint ist die nicht planvoll kultivierte, relativ wilde Gegend, die die Siedlungen umgab, das nachwachsende Wildland im Plenter- und Hudebereich und auf Standorten vormaliger Feldwechselwirtschaft. Ursprünglich war der Begriff ‚Heide' nicht an bestimmte Vegetationsformen gekoppelt; er bezeichnete vielmehr im Sinne des Rechtsbegriffs ‚Gemeinheit' das vom privaten Besitz unterschiedene freie Umland, das gemeinschaftlich zur Hude, zur Holz- und zur Streusammlung genutzt wurde. Das Wort meinte also nicht nur offene Heidelandschaften im heutigen Verständnis (die aber freilich ein Ergebnis solcher Landnutzungsgeschichte sind); es konnten durchaus auch die umgebenden Wälder gemeint sein, die dann erst im Laufe der Zeit durch verschiedene Nutzungen aufgelichtet wurden und über das Zwischenstadium des Hudewaldes schließlich das für uns typische Heidebild entwickelten. „Nicht immer hat ‚Heide' eine heidekrautbedeckte, vorwiegend baumlose Fläche bezeichnet", weiß auch Richard Linde in seiner lesenswerten Monographie über die Lüneburger Heide, „sondern der Begriff war weit umfangreicher. Heide bezeichnete ganz allgemein den Gegensatz zum bebauten Lande, den Wildboden", ein „herrenloses, wildes Gebiet" (LINDE 1924: 4). Auch laut dem etymologischen Duden ist mit dem gemeingermanischen Stammwort ‚haipio' zunächst „unbebautes, wildgrünendes Land, Waldgegend" angesprochen gewesen; hier findet sich auch ein Hinweis darauf, dass die Konnotation des Unkultiviert-Wilden interessanterweise auch im begriffsgleichen ‚Heiden' im Sinne von ‚Nichtchristen' steckt (vgl. auch das englische ‚heathen' ebenso mit beiden Wortbedeutungen). Man nimmt an, dass diese Bedeutung im Zuge der fränkischen Missionstätigkeit entstand, als der Ausdruck für „unbebautes, ödes Land, Waldgegend" auf ihre Bewohner als „zur Heide gehörig, die Waldgegend bewohnend, (unzivilisiert)" überging.[62]

Je weniger solcher relativ unreglementierter Flächen es im Fortgang der Ausweitung der menschlichen Landnutzungsansprüche in der Landschaft gab, je dichter die Äcker und Gärten und Siedlungsflächen aneinander rückten, um so mehr kristallisierten sich jene Landschaftsteile unter dem Begriff ‚Heide' heraus, die aufgrund ihrer Bodenbeschaffenheit am ökonomisch wertlosesten schienen und daher am längsten in gemeinschaftlicher

62 DUDEN, Band 7: *Etymologie*. Herkunftswörterbuch der deutschen Sprache. Mannheim 1989: 275.

Nutzung verblieben. Als Heiden bezeichnete man in der frühen Neuzeit insbesondere die schon durch übermäßige Beweidung mehr oder weniger devastierten Ödländereien, sämtlichst ehemalige Waldbereiche vorzüglich auf armen Böden mit jahrhunderte- oder gar jahrtausendelanger Tradition als gemeines Hudegebiet und Allmende. Auf vergleichsweise besseren Böden entwickelten Heiden typischerweise widerstandsfähige Dornsträucher (Schlehen, Weißdorn, Wildrosen), die dem Verbiss durch das Weidevieh trotzten und ihrerseits vielerlei anderen unbewehrten Pflanzen Schutz gaben; auf solcher Art Heiden fand man auch das besungene ‚Röslein auf der Heide‘ (vgl. SUFFERT 1960: 11). Auf sandigen und kargen Böden dagegen dominierte die gemeine Besenheide (*Calluna vulgaris*) die Heideflora. Derartige, von ericoiden (d. h. verholzten, immergrünen, hartnadelartigen) Kleinsträuchern bedeckte Landschaftsteile mit nur sehr geringem Waldanteil waren der ökonomisch unbrauchbarste Teil des Ödlandes; sie bekamen mit der zunehmenden Podsolidierung der Böden mehr und mehr den Charakter des Wüstenhaften. Zwar findet sich schon im Mittelalter für solcher Art Heiden der Begriff *merica* oder *mirica*, was auf die schon jahrhundertealte Existenz solcher Flächen hindeutet; zum Inbegriff der Heide wurden die Sandheiden mit dem landschaftsprägenden Zwergstrauchbewuchs von *Calluna vulgaris* und *Erica tetralix* aber erst über ihre ästhetische Idealisierung: Bei Hermann Löns und anderen Heidedichtern und -malern wurden die nordwestdeutschen, auf eiszeitlichen Sandmoränen entstandenen Hude- und Heideflächen zur idealtypischen Form der jetzt *schönen* Heide mit *naturhaftem* Charakter; als populärer Prototyp fungiert bis heute die Lüneburger Heide.

Meist nur in Flur- und Straßennamen sind die einst allenthalben vor den Toren der Städte und Ortschaften liegenden Heiden bis heute symbolisch erhalten geblieben. Die Gemeinheitsteilungen und Verkopplungen im 19. Jahrhundert ließen die Allmenden weitgehend aus der landschaftlichen Realität verschwinden, und spätestens mit dem 20. Jahrhundert hatte man fast überall damit begonnen, auch diese letzten, zwecklos erscheinenden Freiräume in der Landschaft zu nutzen: als billigen Baugrund für neue Wohnbezirke und Industrieanlagen der wachsenden urbanen Zentren („Heute gehören die alten Heiden mit zu den Gebieten, die am dichtesten bebaut sind; verständlich, da diese Parzellen am ehesten verkauft wurden“, SUFFERT 1960: 12), als Aufforstungsfläche für Nadelholzkulturen oder als Restfläche und Freiraum für verschiedene Sondernutzungen. Auch die Senne war bis weit in die Neuzeit hinein Restfläche und Freiraum geblieben, nur anders als die vielen kleinen und ortsnahen Heiden handelte es sich bei ihr um einen großen, zusammenhängenden Landstrich jenseits der kulturell inwertgesetzen Landschaft, um ein „Paradies für Edelwild und Raubzeug, u. a.

auch für Wölfe", wie SCHMIDT (1940: 87) in seiner lippischen Waldgeschichte formulierte, um einen abseitigen Ort der Hude und des Jagdfrevels, um eine „vergessene Landschaft, eine Wüste in der Mitte Europas", wie die Berliner Tageszeitung sie vor wenigen Jahren bundesweit vorstellte (PACZIAN 1999).

Da sich der geographische Verlauf administrativer (und in der Folge auch konfessioneller) Grenzen im Laufe der Kulturgeschichte typischerweise gerade auch entlang randständiger und peripherer Gegenden ausgebildet hatte, so war auch der kaum besiedelte Freiraum südlich des Osnings zur Grenzregion zwischen den sich rundum entwickelnden Siedlungsräumen geworden, und die seit dem Mittelalter einmal festgelegte Existenz von Territorialgrenzen hatte in der Folge den Charakter des Gebietes als ein ‚herrenloses Niemandsland' noch unterstrichen und befördert. Je weiter aber neuzeitliche Entwicklungen fortschritten, um so weniger mochte man sich große, ökonomisch kaum genutzte und fast unbesiedelte Gebietsräume leisten: Die moderner werdenden Gesellschaften nutzten – teilweise administrativ-planvoll, teilweise infolge eigendynamischer Entwicklungen – abgelegene Peripherien wie die Senne vorzüglich zu solchen Zwecken, für die man anderswo im Land nur ungern Raum zur Verfügung stellen wollte, so etwa zur Ansiedlung der zahlreicher werdenden besitzlosen Unterschichten oder zur Abdrängung bestimmter gesellschaftlicher Randgruppen, die anderswo unerwünscht waren. Diesbezüglich fällt die Konzentration solcherlei Einrichtungen in der Senne auf, die in direkter Nachbarschaft zu den konsolidierten Zentren der bürgerlich-städtischen oder altbäuerlich-ländlichen Gesellschaft nur ungern toleriert wurden, so etwa Strafgefangenenlager oder Einrichtungen der Sozialtherapie ganz unterschiedlicher Ausprägung. Als ebenfalls für größere Peripherien typische Sondernutzung wurde die Senne bereits seit dem 19. Jahrhundert zu militärischen Übungszwecken genutzt; darüber hinaus wurde bevorzugt auf den billigen Freiraum zurückgegriffen, wenn geeignete Flächen etwa für den sozialen Wohnungsbau, für die Verrieselung von Abwässern oder für flächenintensive Freizeitnutzungen benötigt wurde. Diese und noch einige weitere Aspekte der Externalisierung formeller und informeller Sondernutzungen aus den konsolidierten Zentren heraus in den marginalisierten Freiraum der Senne hinein werden im Folgenden thematisiert.

4.1. Die Senne als Grenz- und Niemandsland

Die Senne hat, wie angedeutet, eine lange Geschichte als klassisches Grenzland. Ihre Grenzlandfunktion könnte theoretisch auch im Kapitel über die verschiedenen Sondernutzungen der Gegend behandelt werden; aus Gründen der Chronologie wird die Darstellung dieses Themas jedoch vorgezogen. Seit der Ausbildung von Territorien im Mittelalter bis hin zu den administrativen und konfessionellen Grenzen der Gegenwart verliefen und vereinigten sich stets mehrere solcher Demarkationslinien mitten über den wenig fruchtbaren Sandflächen **(Abb. 11)**. Die naturlandschaftlich schon vorgegebene Rand- und Insellage der Senne inmitten von agrarisch besser nutzbaren Kulturlandschaftsräumen wurde hierdurch noch betont und ausgebaut. So ist die periphere Grenzregion Senne, die traditionell gemeinschaftlich genutzt bzw. auch gemeinschaftlich gemieden wurde, als eine Art „Niemandsland zwischen den Territorien Paderborn, Lippe, Rietberg und Ravensberg" (MAASJOST 1973: 84) wahrgenommen worden. Für die Territorialgrenze zwischen Paderborn und Lippe, die bis 1842 als Zollgrenze und darüber hinaus als Konfessionsgrenze wirkte, stellt Hans Blotevogel in seiner geographischen Analyse der Raumbeziehungen Westfalens vor der Industrialisierung fest: „Diese Grenze, deren trennende Funktion für die

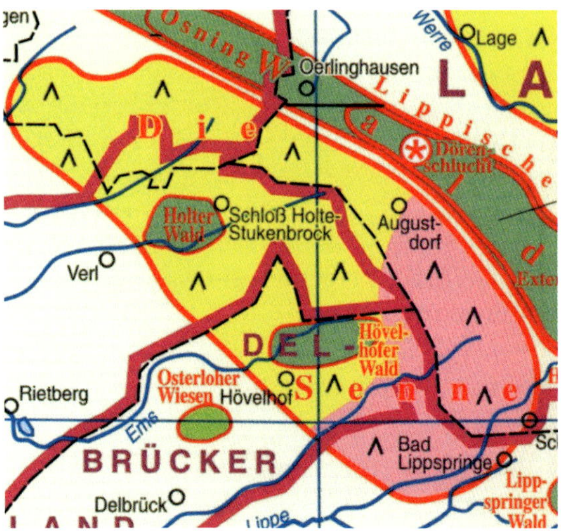

Abb. 11: Kartierung der ungefähren räumlichen Zuordnung des Landschaftsnamens „Die Senne". Laut der Kartenlegende umläuft die schmale rote Linie die Senne als „naturraumbezogene Landschaft"; diese liegt auffällig im Grenzbereich von fünf „Landschaften kulturhistorischen Ursprungs", die jeweils durch fette violette Linien gerahmt sind und in der Regel Territorialgrenzen entsprechen. Grüne Flächen bedeuten vorwiegende Bewaldung, gelb weist auf landwirtschaftliche Nutzflächen hin und rosa auf einen überwiegenden Heideanteil. [Entwurf Liedtke, entn. aus: *Geographisch-landeskundlicher Atlas von Westfalen*, Münster 1997]

heutigen Heiratsbeziehungen Ilse Schwidetzky[63] eindrucksvoll herausgestellt hat, bildete seit der Reformation eine der stabilsten und wirksamsten Binnengrenzen Westfalens, indem sie die zentralörtlichen Bereiche von der untersten bis zur höheren Funktionsebene trennte" (BLOTEVOGEL 1975: 219). Doch nicht erst für die neuzeitlichen Jahrhunderte, auch für länger zurückliegende vor- und frühgeschichtliche Zeiten wurde für die Senne eine Funktion als Grenzraum angenommen; schon germanische Siedlungsräume sollen durch die Senne als breiten Streifen unbesiedelten Niemandslandes getrennt gewesen sein. Für die Mitte des 19. Jahrhunderts ist diese Annahme beispielsweise in einer Bemerkung des preußischen Regierungsrates Bitter dokumentiert:

> „Diese Sennen [sollen] schon zur Zeit des Römerzuges ein ‚ganz wüstes, von Niemanden bewohntes Land' gewesen sein. Sie schieden damals, wie in ihnen jetzt die Grenze der 4 Fürstentümer Lippe, Minden-Ravensberg, Paderborn und Rietberg hinläuft, die 4 Völkerstämme der Cherusker, Bructerer, Sigambrer und Chatten von einander" (BITTER 1853: 9).

Auch was das Mittelalter und die frühe Neuzeit betrifft, so darf man sich für eine Vorstellung vom vorneuzeitlichen Zustand und Charakter der territorialen Grenzen in der Senne nicht vom uns heute geläufigen Grenzcharakter als Linie über genau festgelegte Punkte und Grenzsteine leiten lassen, sondern muss vielmehr einen breiten Grenz*saum* annehmen: „Die Senne war [...] bis zum Anfang des 16. Jahrhunderts vielmehr ein Grenzstreifen oder -raum unbesiedelten Ödlands [...] mit Rechten und Huden der gemeinsamen Anlieger" (MÜLLER-HENGSTENBERG 1985: 150f). Zwar hatte das Paderborner Bistum, dem bereits seit dem 10. Jahrhundert das Recht des Forstbanns über die Senne zukam, im Laufe der Jahrhunderte Flächen der Oberen Senne an die lippische Herrschaft abgetreten, dennoch hatte man sich über lange Zeit kaum um eine genaue Festlegung der Territorialgrenze gekümmert. Die effektive Südwestgrenze Lippes wurde vielmehr über Jahrhunderte durch den Kamm des Teutoburger Waldes gebildet: Die Passwege durch den Osning wurden seit dem späten Mittelalter am höchsten Punkt durch Landwehren gesichert, unmittelbar dahinter begann das Niemandsland. Für die alte Landwehr in der Dörenschlucht (ähnliches gilt für die Wegsperren der benachbarten Passübergänge in der Stapelager und

63 SCHWIDETZKY, Ilse u. Hubert WALTER: Untersuchungen zur anthropologischen Gliederung Westfalens. In: *Der Raum Westfalen*, Bd. V: Mensch und Landschaft, Teil 1. Aschendorff, Münster 1967.

der Wistinghauser Schlucht) stellen KNEPPE u. TREUDE (2002: 66) fest: „Hier eigentlich endete das bewohnte Land Lippe, und erst im späten 18. Jahrhundert wurde mit der Einrichtung einer Krugwirtschaft südlich des Dörenpasses die Besiedlung der lippischen Senne endgültig in Angriff genommen." Obwohl eine klar definierte Grenzlinie zwischen Paderborn und Lippe im späten 16. Jahrhundert per Landschnat festgelegt und etwas später auch mit Grenzsteinen markiert worden war (vgl. MÜLLER-HENGSTENBERG 1985: 151), blieb der Senne dennoch der flächenhafte Grenz- und Niemandslandcharakter noch lange erhalten.

In kausaler Verbindung zur eindeutigen Festlegung und Aneignung von Machtbereichen über definierte Grenzlinien standen die landesherrlich initiierten Neuansiedlungen des 17. Jahrhunderts: Die Territorialherren des Umlandes wetteiferten im Zuge der Peuplierungspolitik jener Zeit geradezu darin, ihrer Herrschaft das weite Heide- und Ödland im Grenzgebiet anzueignen und Kultur zu bringen; gegründet wurden Sennesiedlungen von Lippe, Paderborn, Ravensberg und Rietberg aus. Trotz der eindeutigen administrativen Zuordnung zu bestimmten Machtbereichen, die sich so für die Neusiedler in der Senne ergaben, hat sich für die Bewohner des Senneraums interessanterweise weniger eine Differenzierung in verschiedene territoriale Identitäten (etwa als ‚Lipper' oder ‚Paderborner' oder ‚Ravensberger') entwickelt, sondern vielmehr eine von den Herrschaftsgrenzen abgelöste Identität als ‚Sennebewohner'. Das gemeinsame Schicksal im kärglichen Heidebauerntum, das Leben im bislang weitgehend herrenlosen Freiraum jenseits der naturräumlichen Grenzen des Teutoburger Waldes im Norden und der Sümpfe im Süden und nicht zuletzt auch die kollektive Geringschätzung, die die umliegenden Regionen ihren jeweils ärmsten Territorialgenossen zollten, ließ sie als ‚Senner' zusammenrücken.[64]

Zwar behakelten sich die Sennedorfschaften immer wieder untereinander im Streit um Hude- und Plaggengründe, zudem waren die Leute (eine andere Folge des Grenzlandcharakters) in einem Ort katholischer Konfession, im nächsten evangelischer. Aber ob man nach Lippe schaut, ins Paderbornische oder ins Ravensbergische: Die Sennebewohner gehörten nirgendwo so recht dazu, galten als Leute dritter Klasse aus einer Landschaft dritter Klasse, aus einer Gegend, die man ohnehin nur kaum kannte. Die Lippische Landeszeitung stellt ihren Lesern 1891 die Senne als „diese jenseits der Ber-

---

64 Auf diese „Einheit im Bewußtsein der Bevölkerung" spielt auch das naturschutzfachliche „Leitbild Senne" von 1997 an, seinerseits mit dem Ziel einer einheitlichen, den Senneraum als Ganzes betreffenden Naturschutzpolitik: „Die Senne wurde schon lange von Grenzen zerschnitten. [...] Trotz der historischen und der aktuell-politischen Zerschneidung stellt der Landschaftsraum Senne eine Einheit dar, auch im Bewußtsein der Bevölkerung" (*Leitbild Senne* Bd. I 1997: 7).

ge gelegene Gegend" vor, in der „der Kontrast derselben mit übrigen Teilen unseres Landes" auffallen würde und die „augenscheinlich Schwermut" erzeuge (LZ vom 21.8.1891). Auch Peter Schneider weist 1952 in seiner siedlungsgeographischen Analyse auf den fehlenden infrastrukturellen wie sozialen Anschluss der Senne an die administrativen Zentralbereiche hin:

> „Wichtig ist, daß die benachbarten Siedlungsgebiete ihr Gesicht abkehren. Vom Teutoburger Wald nach Nordost blickt man zur Weser und Werre, vom Gebiet der Ems und Lippe jenseits der vernäßten Zone wendet man sich zum Münsterland. Was dazwischen liegt, bleibt Unland, Niemandsland, eben ‚Desertum'. So gewinnt dieser Streifen den Charakter einer Grenzzone auch für die beiderseitigen Anwohner" (SCHNEIDER 1952: 28).

Der ausgeprägte Grenzlandcharakter begünstigte offenbar die Anwesenheit solcher Personengruppen in der Senne, für die Grenznähe entweder zum Geschäft gehörte – immer wieder ist in der Heimatliteratur von „Schlupfwinkeln der Schmuggler" zu lesen (vgl. REBBE 1902: 27) – oder für die die abgelegene Gegend eine gewisse Sicherheit vor Repressalien und Verfolgung bot, etwa für Deserteure oder Zigeuner. Aus diesbezüglichen Tatsachen (auf die historischen Hinweise auf gesellschaftliche Randgruppen in der Senne wird weiter unten noch eingegangen) entwickelten sich freilich auch volkstümliche Vorurteile, die manchmal soweit gingen, die Senner Bevölkerung per se der Abstammung von allerlei ‚Gesindel' zu verdächtigen. Vielleicht spielte bei der psychosozialen Entwicklung eines negativen Blickes auf die Senne und der latenten Kriminalisierung ihrer Bewohner auch die Vorstellung vom beängstigenden Fremden, vom Anderen jenseits der Grenzen des vertrauten Raumes mit. Hier sind sicher auch die weiter hinten noch thematisierten Vorstellungen einer verteufelten und verspukten Gegend von Bedeutung. Aber tatsächlich lag die Senne schon rein geographisch *jenseits*; jenseits des bewaldeten Hügelzugs von Nordosten her gesehen, jenseits der Sümpfe von Südwesten her. Was dazwischen lag war unfruchtbares Land, Ödland, Grenzland, welches nur selten betreten wurde. Bernd O. drückt das im Interview so aus:

> *„Die [Senne, RS] wurde gemieden, aber vor allen Dingen, weil sie natürlich völlig unattraktiv war für die Menschen. Das war ja ein Raum, der ... heute gewinnt er an Attraktivität aus einer ganz anderen Perspektive. Früher war er sozusagen Grenz-Raum. Das hatte ja auch was mit existentiellen Grenzen zu tun. Dort zu leben hieß, existentielle Nöte auszustehen. Da ist keiner freiwillig hingegangen"* (Bernd O.).

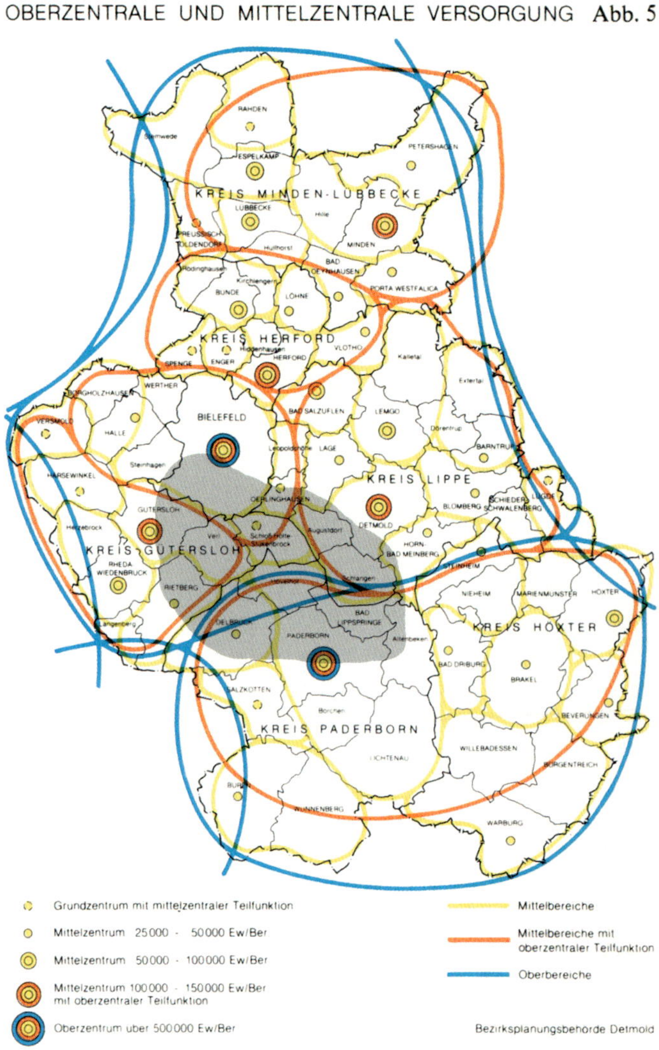

Abb. 12: Graphische Darstellung der ober- und mittelzentralen Versorgung im Regierungsbezirk Detmold. Das wirtschaftsgeographisch periphere Sennegebiet hat demnach Anteil an einer ganzen Reihe mittel- bis oberzentraler Versorgungsräume; das historische Niemandsland liegt noch gegenwärtig im Grenz- und Schnittbereich unterschiedlicher räumlicher Netzwerke von Wirtschaft und Verwaltung. [Entn. aus: *Regierungsbezirk Detmold.* Ostwestfalen Lippe – ein Verwaltungs- und Wirtschaftsraum. Möglingen 1982: 7]

Die historischen Bewertungen als ein „Niemandsland" und das von Schneider angesprochene „abgekehrte Gesicht" der umliegenden Siedlungsgebiete spiegeln sich latent noch in gegenwärtigen Wahrnehmungen und Strukturen wider. Davon zeugt beispielsweise die Aussage eines Lokalzeitungsredakteurs, der mir im Kontext eines Rechercheanliegens zu verstehen gab, dass er die Senne für ein „zeitungstechnisches Niemandsland" halte: Keine der Lokalzeitungen der umliegenden Zentren sei für den Raum Senne eindeutig zuständig; aus verschiedenen Redaktionsdomänen heraus werde die Region als Ganze nur eingeschränkt bedient. Auch die abgebildete Graphik über die räumlichen Bereiche der Versorgung im Regierungsbezirk Detmold **(Abb. 12)** verdeutlicht diese allgemeine Tendenz: Die Senne erscheint geradezu als Sammelpunkt der dargestellten virtuellen Grenzen der mittel- und oberzentralen Versorgungsbereiche. Ausgenommen der neueren Entwicklungen im Natur- und Landschaftsschutz wird die Senne ohnehin in keinem gesellschaftlichen Bereich als zusammenhängende Region begriffen.

Der Charakter der Senne als historisches Grenzland und die damit zusammenhängenden Geschichten sind in allerlei heimatkundlichen Aufsätzen und Veröffentlichungen immer wieder thematisiert worden; auch eine der jüngsten Monographien zur Senne beschäftigte sich gerade wieder mit dem Thema.[65] Im Grenzland bietet es sich für Heimatforscher freilich an, nach Grenzen zu suchen, nach alten Grenzsteinen, Grenzstationen, Landwehren und Wallhecken, um so die historischen Demarkationslinien in der gegenwärtigen Landschaft nachvollziehen zu können. Solche Art der Spurensuche ist kennzeichnend für die spezielle Form der temporalisierenden Landschaftswahrnehmung, wie sie typischerweise in Heimatliteratur stattfindet: Die heimatliche Landschaft interessiert im starken Maße als Lieferant von dingfesten Spuren aus der Vergangenheit, die als Symbole regionaler Identität wahrgenommen und erforscht werden. Die Konzentration historischer Grenzen in der Senne wurde dabei nicht nur als Betonung der Randständigkeit der Region interpretiert, sondern interessanterweise auch genau gegenteilig gedeutet:

> „Unweit der heutigen Sennestadt ist das Vierländereck – unsere Senne lag also von jeher am Schnitt- und Brennpunkt der Interessensphäre mancher Länder, geistlicher und weltlicher Fürsten" (STRATMANN 1968: 145).

65 Vgl. THORWESTEN, D. u. K.: *Alte Grenzsteine der preußisch-lippischen Grenze in der Senne.* Bielefeld 2000. – vgl. dazu auch: WASGINDT, H.: Grenze und Grenzsteine im Vierländereck. In: *Sennestadt. Geschichte einer Landschaft,* 1968, 152ff.

Den Schnittpunkt mehrerer Territorialgrenzen in der Senne als einen „Brennpunkt der Interessensphäre“ der jeweiligen Nachbarn zu interpretieren und aufzuwerten, zeugt wohl eher von einigem Regionalstolz des Autors als von der historischen Relevanz seiner Deutung. Auch hier wirkt ein ähnliches Phänomen wie generell bei der heimatkundlichen Wahrnehmung historischer Themen, nämlich eine nostalgische Überhöhung vermeintlicher Bedeutsamkeit. Auf dieses Thema wird weiter hinten noch ausführlich eingegangen; an dieser Stelle soll zunächst vermerkt sein, dass der Grenzlandcharakter in mehrfacher Hinsicht identitätsstiftend für die Wahrnehmung der Senne wirkte.

4.2. Langweilige Ödnis: zur Negativwahrnehmung der Senne

„Was willst du denn in dem öden Sande machen? Da bleibt man weg!“ – Mit diesen Worten versuchten am Ende des 19. Jahrhunderts die Eltern den jungen Heinrich Meise, der später Lehrer und Heimatkundler wurde, von seinen Wunsch einer „Entdeckungsreise in die unbekannte Gegend“ abzubringen (Meise 1960: 56). Eine beliebte Gegend war die Senne lange nicht; berühmt und berüchtigt sind die Negativbeurteilungen, die besonders im Schrifttum des späten 18. und des 19. Jahrhunderts Konjunktur hatten. Die Landschaft wurde immer wieder als ‚schlimme Ödnis‘ und ‚böse Sandwüste‘ oder ähnlich wahrgenommen, und der Haustenbecker Pastor Pothmann hatte sie im Jahr 1788 abwertend mit „Cosackenland“ und „Sibirien“ verglichen (Mehrmann 1993: 29). Der Mindener Rektor H. Bohnenkamp schrieb in seiner „Kleinen Heimatkunde der Provinz Westfalen“ über die „unfruchtbaren Strecken“ des Landes:

> „Die schlimmste derselben findet sich im Osten dicht am Abhange des Teutoburger Waldes. Es ist die Senne, die sich mit ihren Nebenteilen westlich bis in den Regierungszirk Münster, südwestlich bis in den Regierungszirk Arnsberg erstreckt. Große Heidestrecken mit moorigen Stellen und Sümpfen tragen Heidekraut und einige Wasserpflanzen. Dazwischen stehen krüppelige Kiefern und Birken. Wo sich etwas Ackerland findet, trägt es nur Buchweizen, Kartoffeln und Hafer“ (Bohnenkamp 1906: 26).

In der Literatur findet sich an vielen Stellen das Bild der „grenzenlosen Öde und Verlassenheit einer Urheide“ (Copei 1935: 87), wenn es um die Schilderung des mittelalterlichen und frühneuzeitlichen Landschaftszustandes geht. Oft wird der Eindruck vermittelt, dass die Senne ‚schon immer' oder ‚seit Menschengedenken' als eine geradezu feindliche Gegend beurteilt worden sei, bevor sich gegen Ende des 19. Jahrhunderts eine positive und heideromantische Sichtweise als ein Gegengewicht dazu etablieren konnte. Das ist zumindest zweifelhaft, denn tatsächlich tauchen dezidiert negative Konnotationen erst in den Landschaftsbeschreibungen seit dem 18. Jahrhundert auf; sie wurden in der Folge durch wiederholtes Zitieren allerdings mehr und mehr betont. Dass es in der Senner Kulturgeschichte zunächst sogar durchaus so etwas wie eine frühgeschichtliche Wertschätzung seitens der stein- und bronzezeitlichen Bevölkerung gegeben hatte, wurde bereits erläutert. Und auch für die mittelalterliche bis frühneuzeitliche Beurteilung der Senne ist anzunehmen, dass der sandige Landstrich wohl nicht in erster Linie als feindlich, schlimm oder sonstwie negativ wahrgenommen wurde; man beurteilte die große Sennerheide vielmehr wohl relativ wertfrei so, wie sie sich den Zeitgenossen darstellte: Als Lebens- und Siedlungsraum war das Grenzgebiet kaum brauchbar, also trieb man vom Rande her das Vieh zur Hude, brachte zur Blütezeit der Heide die Bienenstöcke, nutzte den großen Freiraum als Jagdrevier und Gestütskamp halbwilder Pferde und nahm diesen Zustand mit einiger Selbstverständlichkeit. Warum auch hätte man klagen sollen; Platz für Äcker und Hofstellen gab es lange Zeit noch genug, und insbesondere nach den spätmittelalterlichen Pestzeiten und Wüstungsphasen und der beginnenden Landflucht in Richtung der neugegründeten Städte waren sogar vergleichsweise fruchtbarere ländliche Regionen nur dünn besiedelt. Die durchreisenden Händler, die die Senne als überregional genutzten Wegabschnitt zwischen Paderborn und der Dörenschlucht kennenlernten, fluchten vermutlich über das langsame Vorankommen im tiefen Sand, schätzten diesen aber zugleich wohl auch als stets trockenen und insofern zuverlässigen Untergrund bei feuchter Witterung.

Die Zeit stark negativ konnotierter Aussagen und regelrechter Schimpfereien über die Senne beginnt dagegen erst mit ihrer planvollen Besiedlung, massiert erst im 18. und frühen 19. Jahrhundert, dem Zeitalter der Agrarreformen. Erst mit dem Versuch der Kultivation wurden die Mühen und Probleme der kulturellen Aneignung der Senne real. Dem aufklärerischen und agrarreformerischen Blick dieser Zeit, der auch im ästhetischen Sinn „Schönheit als verwirklichte Nützlichkeit" (Beck 1996: 28) ansah, war solch ein Grad an Unkultiviertheit der Landschaft, wie er der Senne trotz aller Mühen eigen blieb, ein Gräuel. Zudem bevölkerten nach der zunächst mehr schlecht als recht gelungenen Ansiedlung ländlicher Unterschichten nun „zerlumpte Jammergestalten" (Bitter 1853: 11) die Senne und verstärkten noch die von außen vorgenommene Negativbewertung der Landschaft

– jetzt als Kulturraum *einschließlich* seiner Bewohner. Auch Klagen über den unkomfortablen Zustand der Sandwege kamen wohl zuerst von solchen Reisenden, die die in der Regel erst im 19., frühestens im 18. Jahrhundert neu angelegten Kunststraßen und Chausseen in weniger peripheren Landesteilen als relativ schnelle Reisewege bereits gewöhnt waren. Dennoch stellen die negativen Bewertungen dieser Epoche einen wichtigen und wirkungsreichen historischen Aspekt für die weitere Wahrnehmung der Senne dar; sie begründen nicht nur die meisten Ansätze von Sondernutzungen und modernisierenden Veränderungen dieser Randlandschaft, an ihnen kontrastieren sich auch die späteren positiven Romantisierungen: Der landschaftsästhetische Wertewandel, der weiter hinten eingehend thematisiert wird, geht nämlich zunächst von ‚alten' negativen Sichtweisen aus, bevor er neue Paradigmen der Beurteilung begründet und propagiert. Wichtig ist es zu sehen, dass nicht nur die wenigen schriftlichen Berichte des 18. und 19. Jahrhunderts die Negativwahrnehmungen der Senne kommunizierten; vielmehr ziehen sich dieserart Beurteilungen seither wie ein roter Faden weiter bis in die Gegenwart und waren stets Anlass für einen ganz bestimmten, vielfach abschätzigen gesellschaftlichen Umgang mit der Landschaft. Die Volksschullehrer Schmidt und Flottmeier (aus Senne II bzw. Hövelhof) beklagen in den Jahren 1902 und 1936 die anhaltend negative Beurteilung der Senne:

> „Ein Landstrich unserer engeren Heimat […], bei dessen Nennung die meisten Leute schon ein Gruseln befällt und von dem sowohl die Gelehrten als auch das Volk, welche mit ihm nicht genauere Bekanntschaft gemacht haben, meistens eine unrichtige Vorstellung haben, wie dies die überall fallenden Kritiken genugsam beweisen, ist die Senne" (SCHMIDT 1902: 11).

> „Lange hat man die Senne nicht beachtet, und wenn ihrer gelegentlich einmal Erwähnung geschah, dann sprach sich in den wenigen Zeilen, die der eine dem anderen gedankenlos nachschrieb, ein tiefes Mitleid aus mit den unglücklichen Menschen, die in diese verlassene Gegend verschlagen sind" (FLOTTMEYER 1936: 9).

Wenden wir uns also systematisch den Quellen zu: Historische Landesbeschreibungen als Quellen für die Interpretation landschaftlicher Zustände und deren zeitgenössischer Bewertung sind für die Senne als kulturell peripherer Raum, was die Zeit vor dem 19. Jahrhundert betrifft, relativ rar. Als früheste Erwähnungen der Senne gelten eine im Namen Kaiser Ottos I. in Quedlinburg ausgestellte Schenkungsurkunde an den Osnabrücker Bischof aus dem Jahr 965, in der die „Sinithi“ als das die dem Bistum verliehene Forsthoheit im Südosten begrenzende Gebiet auftaucht, weiterhin eine im Jahr 1001 in Rom verfasste und in den beiden Folgejahren zweimal bestätigte Urkunde, die die Senne als „Sinede“ bzw. „Sinedi“ ebenfalls im Kontext der Abgrenzung eines bestätigten Forstbannes (diesmal für das Paderborner Bistum) erwähnt, und nicht zuletzt eine Stiftungsurkunde des Paderborner Klosters Busdorf aus dem Jahr 1036, die unter anderem auch über Zehntrechte an Vieh und Bienen in der „Synatha“ Auskunft gibt (Ravensberger Regesten 1985, I. Bd.: Nr. 21, 35, 36, 37, 51).[66] Für die Landschaftsgeschichte sind solche Quellen insofern interessant, als dass aus der Nichterwähnung von Hofstellen auf die noch fehlende Besiedlung und eine ausschließliche Nutzung als Hude- und Jagdgebiet geschlossen werden kann. Wertende Aspekte hinsichtlich einer Rekonstruktion der zeitgenössischen Wahrnehmung der Landschaft enthalten die Urkunden jedoch nicht. Etwas anders verhält es sich diesbezüglich mit einer bei Sennehistorikern berühmten Urkunde aus dem Jahr 1279, die zur Klärung der Nutzungsberechtigungen des Meierhofes in Stapelage verfasst wurde; diese *beschreibt* die Gegend auf der Südseite des Osnings mit dem Begriff „solitudo“ bzw. „solitudinem“, was soviel bedeutet wie Einsamkeit oder Alleinsein (Lippische Regesten 1860, I. Bd.: Nr. 384).[67] In gewisser Weise kann auch diese Aussage zunächst als beschreibend und wertfrei insofern begriffen werden, als dass sie Auskunft darüber gibt, dass man in der bezeichneten Gegend jenseits des Waldes mit einiger Wahrscheinlichkeit kaum oder keine Menschen antreffen würde. Erst wenn in späteren Übersetzungen des 19. und 20. Jahrhunderts für „solitudo“ jetzt „Einöde“ (Müller-Hengstenberg 1985: 150) oder „ödes Niemandsland“ (Copei 1935a: 22) gesetzt wird, verliert sich eine mögliche zeitgenössische Wertfreiheit mehr und mehr und an deren Stelle tritt die wertende und interpretierende Wahrnehmung der Nachgeborenen.

Viel zitiert wird auch die frühneuzeitliche Bezeichnung der Senne als „Sendae desertum“, so überliefert im akademisch-lateinisch verfassten Geschichtswerk „Monumenta Paderbornensia“ vom Paderborner Fürstbischof Ferdinand von Fürstenberg (1669) und auf davon abgeleiteten Landkarten. Interessant sind auch hier die variierenden Übersetzungen: So verstand Franz Joseph Micus (1844) in der ersten deutschen Übersetzung des Textes

---

66 Zu den frühen Nennungen der Senne in den bezeichneten Urkunden, den daraus ableitbaren räumlichen Erstreckungen der als solche bezeichneten Gegend und Rückschlüssen auf ihre Nutzung vgl. auch Beckmann 1989: 27.

67 Eine wörtliche Abschrift der Urkunde von 1279, die in den lippischen Regesten nur ihrem Inhalt nach wiedergegeben wird, findet sich im Anhang des Aufsatzes von Rosenkranz (1849): Die Stapelager Senne wird demnach als „solitudinem curtis Stapelage“ bezeichnet.

den Terminus „Sendae desertum" als „Sende-Wüste", Franz STRATMANN (1968: 140) übersetzte den Begriff viel später als „wüste Heidesteppe", August Wilhelm PETER (1970: 49) in seiner lippischen Landeskunde als „wüstes Unland", und in einer Broschüre der Biologischen Station Senne lautet die Übersetzung „menschenleere Einöde" (BIOLOGISCHE STATION SENNE 2000: 4). Die übersetzenden Autoren des 20. Jahrhunderts gingen dabei wohl davon aus, dass Fürstenbergs Verwendung des Begriffes „desertum" auf eine zeitgenössische negative Beurteilung der Senne als „Unland" oder dergleichen hindeute. Zwar hatte Fürstenberg in den Erläuterungen zu seinem Sennetext die Landschaft tatsächlich als „desertum vastumque ericetum" (etwa: wüstes und leeres Heidegebiet) bezeichnet, für den Text selber ist aber vielmehr festzustellen, dass er Ausdruck einer eher positiven, geradezu euphemistischen Perspektive auf die Senne ist: Zwar seien öde Strecken ohne schattenspendende Bäume zu durchwandern, dafür gäbe es aber „erquickenden Trank für Bienen und Heerden", allerlei „liebliche Kräuter" und reichlich der „sprudelnden Quell". Der Fürstbischof lobt die „unverdrossene Mühe" der gerade hierher gesandten Kolonisten in der Hövelhofer Senne und weist darauf hin, dass man die abgelegene Gegend ohne Furcht durchwandern könne: „Keine Gefahr hast hier du zu fürchten ..." (FÜRSTENBERG 1669, zit. n. MICUS 1844). Diese letztgenannte relativierende Bemerkung, mit der Fürstenberg doch offenbar auf ein anders lautendes Vorurteil Bezug nimmt, ist allerdings als Hinweis auf eine tatsächliche negative Wahrnehmung der Senne im 17. Jahrhundert zu interpretieren; auf Geschichte und Geschichten von „Räubern und Zigeunern" in der Senne wird an späterer Stelle noch ausführlich eingegangen.

Auch die lippischen Chronisten Ferdinand Bernhard von HOFFMANN (1786), Christian Gottlieb CLOSTERMEIER (1786) und Wilhelm Gottlieb Levin von DONOP (1790) berichten in ihren Landesbeschreibungen im ausgehenden 18. Jahrhunderts nichts dezidiert Negatives über die Senne. Sie sei eine sandige und moorige Gegend, es gebe viel Heide, das berühmte Senner Gestüt und überdies sei ein erfolgreicher Anfang der Kultivation gemacht: Buchweizen gedeihe, Honigbienen sammelten eifrig und alle Mühe werde belohnt.[68] In seinem „Versuch einer Geographie des Königreichs Westphalen für den Bürger und Landmann" beschreibt auch Carl Theodor RÜSS (1810: 97) die „Sende oder Senne" wertfrei als „ein großer mit Heide bewachsener District, der viele halbwilde Pferde enthält, [...] welcher hin und wieder nicht nur treffliche Viehweiden enthält und der Bienenzucht sehr förderlich ist, sondern auch immer mehr angebaut wird". In diesen ersten aus-

68 Vgl. Hoffmanns und Clostermeiers Landesbeschreibungen von 1786 in: STÖWER 1973: 17, 72, 75, 145 und Donops Landesbeschreibung von 1790 in: STÖWER 1984: 5, 30, 32, 43, 175ff.

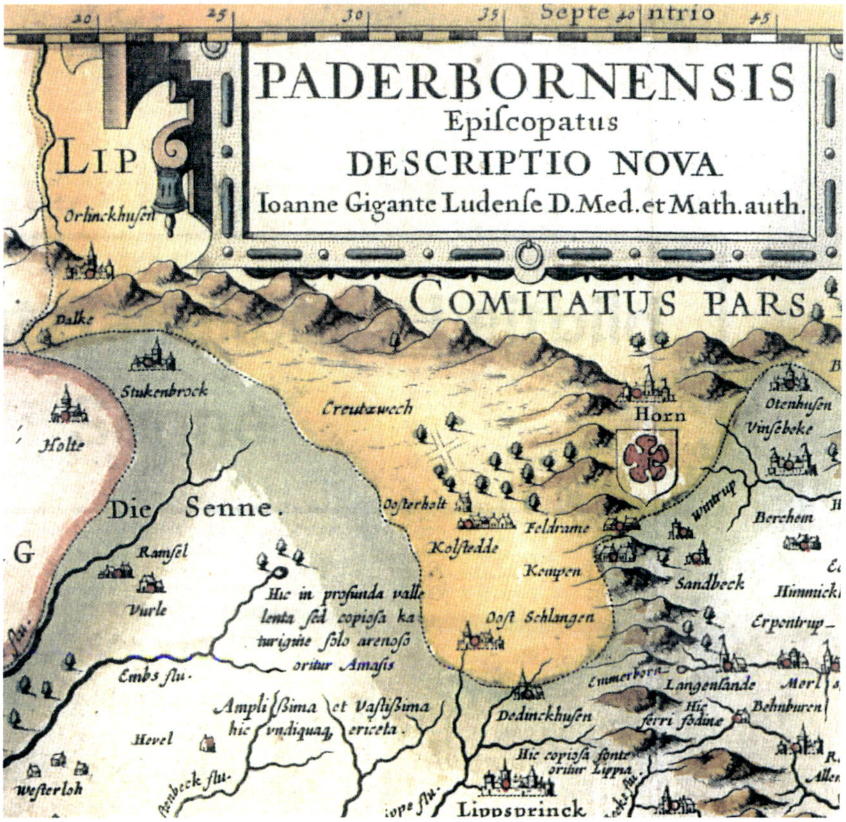

Abb. 13: Ausschnitt aus der Kartierung des Bistums Paderborn von Johann Gigas, als Johannes Riese 1580 in Lügde geboren. Bei der abgebildeten Karte handelt es sich nicht um jene im Text erwähnte Urfassung aus dem Jahr 1620, sondern um eine etwas jüngere Neufassung; der Text zur Senne „Hic in profunda ...“ blieb dabei identisch, zuvor durchgezeichnete Verkehrswege hingegen sind – bis auf den symbolisch noch angedeuteten „Creutzwech“ als Wegkreuzung – weggelassen. [Lippische Landesbibliothek 12 L 4632]

führlicheren Landesbeschreibungen finden sich noch keine abschätzigen Urteile über die Senne, sie betonen vielmehr eher das Positive; negative Konnotationen einer als schlimm wahrgenommenen Gegend sucht man auch zwischen den Zeilen vergebens, und selbst der später so viel gebrauchte Begriff „öde“ taucht weder bei Hoffmann noch bei Clostermeier noch bei Rüß auf. Man beschrieb die Senne vielmehr als das, was sie den Zeitgenossen war: eine recht bedeutungslose Peripherie im äußersten Südwesten des lippischen Landes mit einigen spezifischen Vorzügen.

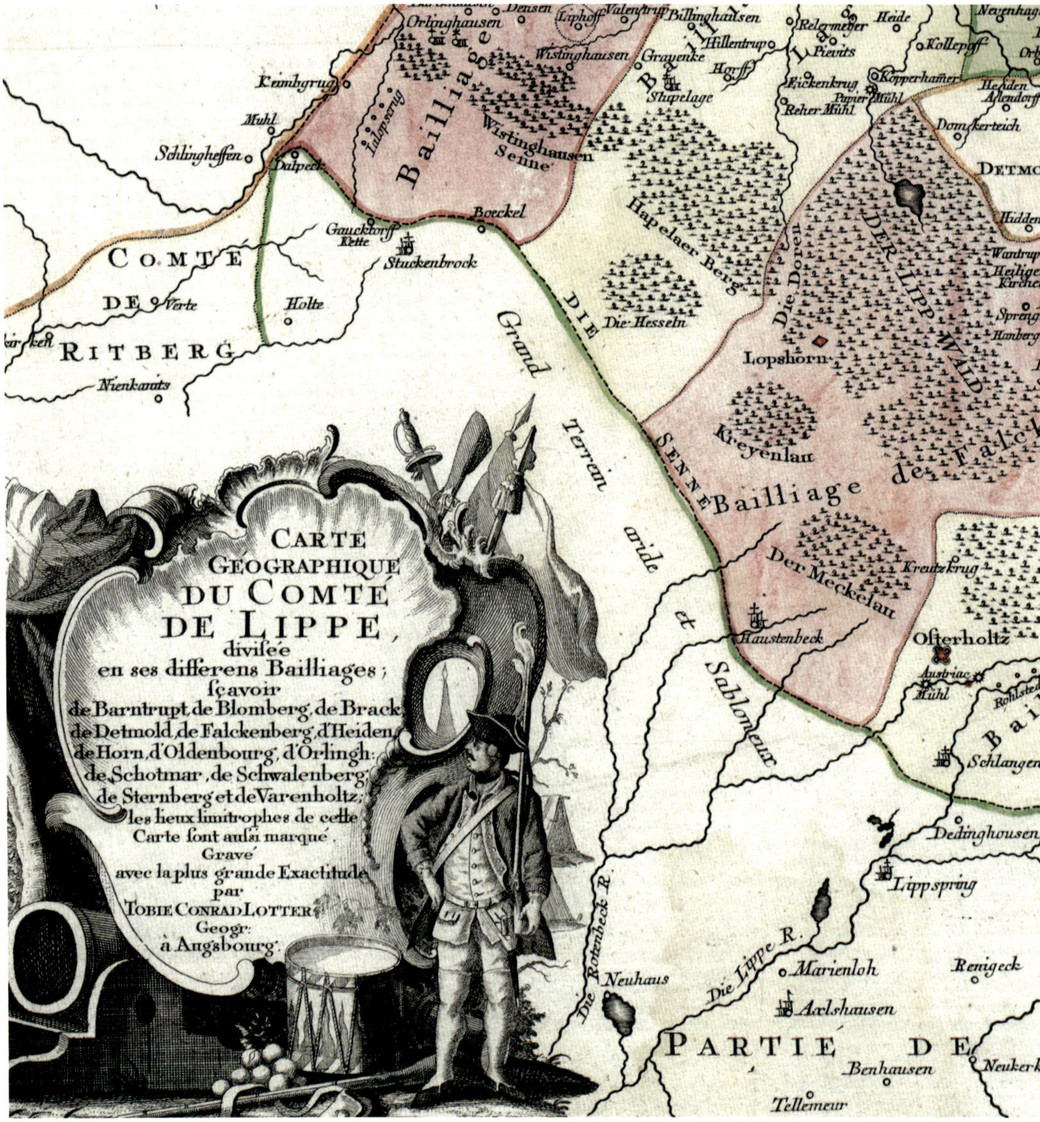

Abb. 14: Ausschnitt aus der „Carte Geographique du Compé de Lippe" von Tobias Lotter aus dem Jahr 1762, der kolorierten Version einer um ein Jahr älteren Karte des französischen Kartographen Blantmont de Thierville. Dieser hat „Die Senne" als „Grande Terrein aride et Sabloneux" gekennzeichnet. [Staatsarchiv Detmold D 73 4/828]

Auch von Kartographen des 17., 18. und 19. Jahrhunderts sind uns Bemerkungen über die Senne überliefert; oftmals versahen sie den kartographischen Freiraum, jenen ‚weißen Fleck', den die Darstellung der siedlungsleeren Senne mit sich brachte, mit kurzen schriftlichen Erläuterungen. So notierte Johann Gigas im Jahr 1620 auf seiner „Episcopatus Paderbornesis" genannten Karte des Bistums Paderborn über die Senne **(Abb. 13)**: „Hier entspringt in einem tiefen Tal aus sandigem Boden langsam und reich schüttend die Ems. Vollständig und weit ist hier das Gebiet rundherum mit Heide bewachsen."[69] Der französische Kartograph Blantmont de Thierville bezeichnete 1761 auf seiner „Carte du comté de Lippe" das südwestliche Grenzgebiet jenseits des Waldes als „Grand Terrein aride et sabloneux" **(Abb. 14)**.[70] Thiervilles Bemerkung ist wohl als „große trockene und sandige Gegend" zu übersetzen, denn freilich herrschte in der regenreichen Senne kein arides Klima im deutschen Wortsinn. Der Kartograph Carl Friedrich Niehausen notierte im Jahr 1806 auf seiner „Spezial Carte von dem Fürstenthum Lippe Detmold und der Grafschaft Schaumburg Lippe" neben der Bezeichnung „Senner Heyde" die erläuternden Worte „eine große Wüste" **(Abb. 15)**.[71]

Klagen und regelrecht böse Worte sind seit dem späten 18. Jahrhundert dann zuerst von Durchreisenden überliefert, also solchen Leuten, die aus Sachzwängen heraus die Senne nicht als Ziel, sondern als mehr oder weniger beschwerlichen Wegabschnitt kennenlernten. Die langsame, viele Stunden dauernde Passage mit dem Fuhrwerk verlief durch tiefe Sandwege, die sich in für den ortsfremden Durchreisenden oftmals verwirrender Wegführung durch die Heide hinzogen. Was den Reisekomfort anbetrifft, so ist zwar kaum anzunehmen, dass damalige andere Wege vergleichsweise weniger – wohl doch sogar eher mehr! – Rütteln und Schütteln verursachten als der zumindest immer trockene, weiche Sandboden; dafür rollten die

69 „Episcopatus Paderbornesis descriptio nova Ioanne Gigante", 1620. Der im Original lateinische Text zur Senne lautet „Hic in profunda valle lenta sed copiosa katurigine solo arenoso oritur Amasis. Amplissima et Vastissima hic vndiquaque ericeta". Für die Übersetzung danke ich Prof. Dr. Heinrich Rüthing herzlich.

70 „Carte du comté de Lippe divifé en ses differents Bailliages" von Blantmont de Thierville, 1761 [Lippische Landesbibliothek LK 3.20]. Ungleich bekannter (da oft reproduziert) ist eine kolorierte Version von Thiervilles Karte, die als „Carte Géographique du comté de Lippe" im Folgejahr 1762 von Tobie Conrad Lotter gestaltet wurde [Staatsarchiv Detmold D 73 4/828].

71 „Spezial Carte von den (!) Fürstenthum Lippe Detmold und der Grafschaft Schaumburg Lippe" von Carl Friedrich Niehausen, 1806 [Staatsarchiv Detmold D 73 4/10623]. Eine frühere Version dieser Karte ist die von Niehausen im Jahre 1786 gezeichnete Karte der „Grafschaft Lippe sowohl Schaumburg-Lippische als Lippe-Dettmoldische Antheile" [Staatsarchiv Detmold D 73 5/390]; der Kommentar zur Senne ist identisch.

Kutschwagen auf den neuen Chausseen, deren Zeit in der Epoche zunehmender Mobilität gerade angebrochen war, doch sehr viel schneller. Auch der Blick aus dem Fenster auf die sich scheinbar endlos hinziehende unkultivierte Landschaft wurde von den gelangweilten Reisenden wohl zumeist negativ empfunden: „Ein verflucht' Land von nichts als Sand und unendlichen Heyden", schimpfte der Arzt, Naturforscher und Dichter Albrecht von Haller, als er 1736 auf dem Weg nach Göttingen durch Paderborn und die Senne kam (zit. n. Schaefer 1966: 95). Der Blick in die Landschaft – zumal in eine Heidelandschaft – war Mitte des 18. Jahrhunderts noch ein vorromantischer, auch der des schon für landschaftsästhetische Betrachtungsweisen sensibilisierten Naturpoeten Haller. Langsamkeit und Langeweile war das bestimmende Empfinden der Reisenden durch die Senne, und selbst ohne sperriges Fuhrwerk kam man offenbar nur langsam voran, wie der berittene Chronist Peter Florenz Weddingen in seinen „Bemerkungen bey einer Hin- und Herreise durchs Paderbornische" im Jahr 1788 berichtete:

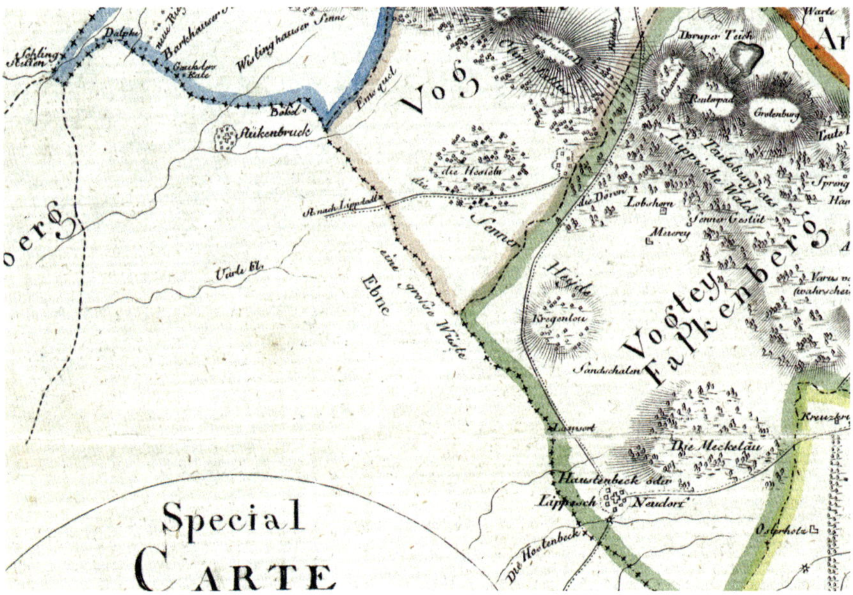

Abb. 15: Ausschnitt aus der „Spezialkarte von den Fürstenthum Lippe Detmold und der Grafschaft Schaumburg Lippe" von Carl Friedrich Niehausen, 1806. Niehausen bezeichnet „die Senner Heyde" als „eine große Wüste". Wie auch schon in Thiervilles Karte (vgl. Abb. 14) sind die als noch locker bewaldet vorstellbaren Kalkmergelschollen in „den Heßeln", „der Kreyenlau" und „der Meckelau" als Bauminseln inmitten der Offenflächen der Oberen Senne auffällig zu erkennen. [Staatsarchiv Detmold D 73 4/10623]

> „Denn schon gleich, nachdem ich Neuhaus verlassen, begannen die Schritte meines sonst so raschen Schimmels weit langsamer, indem ein tief sandiger Boden sich seinem so gewöhnlich guten Willen mit Macht widersetzte. Anderthalb Stunden ritt ich so durch eine langweilige Heide, die Senne [bis Haustenbeck, RS]" (WEDDINGEN 1788, zit. n. WEHRMANN 1979: 21).

Heutzutage weiß mancher schlendernde Naturfreund eine langsame Fortbewegungsweise wegen der Möglichkeit einer gesteigerten Aufmerksamkeit für das Landschaftliche durchaus zu schätzen. Im Jahre 1788 allerdings, lange bevor das rasante Zeitalter der Eisenbahnen anbrechen würde, war jegliche Verlangsamung der Fortbewegung eben nicht an einer vermeintlich ‚zu schnellen' kontrastierbar und dementsprechend nicht in einem romantischen Sinne als positiv zu schätzen; sie erschien durchweg als lästig.[72] Im aufstrebenden Bürgertum überwog vielmehr eine aufkommende Weltläufigkeit und der Wunsch nach unterhaltsamer Kulisse; diese konnte eine weitläufige Heidelandschaft (noch) nicht bieten. In einem vom vormaligen lippischen Generalsuperintendenten Johann Ludwig Ewald 1797 in Berlin herausgegebenen Band erscheint die Senne als

> „... eine der ödesten Sandheiden, die es auf der bebaueten Erde geben mag. Sage mir niemand, daß das Klima wenig Einfluß auf den Geist habe. Wir empfanden den Einfluß dieser öden Gegend, ehe eine Viertelstunde verging. Wir sprachen immer weniger, gähneten, sahen nach dem Ende der Heide, und unser ganzes Gespräch beschränkte sich auf den oft wiederholten, und abermals wiederholten Wunsch, heraus zu sein (EWALD 1797, zit. n. WEHRMANN 1979: 17).

Eine andere Reisende jener Zeit war die lippische Fürstin Pauline, die in ihren Tagebüchern im Jahr 1807 einige ihrer Passagen durch die von ihr als „trübe Senne" und „böse Sandwüste" empfundene Landschaft erwähnt:

> „Der 2te Jänner, ein Freitag, brach an, und schon um 7 Uhr reiseten meine Kinder nach Lippstadt voraus, ich folgte um 10 Uhr. Was läßt sich von dem bekannten Weege erzählen – daß, sobald Lobshorn im Rücken ist, jene trübe Senne beginnt, wo man wenig Spuren von Cultur erblickt und schwehrlich zu wohnen begehrt" (Reisetagebuch

---

72 Vgl. dazu SCHIVELBUSCH, Wolfgang: *Geschichte der Eisenbahnreise. Zur Indutrialisierung von Raum und Zeit im 19. Jahrhundert.* München und Wien 1977.

> der Fürstin Pauline zur Lippe, zit. n. Niebuhr 1990: 18). – „Es war ein schöner heller Tag, wir sahen Lippspringe, die böse, sich immer mehr verbreitende Sandwüste" (ebd.: 41). – „Da nun die Senne ein Ort ist, wo man so leicht sich verirren kann, so bemühten wir uns, so bald wir ein Dorf sahen, um Boten und kamen langweilig leyernd, doch ohne Unfall bis Augustdorf. Fröhlich begrüßten wir unser Land und rechneten, nach 9 Uhr zu Haus, endlich zu Haus zu seyn, aber der Postknecht verfehlte den Weg in der Nähe Lobshorns, fuhr uns in einen nahen Hau, wo der Weg abscheulich war. Wir blieben stecken, liefen Gefahr noch hier umzuwerfen und den Wagen unheilbar zu zerbrechen und hatten Dank diesem Misgeschick bis zum letzten Moment so sehr uns verrechnet, daß es 1 Uhr war, als ich in meiner Wohnung ausstieg" (ebd.: 145).

Eine Bemerkung über die Erfahrung des Verirrens in der Senne findet sich auch im Reisetagebuch des Lemgoer Bürgers Karl Friedrich Weisser aus dem Jahr 1821, der vom Paderborner Territorium aus durch den Grenzsaum Senne ins lippische Fürstentum zurückgekehrt war:

> „Die Wege wurden nun wieder schlecht, und selten sah ich einen Menschen. So kam es, daß ich mich unvermerkt von dem rechten Weg entfernte. [...] So kam ich endlich nach vielen Kreuz- und Querzügen auf eine weite Heide, wo ich nur hie und da Wagenspuren, aber keinen Menschen sah. Hier wußte ich nun nicht mehr wo hinaus, ich gieng daher auf den höchsten Punct derselben, von dem ich denn auch in der Ferne eine Kirchturmspitze sah, der ich nun geradezu lossteuerte. Allein das Waten im tiefen Sande, das Springen über Gräben und meine bisherigen Kreuz- und Querzüge hatten mich so ermattet, daß ich mich eine Viertelstunde lang unter einem Baume ausruhen musste" (Weisser 1821, zit. n. Sandow 1964: 61).

Der Augustdorfer Pastor Christian Friedrich Melm berichtet 1836 davon, dass man bei einer Passage durch die Senne lange Strecken des Weges passieren würde, „ohne auf demselben auch nur eine einzige Menschenwohnung, ohne ein angebautes Feld, ohne einen Baum oder Strauch, ohne etwas anderes anzutreffen als öde Heide" (Melm 1836: 728).[73] Die weitge-

73 Da es Melms Anliegen ist, die bis 1836 gemachten Fortschritte in der Landeskultur der Augustdorfer Gegend herauszustellen, bezieht er sich mit der oben zitierten Aussage über die „öde Heide" auf eine einige Jahrzehnte länger zurückliegende Zeit.

hende Siedlungsleere und Verheidung der Landschaft hinterließ bei den reisenden Zeitgenossen keineswegs einen erbaulichen, vielmehr einen verunsichernden und langweiligen Eindruck. Auch beim viel gelesenen Volksschriftsteller Wilhelm Raabe erscheint die Senne im „Lebensbuch des Schulmeisters Michel Haas" als eine negativ wahrgenommene Gegend, von der der Held der Erzählung meint: „Wie ich nun eine Zeit an diesem Ort gewesen war, deuchte es mir unmöglich, länger in der Einöde und Wildnis auszuhalten" (RAABE 1859, zit. n. SCHIRRMANN 1928: 333). Der an späterer Stelle noch ausführlicher in Erscheinung tretende preußische Agrarreformer Carl Hermann Bitter hatte die Senne 1853 in einem gutachterlichen Bericht folgendermaßen beschrieben :

> „Dieser viele Quadratmeilen umfassende Landstrich ist nur theilweis kultiviert. Im übrigen zeigt er sich bei näherer Betrachtung als ein sandiges, von sumpfigen Moor unterbrochenes Heideland, und bietet dem Betrachter das traurige Bild vollkommener Einöden und gänzlicher Verlassenheit dar" (BITTER 1853: 9).

Ein schönes Beispiel für die negative Wahrnehmung der Senne als Ödnis bildet auch der Text einer westfälischen Heimatkunde für höhere Schulen aus dem Jahr 1901. Die Autoren, zwei Seminarlehrer, überschrieben eines der Unterkapitel mit dem Titel: „Die Senne, Westfalens ödeste Gegend". Der Text, der in den Jahren nach der Jahrhundertwende womöglich das Urteil vieler Schüler und Junglehrer über die Senne beeinflusste, erschien zu einer Zeit, als zugleich die heideromantische Positivwahrnehmung – wie noch gezeigt werden wird – populär wurde und die heimatkundliche Literatur zunehmend durchwob. Jedoch ist hiervon in den landschaftsbeschreibenden Worten dieser Schulheimatkunde, die noch die alte Sichtweise auf die Landschaft vertritt, nichts zu spüren:

> „Nordöstlich von dem fruchtbaren Hellweg, der Kornkammer Westfalens, liegt die öde und unfruchtbare Senne, Westfalens ödeste Gegend. [...] Die Senne ist eine weite Ebene ohne Abwechslung. Der Boden ist Sandboden. Der Sandboden enthält aber nur sehr wenig Nahrungsstoffe für Pflanzen. [...] Darum muß der Pflanzenwuchs hier ein sehr spärlicher sein. An einzelnen Stellen der Senne finden wir überhaupt keinen Pflanzenwuchs. [...] Nur im Sommer zeigen die eintönigen, düsteren Heidestrecken einen etwas lieblicheren Anblick. [...] Daneben finden wir den düsteren Wacholderstrauch. Die Wälder der Senne machen einen düsteren, öden Eindruck, der Boden ist ohne Pflanzenleben. Darum ist auch das Tierleben dürf-

> tig. [...] In den sumpfigen Gegenden gedeihen saure Gräser, Moose, Schwertlilien und Erlen. Aber auch sie gewähren keinen freundlichen Anblick. So bietet die Senne in ihrer Einförmigkeit gleich der Wüste ein Bild der Trostlosigkeit und Öde" (GIESELER u. PETRI 1901: 97).

Im Weiteren beschreiben die Autoren den „kümmerlichen Ertrag" landwirtschaftlicher Produktion und das „traurige Los" der Heuerlinge, die für ein geringes Entgelt hart in der Senne arbeiten müssen: „Ihre Wohnungen sind klein, schmutzig und ungesund" (ebd.: 98). Ferner wird kurz auf die damals erst seit einigen Jahren in der Paderborner Senne übenden militärischen Regimenter eingegangen. Interessant sind auch die Aufgaben, die am Ende des Abschnittes zur Senne den Schülern gestellt werden und somit die Lernziele des Textes über die Senne markieren:

> „1. Wie kommt es, daß der Sandboden so unfruchtbar ist? 2. Inwiefern kann man die Senne mit einer Wüste vergleichen? 3. Erkläre die Armut der Bewohner der Senne! [...] 5. Warum lohnt es sich nicht, den Boden der Senne fruchtbar zu machen? 6. Warum eignet sich die Senne als Übungsplatz für die Truppen?" (ebd.: 99).

Allein in dem relativ kurzen Schulbuchtext tauchen die folgenden Adjektive zur Beschreibung der Senne auf: öde (mehrfach), unfruchtbar, spärlich, eintönig, düster (mehrfach), dürftig, sumpfig, unfreundlich, trostlos, kümmerlich. Agglomeriert man weitere der negativen Begrifflichkeiten, die zur Beschreibung der Landschaft in den unterschiedlichen Texten verwendet wurden, so erscheint die Senne als Öd- und Unland, als Niemandsland, als Hinterland, als Wüste, als Heidesteppe, als Wildnis, als Einöde, als seltsam und einsam, als wüst und hinterwäldlerisch, als langweilig und verflucht, als trübe, als trist, traurig und vergessen, als verlassen, verachtet, eigenwillig und berüchtigt. Ein Zeitungsartikel aus dem Jahr 1913 über die „westfälisch-lippische Streusandbüchse" drückt das allgemeine Unverständnis darüber aus, sich aus freien Stücken in diese unwirtliche Gegend zu begeben:

> „„Wenn aber jemand erzählt, er wolle die Senne aufsuchen, wird man ihn verwundert ansehen, ein ausgedehntes, mitleidig klingendes „So!" hören lassen, die Augenbrauen heben, die Achseln zucken, das Näschen rümpfen, kurz sich benehmen, wie es unter sog. wohlerzogenen Menschen üblich ist, wenn man anfängt, an den gesunden Sinnen des lieben Nächsten zu zweifeln und sich doch

scheut, ihm eine Untersuchung durch den Nervenarzt zu empfehlen" (LAMPRECHT 1913).

4.3. Die Senne als Armutsregion

Für die zeitweise dezidiert negative Wahrnehmung der Senne spielte, wie bereits angedeutet, die problematische sozialökonomische Entwicklung der Lebensverhältnisse der Sennebewohner – vor allem in der ersten Hälfte des 19. Jahrhunderts – eine wichtige Rolle. Wenn überhaupt über die Senne berichtet wurde, so fokussierten zeitgenössische Beobachter in erster Linie die elenden Lebensumstände der armen Heidekötter; so unterstellte man ihnen in einem Bericht aus dem Jahr 1837 „moralische Verderbtheit im Gefolge der physischen Verkrüppelung in den Wohnorten des Elends" (zit. n. VORMBROCK 1951: 93). Die Senne, der vormalig nahezu menschenleere Freiraum, wurde in seinen jetzt bevölkerten Abschnitten zur Armutsregion und galt als „der ärmste Theil der Provinz Westfalen, einer der ärmsten und unglücklichsten Theile des Preußischen Staates" (BITTER 1853: 18). Zugleich wurde der Gegend hierdurch erstmals eine gewisse Aufmerksamkeit zuteil, die sich in einigen der ersten ausführlichen Schriften über die Senne spiegelt: Die kargen Lebensverhältnisse in der öden und unfruchtbaren Grenzregion dienten als wissenschaftliche Untersuchungsobjekte der medizinisch-epidemiologischen Forschung (SCHMIDT 1830), sie wurden zum Exempel frühsozialistischer Anklage der sozialen Verhältnisse (WEERTH 1845; LÜNING 1845) und dienten als Folie agrarreformatorischer Modernisierungsvorschläge (BITTER 1853).

Die im 17. und 18. Jahrhundert landesherrlich vorangetriebenen Ansiedlungen erster Kolonate und das anschließende, relativ unkontrollierte Entstehen vieler weiterer kleiner und kleinster Kötterstellen[74] hatten Menschen in die Senne gebracht, die nun vor der schwierigen und mühsamen Aufgabe standen, dem kargen Senneboden landwirtschaftliche Erzeugnisse abzugewinnen. Aus dieser Notwendigkeit entwickelte sich das den Verhältnissen angepasste Landbewirtschaftungssystem der Heide- oder Plaggenwirtschaft, das den meisten Sennebauern zunächst ein ökonomisch einigermaßen erträgliches Grundauskommen sicherte. Neben einer kleinen

74 Aus dem Jahr 1849 gibt es einen Bericht des lippischen Kabinettsministers Laurenz Hannibal Fischer über einen Familienvater, der in der Senne „ohne Erlaubnis der Kammer auf herrschaftlichem Grunde ein Loch in den Boden gewühlt, darüber eine Hütte gebaut und hierunter mit Frau und sieben Kindern sein Obdach genommen" habe (LAMPRECHT 1919).

Land- und Gartenwirtschaft und der Mitnutzung der Allmenden ergänzten in der Regel Einkünfte aus Hausspinnerei und außerhäuslicher Lohnarbeit das Budget einer familiaren Mischökonomie. In einigen Heidesiedlungen schien dies zunächst hinreichend zu gelingen, sogar relativer Wohlstand konnte erreicht werden – z. B. wird Haustenbeck 1788 als ein „Dorf, in welchem Wohlstand aus allen Häusern hervorblickt" beschrieben (zit. n. WEHRMANN 1979: 21). Andere Ortschaften hingegen, wie etwa Augustdorf, Hövelhof oder Friedrichsdorf, vegetierten in den ersten Jahrzehnten ihrer Existenz mehr schlecht als recht dahin, die Bewohner litten unter Hunger und Krankheiten und „Heuerlingsselbstmorde waren an der Tagesordnung" (VORMBROCK 1951: 94). Während in der ravensbergischen Dorfschaft Senne II im Jahr 1721 noch 35 Pferde verzeichnet waren, so klagte man hier im Jahr 1835 darüber, nicht einmal mehr ein einziges Pferd zu haben, welches den Totenwagen zum Friedhof hinauf ziehen könnte (vgl. KOCH u. STRATMANN 1999: 172f). Als unter den Bewohnern des erst 1786 in der rietbergischen Senne angesiedelten Friedrichsdorf „das kalte Fieber" herrschte, verwendete man als Hausmittel „kleingehackte Backsteine mit Branntwein oder Spinnen mit viel Brandwein" (RICHTER 1928: 184). Leider gibt der hier zitierte Gütersloher Studienrat Richter in seiner „Geschichte des Kreises Wiedenbrück" nicht den älteren Bericht an, auf den er sich beruft; dennoch vermag das gegebene Bild, „kleingehackte Backsteine" oder „Spinnen mit viel Branntwein" zu schlucken, zumindest metaphorisch eine Vorstellung von den Lebensumständen der ärmsten Landbevölkerung zu vermitteln, die besonders in der ersten Hälfte des 19. Jahrhunderts unter Epidemien des „kalten Fiebers", der Malaria, litt.

Zur paderbornischen Sennesiedlung Hövelhof heißt es beim gleichen Autor: „Das Jahr 1827 brachte viel Elend über Hövelhof und Umgebung durch ein unbekanntes Fieber, das als Hövelhofer Krankheit damals großes Aufsehen erregt hat" (RICHTER 1928: 192). Die hier als „Hövelhofer Krankheit" angesprochene epidemische Malaria, zeitgenössisch auch Wechselfieber oder Nervenfieber genannt, brachte der Senne 1827 eine medizinwissenschaftliche Aufmerksamkeit als beispielhafte Armutsregion. Josef Hermann Schmidt, in Paderborn geborener Arzt und Epidemiologe, erforschte in diesem Jahr im Auftrag der Mindener Regierung eine in den Sennedörfern Hövelhof und Stukenbrock ausgebrochene Fieberepidemie. Das zu den üblichen Krankheiten der Unterschichten zählende Wechselfieber erfasste normalerweise als gewöhnliches Frühjahrs- und Herbstfieber in etwa ein Zehntel der lokalen Bevölkerung im Bereich der sumpfigen Niederungen der Feuchtsenne; die 1827 als Sommerfieber auftretende Epidemie allerdings war etwas Besonderes und Anlass genug, von Regierungsseite einen Arzt zu entsenden (vgl. GUDERMANN 2001: 140). Der damals erst 23-jährige Schmidt behandelte etwa 820 Personen, die an dieser vermutlich von so genannten ‚Hollandgängern' (saisonal wandernde Lohnarbeiter) eingeschleppten Malariaform litten, und veröffentlichte hierzu einen 200 Seiten starken Forschungsbericht, welcher als „monumentales Werk" (ebd.: 144) zum Grundstein seiner späteren Karriere als einer der einflussreichsten Ärzte Preußens wurde.[75] Nach damaligem allgemeinen und auch Schmidts Verständnis verbreitete sich das Fieber keineswegs von Mensch zu Mensch, noch erklärte man die Ansteckung mittels Blutübertragung durch Insektenstiche, sondern konstruierte so genannte „Miasmen", die dem „unsauberen" Wasser und Boden der vernässten Moorbereiche der Gegend entweichen würden:

> „Aus dem Moorboden entbindet sich im Sommer, besonders gegen Morgen, ein faulig stinkender, die Luft verpestender Nebel, welcher besonders dem Fremden auffallend und unerträglich, alle Eigenschaften enthält, die myasmatische Infection eben so gut durch die Lungen der Athmenden einzuführen, als das faulige [...] Wasser in den Körper der Trinkenden Unheil hineinbringt" (SCHMIDT 1830: 143).

Schmidt sah auf der einen Seite eine generelle Korrelation zwischen Landschaft und Krankheit – wie die Schwindsucht als eine Krankheit der Berge galt, so erschien ihm das Wechselfieber als eine Krankheit der Sumpfgegenden. Freilich stand die Epidemie mit den Feuchtgebieten tatsächlich in kausaler Beziehung, allerdings kannte und erkannte Schmidt die wahre Ursache für die rasche Verbreitung der Malaria, nämlich die Übertragung von Blut zu Blut durch Millionen von Mücken, dabei noch nicht.[76] Auf der anderen Seite hat der junge Arzt aber auch Korrelationen zwischen der Krankheit und sozialen Faktoren wie Lebensstandard und Versorgung erkannt: Eine „Hungersnoth im Volke" sei „das beste Fortpflanzungsmittel epidemischer Krankheiten, und der hungrige Organismus verschlingt die Contagien und Miasmen am begierigsten" (SCHMIDT 1830: 178).

---

75 SCHMIDT, Josef Hermann: *Gutachterlicher Bericht an das Königlich Preußische Hohe Ministerium der Geistlichen-, Unterrichts- und Medicinalangelegenheiten und die Königliche Hochlöbliche Regierung zu Minden über das Europäische Sommerfieber mit Besonderer Bezugnahme auf die Epidemie, welche im Jahre 1827 in den flachen Moorgegenden des Kreises Paderborn geherrscht hat.* Paderborn und Arnsberg 1830. – Schmidt stieg später zum Professor und preußischen Medizinalrat auf. – Vgl. dazu auch Rita GUDERMANN (2000 u. 2001), die in ihrer Dissertation dieses Fallbeispiel eingehend behandelt und einen Aufsatz unter dem Titel „Miasmen und Meliorationen. Die Debatte über die Not der Spinner in der Senne 1830–1880" veröffentlichte.

76 Noch 1936 wird in einem „Unter der Geißel des Seuchentodes" betitelten Aufsatz des Hövelhofer Lehrers Franz Flottmeyer die Ursache für die Wechselfieberepidemie eins zu eins aus der miasmischen Theorie des 19. Jahrhunderts übernommen: Aus „stehendem Wasser" seien demnach die „Fieberkeime aufgestiegen" (FLOTTMEYER 1936: 22).

Aus den Aussagen älterer Einheimischer, dass endemische[77] Wechselfieber überhaupt erst seit 30 Jahren auftreten würden, folgerte Schmidt, dass erst jüngere Landschaftsveränderungen den „fauligen" Sumpf mit „bösartigen Miasmen" in dieser Form hatten entstehen lassen: Erst nachdem man Bäche zu Mühlen umgeleitet habe, seien ehemalige Fischteiche, die zuvor von frischem Wasser gespeist wurden, eingetrocknet und so zu fauligem Morast geworden (vgl. GUDERMANN 2001: 143). Als Gegenmaßnahmen wurden einige kleinere stehende Gewässer in der Nähe der betroffenen Dörfer zugeworfen, in den Hövelhofer Forst wurden Schneisen zur Frischluftzufuhr geschlagen („die sogenannte Gesundheitsallee", FLOTTMEYER 1936: 22) und man entfernte ein Stauwerk, welches einen Bacharm trockengelegt hatte; weitergehende, umfangreichere Meliorationen, wie Schmidt sie zur Prophylaxe der Sumpfkrankheiten angeregt hatte, fanden aber nicht statt. Noch 1877 trat in Hövelhof und Stukenbrock das Wechselfieber endemisch auf, und selbst zu Anfang des 20. Jahrhunderts konnte im Blut von Angehörigen der Senner Bevölkerung noch Malaria nachgewiesen werden. Doch warum waren die Menschen, die jetzt in stetig steigender Anzahl die unwirtlichen Gebiete der Trocken- und Feuchtsenne besiedelten, überhaupt hierher gekommen?

> „Es waren durchweg Menschen, die ‚nichts Eigenes hatten', Einlieger auf fremden Höfen, nachgeborene Söhne, die nach lippischem Erbrecht auf dem Hofe des Bruders oft ein bitteres Knechtdasein führen mußten, Familien, die manchmal all ihr Hab und Gut in einem kleinen, zweirädrigen Karren mit sich führten. Sie hofften Freiheit und Eigentum zu erwerben" (COPEI 1935a: 23).

Ausgangspunkt dieser Entwicklung ist zunächst ein allgemeiner Bevölkerungszuwachs in den umliegenden, schon lange kultivierten und besiedelten Regionen; für das Land Lippe ergab sich beispielsweise für die Jahre 1788 bis 1835 ein Steigerungswert von etwa 70%.[78] Dieser Bevölkerungszuwachs konnte von den alten agrarökonomischen Systemen nicht mehr hinreichend aufgefangen werden, zumal er in erster Linie die Landarmen betraf. Das in Lippe gültige Anerbenrecht ließ eine Realteilung von Hofstellen nicht zu, in den anderen Regionen wurden Höfe und Nutzland oftmals so lange geteilt, bis der Ertrag zur Subsistenz der Dritt- und Viertgeborenen bei weitem nicht mehr ausreichen konnte. Die noch als Gemeinheiten verbliebenen Markenwälder, Heiden und Ödländereien auf zuvor gemiedenen schlechteren Böden wurden jetzt mit unzähligen Kleinkötterstellen besiedelt und Ackerflächen auf neu angelegten Kämpen urbar gemacht; für viele Landlose blieb dennoch kaum Platz mehr. „Die Schicht der Kleinstellenbesitzer, die höchstens ein paar Hektar Land ihr eigen nennen konnten, und der Einlieger, also insgesamt der Bevölkerungsgruppe, deren wirtschaftliche Existenz nicht mehr auf der Landwirtschaft basieren konnte, war in der ersten Hälfte des 19. Jahrhunderts schon weitaus größer als die der eigentlichen Bauern" (TEGTMEIER-BREIT 1998: 54).

Vor diesem Hintergrund waren viele Menschen aus ländlichen Unterschichten der umliegenden Regionen der sich bietenden Möglichkeit gefolgt, etwas eigenen Grund und Boden im bisherigen Niemandsland der Senne unter den Pflug zu nehmen. Kleine und kleinste Kötterstellen entstanden; KOCH u. STRATMANN (1999: 125) meinen, dass man „lange suchen und wahrscheinlich nicht einmal fündig werden" würde, um „in anderen westfälischen Gegenden so viele Nebenkotten und Heuerlingshäuser zu finden wie gerade im Senneraum". Ihre Anzahl stand in keinem rentablen Verhältnis zu den wenigen älteren und neueren Höfen mit ohnehin geringer Betriebsgröße. Die Senne galt als ein Freiraum, in dem auch die nicht legale Ansiedlung und Nutzung von der Obrigkeit toleriert wurde; schließlich hatte diese so in den konsolidierten Altsiedelräumen ihrer Herrschaft einige lästige Probleme weniger. So betrug das Bevölkerungswachstum in den lippischen Sennebauernschaften zwischen 1776 und 1835 im Mittel 143% und die Einwohnerdichte stieg von 16 auf 40 Einwohner pro Quadratkilometer – ein immer noch geringer Wert, wenn man bedenkt, dass auf der gegenüberliegenden Seite des Osnings, im nordwestlippischen Flachland, die Bevölkerungsdichtewerte von 64 auf 122 gestiegen waren.[79] Hier wie dort mussten die Neusiedler, Einlieger und Kötter, die Landwirtschaft nicht im Vollerwerb betreiben konnten, nebengewerblich Auskommen finden; das nebengewerbliche Spinnen und Weben wurde zur wichtigsten Einkommensgrundlage für nahezu 90%[80] der Bevölkerung, zudem wurde saisonaler Wander- und Lohnarbeit nachgegangen.

Als seit Mitte der 1830er Jahre (anlässlich der Entwicklung der maschinellen Leinenherstellung und des Importes billiger Baumwolle aus Übersee) mit dem ökonomischen Einbruch der Hausspinnerei und Hausweberei auch dieser Strohhalm einknickte, ergriff „unvorstellbare Not die gesamten Sennedörfer", zudem herrschte „Wassermangel und Krankheit, geringe Erträge und Enge ließen die Siedlungen dahinsiechen" (SCHNEIDER 1952: 34).

77 Als *endemisch* bez. man auf ein Gebiet beschränkte, häufig auftretende Krankheitsfälle.

78 Vgl. ARNDT, Johannes: *Das Fürstentum Lippe im Zeitalter der Französischen Revolution* 1770–1820. Münster/New York 1992: 239.

79 Vgl. STEINBACH, Peter: *Der Eintritt Lippes in das Industriezeitalter. Sozialstruktur und Industrialisierung des Fürstentums Lippe im 19. Jahrhundert.* Lemgo 1976: 172.

80 Der Wert von 90% gilt nach TEGTMEIER-BREIT (1998: 54) für ganz Lippe. In der Senne allein wird der Wert gegen 100% laufen.

Während in früheren Zeiten Armut eher als singuläre Erscheinung wahrgenommen wurde, so wurden jetzt unübersehbar breite Bevölkerungsschichten davon betroffen. Die strukturellen ökonomischen und sozialen Krisen der ersten Hälfte des 19. Jahrhunderts bezeichnet der Begriff ‚Paupertismus'; diese Zeit der Agrarkrisen, der Missernten und der Kartoffelfäule, kombiniert mit dem Niedergang des vorindustriellen Textilgewerbes zugunsten frühindustrieller Strukturen, traf die ohnehin Ärmsten in der Senne besonders hart. Zeitgenössische Berichte über die regionalen Lebensverhältnisse in der Mitte des 19. Jahrhunderts zeichnen dementsprechend ein düsteres Bild der Senne. Einen dieser Berichte, ein auch überregional wahrgenommenes Beispiel frühsozialistischer Opposition, stellen Georg Weerths Mitteilungen über „Die Armen in der Senne" dar.[81] Der 1822 geborene Sohn eines Detmolder Generalsuperintendenten hatte seine sozialkritische, reportagenartige Skizze während eines Englandaufenthaltes angesichts der Arbeiter- und Armenviertel der mittelenglischen Industriestadt Bradford zwischen 1843 und 1844 verfasst und hierzu bemerkt:

> „Wir schreiben dies in einer Fabrikstadt Englands, in einem ächt chartesischen Loch, in dem Armuth und Unheil zu Hause ist; man hat uns manche Sachen erzählt, die das Herz beben machen können, aber Geschichten, wie die erzählte aus der lieben Heimath, sind doch auch des Schauderns werth" (WEERTH 1845: 271).

Weerth beschreibt die Armutsregion seiner „lieben Heimath" als „jene Wüste, [...] die jetzt wohl die unglücklichsten Bewohner des einst so gewaltigen Westphalens bevölkern" (ebd.: 266). Clemens HESELHAUS (1974: 188) versteht Weerths Rede von der „lieben Heimath" als eine satirische Bemerkung auf all jene, die soziales Elend nur im frühindustriellen England vermuten, und weniger im soeben von Ferdinand Freiligrath und Levin Schücking als „malerisch und romantisch" entdeckten Westfalen. Eine anschauliche Beschreibung der elenden Lebensumstände der Sennebewohner geben die folgenden Passagen aus Weerths Text:

---

81 Der Text von Georg Weerth erschien zuerst im von Hermann Püttmann in Darmstadt herausgegebenen *„Deutschen Bürgerbuch für 1845"*; dieser schon nach kurzer Zeit in Preußen verbotene Band gehört zu den bedeutendsten literarischen Dokumenten des Frühsozialismus in Deutschland. Er vereint die Arbeiten zahlreicher Autoren, die in den folgenden Jahren Repräsentanten unterschiedlicher sozialistischer Gruppierungen wurden, so u.a. Friedrich Engels, der auch zum Bekanntenkreis Weerths zählte. Zur Interpretation und literaturwissenschaftlichen Einordnung von Weerths Text vgl.: NIEMEYER, Helmut: Aus der lieben Heimat. Georg Weerths „Die Armen in der Senne". Versuch, eine versäumte Lexikon nachzuholen. In: Freund u. Hellfaier (Hrsg.): *Grabbe-Jahrbuch*. Emsdetten 1984.

„Hier und dort, wo der Sand fester und feuchter ist, sieht man Buchwaizen und Hafer in dunnen Halmen aufschießen; gleich daneben, hinter einem Zaun, aus Birken geflochten, weidet eine magre buntgefleckte Kuh, wohl die einzige Trösterin des Bauers, der nicht weit davon aus Lehm und Baumzweigen seine niedrige Hütte aufgeschlagen hat. Treten wir an die Thür derselben, so schlägt uns ein dichter Rauch entgegen, denn für einen Schornstein hat man nicht gesorgt. Ist im Winter der Herd erloschen, da muß der in der Hütte zurückgebliebene Rauch und Dunst noch wärmen. Gehen wir vorüber, da laufen uns einige zerlumpte Kinder nach; sie halten die Hände gefalten und murmeln eine Sprache welche niemand versteht. [...] Der Vorrath von Kartoffeln geht bald zuende; durch die schlechte Witterung, welche die Lehmwände der Hütten naß und feucht macht, brechen Krankheiten ins Haus herein; - mehrere Glieder der Familie liegen schon, die Alten an der Gicht, bei Jungen am Nervenfiber darnieder. [...] Sechs Kinder kauerten halb nackt am Feuer und im Winkel der Stube lag auf hartem Strohlager der alte Vater, krummgezogen von der Gicht, von den fürchterlichsten Schmerzen geplagt, – der weinend seine Knie umfaßte und ihn bat, nicht davon zu gehen“ (WEERTH 1845: 267f).

Erich KITTEL (1978: 216f) bemerkt, dass man bezüglich des Tatsachengehaltes von Weerths „herzbewegenden Erzählungen“ über die Verhältnisse in der lippischen Senne „wohl einige literarische Abstriche zu machen“ habe; zugleich weist er aber darauf hin, dass die Schilderungen inhaltliche Entsprechungen in annähernd gleichzeitigen Erhebungen über die nördliche, Bielefeld zugewandte Senne haben. So in Carl Hermann Bitters „Bericht über den Nothstand in der Senne“ von 1853 und in Hermann Lünings Sozialstudie über „Die Lage der Weber und Spinner im Ravensbergischen“, die er im Dezemberheft des Jahres 1845 in der Monatsschrift „Das westphälische Dampfboot“ veröffentlichte (LÜNING 1845). Ähnlich wie Weerth geht es auch Lüning darum, den – wie er ihn ironisch nennt – „zarten Naturfreund“ darüber aufzuklären, dass die zeitgleich aufkommende romantische Sicht auf die Landschaft viel Not und Elend verkennt. Über die Senne schreibt er:

„Vor allen Dingen aber hüte dich auf deinen Streifereien durchs Land zu weit vom Wege abzuschweifen und in die Hütten einzutreten, du würdest hier oft genug Scenen finden, die sich zwar in den ‚Mysterès de Paris‘ ganz hübsch lesen lassen, in der Wirklichkeit aber ein fühlendes Herz gar zu unsanft berühren; unter manchem Dache, das dir gestern Abend so freundlich aus den Bäumen entgegen leuchtete, würdest du Bilder des Jammers finden, die dir den ganzen schönen Eindruck, welchen die Landschaft gestern auf dich gemacht, wieder verderben müßten" (LÜNING 1845: 498).

Einige Jahre später, 1853, entstand der ausführliche, in moderner Druckfassung noch über 100 Seiten starke „Bericht über den Nothstand in der Senne" von Carl Hermann Bitter (1813–1885), damals preußischer Regierungsrat in Minden. Bitter erblickt auf seiner Fahrt in die Senne „schon eine Viertelstunde hinter Brackwede" statt „blühenden Fluren" und „lebendigen Dorfschaften" nur mehr „öde Heideflächen auf todtem Sande, hie und da mit dürrem Haidekraut bewachsen, von verkrüppelten Kiefern durchweg entstellt, oft in sumpfige Moorbrüche ausartend, oft auf weite Flächen hin kahl und düster". Er vermisst „Leben bringende Kunststraßen" und findet statt dessen nur „unregelmäßige, schlecht erhaltene Wege", die „nicht ohne Lebensgefahr" zu passieren seien. Bitter erkennt „im Wesentlichen und Großen" einen „Zustand der Oede, der Vernachlässigung, der Zerrissenheit, des Elends" in der Landschaft und statt „zierlicher Landleute" begegnen ihm Gestalten, in deren „äußerem Erscheinen, in den Lumpen ihrer Bekleidung das Bild namenlosen Elends, tiefer Sorge, äußerster Vernachlässigung" erkennbar wird (BITTER 1853: 10f).

Der Bericht des preußischen Regierungsrates stellt eine für die Mitte des 19. Jahrhunderts ganz typische Kritik eines Agrarreformers dar, der den Grund für die Krise eher in den alten Verhältnissen sucht, als dass er diese auch als Folgeerscheinung modernisierender Umwälzungen erkennt. Bitter deutet eine Ansicht an, die „in dem Paupertismus des 18. und beginnenden 19. Jahrhunderts nicht eine Folge der industriellen Revolution, sondern der rückständigen Agrarwirtschaft sieht" (ENGEL 1966: 4). Solche zeitgenössischen Berichte sind heute insofern kritisch zu lesen, als dass sie tendenziell einseitig an modernisierungsoptimistischen Interessen orientiert sind und jenen Euphemismus, der noch im 17. und 18. Jahrhundert administrative Landschaftsbeschreibungen charakterisierte, in sein Gegenteil umkehren. Dementsprechend müssen die Schilderungen ‚schlimmer Not' und ‚großen Elends' nicht immer darauf hinweisen, dass tatsächlich der Großteil der Bevölkerung *unglücklich* in ihrem Dasein als Heidebewohner lebte. Hier und da, so muss relativierend bedacht werden, gab es womöglich Unterschiede zwischen der Selbstwahrnehmung Beschriebener und der Fremdwahrnehmung Beschreibender, da letztere ein bestimmtes weltanschauliches und ökonomisches Interesse mit ihrer Beschreibung verbanden.

Aber obgleich dieser Relativierung bleibt zu konstatieren: Die Bewohner der Senne waren tatsächlich mehrheitlich sehr arm und in exorbitanten Krisenzeiten wie den 1840er Jahren verfielen viele blankem Elend. Carl

Hermann Bitter beginnt seine eindringlichen Schilderungen mit einer Aufforderung eben das zu tun, wovor Hermann Lüning den herumstreifenden Naturfreund noch gewarnt hatte: „Man trete in die Hütten hinein!" Er zeichnet düstere Bilder zur Beschreibung der Zustände; in halb verfallenen, verrauchten und feucht-schimmligen Hütten und Kotten drängen sich hungernde, fieberfröstelnde Menschen: „Ich habe in der Bauernschaft Liemke eine solche Hütte besucht, in der 5 Familien mit etwa 20 Kindern ihren Wohnsitz aufgeschlagen hatten" (Bitter 1853: 13). Bitters Schilderungen der elenden Lebensverhältnisse werden Jahre später als verkürzter poetischer Umguss in Margarete Windhorsts Gedicht „Altes Senneland" wieder auftauchen.[82] Die Ernährungsweise der „zerlumpten Jammergestalten" (ebd.: 11) testet Bitter bei einer Einladung zum Mittagsmahl und schildert sie in einer Fußnote:

> „Bei meiner Anwesenheit in Sende, am 15. Juni, vermochte ich nicht den Ekel zu überwinden, den Unreinlichkeit und Schmutz in den Speisen rechtfertigen und kostete von dem Mittagsmahle einer solchen Familie, welches aus einem Brei bestand, der von grünen Kartoffelblättern, einigen alten Bohnen und wenigem Braunkohl mit etwas Salz, ganz ohne Fett, bereitet war. Man möge sich den Geschmack dieser Elenden kraftlosen Speise denken. Fett kennen diese Leute nicht. Kaum daß sie mitunter ein Stückchen von einem Talglicht benutzen, um ihren Speisen einige Bindung zu geben. Kartoffeln und Brod sind im größeren Theile des Jahres fast unbekannt" (Bitter 1853: 11).

Bitter notiert, dass jährlich über 6.000 bettelnde Sennebewohner an den Gutshäusern in Nieder-Barkhausen und Schloß Holte „sich einige Nahrung aus den Küchen der dortigen Herrschaft holen" (ebd.: 16). Er stellt sich die Frage, „woher diese starke Bevölkerung in dieser trostlosen Gegend entstanden, wie sie sich bisher ernährt, ob sie früher in besseren Verhältnis-

---

82 Aus dem Gedicht „Altes Senneland" von Margarete Windthorst, 1922: „Fensterlose Hütten stehen wetterschief, // Sechs Meter in der Breite, sechs Fuß tief, // Drinnen Mann und Weib und der Kinder hungrige sechs, // Keine Kartoffel im Felde, nur Rübengewächs, // Keine Kuh im Stall, // Und auf das Lager eines Siechen wetternachts der Tropfenfall. // // Drüben auch // Kräuselt kein Herdfeuer überm Dache den bläulichen Rauch, // Keine grünende Flur ringsum, nur verdorrte Felderfrucht, // Aber der Hunger, Hunger zwingt sie nicht zur Bucht, // Und die Kinder drängt es, halten sich weinend geschmiegt // An der Mutter Brust, die längst im Quelle versiegt. // // [...] // // Und der Mann wirft manchmal ein Wort hinein: // Hunger muß sein. // Arbeit und doch ein hartes Brot. // Und mit dem Siechtum wird's besser nach dem Tod. // Senne, Senne ist doch heiliges Heimatland, // Und der Herrgott hält uns alle, alle in der Hand."

sen gewesen sei" (ebd.: 20). Als Antwort identifiziert er u. a. einen vorherrschenden „Trieb zur Selbständigkeit", der sich, in kausaler Verbindung mit einem überhöhten Kinderreichtum, bei den Angehörigen der Unterschichten im Verlauf des vergangenen Jahrhunderts herausgebildet habe: Zwar habe das Spinnrad als Nebenerwerb stets nur zur dürftigen Ernährung der Einliegerfamilien beigetragen, „aber es ernährte doch" und „ein großer Kindersegen war hierin ein Vortheil" (ebd.: 23).

> „Der früher so leichte und gute Erwerb und die Möglichkeit der Etablierung mit geringen Mitteln rief natürlicher Weise jene viele neuen Ansiedlungen hervor. [...] Wer ein Spinnrad bezahlen konnte, glaubte sich ernähren zu können, und trug kein Bedenken, eine Familie zu begründen" (ebd.: 37).

Bitter stellt fest, dass „dieses unnatürliche ländliche Proletariat" sich dann seit 1820 mehrheitlich „nur in Sorgen und Noth bewegt" habe, da es kaum im Stande gewesen sei, „selbst bei guten Garnpreisen durch angestrengten Fleiß so viel zu erübrigen, als der augenblickliche Lebensbedarf erforderte" (ebd.: 31). Er lehnt es ab, die Gründe für die Verschlechterung der Situation der Hausspinnerfamilien in überregionalen ökonomischen Bedingungen und im technologischen Fortschritt zu suchen, also im Niedergang der Handspinnerei zugunsten der industriellen Fertigung; diese Sicht der Dinge ist ihm zwar bekannt, gleichwohl stellt er sie nur ironisierend dar:

> „Jetzt ist es das aus England den Continent überfluthende Maschinengarn, das irische Leinen, [...] vor dreißig Jahren, als die Spinnmaschinen noch nicht erfunden waren, schrieb man dieselbe Beobachtung dem Ueberhandnehmen der Baumwollen-Industrie zu. Der Mangel an Schutzzöllen ebenso sehr als die Prohibitiv-Gesetze anderer Nationen wurden beklagt und als Veranlassung zunehmender Verarmung betrachtet" (ebd.: 31 f).

Die aus seiner Sicht wahren Gründe für die Verelendung der Senner Landbevölkerung sieht er vielmehr als hausgemacht an; sie seien im eigenen rückständigen System begründet, im Besonderen in der Kombination von unbedachter Bevölkerungsvermehrung mit unzureichend sorgsamer und rationaler Landnutzung:

> „Indeß liegt der Grund ihres Elends nicht, wie bisher stets angenommen und beklagt worden ist, allein darin, daß die Handspinnerei aufgehört hat ein genügender Broderwerb zu sein, sondern

> vorzugsweise mit in der 1. übermäßigen Vermehrung der Familien-Etablissements und der neuen Ansiedlungen, 2. dem zunehmenden Verfall der bäuerlichen Wirthschaften, und 3. dem hierdurch bedingten Zurückgehen der Landes-Kulthur" (ebd.: 41).

Zum Aspekt der übermäßigen Vermehrung von Heuerlingsfamilien in den Sennedorfschaften bemerkt Bitter, dass ihm auf seine Frage, warum man behördlicherseits solchen wilden Ansiedlungen nicht entgegengewirkt habe, stets entgegnet wurde: „Wo hätten die Familien sich denn sonst niederlassen sollen?" Diese Gegenfrage stößt bei dem preußischen Beamten auf Unverständnis und bringt ihn geradezu auf die Palme:

> „Diese Frage, in welcher die Beschränktheit derjenigen Anschauungen sich abspiegelt, welche in der ganzen Gegend herrschen, bedarf einer Beleuchtung nicht. Die Antwort darauf kann einfach nur dahin gehen, daß sie sich eben nicht niedergelassen, keine Familie gebildet und dadurch dem Staat und der Gegend die traurigen Erfahrungen erspart haben würden, welche jene leichtfertigen Ansiedlungen hervorgerufen haben" (ebd.: 42).

Obwohl der Regierungsrat den Sennebewohnern, jedenfalls mit Bezug auf die häusliche Handspinnerei, die positiven Eigenschaften des Arbeitsfleißes und des Maßvollen zugesteht („Zu allen Zeiten sind die Bewohner der Senne wie noch heute arbeitsam und mäßig gewesen", ebd.: 37), so weist er ihnen doch letztlich selbst die Schuld an ihrer Situation zu: Sie hätten halt nicht kommen dürfen, sich nicht vermehren dürfen, sich nicht verschulden dürfen, kurz: sie selbst verantworteten jetzt ihr schweres Los. Bitter vermisst eine „geordnete und intelligente Wirtschaftsführung" und beklagt die schlechte Lebensführung als eine wesentliche Quelle des Übels: „Nachlässigkeit, Liederlichkeit, Spiel und Trunk wirken zum Verderben der Gegend eben so nachtheilig ein als der wirkliche Mangel an Einsicht und der fehlende Wille zum Fortschreiten" (ebd.: 47f). Die unzureichende agrarische Kultivierung der Landschaft aber, ob nun als Folge oder Begründung der menschlichen Not, ist der Hauptaspekt von Bitters Kritik. Zu viel unbebautes Land sieht er, zu wenig Acker-, Wiesen- und Forstkultur, zu unmodern und uneffektiv ist in seiner Sicht die Ausnutzung der Ressourcen. Überdies ist auch er der damals üblichen, vom Mediziner Josef Hermann Schmidt 1830 ausführlich erläuterten Ansicht, „die vernachlässigte Kultur" erzeuge „jene bösartigen Miasmen, welche die Bewohner jener Ortschaften in großen Massen durch endlose Fieber zur Wassersucht oder zur Abzehrung durch beides einem frühen Tode" zuführe (ebd.: 19f).

Im Anschluss an seine kritische Bestandsaufnahme macht Bitter ausführliche Vorschläge zu einer umfassenden Neuorganisation der Landeskultur. Wie schon Schmidt ein Vierteljahrhundert zuvor sieht Bitter in einer konsequenten Modernisierung der Landschaft den Schlüssel zur Armutsbekämpfung. Sein Menschenbild jedoch ist nicht mit dem Schmidts deckungsgleich und sein Blick auf die Armen – dem Geist seiner Zeit gemäß – ein anderer. Wo Schmidt noch den Staat zur schnellen und unbürokratischen Vergabe von materiellen Hilfsgütern und Nahrungsmitteln an die verarmte Bevölkerung aufforderte, bietet Bitter den in seinen Augen quasi selbst verantwortlichen Sennebewohnern jetzt Hilfe zur Selbsthilfe an. Auch der Blick auf die Landschaft hat sich verändert: Schmidts fauliger Sumpf, in dem die Armen hausten, erscheint dem aufgeklärten preußischen Beamten Carl Hermann Bitter nicht mehr in erster Linie als der gesundheitsgefährdende Miasmen-Produzent, sondern „als Goldgrube, von der nur der richtige Gebrauch gemacht werden musste, damit sie ihren wahren Wert zeigen konnte" (GUDERMANN 2001: 151). Ein letztes Zitat aus Bitters Bericht über den Notstand in der Senne zeigt noch einmal den Regierungsrat als typischen Modernisierer und Agrarreformer seiner Zeit, der weder akzeptieren noch verstehen mag, dass Menschen im Gewohnten verhaftet bleiben *wollen* und ein Leben in solchen Strukturen selbst *wählen*, die auch Armut bedingen:

> „Es würde aber [...] thörigt sein, die Ursachen des allgemeinen Verfalls der Gegend der Überbevölkerung zuzuschreiben, da in der bezeichneten Gegend noch so viel, wenn auch nur in bedingter Weise kulturfähige Grundstücke ertraglos und wüst liegen. Die *Productionskraft der Natur* ist selbst in diesen öden und traurigen Gegenden noch bei weitem nicht erschöpft. Sie bietet in großen Flächen der menschlichen Thätigkeit ein reiches Feld der Bearbeitung dar, sie weist mit freundlicher Hand die Wege, auf denen jenem Elende, jener Noth Abhülfe zu schaffen ist. *Aber der Mensch regt sich nicht.* Um ihn herum wächst der Jammer und die Noth. Das Elend dringt über seine Schwelle und und schaut ihn mit bleichem Drohen an. Er erschrickt vor ihm, aber er regt sich nicht. Jenseits seiner Grenzen brausen auf eisernem Schienen-Wege, ein Triumph der Civilisation und Kultur, nach allen Seiten hin die Erzeugnisse des Handels, des Gewerbsfleißes, der Landwirtschaft vorüber. Er sieht hin und verkauft sein Stroh und schält seiner Haide die schwache Narbe fruchtbaren Bodens ab. Was seine Väter thaten, das will auch er thun, ein Mehreres nicht. So ist *Er* nicht Schuld an seiner Noth, sondern die Maschinen Irlands haben dieselbe hervorgebracht. *Er*

> kann sich nicht helfen, denn er müßte mit neuem Leben in die veränderte Wirtschaft eingreifen. Aber der Staat soll die Maschinen verbieten, damit er sich nicht zu rühren brauche" (BITTER 1853: 49; Hv. original).

Obwohl sich insgesamt ein breiter öffentlicher Konsens formierte, dass Landeskulturmaßnahmen im Interesse des Allgemeinwohls lägen und also zu den ständigen Aufgaben des Staates zu zählen seien, wurden sie in der Senne nur im geringen Maße umgesetzt. Andere Regionen, wie etwa die südwestlich der Senne liegende Boker Heide, in der in den 1850er Jahren eine großangelegte Entwässerungs- und Meliorationsmaßnahme in die Tat umgesetzt wurde, bekamen den Vorzug. Die Hoffnung, dass die notleidende Bevölkerung der Senne wenigstens mittelbar vom Boker Kanal profitieren würde, indem ihr kurzfristig Tagelohnstellen bei den Erdarbeiten zuteil würden, ging nicht in Erfüllung: Die Bewerber aus der Senne wurden aufgrund der Malariaepidemien und anderer Krankheiten „durchweg für zu schwach befunden und für die harte Arbeit für untauglich erklärt" (GUDERMANN 2001: 147). In den Folgejahren blieb den Sennebewohnern nichts anderes übrig, als sich tatsächlich selbst zu helfen: „Während ein Teil der Armen in die entstehenden Industriezentren um Bielefeld oder nach Übersee abwanderte, fanden die übriggebliebenen ein hart erarbeitetes Auskommen in der Landwirtschaft, wo sie, in eigener Regie und ohne die Unterstützung großangelegter staatlicher Meloriationsprojekte, durch mühselige Arbeit Sumpf- und Heideboden zu Wiesen und Ackerland verwandelten" (GUDERMANN 2001: 153).

Eine Reaktion auf die zunehmende Verschlechterung der Lebensverhältnisse der bevölkerungsstarken Unterschichten waren bekanntlich die Märzunruhen von 1848. Nun könnte man annehmen, dass die ärmsten der Armen auch die unzufriedensten der Unzufriedenen gewesen wären und in der Folge am heftigsten aufbegehrt hätten; aber dies wäre freilich kurzschlüssig gedacht, denn Protest oder gar Revolution setzen zunächst Bewusstseinsbildung und Organisationsstruktur voraus, daher konzentrierte sich die Revolte eher auf die zentralen Orte und nicht etwa auf die abgelegene Peripherie, wenngleich auch hier die Not am größten war. Über „den Senner" hatte der Lehrer und Monarchist P. Schmidt im Jahre 1902 ohnehin geurteilt, dass ihm „von jeher Königstreue und starker religiöser Sinn eigen sind" und ihm „eine Auflehnung gegen den Staat verhasst ist, weswegen Sozialdemokraten nicht geduldet werden" (SCHMIDT 1902: 23). Dennoch gab es auch in der Senne einen Vorfall, der im Kontext der 1848er Märztage steht: Auf „Schwienerts Hof" in Sende versammelten sich am 24. März rund tausend Sennebauern, um unter Androhung von Gewalt wirtschaftliche

Entlastungen (Nachlass der Heimfallrente, Herabsetzungen der Naturalablieferungen, Ermäßigung der Geldrente, Befreiung von der eingeschränkten Waldberechtigung) gegenüber dem Grundbesitzer und Gutsherrn Tenge durchzusetzen; nachzulesen sind Feinheiten dieser Episode der Senner Revolutionsgeschichte – die allerdings nicht von Erfolg gekrönt war – beim Heimathistoriker Franz STRATMANN (1965). Obwohl es sich bei der Versammlung auf Schwienerts Hof um ein singuläres, insgesamt wenig bedeutsames Ereignis handelte, wird im Kontext der regionalhistorischen Beschäftigung mit den 1848er Märztagen beispielhaft auf die Senne und die Lebensverhältnisse ihrer Bewohner Bezug genommen: Im zum 150. Jubiläumsjahr erschienenen Band „Lippe 1848 – Von der demokratischen Manier eine Bittschrift zu überreichen" wird die Region als Paradebeispiel für soziales Elend in Lippe behandelt, indem ausführlich Bezug auf Georg Weerths Sennetext genommen wird (vgl. PILZER u. TEGTMEIER-BREIT 1998).

Auch wenn das ausgehende 19. Jahrhundert die paupertistischen Krisenjahre allmählich überwinden konnte und wirksame Verbesserungen der allgemeinen Lebensverhältnisse auch auf dem Lande mit sich brachte – so vor allem über die medizinische Versorgung, den Ausbau der Infrastruktur (Anbindung an industrialisierte Zentren) und die Einführung neuer Landbaumethoden –, so blieb die Senne insgesamt doch weiterhin eine Armutsregion. Menschen, die ihr schmales Auskommen durch allerlei Kleinstgewerbe zu sichern suchten, etwa durch Besenbinden („Der hohe Besenginster, der mit seinen gelben Blüten zwischen dem Heidekraut prangt, liefert den Besenbindern Material"; BOHNENKAMP 1906: 27), Korbflechten und andere typische Tätigkeiten, prägten noch lange das Bild dieser Gegend. Für die Zeit der Jahrhundertwende beschreibt Heinrich Meise in seinen „Erinnerungen an die Senne", dass

> „einfache Leute barfuß oder in Holzschuhen manchmal vor der elterlichen Wohnung [in Bielefeld; RS] Kartoffelkörbe aus Kiefernwurzeln, Birkenbesen und kleine runde Scheuerbürsten aus Heidekraut für den Spülstein zum Kauf um weniges Geld anboten. Wenn der Vater das Geld holte, dann sagte die Mutter: Leg ihnen auch noch Brot dazu, sie kommen aus der Senne" (MEISE 1960: 56).

Die hausierenden Sennebewohner repräsentierten mit ihrem Handelsgut für den jungen Heinrich Meise, der später heimatkundiger Lehrer in der Senne wurde, voll und ganz das, was für ihn – und sicher auch für viele seiner Zeitgenossen – die Senne bedeutete: „Was die Senne zu bieten hatte, konnte ich mir damals wohl denken: Sand, Birken, Kiefern, Heidekraut und Armut" (ebd.: 56).

4.4. Randgruppen in der Randlandschaft

Die Wahrnehmung der Senne als eine geographisch-naturräumliche und territorial-administrative Rand*landschaft* geht einher mit der Wahrnehmung ihrer Bewohner als gesellschaftlicher Rand*gruppe*: „‚Verödete Menschen' haben hier ‚verödeten Boden' nach und nach urbar gemacht", schreibt Wilhelm WILMS (1968: 86) über dieses Phänomen. Auf diesen sozialgeographischen Aspekt des Zusammenhangs von Raum und sozialem Status wurde am Beispiel der Armen in der Senne bereits hingewiesen und er soll noch einmal mit einer zeitgenössischen Quelle aus dem Jahr 1836 belegt werden:

> „Die verhältnismäßig große Zahl der Einliegerfamilien zu Augustdorf schadet daselbst aus dem Grunde, weil es der Mehrzahl dieser Menschenclasse dort an Erwerbsquellen fehlt. [...] Sehr viele unter diesen sind solche, die nach ihrem jetzigen Aufenthaltsorte, bei den früher herrschenden Ansichten über denselben, gewissermaßen verwiesen wurden, weil man sie anderwärts nicht mehr dulden wollte" (MELM 1836: 733).

Nicht nur die „Menschenclasse" der anderswo „nicht mehr geduldeten" Einliegerfamilien und Heideköttter, die im Zuge der inneren Kolonisationswellen nach Krisenzeiten im randständigen Freiraum der Senne siedelten, auch verschiedene andere Personengruppen mit geringem sozialen Status fanden sich hier (und finden sich bis in die Gegenwart) in ganz auffälliger Konzentration. Dabei changierten die Begründungen hierfür jeweils zwischen Vertreibung und Zuflucht, zwischen Repression und Freiwilligkeit und hatten ihre Ursache zumeist in sozialer Not. Die planvolle Externalisierung gesellschaftlicher Randgruppen in den Freiraum der Grenzlandschaft Senne hinein hat, der Einrichtung von allerlei noch anzusprechenden Anstalten und Lagern im 20. Jahrhundert zeitlich vorgeschaltet, eine längere sozialhistorische Vorgeschichte, von der im Folgenden einige Aspekte angesprochen werden sollen.

Wohl eher eine erfundene Geschichte als eine nachweisbare Tatsache ist die Behauptung, dass der lippische Graf Hermann Adolf im Jahre 1659 „eine Anzahl der ihres reformierten Bekenntnisses wegen aus Frankreich vertriebenen Hugenotten ins Land rief" und mit ihrer Hilfe das Sennedorf Haustenbeck gründete (o.V. 1917: 100). Trotz genealogischer Nachforschung einiger ehemaliger Haustenbecker ließ sich diese Annahme nicht nachweisen, dennoch ist allein das Entstehen einer solchen Fehlannahme, die Senne sei auch Zuflucht dieser Randgruppe geworden, vielsagend. Im Allgemeinen ging die Peripherisierung des Senneraumes ging stets einher mit der Marginalisierung der in ihm verortbaren Menschen, und oft war die Wahrnehmung der Sennebewohner dabei verknüpft mit einer pauschalen und latenten Kriminalisierung. Obwohl tatsächlich nur leichtere Delikte wie Holz- oder (sehr viel seltener) Wilddiebstahl im 18. und 19. Jahrhundert aktenkundig wurden, hatte die ganze Region offenbar den Ruf als ein Landstrich, in dem gefährliche Räuberei durchaus keine Ausnahme darstellte und in dem allerlei kriminelle Objekte sich aufhalten würden. Über Friedrichsdorf in der rietbergischen Senne heißt es mit Bezug auf das 18. und frühe 19. Jahrhundert, das Dorf sei „ein Diebesnest" (RICHTER 1928: 184) gewesen, und für dieselbe Zeit stellt Annette Hennigs in ihrer Studie über „Gesellschaft und Mobilität in Lippe" grundsätzlich fest:

> „Die Räuberbanden, die ihre Züge bis ins Lippische hinein durchführten, hielten sich bevorzugt im Sennegebiet und am Harzberg bei Lügde auf. [...] Es handelte sich um Grenzregionen, in denen sich die Räuber im Falle einer Verfolgung sehr schnell in ein anderes Hoheitsgebiet flüchten konnten. [...] Die Senne war bei einer großen Flächenausdehnung dünnbesiedelt, im Notfall stand darüber hinaus der angrenzende Teutoburger Wald als Schlupfloch zur Verfügung. [...] Die Kombination aus naturräumlichen Gegebenheiten und politischen Grenzen erschwerte die Fahndungstätigkeit der zuständigen Behörden erheblich" (HENNIGS 2002: 231).

Tatsächlich können die dünne Siedlungsdichte, die existentiellen Notlagen der hier lebenden oder sich aufhaltenden Menschen und die Grenzen administrativer Zuständigkeit, die von verschiedenen Handelsrouten gekreuzt wurden, theoretisch als günstige Voraussetzungen einer möglichen Häufung räuberischer Überfälle in der Senne angenommen werden. Zumindest in der Wahrnehmung der zeitgenössischen Durchreisenden ließen diese Voraussetzungen die Gegend als gefährlich und unsicher erscheinen. Dagegen spricht eine Quelle aus dem Jahr 1789 aber keineswegs von einer Häufung solcher Vorfälle:

> „In Westfalen, wo es Wälder, Sennen, gemischte Gebiete verschiedene Religionsverwandte, sehr viele Juden und eine große Menge verarmter Bauern gibt, wo es gewiß nur noch einer harten Regierung, nur eines Drucks bedürfe, um Räuberbanden entstehen zu sehen, ist mir bei wiederholten Reisen kein Beispiel eines Straßenraubs erzählt worden. [...] Wilddiebe sind daselbst häufig, so wie in der Senne und in der sogenannten Wüste jenseits Schötmar, aber keine Räuber" (Woldemar Friedrich Graf von SCHMETTOW, in: Hanno-

verisches Magazin von 1789, zit. n. Wehrmann 1979: 18).

Doch wichtiger als die hier nicht beantwortbare Frage nach der tatsächlichen Quantität und Qualität krimineller Delikte ist die Feststellung, dass die Region latent in dieser Weise wahrgenommen wurde. Dabei entstand diese Wahrnehmung zunächst im Blick von außen, von den Zentren her auf die abgelegene Peripherie, wurde aber in der Folge auch von den Sennegemeinden selbst in den heimathistorischen, gleichsam nostalgischen Blick auf die eigene Ortsgeschichte als origineller Aspekt integriert. In Aufsätzen und Ortschroniken wird immer wieder von (immer wieder den selben) Raubüberfällen auf Durchreisende erzählt, ältere Berichte werden abgeschrieben, zitiert und paraphrasiert und somit geradezu ein Mythos von der ehemals ‚gefährlichen Senne' aufrechterhalten. Legendär sind auch die Geschichten über Schmuggler, die im Grenzgebiet der Senne ihrer illegalen Tätigkeit nachgingen; insbesondere für den entlegenen Bartholdskrug nahe der preußisch-lippischen Grenze sind Schmugglergeschichten tradiert (vgl. Hennigs 2002: 245). Hermann Schaefer geht davon aus, dass die Senner Heide auch aufgrund des kriminellen Potentials der sich in dieser Gegend aufhaltenden Personen in früheren Jahrhunderten allgemein gemieden wurde:

> „Ihre vermeintliche Öde, Monotonie und Trostlosigkeit empfand man als nicht geheuer und unheimlich, als Orte der Düsternis und des Schreckens, wo Räuber, Diebe, Zigeuner, Schmuggler und anderes lichtscheues Gesindel einen Unterschlupf fanden. Diese Ansicht war nicht unbegründet" (Schaefer 1966: 17).

Hinweise auf „räuberische Überfälle auf reisende Kaufleute" und „Ausplünderungen einzeln liegender Gehöfte" findet Schaefer zahlreich im Erzählgut der Sennebewohner und sieht sie in der Interpretation verschiedener Orts- und Wegenamen wie „Mordkuhle", „Mordsteine" oder „Diebesweg" bestätigt. Er subsumiert unter „lichtscheuem Gesindel" neben Räubern, Dieben und Schmugglern auch „Zigeuner" und weiß aus nicht näher benannten „alten Berichten" davon, dass man aus den angrenzenden Herrschaftsräumen Lippe, Paderborn, Ravensberg, Rietberg und Kaunitz „die oft als Landplage auftretenden Zigeuner, um sie loszuwerden, in die Senne abdrängte" (ebd.: 17). Wilhelm Wilms erwähnt in seinen Erinnerungen an die Zeit um 1900, dass „die Senne als Dorado für Zigeuner galt" (Wilms 1968: 84). Der Literat Wilhelm Raabe konstruiert für seinen „Schulmeister Michel Haas" eine Erzählwelt des Jahres 1697, die er in der „Einöde und Wildnis" der Senne verortete:

> „Die Senne erstreckt sich weit umher, und die gemeinen Bauern, so darin wohnen, leben einzeln – bald hie, bald da – haben oft gar keine Stuben, sondern liegen beim freien Feuer und sehen aus wie Tartaren (Zigeuner), deren sich auch viele bei ihnen aufhalten" (Raabe 1859, zit. n. Schirrmann 1928: 333).

Hermann Schaefer führt in diesem Zusammenhang auch eine etymologische Deutung des mittelalterlichen Landschaftsnamens „Sinedi" als zigeunersprachliche Bezeichnung für Ödland an:

> „Sprachforscher haben – ob mit Recht oder nicht, sei dahingestellt – auf die Verwandtschaft des Wortes ‚Sinedi' mit dem Ausdruck ‚Sinni' oder ‚Sinnith' hingewiesen, der in der Sprache der ‚Sintis' vorkommt, wie sich die Zigeuner nannten und die als Nomaden keine Wörter für Acker, Pflügen, Säen und Ernten haben und bei denen alles brachliegende Land als ‚Sinni' oder ‚Sinnith' bezeichnet wird" (Schaefer 1966: 18).

Da Sinti und Roma erst mit dem 15. Jahrhundert in Mitteleuropa in Erscheinung traten und der Landschaftsname ‚Sinedi' schon viel früher auftaucht, kann diese Deutung nur unzutreffend sein; als Hinweis auf die Wahrnehmung der Senne als ein „Dorado für Zigeuner" ist sie freilich dennoch interessant. Zwar lassen sich nur wenige konkrete Hinweise auf den Aufenthalt von Zigeunern in der Senne finden, jedoch ist eine tatsächliche Nutzung des Freiraums Senne durch diese extreme Randgruppe durchaus naheliegend. Auch die Veröffentlichungen eines von Karin Bott-Bodenhausen geleiteten Forschungsprojekts über „Sinti und Roma in der Grafschaft Lippe im 18. Jahrhundert" geben kaum räumlich-konkrete Hinweise auf die Senne, jedoch wird allgemein festgestellt, dass die Sinti und Roma stets darauf bedacht waren, „ihre Aufenthaltsorte so zu wählen, daß sie sich möglichst schnell vor Nachstellungen in Sicherheit bringen konnten. Als ideal galten von daher die Gebiete an den Landesgrenzen" (Bott-Bodenhausen 1988: 222). In diesem Zusammenhang wird auf den Hof Dalbke, unmittelbar an der lippisch-ravensbergischen Grenze in der Senne gelegen, als ein bevorzugter Aufenthaltsort hingewiesen (ebd.: 226). Auch Annette Hennigs wendet sich bei ihren Ausführungen über „illegale Mobilität in Lippe" diesem Thema zu und bestätigt die These vom wahrscheinlichen Aufenthalt von Zigeunern in der Grenzregion Senne, da diese sich in ihrem Wanderverhalten der behördlichen Fahndungspraxis anpassten (Hennigs 2002: 228f). In der Ortschronik vom Sennedorf Augustdorf von Ernst Friedrich Küstermann aus dem Jahre 1863 wird ein zu dieser Zeit schon nicht mehr existierender „Tarternpfahl" in der Nähe des Dörenkruges erwähnt; Rohtraut Müller-König zitiert aus der Chronik:

> „Er [der Tarternpfahl, RS] stand noch gegen 1790 und vielleicht noch länger, links vom jetzigen Dörenkruge unter dem Hörster Berge. Er war von beträchtlicher Stärke und gegen 8 Fuß hoch, von Eichenholze. An diesem Pfahl hatte man in früheren Zeiten die eingefangenen Tartern angebunden oder geschossen. Diese zudringlichen Morgenländer trieben Wahrsagerei und Zauberei im Lande und verfuhren dabei so unverschämt, daß sie, begünstigt durch den noch zu sehr herrschenden Aberglauben, gar manchen seiner Habe entblößten. Daher kam es denn, daß man förmlich Jagden auf sie machte wie auf wilde Tiere. Sie sollen übrigens unter sich auch sehr grausam gewesen sein: man will z. B. gesehen haben, daß sie ein altes Mütterchen, das ihnen lästig wurde, lebendig begruben. Mit Tartern muß ein fahrendes Gesindel gemeint gewesen sein, jedenfalls werden sie in einem Atemzuge mit den Zigeunern genannt" (MÜLLER-KÖNIG 1975: 85f, mit Verweis auf KÜSTERMANN 1863, Bd. 2: 45).

Tartern- oder Zigeunerpfähle waren Rechtszeichen, mit denen Landeshoheiten die Bewegungsfreiheit von Zigeunern und anderen unerwünschten, vagierenden Personengruppen regelten und einengten. Dass der von Küstermann erwähnte Augustdorfer Tarternpfahl seinen Standort direkt in der Dörenschlucht hatte, obwohl die eigentliche lippische Landesgrenze mehrere Kilometer weiter südwestlich verlief, ist ein deutlicher Hinweis darauf, dass der Grenzsaum Senne mit seinem Charakter als ‚Niemandsland' durchaus als eine der wenigen Nischen fungiert haben könnte, die sich dem landfahrenden Volk in ihrer wörtlich nahezu ‚ausweglosen' Situation bot. Eine Quelle aus der ersten Hälfte des 18. Jahrhunderts, das „Diarium Lippiacum" des lippischen Amtmannes Anton Henrich Küster, erwähnt an mehreren Stellen den Aufenthalt von Zigeunern in der Senne; im August 1730 und September 1731 vermerkt er:

> „Nachdem überall von den Gräntzen die Nachricht eingelauffen, daß die Tartern oder Zigeuner sich sehr wieder vermehrten und allerorthen vielen Muthwillen verübten und sonderlich in der Senne eine Bande eine Bande von mehr als 100 aufhalten sollte, Ihr. Hochgräffl. Gnd. unser regierender Landesherr heut früh vor Tage durch ihre Soldaten nach geschehener Vereinigung mit den Fürstlich Paderbornischen aufsuchen und, da sie solche angetroffen, von

beyden Seiten umzingelt, da sie dan lippischer Seite über 19 Personen an Männern und Weibern gegriffen und gefänglich nach Detmold gebracht. Nach Neuhaus sind auch ein gutt Theil geführet, die übrigen aber sind eschappired (KÜSTER 1730 zit. n. VERDENHALVEN 1998: 138).

„Im Anfange dieses Monaths hat sich eine st[arcke] Zigeuner und Diebesbande ad 24 bis 26 Personen in der wüsten Senne und am Lippischen Walde gefunden, welche den Prediger zu Schlangen biß auf Hemde ausgezogen, aus seinem Hause alles so weit weggeraubet, daß er vom dortigen Vogt eine Hose und vom Küster einen Rock so lange entlehnen müßen, biß er von Paderborn ein neues Kleid geholet" (KÜSTER 1731 zit. n. VERDENHALVEN 1998: 157).

Für den Oktober 1707 vermerkt Küster sogar „eine Bande von 6–700 Räubern und Zigeunern oder Tartarn" an der Grenze zum Paderbornischen (ebd.: 71). Über den Wahrheitsgehalt solcher im Nachhinein nicht verifizierbarer Zahlenangaben bemerkt Annette Hennigs, dass die zeitgenössischen Quellen, die insgesamt zuweilen den Eindruck vermitteln, die „Zigeuner" seien in „großen Heereszügen durch die Lande gereist", zunächst das Verhältnis der Bevölkerung zu den als Bedrohung wahrgenommenen vagierenden Personengruppen dokumentieren (HENNIGS 2002: 228).

In Zusammenhang mit dem Aufenthalt von Zigeunern in den Wald-, Heide- und Sumpfgegenden der Senne stehen auch volkstümliche Annahmen über eine mögliche Abstammung der Senner Bevölkerung von fahrendem Volk; über diese Konstruktion erklärte man sich einen gewissen südländischen Teint der armen, sonnengegerbten Leute aus der Senne. Der Sennestädter Heimatchronist Heinrich Koch paraphrasiert aus der Schulchronik eines Lehrers Wrachtrup aus dem Jahr 1891, dass „das Herumlungern und Nichtstun" vieler Leute dem „schlechten Ruf der Senne" als einem Ort des „Hehlens und Stehlens" entsprochen habe und dass „selbst rüstige Erwachsene" sich „nicht schämten", „betteln zu gehen"; er fährt fort:

„Von mehreren Ärzten war der Lehrer darauf aufmerksam gemacht worden, daß man in der Senne *viele südländiche Typen* finden konnte. An diese Feststellung knüpfte er die Vermutung, daß *bei den Durchzügen durch die Senne viele des Wanderns müde* gewesen seien und sich *hier in der Einsamkeit niederließen*. Er stellte aber fest, daß sich *diese Typen mit der Zeit verwischt* hätten" (WASGINDT 1968: 207, Hv. original[83]).

Ein anderer Bericht beschreibt eine hausierende Sennebewohnerin um die vorletzte Jahrhundertwende; in ihrem Text „Die Frau aus der Senne" erinnert sich Klara Helene Brée an eine Frau, die den Städtern in Bielefeld mit ihrer rotbraunen Hautfarbe geheimnisvoll-südländisch anmutete und damit gleichsam den „echten Typ damaliger Sennebewohner" repräsentierte:

> „Woher sie eigentlich kam? Wir wußten es nicht, ob sie hinter Friedrichsdorf zu Hause war oder noch weiter her, die Frau aus der Senne. Rotbraun war sie gebrannt, vielleicht Mitte der 40. [...] Sie war ein echter Typ der damaligen Sennebewohner und für uns Kinder von irgendeinem Geheimnisvollen umwittert, von einem Geheimnis, das hinter dem strahlenden Glanz ihrer Augen verborgen war" (Brée 1959)[84].

In dieser Schilderung wird bereits ein Wahrnehmungswandel deutlich; die Schilderung der armen, südländisch anmutenden „Frau aus der Senne" ist – anders als bei Lehrer Wrachtrup – positiv konnotiert. Sie tritt dem Leser als ein ‚Naturmensch' entgegen, wirkt gesund, strahlend und geheimnisvoll. Ein romantisierender Aspekt, der über die Transformation von Armut in ländliche Nostalgie wirkt, tritt in Breés Beschreibung in den Vordergrund und konstruiert einen Mythos vom engen Zusammenhang von Mensch und Natur in dem geheimnisvollen Hinterland, dem Freiraum Senne. Dieser Aspekt der Konstruktion eines romantischen Bildes vom ‚Senner Menschenschlag' findet weiter hinten noch eingehende Beachtung.

Soviel zur Geschichte und zur Wahrnehmung der Senne als Gegend der armen Leute, der Zigeuner und des Gesindels. Ein anderer Aspekt im Kontext von ‚Randlandschaft – Randgruppen' ist die starke Konzentration von Infrastruktur aus den Bereichen Militär, Justiz und Sozialtherapie. Es ließen sich Bände füllen allein mit der Geschichte der verschiedenen Lager, Anstalten und Heime, die planvoll für bestimmte Zielgruppen in der Senne eingerichtet wurden, mit Berichten „aus dem Lande der Kasernen und Baracken" (Minster 1992: 134).

83 Die kursiven Hervorhebungen sollen bei Koch offenbar Originalzitate aus der Schulchronik des Lehrers Wrachtrup markieren.

84 Zitiert wird nach: Breé, Klara Helene: Die Frau aus der Senne. In: *Der Minden-Ravensberger* 1959: 115ff. Zuerst erschienen ist der Text jedoch schon in der Lippischen Tageszeitung vom 29.1.1925.

> „Die Weiträumigkeit des Geländes begünstigte das Entstehen größerer Lageranlagen, deren Zweck verschiedentlich wechselte. Heute sind sie zu sozialen Zwecken dienstbar. Zu ihnen gehören das große Sozialwerk Stukenbrock in der Moosheide, das Jugendlager Staumühle und die Erziehungsanstalt Klausmühle" (SCHNEIDER 1968: 304).

Die von Schneider genannten Einrichtungen sind nur *drei* einer sich bei intensiver Recherche wahrscheinlich ergebenden *dreistelligen* Zahl an ähnlichen Konzentrationspunkten gesellschaftlicher Randgruppen in der Senne. In den zur Verfügung stehenden Freiraum des Grenz- und Niemandslandes (von der „Weiträumigkeit des Geländes begünstigt") wurden planvoll vielerlei solcher Einrichtungen externalisiert, die nahe der konsolidierten Zentren gesellschaftlich unerwünscht erschienen. Eine Aufzählung der konkreten Einrichtungen, die zur temporären oder dauerhaften Unterbringung gefangener, obdachloser, armer, behinderter und kranker Menschen errichtet wurden, kann hier nur unvollständig und oberflächlich bleiben, vermag aber einen Eindruck von ihrer überrepräsentativen Dichte in der Region vermitteln: Dazu zählen etwa die Kriegsgefangenenlager und Internierungslager beider Weltkriege, die Zwangsarbeiterkolonien, die Ostvertriebenenunterkünfte der Nachkriegszeit, mehrere Justizvollzugsanstalten für Jugendliche und Erwachsene, die zahlreichen Erziehungsheime und Fürsorgeanstalten, die Obdachlosenasyle, die Genesungsheime und Krankenanstalten insbesondere für geistig Behinderte, Suchtkliniken für Alkoholiker und andere Drogenabhängige, die Asylbewerberunterkünfte und nicht zuletzt auch die Militärkasernen und Übungslager verschiedener Regimenter und Nationen. In diesem Zusammenhang ist für die Landschaftsgeschichte festzustellen, dass die Kultivations- und Meliorationsarbeiten, die im 20. Jahrhundert in der Senne erfolgten und die Landschaft weitgehend veränderten, zu einem nicht unerheblichen Anteil von mehr oder weniger zwangsweise arbeitenden Gefangenen, Arbeits- und Obdachlosen, Internierten, Kasernierten, Schwererziehbaren oder Behinderten geleistet wurden, die in solchen Einrichtungen in der Senne untergebracht waren. Mit den schon eingangs zitierten Worten „‚Verödete Menschen' haben hier ‚verödeten Boden' nach und nach urbar gemacht" (WILMS 1968: 86) ist dieser Tatbestand eindringlich beschrieben worden und gibt einer abschätzigen Bewertung Ausdruck, die sowohl den Menschen als auch der Landschaft galt.

Obwohl auf die einzelnen Lager und Heime, die im 20. Jahrhundert in der Senne begründet, wieder aufgelöst, umgenutzt oder kontinuierlich betrieben wurden, nicht näher eingegangen werden kann (das würde den Rahmen dieser Studie sprengen; wichtig ist die These der *nicht zufälligen*

Existenz und Konzentration solcher Einrichtungen gerade in der als Freiraum wahrgenommenen Peripherie Senne), soll zumindest kursorisch auf einige Orte und Nutzungen hingewiesen werden. Insbesondere die Bethelschen Anstalten des Pfarrers Bodelschwingh engagierten sich schon früh und tatkräftig mit Geländeankäufen im billig erwerbbaren Ödland der Senne, um zum Zwecke arbeitstherapeutischer Maßnahmen Randgruppen in die Senne zu externalisieren. Das erste bodelschwinghsche Projekt in der Senne war die Obdachlosenkolonie in Wilhelmsdorf, gegründet im Jahr 1882:

> „Etwa drei Stunden von Bielefeld liegt die von Pastor Bodelschwingh gegründete Arbeiterkolonie Wilhelmsdorf. Arbeitslosen Wanderburschen ist hier die Gelegenheit geboten, sich durch ehrliche Arbeit ihr Brot zu verdienen" (GIESELER u. PETRI 1901: 97).

> „In Wilhelmdorf in der Senne hat Pfarrer von Bodelschwingh eine Heimstätte für fahrendes Volk geschaffen, das die Senne durch Vermischen von im Untergrunde des Sandbodens lagernden Lehm mit dem Sandboden der Oberfläche urbar macht" (PRÜMER 1909: 107).

> „Im Norden der Senne finden wir die Kolonie Wilhelmsdorf, gegründet von Pastor von Bodelschwingh. Er kaufte hier mehrere Bauernhöfe, um arbeitslose Wanderer zu beschäftigen und sie vor dem Bettel- und Lasterleben zu bewahren. Durch ihre Arbeit ist der Senneboden in gutes Ackerland und herrlich grünende Wiesen umgewandelt" (BOHNENKAMP 1906: 27).

Die Wilhelmsdorfer Arbeiterkolonie war die Keimzelle der heute weitläufigen bodelschwinghschen Einrichtungen in und um Eckardtsheim. Ihre vorbildhafte Funktion für eine neue Weise der Landkultivation, die in der Folge auch von benachbarten Sennebauern aufgegriffen wurde, wird noch an späterer Stelle thematisiert. Einen anderen räumlichen Schwerpunkt der Sozialtherapie- und gleichsam Kultivationsprojekte bildete für einige Jahre die so genannte Hermannsheide südlich von Augustdorf. Hier, mitten auf dem trockensten Sennesander, entstanden zwischen 1927 und 1932 im Zuge „evangelischer Siedlungsarbeit" (STRATENWERTH 1931: 3) als Landarbeiterkolonien für arbeitslose Jugendliche der Sigmarshof (zunächst als Blindenheim gebaut), der Wagnerhof, der Heidehorst, die Heideklause, das Heideeck sowie die größte Einrichtung, der Heimathof; 1937 kam noch ein Haus mit Namen Heidenest hinzu. Im ersten Aufruf zur Rekrutierung jugendlicher Erwerbsloser – vor allem aus dem Ruhrgebiet – heißt es:

„In der Paderborner Senne, zwischen Augustdorf und Haustenbeck, dehnt sich die weite Urheide, über die noch nie ein Pflug gegangen ist. Dort liegt der Sigmarshof, den euch das Kopfbild zeigt **(Abb. 16)**. [...] Dort auf der Hermannsheide, wie sie genannt wird, soll der Jugendliche Industriearbeiter die ersten Schritte tun, um wieder Fühlung mit der Erde zu gewinnen, der er fremd geworden ist" (Stratenwerth 1931: 55).

Abb. 16: Der Sigmarshof auf der Hermannsheide gegen Ende der 1920er Jahre. Inmitten der – je nach Perspektive – als „tot" oder als „frei" wahrgenommenen Heide lebten und arbeiteten zeitgleich bis zu 80 arbeitslose Jugendliche, die über die „evangelische Siedlungsarbeit" vor einem „lasterhaften Leben" auf der Straße bewahrt werden sollten. [Entn. aus Stratenwerth 1931: 55]

Abb. 17: Die originale Beschriftung der Rückseite dieser Fotografie aus den 1930er Jahren lautet: „Erziehungsanstalt Klausheide. Moor wurde in wenigen Jahren zu einem fruchtbaren Gartengelände umgewandelt." [Foto und Originalkommentar Ludwig Maasjost, Archiv Biologische Station Paderborner Land]

Unter dem Kürzel „K.B." berichtet der Verfasser eines Aufsatzes im Ravensberger Heimatkalender des Jahres 1932 über die neu angelegten Heime auf der Hermannsheide:

> „Da aber die Lebensverhältnisse eines Landarbeiters grundverschieden von denen eines Industriearbeiters sind, mußte für die jungen Leute eine grundsätzliche Umstellung erfolgen. Die große Heide, die stille Einsamkeit der Senne begünstigte diesen Umwandlungsprozeß. Sigmarshof liegt mehr als zwei Stunden von der nächsten Bahnstation, die nächste größere Stadt, Bielefeld, ist über 25 Kilometer entfernt, und bis zum nächsten Dorf geht man mindestens eine Stunde. Es war gewiß ein gewagter Versuch, hier Großstadtmenschen für längere Zeit unterzubringen und an ihnen eine Umschulung vorzunehmen. [...] Die radikale Umstellung liegt weniger in äußeren Dingen, die seelische Umstellung ist das Wichtigste bei diesem Werdegang" (K.B. 1932: 59f).

Interessant ist die ambivalente Wahrnehmung und Bewertung der Heidelandschaft, wie sie im Bericht des Pastors Gerhard Stratenwerth über die Anfänge des Sigmarshofes zum Ausdruck kommt: Im Kontext der Schilderung der mühsamen Kultivationsarbeiten spricht er von „der toten Heide", kaum eine Seite später, als er über die sommerliche Abendbeschäftigung der Jugendlichen berichtet, spricht er hingegen von „Turnen und Sport auf der freien Heide" (STRATENWERTH 1931: 20f). Der Großteil der sozialtherapeutischen Einrichtungen auf der Hermannsheide bestand nur für relativ kurze Zeit, da die Flächen ab 1937 für eine andere Randnutzung, für die Erweiterung des Truppenübungsplatzes, beansprucht wurden. Der Heimathof überdauerte noch bis in die Nachkriegszeit (vgl. PIESCZEK 1992: 91ff). Auch andere paritätische Träger nutzten die abgelegenen, günstig zu erwerbenden Flächen in der Senne für die Errichtung von Anstalten mit sozialtherapeutischem Zweck; als größere Einrichtung ist beispielsweise das seit 1915 in der Klausheide bei Hövelhof bestehende katholische Salvator-Kolleg zu nennen **(Abb. 17)**:

> „Unterwegs sehen wir die großangelegte Fürsorgeanstalt Klausheide, wo verwahrloste Jugendliche im Alter von 14 – 21 Jahren durch sorgfältige, gütige Erziehung und durch Arbeit in der Landwirtschaft, Gärtnerei oder Handwerk körperlich und geistig wieder auf einen richtigen Lebensweg gebracht werden" (LIMBERG in: SCHIRRMANN 1928: 296).

Auch die als Militärlager eingerichteten Lager in Staumühle und Sennelager wurden mehrfach zum Zwecke der Agglomeration unterschiedlicher Personengruppen umgenutzt. Im Ersten Weltkrieg dienten beide als Kriegsgefangenenlager; schon Ende des Jahres 1914 war das Sennelager (Waldlager) mit über 10.000 Gefangenen belegt, so dass im Januar 1915 neue Lagerbaracken bei Staumühle errichtet wurden, die ebenfalls bald mit 10.000 Mann belegt wurden. Die Gefangenen wurden zu Kultivierungs- und Wegebauarbeiten in der Senne eingesetzt. Ein deutscher Soldat, der seinen Dienst im Sennelager ableistete, berichtet in einem Brief von der Senne als „dem Lande der Kasernen und Baracken":

> „Will euch jetzt aus dem Lande der Kasernen und Baracken, Fichten, des Heidekrautes, Sandes und Wassers, der Helme, Tschakos und Militärmützen den ersten Brief schreiben. [...] An Gefangenen sind jetzt ungefähr 19.000 Mann hier: Franzosen, Belgier, Alpenjäger. Diese sind ziemlich harmlos [...]. Ferner auch Türkos, Engländer, Schotten und gefangene ausländische Zivilisten. Diese sind gefähr-

> lich, weshalb wir nicht in ihr Lager gehen dürfen" (zit. n. Minster 1992: 134f).

In den 1920er und frühen 1930er Jahren wurde auch das Barackenlager in Staumühle zu sozialtherapeutischen Zwecken genutzt: Ab 1925 baute der Gründer des Deutschen Jugendherbergswerkes, Richard Schirrmann, im mittleren Lagerteil das „Kinderdorf Staumühle" auf, welches allerdings nur wenige Jahre existierte **(Abb. 18)**. Anfang der 1930er Jahre nutzte der „freiwillige Arbeitsdienst" unter Trägerschaft des Diözesanverbandes der katholischen Arbeitervereine und der evangelischen Anstalt Bethel die Militärbaracken: Wieder wurden von hier aus Kultivierungsarbeiten in der Senne durchgeführt.

> „Der kommandierende General des Wehrkreises VIa, der [...] in den letzten Tagen den Siegmarshof besuchte, will dem Reichsministerium den Vorschlag machen, große Teile von Staumühle für den freiwilligen Arbeitsdienst zur Verfügung zu stellen. Es sollen – in Sigmarshof sind 70 jugendliche Industriearbeiter – 800 junge Leute in den Baracken untergebracht und nach dem Vorbild Bethels beschäftigt werden" (K.B. 1932: 61).

Abb. 18: Das von Richard Schirrmann gegründete Kinderdorf in den Lagerbaracken von Staumühle gegen Ende der 1920er Jahre; es sollte „inmitten von unverfälschter Natur" als „Kinderparadies für licht- und lufthungrige Großstadt-Jungmenschen" dienen. Nach nur wenige Jahre währender Existenz des Kinderdorfes zogen Männer vom so genannten „freiwilligen Arbeitsdienst" hier ein, die Kultivierungsarbeiten in der Senne leisteten. [Staatarchiv Detmold D 75 – 3894/1]

Nach einer erneuten militärischen Nutzung des Lagers seit 1933 und nach einer erneuten Unterbringung von Kriegsgefangenen im Zweiten Weltkrieg wurde Staumühle 1945 vorübergehend als Internierungslager von der britischen Besatzungsmacht genutzt; Ende 1945 sollen über 6.000 ehemals ranghöhere Nationalsozialisten interniert gewesen sein. Später zogen dann wieder Soldaten in Staumühle ein, eine Justizvollzugsanstalt für jugendliche Strafgefangene wurde eingerichtet und 1989 diente Staumühle auch als Aufnahmelager für Übersiedler aus der DDR.[85]

Den grausamen Höhepunkt der Geschichte der Randgruppen und der Internierungslager in der Senne stellt das Stammlager 326 (VI K) Senne, kurz Stalag genannt, dar **(Abb. 19)**. In den Jahren 1941 bis 1945 wurden in den Baracken zwischen Stukenbrock und Hövelhof insgesamt mehrere Millionen – wobei das Lager weitgehend auch den Charakter eines Durchgangslagers für den Weitertransport hatte – hauptsächlich russische und polnische Kriegsgefangene unter schlimmsten Bedingungen zusammengepfercht. Im September 1944 wurde mit 31.638 Gefangenen ein Höchstbestand zeitgleicher Internierung erreicht. Die Angaben über die Zahl der im Lager zu Tode gekommenen Häftlinge schwanken zwischen 36.800 und 65.000; die meisten wurden in Massengräbern nordöstlich des Lagers verscharrt.[86] Die Bedeutung des Stalag 326 für die Wahrnehmung deutscher Kriegsverbrechen aus sowjetischer Perspektive drückt ein wissenschaftlicher Bearbeiter des Themas so aus: „Der Name ‚Stukenbrock' besitzt [...] in den Nachfolgestaaten der Sowjetunion einen ähnlichen Klang wie ‚Auschwitz' für die

---

85 Zur Nutzungs- und Umnutzungsgeschichte der Lager Staumühle und Sennelager siehe auch den umfangreichen Band zum 100-jährigen Bestehen des Truppenübungsplatzes (Piesczek 1992).

86 Zur Diskussion über die Anzahl der im Stalag 326 (VI K) zu Tode gekommenen Kriegsgefangenen vgl.: Schockenhoff, Volker: Schätzen oder errechnen. Replik auf einen untauglichen Versuch zur Errechnung der Totenzahlen des Kriegsgefangenenlagers Stukenbrock. In: *Lippische Mitteilungen aus Geschichte und Landeskunde 59*, 1990: 289–302. – Interessant ist, dass man bei der Auseinandersetzung mit dem Stalag-Thema auf eine Person stößt, die auch betreffend anderer Senne-Themen allenthalben auftaucht und die also im Verlauf dieser Studie noch an mehreren, ganz unterschiedlichen Stellen Erwähnung finden wird: Die Rede ist von Oskar Suffert (1892–1974), Gründer einer Privatschule in der Lüneburger Heide, Studienrat und „Germanenforscher" in Detmold, 1934–1957 Direktor des Lippischen Landesmuseums, Landesbeauftragter für Naturschutz und etablierter Landeskundler. Suffert leistete zwischen Sommer 1943 und März 1945 seinen Militärdienst im Stalag Senne ab. Als 1973 vom Detmolder Regierungspräsidium endlich eine Aufarbeitung des Themas angegangen und die Lagerverhältnisse und Totenzahlen ermittelt werden sollten, wandte man sich an Suffert und bat ihn, seine diesbezüglichen Kenntnisse schriftlich niederzulegen. In seiner Stellungnahme gibt Suffert „rund 40.000" Todesfälle an; die Zahl scheint ihm „nicht ungewöhnlich hoch" zu sein. Einen Großteil seines handschriftlichen Berichtes verwendet Suffert auf die Darstellung der „sorgfältigen" medizinischen Betreuung, der guten Verpflegung und der „besonderen Fürsorge des Lagerkommandanten" für die Kriegsgefangenen (vgl.: Staatsarchiv Detmold D 72 Suffert Nr. 415).

87 Vgl.: Hüser 1992, Pieper 1988, Otto 2000.

Juden“ (Otto 2000: 9). Zur Geschichte vom Stalag 326 sind mehrere ausführliche Studien erschienen, so dass hierauf verwiesen werden kann;[87] nur kursorisch sollen im Folgenden einige Facetten der Lagergeschichte erwähnt werden. Als 1941 die ersten sowjetischen Kriegsgefangenen in Viehwaggons am Bahnhof in Hövelhof eintrafen und über den noch heute als „Russenpatt“ bekannten Weg zum Lager gelangten, standen zur Unterbringung noch keine Baracken bereit **(Abb. 20)**. Ein ehemaliger Häftling, W. J. Schimanskij, berichtet:

> „Bei unserem Eintreffen war das Lager innen, wenn man die zwei oder drei Baracken der Lagerleitung nicht zählte, völlig ohne Ausrüstung. Wir mußten uns unter freiem Himmel auf der Erde einrichten. Ein auf dem Territorium gewachsenes Kiefernwäldchen wurde von uns sofort als Baumaterial genutzt für den Bau von Laub- und Erdhütten für je zwei bis drei Personen. Aber diese

Abb. 19: Ansicht des „Stalag 326/VI K“ auf der Eselsheide bei Stukenbrock, das zwischen 1941 und 1945 existierte. Für die Anlage des Kriegsgefangenenlagers hatte man nicht unzufällig ein Gelände in der weit abgelegenen Peripherie der Senne ausgewählt. [Archiv Roland Siekmann]

Abb. 20: Sowjetische Kriegsgefangene wenige Tage nach ihrer Ankunft im Lager im Jahre 1941. Den über tausende von Kilometern in Viehwaggons deportierten Menschen standen zunächst keinerlei Unterkünfte zur Verfügung; als Witterungsschutz gruben die erschöpften Männer sich Erdhöhlen in den Sennesand. [Archiv Roland Siekmann]

> Kiefernzweige reichten nicht für alle, und viele Gefangene begannen, richtige Höhlen in die Erde zu graben, um wenigstens einen geringen Schutz vor dem Regen zu haben. Das Graben solcher Höhlen endete für viele tragisch, als nämlich der Sandboden während des Schlafens in der Nacht auf die Unglücklichen herabstürzte und sie unter sich begrub. Auf diese Weise kamen viele ums Leben" (zit. n. HÜSER 1992: 69f).

Die nationalsozialistische Propaganda hatte das Lager als „Sammlung niedrigen und niedrigsten Menschentums, richtigen Untermenschentums" verächtlich gemacht. Für große Teile der deutschen Bevölkerung entsprachen „die erschöpften, vor Hunger und Durst abgestumpften Ankömmlinge in ihren verdreckten und zerrissenen Uniformen" diesem Bild: „Mit einer Mischung aus Abscheu und Neugier ‚pilgerten' an den folgenden Wochenenden ganze Völkerscharen aus den umliegenden Dörfern, aber auch aus Bielefeld und Paderborn in die Senne, um die Gefangenen wie Tiere im Zoo zu bestaunen" (HÜSER 1992: 98). – Wieder gab es also abgerissene Jammergestalten in der Senne und wieder gab es auch billige Arbeitskräfte, die vor Ort zu Kultivierungsarbeiten eingesetzt wurden; beispielsweise auf dem 1932 von den Bodelschwingschen Anstalten gegründeten Heimathof, dessen Ländereien nur wenige Kilometer oberhalb des Lagers mitten auf dem trockenen Sennesander südlich Augustdorfs lagen. Nikolai Maximowitsch Monaschki, der bereits als Dreizehnjähriger in deutsche Gefangenschaft geriet und in die Senne transportiert wurde, erinnert sich im Interview an erzwungene Arbeitseinsätze in der Landwirtschaft:

> „Von der Krim kamen wir mit der Eisenbahn in das Stalag 326. Wir mußten auch in Quarantäne sitzen. Später wurden wir zu einem Großbauern gebracht. [...] [Das war] wahrscheinlich im Herbst 1943, weil im Winter mußten wir im Walde arbeiten, denn wir arbeiteten auf dem Acker. Also im Herbst haben wir beim Großbauern gearbeitet, und im Winter im Wald. [Frage: Sind Sie vom Stalag zur Arbeit gefahren, oder wie war das?] Wir haben im Heimathof gewohnt. Wir waren 100 Russen da. Wir 25 Kinder und 75 Erwachsene. Es waren auch Polen dabei, auch andere. Auch sehr viele Deutsche, die kastriert worden waren. [...] Geistig Behinderte und körperlich Behinderte, die jedoch arbeiten konnten" (zit. n. PIEPER 1988: 66).

Denjenigen Kriegsgefangenen, die zum Arbeitseinsatz außerhalb des eigentlichen Lagers geschickt wurden, erging es vergleichsweise besser als denen, die im Stalag verblieben. Die Verhältnisse, die hier herrschten, lassen sich nur schwer rekonstruieren. Davon, dass die regionale Bevölkerung durchaus um die erbärmlichen Zustände im „Russenlager" wusste, sie sogar noch ins Negative übersteigerte, zeugt eine Tagebucheintragung des ehemaligen Schulrates Fritz Geise aus dem November 1941:

> „Ein Beamter des Arbeitsamtes in Detmold erzählte mir auf der Fahrt nach Lage, daß die Gefangenen im Russenlager bei Augustdorf infolge der ausgestandenen Strapazen u. Hungersnöte in überaus trostloser Verfassung seien. Nur wenige seien arbeitsfähig. Die meisten vermöchten kaum zu marschieren. Etwa 30 bis 40 stürben täglich an Erschöpfung. Bei der Obduktion der Leichen sei von den Ärzten eine völlige Schrumpfung der Verdauungsorgane als Todesursache festgestellt worden. Unter den Gefangenen herrsche ein ekelhafter Kannibalismus. Einer fresse den anderen auf. Während der Nacht wurden aus den Leichen Leber, Herz, Nieren, Milz und andere innere Körperteile herausgerissen und roh aufgefressen, so wie die Wölfe und Hyänen sich über irgendwelche Kadaver hermachen. Wenn diese kaum glaubliche Mitteilung innerafrikanischer Vorgänge im Augustdorfer Russenlager nicht auch von anderen Seiten, besonders von den Wachmannschaften, bestätigt würde, müßte man annehmen, daß es sich um ein in erregten Kriegszeiten auftauchendes Greuelmärchen handele oder daß die Angaben einem alten Reisebericht eines Afrikaforschers entnommen seien. An der Glaubwürdigkeit ist aber wohl nicht zu zweifeln" (Geise 1941).[88]

Am 2. April 1945 trafen US-Truppen in der Senne ein. Ihnen bot sich ein erschütterndes Bild; in einer Reportage berichtet der amerikanische Kriegsberichterstatter John M. Mecklin:

> „Als amerikanische Truppen diesen Ort heute überrollten, fanden sie fast 9.000 Männer, die wie Wilde um ein paar Laibe schwarzes Brot kämpften. Sie sahen, wie die Leute einander an die Gurgel fuhren wegen einer Handvoll Mehl, das im Dreck verstreut war. [...] Es ist schwer für einen Amerikaner zu begreifen, daß es so einen Ort überhaupt geben kann. Es ist ein Ort von Dreck und Elend, so verkommen, daß einige unserer Truppen sich erbrechen mußten. Seit drei Jahren sterben hier täglich 15 bis 20 Mann an Hunger. Dies ist ein Ort, an den man sich erinnern muß, wenn der Nazismus einmal zur Rechenschaft gezogen werden wird. Allein die Erde, auf der

88 Geise, Fritz: *Tagebücher*, Eintrag vom 20.11.1941, Stadtarchiv Lage.

> sich dieses Lager befindet, an einer einsamen Einmündung nahe dem Dorf Eselsheide, 11 Meilen südöstlich von Bielefeld, allein die Erde wird noch monatelang stinken" (MECKLIN 1945, zit. n. HÜSER 1992: 176).

Nach der Befreiung des Lagers durch die amerikanischen Truppen kam es in der zweiten Jahreshälfte 1945 auch zu Vergeltungsaktionen ehemaliger Insassen. Gruppen vormaliger russischer Kriegsgefangener und polnischer Zwangsarbeiter, die ebenfalls in der Senne als sogenannte ‚displaced persons' im ‚Polenlager' bei Augustdorf kaserniert waren, plünderten und brandschatzten in den umliegenden Gemeinden. Der Schulrat a. D. Fritz Geise schildert auch diese Ereignisse in seinem Tagebuch:

> „Aus den Dörfern hört man aufregende Berichte über die Polenplage. Die Leute werden in ihren Häusern von besoffenen Polacken überfallen, mißhandelt und ausgeplündert. Sie haben keinerlei Schutz u. keine eigene Abwehrmöglichkeiten gegenüber diesem frechen Räubergesindel, das sich im Sieges- und Alkoholrausch austobt." „Das Land wimmelt von volksfremden, haßerfüllten Banditen. Niemand ist seines Lebens u. Eigentums sicher weder zu Hause noch auf der Landstraße" (GEISE 1945).[89]

Die Ereignisse der anarchistischen Situation unmittelbar nach Kriegsende, die in dieser Passage angesprochen sind, haben hinsichtlich der Wahrnehmung von Fremdheit und Schuld, die im Zusammenhang mit den osteuropäischen Zwangsarbeitern und Kriegsgefangenen während der NS-Zeit steht, einen besonderen Stellenwert sowohl im individuellen Gedächtnis von Zeitzeugen als auch im regionalen Kollektivgedächtnis. Lange Zeit erinnerte man sich an diese kurze Phase der Vergeltung wesentlich besser als an die Jahre zuvor, in denen Zwangsarbeiter und Kriegsgefangene, deren Leiden den zeitgenössischen Beobachtern nicht verborgen blieben konnten, zum Alltagsbild gehörten.[90] Der Heimathistoriker Otto Franzmeier schildert die Ereignisse aus dem April 1945 in den 1960er Jahren in einer Art und Weise, die die im Stalag 326 unvorstellbar gepeinigten Osteuropäer wieder als slawische „Horden" erscheinen lässt:

---

89 GEISE, Fritz: *Tagebücher*, Eintrag vom 13.4. u. 14.4.1945, Stadtarchiv Lage.

90 Zur wesentlich detaillierteren Bearbeitung dieses Themas vgl.: SIEKMANN, Roland: „Aus den Dörfern hört man aufregende Berichte über die Polenplage." Zur Wahrnehmung von „Displaced Persons" in Lippe in der unmittelbaren Nachkriegszeit. In: Klocke-Daffa, Sabine (Hrsg.): *Tabu. Verdrängte Probleme und erlittene Wirklichkeit.* Themen aus der lippischen Sozialgeschichte. Lemgo, vorauss. 2004.

> „Als nach fast fünfjährigem heldenhaftem Kampfe der Zusammenbruch vollständig wurde, als die Feinde von Süden kommend in unser Land einbrachen und es überrannten, machten sich die russischen und polnischen Kriegsgefangenen des Lagers Augustdorf frei, vereinigten sich mit den zahlreichen Fremdarbeitern, streiften in großen Horden allnächtlich durch die umliegenden Orte, raubten und plünderten die wehrlose Bevölkerung aus und nahmen ihr oft das letzte Hab und Gut“ (FRANZMEIER 1963b: 218).

Den Brandstiftungen fielen als prominenteste Gebäude das Jagdschloss Lopshorn nebst der Gestütsgebäude und des benachbarten Meierhofes zum Opfer. Auch das alte Forsthaus Hartröhren auf einer Hochebene des Teutoburger Waldes, bis dahin als Symbol heimatlicher Gediegenheit, brannte bis auf die Grundmauern nieder:

> „[Es gäbe wohl noch heute] dort oben jenes traute Forsthause, wenn das ruchlose Verbrechen nicht 1945 dieses einmalige Idyll zerstört hätte. [...] Als in den Apriltagen 1945 die Amerikaner von Süden her in unser Lipperland einbrachen, machten sich die Kriegsgefangenen im Lager Augustdorf frei, raubten und plünderten, wo sie nur konnten und fanden leider auch den Weg nach Hartröhren. Was sich dort in jenen gefährlichen Stunden abgespielt hat, kann ich nur ahnen. Als aber die Nachricht nach Detmold kam, daß neben dem Jagdschloß Lopshorn auch Hartröhren, unser Hartröhren, ein Raub der Flammen geworden war, hätten wir weinen mögen“ (FRANZMEIER 1963a: 68f).

Im Kapitel über die „geheimnisvolle Senne“ werde ich noch einmal auf dieses Thema zurückkommen, da im Kontext der Plünderungen ehemaliger Kriegsgefangener und Zwangsarbeiter auch ein Mythos konstruiert wurde, der Eingang in die Sagenwelt zur Senne gefunden hat. Auch eine eigene biographische Anmerkung passt an dieser Stelle, da in meinem Elternhaus in Lage im Frühjahr 1945 solch eine Plünderung stattfand. Erzählungen meines Vaters und der Großeltern über „die Russen“ und „die Polacken“, die „aus der Senne kamen“, prägten einen Teil meines kindlichen Bildes von dieser eigenartigen Landschaft. „Aus der Senne kommt irgendwie Schlimmes“, dachte ich; das passte glänzend zum morbiden Bild der sandigen Ödnis und der Panzerwracks, die ich von sonntagnachmittäglichen Autofahrten her kannte, zum Lärm der Kanonen, der oft über den Teutoburger Wald herüber schallte.

4.5. Fluch und Segen: die Modernisierung des ungenutzten Freiraums

Der Mensch „verwandelte die Sennewüste in fruchttragende Gefilde und Fluch in Segen“, heißt es in der Heimatliteratur (MEISE 1951: 107). Das Stichwort der *Modernisierung* verweist auf jene kulturellen Maßnahmen, mit denen man zu unterschiedlichen Zeiten und mit unterschiedlichem Erfolg versuchte, den Freiraum Senne als Nutzraum kulturell anzueignen und inwertzusetzen: als Siedlungs- und Agrarfläche, für die forstwirtschaftliche Nutzung, als Wohn- und Industriefläche, als Freiraum für verschiedene Sondernutzungen. Dabei ist die Geschichte der Modernisierung dieses „Gebiets mit geringer natürlicher Produktionsgunst“ (HÖCKER 1986) freilich immer wieder von Veränderungen und Umnutzungen gekennzeichnet, die sich aufgrund von zeittypischen „Entaktualisierungen“ der Produktionsweisen (WITTFOGEL 1932: 485) ergaben. – Als Anfangspunkt der Modernisierung der Sennelandschaft muss die planvolle Besiedlung und Kultivation von Teilen der bis dahin noch fast menschenleeren Hudeflächen gelten, die im Zuge der inneren Kolonisation, geleitet vom merkantilistischen Interesse der Landesherrschaften, im 17. und 18. Jahrhunderts durchgeführt wurde. Über diese Phase der so genannten Peuplierungspolitik schreibt Müller-Wille in seiner Geographie Westfalens:

> „Die zweite Gruppe der geplanten und schematischen Siedlungen umfaßt jene, mit denen man in der Neuzeit die bisher gemiedenen oder anderweitig bewirtschafteten Heiden und Moore erschloß. Man begann damit in Westfalen im 17. Jahrhundert unter dem bekannten Schlagwort der ‚Peuplierung‘. Die erste Heidesiedlung [...] wurde *bezeichnenderweise in der Senne* angesetzt und zwar als kleinbäuerliche Kötter-Siedlung“ (MÜLLER-WILLE 1952: 191; Hv. RS).

Müller-Wille verweist implizit auf den Sonderstatus der Senne selbst im Vergleich zu anderen rückständigen und „bisher gemiedenen“ Räumen Westfalens: Als extremster Bereich des peripheren Hinterlandes, so ist seine Wortwahl wohl zu deuten, wurde „bezeichnenderweise“ diese Gegend als erste gewählt, um mit der Kultivation der verbliebenen Ödlandbereiche zu beginnen und damit gleichsam ein Exempel zu setzen. Die Heimatliteratur beschreibt die Gründung des Dorfes Haustenbeck in der lippischen Senne mit einer volkstümlichen Schilderung des Eindringens menschlicher Kultur in „den tausendjährigen Schlaf“ dieser Gegend:

> „1659, am 26. Juni, kam Meister Hermann Henrich mit seinen Zimmerleuten über den Berg. Die Heidehasen mochten wohl er-

schrocken auffahren von dem Lärm der Menschen, der Äxte und Hämmer. Nun wurden Eichen aus dem Lippischen Wald herangefahren, nun bauten die Gesellen das Schneidegestell, und ritschratsch, ritsch-ratsch! sang die Säge ihr eintöniges Lied in den tausendjährigen Schlaf der Senne" (SPRENGER 1939).

So wie die Besiedlung im 17. Jahrhundert nach dem Ende des Dreißigjährigen Krieges begann, so waren es auch in den Folgejahrhunderten meistens Nachkriegs- und andere Krisenzeiten, die den Anstoß zur Kultivation des Ödlandes in der Senne lieferten. Die Gründung Augustdorfs etwa wurde nach dem Siebenjährigen Krieg vorangetrieben, und analog hierzu fanden auch nach den Weltkriegen des 20. Jahrhunderts die durchgreifendsten Modernisierungen in der Senne statt. Durchführt wurden die Arbeiten zur Urbarmachung der verheideten oder vernässten Senneböden zu allen Zeiten in erster Linie von solchen Menschen, die im vorhergehenden Abschnitt unter ‚Randgruppen' subsumiert wurden: In den Kultivationsphasen der frühen Neuzeit hatten vor allem bislang Landlose die mühsame Leistung erbracht, später zu einem guten Teil Menschen, die im Rahmen von Arbeitsdiensten oder Gefangenschaft unter Zwang schufteten: „verödete Menschen", um diese Analogie von WILMS (1968: 86) noch einmal aufzugreifen, arbeiteten auf „verödeten Böden".

Die Phase der neuen agrarökonomischen Theorien und Reformen, die im ausgehenden 18. Jahrhundert angebrochen war und in der Folge viele Kulturlandschaften in ihrer Struktur verändert hatte, hat für die Senne zunächst nur wenig Auswirkungen gehabt. Tatsächliche Maßnahmen der Agrarmodernisierung fanden hier auf breiter Front erst stark zeitversetzt seit dem letzten Drittel des 19. Jahrhunderts statt; noch in den ersten Jahrzehnten des 20. Jahrhunderts waren weite Flächen der Senne im agrarischen Sinn nahezu unkultiviert. Nur langsam hatten sich die Siedlungsspitzen mit Ackereschen in die trockenen Bereiche der Oberen Senne und in die vernässte Feuchtsenne voran geschoben; der prozentuale Großteil der Landschaft blieb Heide, blieb Allmende, blieb Ödland. Gleichwohl hatten sich seit der Mitte des 19. Jahrhunderts sowohl Einheimische als auch Auswärtige Gedanken um die Verbesserung des agrarischen Nutzungsgrades der Senneböden gemacht; die diesbezüglichen Vorschläge des preußischen Regierungsrates Bitter aus dem Jahr 1853 wurden bereits angesprochen. Die wohl früheste Abhandlung zu diesem Thema verfasste der Augustdorfer Pfarrer Christian Friedrich Melm; sein Aufsatz „Über die Cultur der Senne, insbesondere Augustdorfs" erschien im Jahr 1836 im „Lippischen Magazin für vaterländische Cultur und Gemeinwohl". Melm beschreibt zunächst die Veränderung der Augustdorfer Senne durch die Neuansiedlung zahlreicher Kolonate und Einliegerwohnungen, analysiert die Probleme der Landbewirtschaftung und macht schließlich Vorschläge zu ihrer Verbesserung. Er stellt eine „Überfüllung von Einliegern" (Melm 1836: 733) fest und empfiehlt generell eine Verminderung der Einliegerzahl, indem man nur „den besten, wohlhabendsten und gesundesten der jetzigen Einlieger" unter vorläufigen Vergünstigungen erlauben solle, eigene Kolonate zu gründen (ebd.: 748). Als grundsätzlich falsch beurteilt der Pfarrer den „übertriebenen Gebrauch der Heide und Plaggen statt Düngers" (ebd.: 733); seiner Theorie nach verschlechtern die aufgebrachten Heideplaggen langfristig den Boden, indem sie zur weiteren Versandung des ursprünglich besseren Ackerbodens beitragen:

> „Denken läßt sich und sehen, daß die hiesige Kolonie an der Stelle der Senne angelegt wurde, wo dieselbe am fruchtbarsten war. Alle die Plaggen, die seit der ersten Anlage in das Land hingebracht wurden und werden, kamen und kommen folglich von minder fruchtbaren und minder humusreichen Stellen der Senne, und müssen nothwendig allmälig den Ackerboden verschlechtern und versanden, wenn auch die noch immer darin sich vorfindenden Humustheile und der aus den Ställen hinzukommende Dünger die Zeit verzögern" (Melm 1836: 750).

Stattdessen empfiehlt Melm die Düngung mit Mergel, der nahe Augustdorfs „in den sogenannten Hesseln, einer unangebauten Oase in der Senne" abzubauen wäre (ebd.: 758). Die Düngung mit kalkigem Mergel allerdings, wie sie bereits praktiziert wurde, hält er aufgrund der langfristig auslaugenden Wirkung auf den Boden für „gerade unrecht"; vielmehr sollte „thonhaltiger Mergel" benutzt werden, der „sicher eine wahre, dauernde Verbesserung des Bodens" bewirken würde. So sei das Ziel, „die Verminderung des Plaggengebrauchs und doch zugleich eine Vermehrung der Fruchtbarkeit in den Sennefeldern", zu erreichen (ebd.: 760). Darüber hinaus empfiehlt Melm, der sich mehrfach auf Alexander von Humboldt beruft, die Anlage von Hecken zur Eindämmung des „in doppelter Hinsicht verderblich" wirkenden Windes, der den Boden ausdürre und auskühle:

> „Gegen beides kann es kein heilsameres Mittel geben als Holzungen, als Bäume und Hecken anzupflanzen; am besten Laubholz, aber, wenn keine andere da sind, auch nur Nadelhölzer. [...] Um also dem Verderben des Windes vorzubauen, dürfte nichts angelegentlicher zu thun sein, als die ganze Dörensche Feldmark und Dorfschaft, ja die ganze Senne kreuz und quer auf allen Wegen, und Hude- und

> Feld-Scheiden mit Bäumen und Hecken, mit Alleen und Holzungen zu durchpflanzen“ (Melm 1836: 764).

Melm, der Augustdorfer Pfarrer, wusste einzuschätzen, wovon er sprach; er kannte die Gegend. Solche Kenntnis der örtlichen Verhältnisse hatten andere, die eine Urbarmachung der Senne anregten, nicht immer. Wie ein humoristisches Bonmot nimmt sich ein agrarreformerischer Vorschlag von Laurenz Hannibal Fischer aus, der 1853 als Auswärtiger sein Amt an der Spitze des lippischen Kabinettsministeriums antrat und bald davon erfuhr, dass „hinter dem Walde eine große, weite Heidefläche“ liege. Nach einer Besichtigung derselben soll er die Weisung ausgesprochen haben, dass „die jetzt unbenutzt daliegende Heidefläche in eine Wiese zu verwandeln“ sei. Der zuständige Beamte habe auf die inkompetente Anweisung Fischers mit der Antwort reagiert: „Rentkammer werde gegebener Weisung sofort Folge leisten, sobald ihr vom Ministerium das zu dieser Nutzbarmachung erforderliche Wasser angewiesen werde“ (Oesterhaus 1915). Tatsächlich erfuhr die Landwirtschaft in der Senne zur Mitte des 19. Jahrhunderts – auch als eine Folge der Krisenjahre dieser Zeit – einen Wandel insofern, als dass die Gemeinheitsteilungen, d. h. die Privatisierungen der bisherigen Allmende, angegangen wurden. Der Zeitzeuge Georg Joseph Rosenkranz, seinerzeit Direktor des westfälischen Geschichts- und Alterthumsvereins und wohnhaft in Paderborn, sieht diese Entwicklung im Jahre 1849 optimistisch:

> „Die ausgedehnten Heide- und Weideflächen, welche seither der gemeinschaftlichen, willkürlichen Benutzung unterworfen waren, hat in unseren Tagen die Gemeindetheilung zerstückt, und in das Privateigenthum der berechtigten Grundbesitzer übertragen, wodurch sie zu einem bessern Anbau fähig gemacht worden sind. Das trostlose Aussehen der Marken wird allmählig verschwinden und der Boden des dürren Heidekrauts schon nach einigen Jahren in fruchtbare Saatfelder und das gefällige Grün der Wiesen umgeschaffen sein. Alles neigt sich hier zu der wohlthätigsten Veränderung“ (Rosenkranz 1849: 351).

Auch die Bestockung der Ödlandflächen mit Forstkulturen ist ein Aspekt der Modernisierung der Landschaft; Nadelholzforsten, vor allem Kiefernbestände, gehören auf großer Fläche zum heutigen Landschaftsbild der Senne. Obgleich erste Aufforstungen schon im 18. Jahrhundert vorgenommen worden waren, etwa im Holter Wald, begann die systematische forstliche Kultivierung größerer Teile der Senne erst im späten 19. Jahrhundert, hauptsächlich erst im 20. Jahrhundert. Der Autor einer lippischen Forstgeschichte beklagt noch 1940, dass es „bis heute niemals zu wirklich durchgreifenden Kultivierungsarbeiten gekommen“ sei (Schmidt 1940: 88). Gleichwohl wurden einige Teile der Senne schon im ausgehenden 19. Jahrhundert mit Nadelholzkulturen aufgeforstet. Höcker (1986: 50) macht vier Kategorien von Flächen aus, die hierfür bevorzugt wurden: (1.) Parzellen, die im staatlichen Besitz waren, (2.) Parzellen, die im Besitz großer auswärtiger Güter waren, deren Produktionsschwerpunkt außerhalb der Senne lag, (3.) ehemals gemeinschaftlich genutzte Hudeflächen und (4.) brachgefallene oder fernab gelegene Parzellen, die aufgrund wirtschaftlicher Not von ihren Besitzern nicht mehr genutzt wurden, da diese sich als wandernde Lohnarbeiter verdingten. Einzelne Dünen waren darüber hinaus schon bereits früher mit Kiefernpflanzungen ‚festgesetzt‘ worden. Für die Trockensenne, die sich großenteils auf lippischem Territorium erstreckt, wurde die Möglichkeit einer ökonomisch sinnvollen Aufforstung zwar schon zum Ende des 18. Jahrhunderts theoretisch erkannt, jedoch noch nicht oder nur kaum umgesetzt; ein erster diesbezüglicher Vorschlag aus dem Umfeld der lippischen Regierung bzw. Forstverwaltung datiert aus dem Jahr 1771, eine weiterer aus dem Jahr 1789:

> „Da die Senne und ihre Anbauung sehr nützlich ist, so würde nicht undienlich sein, daselbsten wie auch an anderen wüsten Orten eine wilde Säung von Eichen, Buchen, Nadelholz, wilden Kastanien und wildem Obst vorzunehmen“ (zit. n. Schmidt 1940: 88).

> „Ein kleiner Teil des Lippischen Landes besteht aus dürrem Sande, in der Senne, wo nur vier Dorfschaften, Schlangen, Haustenbeck, Dörren und Senne im Amt Oerlinghausen, angebaut sind. Der übrige Teil dieser lippischen Senne ist auf keine Weise kultiviert, obgleich alle Arten von Nadelholz hier so gut wie in der preußischen und rietbergischen Senne, zur Holte, fortkommen würden. Hieran ist wahrscheinlich der Überfluß an Laubholz die Ursache, womit das Fürstentum Lippe vor allen umliegenden Gegenden reichlich versehen ist“ (zit. n. Stöwer 1973: 145).

Der Autor der letzten Bemerkung sah also noch 1789 im Holzreichtum Lippes den Grund dafür, dass man sich die unkultivierte Senne als verheideten Freiraum leistete, statt sie planmäßig aufzuforsten. Doch der Durchbruch neuer forstwissenschaftlicher Erkenntnisse stand um diese Zeit an und das forstlich-ökonomische Umdenken war innerhalb der Landeskulturpolitik um die 18. Jahrhundertwende unaufhaltbar: Aus der Feststellung eines *Überflusses an Laubholz* wurde innerhalb weniger Jahre die Klage über eine *Holznot*;

die Feststellung eines vermeintlichen Holzmangels war dabei Bestandteil einer Argumentation, die zur Legitimation und Durchsetzung agrarreformerischer Forstpolitik gegen die Interessen und Gewohnheitsrechte der lokalen Bevölkerung (Waldweide, Brennholzsuche, Plaggenentnahme etc.) diente. Auch für die Senne wurden nun Empfehlungen zur Aufforstung häufiger; so riet im Jahre 1805 der als Gutachter zugezogene Bückeburger Oberforstmeister Kaas:

> „Da die sandigen öden Distrikte, die aus der weiten, wüsten Senne sich in das Gebirge hinauf erstrecken, sowie die unabsehliche Steppe der Senne selbst sich auf keine Art leichter und angemessener in Kultur bringen lassen als durch den Anbau des für diesen Boden passenden Kiefernholzes: so wäre die Fortsetzung der Kieferanlage auf der Brandheide sowohl für das Wohl des Landes als für den Vorteil der herrschaftlichen Kasse recht sehr zu wünschen. [...] Jede Geldsumme, die zum Anbau des Nadelholzes hier verwendet wird, wird gewiß auf reiche Zinsen ausgelegt sein" (zit. n. SCHMIDT 1940: 88).

Zum Teil nur unter dem Zwang der lippischen und preußischen Regierungen legten die Sennebauern in den Folgejahren Kiefernpflanzungen an; sie selbst hätten wohl vielmehr eine Erhaltung der Heideflächen für den Plaggenstich und die Schafweide bevorzugt als die Anlage eines zur Hude völlig unbrauchbaren Nadelforstes (vgl. MAASJOST 1933: 53). Auch Wilfried Stichmann weist eindrücklich auf den Widerwillen der Heidebauern gegen solche Formen der Modernisierung hin:

> „Wie sehr die Heidebauern an ihren herabgewirtschafteten und verwüsteten Böden hingen und wie sehr sie die Heidewirtschaft als eine intensive landwirtschaftliche Nutzung betrachteten, geht aus den Berichten hervor, nach denen sich die Bauern der Aufforstung der Heideflächen widersetzten. Das kostenlos gelieferte Kiefern-Saatgut ließen sie vor der Aussaat in den Backöfen verdorren. Später konnten sie ihren [...] Landesherrn mitteilen, die Samen vermochten auf den armen Sandböden nicht einmal zu keimen" (STICHMANN 1965: 23f).

Erst im 20. Jahrhundert wurden Aufforstungen im großen Stil durchgeführt, und auch Ideen der agrarischen Modernisierung der Senne nahmen jetzt zunehmend Gestalt an. Eine diesbezügliche Vorbildfunktion kam dabei offenbar der in den 1880er Jahren vom Pfarrer Bodelschwingh gegründeten

Obdachlosenkolonie Wilhelmsdorf zu **(Abb. 21)**; die hier angewandten, am neuesten agrarwissenschaftlichen Wissensstand orientierten Anbaumethoden wurden in den Folgejahren mehr und mehr auch von den staunenden Bauern der Nachbarschaft übernommen. Diesen Wandel und die Erfolge einer neuen, „rationellen" (*das* Schlagwort der Modernisierungsoptimisten des 19. Jahrhunderts) Landwirtschaft stellt im Jahr 1902 der Lehrer Schmidt aus der Bauernschaft Senne II dar:

> „Ein sichtbarer Wandel hat sich in Bezug auf Landwirtschaft und Viehzucht seit dem Jahre 1895 vollzogen. Während in den früheren Jahren der Senner Bauer vorzugsweise die höher gelegenen Felder bebaute [...], ist er heute dank der Mustereinrichtungen der benachbarten Kolonie Wilhelmsdorf zur vollen Aenderung der von den Altvordern überkommenen Weise übergegangen und hat sich das Verfahren von Wilhelmsdorf zum Muster genommen, Entwässerungsgräben angelegt, die weitaus nutzlos liegenden Heidestrecken

Abb. 21: Die Kolonie Wilhelmsdorf, Keimzelle der von Bodelschwinghschen Anstalten Eckertsheim, um 1900. Die hier angewandten modernen Anbau- und Kultivationsmethoden hatten um die Jahrhundertwende Ausstrahlung und Vorbildfunktion für eine neue Form der Landbewirtschaftung in der Senne. [Entn. aus PRÜMER 1909: 107]

> durchgebrochen, die das Wasser nicht durchlassende Ortschicht ans Tageslicht gebracht, neue Kornfelder geschaffen, Wiesen angelegt, die, rationell behandelt, mit den fetten Wiesen am Werre-Lutterbach konkurrieren können. [...] Nach Verlauf eines Jahrzehntes werden die tiefgelegenen Heidestrecken verschwunden sein und wogenden Aehrenfeldern und grünenden, saftigen Wiesen Platz gemacht haben. Stellenweise zeigt der Heideboden eine solche Ergiebigkeit, dass große Flächen nur planiert und besamt worden sind und das vortrefflichste Gras und vorzüglichen Klee hervorbringen. Dabei kommt jedoch in Betracht, daß von Kunstdünger ausgiebiger Gebrauch gemacht wird" (SCHMIDT 1902: 5).

Die von Schmidt geschilderten Erfolge der Kultivation beziehen sich allerdings auf den ohnehin vergleichsweise fruchtbaren Nordwestteil der Senne, der landschaftsgeographisch als moränenreiche „Drumlin-Senne" beschrieben wurde. Doch auch für die weitaus kargeren Bereiche der Oberen Senne im lippischen Raum wurden bald analoge Überlegungen angestellt. Eine frühe, ähnlichen Forderungen zeitlich um einige Jahre vorausgehende Idee zur systematischen Kultivation der lippischen Senne mit modernen technischen und chemischen Methoden datiert aus dem Jahr 1907: Ein „Die Zukunft unserer Senne" betitelter Artikel der Lippischen Landeszeitung nimmt Bezug auf eine bereits durchgeführte Bodenkultivation in der Lüneburger Heide und berichtet „über die Wunder, welche der Dampfpflug [dort] hervorgebracht" habe:

> „Dieser Anblick, wie aus dürrem Sande durch die Berührung mit dem scharfen Eisen ohne Alchemie Gold über Gold erzeugt wird, kann und muß uns arme Lipper zur eifrigen Nachfolge reizen." [...] „Dieser glänzende Erfolg [...] muß auch in unserer Lippischen Senne möglich sein, wenn das gleiche Zaubermittel – der Dampfpflug – angewandt wird." [...] „Eine derartige Fläche [...] zu ameliorieren und damit den im Sande vergrabenen goldenen Schatz der Nibelungen zu heben, scheint uns wohl des Schweißes der Edlen wert zu sein" (LIPPISCHE LANDESZEITUNG vom 2.11.1907).

Der Autor schlägt die Gründung einer „Kulturgenossenschaft" vor; all den Sennebauern, die sich der kollektiven Landkultivation enthalten würden, sollte man mit einem „Enteignungsrecht" drohen. Die Forderung blieb zunächst ein Einzelfall. Erst während des Ersten Weltkrieges setzte ein intensiverer Diskurs über die Notwendigkeit der Nutzung brachliegender agrarischer Produktionspotentiale zum Zwecke der „Volksernährung" ein. Diese

Aufmerksamkeit „lenkte sich erklärlicherweise auf die größte zusammenhängende Ödlandfläche unseres Landes: die Senne" (FLEEGE 1916: 10). Die Sennekultivierung wurde zur „Kriegsaufgabe", erhielt „durch die wirtschaftlichen Folgen des Kriegswinters 1914/15 eine große Förderung" und bot sich zur Durchführung „umsomehr" an, da „für diese Arbeit in den benachbarten Kriegsgefangenenlager die geeigneten *billigen* Arbeitskräfte vorhanden" waren (FÜRSTL. LIPP. KALENDER 1916: 89; Hv. original). Der Landrat Staerke hatte bereits im Januar 1915 vorgeschlagen, die „augenblicklich [...] außerordentlich günstigen" Umstände zu nutzen und die „vielen Tausende von Gefangenen" für die Ödlandkultur in der Senne zu „verwenden" (LIPPISCHE LANDESZEITUNG vom 19.2.1915) **(Abb. 22, 23)**. Die Idee wurde in die Tat umgesetzt:

Abb. 22 u. 23: Kriegsgefangene des Lagers Staumühle 1917 bei Kultivierungs- und Wegebauarbeiten in der Senne. Während des Ersten Weltkrieges wurde die Kultivierung der im zunehmenden Maße ungenutzten Heideflächen als „Kriegsaufgabe" dargestellt und die Verfügbarkeit billiger Arbeitskräfte in diesem Kontext begrüßt. [Privatarchiv Walter Göbel, entn. aus PIESCZEK 1992: 203]

> „In der Stapelager Senne nördlich von Augustdorf wird [...] eine Art Kultivierungsvorarbeit erledigt, insofern nämlich, als bereits seit einigen Monaten anfangs 80, jetzt noch 20 Gefangene das Heidekraut abmähen" (FLEEGE 1916: 70).

Eine ganze Reihe an Zeitungsartikeln und Aufsätzen befassten sich in den Jahren 1915 und 1916 mit dem Thema der Urbarmachung der Senne.[91] Vorträge sowohl von einheimischen so genannten „Senne-Sachverständigen" wie auch geladenen auswärtigen Spezialisten, etwa einem Geologen von der Preußischen Landesaufnahme in Berlin, wurden gehalten (vgl. FÜRSTL. LIPP. KALENDER 1916: 89). Man betonte jetzt immer wieder die sowohl theoretische als auch in der Praxis erwiesene *Kulturfähigkeit* des Sennebodens, und auch die ökonomische Vermarktung des Sennesandes als Bausand und als „Bergeversatz" für zu verfüllende Stollen des „rheinisch-westfälischen Industriegebietes" kam zur Sprache (vgl. LIPPISCHE LANDESZEITUNG v. 9.3.1915). Auch bestand die Planung einer weiteren Verkehrserschließung der Senneregion, so etwa der (letztlich nicht realisierte) Bau einer Bahnlinie zwischen Lippstadt und dem lippischen Verkehrsknotenpunkt Lage durch die Dörenschlucht. Es schien, als sollte die großflächige Urbarmachung des Ödlandes in der Senne nun kurz bevor stehen; auch der Bund für Heimatschutz, zuständig für naturschützerische Angelegenheiten, signalisierte sein Einverständnis (vgl. EBERT 1914 u. 1916). Ein Befürworter der Urbarmachung der Senne zeichnet 1915 in der Lippischen Landeszeitung das rückständige Bild eines Heidehirten und argumentiert damit für die Idee der Modernisierung solcher Landschaften, wie er sie anderen Ortes bereits „bestaunt" hat. Dasselbe Bild wäre interessanterweise fast deckungsgleich auch als positive Imagination einer ersehnten heilen Welt aus der naturromantischen Perspektive für die Protagonisten des Heimatschutzes zeichenbar; nur deren Bewertung wäre freilich eine andere gewesen:

> „Wer vor einem halben Jahrhundert die öden Heiden [...] durchquerte, dort auf ausgedehnten Strecken selten eine armselige Hütte, ab und zu eine Heidschnuckenherde erblickte, deren Hirt nebenher mit dem Stricken eines langen Wollstrumpfes beschäftigt war, der muß heute beim Anblick jener Landschaft staunen über das, was deutscher Fleiß, deutsche Beharrlichkeit im Laufe der Zeit erzielt hat" (OESTERHAUS 1915).

---

91 Vgl. im chronologisch geordneten Literaturverzeichnis die Veröffentlichungen der betreffenden Jahre.

Abb. 24: Der Heimathof auf der so genannten Hermannsheide zwischen Augustdorf und Haustenbeck im Jahr 1935. Mit diesem Vorzeigeprojekt der von Bodelschwinghschen Anstalten waren Modernität und geradezu städtische Ordentlichkeit in einen der trockensten und entlegensten Bereiche der ‚wilden' Senne vorgedrungen. [Privatarchiv Walter Göbel, entn. aus PIESCZEK 1992: 100]

Durch die Kriegs- und Nachkriegswirren verzögerte sich die Planung einer raschen, systematischen und raumgreifenden Kultivierung; nach 1916 verstummten derartige Forderungen zunächst wieder, ohne dass bis dahin viel geschehen war. Zu einschneidenden Veränderungen der Senner Kulturlandschaft kam es erst in der Zwischenkriegszeit, als – auch anlässlich des größeren Bevölkerungsdrucks durch die Verkleinerung des Staatsgebietes – mit Hilfe von Motorkraft und Agrikulturchemie nun tatsächlich die Kultivation großer Gebietsteile des Freiraums in der Senne angegangen wurde. Die 1920er und die 1930er Jahre wurden zu wichtigen Dekaden für die Urbarmachung der Senne und die damit einhergehende tiefgreifende Veränderung der Landschaft. Der Ortstein, jene „Altlast jahrhundertelanger extraktiver Landnutzung" (HÖCKER 1986: 26), konnte Kraft des Dampfpfluges gebrochen werden, Meliorierungen des Bodens und Trockenlegungen von vernässten Gebietsteilen wurden nun systematisch und großflächig angegangen.

Institutioneller Motor der Kultivationen waren neben den administrativen Behörden und einigen finanzstarken Großgrundbesitzern vor allem auch die Träger von Einrichtungen sozialtherapeutischer Zwecke. Insbesondere die Bodelschwinghschen Anstalten initiierten – wie schon zuvor mit der Kolonie Wilhelmsdorf – weiterhin ehrgeizige Projekte, so die Urbarmachung extrem trockener Sandböden in der Oberen Senne, die grundwasserfern und ohne Quell- oder Bachnähe bislang als für die Landwirtschaft völlig ungeeignet galten. Der Heimathof und andere Einrichtungen auf der so genannten Hermannsheide zwischen Augustdorf und Haustenbeck wurden während der Wirtschaftskrise um 1930 errichtet. Sie erbrachten den Beweis, bisher kaum möglich Geglaubtes möglich machen zu können und eröffneten so konkret die Perspektive, letztlich die ganze öde und unfruchtbare Gegend agrarisch nutzen und den Freiraum Senne kulturell aneignen zu können **(Abb. 24)**. Im Ravensberger Heimatkalender heißt es 1932 über das Projekt auf der Hermannsheide:

> „In der großen Heide bei Augustdorf und Haustenbeck hat Bethel etwa 4.000 Morgen Heideboden gekauft, über die noch niemals ein Ackerpflug ging. Bis 1927 war hier noch endlose Heide, und wohl kaum dachte jemand ernstlich daran, hier zu siedeln. Der Blindenverein Düsseldorf wollte hier eine Blindensiedlung errichten, der Versuch schlug jedoch fehl, nur ein Haus wurde fertiggestellt. Dieses Haus, das erste in der weiten Heidefläche, wurde der Anfang eines Werkes, das in seiner Art vorbildlich zu werden scheint" (K.B. 1932: 59).

Die erste Ernte auf den mit „biologischen Düngeverfahren" vorbereiteten neuen Ackerflächen wird als „vorzüglich" beschrieben, es gedeihe „erstklassiges Gemüse" dort, wo „im vorigen Jahr noch Heide wuchs"; 43 Zentner Bohnen wurden auf 800 qm Fläche geerntet und an einer Tomatenstaude zählte man „mehr als 80 dicke Früchte" (K.B. 1932: 61). Aber auch sehr viel weitergehende Veränderungen der kulturellen Infrastruktur in der Senne ersann man sich in dieser Zeit; so zeichnete in den 1920er Jahren der ansonsten mehr an frühgeschichtlichen Dingen interessierte Schulrat Schwanold positive Zukunftsvisionen von einer möglichen Schwerindustrie in der Senne, als er anlässlich einer Probebohrung nach Kohle auf dem Gemeindegebiet Haustenbecks mutmaßte:

> „Und wenn die wirtschaftliche Entwicklung während des Weltkrieges auch ruhte, so setzte sie doch nachher allmählich wieder ein [...] und in den Tagen, in denen dies Buch entsteht, bahnt sich eine entscheidende Wendung darin an: Der Bohrturm erhebt inmitten des Dorfes sein schwarzes Haupt und seine weiße Fahne weht im Winde.

Ueber 200 Meter tief hat sich der Bohrer in die Tiefe gesenkt, und wenn er in 600 Meter Tiefe die gesuchte Kohle findet, dann ist für Haustenbeck und die ganze Senne ein Markstein in der Geschichte gesetzt. Dann werden bald Kohlezechen entstehen, wo heute der Ackerbauer seine Furche zieht, und es werden Schlote rauchen, wo bisher grüne Föhren standen, aber es werden auch Menschen Arbeit und Brot finden, wo bisher dürrer Sand den Menschen schreckte" (SCHWANOLD 1928: 197).

Freilich hat die Probebohrung nicht den erwünschten Erfolg erzielt und keine Schwerindustrie entstand.[92] Stattdessen wurde der vom Bodenwert her billige Freiraum in der Senne nur wenige Jahre später in anderer Weise genutzt: Das Dorf Haustenbeck wurde Ende der 1930er Jahre zugunsten der Erweiterung des Truppenübungsplatzes aufgelöst, das gleiche Schicksal ereilte später auch Siedlungen in der Hövelsenne und andere schon kultivierte Ländereien. Auch die Bodelschwinghschen Besitzungen auf der Hermannsheide mussten schließlich dem Militär weichen und statt weiterer Modernisierung fand in diesem Bereich der Senne vielmehr eine Rücknahme der bereits eingebrachten Kultur statt. Außerhalb der Grenzen des Truppenübungsplatzes sah die Entwicklung anders aus: Neben der fortgesetzten agrarischen und forstlichen Umwandlung und Modernisierung wurde auch die Urbanisierung ehemaliger Ödlandflächen forciert; insbesondere in den Peripherien der städtischen Zentren Bielefelds und Paderborns wurden seit Mitte der 1920er Jahre Ein- und Zweifamilienhaussiedlungen im erheblichen Umfang in der Senne errichtet. Eines der ersten größeren Wohnungsbauprojekte war der „Sennehof", eine Reichsheimstättensiedlung südöstlich des Bielefelder Sennefriedhofs. Die Ravensberger Heimstättengesellschaft hatte 1924 Heideflächen in der Senne erworben, 1927 konnten die ersten 60 Familien ihre Wohnungen in der als Gartenstadt konzipierten Siedlung beziehen. Der Ingenieur Herbert Wiehr beschreibt den Ablauf der Herrichtung des Geländes:

„Das Gelände war damals richtiges Senne-Heideland. Ehe daher an eine Bebauung des Geländes gegangen werden konnte, mußte eine Kultivierung des Bodens vorgenommen werden. Die Heide wurde umgebrochen und reichlich mit Mergel beschickt. 1925 wurde das

92 Nur als Gedankenspiel: Hätte es geklappt mit der erhofften Kohleförderung, so wäre aus heutiger Sicht auch die Entstehung eines Schwerindustriegebietes als eine typische Nutzung der peripheren Randlandschaft Senne zu interpretieren. Vielleicht würde dann heute darüber diskutiert werden, inwiefern eine Einbeziehung der verwildernden und naturierenden Industriebrachen in eine größere Naturschutzfläche möglich wäre.

> Gelände mit Lupinen bestellt und nach deren Unterpflügung im Jahre 1926 das erste Mal mit Roggen. Der Ertrag des Bodens war für das frisch kultivierte Gelände als günstig zu bezeichnen. Mit dem Bau der Siedlung, die in ihrem wesentlichen Teil der Umsiedlung städtischer Familien auf das Land dienen sollte, konnte daher begonnen werden. [...] Damit würde wieder einmal ein Stück unfruchtbaren Sennebodens der gärtnerischen Kultur zugeführt und der allgemeinen Volkswirtschaft nutzbar gemacht" (WIEHR 1928: 115f).

Es zeigte sich bald, dass sich nicht nur Familien aus „engen und unzureichenden, schlecht belichteten Stadtwohnungen" für die neuen Siedlungshäuser ‚im Grünen' interessierten, sondern auch mehr und mehr Anwärter aus der Senne selbst kamen (WIEHR 1928: 117). Bei der Grundsteinlegung des Projektes „Sennehof" dichtete der Geheimrat Ermann, der „tatkräftige Vorkämpfer der Bodenreform in Westfalen und der Schöpfer des deutschen Reichsheimstättenrechtes" (ebd.: 117), in seiner Ansprache die Verse:

> „Es schätze sich als ein glücklicher Mann, // Wer im Sennehof Siedler werden kann, // Wo gefeit gegen Bodenschacher und Wucher // Reichsheimstätten sich öffnen dem Heimatsucher. // [...] // Drum: Glückauf! Es entsprosse dem Sennekies // Ein dauerndes Heimstättenparadies!" (WIEHR 1928: 117).

Den ‚Kies' (statt des naheliegenden Sandes) wird der Geheimrat Ermann wohl um des Reimes Willen in die Senne projiziert haben! Der Wohnungsbau verwandelte in den Folgejahren immer mehr brachliegende Heideflächen in ökonomisch nutzbaren Grund und Boden; das billige Ödland bot hierfür reichlich Platz. Während des Zweiten Weltkrieges wurde zwar weniger gebaut, doch schon bald in der Nachkriegszeit wurden die Arbeiten wieder aufgenommen. Auch in Kernbereichen der Senne schritt jetzt der Wohnungsbau und damit die Zersiedelung der Landschaft voran, so etwa in den Bereichen Buschkamp, Stukenbrock oder Augustdorf.

> „Der große Bedarf an Siedlungsland für die Flüchtlinge aus Osteuropa nach dem 2. Weltkrieg zielte auf Regionen, in denen bei geringer natürlicher Produktionsgunst die Preise für Bauland niedrig waren und wo gleichzeitig die Bereitschaft bzw. Notwendigkeit zum Landverkauf gegeben war. Diese beiden Kriterien erfüllten im Neben- und Zuerwerb bewirtschaftete Flächen z. B. auf den kultivierten Hochmooren in Nordwestdeutschland und in Gebieten mit einem sehr hohen Anteil an ‚Ödland', wie z. B. der Senne (HÖCKER 1986: 20).

Abb. 25: Luftaufnahme aus der Frühphase des Baus der Sennestadt. Der aus agrarökonomischer Perspektive nur geringwertige Bereich der Heeper Senne – nach Einrichtung des Wasserwerks der Stadt Bielefeld war hier der Grundwasserspiegel noch tiefer gesunken – diente als Freiraum für das bundesweit Aufsehen erregende Städtebauprojekt. [Entn. aus: REICHOW: *Sennestadt.* Sennestadt o. J.: 16]

Von Peter Schneider erschien 1952 eine geographische Abhandlung über „Natur und Besiedlung der Senne“, die den Status eines Standardwerks zur Senner Landschaftsgeschichte errang. Schneider steht als ein wissenschaftlicher Vertreter der von Modernisierungs- und Aufbaueuphorie infizierten Nachkriegsgesellschaft für jenen Zeitgeist, der aus heutiger landschaftsökologischer Perspektive vielfach kritisiert wird. Der Autor begrüßt die in den 1920er Jahren begonnenen und zu dieser Zeit rasch fortschreitenden Bau- und Kultivierungsmaßnahmen in der Senne ausdrücklich. Ganz anders als 20 Jahre zuvor sein kultivierungskritischer Kollege Maasjost, von dem weiter unten noch die Rede sein wird, baut Schneider seine Argumentation auf einem Negativbild von der Senne auf. Er spricht von einem „Bann“, der „über dieser seltsam abgelegenen Öde“ liege, die er als „hinterwäldlerisch im wahrsten Sinne des Wortes“ bezeichnet. Er betont mehrfach die historische Wahrnehmung der Senne als „verachtetes Gebiet“, als ein „Unland“, in das sich zu bewegen es in früherer Zeit „keinen natürlichen Anreiz“ gegeben habe (SCHNEIDER 1952: 27ff). Grenzen für eine weitergehendere Modernisierung der Landschaft sieht er auch weiterhin in der „natürlichen Ungunst des Raumes“, die ihm „örtlich unüberbrückbar“ scheint (ebd.: 41). „Rings umgeben von früh und kräftig aufblühenden Kulturlandschaften, verharrt die Senne als ausgesprochenes Hinterland im Zustand der Verödung“, schreibt Schneider, aber diese „unfruchtbare Lethargie“ sei „zu brechen“ durch die Nutzung des Bodens „nicht als Lebensgrundlage, sondern als Wohngrund“ (ebd.: 41). Schneider weiß um den „Verlust des ursprünglichen Landschaftscharakters“ (ebd.: 41) durch die von ihm geforderte Kultivierung und Urbanisierung:

> „Vom Standpunkt des Naturschutzes ist das bedauerlich, aber es bedeutet den Beginn einer neuen Phase im Siedlungsgeschick der Senne. Die Ungunst der Natur, die allen größeren Entwicklungen so lange hindernd im Wege stand, kann nunmehr [...] gebrochen werden. [...] Freilich wird diese Entwicklung auch hier auf Kosten der Reste einer Landschaft geschehen, die sich als eine der letzten mit den geschlossenen Ödflächen mitten im dichten westfälischen Siedlungsgebiet erhalten hatte. Dem Naturschutz wird die Aufgabe zufallen, ein kleines Zeugengebiet zu pflegen, um vom ehemaligen ‚Desertum Sinedi' ein wenig zu erhalten, nicht zuletzt zur Freude der neuesten Sennesiedler, die hier ihre Heimstätte zu finden hoffen“ (SCHNEIDER: 1952: 40f).

Die nordwestliche Senne ist in den Nachkriegsjahrzehnten zu einem Teil des dichtbesiedelten Bielefelder Großraumes geworden. Insbesondere die

Trabantenstädte Oerlinghausen-Süd und Sennestadt fanden Platz im Freiraum der Senne **(Abb. 25, 26)**, und um die zuvor vergleichsweise winzigen Senneorte herum entstanden größere Wohnsiedlungen und Industrieflächen. Mit Blick auf die gesteigerte Attraktivität des Grund und Bodens stellte Wilhelm Wilms Ende der 1960er Jahre fest: „Die Senne, lange verkannt und verachtet, ist heute Goldes Wert" (Wilms 1968: 87). Mit kritischem naturschützerischen Blick wurde diese Entwicklung und die Bewertung, was „Fluch" und was „Segen" für die Landschaft bedeutet, freilich anders beurteilt:

> „Aus der naturnahen Landschaft und der historischen Kulturlandschaft der Senne [ist] in nur drei Jahrzehnten an vielen Stellen schon eine geschichtslose Allerweltslandschaft geworden" (Reg. Präs. Detmold 1986: 9).

Ein großer Bereich der Senne, praktisch der ganze südliche Teil, nahm im 20. Jahrhundert eine ganz andere Entwicklung: der Truppenübungsplatz, der im folgenden Unterkapitel zentrale Beachtung findet.

Abb. 26: Auch die Oerlinghauser Südstadt wurde in den ersten Nachkriegsjahrzehnten in zeittypischer Bauweise auf ehemaligen Heideflächen der Oberen Senne errichtet. [Entn. aus Peter 1970: 56]

4.6. Die Senne als Freiraum für Sondernutzungen

In seiner geographischen Raumanalyse charakterisiert Gerhard Fuchs die Senne als „ein Beispiel für fremdbestimmte Einflüsse und Nutzungsansprüche“; in Hinblick auf ihre Funktionalität beurteilt die Gegend als „benachteiligten Passivraum“, als „Durchgangslandschaft“, als „agrarwirtschaftliches Ergänzungsgebiet“ und als eine „Reservefläche für Siedlungs- und Verkehrsflächen“, die „wegen der geringen Siedlungsdichte Sonderfunktionen (Truppenübungsplatz seit 1891; Einrichtungen der Resozialisierung)“ übernimmt (Fuchs 1983: 297). Er resümiert: „War schon die Heide selbst eine Raub-Kulturlandschaft, so weist die gesamte Senneregion heute die Merkmale einer großstadtnahen Mehrzwecklandschaft auf“ (Fuchs 1983: 302). Die Analyse des Senneraumes als Mehrzweck- und Durchgangslandschaft, als Passiv-, Reserve- und Ergänzungsraum unterstützt die von mir angestellte Interpretation der Senne als einen auf ganz unterschiedliche Weise von außen her genutzten funktionalen Freiraum. Neben den schon erwähnten Sondernutzungen als Grenzgebiet, als Hude- und Jagdgebiet, als Konzentrationsfläche für gesellschaftliche Randgruppen (bei Fuchs unter dem Stichwort „Resozialisierung“ angesprochen) und der Funktion als Freiraum für Kolonisierung und Modernisierung (bei Fuchs: „Reserveflächen für Siedlungs- und Verkehrsflächen“) lassen sich einige weitere Sondernutzungen beschreiben; teils sind diese administrativ verordnet, teils werden sie informell bis illegal betrieben.

Bevor in ausführlicherer Weise auf die wichtige Sondernutzung als Truppenübungsplatz eingegangen wird, soll zuvor noch kursorisch auf einige andere exemplarische Nutzungen der Senne hingewiesen werden, die als formelle oder informelle Sondernutzungen gelten können; so etwa auf die systematische Nutzung der Senne als Trinkwasserentnahme- und zugleich als Abwassereinleitungsregion; Fuchs spricht vom „Ergänzungsraum für die Wasserversorgung der umgebenden (Groß)städte“. Aufgrund des Niederschlagsreichtums infolge vor dem Teutoburger Wald abregnender Westwinde, der hohen Speicherkapazität und der guten Filterwirkung der mächtigen Sander gilt die Senne als ein ausgezeichnetes Grundwassergewinnungsgebiet. Die Sennebewohner und -gemeinden selbst hatten zwar nur wenig Nutzen von der hydrogeologischen Situation tief unter ihren Füßen, jedoch erkannte die finanzkräftige und wasserarme Stadt Bielefeld schon früh den Wert der unterirdischen Wasservorräte. Bereits im Jahre 1882 wurden Geländeankäufe in der Senne getätigt, 1889 öffnete das erste Wasserwerk im Sprungbachtal und bis heute gibt es über zwanzig Wasserwerke und mehrere hundert Brunnen in der Senne; seit einigen Jahren wird zudem auch fossiles Tiefenwasser angebohrt.

Seit 1953 erfolgte auch eine Rückführung der städtischen Abwässer durch eine 26 km lange Rohrleitung über den Teutoburger Wald hinweg bis in die Senne zurück; bis in die 1980er Jahre wurden die Abwässer auf Rieselfeldern unterhalb der Entnahmezone großflächig verteilt dem Wasserhaushalt der Senne wieder zugeführt. Ein solcher Kreislauf schien ökologisch sinnvoll zu sein, da man erkannt hatte, dass durch die jahrzehntelange Wasserentnahme mit stets steigender Förderkapazität der Grundwasserspiegel in der Senne bedenklich gesunken war. So stellt Friedrich KÜCHEMANN (1957: 48) dar, dass ein Zusammenhang zwischen dem Absinken des Grundwasserspiegels im Bereich der Bielefelder Wasserwerke I und II und der Auswahl eben dieses hierdurch landwirtschaftlich kaum mehr rentabel nutzbaren Geländes als Standort des Trabantenstadtprojektes Sennestadt – einer anderen Sondernutzung also – bestand. Die Entsorgung von städtischen Fäkalien in die Senne hinein hatte schon vor der Einrichtung der Rieselfelder längere Tradition; bereits im 19. Jahrhundert war es üblich, dass Sennebauern nach den Markttagen den Inhalt der städtischen Jauchegruben in so genannten ‚Aalkanonen' (längliche Blechfässer auf Wagengestellen) mitnahmen und dosiert auf ihren nährstoffarmen Sandböden zur Düngung verströmten (vgl. WILMS 1968: 84). Bei der modernen Rückführung und Verrieselung der Abwässer im großen Stil ließ man allerdings geflissentlich die Akkumulation der verrieselten Schadstoffe im Sennesand außer Acht, obgleich diese jetzt auch vermehrt mit anorganischen und synthetischen Inhaltsstoffen belastet waren. Dennoch sind heute einige der ehemaligen Berieselungsflächen als Naturschutzgebiete ausgewiesen; auch hier gilt also, dass der Naturschutz als Verwerter überkommener Nutzungen in Erscheinung tritt.

Eine kritische Stellungnahme zur ungleichen Logik des Nehmens und Gebens zwischen Peripherie und Zentrum findet sich im Jahr 1953, dem Baujahr der Abwasserfernleitung, im Text „Eine Sennefahrt" des Detmolders August Meier-Böke. Der lippische Heimatkundler beschreibt, wie sich angesichts der modernen wasserbaulichen Anlagen im Bärenbachtal in der Senne die fröhliche und gesellige Stimmung einiger wandernder Naturfreunde abrupt verändert:

> „Wortkarg und in uns gekehrt sangen und zupften wir nicht mehr. Wanderer zwischen zwei Welten, auf eine beinahe schmerzliche Weise betroffen von beider Unterschied. Dem Unberührten der Furlbachnatur und dem Technischberührten des Bärenbachtales, aus dem aus einem Halbhundert Bassins hintereinander die große Stadt am Osning ihr Frischwasser bezog, um dafür als Gegengabe an das dürre Land ihre trüben Abwasser zu bieten" (MEIER-BÖKE 1953: 5).

Schon im Jahr 1914 hatte der Bielefelder Wandervogel W. Engels die Nutzung der Senne unter dem Aspekt der *Ausnutzung* auch am Beispiel der Wasserentnahme kritisiert und weitere Kritikpunkte hinsichtlich eines „Aussaugens" der Senne hinzugefügt:

> „Ja, sie [die Stadt Bielefeld; RS] saugt schon lange Lebenssaft und Lebenskraft, Wasser für die Gesunden, Luft für Sieche, aus der viel ärmeren Senne. Deren Bewohner, einst mit ihren Leinenballen eine alltägliche Erscheinung auf den Wegen stadtwärts, haben ihre Kräfte für gutes Geld in den Dienst der Maschine in der großen Arbeitsstadt gestellt, und selbst die Sonne der Senne muß für die findigen Bielefelder auf der Bleiche fleißig sein. Nicht einmal den weißen Sand lassen sie ungenutzt liegen, ja, sie suchen ihn allsonntäglich noch aus Uebermut mit lautem Gebaren heim und lassen zum Dank ihm nur Papier und Flaschensplitter. Wenn sie ihre Pferde rennen und Luftfahrzeuge steigen lassen, ist er ihnen gerade wieder gut genug" (ENGELS 1914: 4).

In dieser Passage weist Engels auch auf eine Reihe anderer Sondernutzungen der Senne hin, u. a. auch auf die entstehenden Freizeitnutzungen, die schon damals zum Ärgernis einiger früher Naturschützer avancierten. Informelle Freizeitnutzungen der Sennelandschaft haben zu allen Zeiten die Naturliebhaber gestört; auf diesen Aspekt wird auch im Kapitel über Naturschutz noch eingegangen. Bei Engels werden Sonntagsausflüge mit Heidepicknick, das freie Reiten und die Anfänge des wilden, erst später institutionalisierten Segelfliegens genannt **(Abb. 27, 28)**. Zwei gegenwartsnähere Beispiele ‚wilder' Freizeitnutzungen der Senne sollen an dieser Stelle noch genannt sein. In den 1970er Jahren waren für manche Naturliebhaber knatternde Modellflugzeuge in der Senne ein Ärgernis; diese zogen ihre Kreise über einer Landschaft, in der weder Stromleitungen noch Bäume oder Bauwerke ihnen im Wege waren; für die Modellbauliebhaber ein geradezu ideales Gelände. Im Bereich des zu dieser Zeit noch nicht als solches eingerichteten Naturschutzgebietes Moosheide ließen die Fernsteuerpiloten ihre Flugzeuge mit, wie es heißt, „erheblichem Lärm" starten und landen. Der Natur- und Heimatschützer Kurt Rohlfs kommentierte dieses Geschehen in der Zeitschrift des Lippischen Heimatbundes mit einem Verweis auf die historische Wahrnehmung der Senne als ein regelloses Niemandsland:

> „Leider sehen viele Leute die Senne immer noch als eine Art Niemandsland an, das man für seine eigenen Interessen ausbeuten darf" (ROHLFS 1973: 235).

Abb. 27 u. 28: Die Oerlinghauser Senne am Fuße des Teutoburger Waldes, etwa um 1925. Das weitläufige Ödland bot viel freien Raum und wurde jetzt auch zum Segelflug genutzt. Gestartet wurde auf entwaldeten Kuppen des Teutoburger Waldes (siehe hierzu auch Abb. 9) oder, als Vorläufer der Seilwinde, per Zugseil. [Oberes Foto Wilhelm Pecher, Historische Bildersammlung im Institut für Lippische Landeskunde; unteres Foto entn. aus HÖLTKE, Werner: *Alt-Oerlinghausen und seine Umgebung.* Leopoldshöhe 1997: 22]

Mit der Ausweisung der Moosheide als Naturschutzgebiet wurde den Modellfliegern die Ausübung ihres Hobbys schließlich untersagt. Im Interview erinnert sich ein befragter Senne-Experte an diese auch von ihm als störend wahrgenommene Sondernutzung der Moosheide, und zugleich verweist er noch auf eine andere:

> *„Aber was da vor allen Dingen war: Da war Motor-Modellflug drin. Und das war ein Heidenspektakel. Der Krach war ohrenbetäubend, und die mussten da auch raus, und die konnten da auch dann nicht mehr unerlaubterweise weitermachen, wenn dort die Bäumchen gepflanzt waren. Ein anderer wichtiger Grund war das Dirnenunwesen, das sich da schon abspielte. Ja, überall wo's romantisch ist, da sind die auch zu finden! Die haben sich aber dann zurückgezogen, als sie da nicht mehr geduldet wurden, an die Bundesstraße zwischen Hövelhof und Stukenbrock"* (Friedhelm G.).

Neben dem „Heidenspektakel", welches die Modellflugfreunde veranstalteten, erwähnt Friedhelm G. ein „Dirnenunwesen", das damals in der Moosheide einen abseitigen Freiraum fand. Der nahe Parkplatz direkt an der Bundesstraße, die das Naturschutzgebiet Moosheide im Osten streift, fungierte offenbar als Kontaktplatz für Prostituierte. Gegenwärtig hat sich das Geschehen weiter westwärts auf einen Rastplatz an der mittlerweile fertiggestellten Autobahn 33 verlagert. Auch eine Lokalzeitung erwähnt das Naturschutzgebiet in diesem Kontext: Ein verärgerter Anwohner wundere sich „auch nicht darüber, dass sich in der Moosheide Prostitution eingenistet hat. Im Internet werde der Parkplatz Moosheide im Sennesand als Treffpunkt fürs horizontale Gewerbe angepriesen" (WESTFALEN-BLATT vom 16.10.2000).

Andere Freizeitnutzer, die in der Senne Freiräume für ihr zumeist ungern gesehenes Hobby finden, sind die nahezu an jedem Wochenende beobachtbaren Geländewagen- und Motocrossfahrer. Vor allem auf dem Panzerübungsgelände in der Stapelager Senne werden sie seit Jahren toleriert, und auch von vereinzelten Militärkontrollen ließen sie sich bis heute nicht von dort verdrängen. Rudolf HÖCKER (1986: 9) spricht in diesem Kontext von einem bei Bielefelder Jugendlichen beliebten „Motocross-Tourismus", der „an vielen Wochenenden den Lärmpegel der Panzerübungen weit in den Schatten" stelle. Tatsächlich haben es Anhänger des Geländemotorsports ansonsten recht schwer, geeignete Flächen für ihr lautes und – im wahrsten Sinne des Wortes – aufwühlendes Hobby zu finden; in aller Regel stehen ihnen nur informell Nischen und ungenutzte Restflächen der Kulturlandschaft zur Verfügung, so etwa stillgelegte Industriegelände, Sandgruben,

Baustellen oder siedlungsferne Brachgrundstücke. Die meisten solcher Nischenflächen sind für sie nur temporär nutzbar und oftmals viel zu kleinflächig; der Truppenübungsplatz in der Senne stellt für sie einen ungewöhnlich großflächigen und dauerhaft nutzbaren Freiraum dar. Von Naturfreunden, so dem Autor des Bildbandes „Naturparadies Senne“, werden solche informelle Freizeitnutzungen freilich negativ beurteilt:

> „Trotz der deutlich gekennzeichneten Sperrung des Geländes mit den entsprechenden Warnhinweisen kommt es immer wieder vor, dass Motocrossfahrer und private Geländefahrzeuge, Reiter, Jogger, Pilzesucher und Wanderer bis hin zu landenden Ballonfahrern angetroffen werden. Abgesehen von ihrem illegalen Handeln sind sie sich oft nicht der möglichen Gefahren bewusst, denen sie sich aussetzen (gemeint sind Blindgänger; RS). In letzter Zeit ist eine deutliche Zunahme illegaler Müllablagerungen im Bereich des Truppenübungsplatzes festzustellen. Für die Beseitigung solcher Freveltaten müssen nicht unerhebliche Geldsummen aufgebracht werden“ (TEICHMANN 2000: 205). „Unterschiedlichste Freizeitakteure drängen in die noch unbesiedelte Landschaft vor. Dabei wird auch das aufgrund der militärischen Nutzung bestehende Betretungsverbot, welches für alle Flächen außerhalb der für den öffentlichen Verkehr freigegebenen Straßen besteht, unverständlicherweise missachtet“ (TEICHMANN 2000: 215).

Doch jetzt zur Geschichte der wirkungsreichsten Sondernutzung großer Teile der Senne im letzten Jahrhundert, dem Truppenübungsplatz. Eine Karte aus dem Jahr 1757 bezeichnet den Südteil der Senne, in dem am Ende des 19. Jahrhunderts der Truppenübungsplatz angelegt wurde, als *Desertum maximum* (vgl. BECKMANN 1989: 44). Die Funktion als militärisches Sperrgebiet ist eine ganz typische Nutzungsweise von großflächigen, dünnbesiedelten Peripherien mit geringem Bodenwert; wie in den sandigen Ebenen Brandenburgs oder in der Lüneburger Heide, so auch in der Senne. Seit über einem Jahrhundert wird hier systematisch vom Militär geübt, zuerst kamen Kavallerie und Infanterie in den Sennesand, später schwere Kettenfahrzeuge und moderne Waffensysteme. Der lange währende Übungsbetrieb und der Status als Sperrgebiet hatten weitreichende Auswirkungen auf die Kulturlandschaftsentwicklung und die ökologische Ausstattung; der Truppenübungsplatz ist ein ganz zentrales Glied in einer Kette an landschaftshistorischen Fakten, die die Senne ausgehend von ihrer historischen Charakteristik als peripherem Freiraum über spezifische Sondernutzungen letztlich zu einer vom Naturschutz bevorzugten Region werden ließen. Auch für die Wahrnehmung der Sennelandschaft ist die Existenz des militärischen Sperr- und Übungsgebietes ein ganz zentraler Aspekt: Landläufig wird die Senne vielfach räumlich mit dem Truppenübungsplatz gleichgesetzt, die ganze Landschaft wird über diese außergewöhnliche Sondernutzung, die gut ein Drittel ihrer Fläche einnimmt, identifiziert. Auch eigene Kindheitserinnerungen bestätigen diese These von der wahrgenommenen Synonymität von Senne und Übungsplatz: Aufgewachsen auf der anderen Seite des Teutoburger Waldes war für mich die Senne da, wo es laut knallt, da, wo die Panzerwracks herumstehen, da, wo man nicht hin darf. Die weitgehende Identifizierung der Senne mit dem Truppenübungsplatz ist bereits seit nahezu einem Jahrhundert wirksam:

> „[Die Senne] ist den meisten Deutschen nur bekannt als große Sandwüste, die nur dazu geschaffen ist, den geplagten Soldaten das Leben möglichst sauer zu machen" (MICHELS 1928: 32).

> „Nur dem Namen nach, vom Hörensagen, kannte ich sie, die Senne, jedoch nicht im verlockenden Sinne. Heimatliche Soldaten gedachten beim Erzählen vom Truppenübungsplatz im grimmigen Erinnern des ‚verfluchten' Sennesandes, – ‚Sennesand, den der Herr im Zorn erfand' – und in einer alten Beschreibung der Senne hatte ich gelesen, daß man angesichts des dürftigen Sandbodens wahrlich nicht wüßte, von was die Sennebauern eigentlich lebten" (REHM 1932: 87).

In seiner aktuellen Ausdehnung hat der Truppenübungsplatz Senne zusammen mit dem Standortübungsplatz Stapel eine Flächengröße von etwa 116 qkm; damit nimmt das militärische Übungsgelände weit mehr als ein Drittel des gesamten Senneraumes ein und dabei den Großteil der trockensten Sennebereiche, der Oberen Senne. Eine gut 700-seitige Chronik des Übungsplatzes, die anlässlich seines hundertjährigen Bestehens 1992 vom Oberstleutnant Uwe Piesczek herausgegeben wurde, beginnt mit dem Satz:

> „Der älteste Truppenübungsplatz Westdeutschlands ist wohl auch der bekannteste in Europa. Soldaten fast aller europäischen Armeen haben den Sennesand verflucht [...]" (PIESCZEK 1992: 9).

Die Geschichte des Platzes und seiner Landschaft lässt sich weitgehend als eine Geschichte der Rücknahme von Kultur und der Bewahrung vor zivilisatorischen Modernisierungen begreifen; das unterscheidet diese Gegend grundsätzlich von den allermeisten anderen Gebietsräumen in Mitteleuropa, deren Entwicklung stets in Richtung zunehmender Modernisierung verlief. Die Entstehung des Truppenübungsplatzes Senne ist bis in das frühe 19. Jahrhundert zurück verfolgbar. Auf eine Anfrage der königlichen Regierung an ihre Landräte, wo im Lande geeignete Plätze für größere Truppenzusammenkünfte auszumachen seien, hatte der Paderborner Landrat von Elverfeld zwar noch im Jahr 1817 ablehnend geantwortet:

> „Eigentlich befindet sich in meinem Kreis kein Local, welches sich zur Abhaltung einer Revue (Manöver; RS) eignet. Hier gibt es zwar die wüste Senne, wo die Leute alle einzeln wohnen. Wenn diese Gegend auch hinlänglich Flächeninhalt zur Abhaltung einer Revue darbietet, fehlt es doch an allen Requisiten, welche zu den vorgefaßten Zweck nützlich sind, wie auch an dem nötigen Local für ein Hauptquartier. Auch kann man den armen Bauern eine so hohe Anzahl an Einquartierungen nicht zumuten, da es dort an allem fehlt, wie auch der Transport der benötigten Utensilien große Schwierigkeiten bereiten würde“ (zit. n.: Piesczek 1992: 16).

Dennoch wurde ab 1819 erstmalig eine Heidefläche von etwa 15 qkm zwischen Paderborn und Marienloh als Manöverplatz von der damaligen Landwehr genutzt: „Dieser Platz ist sehr geräumig und kann bis an die Grenze der Stadt Lippspringe ausgedehnt werden“, ließ die Provinzregierung in Minden 1819 verlauten (ebd.: 16). Zur Intensivierung der militärischen Nutzung der Senne kam es jedoch erst gegen Ende des Jahrhunderts; nach der Gründung des deutschen Reiches im Jahr 1871 wurde

> „... mit Vorliebe die Senne [...] zu Kavallerieübungen benutzt. Da erhielten die Dörfer jährlich auf Wochen Einquartierung, die, nachdem das Neue davon war, sehr lästig wurde. Da regten die Beteiligten an, die Militärverwaltung möge sich in der Senne Baracken bauen“ (Rebbe 1902: 29).

1881 wurde südlich des Strothetales ein Gelände zur Einrichtung eines Exerzierplatzes angekauft, welches 1888 zu einem Kavallerieübungsplatz von etwa 400 ha Größe erweitert wurde. 1891 wurde eine Erweiterung zu einem Militärübungsplatz von etwa 4.000 ha Größe genehmigt und die erforderlichen Mittel im Reichshaushaltsetat für 1891/92 eingeplant. Die notwendigen Ankäufe von Flächen – bislang dünn mit Hofstellen besiedelt und nur teilweise als Ackerland, zumeist als Hude- und Plaggenheide genutzt – wurden zunächst in den preußischen Gemarkungen Neuhaus, Sande, Hövelhof, Marienloh und Lippspringe getätigt, später auch in der lippischen Senne in

Schlangen, Haustenbeck und Taubenteich. Damit wurde nach vielen Jahrzehnten der mühsamen Kultivierung erstmalig eine Rücknahme von Kultur in der Senne vorgenommen: Insgesamt waren bis Ende 1892 über fünfzig Hofstellen mitsamt der Gebäude und des Kulturlandes in die militärische Nutzung übernommen worden. Mit Bezug auf die damaligen Kavallerieübungen in der Senne stellte Adolf Rebbe schon 1902 fest, dass „da, wohin die Füße der Pferde oft treten", die Heide eingehe und offene Sandflächen entstünden (REBBE 1902: 29). Darüber hinaus wagte der Autor einen interessanten Ausblick in die Zukunft der Senne als Truppenübungsplatz:

> „Nun noch ein Blick in die Zukunft! Wird die weitere Ausbildung der Heeresmacht erheischen, daß nach und nach die ganze Senne bis an den Teutoburger Wald zum Sennelager genommen werden muß? Werden Haustenbeck und Augustdorf verschwinden müssen? Wird vielleicht am 1. Januar 2001 die Senne ganz wieder in den Händen des deutschen Kaisers sein, der sie am 1. Januar 1001 dem Bischof von Paderborn verlieh? Und wie wird 's 3001 sein? ‚Qui vivra, verra!' Wer lebt, wird's sehen. Wird 's gehen nach dem Wort, ‚daß der Mensch fortschreitend über die Erde geht und eine Wüste hinter sich läßt?'" (REBBE 1902: 29).

Abb. 29: Verschanzung in der Heide; Motiv einer Ansichtskarte vom Truppenübungsplatz Senne aus dem Jahr 1906. [Archiv Roland Siekmann]

Zwischen 1895 und 1908 besuchte Kaiser Wilhelm II. insgesamt dreimal die Regimenter im Sennelager und unterstrich damit die wachsende Popularität der Senne als Manövergebiet. Eine ganze Reihe unterschiedlicher Ansichtskarten vom Übungsplatz wurden produziert und sind heute antiquarisches Sammelobjekt **(Abb. 29)**. Soldatensprüche und -reime über die Landschaft, speziell über den nur mühsam zu durchstapfenden Sennesand, entstanden in dieser Zeit; ein Gedicht beginnt mit den Versen:

> „O Sennesand, o Sennesand, // Du liegst mir schwer im Magen; // Wie oft hab ich dich schon verflucht – // O Sennesand, o Sennesand, // Ich kann dich schlecht vertragen // O Sennesand, o Sennesand, // Mag dich der Kuckuck holen! // Du reibst mir meine Hacken wund, // Du bringst mich schließlich auf den Hund – // O Sennesand, o Sennesand, // Du schindest mir die Sohlen“ (zit. n. Minster 1992: 128).

Am Ende desselben Gedichtes wird jedoch auch eine positive Beziehung zur Senne und zu der Soldatenromantik, die der unbekannte Autor mit ihr verbindet, betont:

> „O Sennesand, o Sennesand, // Will nicht so sehr dich schelten: // Du hast auch Freuden mir gebracht, // Hast mich zum ganzen Mann gemacht – // O Sennesand, o Sennesand, // ’s war schön doch in den Zelten! // O Sennesand, o Sennesand, // Eins will ich nicht versäumen: // Marschier’ ich fort in festem Tritt, // Nehm ich ’ne Büchse Streusand mit – // O Sennesand, o Sennesand, // Dann hab ich Stoff zum Träumen“ (zit. n. Minster 1992: 128f).

Ein anderes Soldatengedicht aus der Frühzeit des Platzes beschreibt die Senne als eine öde Wüste, in die erst das Militär Leben gebracht habe:

> „Weit und breit kein grünes Plätzchen // Sieht das Aug’, nur Wüstensand, // Streusandbüchse bist du, Senne, // Für das deutsche Vaterland. // [...] // Ohne Leben ist die Heide, // Ohne Leben ist der Baum, // Vögelchen verirrt sich nimmer // In den weltvergess’nen Raum. // Leben ist jetzt eingezogen // In das tote Heideland; // Seine stolzen Regimenter // Hat Westfalen hergesandt“ (zit. n. Minster 1992: 130).

Mit dem Ende der wilhelminischen Monarchie kam es nach dem Ersten Weltkrieg zunächst zu einer kurzen Phase der Aussetzung von militärischen Aktivitäten in der Senne. Doch schon wenige Jahre später nahm

Abb. 30: Luftaufnahme aus dem Bereich des ehemaligen Sennedorfs Haustenbeck, wohl aus den 1960er Jahren; die originale Bildunterschrift lautet: „Haustenbeck, lebendige Vergangenheit – tote Gegenwart." Mittlerweile sind die allermeisten Gebäudereste, die an eine dreihundertjährige kulturelle Aneignung der ehemals siedlungsleeren Senne erinnerten, bis auf die Grundmauern abgetragen. [Entn. aus WIEMANN 1969: 103]

die Reichswehr die Übungstätigkeit wieder auf und der Truppenübungsplatz wurde in einigen kleineren Schritten bis 1936 um insgesamt etwa 600 ha erweitert. Diese Erweiterungen fanden hauptsächlich auf siedlungsfreiem Gebiet in der lippischen Senne statt, nur drei Hofstellen waren betroffen. Seit 1934 wurde auch die Stapelager Senne bei Augustdorf auf ca. 400 ha militärisch genutzt, unter anderem als Bombenabwurfplatz, als Scheinflugplatz und als Übungsgebiet für Kettenfahrzeuge (vgl. GÖBEL 1992: 287–296). Eine ganz erhebliche Arrondierung des Übungsgeländes erfolgte ab 1936 unter der kriegsvorbereitenden bzw. -führenden faschistischen Herrschaft; auf Gebiet der Gemeinden Schlangen, Oesterholz, Kohlstädt, Augustdorf, Neuhaus, Lippspringe, Marienloh, Haustenbeck, Hövelhof und Stukenbrock wurde der Truppenübungsplatz in seiner Größe mehr als verdoppelt und erreichte annähernd das heutige Ausmaß. Diesmal mussten insgesamt über 480 Haus- und Hofstellen von ihren Bewohnern aufgegeben werden, u.a. wurde das gesamte Dorf Haustenbeck umgesiedelt. Die nötigen Gelände- und Gebäudeankäufe wurden im Auftrag des Reichsamtes für Landbeschaffung von der Reichsumsiedlungsgesellschaft getätigt. Die meisten Häuser wurden entweder sofort oder im Laufe des Übungsbetriebs der nächsten Jahre zerstört; einige wurden zunächst vom Militär weiter genutzt, so einige Gebäude des ehemaligen Dorfes Haustenbeck, die zeitweise zum ‚Lager Haustenbeck' umfunktioniert wurden (Wohnhäuser als Soldatenquartiere, Pastorenhaus als Lagerleitung, Schulgebäude als Kantine, Gaststätte als Kriegsgefangenenlager; vgl. GÖBEL 1992: 324–329) **(Abb. 30, 31)**.

Neben der wiederholten erheblichen Rücknahme von Kultur, die mit den Ausweitungen des Truppenübungsplatzes durch die Zerstörung von Gebäuden und die Einstellung der landwirtschaftlichen Nutzung der Flächen einherging, war die Zeitspanne der frühen dreißiger Jahre bis Anfang der vierziger Jahre zugleich eine Phase intensiver baulicher Tätigkeiten und

Abb. 31: Ein symbolhaftes, imposantes Beispiel für die Rücknahme von Kultur auf dem Truppenübungsplatz: die zerschossene Ruine der Kirche in Hövelsenne einige Monate vor ihrer vollständigen Sprengung im Mai 1985. [Privatarchiv Walter Göbel, entn. aus PIESCZEK 1992: 75]

Veränderungen. Eine Fülle an Neubauten militärischer Infrastruktur entstand, dazu zählten Beobachtungstürme, Munitionslager, Fahrzeughallen, Schießbahnen, Dienst- und Kompaniegebäude. Die kriegswichtige Bedeutung des Senner Militärübungsplatzes manifestierte sich beispielsweise in der Panzerprototypen-Versuchsanlage unweit Haustenbecks, in der maßgeblich an der Entwicklung des Kampfpanzers ‚Tiger' gearbeitet wurde. Unter anderem wurde dort ein 60 m langes und fast 7 m tiefes so genanntes ‚Wolga-Flussbett' aus Stahlbeton zur Übung von Flussdurchquerungen nachgebaut, dessen Ruine noch heute – mittlerweile von der Natur erobert – einen äußerst eigentümlichen Eindruck macht (vgl. GÖBEL 1992: 478–510).

Nach 1945 wurde der Truppenübungsplatz von der britischen Rheinarmee weiter genutzt und verwaltet. Im Laufe der Nachkriegszeit fanden einige weitere Grenzverschiebungen statt, so eine Rückgabe von Flächen zur zivilen Nutzung an die Gemeinde Stukenbrock (1962) und eine Ausweitung in Richtung Westen auf Gebiete der Gemeinde Hövelhof (Auszug der letzten Bewohner aus der Hövelsenne 1974). Die so genannte ‚Freimachung des Geländes' wurde in den 1960er Jahren auch den letzten noch verbliebenen Bewohnern von Höfen und Häusern in der Augustdorfer Senne und in der Randsiedlung Haustenbeck angeordnet; weiterhin wurden auch die noch verbliebenen Bodelschwinghschen Einrichtungen auf der Hermannsheide, so der Heimathof, der Sigmarshof und der Wagnerhof, geräumt und abgerissen (vgl. GÖBEL 1992: 97f).

Eine auch unter landschaftsästhetischen Gesichtspunkten interessante Facette der Auswirkungen des Übungsplatzes auf das Erscheinungsbild der Landschaft sind die verschiedenen – zugleich militärisch als auch ästhetisch motivierten – Maßnahmen zur Gestaltung des Übungsgeländes. Ein Übungsgelände, das in einem riesigen, nicht ökonomisch genutzten Freiraum angelegt wird, hat stets auch etwas von einer planbaren ‚Abenteuerlandschaft': Wie in einer Landschaft großer Modelleisenbahnen wurden in der Senne Ausstattungsstücke installiert, die eine ‚echte' Landschaft imitieren sollten; Imitate von Windmühlen und Türmchen, einem Bahnhof, einer Kapelle, einem Forsthaus, einem Haus vom ‚lustigen Müller' bis hin zu einer Burgruine wurden in den Jahren zwischen 1900 und 1940 an verschiedenen Orten des Platzes errichtet. Sie dienten den übenden Soldaten als Orientierungs-, Rast oder Zielpunkte und betonten dabei zugleich ein romantisch anmutendes Idealbild von Kulturlandschaft, welches fast dem eines englischen Gartens gleichkam: Der so genannte „Diebesturm“ etwa sah aus wie Rapunzels Gefängnis und die reetgedeckte „Winning-Mühle“ mutete wie das Ausstellungsstück eines Freilichtmuseums an. Leider hat kaum eines dieser symbolhaften Gebäude-Imitate die Jahrzehnte überdauert; zahlreiche Fotografien davon finden sich in dem in der Chronik des Truppenübungsplatzes enthaltenen Aufsatz „Türme, Mühlen, Denkmale, Bunker und andere Bauwerke“ von Walter Göbel (1992: 431–466) **(Abb. 32, 33)**.

Ein anderer Aspekt der militärischen Landschaftsgestaltung wurde später zu einer Voraussetzung natur- und heimatschützerischer Begehren und Vorlieben: Die teilweise sehr großflächige Offenhaltung der Landschaft zu Übungszwecken bewahrte weitgehend als ‚sennetypisch‘ wahrgenommene Landschaftsbilder. So überdauerten Teile der alten westfälischen Heidelandschaft, die außerhalb des Übungsplatzes fast völlig verschwunden ist; artenreiche Magerrasen entwickelten sich auf ehemaligen Äckern und verblieben auf den Schießbahnen und zwischen tiefsandigen Panzerwegen.

Abb. 32: Motiv einer Ansichtskarte aus dem frühen 20. Jahrhundert, betitelt als „Landschaft aus der Senne“. Die abgebildete Zetteritzmühle nebst der Fachwerkgebäude war sozusagen nicht ‚echt‘; das Ensemble diente als Orientierungspunkt und gleichsam als romantisierendes Ausstattungsobjekt der Truppenübungsplatz-Landschaft. [Archiv Roland Siekmann]

Die von den Militärs unter pragmatischen Gesichtspunkten regelmäßig durchgeführten Entbuschungen des Geländes oder auch die durch Geschützfeuer angefachten Gras- und Heidebrände werden aus kulturlandschaftspflegerischer Perspektive positiv gewertet. Das auf diese Weise artifiziell erhaltene Landschaftsbild, welches ein für unsere heutige Kulturlandschaft sehr seltenes und tatsächlich hochgradig untypisches ist, wird interessanterweise dennoch als besonders „echte Landschaft" wahrgenommen: So zitiert die bundesweit erscheinende Berliner Tageszeitung den General (und Hobbyornithologen) Rod Brummit in einem Artikel mit dem Titel „Von Panzern geschützte Natur" mit den Worten:

> „Das Sennelager ist einzigartig als Truppenübungsplatz, aus einem einfachen Grund: Wir haben hier eine echte Landschaft, weil die Natur nicht zerstört wurde. Im Ergebnis können wir unter realistischen Bedingungen trainieren" (Paczian 1999).

Dem könnte man freilich entgegenhalten, dass eine solche Landschaft mit „unzerstörter Natur" keineswegs eine „realistische Bedingung" darstellt, son-

Abb. 33: Idyllische Ideallandschaft auf dem Truppenübungsplatz mit zwei romantisierenden, vom Militär errichteten Bauwerken, die den übenden Soldaten als Orientierungshilfen in der Landschaft dienen sollten. Postkarte nach dem Originalgemälde „Die einsame Fichte, mit Blick auf den Diebes- und Albedyll-Turm" von F. Pfennigschmidt, um 1930. [Staatsarchiv Paderborn, entn. aus Piesczek 1992: 560]

Abb. 34: Idealtypisches Landschaftsbild der Senne als Hintergrund einer Kleinkaliberschießbahn, aufgenommen Ende der 1990er Jahre. Die Einschussspuren in der gemalten Landschaft symbolisieren eindringlich die militärische Nutzung der ‚echten' Landschaft. [Foto Claudio Hils, entn. aus Hils 2000: 5]

dern – wie gesagt – eher eine Ausnahmelandschaft. Brummits Aussage wohnt gleichsam eine landschaftsästhetische Bewertung inne, die mit Übungspraktikabilität weniger zu tun hat als mit der gesellschaftlichen Übereinkunft, dass „echte Landschaft" gewissermaßen einem vormodernen Bild zu entsprechen habe. Eine eindrücklich militärisch genutzte Ideallandschaft findet sich auch auf der Kleinkaliberschießbahn ‚Büren': Als gemaltes Hintergrundbild eines Kugelfanges erscheint hier die typische Sandlandschaft mit jenem flachen Horizont, der im Kapitel über die Ästhetisierung der Sennelandschaft noch zu thematisieren sein wird **(Abb. 34)**.

Fern aller landschaftlichen Romantik wurde die Existenz des Truppenübungsplatzes zumeist als eine unveränderliche Realität wahrgenommen, die je nach Interesse unterschiedlich bewertet wurde: Für die randlichen Sennegemeinden bedeutete sie entweder, wie für Augustdorf oder Sennelager, die Chance zum Ausbau als Garnisonsort inklusive der notwendigen

Infrastruktur und der Versorgung der Soldaten als kommunale Einkommensquelle. Für die meisten anderen Gemeinden aber bedeutete der Übungsplatz in der Regel das klar definierte Ende ihres Wirkungs- und Ausweitungsbereiches; er bedeutete Lärm und räumliche Einschränkung, markierte die Grenze möglichen Wachstums und infrastrukturellen Fortschritts. Dem modernisierungsfreundlichen Geographen Schneider erschien der Truppenübungsplatz in den 1950er Jahren als eine den Kultivierungsbemühungen dieser Zeit entgegenwirkende „Fessel", deren Existenz er bedauerte:

> „Zudem bedeutet der wohl noch auf lange Zeit in seinem jetzigen Umfang verbleibende Übungsplatz eine enge Fessel, die sich nicht ohne weiteres sprengen läßt" (SCHNEIDER 1952: 40).

Der Gemeindedirektor von Schlangen, Hans Winter, stellte in den 1960er Jahren mit markigen Worten den Aspekt des Truppenübungsplatzes als einem Störfaktor für die ökonomisch, das heißt touristisch nutzbare Landschafts- und Heideromantik der Senne heraus:

> „Frau Einsamkeit floh vor den Explosionen der Geschosse und dem Motorenlärm und Kettengerassel gepanzerter Fahrzeuge. Der Fremdenverkehr hat nach der Ausweitung des Truppenübungsplatzes keine Bedeutung mehr. Die Romantik weiter Heideflächen ist dahin, sie hat weithin den Aufforstungen durch die Verwaltung des Truppenübungsplatzes weichen müssen, [...]. Gleich einer ‚Zone des Todes' legt sich der Truppenübungsplatz zwischen die Gemeinden am Südrand der Senne und der Gemeinde Augustdorf mit dem anschließenden Bielefelder Raum" (WINTER 1964: 355).

In ähnlicher Weise – mit noch etwas mehr Pathos – klagte Karl Sundergeld in einem „Liebe, einsame Senne!" betitelten Aufsatz aus dem Jahr 1963 über die Landschaftsveränderungen und Zerstörungen auf dem Truppenübungsplatz:

> „Seitdem der stille Wanderer und die Ehrfurcht vor der Vergangenheit durch die neue Zeit verdrängt werden, ist leider so vieles anders geworden. Panzer durchwühlen den weiten Senneraum, haben das schöne Antlitz der lieben alten Frau Einsamkeit zerschunden, die Stille und Schönheit der Natur mit ihren Hünengräbern weitgehend zerstört und die Heide vernichtet. [...] Ein weher Abschied, ein trostloses Bild heute, [die] Häuser zerschossen" (SUNDERGELD 1963: 17).

Die Negativwahrnehmung des Truppenübungsplatzes als einer „Zone des Todes“, als fingiertem Kriegsschauplatz und ständig wachsendem, heimatzerstörendem und bedrohlichem Moloch war bis vor wenigen Jahren keine seltene Haltung; erst seit den 1980er Jahren begann sich eine naturschützerisch motivierte Umwertung des Platzes abzuzeichnen. Beispielhaft für den „Kampf“ der Anliegergemeinden gegen die unmittelbaren Auswirkungen des Übungsplatzbetriebes können die jahrelangen Bemühungen des ehemaligen Hörster Bürgermeisters Leopold Möller stehen; seine Erinnerungen hat er unter dem Titel „Die Senne – 20 Jahre Kampf gegen die Ausweitung des Truppenübungsplatzes Senne 1954–1974“ zusammengestellt. Möller beschreibt zunächst seine Kindheitserinnerungen an jenen „eigentümlichen Reiz“, den die Landschaft der (Stapelager) Senne auf ihn ausgeübt habe; er erinnert sich an Heideblütenfeste und „die Lieder von Hermann Löns“, die er in der Schule auswendig lernte (MÖLLER 1995: 1). Die Beschreibung seines „Kampfes gegen die Ausweitung des Truppenübungsplatzes“ beginnt mit Worten, die eine existenzielle Reichweite des persönlichen Engagements betonen:

> „Jahre später wurde mir mit dem Amt des Bürgermeisters und des Gemeindedirektors der Gemeinde Hörste eine schwere Verantwortung auferlegt, die mich schließlich an den Rand der physischen und psychischen Erschöpfung brachte: der größte Teil des Gemeindegebietes mit seiner Stapelager und Hörster Senne einschließlich des größten Teils des Hochwaldes der Stapelager und Hörster Berge wurde Truppenübungsplatz. Ich mußte zusammen mit dem Gemeinderat das Leben unseres Luftkurortes schützen helfen und bekam in der Anspannung im Herbst 1956 einen Herzinfarkt, von dem ich mich nur langsam erholte“ (MÖLLER 1995: 2).

Eine bildreiche Beschreibung des Truppenübungsplatzes als einer vom Übungsbetrieb geprägten Gegend formulierte der naturschützerisch engagierte Sennekenner Ernst Theodor Seraphim im Jahre 1991:

> „Biwakplätze unter Birken und Kiefern. Mannschaftswagen auf dem Weg zu den Schießbahnen. Das Bellen der Mörser, dumpfe Detonationen. Das Knattern von Maschinengewehren, das Dröhnen schwerer Motoren, das Rasseln von Panzerketten. Raketen, die die Nacht zum Tage machen. Leuchtspurmunition, brennende Heide, verkohlte Baumgestalten. Deckungslöcher und Kabelgräben, leere Hülsen, im Unterholz, Flüche. Ruinen der Häuser derer, die einst hier lebten.

> So stellt man sich den Truppenübungsplatz Senne vor, und so ist er auch. Das ist ein offenes Geheimnis, da gibt es kein Ver-tun. Dieser Platz und viele andere auch. Instrumente geplanter Abschreckung produzieren Schreckliches, wie sollte es anders sein?" (SERAPHIM 1991: 104).

Doch auch – auf diesen Aspekt zielte auch Seraphim mit obiger Passage letztlich hin – für die aktuell bedeutsame Positivwahrnehmung der Senne als einem unersetzlichen Naturraum ist die Existenz des großflächigen Truppenübungsgeländes ein ganz zentraler Faktor. Dies ist begründet in der unbeabsichtigten Nebenwirkung des militärischen Sperrgebietes auf die Landschaft, die sich durch die lang andauernde Existenz dieser Sondernutzung ergeben hat. Die weitgehende Abschirmung von modernen kulturlandschaftlichen Entwicklungen hat jene seltenen, heute hochgeschätzten Qualitäten der Landschaft quasi nebenbei bewahrt und geschützt, die diesem Bereich der Senne den Status einer Naturschutz-Vorrangfläche eingebracht haben. Der militärische Übungsbetrieb findet durchaus nicht flächendeckend im Sperrgebiet statt; letztlich nehmen die Schießbahnen und Panzertracks nur den geringeren Anteil der Fläche ein, der größte Teil der Landschaft bleibt hingegen relativ ungestört.[93] Die übungstechnisch motivierte Offenhaltung der sennetypischen Freiflächen hat nebenbei ästhetische und artenschützerische Funktionen erfüllt. Oft wird das Bild einer ‚Käseglocke' verwandt, um die Funktion des Truppenübungsplatzes für den Landschaftsraum zu beschreiben; seine konservierende und naturierende Wirkung wird deutlich im Vergleich der Landschaftszustände innerhalb und außerhalb der Sperrgebietsgrenze:

> „Wie sich der Truppenübungsplatz im Bild der Sennelandschaft niederschlägt, wird nicht allein aus seiner Beschreibung, sondern erst aus dem Vergleich mit Gebieten deutlich, die eine vergleichbare Naturausstattung und Geschichte hatten, in denen jedoch die jeweils neue Interpretation der Entwicklungsbereitschaft dieses Produktionspotentials nicht in derart rigoroser Weise verhindert wurde" (HÖCKER 1986: 13).

Seraphim betont die landschaftsökologisch überwiegend positive Funktion des Sperrgebietes auf den Landschaftsraum:

93 Die Gebiete der Schießbahnen nehmen nur gut 12 % der Gesamtfläche des Truppenübungsplatzes ein, der Rest ist Puffer- und Sicherheitszone (vgl. TEICHMANN 2000: 201).

„Die militärische Nutzung hat der Landschaft seitdem durchaus auch Schaden zugefügt, von ihr jedoch die unter landschaftsökologischen Gesichtspunkten eher noch schädlicheren Folgen einer intensiv betriebenen Land- und Forstwirtschaft ferngehalten sowie die Erschließung von Wohn-, Gewerbe- und Industriegebieten mit ihren Begleiterscheinungen verhindert" (SERAPHIM 1995: 43).

Tatsächlich erscheint die Sennelandschaft auf dem Truppenübungsplatz stellenweise wie die Kulisse einer Zeitreise; fährt man über die kopfsteingepflasterten Landstraßen, die als Durchfahrtsstraßen durch das Sperrgebiet zeitweise geöffnet sind, so erblickt man eine Landschaft, die aufgrund der Abwesenheit moderner Infrastruktur und monotoner Agrarflächen wie ein Bild längst vergangener Tage anmutet: „Es scheint, als wäre die Zeit stehen geblieben", meint Holger BELZ (2002: 15) in einer Broschüre des Fördervereins Nationalpark Senne. Der Überblick über die großen Freiflächen lässt zwar deutlich die Spuren militärischer Nutzung erkennen, jedoch ist hier zugleich auch jenes Bild der ‚ungeheuren Weite' eines Freiraums bewahrt, das auf die ästhetische Eigenart vormoderner Ödlandbilder verweist und das als solches – wie noch gezeigt wird – an der positiven Wahrnehmung der Sennelandschaft großen Anteil hat **(Abb.35)**. Auch die bis in die 1930er Jahre agrarisch genutzten Flächen um die ehemaligen Ortschaften Haustenbeck oder Hövelsenne herum vermitteln den heute ungewöhnlichen Eindruck von ‚freier', ungenutzter Landschaft. Auf ehemaligen Äckern haben sich artenreiche Magerrasengesellschaften angesiedelt; die einst in den Kastentälern der Sennebäche angelegten Wiesen sind längst zugewachsen und versumpft; die Hausgärten sind zwar verwildert, an alten Obstbäumen und durchgewachsenen Hecken jedoch noch gut zu erkennen; die Gebäude verfallen oder sind gänzlich entfernt. „Seltsamerweise", staunt die Spiegel-Autorin Ulrike Knöfel in ihrem Essay über einen Fotoband, den der Essener Fotograf Claudio Hils auf dem Truppenübungsplatz Senne fotografiert hat (vgl. HILS 2000):

„Seltsamerweise entdeckte Fotograf Hils auf dem Gelände, abseits von [...] den Bunkern und dem Panzerschrott, eine erstaunlich unberührte Natur mit Tier- und Pflanzenraritäten. Was als ein Wunder gelten kann, wird das Sennegebiet doch seit Ende des 19. Jahrhunderts ununterbrochen als militärischer Übungsplatz genutzt" (DER SPIEGEL 2, 2000: 65).

„Seltsam", „erstaunlich" oder „als ein Wunder" erscheint der Zusammenhang zwischen der Sondernutzung des Geländes und seiner Naturausstat-

tung nur bei oberflächlicher Betrachtung; aufgrund der jahrzehntelangen Abschottung ist er vielmehr naheliegend. Die Qualität der im Sperrgebiet konservierten und entwickelten Naturausstattung ist einerseits die *Folge einer* großflächigen Sondernutzung des Freiraums Senne und zugleich auch *Vorbedingung einer anderen* großflächigen Sondernutzung: Für den Naturschutz nämlich, der längst in die Planungsphase für eine Aneignung der Landschaft in seinem Sinn eingetreten ist. Generell stellt die Institution des Naturschutzes eine typische Form der gesellschaftlichen Aneignung und Nutzung von mehr oder weniger brachliegenden Restflächen und Freiräumen innerhalb der intensiv genutzten Kulturlandschaft dar. Großflächige Naturschutzprojekte, die eine weitgehende Einschränkung anderer Landnutzungsökonomien voraussetzen, finden im Allgemeinen in Mitteleuropa aber wenig Platz; zumeist stellen Schutzgebiete nur kleine Nischen von wenigen Hektar dar. Der weiträumige Freiraum in der Senne mit seiner eigenartigen Landschafts- und Nutzungsgeschichte ist daher ein geeignetes Bezugsobjekt für großflächige naturschützerische Begehren. Ein Nationalpark (oder eine anders definierte großflächige naturschützerische Aneignung) würde nach einem etwaigen Abzug des britischen Militärs eine neue Form der kulturellen Inwertsetzung der Senne über eine Sondernutzung darstellen; eine Sondernutzung, die sich als Synthese aus ihrer Wahrnehmung als unrentablem Freiraum einerseits und als urtümlich-romantische Landschaft andererseits beinahe logisch ergibt. Im folgenden Kapitel soll daher die Genese der positiven Wahrnehmung der Senne als schöne Naturidylle betrachtet werden, ihre Karriere als Freiraum für romantische und nostalgische Phantasien, als Freiraum für die bildungsbürgerliche Flucht ‚aus grauer Städte Mauern'.

Abb. 35: Auf dem Truppenübungsplatz bietet sich an vielen Stellen ein weiter Blick über die Sandtrockenrasen, hier über die Augustdorfer Senne und die Hermannsheide in Richtung der Kammersenne. Die Sondernutzung großer Teile der Senne als militärisches Übungsgelände hat ähnliche Offenlandflächen konserviert bzw. entwickelt, die als nur sehr extensiv genutzte Freiräume der Kulturlandschaft einstmals der Grund für die Standortauswahl waren.
[Foto Roland Siekmann]

5.

Fünftes Kapitel: Aus öde wird schön. Zur Ästhetisierung der Sennelandschaft

„Seltsame Welt“ nannte Karl Sundergeld in den 1960er Jahren die Senne und meinte, dass sich angesichts dieser offenen Heidelandschaft der Blick in der Seele des Betrachters weiten würde über „dem ewigen unendlichen Raum, der ihn mit neuer Ehrfurcht erfüllt vor der Allmacht Gottes“ (Sundergeld 1963: 18, 20). „Ernst und wahr“ sei die Senne, fand Rudolf Kiepke im Jahr 1940, und „ihre Geheimnisse und verschwiegenen Schönheiten“ offenbare diese „herbe Landschaft“ nur dem, der „ihr selbst nicht wesensfremd ist“ (Kiepke 1940: 17). Der wanderbegeisterte Karl Bachler beklagte um 1930, dass die Senne von den meisten Besuchern „als etwas Unpersönliches angesehen“ werde (Bachler 1930b: 42), F. A. Fleege meinte 1916, dass ein „eigenartiger Reiz“, ein „gewisser geheimnisvoller Zauber“ von ihr ausginge, den „keiner ganz zu verstehen“ vermöge (Fleege 1916: 31), und Karl Lamprecht fand im Jahre 1913 eine „schwermütige und doch liebliche Anmut über der Senne“ ausgebreitet, die sich jedoch nur über ein „inniges Sichvertiefen“ erschließen lasse (Lamprecht 1913). Die Lippische Landeszeitung hatte 1891 den landschaftlichen Eindruck der Gegend als „düster, eintönig stille, augenscheinlich Schwermut erzeugend“ geschildert. Die Ambivalenz, die in den verschiedenen Bewertungen der Senne Ausdruck findet, scheint ein wichtiger Aspekt der ästhetischen Eigenart dieser Landschaft zu sein. Der Prozess ihrer Umwertung, der Wandel des Hässlichen über das Ambivalente zum Schönen hin, soll im Folgenden genauer betrachtet werden.

Der Wahrnehmung der Senne als wüste Ödnis, als nutzloses Niemandsland und elender, verarmter Landstrich steht seit der zweiten Hälfte des 19. Jahrhunderts die romantisierende Wahrnehmung der stillen, weiten und uralten Heidelandschaft als beschauliche Idylle gegenüber. Die alten Negativtopoi des ‚Öden‘ und ‚Wüsten‘, des ‚Nutzlosen‘ und des ‚Armen‘ verschwinden dabei nicht einfach, sondern werden vielmehr in neue Werthaltungen und Perspektiven integriert und tauchen im positiven Sinne, etwa im Begriff der ‚Schlichtheit‘, wieder auf. Besondere ästhetische Beachtung findet jetzt der Blick über die weite Ebene, der gleichsam über die reale Gegend hinweg in eine der Phantasie hinein führt; die Entdeckung der flachen Horizontalen und des weiten Raumes findet Eingang in jene gemütsvolle Betrachtung, die Landschaft als Kulisse subjektiver Gefühlshaltungen erlebt. Das romantisierende Prinzip der Erhabenheit wird auf die einst schlimme, jetzt schaurig-schöne Heidelandschaft angewandt und es kommt eine neue Sichtweise auf die Landschaft hinzu, die sie temporalisierend als ‚uralt' auf dem Zeitstrahl abbildet und allerlei nostalgische Bezüge konstruiert. Zudem war dem romantischen Blick auf Natur und Landschaft, der im Verlauf des 19. Jahrhunderts parallel zur fortschreitenden Industrialisierung und Urbanisierung populär wurde, stets ein zivilisationskritischer Moment immanent; man sah Landschaft insbesondere da als attraktiv an, wo sie jeglicher urbaner Kultur und modernisierender Veränderung noch entfernt erschien. Naturhaftigkeit und Authentizität traten jetzt als positive Eigenarten der relativ unkultivierten Sennelandschaft in den Fokus ihrer Wahrnehmung. Lange galt die Senner Heide als eine echte Naturlandschaft; als vermeintliche „Urheide" war sie ein Teil jener einst „berüchtigtsten deutschen Landschaft", jenem „Aschenbrödel, dessen spröde Schönheit erst die feinfühlige Naturempfindung unserer Tage erschloß" (LINDE 1904, zit. n. LINDE 1924: 2).

Auch das Bild vom zu dieser zur Idylle geronnenen Landschaft gehörigen Menschen unterlag äquivalenten Umwertungsprozessen; so symbolisierte der Schäfer auf der Heide wie kaum ein anderer – wohl mehr noch als der Bauer auf seiner Scholle – eine sanfte Harmonie zwischen dem wirtschaftenden Menschen und einer vermeintlich noch intakten Natur. Die Figuren des Hirten, der draußen auf der Heide quasi eine heile Welt behütet, die des wortkargen Heidebauern und die des schlicht-schönen, arbeitsamen Mädchens gehörten stets zum stereotypen Gesamtbild einer idyllischen Heidelandschaft. Die romantisierende Wahrnehmung von ‚Land und Leuten' stört sich dabei kaum an realer Not und existentiellem Elend; im Gegenteil passt dies mit hinein in ein Bild, welches Armut in Anspruchslosigkeit uminterpretiert und Mühe in Arbeitsamkeit. Die Senne bot solche landschaftlichen Accessoires, wie der populär-romantische Blick sie begehrte; tatsächlich gab es Schäfer und weidende Schnucken auf der Senner Heide, tatsächlich rauchten Feuerstellen einfachster, weithin einsam gelegener Kotten und Gehöfte im Dunst, tatsächlich gab es allenthalben weite Ausblicke über kaum durchbrochene Heideflächen ins Menschenleere hinaus, und von Modernisierungs- und Urbanisierungstendenzen war lange – bis weit ins 20. Jahrhundert hinein – kaum etwas zu spüren. Sie entsprach also ganz jenem romantischen Bild einer Heidelandschaft, welches sich einige Jahre zuvor als ein Wahrnehmungsschema in Bezug auf die Lüneburger Heide auszuprägen begonnen hatte. Freilich war die Senne zu keiner Zeit annähernd so berühmt wie die große Heidelandschaft im Süden

Hamburgs, die von allerhand feingeistigen Künstlern und Bildungsbürgern aus der Elbmetropole bereist, erlebt und wortgewaltig geschildert wurde; folglich blieb das romantische Bild von der Senne regional beschränkt.

Der Prozess der Umwertung der Heidelandschaft spiegelt sich beispielhaft in der Entstehungsgeschichte des Buches „Das malerische und romantische Westphalen", das von Ferdinand Freiligrath konzipiert, von Levin Schücking unter Mithilfe von Annette von Droste-Hülshoff zu Ende geführt und 1841 veröffentlicht wurde. Die Autoren waren angetreten, um die bis dahin – ihrer Meinung nach zu Unrecht – noch nicht gewürdigten landschaftlichen Reize Westfalens beschreibend aufzuwerten. Der im Titel verwandte Begriff des „Malerischen" zielte in ihrem Verständnis auf die visuelle Erscheinung der Landschaft, der des „Romantischen" hingegen sollte das Bild der Landschaft über geschichtliche Exkurse, Sagen und Legenden um die Dimension der Vergangenheit erweitern. „Westphalen ist den Leuten draußen eine terra incognita", meinte Freiligrath 1839 in einem Brief, „ich werd' es durchschreiten, mit der Axt in der Hand, seine Wälder zu lichten" (zit. n. HESELHAUS 1974: 146). Den „Moor und Haidestrecken" konnte er allerdings zunächst nur wenig abgewinnen, befand sie bereits in der Einleitung als „öde grau in grau" (FREILIGRATH u. SCHÜCKING 1841: 11). Auch im Hauptteil, dem literarischen Bericht über seine zweieinhalbmonatige Erwanderung der westfälischen Landschaft, ihrer Natur, ihrer Geschichte und ihrer Mythen, verlor der gebürtige Detmolder über die Senner Heide, sie von den Kuppen des Osnings aus überschauend, nur einen einzigen Satz:

> „Gen Süden dehnt, von ihren wilden Rossen durchflogen, die Senne sich aus, eine unendliche Ebene, sandig, wenig bebaut, mit einzelnen Dörfern und Höfen, welche der Eichenhain oder die Tannengruppe birgt" (FREILIGRATH u. SCHÜCKING 1841: 57).

Erst im weiteren Verlauf der redaktionellen Arbeit Schückings und vor allem durch die Einbeziehung von Annette von Droste-Hülshoff entstanden jene positiv gewandten westfälischen Heideschilderungen, wie sie dann etwa für das Münsterland letztlich im Buch ausgeführt wurden. Schücking legte Wert darauf, „den Reiz und die Art stiller resignierender Poesie" zu entdecken, welche „auch die westphälische Haide haben kann" (zit. n. HESELHAUS 1974: 177). Einen Anstoß hierzu hatte er von dem jungen Friedrich Engels bekommen, der 1840 in einem Essay über „Landschaften" die Heide von der Seite der Volksphantasie und des Märchenhaften her betrachtet hatte:

> „Die Heide ist genug gescholten worden, [...]. Muß man eigentlich in einer schönen Gegend, auf Bergeshöhen und waldigen Felsen-

> kronen, aufgewachsen sein, um das Abschreckende, Trostlose der norddeutschen Sahara recht zu empfinden, aber auch um den verborgenen, [...], nicht immer sichtbaren Schönheiten dieses Gebietes mit Lust nachzuspüren. [...] In einer Sturmnacht, wenn die Wolken gespenstisch um dem Mond flattern, wenn die Hunde sich von fern einander zubellen, dann jagt auf schnaubenden Rossen hinein in die endlose Heide, [...] und ihr fühlt, daß ihr in den Bereich der deutschen Volkssage gekommen seid. Erst seit ich die norddeutsche Heide kenne, hab' ich die Grimmschen Kinder- und Hausmärchen recht verstanden" (Engels 1840, zit. n. Heselhaus 1974: 192).

Verschiedene Aspekte der Umwertung und Ästhetisierung der Sennelandschaft werden in den folgenden Abschnitten angesprochen: so die Entdeckung des aussichtsreichen Blickes über die weite Heide hinweg, die Anwendung ästhetisierender Vokabeln wie etwa die der „Herbheit" oder „Schlichtheit" zur Beschreibung des landschaftlichen Charakters, der häufige Vergleich der „Unendlichkeit" der Senne mit dem Eindruck eines Meeres oder der oft wiederkehrende ästhetisch-erhabene Topos des „Rätselhaften" und „Geheimnisvollen". Wichtig für die Aufladung der Sennelandschaft mit geradezu mystischer Bedeutung ist besonders der temporale Aspekt der Nostalgie; auch die lange Zeit vorherrschende, aber irrige Annahme, die Heide sei eine „Urlandschaft", wird in diesem Zusammenhang als ein willkommenes Missverständnis diskutiert.

5.1. Der weite Blick auf die schlichte Heide

Ein Ausdruck der positiven Umwertung der Sennelandschaft war die Entdeckung und Beschreibung jenes Blickes über ihre weiten Heideflächen hinweg, der von vielen der im 19. Jahrhundert zumeist noch mit Niederwald bestockten oder verheideten Sand- und Kalksteinkuppen des Osnings aus möglich war. So wie Freiligrath auf seiner Kammwanderung im Teutoburger Wald den Blick gerne auch „gen Süden" richtete, um dort einer „unendlichen Ebene" gewahr zu werden, so taten dies im Verlauf des 19. und 20. Jahrhunderts zunehmend viele Wanderer ganz bewusst. Es war das Zeitalter der Entdeckung der Aussicht schlechthin, der Entdeckung der Horizontalen und des panoramatischen Blicks (vgl. Speich 1999). Das Bedürfnis nach Überschau von einem erhöhten Standpunkt aus, vielleicht begründet schon in urmenschlichen Anlagen zur Existenzsicherung einerseits, andererseits weiterentwickelt im aufklärerischen Streben nach Erkenntnis und Zusammenschau der einzelnen Dinge im Ganzen, war zum ästhetischen Prinzip der Malerei und in der Folge zur typischen Perspektive des bildungsbürgerlichen Blickes auf die Welt und die Landschaft geworden, die sich so gleichsam symbolisch aneignen ließ. Die gehäufte Einrichtung von Aussichtsplätzen und -türmen insbesondere in den deutschen Mittelgebirgen spiegelt dieses im Verlauf des 19. Jahrhunderts zur Mode gewordene Bedürfnis baulich wieder, ebenso die mittlerweile in Vergessenheit geratene mediale Präsentation von Panoramagemälden in eigens dafür errichteten Rundbauten (vgl. OETTERMANN 1980). Eine Eigenart des überschauenden Blickes auf die Senne vom erhöhten Standpunkt aus war dabei stets, dass der Betrachter einerseits eine räumliche Distanz zur ärmlichen Heidegegend wahren konnte, diese aber gleichsam – ohne sie betreten zu müssen – ästhetisiert betrachten konnte.

Aus dem Jahr 1845 datiert eine besonders bemerkenswerte Beschreibung dieses Ausblicks; bemerkenswert deshalb, weil sie den romantischen Blick der Aussicht zwar mitsieht und nachvollzieht, ihn in einer reflektierenden Wendung jedoch zugleich entlarvt: Hermann LÜNING (1845: 496f) richtet sich ausdrücklich an einen „geneigten Leser", an den „Freund schöner Landschaften, historischer Erinnerungen und poetischer Ergüsse" und beginnt seinen sozialkritischen Aufsatz über „Die Lage der Weber und Spinner im Ravensbergischen" mit einer Umschau von den Kuppen des Teutoburger Waldes aus. In Richtung Süden dehnt sich, so Lüning, „eine unabsehbar weite Ebene" aus, in der für den Betrachter zunächst alle Gegenstände „verworren und träumerisch durch einander dämmernd" zu verschwimmen scheinen. Die ganze Fläche liege im „nebelnden Dunst", als „verschleiere sie die wunderbarsten Dinge":

> „Das ist die Senne, die sich vom Osning bis nach Paderborn und Lippstadt erstreckt; man weiß eigentlich gar nicht recht wo sie anfängt und wo sie aufhört. [...] Der Eindruck aber, den sie als Landschaft macht, ist höchst eigenthümlich, freilich nicht so heiter, wie die Ebene auf der nördlichen Seite des Gebirges, sondern geheimnisvoll, räthselhaft, verschlossen, herbstlich elegisch; es ist eine schlafende träumende Landschaft" (ebd.: 498).

Trotz der Anleihen bei der romantisch-erhabenen Sehweise, die in der Andeutung des Eigentümlichen, Unabsehbaren, Geheimnisvollen und Rätselhaften usw. zum Ausdruck kommen, schärft Lüning im Weiteren seinen Blick auf die Realitäten und erkennt einzelne „Gegenstände", die er ganz unromantisch als „nackte öde Flächen", „kahle Heideplätze" und „regellos verkrüppelte Fichtenbüsche" ausmacht. Dem „zarten Naturfreund" empfiehlt er, dort in der Senne „nicht zu weit vom Wege abzuschweifen und in die Hütten einzutreten", da sich ihm hier „Bilder des Jammers" bieten würden. Auf solche Bilder aufmerksam zu machen, ist freilich sein Ziel; der ironische Umgang mit dem angesprochenen „zarten Naturfreund" nimmt Bezug auf die zeitgleiche Entstehung und Popularisierung des romantischen und realitätsvernebelten Blickes auf die Senne, den zu kritisieren Lünings Anliegen ist. Die hier kritisch gewendete, aber genau beschriebene Aussicht vom Teutoburger Wald aus auf die Senne wird bis in die Gegenwart immer und immer wieder in der Literatur auftauchen. Zeitgenössisch zu Lüning beschreiben sie auch Georg Weerth und Ferdinand Freiligrath, und auch Hermann Löns wird der Senne ein halbes Jahrhundert später zuerst in der Überschau vom Tönsberg in Oerlinghausen aus gewahr werden. Dieser spezielle Blick von oben herab auf die vom Höhenzug halbmondförmig gerahmte Ebene und die hiermit zusammenhängende Assoziation eines Meeres wird weiter hinten noch an Beispielen thematisiert.

Verlassen wir aber zunächst den Blick aus der Distanz und gehen in die Senne hinein; genau dies taten in der zweiten Hälfte des 19. Jahrhunderts, entgegen Lünings Ratschlag, auch die ersten Feingeister. Die Ölgemälde des Detmolder Landschaftsmalers Ludwig Menke aus den 1860er Jahren etwa und die Lyrik Ludwig Altenbernds aus den 1870er Jahren gehören zu den ersten, bis heute oft abgebildeten bzw. zitierten künstlerischen Betrachtungen der Sennelandschaft, die positive ästhetische Werthaltungen kommunizieren und über ihre Rezeption als frühe Multiplikatoren dieser neuen Sichtweise dienten. Menke war vom Hügelzug herabgestiegen und portraitierte die Landschaft aus ihrer Mitte, aus der Ebene heraus. Sein Bild „Die Senne im Jahre 1865" zeigt zwar einerseits die reale Kargheit der Landschaft, betont dabei jedoch ästhetisch-bejahend den Aspekt der ungeheuren Weite dieser Ebene und den der (zumindest für den gemütsvollen Betrachter sich als konstruktiv erweisenden) möglichen Einsamkeit in dieser abseitigen, fast menschenleeren Welt. Nicht nur die Betonung der Horizontalen erinnert an Caspar David Friedrichs Landschaftsdarstellungen, auch Licht und Farbe intensivieren die romantische Bildwirkung (vgl. SCHEEF 1999: 145) **(Abb. 36).**

Einige Jahre später erschien Ludwig Altenbernds Gedicht „Die Senne" (ALTENBERND 1872). Der im Jahr 1818 im Sennedorf Augustdorf geborene und zunächst dort aufgewachsene Altenbernd hatte bereits als Kind zusammen mit seinen Eltern die Senne als Wohnort verlassen und lebte und

94 Vgl. FLEISCHHACK, Ernst: Ludwig Altenbernd – ein Dichter aus Augustdorf. In: *Heimatland Lippe* 93, 2000: 139–142.

Abb. 36: „Die Senne" vom Detmolder Landschaftsmaler Ludwig Menke aus dem Jahr 1865. Das Ölgemälde stellt eine der frühesten ästhetisierenden Darstellungen jener horizontalen Weite der Sennelandschaft dar, die in der romantischen Sichtweise als ‚unendlich' und ‚erhaben' galt und immer wieder mit den ‚braunen Heidewogen' eines imaginierten Meeres verglichen wurde. [Lippisches Landesmuseum, entn. aus Wehrmann 1979: 19]

arbeitete fortan in der lippischen Residenzstadt Detmold als Kammerkalkulator.[94] Erst dieser biographische Schritt aus der Senne hinaus hatte es dem körperlich behinderten Dichter wohl ermöglicht, die romantisch geprägte Außenperspektive des Bildungsbürgers zu verbinden mit einer persönlichen Innenperspektive, der Erinnerung an die eigene Kindheit und Jugend im Heidedorf: „Hier ist der Ort, die alte Stätte, // Wo auf der Heide dürrem Sand // Vor langer Zeit mein Wiegenbette // Im engen Vaterhause stand." Der später als „Sänger des Lipperlandes" gerühmte Altenbernd weiß sehr wohl von der Armut und den realen Nöten der Sennebewohner, von der Kargheit der Vegetation, von den Mühen der Landbewirtschaftung; jedoch schimmert – und das ist neu – stets etwas Positives durch seine Verse. Zwar ist es in der Senne „öd' und stille", doch kann man eben *durch* diese Stille ein „wunderseltsam" Rauschen des Windes vernehmen. Zwar sind die Menschen hier arm und ihr Leben ist mühselig, jedoch erscheinen die Leute

eben *durch* ihre arbeitsame Armut fast Naturwesen gleich: „fronen“ sie doch „von Frührot bis der Abend graut, // Schier unermüdlich, gleich dem Schwarme // Der Bienen hier im Heidekraut“. So wie er die Senneleute als fleißige Immen sieht, so fühlt sich auch Altenbernd selbst angesichts der Landschaft einem Naturwesen, nämlich einer aus dem Süden heimkehrenden Schwalbe gleich, wenn es ihn „wie ein Heimweh“ immer wieder „zur Stille, zum Frieden dieser Heideflur“ zieht.

Wohl erstmalig bei Altenbernd erscheint die Senne als das, was ihr ein halbes Jahrhundert später – und im Übrigen auch noch in unserer Gegenwart – eine gewisse Berühmtheit einbringt: nämlich als idealtypische Gegenwelt zum Städtischen und zum Modernen. Zwar weiß der Dichter seine „vielbewegte Gegenwart“ durchaus zu schätzen und ist froh, letztlich „in reich geschmückten Fluren“ und „fruchtbeladnen Auen“ gelandet zu sein und die „neue Zeit mit mächt'gen Schwingen“ „mitgefühlt und mitgelebt“ zu haben; mit romantischem Impetus rousseauscher Prägung würdigt er jedoch auch das einfache Leben auf der Heide, wo „kein Schlot auf dieser Fläche“ raucht und keine „laute[n] Hammerwerke“ ihre Stille stören, „fern von der Straße“, auf der der „volle, der breite Strom des Lebens rollt“. Auch die Identifizierung der Landschaft als weiblich und die Metapher von der Heidevegetation als einem Frauenkleid wurde dreißig Jahre vor Hermann

Löns' berühmten Bild der „Frau Einsamkeit" bereits von Altenbernd geprägt; er bezeichnet die Senne zwar zunächst als „das blöde Stiefkind der Natur", welches „im Alltagskleide Grau in Grau" wirke, jedoch preist er dann die Zeit der Heideblüte:

> „Da wob, als längst der Mai verglühte, // Der Sommer ihr das Hochzeitskleid, // Flocht ihr ins Haar die Heideblüte, // Und schön in ihrer Dürftigkeit, // Der Armut Kind im schlichten Kleide, // Bestrickt sie dich, du weißt nicht wie. // Das ist die Poesie der Heide, // Der stillen Senne Poesie" (ALTENBERND 1872).

Abb. 37: Kolorierte Postkarten mit einem „Gruß aus der Senne", wohl um 1920. Die Zeit der Heideblüte wurde auf Darstellungen der Sennelandschaft, entsprechend zunehmend populärer Schemata landschaftlicher Ästhetik, neben der Betonung ihrer Weite und Schlichtheit immer wieder idealisiert.
[Heimatarchiv Senne / Osthusschule]

Die blühende Heide sollte sich bekanntermaßen zum „Non-plus-ultra“ des positiven Blickes auf die Heide entwickeln; seit dem späten 19. Jahrhundert bis in die Gegenwart würde die Darstellung von Heidelandschaft geradezu auf ihren kurzen spätsommerlichen Aspekt reduziert werden. „Als hätte die Zaubergöttin Natur ihren roten Zaubermantel über die süß duftenden Flächen ausgebreitet“, fand Fleege (1916: 31). Die abgebildeten Ansichtskarten aus dem frühen 20. Jahrhunderts senden mit Hilfe grell nachkolorierter Heideblütenflächen einen „Gruß aus der Senne“ in die Wohnstuben der Freunde und Verwandten von ersten Ausflüglern des Wandervogelzeitalters, auf das noch zurückgekommen wird **(Abb. 37)**. Zurück zu Altenbernds Text aus dem Jahr 1872; dieser steht exemplarisch für ein Zwar-Aber-Prinzip, welches kennzeichnend für die Übergangsphase im Wandel des Blickes auf die Heide ist: Der ältere Blick auf die hässliche Heide, dem „Stiefkind der Natur“, wird bewusst kontrastiert mit freiwerdenden Phantasien angesichts einer zauberhaften Heide, der „Poesie der Heide“. Der neue Begriff für das alte Wüste, Ärmliche und Hässliche heißt jetzt *schlicht*. Der Begriff ist positiv konnotiert, er intendiert Authentizität, Natürlichkeit und Bescheidenheit und steht damit komplementär zur städtischen Künstlichkeit.

Ungleich wirkungsreicher für die Popularisierung einer positiven Wahrnehmung der Senner Heide als Altenbernds Gedichte aber war ein anderer, knapp dreißig Jahre später erschienener Text, der ebenfalls die Schlichtheit der Senne betont: der erstmalig 1899 in Bremen publizierte Aufsatz „Eine Sennefahrt“ von Hermann Löns, 1911 in seinem Buch „Draußen vor dem Tore“ wiederveröffentlicht unter dem Titel „Frau Einsamkeit“.[95] Die Bewanderung der Senne durch den berühmten Heideschriftsteller wirkte im Nachhinein quasi als ein heideromantischer Ritterschlag für die ostwestfälische Landschaft, die Löns wahrscheinlich schon eher kennen gelernt hatte als die später mit ihm identifizierte Lüneburger Heide: Seine Mutter stammte aus Paderborn, die Lüneburger Heide hingegen hat Löns erst entdeckt, nachdem er in Hannover eine Anstellung als Journalist gefunden hatte. Die Ostwestfalen jedenfalls dankten Löns seine Sennefahrt:

> „Wohl kaum eine Landschaft ist so sinnvoll und so hervorragend geschildert worden in ihrem vielfältigen Leben und ihrer Romantik wie unsere liebe einsame Senne. ‚Frau Einsamkeit‘ nannte sie Hermann Löns, unser unsterblicher großer Heidedichter, als er durch sie einst dahinschritt“ (Sundergeld 1963: 16).

---

95 Zitiert wird aus einer Ausgabe des Löns-Buches *„Draußen vor dem Tore“* von 1923; siehe Literaturverzeichnis.

Der aus Löns' „Dahinschreiten" resultierende Text bildet bis heute eines der wichtigsten und wirkungsreichsten Glieder unter den belletristischen Veröffentlichungen zum Naturschönen der Senne: Lönssteine, Lönspfade, Lönswege und reichlich Weiteres, was seinen Namen trägt, findet man seither vielfach in der Region. Die Heimatliteratur zur Senne ruft immer wieder den Löns-Text in Erinnerung, und auch wissenschaftliche Veröffentlichungen und Wortbeiträge verweisen auf die berühmte Metapher von der Senne als der „Frau Einsamkeit". Die von Löns beschriebene Sennefahrt ist der erste ungebrochen positive Text über diese ostwestfälische Peripherie, der eine größere Zahl an Lesern erreichte. Seine Funktion ist weniger die einer genauen Naturschilderung (obwohl Löns wissenschaftlich-naturkundlich durchaus beschlagen war), sondern eher die einer emotionalen Charakterisierung der Landschaft, einer wertenden Identifizierung der Gegend mit solchen Stereotypen, die später auch die Heideromantik der Lüneburger Heide in seinen Schriften ausmachte. Einige Passagen aus diesem Text sollen auch hier wiedergegeben werden: seinem Bericht nach bricht Löns von Bielefeld aus auf

> „... zur einsamen Senne, dem Lande, das nie der Wanderer besucht, das nie die Neugier betritt, in dem die Menschen so spärlich sind und die Häuser so dünn gesät" (LÖNS 1899, zit. n. LÖNS 1923: 108).

Dies ist genau das, was er als Trendsetter des Wandervogelzeitalters suchte: dünnbesiedelte Landschaft jenseits der moderner werdenden Welt, noch zu entdeckende ländliche Reste der Vormoderne mit nur wenig Menschen und kaum baulicher Infrastruktur; Landschaft, in die der Naturfreund hineinwandern, in der er sich verlieren kann – aus der er freilich aber wieder zurückkehren kann an seinen Schreibtisch, an dem er als Bildungsbürger das Erlebnis produktiv verarbeitet. Löns selbst führte quasi ein Doppelleben, lebte einerseits als großstädtischer Dandy, andererseits stilisierte er sich als Naturmensch.[96] Bei ihm erscheint die Senne als Kompensationsraum zur lauten Stadt, wieder einmal als ein Freiraum; diesmal als ein Freiraum für naturromantische Phantasien, der durch seine landschaftliche Physiognomie auf das Gemüt des empfindsamen Betrachters zurückwirkt und ihm eine als positiv empfundene Einsamkeit fernab der modernen Welt ermöglicht: eine „stille, gute, kluge, liebe Einsamkeit", so Löns (ebd.: 108). Man könnte auch mit Altenbernd sagen: Löns suchte und fand „der stillen Senne Poesie". Er wanderte, bis:

96 Zur ambivalenten Lebens- und Rezeptionsgeschichte von Hermann Löns vgl. DUPKE, Thomas: *Hermann Löns. Mythos und Wirklichkeit.* Hildesheim 1994.

„... sie vor mir lag, die herbe Senne. Und da sah ich sie auch, sah das gute Gesicht der ernsten, stillen Frau, und meine Augen nur grüßten sie, Frau Einsamkeit. Um ihren Kopf wehte ein zarter grauer Schleier, um ihre starken Glieder floß das braune, gelb geflammte, rosig überhauchte, grün besetzte vornehme Kleid, das langhin schleppte und den Treibsand mülmend aufwirbeln ließ“ (ebd.: 109).

An dieser Stelle prägt er den Begriff von der *herben* Senne, der als Beschreibung der landschaftlichen Stimmung im späteren Reden und Schreiben über die Senne allenthalben wieder herangezogen werden wird. Löns identifiziert, wie auch schon Altenbernd, die Landschaft als eindeutig weiblich: der grammatikalisch feminine Landschaftsname als auch die im selben Sinn feminine Vegetationsform der Heide legt diese Verweiblichung des Wesens der Landschaft wohl nahe. Die „Frau Einsamkeit“, der Löns begegnet und die zu seiner Begleiterin wird, ist nichts Anderes als die Senne selbst; er beschreibt sie als *ernst* und *still*, sie ist *stark* und *stolz* und trägt die *schlichte* Heide als ihr Kleid. Die lyrische Personalisierung der Landschaft als Frau hat die Funktion, die Dichte und unmittelbare Sinnlichkeit seiner Kontaktaufnahme, die enge Beziehung und den Dialog zwischen lyrischem Subjekt und Objekt, dem Wanderer und der Landschaft, verdeutlichen zu wollen:

„Und so stolz sie ist und so langweilig sie sein kann bei lautem Volk, mich mag sie gern und mir ist sie gut, weil ich gerade so still wie sie und nur froh bei ihr bin. Denn sie ist eifersüchtig und duldet keine neben sich. Und so legte sie die feste, angebräunte, schöne Hand in meine und schob ihren Arm unter meinen und ging mit mir, den Rand der Senne entlang“ (ebd.: 109).

Löns berichtet vom stets mit lyrischen Adjektiven beschriebenen Naturinventar der Senne, vom „goldgelben Habichtskraut“, von „dürftigen Heideblütchen“ und „windzerzausten Krüppelföhren“, von „tanzenden Immen“, von „silberflügeligen Jungfern“ und „sonnenfaulen Eidechsen“; ihm begegnen Wildrudel und natürlich auch die halbwilden Senner Pferde, deren Charakter er als „so frei, so stark“ beschreibt. Die Natur erscheint karg, aber dennoch lieblich: „so arm, und doch so reich“. Neben der Naturwelt und seiner metaphorischen Begleiterin tauchen auch echte Menschen in Löns Schilderung auf: typische Sennebewohner, arme Leute, die aber keineswegs mehr als „zerlumpte Jammergestalten“ (vgl. Bitter 1854: 11) beschrieben werden; vielmehr haftet ihnen jetzt die schlichte Schönheit des Naturgemäßen an, und wieder sind sie weiblich:

> „Da standen zwei Frauen, halbgebückt, noch die Braken, die sie zur Feuerung suchten, in den Händen und sahen uns stillverwundert an. Wann kommt hierher wohl je ein Stadtmensch? Stumm nickten sie auf unser stummes Nicken und sahen uns nach" (LÖNS 1899, zit. n. LÖNS 1923: 110).

> „Ein Mensch begegnete uns, ein Mädchen, groß, blond, blauäugig, die mit den starken braunen Armen die schwere Karre voll Streu vor sich hinschob in dem Mehlsand. Freundlichernst nickte sie uns zu. Ob sie wohl wußte, wie schön sie war in ihrem selbstgemachten Rock, mit dem schlichten Haar?" (ebd.: 111)

In seiner Beschreibung der Senne finden sich Merkmale aus der ästhetischen Kategorie des Erhabenen, allerdings ohne dass Löns den Begriff konkret verwendet; Unabsehbarkeit, Zeitlosigkeit und Weite bestimmen die Ausstrahlung der Sennelandschaft. Er geht mit „weitem Herzen und offenen Augen"; die Gleichung, die er aufmacht, ist wenig kompliziert: weite Landschaft – weite Herzen, offene Landschaft – offene Augen. Löns wandert bis zur Kammersenne,

> „... die weit und unabsehbar vor uns lag, immer gleich und immer anders, so arm und doch so reich. Stunde auf Stunde verrann, keine Seele begegnete uns. Da ein Dach, dann wieder eine Stunde Einsamkeit, dann ein Hof, und wieder nur braune Weite, flache rosige Hügel, eine krüppelige Fuhre, einige Sandblößen als weithin sichtbare Merkzeichen darin, aber kein Bach, kein Teich, nur die arme dürftige Heide. Ganz langsam gingen wir hier mit weitem Herzen und offenen Augen, glücklich und still, noch eine Stunde und noch eine ..." (ebd.: 113).

Löns' Einfluss auf die populäre Landschaftswahrnehmung war in Deutschland enorm; insbesondere nach seinem Tod im Jahr 1914 wurde er zum auflagenstarken Volksschriftsteller, seine Bücher gediehen zu Best- und Longsellern, seine Art auf die Heidelandschaft zu blicken entwickelte sich zum kitschig-idyllischen Allgemeingut. Bereits vor seinem Tod waren Löns' Naturschilderungen und Lieder bei den Anhängern der bürgerlichen Jugendbewegung beliebt gewesen; sie wurden neben Texten von Hermann Hesse und Stefan George, romantischen Gedichten von Eichendorff und zivilisationskritischen Schriften wie Nietzsches „Zarathustra", Sprenglers „Untergang des Abendlandes" und Langbehns „Rembrandtdeutscher" laut und gemeinsam gelesen. Löns war zeitgenössisch eine „Kultfigur für die

Wandervögel" (Tiletschke 1995: 38), und die Sennelandschaft wiederum war, um diesen Terminus aufzunehmen, eine ‚Kult-Landschaft' der regionalen Wandervögel; der Bielefelder Gruppe jedenfalls war die Senne ihr beliebtestes Ausflugsgebiet.[97] Die weite Heidegegend war erstes Ziel des lokalen Aufbruchs „aus grauer Städte Mauern"; sie symbolisierte mehr noch als Wälder und Felder einen Freiraum jenseits bürgerlicher Zwänge. Heinrich Meise erinnert sich:

> „Ungehindert, ohne Draht und Zaun, konnte man stundenweit [...] sich der freien Weite erfreuen. [...] Wie wohl fühlte man sich und genoß die herrliche Freiheit im wegelosen Umherstreifen. Als wir 1909 die Senne verließen, sagte unser Junge bedauernd: ‚Die Senne ist doch unser liebstes Land!' Wie oft sind unsere Kinder dann noch mit den Wandervögeln zu ihrem Kotten gewandert. [...] Die Senne war immer Zufluchtsgebiet, zuerst der landsuchenden armen Siedler, dann der Stadtjugend" (Meise 1960: 58 u. 60).

In einem Aufsatz über die Erlebnisse einer Wandergruppe in der Senne findet die ostwestfälische Heidelandschaft auch überregional schon im zweiten Heft der von der Altwandervogel-Bundesleitung herausgegebenen und reichsweit erscheinenden „Wandervogel – Monatsschrift für deutsches Jugendwandern" voller ironischem Humor Erwähnung (vgl. Rittinghaus 1911). Die jugendbewegten Naturfreunde aus Bielefeld ließen sich auch in der Senne nieder: Seit 1909 gab es eine Wandervogelhütte in der Wistinghauser Senne, 1912 kam ihr Landheim in einem alten Kotten bei Stukenbrock hinzu, ein Jahr später zwei weitere Hütten an der Ems und in der Dörenschlucht, und Ostern 1913 wurde der „Westfälische Wandervogeltag" in der Senne ausgerichtet (vgl. Tiletschke 1995: 43f) **(Abb. 38, 39)**. Auch die Bielefelder Gruppe der so genannten „Fahrenden Gesellen", einer gewerkschaftlichen, dem bürgerlichen Wandervogel wesensähnlichen Jugendorganisation, hatte seit 1914 ihren „Schildmännerei" genannten Kotten am Rande der Senne. Verschiedene andere Treffpunkte wie etwa der „Greten Venn" genannte Sennekotten des „Vereins Jugendlandheim" und die Versammlungsstätten von CVJM, Naturfreunden und anderen Jugendorganisationen kamen später hinzu; „Heidefeste" und „Sennetreffen" wurden jetzt zahlreich veranstaltet **(Abb. 40)**.[98]

---

97 Wobei wohl nicht alle Bereiche der Senne von den singenden Jugendlichen, die dem einfachen und naturverbundenen Leben anhingen, erreicht und frequentiert wurden. Hauptsächlich bewanderten die Bielefelder Wandervögel auf ihren „Heidefahrten" die ihnen zugewandte Heeper, Oerlinghauser, Wistinghauser und Stapelager Senne sowie die Täler von Ems, Furlbach, Ölbach, Menkhauser Bach und Bullerbach; die abgelegenere Kammersenne hingegen wird nur seltener von städtischen Wandervögeln besucht worden sein.

Abb. 38: Die Sennehütte der Bielefelder Ortsgruppe des „Alt-Wandervogel", um 1911. Die Senne war in den ersten Jahrzehnten des 20. Jahrhunderts eines der beliebtesten Ziele der regionalen wandernden Jugendbewegung. [Stadtarchiv und Landesgeschichtliche Bibliothek Bielefeld]

Abb. 39: Hütte des Bielefelder „Wandervogel e.V." in der Wistinghauser Senne, um 1923. [Foto Ruwe, Stadtarchiv und Landesgeschichtliche Bibliothek Bielefeld]

Abb. 40: Einladungsplakat der Bielefelder Wandervögel zum „Friedenstreffen" am Bärenbach in „unserer lieben Senne" zu Ostern 1919: „Ihr Alten vom Sennegautag 1913 und ihr Jungen im Gau – alle müsst ihr kommen. Die Heide ist weit und unsere Wälder sind gross, also Platz zur Aussprache und zum Austollen genug." [Archiv Burg Ludwigstein, entn. aus Tiletschke 1995: 141]

Der Zeitzeuge Oskar Ruwe, Jahrgang 1901, erinnert sich an seine Zeit bei den Fahrenden Gesellen:

> „So kamen wir in die ganz einsame, herrlich gelegene Schildmännerei in Senne II. Das war ein altes Kötterhaus. [...] Der ganze Hüttenbetrieb war schlicht und einfach. Die Schlafräume mit Strohsäcken versehen. [...] Von dieser Schildmännerei aus machten wir vielfach Tageswanderungen tiefer in die Senne rein. Zum Schnakenteich, der hatte kaltes Wasser, aber das machte uns nichts aus. Oberhalb des Schnakenteiches war die kleine Wanderhütte des Wandervogel e.V., mit denen wir auch durch das Wandern in Verbindung waren. Auf diese Art und Weise haben wir die Senne kreuz und quer abgelaufen, bis zum Hermannsdenkmal, tief in die Wistinghauser Senne, Furlbachtal, das lag damals noch in völliger Einsamkeit" (zit. n. TILETSCHKE 1995: 168)

Anlässlich der stolzen „Weihe" ihres in Eigenarbeit renovierten Landheims gaben die Fahrenden Gesellen zum Osterfest 1914 eine Festschrift heraus; darin findet sich auch ein Aufsatz über die Senne aus der Feder des Bielefelder Professors W. Engels, der selbst als Mitglied des Eltern- und Freundesrates des Wandervogel e.V. aktiv war. Engels versucht, die landschaftliche Ästhetik und geschichtliche Eigenart der Senne darzustellen und so „beizusteuern", was er „zum Lobe der Senne und der guten Wandersache zu geben vermag" (ENGELS 1914: 3). Er beginnt seinen Text mit einer historischen Rückschau auf vermeintlich große Momente der Senner Vergangenheit, mit einer für die Heimatliteratur typischen temporal-konstruierten Darstellung der Landschaft (obgleich der rhetorisch gewandte Engels seinen Einstieg selbst relativiert):

> „Einer Lockung widerstehen wir, mit Arminius und Germanicus zu beginnen. Die Gestalten sind zu groß, fast unglaubhaft groß für unsere einfache Senne und doch schon zu weit entfernt, zu blaß unsern heute matteren Augen. Auch die mächtigen Bilder unseres im Ausharren tapferen Landsmannes Widukind und des strengen und doch gleich selbstlosen Siegers Karl drängen wir nicht ohne Mühe zurück" (ebd.: 3).

---

98 Verschiedene Gruppen der Jugendbewegung haben immer wieder in der Senne ihre Zeltlager und Treffen veranstaltet. Den Wandervogelfahrten in die Senne folgten insbesondere die „Sennetreffen" genannten Zeltlager der christlichen Jugendverbände, die sich in den 1920er Jahren zur Großveranstaltung entwickelten. Das erste Sennetreffen des CVJM fand 1923 statt, 1926 wurden 4.000 Teilnehmer gezählt, und 1932 berichteten die *„Westfälischen Neuesten Nachrichten"* bereits von „mehr als Zehntausend in Senne und Sonne" (vgl. TILETSCHKE 1995: 207).

Engels berichtet von Ur und Elch und Wolf, die einst durch die Urlandschaft der Senne strichen, von Rittern und Kaufleuten, die auf alten Wegen durch den Heidesand zogen, von den Leiden, welche „unsere schlichte Senne" in Kriegen und Fehden und zur Zeit des Spinnerelends sah. Die Landschaft habe „zu viel Trübes gesehen, um es jedem auszuplaudern", und doch: „herb waren ihre frühen Jahre, heiterer ist ihre Gegenwart" (ebd.: 3). Diese heitere Gegenwart sieht er in der naturromantischen Aufmerksamkeit, die die jugendbewegten Wanderer der Senne entgegenbringen:

> „Die Senne gehört immer enger zu uns. Zu ihr richten sich unsere Blicke, um Freude zu finden. [...] Schwermütige Weisen stimmen zu dieser Landschaft. Ein stiller Zug von Wehmut liegt über ihr, vielleicht ein Rest des Trüben, das sie erlebt hat. Wie verwunschen liegen selbst ihre Landschlösser im Versteck der Föhren und Eichen. Und doch ist auf diesem Heide- und Wipfelmeer keine Trübe ohne feinen, blauen Dunst oder ein silbriges Licht. Es ist darin eine helle Weite, die uns befreit. [...] Klar fließen, im Stillen belebend, ihre Bäche der Welt da draußen zu. Gleichförmig und groß im ganzen, erscheint unsere Heide in ihren Wegen und Winkeln voller Abwechslung und heimlicher Reize. Wenn andere Landschaften farblos zu werden beginnen, tut sie ihren blaurötlich schimmernden Prachtmantel, wo die Menschen ihn ihr gelassen haben, noch einmal verstohlen an. Ja in Nebelschein und Regenschimmer offenbart sich ihre sanfte Größe" (ebd.: 4f).

Wieder finden sich die gleichen Adjektive zur Beschreibung des Senner Landschaftscharakters auf engstem Raum; uralt, herb, trüb, schwermütig, still, verwunschen, heimlich, weit, hell, sanft und so weiter. Zugleich lautet, noch recht leise, Kritik an den Kultivierungsmaßnahmen in der Heide an („ ... wo die Menschen ihr [den Prachtmantel] gelassen haben ..."). Über die Sennehütte der Bielefelder Wandervögel in der Wistinghauser Senne wird in diesem Zusammenhang berichtet:

> „Obwohl die Bielefelder die Senne und ihre Hütte liebten, wurden sie von der sich ausweitenden landwirtschaftlichen Nutzung vertrieben, denn die Wandervögel zog es in die unberührte Natur. Zornig vermerkten einige 1911 im Hüttenbuch, daß eines Morgens die ganze unberührte Heide um die Hütte sich in ein umgepflügtes Ackerfeld verwandelt hatte" (TILETSCHKE 1995: 26f).

Die Kritik an den stattfindenden Kultivationen wird in den folgenden

Abb. 41: „Turnen im Sennesand" betitelte Fotografie aus einer Postkartenserie des Deutschen Jugendherbergswerkes über das von Richard Schirrmann gegründete Kinderdorf Staumühle, um 1927. [Staatsarchiv Detmold D 75-3894/2]

Jahrzehnten lauter werden; sie findet sich auch in der 1928 erschienenen heimatkundlichen Monographie mit dem Titel „Unsere Senne" (SCHIRRMANN 1928). Diese auflagenstarke, mit über 420 Seiten recht umfangreiche Veröffentlichung stellt einen wichtigen Meilenstein der Senner Heimatliteratur dar und wirkte als Multiplikator der Kommunikation positiver Sennebilder. Der Band versammelt Naturkundliches, Kulturgeschichtliches, Lyrisches, Gemütvolles und Sagenhaftes zur ganzen Senneregion und ist als solcher bis heute in der Heimatliteratur ohne Vergleich. Der Herausgeber des Bandes, Richard Schirrmann, bekannt als Wandervogel, Gründer und erster Vorsitzender des Deutschen Jugendherbergswerkes, hatte zwischen 1925 und 1932 ein „Kinderdorf" inmitten „unverfälschter Natur als Kinderparadies für licht- und lufthungrige Großstadt-Jungmenschen" aufgebaut und geleitet (ebd.: 5). Überwiegend aus dem Ruhrgebiet besuchten damals Kinder und Jugendliche für drei bis vier Wochen die Senne, wurden in Militärbaracken des Lagers Staumühle untergebracht und gemäß dem reformpädagogischen Paradigma der naturverbundenen Gemeinschaftserziehung betreut **(Abb. 41)**. „Kompensatorische Vorstellungen gingen in die Zielsetzungen des Kinderdorfs ein: Aus einer tiefen Skepsis gegenüber den Industriestädten und der durch sie bedingten Verkümmerung der kindlichen Lebensentfaltung wurde die Weckung von Lebensfreude bzw. ‚Jugendfreude' als eigenständiges Ziel propagiert" (PIESCZEK 1992: 247). In seinem Vorwort zu dem heimatkundlichen Band „Unsere Senne" stellt Schirrmann die Landschaft als eine „weltferne, unberührte Einsamkeit" vor,

> „...wo man stundenweit keine menschliche Behausung antrifft und ganz mutterseelenallein ist und sommertags allenfalls mit summenden Immen und singenden Heidelerchen Zwiesprache halten kann" (SCHIRRMANN 1928: 4).

Schirrmann geht es mit der Veröffentlichung einerseits um sein professionelles pädagogisches Interesse, dem Postulat einer möglichen Gesundung von Körper und Geist naturentfremdeter Städter mittels einer Konfrontation mit der heilen Welt in der Senne, andererseits aber gleichsam auch um die Klage über den in dieser Zeit durch Landkultivationen rasch fortschreitenden Wandel eben dieser heilen Naturwelt:

> „Die bebauten Äcker mehren sich ständig auf Kosten der wilden Heide, und die Zeit ist nicht mehr fern, wo die ganze weite Senne, vielleicht mit Ausnahme des großen Truppenübungsplatzes, in Fruchtauen und Menschensiedlungen umgewandelt sein wird" (ebd.: 4).

Das in den 1920er Jahren unübersehbare Voranschreiten der Bodenmeliorationen und dampfpflugbetriebenen Ortsteinbrechungen, der Trockenlegungen und Verkopplungen der „wilden Heide" zugunsten von „zahmen Ackerland" nennt er konkret als Grund für die Veröffentlichung des Sammelbandes:

> „Bevor aber unsere wildschöne Senne stirbt und in zahmes, nutzbringendes Ackerland umgewandelt wird, wollen ihre Kenner und Freunde [...] in einem Heimatbuch [...] einen herzfrischen unverwelklichen Strauß Erinnerungen und Geschichten sammeln und als heiliges Vermächtnis unseren Nachfahren überliefern" (ebd.: 5).

Allerdings betont Schirrmann zugleich sein Verständnis für die ökonomische Notwendigkeit der umfangreichen Kultivierungsmaßnahmen; dieses Verständnis ergibt sich für ihn aus dem gestiegenen Siedlungslandbedarf in dem seit dem ersten Weltkrieg verkleinerten Deutschen Reich und der resultierenden „Raumnot" angesichts zahlreicher vertriebener Ostdeutscher:

> „Aber der verlorene Weltkrieg hat unser Volk nicht nur seiner Überseekolonien beraubt, sondern hat ihm auch in der Verblendung raubgieriger Nachbarn große Länderstrecken aus seinen Reichsgrenzen herausgerissen und Millionen deutscher Brüder aus diesen Gebieten von Haus und Hof vertrieben und in einem verkleinerten Vaterlande zusammengepfercht. Raumnot ist die furchtbarste Not eines lebendigen, wachsenden Volkes. [...] Und nun durchstöbert der Deutsche alle Winkel seines Landes nach urbar zu machendem Lande und rodet Wälder aus und legt Moore und Sümpfe trocken und bricht mit der Pflugschar in die Heiden ein. [...] Die Zeit kommt, wo auch von der heutigen Gestalt der Senne nichts mehr als die Erinnerung übrig sein wird. Der Naturfreund mag darüber verzweifelt die Hände ringen. Es hilft nichts. Denn Hunger tut weh" (ebd.: 4).

Die Sennelandschaft symbolisiert in der Mehrzahl der im Band „Unsere Senne“ versammelten heimatkundlichen Texte, wie schon bei Hermann Löns, jene weltferne, schlichte und genügsame Landidylle, die im konservativ-zivilisationskritischen Wertsystem dem Städtischen als moralisch überlegen galt oder doch zumindest als Kompensation nötig erschien. Das Landleben, insbesondere das in seiner kargsten Ausprägung, wird als naturnah idealisiert und romantisiert, während das Städtertum zumeist als kranke und entfremdete Lebensweise erscheint. Wo fünfzig Jahre zuvor bei Ludwig Altenbernd noch eine nachdenkliche Note bezüglich der realen Lebensumstände der Sennebewohner mitschwang, ist diese jetzt weitestgehend verschwunden. Die Senne wird als natürlich und gesund wahrgenommen und wo einige Jahre zuvor noch bösartige Miasmen, Gesindel und öde Langeweile lauerten, zeigt jetzt in erster Linie „die Heidekönigin“ ihre Schönheit; zumindest für diejenigen, die zu „gemütstiefen“ Empfindungen bereit und fähig sind, wie der Justizinspektor Edmund Berke – freilich selbst ein Städter und Bildungsbürger wie die meisten der Autoren des Bandes – in seinem Aufsatz „Vom Wandern in der Senne“ bemerkt:

> „Zum Genießen der Schönheiten der Frau Heidekönigin gehört in erster Linie ein gemütstiefes Herz. So werden Weltkinder und Modedamen dort [in der Senne; RS] nie auf ihre Kosten kommen. Da ‚da hinten in der Heide‘ niemand ihr blasiertes Wesen sehen will, keiner auf ihre oft so törichten Modelaunen achtet, werden sie kaum Lust verspüren, ihre freie Zeit dort zu verleben. Und das ist gut für alle diejenigen Naturfreunde, die sich auch mit der Frau Einsamkeit zu unterhalten wissen“ (Berke 1928: 264).

Nicht nur in der Heimatliteratur im engeren Sinne, auch in wissenschaftlichen Texten dieser Jahre finden sich romantisierende Positivwertungen der Senner Heidelandschaft; allen voran ist hier die geographische Dissertation von Ludwig Maasjost aus dem Jahr 1933 zu nennen. Seine Beschreibungen der Landschaft schließen neben ‚objektiven‘ Darstellungen ihrer Geographie auch ‚subjektive‘ Ästhetisierungen ausdrücklich mit ein; eine für die damalige Geowissenschaft der Schule Friedrich Ratzels durchaus nicht unübliche Vorgehensweise, wollte diese doch die Landschaft – frei nach Humboldt – in ihrem „Totalcharakter“ erfassen. Auch Maasjost strebt in seiner Schrift danach, das Charakteristische seines Forschungsgegenstandes sowohl prüfend-naturwissenschaftlich als auch empfindend-ästhetisch zu beschreiben:

> „Noch finden wir Stellen mit reiner Heide, wo der Blick ungestört

> über glatte, endlose, braune Flächen hinwegschweifen kann, in denen auch gar nichts die Wirkung der Horizontalen zu durchbrechen scheint. [...] Gerade hier [gemeint ist die Stapelager Senne; RS] wirkt die Heide, durch die Unterlage ein wenig in Bewegung gebracht, mit besonderer Wucht auf den Beobachter. Noch bewegter werden die ‚braunen Meereswogen' in den kuppigen Dünenlandschaften wie etwa in der Kammersenne." (MAASJOST 1933: 49).

> „Hünengräber wölben in ihrer stillen Erhabenheit die Heide zu sanften Hügeln auf. Nur auf den gewellten Sandern nahe am Teutoburger Walde streut sich hie und da ein weitständiger und lockerer Bestand von niedrigen Kusselkiefern weiter vor, sonst nur Hänge und Stufen überziehende Heide. Der Eindruck ist wuchtig und gewaltig. [...] Die Heide liegt in ihrer stillen Weite da. Kein Mensch, kein Haus, kein Baum lenkt das Auge auf sich. Nur am Rande des Kiefernwaldes verliert sich hie und da ein Wacholderstrauch in die Heide hinein. Seine straffe, unbewegliche Gestalt erhöht noch den stummen Heidecharakter. Die Landschaft wirkt erhaben durch die Ruhe. Das Kleine tritt hervor. Man hört das Summen der Bienen, das Zirpen der Grillen, das Rascheln des Heidekrautes, den verlorenen Gesang der Heidelerche" (MAASJOST 1933: 62).

Seinen Landschaftseindruck angesichts der weiten Heideflächen in der noch unkultivierten Senne beschreibt Maasjost als „wuchtig und gewaltig"; er assoziiert Ruhe, Stille und Stummheit, vor allem Endlosigkeit und Weite. An mehreren Stellen wendet er konkret den Begriff des „Erhabenen" auf die Senne an. *Erhabenheit* geht als Konstrukt klassischer und romantischer Ästhetik in seiner Wirkung auf den wahrnehmenden Betrachter insofern über das *nur Schöne* hinaus, als dass es zugleich ambivalente Gefühle vermittelt: „Drum nennen wir Schön, was gerngefühlt uns bewegt. Und Erhaben das, was uns am mächtigsten trifft", heißt es dazu in einem Vers von Klopstock.[99] Hinweise auf die ambivalente Empfindung des Erhabenen angesichts der Sennelandschaft finden sich an vielen Stellen und zu allen Zeiten in der Heimatliteratur; so wie Hermann Lüning 1845 das „höchst eigenthümliche" der Senne als mithin „geheimnisvoll, räthselhaft, verschlossen" und „herbstlich elegisch" bezeichnete (LÜNING 1845: 498), so „überkommt" in den 1970er Jahren Friedrich-Wilhelm Schröder in seinem Text „Bilder aus der Senne" ein „Gefühl der Einsamkeit und Verlorenheit", wenn am Abend „die Dämmerung über den weiten Flächen der Stapelager

99 Klopstocks um 1800 verfasster Vers ist zitiert nach HASSE 1997: 152.

und Wistinghauser Senne heraufzieht, am westlichen Horizont dunkel das Abendrot glüht und ein paar Krähen mit müden Flügelschlägen ihren Schlafbäumen zurudern" (SCHRÖDER 1972: 154). Karl Beckmann beschließt 1989 seinen streng wissenschaftlichen Aufsatz zur mittelalterlichen Siedlungsgeschichte der Senne mit den Worten: „Schaurig-schön ist eine Fahrt über den sonntäglich von Soldaten verlassenen Übungsplatz bei trübem Herbstwetter" (BECKMANN 1989: 44).

Vom ambivalenten Aspekt des Erhabenen in der „schaurig-schönen" Landschaft, insbesondere von seiner assoziativen Aufladung mit Nostalgischem und Geheimnisvollem, wird weiter hinten noch die Rede sein. Blicken wir zunächst noch einmal auf jene ästhetische Eigenart der Senne, die als „Unübersehbarkeit" und „Unendlichkeit" dem Erhabenen ebenfalls immanent ist: Die Qualität der Weite und Offenheit der Landschaft. Eine spezielle, wiederholt mit der Sennelandschaft assoziierte Wahrnehmung ist der empfundene Vergleich mit maritimen Eindrücken, die sich über die Wirkung der Horizontalen im Blickfeld des Betrachters ergeben. Dieses Bild zieht sich längs und quer durch die Literatur; Maasjost schreibt in der oben zitierten Passage von „braunen Meereswogen", und bereits 1845 hatte Georg Weerth den Ausblick von der Höhe des Osnings über die Senne als dem auf ein Meer ähnlich beschrieben:

> „Von den Höhen des Teutoburger Waldes sieht man eine weite Ebene, die Senne genannt, [...]. Sie gewährt einen eigenthümlichen Anblick, der sich wohl am besten mit der Aussicht vergleichen läßt, die man in der Abenddämmerung, von einem höheren Punkte des Strandes, auf die See hat" (WEERTH 1845: 266).

Derselbe Eindruck wurde oft zu Papier gebracht, etwa von F. A. Fleege im Jahr 1916: „Wer von den die Senne begrenzenden Höhen auf die Heide hinab schaut, dem erscheint sie wie ein weites, braungrünes Meer, aus dem die bebauten Striche wie Inseln hervorlugen" (FLEEGE 1916: 30). Auch der von seinen Kollegen im lippischen Heimatverein als „Wandervater" geschätzte Karl Bachler hat in seinem „Verborgene Heideschönheit" betitelten Aufsatz über die Senne um 1930 den selben Eindruck empfunden. Was bei Weerth noch „eigenthümlich" war, ist bei Bachler ohne jede Ambivalenz „unvergeßlich schön":

> „Unvergeßlich schön war der Eindruck von dieser Höhe auf den farbeduftenden Teppich der Heidelandschaft, doppelt schön empfunden von dem Menschen, dem solch weites Land gleich einem ruhenden Meere ein seltenes Erlebnis ist" (BACHLER 1930a: 77).

Auch in einem anderen, ebenfalls 1930 erschienenen Aufsatz über die „Landschaft und Naturschönheiten Lippes" rühmt Bachler die „großartige Fernsicht über das Meer der Senne", deren „intime Reize" er in ihrer „herben und doch wieder holden Poesie" erkennt (Bachler 1930b: 42). Die sinnliche Wahrnehmung und landschaftliche Ästhetik der Senne reflektierte gegen Ende der 1960er Jahre Adolf Dröge in seinem Aufsatz „Heimat zwischen Wald und Heide"; seiner Einschätzung nach empfindet ein Betrachter, der von einem erhöhten Standort aus die Senne überblickt,

> „... in der großzügigen Linienführung der landschaftlichen Silhouetten unter einem hochgespannten Himmelsbogen das Gefühl der inneren Ruhe, zugleich des Aufschließens der seelischen Sinne, das für großflächige Landschaftsformen von allen Beobachtern immer wieder geschildert wird und das durchaus dem Empfinden vor der Weite des Weltmeeres oder der merkwürdigen Faszination vor der scheinbaren Unendlichkeit großer geographischer Räume nahekommt. Die Empfindung der ebenen Weite wiederholt sich auch – wie es nicht anders sein kann – in der Teilbetrachtung. [...] Noch die Einzelflächen an Kulturlandschaft oder Wald und Heide wirken weitgespannt und großflächig und wiederholen die Elemente dessen, was wir – schwer zu definieren – Eigenart und Schönheit von Natur und Landschaft nennen. Wenn ich versuche, einige Charakteristika der landschaftlichen Eigenart zu benennen, so fallen mir keine anderen ein als die Elemente einer gewissen Herbheit, fast Sprödigkeit, einer Strenge des Ausdrucks, gemildert durch die Zartheit von Farben in Aquarell; Einfachheit, Weite und Großflächigkeit – ich wiederhole mich!; aber auch verborgene Originalität und versteckte Lieblichkeit" (Dröge 1969: 9).

Die von Dröge als „Eigenart" ermittelten ästhetischen Charakteristika der Senne kreisen einerseits wieder um eine herb-spröde Einfachheit, andererseits um die weitgespannte Flächigkeit der ebenen Landschaft, die ein Empfinden vergleichbar „der Weite des Weltmeeres" evozieren könne. Solche Empfindungen und ästhetischen Vergleiche hatten über lange Zeit auch ganz konkrete Entsprechungen in der Erklärung der Landschaftsentstehung: Die optische Ähnlichkeit der sandigen Ebene mit einem Meer hatte noch bis ins 20. Jahrhundert die Vorstellung von ihrer Entstehung beeinflusst; so hat man das erstaunlich große Vorkommen weißen Sandes als „die obere Dünenpartie des westfälischen Meerbusens" interpretiert:

> „Große Gewässer haben also einst von der Nordsee her durch Holland

und Münsterland bis an den Teutoburger Wald geflutet und den Boden mit Meersand in mächtiger Tiefe angeschüttet" (REBBE 1902: 15).

„Wo jetzt die Senne sich ausdehnt, da fluteten einst die schäumenden Wogen des münsterischen Meerbusens. Sie schlugen tief in die Höhlungen des heutigen Osning hinein, und das blendende Weiß des Schaumes tanzte gespenstisch an den Felsenwänden auf" (LAMPRECHT 1913).

Der maritime Eindruck, den die sandige Senne augenscheinlich vermittelte, war keineswegs immer als positiv empfunden worden. Als dezidiert negative Metapher ist das Meer bereits 1797 in einem vom lippischen Generalsuperintendenten Johann Ludwig Ewald herausgegebenen Band zu finden, in dem ein Ritt durch die Senne als langweilige Passage durch „eine der ödesten Sandheiden, die es auf der bebaueten Erde geben mag," geschildert wird. Wohl wissend um die zu seiner Zeit gerade aufkommende naturromantische Empfindsamkeit exklusiver Zeitgenossen schildert der Autor die Senne als „offenbare See" bei einer „langweilen Windstille":

„Wie Baggesen, Moltke, Spazier und Claudius bei jener launigten Wasserfahrt um ein Landgut, die Reise um die Welt dachten, und das kleine Wässerchen, worauf ihr Kahn schwamm, sich zum Ozean idealisierten; so träumten wir uns auf der offenbaren See, bei einer langweilen Windstille, begrüßten jedes grüne Fleckchen als eine unbewohnte Insel, an der wir aber nicht landen könnten, [...], und riefen, als wir das Ende der Sandheide, Gras und Bäume entdeckten: Land! mit einer Freude, als wenn wir ein paar Monate auf der offenbaren See herumgefahren wären (EWALD 1797, zit. n. WEHRMANN 1979: 17).

Das Bild von der Senne als scheinbares Meer hat ein Adäquat im Bild der Sandheide als einer Wüste; die Ambivalenz zwischen der Weite eines Ozeans und der Ödnis einer Sandwüste drückt sich in zwei Textpassagen aus dem Jahr 1899, der Zeit des Umbruchs der landschaftsästhetischen Wahrnehmung der Senne, aus. In seiner landeskundlichen Darstellung zieht der lippische Schulrat Heinrich Schwanold beide Vergleiche, wobei er das „unendliche Meer" konkret nennt und die Vorstellung einer Wüste nur indirekt über den Gegenbegriff der „Oase" nahelegt; in der – nach wie vor – als „traurige Öde" beschriebenen Landschaft kann Schwanold dennoch „Reize" und „Schönheiten" entdecken:

> „Wie ein weites braunes Meer mit grünen Inseln erscheint sie dem Beschauer, der von der Höhe des Waldes seine Blicke über sie hinschweifen läßt. Im Gegensatz zu dem reichbewegten Hügellande im Norden ist Eintönigkeit ihr Charakter. [...] Auch die Senne hat ihre Schönheiten. Dem Bewohner des Hügellandes, dessen Gesichtskreis ‚beschränkt' ist, tritt sie mit einem ähnlichen Reiz entgegen, wie ihn das unendliche Meer auf jeden Binnenländer ausübt; der wohlgedeihende Anbau, der den Menschen auch hier als Herrn der Erde zeigt, die zahlreichen Oasen mit schönem Eichenwald, grünen Wiesen und Feldern, lassen den Charakter der traurigen Öde hier und da verschwinden, der ihr vielfach beigelegt wird. Ende Juli und August aber prangt sie im Blütenschmuck der Buchweizenfelder und des Heidekrauts" (SCHWANOLD 1899: 10f).

Im selben Jahr wie Schwanold beschreibt auch Wilhelm Fricke seinen Eindruck von der Senne. In einem Band über westfälische Landschaften erkennt er die Senne ebenfalls als meerähnlich, doch repräsentiert sein Text noch eher die alte, negative Sehweise auf die Senne. Fricke beschreibt den meerähnlichen Landschaftscharakter als „uferlos" und „erstorben", als ein wenig „freundliches und gewinnendes" „Bild der Erstarrung":

> „Wie ein uferloses Meer dehnt sich die braune Senne vor uns aus, eine scheinbar erstorbene Landschaft. Hünengräber, in Gruppen zusammengestellt, vollenden den Eindruck, [...], und nur das heitere Grün des unvermittelt aus der braunen Ebene aufstrebenden Buchenwaldes, der ununterbrochen die niedrigen Vorhöhen des Gebirges besetzt hält, verwischt in etwa das Bild der Erstarrung. Weiter nach Westen aber verliert die Senne diesen ihren Charakter immer mehr. Die Menschhand hat es verstanden, ihrem Sande Ackerland und Wiesen abzugewinnen, und der Anblick wird immer freundlicher und gewinnender, wenngleich die Gesamtfläche sich immer noch dem Auge des Wanderers, der sie von der Höhe des Gebirges überschaut, wie ein weites braunes Meer darstellt" (FRICKE 1899: 184f).

Neben der oft wiederholten Assoziation eines Meeres spielt – als ein weiteres Element aus dem Bereich der Naturkräfte – der *Wind* für die Wahrnehmung einer sennetypischen Naturästhetik eine in der Literatur wiederkehrende Rolle. Rudolf Kiepke verklärte ihn als „heimliches Raunen", das „wie die dunkle Melodie eines altnordischen Heldensanges" von Hof zu Hof geht, das „verloren mit dem Strandhafer der leuchtenden Dünen spielt" und um

„altersgraue Föhren und Wacholderbüsche streicht" (KIEPKE 1937: 231). In seinem Gedicht „Heidebilder aus der Senne" von Wolfgang Müller (verfasst um 1900[100]) wird der auf der offenen Heide stetig gehende Herbstwind als ein Sturm geschildert, der dem Wanderer ein Gefühl trostloser Verlorenheit bereitet:

> „Starr, unabsehbar, regungslos und braun, // So dehnen sich dahin die dürren Sennen. // [...] // Am Himmel zieh'n geballte Wolken schwer, // Hier rot beglüht, dort massenhaft umdüstert; // Der Sturmwind braust gewaltig sie daher, // Der mir am Fuß im Heidekraute flüstert. // Gedörrte Blätter wirft er mir ums Haupt, // [...] // Verlorne Kinder, die wüst die Welt durchfegen. // Mir wird so trost, so heimatlos zu Mut, // Wie ich verhüllt dem Sturm entgegen schreite, // Als weht ich, solch ein Blatt aus Sonnenglut, // Fort in die tote, herbstesstarre Weite" (zit. n. PRÜMER 1909: 108).

In den 1970er Jahren thematisierte die Bielefelder Heimatbibliothekarin und Schriftstellerin Lene Bertelsmann den Wind in der Senne ohne das Versmaß der Jahrhundertwende und ohne den völkischen Pathos der 1930er Jahre; ihre Gedanken kreisen um die Erkenntnis eines „Urwesens" dieser Landschaft:

> „Manche Zonen der Erde und die in ihnen lebenden Ländergebilde offenbaren im erfaßbaren Begriff eines Elementes [...] ein der Forschung unzugängliches, nur dem inneren Erspüren sich erschließendes Rätsel ihres Urwesens und damit ihrer Macht, die Seele des Menschen zu prägen. [...] Wenn es so ist [...], dann wäre das Element einer Landschaft, wäre die Stimme der Senne der Wind" (BERTELSMANN 1976: 92).

Bertelsmanns tiefgründiger, fast esoterisch anmutender Text mit der Überschrift „Stimme einer Landschaft" versucht über die Beschreibung des Senner Windes den eigenartigen landschaftlichen Charakter dieser Gegend zu reflektieren. Auch einige andere der bereits angesprochenen Stereotype der Sennewahrnehmung tauchen im weiteren Verlauf des Textes auf, so die Erinnerung an urlandschaftliche Qualitäten, an die Weite und die Einsam-

100 Das angesprochene und zitierte Gedicht von Wolfgang Müller ist mir nur aus einer Wiedergabe in PRÜMER, Karl: *Unsere Westfälische Heimat.* Leipzig 1909: 108 bekannt. Hier wird es ohne weitere Quellenangabe angeführt. Ich vermute, dass der Text um die Jahrhundertwende oder einige Jahre davor entstanden sein dürfte.

keit, an die Ödnis und die Schönheit, an die Bedrohung und die Zerstörung der Landschaft:

> „Dann aber ist der Herbst die Zeit seiner großen Gesänge, seiner ungestümen Mitteilung von den Wellengebirgen der Ozeane. Seine Stimme verwandelt sich in das Urelement unseres Planeten, aus dem alles Leben kam. Sie wird zum Verkünder jener Jugend der Erde, als das Jurameer die Landsenke durchflutete, später die Wildwasser des schmelzenden Nordeises tobten und den Quellenreichtum unserer Senne schufen. [...] Und so ist er die eigentliche Windstimme der Senne, die dem Menschen am nächsten kommt. Er gehört nicht nur der schönen Einsamkeit einer Linde an, die irgendwo mitten im Felde steht; nicht nur dem rauschenden Wipfelgewühl der Wälder, der mehr und mehr von Vernichtung bedrohten Heide, jener von Truppenübungsplätzen zerstörten Landschaft, deren Öde er mit dem letzten Ergebnis der Trauer erfüllt. [...] Ja, es ist wahr, die Windstimme der Senne spricht und singt von der Ursehnsucht nach Frieden, die allem Lebenden auf unserem Planeten innewohnt, die sich nie erfüllen wird, weil alles Lebende unter dem Gesetz eines Widerspruches von Selbstvollendung und natürlicher Daseinsbegrenzung steht" (Bertelsmann 1976: 92f).

Die Aspekte einer gewissen landschaftlichen Herbheit und Schwermut, wie sie seit Altenbernd und Löns als für die Senne typisch und zugleich als positiv empfunden werden, die der ausgedehnten Weite unter dem flachen Horizont und der Wolken und des Windes in der offenen Flur, finden sich ähnlich auch in einer Interviewpassage. In dem Raum, in dem ich das Gespräch mit einem altgedienten Naturschützer führte, hing über dem Sofa ein großformatiges Ölgemälde mit einer typischen Senneansicht: ein weiter Blick über die offene, menschenleere Landschaft auf den Teutoburger Wald zu.

> [Interviewer: Über Ihnen hängt ja die Senne, wie man sie sich oft vorstellt...] „*... wie ich sie mag. Der hat in der Senne gesessen, im Übungsplatz, unerlaubterweise, mit seiner Staffelei. Und hat einmal nicht die blühende Heide im August mit Schäfchen und was weiß ich was ..., sondern hat die herbstliche, die spätherbstliche Senne darstellenswert empfunden. Und das hat mich gereizt, dies Bild zu kaufen. Das ist ganz was anderes. Ja, es ist natürlich eine schwermütige Landschaft, die Sie jetzt sehen, nicht. Etwas herbe ... da summen keine Bienchen, ne, das ist ... der Wind, die Wolken*" (Friedhelm G.).

5.2. Geheimnisvolle Senne: von Irrlichtern, Spukgestalten und dem „Mythos hinter'm Zaun"

Eine spezielle ästhetische Qualität, die für die Senne bis in die Gegenwart hinein immer wieder konstruiert wurde, ist ihre Wahrnehmung als *geheimnisvoll*. Die traditionellen Landschaftsformen des Ödlandes und Freiraumes Senne, also die weiten Heiden einerseits und die unzugänglichen Sümpfe andererseits, galten wohl seit jeher als unnahbar und gefährlich, als „eine uralte Erde, voll öder Trostlosigkeit, unheimlich und nicht geheuer, voll unheiliger Geschichten und Teufelsspukes" (Wasgindt 1986: 109). Die Kombination aus Siedlungsfeindlichkeit und Zivilisationsferne, aus Einsamkeit, Unübersehbarkeit und Schutzlosigkeit, auch aus der Gefahr, die von vermeintlich kriminellen gesellschaftlichen Randgruppen und nicht zuletzt von seltsam anmutenden visuellen Naturerscheinungen auszugehen schien, hatten insbesondere Auswärtige, die durch die Senne reisten, stets mit unguten Gefühlen erfüllt. Pantheistische Vorstellungen einer irgendwie beseelten Landschaft projizierten Gespenstisches und Übersinnliches vornehmlich in solche Gegenden, die weitab urbaner Strukturen lagen und deren landschaftliches Inventar der Phantasie einiges an Assoziationsmöglichkeiten bot. Im Falle der Senne spielte dabei auch die Vorstellung vom Weiterwirken uralter heidnischer Kultbräuche im Umfeld der Hünengräber eine Rolle. Generell waren es statt geschlossener Hochwälder stets eher Weidelandschaften, lichte Hudewälder mit einzeln stehenden, vom Verbiss des Viehs in ihrer Gestalt verknorrten Bäumen gewesen, die landläufig das Bild des verwunschenen Märchenwaldes etabliert hatten. Für Heiden mit figürlich wirkenden Wacholdern und Krüppelkiefern und für Sümpfe und düstere Erlenbrüche galt Ähnliches **(Abb. 42)**. Schon bei der Übersicht über die Senne vom Kamm des Teutoburger Waldes aus deutete sich dem Betrachter Ungeheures an, wie Georg Weerth es angesichts eines Momentes der untergehenden Sonne beschreibt:

> „In solchen Augenblicken gewinnt die Gegend keineswegs einen schönen, vielmehr einen höchst unheimlichen und wahrhaft geisterhaften Anstrich" (Weerth 1845: 266).

Mit dem Wahrnehmungswandel, der sich mit der Romantik vollzog, ergab sich die Möglichkeit einer Umwertung solcher unheimlicher landschaftlicher Eindrücke: Irrungen, Nebel und vermeintlich lauernde Gefahr wurden Teil des Ästhetisch-Erhabenen und somit positiv konnotiert. Goethes Erlkönig ist zwar böse und dunkel, aber doch ist er reizvoll; und Droste-Hülshoffs berühmter Knabe geht durch ein Heidemoor, welches ihn zwar

Abb. 42: Wacholder waren in der Senne wohl nie so zahlreich wie im bekannten Landschaftsbild der Lüneburger Heide; an einigen Stellen jedoch waren sie anzutreffen und gaben der Heide das typische Antlitz einer für den phantasievollen Betrachter „gespenstischen Landschaft". [Foto Ludwig Maasjost, Archiv Biologische Station Paderborner Land]

ängstigt und bedrohlich erscheint, welches aber zugleich als ein Initiationserlebnis wirkt und von der Autorin in naturromantischer Begeisterung beschrieben wird. Die Handlung des berühmten Gedichtes hätte sich wohl auch in der Unteren Senne zugetragen haben können statt im gar nicht so fernen Münsterländischen; nicht ohne Grund ist der „Knabe im Moor“ auch in Schirrmanns Sennebuch abgedruckt (vgl. SCHIRRMANN 1928: 35). Die ästhetische Ambivalenz des Erhabenen der Sennelandschaft, ihr stimmungsvolles Schwingen zwischen schaurig und schön, zwischen lieblich und schwer, jene etwas unheimliche Fremdheit, die sich einem sensibilisierten Betrachter mitteilen mag, wird in einer Textpassage des lippischen Naturschutzbeauftragten Oskar Suffert mit prosaischer Attitüde ausgedrückt:

> „Lieblich ist sie [die Stapelager Senne; RS] am klaren stillen Spätsommertag, im Gesumm der Bienen über dem blühenden Honigbaum, im Flirren rotleibiger Libellen. Alles ist nah und warm. Gespenstisch ist sie im dichten Nebel des Frühherbsttages, im Tropfenfall und leise schauernden Wind. Fremd ist alles und unheimlich. Großartig ist sie unter den treibenden Wolken des dunklen Winterhimmels, unter dem rauhen Schrei streichender Krähenschwärme. Weit ist alles und schwer“ (SUFFERT 1936: 23).

Eine reflektierte Beschreibung dessen, was die Wahrnehmung der landschaftlichen Eigenart der Senne in diesem Sinne ausmacht, formulierte Helmut Niemeyer:

> „Indessen scheint sich diese Landschaft dem Versuch einer Schilderung zu entziehen, als ob ihr feste Konturen gänzlich fehlten, Dämmerung und Nebel vor allen zu ihr paßten, Ungefähres, Assoziatives, als ob eben ihre Zweideutigkeit zu einem Vergleich triebe, der sich auch in den „Heidebildern“ [von Droste-Hülshoff; RS] findet: der Blick von den Dünen aufs Meer; Spiegelungen, Übergänge zwischen den Elementen. Längst Vergangenes, Geschichte, in Trugbild und Sage verwandelt, kommt hinzu, immer noch die Hermannsschlacht, Karl und Widukind, Hexen und Spökenkieker obendrein“ (NIEMEYER 1984: 94).

Trugbilder und Spökenkieker erscheinen vielfach in den volkstümlichen Erzählungen über die Senne. Auch Georg Weerth berichtet vom „tollsten Hexenspuk, der hier sein Wesen trieb“ (WEERTH 1845: 266). Die auf weiten Strecken relativ unkultivierte Landschaft bot noch bis zur Mitte des 20. Jahrhunderts allerhand Anlass zu schaurigen Annahmen. Für die Zeit um

1935, also genau jene Zeit, in der Ludwig Maasjost wortgewaltig die zunehmende Modernisierung der Sennelandschaft beklagte, schreibt Hermann Huttel:

> „Die Gegend [...] ist aber längst nicht mehr jene menschenleere, gottnahe Senne, die sie früher einmal war. [...] Vor dreißig Jahren [...] bot die Senne noch weithin das Bild einer unberührten Urtümlichkeit. [...] In jenen Jahren gab es in der Senne noch seltsame und geheimnisvolle Dinge. Es spukte bald da, bald dort; es ging um, wie die abergläubischen Leute sagten. Und wer das Herz nicht auf den letzten Fleck hatte, der traute sich bei Nacht und Nebel nicht hinaus, ja, um gewisse Stellen schlugen ängstliche Gemüter sogar am hellen Tage einen großen Bogen. Das war nicht verwunderlich; denn es gab hier in der Tat mancherlei Naturerscheinungen, die sich die Sennebauern nicht zu erklären wußten und in ihrer Einfalt für Gespenster und Spukbilder hielten" (HUTTEL 1983: 10f).

Eine dieser berüchtigten Naturerscheinungen waren die so genannten Irrlichter, nächtens über Heideweihern plötzlich aufleuchtende Flammen. Der Lehrer Pollkläsener schildert im Jahr 1928 die Geschichte einer unheimlichen Begegnung mit Irrlichtern in der Senne:

> „Erst spät macht sich Meister Hinnerk auf den Heimweg, der über die große Heide führt. Hell leuchten die weißen Birkenstämme, düster erscheinen die Wacholderbüsche. Eine Nachtschwalbe erhebt sich klatschenden Fluges und setzt sich wenige Schritte vor ihm auf den schmalen Heidepfad. Aus dem fernen Mischwald dringt der Schrei der Eule. Ueber dem Bruch zu seiner linken lagern weiße Nebelschwaden. Da steigt langsam aus dem Sumpf ein blaues Flämmchen auf und bewegt sich scheinbar vorwärts, wenige Schritte weiter leuchtet ein neues Flämmchen auf und am Rande noch eins – Irrlichter. Da wird's Meister Hinnerk unheimlich auf der einsamen Heide. Fester hält er seinen Knotenstock, schneller eilt er seinem Hause zu. Kalter Schweiß steht ihm auf der Stirn" (POLLKLÄSENER 1928: 60f).

Das Phänomen solcher Lichterscheinungen erklärt sich physikalisch als eine Selbstentzündung von austretendem Methan oder Phosphorwasserstoff (‚Sumpfgas') über morastigem Gelände **(Abb. 43)**. Nach der weitgehenden Entwässerung der Feuchtgebiete in der Senne sind solche Irrlichter zur Seltenheit geworden. Früher hielt man sie für magische Erscheinungen,

Abb. 43: Vor ihrer weitgehenden Trockenlegung „irrlichterte" es nach Anbruch der Dunkelheit an solchen Heideweihern schon mal. Dieses natürliche, für den Betrachter aber freilich unheimliche Phänomen erklärt sich durch die Selbstentzündung austretender Sumpfgase. Ölgemälde von E. Finkeldey mit dem Titel „Togdrang", um 1900. [Repro des Originals, Heimatarchiv Senne/Osthusschule]

die nächtliche Wanderer in den Morast locken sollten, wo eine Moorhexe oder ein ähnlich unheimliches Wesen sie langsam aber sicher in sein unterirdisches Reich zog; oder man deutete die Flämmchen als ruhelose Seelen ungetaufter Kinder und ungesühnter Sünder (vgl. Pollkläsener 1928: 61). In einer vom Schlangener Pfarrer Gustav Schmidt 1891 in Versform gebrachten Sage über den „Moorgeist" in der Senne erscheint ein Irrlicht dem Wanderer als ein „Männlein", „nur wie ein Knäblein groß; // Es hatte kurze Beine; // Das Haar flog um den Kopf ihm los // mit rothem Feuerscheine". Die munter hüpfende Gestalt, welcher der Wanderer wie magisch angezogen folgt, führt ihn letztlich zu jenem „Schauerorte" in der „öden Haide", an welchem er im Sumpf versinkt und der Moorgeist ihn „gierig" verzehrt (Schmidt 1891: 20). In einer anderen Sage des gleichen Bandes erscheint einem verirrten Paderborner Studenten ein „Sennegeist" als auferstandener „Hüne" aus einem alten Grabhügel:

„Es ist eine grausige Schreckensgestalt, // Vom bleichenden Mondlicht beschienen; // Sie blicket ihn an so furchtbar, so kalt // Mit düster dräunenden Mienen, // Sie winket ihm stumm, zu folgen ihr // In das weite, verödete Sennerevier" (ebd.: 58).

Schließlich zieht der Sennegeist den Studenten herab in sein schauriges „Haidegrab" **(Abb. 44)**. Pfarrer Schmidt, der im Vorwort zu seiner Sagensammlung die „besonderen Eigenthümlichkeiten einer Gegend wie der Senne" (ebd.: 1) betont, berichtet weiterhin vom weißen Sennerpferd, auf welchem Wotan, dem die „heiligen Rosse geweiht" sind, jährlich zu Sonnenwendzeiten durch die Senne stürmt: „Horch! Pferdegewieher, Pferdegestampf! In der Senne auf röthlicher Heide" (ebd.: 15). Und wieder ist die Rede von „Geisterstunden" und „Schreckbildern", wieder von „alten Hünen", die einem Hügelgrabe entstiegen sind. Von „Wotan mit seinem wilden Heer" und „Frigga, der fleißigen Spinnerin," berichtet 1913 auch Karl Lamprecht in der Lippischen Landeszeitung. Er erzählt auch die Sage vom „Heidemann" und dem Mädchen; eine Geschichte, die womöglich eine Vergewaltigung beschreibt:

„Am Abend aber geht in der Senne ein Mann umher, der gewaltig groß ist einen weiten grauen Mantel um hat und eiserne Schnallen an den Schuhen trägt. Das Volk nennt ihn den Heidemann und erzählt viele wunderbare Dinge von ihm. Wenn er nach Sonnenaufgang bei dunklem, stürmischen Wetter ein Mädchen über die Heide kommen sieht, so geht er mit gewaltigen Schritten auf sie los, nimmt sie unter seinen Mantel und, indem er sich immer fester an sie schmiegt, bringt er sie ohne ein Wort zu sagen über die Heide. Ehe er sie aber losläßt, drückt er ganz sanft und innig einen Kuss auf ihren Mund. Das arme Mädchen geht sodann ganz erschrocken nach Hause und ist am nächsten Morgen tot" (LAMPRECHT 1913).

Abb. 44: Grabhügel in der Senne, Gemälde von F. Göckede aus dem Jahr 1965. Mit solchen Orten in der Landschaft wurden in alten Sennesagen die „grausigen Schreckensgestalten" auferstanderner „Hünen" assoziiert. [Entn. aus WEHRMANN 1979: 184]

Lamprecht erklärt die spezielle Sagenwelt der Senne damit, dass nach der Christianisierung „die treuen Anhänger der alten Gottheiten in den abgelegenen Sennewäldern ihr altväterliches Wesen noch eine Zeitlang" getrieben hätten und so „Sagen und Mären aus alter Zeit" noch immer „nachklingen" würden; in der Senne liege „ein Todeshauch über der Landschaft", der „den Fluch des Teufels" trage (ebd.). Walter Frevert, der Sohn des einstigen Gutsbesitzers vom Oesterholzer ‚Haus Girken', erinnert sich in diesem Zusammenhang daran, dass es „sicher ist, daß früher in dem alten Gutshaus, das von meinem Vater um die Jahrhundertwende zur Hälfte erneuert wurde, irgendwelche Sekten geheimnisvolle Zusammenkünfte gehabt haben müssen" (Wiemann 1986: 89). An alte Sagen aus der Senne erinnert im Jahr 1954 auch Ferdinand Seitz; er deutet die von ihm als „heiliger Ort" mystifizierte Gegend um Oesterholz als ehemaligen heidnischen Kultbezirk (dieser Aspekt wird weiter unten noch eingehend erörtert) und erklärt damit die spätere christliche Abwertung der Gegend über furchterregende Sagen:

> „Aus den Totenseelen wurden ruhelos umherziehende Geister, und dämonischer Aberglaube beherrschte die Gemüter und das Feld. Ängstlich wird noch heute der ‚Creutzwech' von der Bevölkerung gemieden, denn, wie Dr. A. Meier-Böke in der Lippischen Landeszeitung vom 15. Mai 1954 schreibt: ‚Die ganze Landschaft (um Oesterholz) ist verspukt.' Er erzählt von ‚schwarzen, feueräugigen Hunden' und ‚Gespenstern', und aus dem Anfang dieses Jahrhunderts ist noch bekannt, wie schwer es dem Hofbesitzer in Osterholz wurde, Dienstpersonal aus dem lippischen Lande zu bekommen, da niemand Lust hatte, in diese ‚verteufelte Gegend' zu gehen" (Seitz 1954: 22).

Interessant ist es zu beobachten, dass auch noch in neuerer Zeit Sagen über die Senne konstruiert werden, die statt auf Vorgeschichtsmystik jetzt auf relativ gegenwartsnahe Ereignisse Bezug nehmen, aber dennoch und gleichsam auf die spukreiche alte Sagenwelt verweisen und entsprechende Erwartungen bedienen. Ein gutes Beispiel dafür findet sich in einem im Jahr 1983 erschienenen Buch über „Paderborn. Sagen, Legenden und Geschichten aus Stadt und Land". Der Bearbeiter des Bandes, Josef Hißmann, erzählt hierin unter anderem auch eine Geschichte über den „Spuk im Hövelhofer Forst". Als historischer Bezug dienen dabei die schon an anderer Stelle erwähnten Plünderungen russischer und polnischer ehemaliger Kriegsgefangener und Zwangsarbeiter in der anarchistischen Situation der unmittelbaren Nachkriegszeit. Hißmann schildert den Versuch der Plünderung eines Sennegehöftes „irgendwo in der Heide", welche den befreiten

Gefangenen des Stalag 326, die „beutesuchend das Land durchstreiften", „schändeten, raubten, brandschatzten" und „ungeahndet und ungesühnt" mordeten, aufgrund der organisierten Selbsthilfe der Sennebauern nicht gelang (HISSMANN 1983: 149f). Vielmehr wurden die „gröhlenden" und „brüllenden" „Marodeure", denen Hißmann „triebhafte Besessenheit, unersättliche Gier und geistige Beschränktheit" unterstellt, von den Bauern erschossen: „Aus! Sie hatten ihr Leben verwirkt!" Gut und böse scheinen für den Autor außer Frage zu stehen; er fährt dann fort: „Nein, nicht alle. Einer entkam. Und dieser wurde zu einer Spukgestalt, bis heute" (ebd.: 151f).

> „Gehst du im Morgengrauen, bei Nebel, in der Abenddämmerung oder gar des Nachts durch die Heide und den Hövelhofer Forst, dann sind sie da, sind um dich, die fremdländischen Gestalten in ihren langen Mänteln, mit ihren bleichen Gesichtern, ihren Totenköpfen, ihren drohenden Gebärden, ihren glühenden Augen, die Dich anstarren, und ihren ruhelosen Seelen, die dich klagend um geistern" (ebd.: 152).

Jahrzehntelang ist dieser Aspekt aus der Geschichte der zu Tausenden in der Senne verstorbenen und getöteten Kriegsgefangenen dem regionalen Volksgedächtnis wesentlich präsenter gewesen als der der Misshandlung und Ausbeutung dieser Menschen; nun wird er auch noch zu Spuksage stilisiert![101] Auf diese Weise treten die ehemaligen Stalaghäftlinge neben die anderen Schreckensgestalten der Senne, neben die Sennegeister, Heidemänner und auferstandenen Hünen. – Aber auch in ganz anders motivierten neueren Landschaftsbeschreibungen, die entfernt von Sage oder Geschichtsklitterung zu verorten sind, wird – immer noch mit gewissem Pathos – latent an das Bild einer unheimlichen Senne erinnert und somit neu gezeichnet; im Vorwort eines im Jahre 2000 erschienenen naturschützerischen Landschaftsführers heißt es beispielsweise:

> „Zarte Nebelschleier, die sich über Heidebestände legen und einzelne Bäume schemenhaft und irgendwie gespenstisch umhüllen, im Sonnenlicht glitzernde, eng gewundene Mäander schattig kühler Tieflandbäche. Dies verbindet man mit der Sennelandschaft, eben-

101 Vgl. hierzu: Roland SIEKMANN: „Aus den Dörfern hört man aufregende Berichte über die Polenplage." Zur Wahrnehmung von „Displaced Persons" in Lippe in der unmittelbaren Nachkriegszeit. In: Klocke-Daffa, Sabine (Hrsg.): *Tabu. Verdrängte Probleme und erlittene Wirklichkeit.* Themen aus der lippischen Sozialgeschichte. Lemgo, in Vorbereitung, vorauss. 2004.

> so wie feuchte Niederungswiesen, romantische Gehöfte, einsame Waldpfade und Moorflächen [...]" (SCHROEDER u. RÜTHER 2000: 2).

Für die Öffentlichkeitsarbeit des Naturschutzes ist das Motiv des Geheimnisvollen durchaus nutzbar und legitim; es drückt sprachlich aus, was Naturfreunde am stillen Naturerlebnis schätzen und vermitteln wollen. Im Programmkommentar zu einer regelmäßigen Veranstaltung der Biologischen Station Paderborner Land im Senne-Informationszentrum in Bad Lippspringe heißt es: „Jeden 3. Do. im Monat, Eintritt: 3 DM (für Kinder bis 6 Jahre frei): Mitarbeiter der Biologischen Station weihen Sie in die Naturgeheimnisse des Truppenübungsplatzes Senne mit seiner einzigartigen Tier- und Pflanzenwelt und die Kooperation von Naturschutz und Militär ein." Die Wortwahl vom *Naturgeheimnis*, in das es *einzuweihen* gilt, nutzt hier werbesprachlich quasi-religiöses Vokabular einer romantischen Sicht auf die Landschaft, wie sie im 19. und frühen 20. Jahrhundert geprägt wurde. In den Interviews, die ich mit verschiedenen Senne-Experten geführt habe, habe ich stets auch das Thema der eigenartigen landschaftlichen Ästhetik der Senne angesprochen und dabei auch die explizite Bewertung als ‚geheimnisvoll' hinterfragt, indem ich meine Gesprächspartner mit der Aussage konfrontierte: „Geheimnisvoll scheint diese Landschaft zu sein, eigenartig schön und reizvoll, aber eben auch fremd." Mit diesem Satz nämlich hatte der Geograph Ulrich Harteisen in einem Einladungsschreiben zur öffentlichen Vorstellung seiner Dissertation zur Senne (HARTEISEN 2000) geworben. Er fasst hierin adjektivische Bewertungsnormen zusammen, die immer wieder in der Heimatliteratur zur Senne auftauchen, die aber womöglich auch sein eigenes Empfinden ausdrücken und die zudem in ihrer Ambivalenz werbewirksam zu sein versprechen: geheimnisvoll, eigenartig, reizvoll, fremd. Da alle Interviewpartner zum Kreis der Senne-Experten zählen und an die Informationsstrukturen innerhalb dieser Szene angeschlossen sind, war davon auszugehen, dass zumindest die meisten von ihnen dieses Einladungsschreiben, welches kurz vor dem Beginn der Interviews verschickt wurde, selbst erhalten hatten. Ich entschloss mich, alle Interviewpartner mit diesem Satz zu konfrontieren, um Assoziationen und Gedanken zum Komplex des „Geheimnisvollen" und „Eigenartigen" und „Fremden" der Senne anzuregen.[102] Finden solche beinahe schon floskelhaften Formulierungen auch aktuell bei Senne-Experten noch inhaltli-

102 Diese Frage hatte innerhalb der Gespräche insofern eine Sonderstellung, als sie methodisch anders als die übrigen konzipiert war: sie war nicht offen gehalten, sondern sie gab Begriffe vor. Für die Interpretation muss dies deutlich gemacht werden: Es ist freilich ein Unterschied, ob ein Gesprächpartner von sich aus einen Begriff wie „geheimnisvoll" für eine Landschaft benutzt oder ob dieser bereits zur Disposition stand.

che Zustimmung? Wie erklären sie dieserart ästhetische Wahrnehmungen? Und was nehmen sie selbst ganz subjektiv in dieser oder ähnlicher Weise wahr? – Beispielsweise sieht Hans D. aufgrund seiner Landschaftskenntnisse die Senne nicht als ‚fremd' für sich an. Das auf die Landschaft angewandte Adjektiv ‚geheimnisvoll' kann er besser nachvollziehen:

> *„Das ist ja 'ne schwierige Frage ... also, die Senne ist zu vertraut, um für mich fremd zu sein, nicht. Sie ist mir vertraut geworden, also da bin ich vielleicht der falsche Ansprechpartner. Müsste man vielleicht jemanden fragen, der unvoreingenommener ist. Ähm ... und was Geheimnisvolles hat eine solche Landschaft, das finde ich schon. Diese ... diese weite offene Landschaft, ja ..."* [Interviewer: Was für ein Geheimnis birgt die denn? Man könnte ja auch sagen: Offene Landschaft ist ja gerade nicht geheimnisvoll, man kann ja alles sehen.] *„Naja, aber ... sehen Sie die mal, im ... im Nebel ... und ... die hat ja auch eine Tiefe, die Sie gar nicht erfassen können. Und diese Tiefe fordert ja auch die ... die Phantasie heraus ... ins Unbekannte hinein. Vom Wald wissen sie wahrscheinlich, dass die Ferne so aussieht, wie die gerade sie umgebenden Bäume. Aber diese weite offene Landschaft ... könnt ich mir doch denken, dass die als geheimnisvoll empfunden wird"* (Hans D.).

Hans D. assoziiert mit dem Geheimnisvollen der Senne unmittelbar „diese weite offene Landschaft" und „Nebel", der den Blick und die Phantasie „ins Unbekannte" führt; also ein klassisches Heidebild mit gespenstischem Charakter, welches heute angesichts des Bewaldungs- und Kultivierungsgrades der Sennelandschaft durchaus nicht mehr als typisch gelten kann. Gregor S., der in der Senne aufgewachsen ist und dem deshalb auch Kindheitserinnerungen einfallen, äußert sich bezüglich der vorgeblichen Bewertung der Landschaft als ‚geheimnisvoll' und ‚fremd' wesentlich distanzierter:

> *„Geheimnisvoll ... als Kind, ja. Da war die Senne für mich auch geheimnisvoll. Weil ich da auch so alte Geschichten gehört habe, die auch so 'n bisschen schaurig waren, die dann hier so in der Bevölkerung teilweise erzählt werden. Da war sie für mich geheimnisvoll. Und ... äh ... als ich die Landschaft noch nicht so kannte, wenig unterwegs war auf 'm Übungsplatz, da war's auch geheimnisvoll. Heute ist sie mir vertraut. Auf jeden Fall. [...] Fremd auf keinen Fall, nee. Nee nee, das ist 'ne Gegend, in der ich mich auskenne. Also ... natürlich entdecke ich auch immer noch wieder was Neues, das ist keine Frage. Aber dass ich sie generell als geheimnisvoll charakterisieren würde, das kann ich nicht sagen, nee"* (Gregor S.).

Für Gregor S. hat die Senne den Charakter des Fremden oder Geheimnisvollen durch sein zunehmendes Vertrautsein mit der Landschaft subjektiv verloren. Seine ausgeprägte Landschaftskenntnis hat die alten, in diese Richtung weisenden Bewertungen, die er als Kind erzählt bekam und zunächst übernahm, korrigiert. Bezüglich des Begriffes ‚fremd' äußern sich alle Gesprächspartner in diese Richtung: die interessengeleitete und teilweise professionelle Beschäftigung mit der Senne lässt ihnen die Landschaft vielmehr als ‚vertraut' erscheinen. Zum Aspekt des ‚Geheimnisvollen' allerdings betonen mehrere Befragte den Status von Teilen der Senne als militärisches Sperrgebiet. Sie geben somit der alten Version der geheimnisvollen, irrlichternden und einsamen Senne des 19. Jahrhundert eine aktuellere Dimension. In Axel H.'s Aussage klingt dieser Aspekt bereits an, wenn er ihn auch mit einer unheimlichen Naturschilderung kombiniert:

> *„Tja also, ich kenn 'se jetzt 'n bisschen besser ... Also für denjenigen, der heute die Senne kennen lernt, wie's zur Zeit möglich ist, kann sie durchaus auch geheimnisvoll wirken, ne."* [Interviewer: Woran liegt das?] *„Weil man nicht rein kommt! Und es sind Geräusche zu hören, die man anderswo nicht mehr hört: Nachtschwalbe, Ziegenmelker ... wenn man da abends über die Straßen fährt mit'em Fahrrad und dann die Ziegenmelker rufen, das kann natürlich auch dann schon in diese Richtung gehen, aber ... man kennt halt so wenig über die Senne, deswegen vielleicht geheimnisvoll, ne"* (Axel H.).

„Weil man nicht rein kommt!" ist der zentrale Satz dieser Passage. Zunächst zeigt diese Aussage an, dass offenbar auch der Senne-Experte Axel H., wie viele andere Menschen auch, mit der Senne zunächst das abgesperrte Areal des Truppenübungsplatzes assoziiert, welches tatsächlich nur etwa zwei Fünftel des gesamten Senneraumes einnimmt. Seine Ansicht, dass schon allein der Status des Sperrgebietes geheimnisvoll auf Menschen wirke, da man hierdurch *„halt so wenig über die Senne"* kenne, wird von anderen Gesprächspartnern inhaltlich bestätigt:

> *„Ja, das hat in neuerer Zeit natürlich vor allen Dingen mit dem Status Truppenübungsplatz zu tun. Also, das ist eben auch in vielen Gesprächen, die ich geführt hab ... Senne: ein Mythos! Das war so meine erste Assoziation, ne. Senne kennt jeder. Aber weiß man denn auch, was hinter dem Zaun ist? – Ja, Truppenübungsplatz, alles zerfahren ... 'n verwüstetes Land. So, ne. Dann andere, Naturschützer, die sagen: Ja, ganz faszinierend, unwahrscheinlich viele Arten. Ja weißt du denn was Genaues, frage ich. – Nee, man kommt ja nicht hin. Und da steckt so die-*

> *ser Wunsch ... es ist was Geheimnisvolles, es ist was Faszinierendes, und man möchte es eigentlich gerne mal sehen. Jeder stellt sich was vor. Das, was man nicht genau kennt, da entwickelt man Phantasie, wenn man sie denn noch hat*" (Bernd O.).

Der „*Mythos Senne*", wie er ihn nennt, liegt auch nach Bernd O.'s Erfahrung aus verschiedenen Gesprächen „*hinter dem Zaun*": Unbekanntes wirkt faszinierend und geheimnisvoll, lässt Raum für Vorstellungen und Phantasie. Auch Klaus L. führt den Aspekt des Geheimnisvollen zunächst auf die jüngere Geschichte, auf die Geschichte der militärischen Nutzung und der damit verbundenen großflächigen Absperrung zurück:

> „*Dass man nicht immer rein darf ... dass es immer irgendwelche Geschichten und Gerüchte gibt, was die Militärs denn da so machen, was denn da noch so an verborgener Munition rumliegt. Oder es gab vor Jahren ja mal irgendwann die Geschichte, dass die, als das mit der IRA ziemlich hochkochte, dass die in der Senne, ohne dass es jemand gemerkt hat, so'n Dorf, 'ne Siedlung oder was aufgebaut haben – ohne jegliche Genehmigung, ohne jegliche Absprache mit den Deutschen, mit den Behörden – um dort Nahkampf zu üben. Also nicht das, was es jetzt heute noch dort an Nahkampfübungsgebäuden gibt, sondern die haben da wohl separat irgendwie was errichtet, was kein Mensch mitgekriegt hat. Und als das rausgekommen ist, hat es dann ziemlichen Ärger gegeben, und sie mussten dann wieder abreißen. Also sowas, ne, dass da also anscheinend auch Dinge passieren, wo kein Mensch durchblickt. Dieses Geheimnisvolle ist irgendwo für mich sehr stark das Militär. Wo man auch letztendlich nicht weiß: Was tun die da, was treiben die da, was sind so deren Zielvorstellungen*" (Klaus L.).

Das Sperrgebiet, wo „*Dinge passieren, wo kein Mensch durchblickt*", wo etwas „*verborgen*" liegt und jenseits öffentlicher Einsichtnahme „*getrieben*" wird, ist für Klaus L. der Träger des aktuell Geheimnisvollen an der Senne. Dazu passt es freilich, dass die Neue Westfälische Zeitung mit Bezugnahme auf Blindgänger am 4.9.2003 ahnungsvoll titelte: „In der Senne lauert der Tod". – Zwei meiner Gesprächspartner lehnten dagegen den Gebrauch des Begriffs ‚geheimnisvoll' für die Senne ab: Sven B. empfindet das Wort als zu negativ; allerdings vermutet auch er „*den banalen Abgeschlossenheitseffekt*" als ursächlich für solche Beurteilungen:

> [Interviewer: Können Sie mit dieser Aussage über die Senne für sich was anfangen?] „*Eigentlich nicht. Geheimnisvoll in dem Zusammenhang*

kann ich mir nur ... dass das natürlich für viele Leute geheimnisvoll ist, weil man nicht so rein kommt. Einfach nur dieser ganz banale Abgeschlossenheitseffekt: Da ist der Schlagbaum und danach ist Schluss. Vielleicht, dass es sich darauf bezieht. Ansonsten ... dass die Landschaft geheimnisvoll ist ... also nicht unbedingt geheimnisvoller als andere Landschaften, sag ich mal. Also, auf mich nicht geheimnisvoller als andere Landschaften, das kann ich nicht sagen. [...] Auch nicht, dass mir die Landschaft fremd ist. Dazu ist man natürlich vielleicht auch zu oft da oder so, aber ... Na gut, Natur hat immer irgendwas Geheimnisvolles. Also auf meine Person gesehen fänd ich die Vokabel falsch. Also ich empfinde Natur eher als ... positiv ... rein positiv besetzt. Geheimnisvoll hat ja auch so'n bisschen was ... ääh ... Beängstigendes. Und das hab ich nicht" (Sven B.).

Auch Friedhelm G. ist in seiner Reaktion auf die von mir anhand des Zitates in den Raum gestellte Beurteilung der Senne als ‚geheimnisvoll' nicht einverstanden; er verweist sehr rational auf den ausgesprochen guten naturwissenschaftlichen Forschungsstand zur Senne und betont den wissenschaftlich geleiteten Impetus seines eigenen Interesses. In diesem Sinne ist für ihn durch eingehende Untersuchungen jegliches Geheimnis des Landschaftsraumes bereits ergründet:

„*Für mich ist die Senne nicht geheimnisvoll, nicht geheimnisvoller als viele andere Landschaften. Eigentlich weniger, weil sehr viel schon geklärt ist. Es gibt kaum eine Landschaft in Deutschland, die so gründlich von allen Seiten her durchleuchtet worden ist, wie die Senne. Es gibt wahrscheinlich nur sehr kleine Bereiche – dieser oder jener Berg ist so gründlich behandelt worden – aber als Landschaft ist die Senne also* so *nicht geheimnisvoll; nicht herauszuheben*" (Friedhelm G.).

Friedhelm G. ist die emotionale Herkunft und Wirkung des Begriffes ‚geheimnisvoll' bewusst; er interpretiert die Verwendung des Wortes in dem von mir präsentierten Einladungsschreiben („Geheimnisvoll scheint diese Landschaft zu sein ...") in erster Linie als interessenorientiert:

„*Das muss der Betreffende wohl empfunden haben. Es ist ein Reizwort. Wer das sagt, der empfindet entweder selbst, dass es so geheimnisvoll* ist, *dass er sich ... durch Geheimnisse fühlt man sich ja angezogen, angelockt. Oder der Betreffende* will *anlocken, will Aufmerksamkeit auf dieses Gebiet lenken. Beide Möglichkeiten gibt es, wenn man das Wort verwendet*" (Friedhelm G.).

Volker P. reagiert in erster Linie auf das Adjektiv ‚fremd', dem er spontan seine Zustimmung verweigert, und schlägt stattdessen den Begriff ‚herb' zur Beschreibung des Senner Landschaftscharakters vor:

> *„Fremd hätte ich jetzt nicht gesagt, ich hätte eher gesagt ... herb ... oder rauh ... oder so ähnlich. Fremd finde ich inzwischen nicht mehr. Als ich sie kennen gelernt hab, war sie mir auch 'n bisschen fremd, muss ich schon sagen, weil ich aus 'ner ganz anderen Landschaft gekommen bin, auch im Studium die Senne nicht richtig kennen gelernt hab. Also, am Anfang, doch stimmt, würd' ich auch sagen, war sie 'n bisschen fremd. Aber für jemand, der sie dann kennt, stimmt das Wort so nicht."* [Interviewer: Was ist es denn, was dir da „herb" erscheint?] *„Na ja, man ... man kriegt schon ... oder man hat schon den Eindruck, dass es ... dass da extreme Standortbedingungen sind, sag ich jetzt 'n bisschen aus geologischer Sicht auch. Aber das ist ja auch das, was ich wahrnehme, wenn ich so durch so 'ne Landschaft gehe. Und man kriegt schon mit, dass das eben 'ne extreme Landschaft ist. Und dass die Wälder nicht so üppig sind wie am Teutoburger Wald. Dass wenn da offene Sandflächen sind es sehr lange dauert, bis die mal besiedelt werden, bis da überhaupt auch mal Tiere drauf zu sehen sind. Also, das kriegt man schon mit, wenn man da durchläuft. Und da hat man eben schon die Assoziation, dass es auch schwer ist oder schwer gewesen sein muss, diese Landschaft zu besiedeln und irgendwie in Kultur zu nehmen und für den Menschen irgendwie nutzbar zu machen. Das Gefühl wird einem schon durch die Landschaft vermittelt"* (Volker P.).

Für Volker P., der die Senne erst als Erwachsener kennen lernte, hat sich eine anfängliche Wahrnehmung von ‚Fremdheit' über seine naturschützerische Arbeit in der Landschaft relativiert. Er selbst schlägt die Begriffe „*herb*" und „*rauh*" zur Bezeichnung des eigenartigen Landschaftscharakters vor. Die Begründung dieser, wie er sagt: „*durch Gefühle vermittelten*" Wirkung sieht er in der natürlich gegebenen Unfruchtbarkeit der Landschaft. Einem anderen Interviewpartner, Klaus L., fallen als Synonyme zur eigenartigen Ästhetik der Senne die Begriffe „*unwirklich*" und „*lebensfeindlich*" ein. Er führt eine „*Sagenumwobenheit*" der Landschaft auf die Schwierigkeiten der Menschen vergangener Jahrhunderte zurück, sich die Landschaft als Lebensraum anzueignen:

> *„Ja, aber ich denke, das liegt einfach daran, dass dieser Landschaftsraum ja irgendwo unwirklich ist, lebensfeindlich ja irgendwo, und einfach riesig. Ein großer lebensfeindlicher Lebensraum, also ‚lebens-' schon*

> *fast mit Fragezeichen, ne. Die Menschen, die dort gelebt haben, hatten immer Schwierigkeiten dort zu leben, und denen ging's nie besonders gut. Und das denk' ich, das ist auch irgendwie das, was so sagenumwoben ist. Oder was irgendwie so die Gedanken beflügelt. Also ‚fremd' sicherlich für uns heute auch sehr stark, weil man sich das überhaupt nicht vorstellen kann, wie man in so einem Raum leben kann, oder warum man da nicht leben kann ... wie es die Menschen aber trotzdem geschafft haben, dort zu leben. Also das denk' ich, das ist 'ne Erfahrung, die ja gerade unserer Generation völlig fremd ist"* (Klaus L.).

Klaus L. macht hier darauf aufmerksam, dass es nicht nur die Sicht auf die Landschaft selbst gewesen ist, die die Senne als etwas Besonderes und Eigenartiges erscheinen ließ, sondern dass gleichsam auch der Blick auf ihre Bewohner diese „Sagenumwobenheit" erzeugte. Weiter unten wird auf die spezifische Wahrnehmung der Menschen in der Senne, die in den Kapiteln über Armut und Randgruppen ja bereits thematisiert worden ist, noch genauer eingegangen. Zuvor aber sollen noch weitere Aspekte der nostalgischen Temporalisierung der Sennelandschaft theoretisch und an verschiedenen Beispielen dargestellt werden.

5.3. Uralte Senne: die Temporalisierung des Blickes auf die Landschaft

Die Veränderung des Blickes auf die Heidelandschaft und ihre Ästhetisierung sollen im Folgenden auf den Aspekt der Nostalgie hin fokussiert werden, auf den der Temporalisierung des Blickes auf die „uralte Senne", der in seiner Anschauung der Gegenwart stets auch ferne und fernste Vergangenheiten mitzusehen versucht. Ich beziehe mich zunächst auf theoretische Überlegungen von Henning Eichberg, die den vergleichbaren Wahrnehmungswandel bezüglich der Lüneburger Heide betreffen; Eichbergs Entwicklung seiner Hauptthese soll kursorisch nachgezeichnet und für die Senne beispielhaft nachvollzogen werden.[103] Der Prozess dieses Wahrnehmungswandels vollzog sich für die Senne zwar etwas zeitverzögert und weitaus weniger popularisiert als er bezüglich der ungleich berühmteren Heidelandschaft im Süden Hamburgs wirkte, er ist aber in vielerlei Hinsicht durchaus vergleichbar.

Laut Eichberg war der Wahrnehmungswandel, der im Verlauf des 19. Jahrhunderts zur Umwertung der Heidelandschaft führte, ursächlich in einem Umbruch des Raum-Zeit-Gefüges begründet, in einer Aufladung der Landschaft mit temporalen Bedeutungen und Sinnzuschreibungen. Dieser Umbruch wirkte als konstitutiver Teil eines auch materiellen Prozesses revolutionären gesellschaftlichen Raumwahrnehmungswandels (vgl. EICHBERG 1983: 201). Wie kommt Eichberg zu dieser These? – Er datiert den Beginn eines erkennbaren Wandels des Blicks auf die Lüneburger Heide auf ca. 1800[104] und führt hierfür einen ersten Beleg aus dem Jahr 1789 in Form einer Reisebeschreibung des dänischen Dichters Immanuel Baggesen an.[105] Aus den Folgejahrzehnten gibt es einige weitere Textpassagen, die die Landschaft nicht mehr in erster Linie als wild, wüst und erbärmlich beschreiben, sondern mehr und mehr einen neuen Blick spiegeln und so gleichsam konstituieren. Für eine Übergangsphase gehören offenbar die bewusste Abgrenzung gegen den älteren Blick auf die ‚trostlose und hässliche Heide' und dessen Kontrastierung an freiwerdenden Phantasien angesichts der jetzt auch ‚zauberhaften Heide' zusammen. Das Gesehene und das Erfahrene scheinen noch auseinanderzufallen; zwar wird die landschaftliche Ödnis weiterhin negativ bewertet, doch mutet gleichsam auch ein ambivalentes Gefühl des Schönen und Erhabenen an. Später, im weiteren Verlauf des

---

103 EICHBERG, Henning: Stimmung über der Heide. Vom romantischen Blick zur Kolonisierung des Raumes. In: Großklaus, Götz u. Ernst Oldemeyer (Hrsg.): *Natur als Gegenwelt. Beiträge zur Kulturgeschichte der Natur.* Karlsruhe 1983. 197–234. – Henning Eichberg, Jahrgang 1942, Hochschullehrer für Kultursoziologie, ist als Autor und Publizist umstritten: Er wird politisch dem rechtsextrem-intellektuellen Lager zugeordnet, von manchen dennoch als ein ‚Linker' eingeschätzt. Daher soll sein oben zitierter Aufsatz hier nicht ohne eine kurze kritische Darstellung seiner Person verwendet werden. Eichberg beteiligte sich Anfang der 1970er Jahre maßgeblich an der theoretischen Begründung der so genannten ‚Neuen Rechten'; in Anlehnung an linke Termini hat er wesentlich dazu beigetragen, Begriffe wie „nationale Identität", „nationaler Sozialismus", „dritter Weg" und „Ethnopluralismus" in der rechten Szene zu etablieren. Nach seiner Habilitation im Jahre 1976 bemühte er sich vergeblich um eine Professur und siedelte 1982 nach Dänemark über. Dort wurde er Mitglied der marxistisch orientierten Sozialistischen Volkspartei; seinen dänischen Genossen empfahl Eichberg 1998 statt der Grünen die PDS als deutschem Partner. Bekanntlich gibt es oft Berührungspunkte zwischen nationalistischen Ideologien und der Aufladung von Landschaft mit zweifelhaften völkischen Bezügen. Eichbergs kulturwissenschaftliche Analyse zur Landschaftswahrnehmung der Lüneburger Heide halte ich trotz aller Vorbehalte inhaltlich für gelungen und seine Thesen für nutzbar und interessant.

104 Während üblicherweise ein Wandel bezüglich der Wahrnehmung von Heidelandschaft auf „um 1900" datiert wird, geht Eichberg ein weiteres Jahrhundert zurück, um dem *Beginn* dieses Wandels nachzuspüren. Freilich fand die breite Popularisierung des neuen Blicks auf die Heide tatsächlich erst um 1900 statt: So zählte man am Wilseder Berg in der Lüneburger Heide an einem Heideblütenwochenende 1904 etwa 300 Gäste, 1906 waren es bereits 4.000. Die wirksame ästhetische Kategorie der Nostalgie hingegen ist, gerade was den Blick auf Landschaft betrifft, in ihrer Konstitution schon durchaus älter.

105 Baggesens Reisebericht durch die Lüneburger Heide ist nachzulesen in KÜSTER 1997: 132–140.

19. Jahrhunderts, rückt beides dichter zusammen, der Blick wird vielmehr ungebrochen spontan: die Heide *ist* nun schön. Eichberg stellt einen ‚neuen Blick' fest und fragt im Folgenden nach dessen Entstehung: „Das Grüne, [...] die freie Natur und ihre Stimmungen bezeichneten eine neue Erfahrung, die seither als selbstverständlich gilt. Der Tourismus brachte eine ökonomische Umsetzung dieses neuen Blicks. [...] Was war hier vor sich gegangen? Wie konnte aus der Heide, die wenigstens 200 Jahre lang verschrieen war – wild, übel, wüst, schlimm, kahl, unfruchtbar, einförmig, böse, erbärmlich, elend, armselig – plötzlich eine andere werden, die nun seit weiteren 200 Jahren geschätzt wird: bezaubernd, angenehm, schön, grün und voller Leben?" (Eichberg 1983: 198f). Und weiter: „Entspricht [es] noch unseren anthropologischen Einsichten, daß die (angelesenen?) Phantastereien einiger Intellektueller um 1800 unseren – massenhaften – touristischen Blick hervorbrachten? Oder verweist nicht die neue literarische Phantasie der Naturschwärmer vielmehr auf sehr viel realere, gesellschaftliche Voraussetzungen?" (Eichberg 1983: 200).

Zur Annäherung an eine Antwort auf diese Fragen schließt Eichberg zunächst einige mögliche, ihm aber als „kurzschlüssig" erscheinende Thesen zur vermeintlichen Klärung des gefragten Phänomens aus: Erstens sei *nicht* ein eventueller wesentlicher Unterschied in der *objektiven Erscheinungsform* der Heide für den Wahrnehmungswandel bedeutsam: Erst seit frühestens 1850 wurde mit Kultivierungen des weitläufigen Ödlandes außerhalb der Siedlungsinseln begonnen (in der Senne zumeist noch später). Der landschaftliche Zustand der ‚hässlichen Heide' des 18. Jahrhunderts war objektiv weitgehend der gleiche wie der der ‚zauberhaften Heide' des 19. Jahrhunderts. Zweitens seien es auch *nicht* Veränderungen der *materiellen Voraussetzungen des Reisens*, welche es dem durchreisenden Beobachter etwa gemütlicher gemacht und so seine Wertungen und Phantasien positiv beeinflusst hätten: Vielfach noch bis zum Ende des 19. Jahrhunderts waren in der Peripherie die Erd- und Sandwege nicht zu Chausseen ausgebaut, und die häufigsten Fahrzeuge waren weiterhin ungefederte „Marter- und Klapperkasten". Und schließlich drittens sei auch zu bezweifeln, dass es der *Prozess der Urbanisierung und Vervorstädterung* war, der die sensiblen Intellektuellen in die freie Natur trieb und sie diese anders sehen ließ; das „Landhaus im Grünen und die Schönheit der Heide entstanden vielmehr in einem Zug", meint Eichberg, die „Attraktivität des Lebens auf dem Lande vor den Toren der Stadt hatte den neuen Blick für die Natur nicht nur zur Folge, sondern auch oder gar zu förderst zur Voraussetzung" (ebd.: 200f). Die These vom Prozess der Urbanisierung als kausale Begründung des landschaftsästhetischen Wahrnehmungswandels an der Schwelle zur Moderne ist diejenige, die zumeist für naheliegend gehalten wird. Eichbergs Zweifel hieran, die er mit der Überlegung begründet, jener neue Blick auf die Heide sei vielmehr auch *Voraussetzung für* und nicht bloß *Folge von* bildungsbürgerlich-romantischer Stadtflucht, sind für mich nicht vollends nachvollziehbar: bleibt doch der industriell initiierte Urbanisierungsprozess m. E. sehr wohl die Voraussetzung für jene räumlich-gesellschaftliche Verdichtung in Städten, der in Richtung Natur zu entfliehen es ein mögliches intellektuelles Bedürfnis erst aus dieser Verdichtung heraus werden konnte. Gleichsam ist hier wohl eine parallele, sich gegenseitig verstärkende Entwicklung anzunehmen, sofern man nicht die Frage nach ‚der Henne oder dem Ei' zu beantworten gedenkt.

Wie dem auch sei, Eichberg stellt noch eine andere These auf: Er analysiert die Stimmung, die den Raum der ‚neuen' Heide qualitativ auflud, strukturell über einen Umbruch des Raum-Zeit-Gefüges mit der Tendenz einer *Temporalisierung des Landschaftsblickes*. Während das alte Bild von der schlimmen Heide sich über sein Gegenbild erschloss, nämlich das der feinen Ordnung geometrischer Kultivierung, entwertete der neue Blick das Räumlich-Geometrische des 17. und 18. Jahrhunderts zugunsten einer neuen räumlich-zeitlichen Komponente: Stimmungswechsel, Wechselstimmungen und im Augenblick sich manifestierende, schwebende Veränderungen interessierten jetzt (vgl. ebd.: 202). Das romantische Bewusstsein über die Möglichkeit qualitativer Veränderung machte als „grundlegend neue Zeiterfahrung" aus Vergangenheit ‚Nostalgie' und aus Zukunft ‚Fortschritt'. Kern des Wahrnehmungswandels ist also, so würde ich Eichbergs Überlegungen bezeichnen, die *Erfindung landschaftlicher Nostalgie*: Die mit romantischem Impetus erlebte Landschaft birgt einen zeitlichen Spannungsbogen in sich, ist als ‚Idylle' Teil einer temporären Erwartungsstruktur, indem sie als Festpunkt die Erinnerung an Vergangenes und Altüberliefertes in sich trägt und zugleich ein progressives Gegenbild gegen drohende ‚Entfremdung' entwirft (vgl. ebd.: 206). Diese Temporalisierung des Landschaftsblicks, die landschaftliche Identität auf dem Pfeil der Zeit abbildet, ist, so vermute ich auch für die Senne, ein zentrales Strukturmerkmal neuzeitlicher Landschaftswahrnehmung – zumal der einer romantisch zu nennenden Landschaftsschau. Die Verzeitlichung von Landschaft als historische Projektionsfläche, dabei mitunter auch ihre nostalgische Verklärung im ideologischen Kontext, durchwebt nicht nur den volkstümlichen Blick auf Landschaft, sondern – je nach herrschendem Zeitgeist mehr oder weniger – auch den wissenschaftlichen Blick. Das temporalisierende Moment ist ein entscheidender Aspekt für die Veränderung desjenigen Landschaftsblicks, der im Laufe des 19. Jahrhunderts die öde und trostlose Heidelandschaft in eine schöne und erhabene Landschaft verwandelte.

Synonym für ein neuartiges Geschichtsverständnis und für die Verzeitlichungstendenz in der Landschaftswahrnehmung gerade der Heidelandschaften ist der Verweis auf die zahlreich noch erkennbaren Grabhügel, sowohl in der Lüneburger Heide als auch in der Senne. In zahllosen Sagen und Beschreibungen tauchen sie auf, auf Gemälden und Zeichnungen, weisen dabei zurück in eine heidnische Vorzeit und laden so eine Stimmung auf, die Vergangenheit als „dynamischen Teil der eigenen Identität" erscheinen lässt. Es lag in der Logik der Temporalisierung, die eigene Identität des Jetzt zwischen Frühzeit und projizierter Zukunft festzumachen: „Damit erhielt das neue Bild von der Heide Anschluß an die teils literarische, teils aber auch politische und religiöse Tendenz des altdeutschen Heidentums, die seit dem ausgehenden 18. Jahrhundert plötzlich neu erschien" (ebd.: 207). Verbunden mit der romantischen Vorliebe für eine Geschichte der Unterschichten als Gegenmodell zur Historie der Schlachten und Könige wurde der ‚Schäfer der Heide' zum ‚heidnischen Schäfer', der gleichsam als Nachfahre der ‚altteutschen Druiden' mit ihrer Zauberkraft und Weisheit verklärt wurde. „Die Heide war jetzt nicht mehr – wie im Ancien Régime – nur eine schlimme Randzone der geordneten Welt, sondern Quelle historischer Stimmung und Weisheit, die Zukunftsbedeutung hatte" (ebd.: 208).

Der Volkskundler Joska Pintschovius schreibt über die Lüneburger Heide: „Aus dem gelehrten Wissen, zum Beispiel über das klassische Altertum, vor allem des Chronisten der Germanen, Tacitus, schuf sich das Bildungsbürgertum eine eigene Geschichte, eine stolze Nationalgeschichte, die ihre Wurzel bei den alten, freien Germanen fand, deren stolze Vergangenheit trotz der feudalen Bedrückungen im Bauerntum noch fortlebte, und so erinnerte sich der Gelehrtenstand seiner bäuerlichen Herkunft draußen auf dem Lande, in der Heide, wo Hünengräber und andere Altertümer eine ungebrochene Geschichte der ländlichen Urbewohner belegten" (PINTSCHOVIUS 2001: 13). Übrigens hat auch Hermann Löns auf die Möglichkeiten einer allzu phantastischen Temporalisierung der Heidelandschaft hingewiesen, die durch eine falsche Interpretation kultureller Spuren genährt werden könnte. Über einen für manchen Städter mystisch anmutenden Ort in der Heide, wo „hinter Wall und Graben steif und trotzig die hohen Wacholder im Halbschatten knorriger Eichen" stehen, schreibt er: „Vielleicht, nach einem Jahrhundert, wird einmal ein Archäologe sich den Kopf darüber zerbrechen, was der halbkreisförmige Wall mit dem Graben zu bedeuten gehabt hat, wird meinen, er habe eine Verschanzung aus uralter Zeit vor sich. Und es ist doch nur die Stätte eines verschwundenen Immenzaunes" (LÖNS 2001: 98).

Wie in der Lüneburger Heide wollten auch in der Senne heimatforschende Autoren ihre historische Spurensuche als eine sympathievolle Hinwendung zum Althergebrachten verstanden wissen, mithin als Protest gegen eine als Bedrohung empfundene Industrialisierung, Verstädterung und Zersiedelung der Landschaft und zur Hervorhebung völkischer Korrelationen zwischen Land und Leuten. Auf frühgeschichtliche Aspekte abhebende Annahmen prägen seither immer wieder und bis in die Gegenwart die heimatkundlichen Diskurse über die Senne und konstruierten so quasi eine ‚urgeschichtliche Identität‘ dieser Landschaft. Bekanntermaßen kulminierte diese Sicht der Dinge in den 1930er Jahren, wie die folgende Textpassage aus einem Heimatkalender von 1937 veranschaulicht; diese steht dabei aber auch für eine durchaus allgemeinere Tendenz der heimatkundlichen Betrachtung, die Senne latent mit Ur- und Frühgeschichtlichem zu identifizieren:

> „Kannst du es noch ertragen, einsam zu sein? Denn die Senne ist ein heiliges Land, gewaltig und unnahbar in ihrem großen Schweigen. Seit den Urtagen, da die Wogen der eisklaren Gletscherwasser hier verebbten, geht ein heimliches Raunen über die Senne. Das klingt wie die dunkle Melodie eines altnordischen Heldensanges, die ging von Hof zu Hof, von Herd zu Herd. Du kannst es noch heute vernehmen, dieses Raunen, wenn auf den gelb-blassen Sandflächen der Wind geht, der verloren mit dem Strandhafer der leuchtenden Dünen spielt, wenn er um altersgraue Föhren und Wacholderbüsche streicht, die da wachen über die Hünengräber der Vorzeit und ihre zerfallenen Wälle. Hier lebt der Geist von Jahrtausenden“ (KIEPKE 1937: 231f).

Die obige Textpassage gibt einen Eindruck von der geradezu mythologisierenden Wirkung temporalisierter Landschaftswahrnehmung, wie Eichberg sie zur Klärung des Phänomens des positivgewandten Blicks auf die Heide thematisiert hat. Die frühe Geschichte ist ein historischer Bereich, der sowohl für die wissenschaftliche Forschung als auch für die populäre heimatkundliche Wahrnehmung des Landschaftsraumes Senne stets eine relativ große Bedeutung hatte. Neolithische und bronzezeitliche Besiedlung, Grabhügel und Urnengräber waren stets Aspekte, die im Kontext der Senne interessierten; die Wegtrassen früherer Fernhandelswege, die halbwilden Senner als uralte Pferderasse und die Heidelandschaft selbst als kaum veränderte Urlandschaft wurden immer wieder ins Zentrum der Betrachtung gerückt. Freilich ist für das Maß einer derart fokussierten Wahrnehmung die Relation der frühgeschichtlichen zur – eben mangelnden – späteren (d.h. mittelalterlichen und neuzeitlichen) historischen Bedeutsamkeit der Senneregion bestimmend. Zudem hat eben diese spätere kulturelle Randständigkeit über das weitgehende Ausbleiben von landkultivierenden Maßnahmen bis ins zwanzigste Jahrhundert hinein (und teilweise bis in die Gegenwart) zur Erhaltung von ansonsten selteneren Spuren einer frühen Geschichte beigetragen, so z.B. der noch immer relativ zahlreichen Grabhügel. Es ist auffällig, dass die Senne in der für den lippischen Raum maßgeblichen historischen „Heimatchronik des Kreises Lippe" von Erich Kittel vornehmlich auf den ersten 30 Seiten des über 600 Seiten starken Bandes auftaucht – und später fast gar nicht mehr (vgl. KITTEL 1978). Feuersteinfunde, uralte Wegtrassen, germanische Grabhügel und römische Legionen gaben und geben der Senne in der landeskundlichen Rezeption zumeist einen althistorischen Charakter. Auch neueste Forschungsarbeiten thematisieren in Hinblick auf die Planung von Naturschutzzielen den „Einfluss der prähistorischen Menschen auf die Ausbildung der Sennelandschaft" (WÄCHTER 1999) und stellen einen bemerkenswerten „Landschaftswandel in ur- und frühgeschichtlicher Zeit durch Kulthandlungen und Rituale" (HARTEISEN 2000: 214) fest.[106] Für andere Landschaften und Naturschutzflächen werden solche Aspekte für gewöhnlich kaum thematisiert, obgleich die meisten Gebiete ebenfalls schon frühgeschichtlich anthropogen beeinflusst wurden.

Der Blick auf die Senne als eine mehr prähistorische als historische Landschaft prägte ihre Wahrnehmung im Sinne einer temporalisierten Konstruktion. Ein bis ins Mythische reichender, aus romantischer Nostalgie und nationaler Identitätssuche erwachsender Historismus bezog sich in der Region bekanntermaßen vornehmlich auf den benachbarten Teutoburger Wald mit seinen Ringwallburgen und den Externsteinen, jedoch strahlte diese Vorgeschichtseuphorie von dort auch in die Senne aus. Das in der Heimatliteratur immer wieder transportierte Bild der Osning-Senne-Region ist das der verzeitlichten Fiktion einer eben nicht nur schönen, sondern erhabenen, nicht nur lokal-, sondern völkisch-identifizierten, und nicht nur historisierten, sondern geradezu esoterisierten Landschaft. Durch die Agglutination Germanen – Grabhügel – Varusschlacht – Wallburgen – Kultstätten – Karl der Große – Widukind hat sich die Fiktion einer geradezu ‚heiligen Landschaft' ergeben.[107] Der Konstruktion der Geschichtslandschaft des Teutoburger Waldes und seines Umlandes als vermeintlicher *Media germania*, als „magischem Kreise", so Goethe[108], in dem man „das Vergangene mit der Gegenwart" identifiziere und sich dadurch im „behaglichsten Zu-

106 Vgl. dazu auch HOHENSCHWERT 1969: 19.

107 Für die freundliche Anregung dieses Gedankens danke ich Prof. Dr. Albrecht Jockenhövel vom Seminar für Ur- und Frühgeschichte a. d. Westfälischen Wilhelms-Universität in Münster.

108 Goethe zit. n.: DETERING, H.: *„In magischen Kreisen": Goethe und Lippe.* Detmold 1984.

stand" wähne, haftet der Makel einer ideologischen Verherrlichung – besonders der nationalsozialistischen – bis heute an. Aber natürlich hatten NS-Propagandisten nicht ein völlig neues Bild der historischen Landschaft erfunden, sondern auf ein bereits bestehendes Wahrnehmungsschema aufgebaut. Manch einer vermutet sogar, dass die Heldengeschichten aus dem Teutoburger Wald das ganze Mittelalter und die frühe Neuzeit hindurch lebendig geblieben waren und trotz aller Wechsel der Geschichte im Volksgedächtnis verharren konnten; eine solche Annahme ist allerdings sehr unwahrscheinlich, da mündliche Überlieferung kaum mehr als einige Generationen zu überbrücken imstande ist. Sicher aber ist, dass seit der Wiederentdeckung von Tacitus „Germania" und den „Annalen" im 15. Jahrhundert zunächst die Wahrnehmung einiger gelehrter Humanisten von der alten Heldengeschichte beeindruckt wurde. Zuerst Melanchthon sowie in der Folge im 17. Jahrhundert der Paderborner Bischof von Fürstenberg und der lippische Pastor und Chronist Piderit meinten dann im Ostwestfälisch-Lippischen die Region der Varus-Arminius-Schlacht und des taciteischen *Saltus teutoburgiensis* lokalisieren zu können; der lippische Archivrat Clostermeier vermutete gegen Ende des 18. Jahrhunderts den Zusammenhang zwischen der Senne als offenem Schlachtfeld und den Höhen des Osnings als Rückzugsraum germanischer Guerillakämpfer.

„Was es einer späteren Generation ermöglichte, die alten Mythen und Traditionen wieder zum Leben zu erwecken, war nicht das Verschwinden, sondern das Überleben des Arminiuskultes und der Verehrung für die Waldheimat", schreibt der amerikanisch-jüdische Kunsthistoriker Simon SCHAMA (1996: 118). Einem Kapitel seines Buches ist es zu verdanken, dass nicht nur mit mehr oder weniger Lokalkolorit gefärbte Literatur zu diesem Thema existiert; denn gerade die Perspektive von außen auf den Komplex temporalisierter Landschaftswahrnehmung als Quelle regionaler Identität rund um den Teutoburger Wald ist spannend. Ihre Konstitution verdankt sie der Frühromantik, denn „in der Mitte des 18. Jahrhunderts hatten sich die alte Mystik ländlicher Unschuld, der Kult kriegerischer Männlichkeit und die Rückbesinnung auf den Wald zusammengefunden und eine neue Generation von Patrioten geschaffen, die sich Tacitus und dem Kult des Teutoburger Waldes intensiv widmeten" (ebd.: 119). Clostermeiers landeskundliche Schriften über die „historisch-geographischen Merkwürdigkeiten" der lippischen Landschaft und den Ort, „wo Hermann den Varus schlug" (1786 und 1820) sowie Klopstocks und Kleists Hermanns-Dramen (1760 und 1821) trugen ganz entscheidend zur Popularisierung der temporalisierten Welt- und Landschaftssicht bei: Ihre Thesen und Verse prägten die Stimmen nachfolgender Generationen. Das 19. Jahrhundert hindurch und im beginnenden 20. Jahrhundert wurde die Region im Zuge der neu entdeckten und popularisierten Geschichtsträchtigkeit beinahe vorbehaltlos mit Germanen, Heiden- und ursprünglichem ‚Deutschtum' identifiziert. Seit 1875 steht Ernst von Bandels trutziges Hermannsdenkmal auf dem Kegel der Grotenburg im *Saltus Teutoburgiensis* – erste Vorschläge für ein Heldenstandbild reichen gar bis ins 15. Jahrhundert zurück – und 1839 hatte auch der berühmteste klassizistische Architekt Deutschlands, Karl-Friedrich Schinkel, ein Hermannsdenkmal entworfen. Letzteres zeigte einen eher nachdenklichen Krieger, der sich auf sein Schwert stützt, während Bandels schließlich realisierte Hermannsfigur seinem Publikum „genau das Bild eines wagnerianischen Helden [lieferte], das es erwartete: schnurrbärtig, mit einem Flügelhelm, das unbesiegbare Schwert Nothung in den Himmel gereckt, eine heimgekehrte Version des taciteischen Arminius als Befreier Deutschlands" (SCHAMA 1996: 130). In seinem Eröffnungsvortrag zur Ausstellung „Lippe unterm Hakenkreuz" konstatiert Karl HÜSER (1983), dass die willkürliche „germanisch-völkische Geschichtsklitterung", welche germanische Frühgeschichte als frühe deutsche Geschichte dar- und vorstellt, keineswegs nur im neofaschistischen Schrifttum bis in die Gegenwart überdauert, sondern: „Sie findet sich – zumeist unbewußt und unreflektiert – weiterhin in sonst durchaus verdienstvollen neueren Lokalgeschichten des hiesigen Raumes, sowohl in Minden-Ravensberg, Lippe, als auch im Paderborner Land" (ebd.: 249). Für Hinrich SEEBA (1994) ist der Ort der Hermannsschlacht „kein geographisches, sondern ein kulturtheoretisches Problem", der heimatforschende Diskurs über Arminius gleichsam das „Signum einer ins Topographische gewendeten Identitätssuche" (ebd.: 238). Blicken wir jetzt auf die Senne:

> „Der Römer Tacitus war der erste, der über unsere Vorfahren schriftliche Aufzeichnungen liefert. Die Senne bezeichnet er als Wüste (desertum sinedi), ein Beweis dafür, daß unsere Heimat auf ihn einen wenig günstigen Eindruck machte. Aber an den Kämpfen gegen die welschen Eroberer haben sich ohne Zweifel die wenigen Sennebewohner unter Führung Hermanns, des Befreiers vom römischen Joche, in hervorragender Weise beteiligt" (FLOTTMEYER 1936: 12).

Der Hövelsenner Lehrer Georg Flottmeyer irrt natürlich in seiner offenbar von Wunschdenken geleiteten Aussage, Tacitus habe den Terminus „desertum sinedi" gebraucht und somit die Senne direkt erwähnt. Doch ein Zusammenhang zwischen der Senne und dem taciteischen Arminius wurde spätestens seit dem ausgehenden 18. Jahrhundert vielfach konstruiert (vgl. die lippischen Landesbeschreibungen Clostermeiers und Donops), und schon 1627 hatte der lippische Chronist Piderit – ohne die Senne namentlich zu erwähnen – den Ort der Varusschlacht als „an dem teutschen Wald zwischen den Brunnen unnd Wassern Lipp und Emse“ gelegen angegeben (PIDERIT 1623: 164).[109] Und so begegnet auch Hermann Löns, als der 1898 durch die Senne streift und ihr so den heideromantischen Ritterschlag als „Frau Einsamkeit“ verleiht, mit einem Senner Mädchen die fleischgebliebene Vergangenheit aus Arminius Tagen:

> „Ein Mensch begegnete uns, ein Mädchen, groß, blond, blauäugig, das mit den starken braunen Armen die schwere Karre voll Plaggen vor sich hinschob in dem Mehlsand. Feundlichernst nickte sie uns zu. Ob sie wohl wußte, wie schön sie war in ihrem selbstgewebten Rock, mit dem schlichten Haar? Der Hermann da oben schien sie zu grüßen, das Bauernmädchen, mit hochgerecktem, grünblitzendem Schwert als eine Urtochter von denen, die als Mütter ihm Söhne gaben, Feinde zu würgen und Räuber zu schlachten, gleichgültig und erbarmungslos, wie es das Raubzeug verdient“ (LÖNS 1899, zit. n. LÖNS 1923: 111).

In fünf Exkursen wird im Folgenden der Wahrnehmung der Senne als „uralter“ Landschaft nachgegangen. Die thematische Analyse der landeskundlichen Literatur hat dabei ihren zeitlichen Schwerpunkt in der ersten Hälfte des 20. Jahrhunderts – das bedingt der besonders hier wirksame Zeitgeist einer übermäßigen Wertschätzung frühgeschichtlicher Themen. In aktuellen Diskursen werden einige der temporalisierenden Aspekte, die ich nennen werde, zwar weniger zentral behandelt, dennoch ist bis heute das Wesensmerkmal „uralt“ der landeskundlichen Beschäftigung mit der Senne immanent. Sennekenner wissen nach wie vor um die Vielfalt prähistorischer Aspekte; im Interview konfrontierte ich einen Experten mit dem (falschen) Vorurteil, die Senne sei als kulturelle Peripherie eine „geschichtslose Landschaft“:

> [Interviewer: Was ist die kulturhistorische Bedeutung der Senne? Ist ja zunächst mal 'ne relativ geschichtslose Landschaft, oder?] *„Neiiin!*

109 Da Piderit die Ölbachquelle als Emsquelle bezeichnete („... die Emse hat ihren Anfang am Stapel oder Stapelager Berg“; PIDERIT 1623: 164), nahm er also fast die gesamte Obere Senne als Ort der Varusschlacht an. (Übrigens ging auch noch am Ende des 18. Jahrhunderts der lippische Chronist Wilhelm Gottlieb Levin von Donop davon aus, dass die Emsquelle im heutigen Ölbachtal entspringe: „Die Embs (Bokelerbach) kommt unterm Stapelagerberge an den sogenannten Schapelerhäusern hervor, geht auf Stukenbrock im Paderbornschen, vereinigt sich bey Nienbrügge mit einem anderen vom Hasselhof auch in der Senne herfließenden Bach, und wird ferner einer der schiffbaren Hauptströme von Westphalen“ (DONOP 1790: 43).)

Nicht geschriebene Geschichte: Die Senne ist bekannt für ihre große Zahl von mittelsteinzeitlichen Fundplätzen. Ein Bielefelder, der auch Laie war und dann eine Ehrenpromotion bekommen hat, Adrian, der hat archäologisch in der Senne viel gearbeitet. Der hat in der Senne schon den altsteinzeitlichen Menschen nachgewiesen – bei Stukenbrock zum Beispiel, aber auch anderswo. Ich selber kenne ungefähr 25 Fundplätze allein der Mittelsteinzeit in der Senne. Das ist 'ne Menge. Die sind nicht immer publiziert worden. [...] Und Grabhügel, bronze- und jungsteinzeitliche, sehr viele, leider viele zerstört. In der Stapelager Senne gab es ein großes Feld; und das ist sehr schade, dass da durch die Kettenfahrzeuge soviel zerstört worden ist. Es ist ein Jammer. [...] Aber auch hier in Oesterholz, da gibt's ja sogar 'n archäologischen Lehrpfad, der durch ein solches Grabhügelfeld führt. [...] Das sind uralte Wege, die dadurch führen, die also zurückgehen in vorgeschichtliche Zeit, und dann auch mittelalterliche" (Friedhelm G.).

5.4. Grabhügel in der Heide

Die neolithischen und bronzezeitlichen Grabhügel der Senne, auch Hügeloder Hünengräber genannt, standen als sichtbare Kennzeichen einer prähistorischen Besiedlung oftmals im Mittelpunkt einer temporalisierenden Landschaftswahrnehmung. Sie fanden sowohl in wissenschaftlicher Literatur als auch in der Heimatliteratur immer wieder Erwähnung; zahlreiche Zeichnungen, Fotografien und Schilderungen dokumentieren, dass die Grabhügel als zur Senne gehörige, die Landschaft als ‚uralte Heide' identifizierende Symbole wahrgenommen wurden **(Abb. 44, 45)**. In Heimat- und Ortschroniken der Region werden sie stets auf den ersten Seiten als Ausgangspunkt einer geschichtlichen Kontinuität des menschlichen Wirkens in der Senne behandelt **(Abb. 46)**. Wie es ähnlich für vergleichbare Heide- und Weidelandschaften Nordwestdeutschlands gilt, so stellt Höcker (1986: 56) auch für die Senne fest, dass „zum stereotypen Inventar des romantischen Bildes von der Heidelandschaft [...] die Schafherde, der Bienenkorb – und die einsame Kiefer oder Birke auf dem Hügelgrab" gehören.

Wo Menschen einer bestimmten Kulturphase (in der Regel im späten Neolithikum und der Bronzezeit) siedelten, hinterließen sie – als für die Nachwelt oftmals einzige noch zu erkennende Spuren – Gräber aus angehäuften Steinen und Erdreich. Grabhügel als eine Form von Begräbnisstätten vorchristlicher Kulturen hat es praktisch überall in den Altsiedelräu-

Abb. 45: Hügelgrab in der Senne, Steinzeichnung von Paul Ricken aus dem Jahr 1927. [Repro, Historische Bildersammlung im Institut für Lippische Landeskunde]

men Mitteleuropas gegeben, sie sind insofern kein Spezifikum der Senne. Andererseits wird, wie bereits erwähnt, eine gewisse frühzeitliche Affinität zu leichten Böden wie denen der Oberen Senne vermutet; diese wurden offenbar – wenigstens zum Teil – schon früher besiedelt als andere Gegenden, da sie der Bodenbearbeitung nur einen vergleichsweise geringen Widerstand entgegensetzten und mit ihren lichten Eichenmischwäldern eine ausgezeichnete Voraussetzung für die Viehhude und die Jagd boten (vgl. Wächter 1999: 193ff). Ausgehend von der Annahme, dass prähistorische Siedlungsräume sich meist auf eher trockenen Sandböden oder Löss- und Kalkverwitterungslehmen erstreckten, kann auch für die Obere Senne eine relativ dichte Besiedlung vermutet werden; der nordöstliche Sennerand zum Osning hin „dürfte schon während der Jungsteinzeit einen Schwerpunkt der Besiedlung dargestellt" haben (ebd.: 193); erst im Mittelalter habe sich „das Verhältnis der Siedlungsdichte zwischen Sand- und Lehmlandschaften ganz zugunsten der letzteren umgekehrt" (ebd.: 195). Grabhügel als Relikte lange zurückliegender Kulturphasen sind in den meisten anderen Siedlungsräumen, die weiterhin mehr oder weniger kontinuierlich als solche genutzt wurden, in ihrer Mehrzahl schon im Zuge der mittelalterlichen und frühneuzeitlichen Kulturlandschaftsentwicklungen eingeebnet oder überformt worden **(Abb. 47)**. In der Senne lagen die Verhältnisse anders; die außerordentliche Quantität solcher Bodendenkmäler noch in den 1930er Jahren steht im Zusammenhang mit der äußerst peripheren Qualität der Landschaft:

Abb. 46 a + b: Weithin sichtbares Hügelgrab in der Stapelager Senne, aufgenommen in den 1930er Jahren. Allein in der unmittelbaren Umgebung dieses Grabhügels wurden zu der Zeit, als diese Fotografien entstanden, noch über vierzig weitere kartiert; heute fällt es nicht mehr leicht, auf dem mittlerweile als Panzerübungsgelände genutztem Terrain Reste der Hügel wiederzufinden. [Foto oben von Oskar Suffert, entn. aus SUFFERT 1936: 22, Foto unten entn. aus KITTEL 1978: 9]

Abb. 47: Die Mehrzahl bronzezeitlicher Grabhügel fiel neuzeitlichen Landkultivationen, insbesondere denen des 19. und 20. Jahrhunderts, zum Opfer. Auf dem Foto aus dem Jahr 1907 ist eine Grabhügelgruppe am Nordwestrand der Senne zwischen Steinhagen und Quelle zu erkennen; rechts im Hintergrund der ehemalige „Dreikaiserturm" auf der Bielefelder „Hünenburg", einer vorgeschichtlichen Ringwallanlage.
[Stadtarchiv und Landesgeschichtliche Bibliothek Bielefeld]

> „Daß sogar heute noch die Grabhügel in der Stapelager Senne zahlreich sind, danken wir der Armut des Bodens: es lohnte sich nicht, überall Äcker aus der Heide zu machen, und der Pflug ließ sie in Ruhe" (SUFFERT 1936: 23).

Meistens waren die Hügel zu kleinen Gruppen oder Feldern gruppiert und lagen vorzüglich vor den Gebirgsübergängen des Teutoburger Waldes in der Heeper Senne, der Wistinghauser und Stapelager Senne (allein hier, heute Panzerübungsgelände Stapel, wurden in den 1930er Jahren noch 44 Grabhügel kartiert), vor und in der Dörenschlucht, im Raum Oesterholz-Schlangen und nahe der Lippequellen. Hohenschwert geht für 1930 noch von insgesamt über 300 Grabhügeln im gesamten Senneraum aus (vgl. HOHENSCHWERT 1969: 38), Wächter vermutet ein Anzahl von insgesamt 380 solcher frühgeschichtlicher Grabmale (vgl. WÄCHTER 1999: 201). Die Begräbnisstätten waren seit dem Ende der jüngeren Steinzeit bis in die ältere Bronzezeit durch das Anhäufen von Heideplaggen, Grassoden oder Sand „über hölzernen Totenhäusern oder in den Boden eingetiefte Gruben" entstanden; als man in späteren Jahrhunderten zur Verbrennung der Toten überging, waren sie „den Menschen immer noch als Grabstätte in Erinnerung, und so wurden die Urnen mit Leichenbrand in ihrer Aufwölbung bis in die Eisenzeit beigesetzt" (HOHENSCHWERT 1969: 19). Die im Durchmesser bis zu 20 m und ursprünglich etwa 2 bis 3 m Höhe messenden Sand- und Plaggenhügel sind im Laufe ihrer bis zu viertausend Jahre währenden Existenz natürlich in sich zusammengefallen und durch Verwitterung teilweise abgetragen worden. Die ursprüngliche Menge an kostbarem humosem Baustoff, der zur Anhäufung der Plaggenhügel verwendet wurde, gab Friedrich Hohenschwert Anlass zu einer Überlegung über den unmittelbaren Einfluss der Grabhügelkultur auf die Senner Landschaftsgeschichte:

> „Man muß sich einmal vor Augen halten, welch große Flächen des kargen Sandbodens dabei von der in Jahrtausenden gebildeten Humusrinde entblößt wurden, um zu erkennen, welche Wirkung dieser Totenkult auch auf das Landschaftsbild und die Fruchtbarkeit haben mußte. Darin zeigt sich (wie bei vielen früheren Kulturen) die Tragik, daß ein Kult soweit ging, daß er die Lebensgrundlagen des Menschen gefährdete" (HOHENSCHWERT 1969: 22).

Die aufmerksame Wahrnehmung und ‚Entdeckung' der über Jahrhunderte weitestgehend vergessenen und unbeachteten Grabhügel ist vor allem eine Sache des 19. und noch mehr des 20. Jahrhunderts. Bevor es ab 1921 in ganz Lippe zu einer regelrechten Welle an systematischen Erforschungen zahlreicher Stein- und Erdhügelgräber kam, welche man zuvor noch für Lesesteinhaufen oder verwitterte Muschelkalkköpfe gehalten hatte, so waren die Grabhügel in der Senne schon länger als solche bekannt: „Am längsten bekannt ist die Masse der großen Grabhügel der Senne. Viele wurden schon zu Beginn des 19. Jahrhunderts durch Raubgräber zerstört“ (HOHENSCHWERT 1979: 78). Die Senner Grabhügelfelder wurden bereits seit dem späten 18. Jahrhundert in den Kontext der legendären Varusschlacht gestellt; in ihren Landesbeschreibungen hatten CLOSTERMEIER (1786) und DONOP (1790) die Senne als Ort des berühmten Schlachtfeldes erwogen und die Grabhügel diesbezüglich als heidnische Gräber erwähnt.[110] Eine frühe Kartierung ihrer räumlichen Lage und Dichte zeigt eine Kartierung von W. Tappe aus dem Jahr 1820, mit welcher er „die wahre Gegend und Linie der dreitägigen Hermannsschlacht“ darstellen wollte **(Abb. 48)**. Die Grabhügel wurden in der Folge – besonders im Volksglauben – als Bestattungsorte sowohl germanischer als auch römischer Soldaten im Kontext des Schachtmythos angenommen; so wussten nach Heinrich Meises Erinnerungen „die alten Senner“ manch „wunderliche Erörterungen zur Geschichte der Senne“ zu erzählen:

> „Waren nicht in den Hügelgräbern am Hellwege die gefallenen Germanen nach der Varusschlacht begraben? Hoffte man nicht heimlich, den in den Sümpfen der Senne versteckten römischen goldenen Adler noch zu finden?“ (MEISE 1960: 58).

Vom Volksglauben der räumlichen Verortung der Varusschlacht in der Senne zeugt auch eine schriftliche Eingabe eines Soldaten namens Quackernack an die Regierung in Münster im Jahr 1821, in der er mitteilt: „Die allgemeine Ungewissheit, wo Hermann die Römer unter Anführung des Varus geschlagen, veranlaßte mich, als ein Bewohner der Senne die dort befindlichen Hügel zu untersuchen“ (zit. n. WASGINDT 1968: 126). Quackernack fand verschiedene Urnen und Schmuckstücke. Aus seiner Eingabe ergab sich ein Briefwechsel[111] zwischen der Regierung in Minden und dem zuständigen Landrat von Borries; letzterer schrieb in einer Stellungnahme:

> „In der sehr ausgedehnten südlichen Sandebene, welche die südliche Wand unserer Gebirgskette begrenzt, finden sich überall Spuren

110 CLOSTERMEIER 1786, in STÖWER 1973; Textstellen, die auf die Senne im Kontext der Varusschlacht hinweisen, auf den Seiten 82–89. – DONOP 1790; Textstellen, die auf die Senne im Kontext der Varusschlacht hinweisen, auf den Seiten 35–36.

111 Eine (leider in der Rechtschreibung korrigierte) Abschrift dieses Briefwechsels aus Akten des Staatsarchivs Münster ist abgedruckt in: WASGINDT 1968, S. 126–128; hieraus wird zitiert.

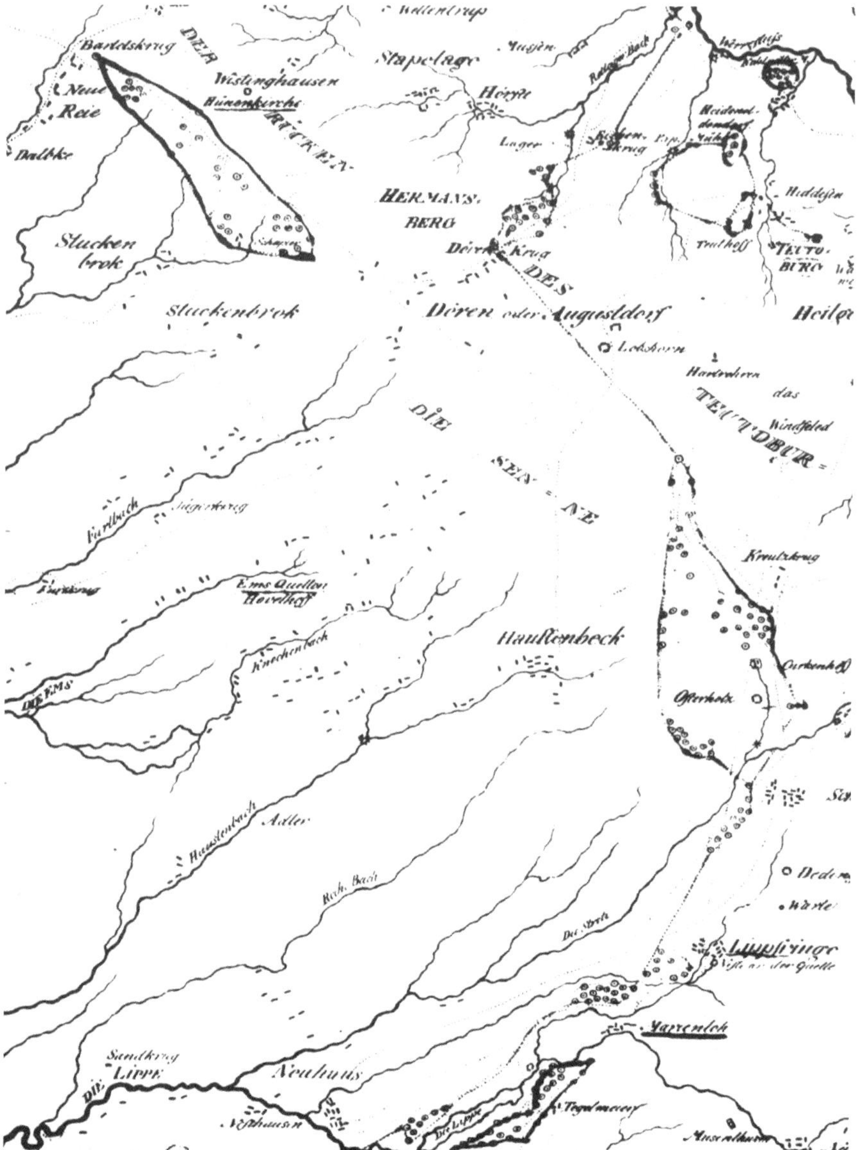

Abb. 48: Ausschnitt aus der Karte von W. Tappe zur Erläuterung der vermeintlich „wahren Gegend und Linie der dreitägigen Hermannsschlacht" aus dem Jahr 1820. Deutlich erkennbar sind die Grabhügelfelder der Wistinghauser und der Stapelager Senne, der Oesterholzer sowie der Lippspringer Gegend. [Entn. aus HOHENSCHWERT, Friedrich (Bearb.): Der Kreis Lippe, Teil 1 (= Führer zu archäologischen Denkmälern in Deutschland 10). Stuttgart 1985: 38]

> alter germanischer Totenhügel, indem in der nicht kultivierten weiten Ebene die Ackerfläche ihre alte Form behalten, und die Spuren der Totenhügel nicht wie auf dem letzteren Boden, durch die Bebauung des Landes verloren gegangen sind. [...] Daß in der großen Sandebene zwischen Brackwede und Paderborn, welche unter dem Namen Senne bekannt ist, sich dergleichen germanische Aschenkrüge befinden mußten, zeigt teils der Augenschein, indem sich hier oft viele einzelne Erhöhungen vorfinden, teils aber die Untersuchung früherer Forscher, und dann die hohe Wahrscheinlichkeit, daß eben diese Senne der klassische Boden ist, wo die Deutschen unter Hermann ein römisches Heer zuerst vernichteten. [...] Quackernack [bessert] an den Urnen einige schadhafte Stellen aus, und teilt solche nach Anhängeschildchen in römische und deutsche ab. [...] Es ist schade, daß unerfahrene, dumme Menschen, wie der Quackernack, sich mit diesem Nachgraben ohne Aufsicht beschäftigen, und durch ihre Ungeschicklichkeit manche Urne verderben, und Sachen unbemerkt lassen, welche für den Kenner von Wichtigkeit sein könnten"(zit. n. Wasgindt 1968: 126f).

Zu einem regelrechten Charakteristikum der Senne konnten die prähistorischen Grabstätten erst werden, nachdem sich die romantische ‚Besinnung' auf ‚Ursprünge' und ‚Denkmale' der ‚Volksgeschichte' einhergehend mit der Identifikation altgermanischer als deutscher Kultur konstituiert hatte. Als eine Folge dieses temporalisierenden Bewusstseins wurde nun allerorten nach historischen Spuren in der Landschaft geforscht; die Suche richtete sich auf vermeintliche Kultstätten, Grabmale, Ringwälle etc. Besonders jeglicher Spur vorchristlicher Kultur auf deutschem Boden wurde größte Aufmerksamkeit geschenkt, und die Region des Teutoburger Waldes stand als ‚Hermannsland' und ‚Osningmark' im Fokus solchen ideologisierten und romantisierten Geschichtsbewusstseins. „Mit welcher Intensität sich neben Wissenschaftlern verschiedenster Disziplinen weitere Kreise seit dem 19. Jahrhundert mit Denkmälern, Bodenfunden und bestimmten ur- und frühgeschichtlichen Themen in Lippe befaßten und ihre Beobachtungen und Meinungen mitteilten, macht eine geradezu beängstigende Flut von Beiträgen unterschiedlichster Qualität deutlich" (Hohenschwert 1985: 40). Die vielen Hügelgräber in der Senne wurden vor diesem Hintergrund zum wichtigen Symbol der ‚uralten Heide'. Größte Beachtung wurde den Sand- und Plaggenhügeln vor allem seit den 1920er Jahren zuteil, als zahlreiche Heimatforscher mehr oder weniger professionelle Grabungen durchführten. Im Jahr 1937 begann im Auftrag des damaligen Landespflegers für Vorgeschichte eine systematische Aufnahme sämtlicher lippischer

Grabhügel; im selben Jahr wurden in der Kammersenne im Rahmen einer Schulungsveranstaltung des nationalsozialistischen Lehrerbundes zwei Grabhügel nach damals modernsten Methoden untersucht **(Abb. 49)**.[112] Die Grabhügel der Senne fanden jetzt vermehrt Erwähnung in der heimat- und landeskundlichen Literatur, wobei ihre ästhetische Bedeutung stets mit ihrer realen wie symbolischen Geschichtlichkeit verwoben wurde.

> „Südwestlich des Teutoburger Waldes liegt ein breiter Landstreifen, der die Bezeichnung ‚Senne' führt. [...] Trotz dieser Gegensätze haben beide Landschaften gemeinsam geschichtlichen Boden mit Zeugnissen des germanischen Wirkens. Verstreut liegen hier die Denkmäler der Vorzeit. Die zahlreichen Hünengräber und vorgeschichtlichen Funde haben erwiesen, daß wir ein uraltes, bis zurück in die Steinzeit genutztes Gebiet vor uns liegen haben" (Hoyningen 1937: 136).

> „Die größte Zahl dieser Gräber befindet sich auf dem sandigen Boden, welcher den Südrand des Teutoburger Waldes begleitet, durch seine Schluchten hindurchgeht und sich nördlich davon ausbreitet, so in der Gegend von Schlangen, Oesterholz und Kreuzkrug, ferner in dem ganzen Gebiete zwischen dem Kreuzkruge und der Dörenschlucht, in der Dörenschlucht selbst und in der Stapelager Schlucht; nördlich in der Pivitsheide, bei Oerlinghausen. [...] Schlangens schöne Umgebung ist, wie wir gesehen haben, germanisch-geschichtlicher Boden von hervorragender Bedeutung und daher für jeden Deutschen von allergrößtem Interesse" (Lippische Staatszeitung vom 19.9.1937)[113].

Oft ging mit der Thematisierung der Grabhügel die Klage über ihre drohende Einebnung im Zuge der zu dieser Zeit fortschreitenden Landkultivationen einher. In einer ähnlichen Analogie, wie sie sich auch bezüglich einer zunehmenden Wertschätzung der Heidevegetation zeitparallel zu ihrer fortschreitenden Zurückdrängung zeigen wird, ist auch hier eine Zunahme der Beachtung historischer Spuren vor dem Hintergrund ihrer

---

112 Befunde dieser Untersuchung, die in neuerer Literatur ausführlich beschrieben ist, bilden den Grundstock zu Rekonstruktionen im späteren Archäologischen Lehrpfad Oesterholz. Vgl.: Halle, Uta: Die Ausgrabung des Grabhügels am „Hülstaler Tor" bei Oesterholz / Gem. Schlangen im Jahre 1937. In: *Lippische Mitteilungen aus Geschichte und Landeskunde 65* (1996): 69–87.
113 (W. B.): In und um Schlangen: Germanische Heiligtümer. In: *Lippische Staatszeitung* Nr. 239 vom 19.9.1937.

Abb. 49: Ausgrabung eines Grabhügels bei Oesterholz im Jahre 1937. Im Vordergrund stehend sind der damalige Grabungsleiter Hans Reinerth und, als sein junger Gehilfe, der spätere Detmolder Museumsdirektor und maßgebliche Experte für lippische Vor- und Frühgeschichte, Friedrich Heuwinkel-Hohenschwert (mit Schaufel), zu erkennen. Im Hintergrund blickt man über die offene Heidelandschaft der Senne, die in diesem Bereich heute zum großen Teil aufgeforstet ist. [Pfahlbaumuseum Unteruldingen, entn. aus HALLE 1996: 80]

Zerstörung infolge der Modernisierung der Landschaft zu beobachten. Vielfach wird die Klage über die Landkultivationen mit einem Hinweis auf das Verschwinden der alten und uralten Sennelandschaft einschließlich ihrer historischen Artefakte begründet. Zeitgenössische wissenschaftliche Aufmerksamkeit auf das Thema ist dabei Folge, nicht Initial eines allgemeineren Trends. Einer der damaligen lippischen Experten für Frühgeschichtliches, der Schulrat Heinrich Schwanold, drückt sein Bedauern über die Zerstörung vieler Grabhügel in der Senne auf folgende Weise aus:

> „An vielen Stellen häufen sich die Grabhügel der Senne zu malerischen Gruppen. [...] [Im Falle ihrer Vernichtung durch Bodenkultur würde die Nachwelt] nicht nur um ein eigenartiges, tief auf die Seele einwirkendes Landschaftsbild ärmer sein, sondern auch um ein Stück heimatlicher Vorgeschichte, das als redendes Denkmal der Vergangenheit in die Gegenwart hineinreicht" (Schwanold 1928: 137f).

Während prähistorische Grabhügel anderenorts, wenn überhaupt, dann meist relativ versteckt (und somit auch geschützt) in Wäldern und Forsten überdauerten, so waren sie in der offenen Landschaft der Oberen Senne meist weithin sichtbar, oft zudem markiert mit ein paar Krüppelkiefern oder Birken auf ihrer Wölbung, manchmal mit einer Eiche. Eine solche symbolhafte Kennzeichnung der Hügel in einer waldarmen Umgebung ist nicht zufällig deutet auf eine spezielle, wenn auch zuweilen vielleicht unbewusste Wertschätzung hin. Die zentrale Qualität der bewussten ästhetischen Wahrnehmung der Grabhügel ist ihre Wertschätzung als ‚erhaben', und zwar im konkreten wie im übertragenen Sinne: In der realen Landschaft erhaben im Sinne von erhöht über der Ebene, im Geist aber unheimlicher als irgendein Hügel oder eine belanglose Düne, vielmehr geheimnisvoll und schaurig, zuweilen auch heilig. Der Begräbnis- und Totenkult war stets ein wichtiger Aspekt menschlicher Kultur, und seine Stätten verlangen in kollektiver ethischer Übereinkunft zunächst Ehrfurcht und Andenken. Hiermit wurde besonders in den Jahren der großflächigen Landkultivationen, die viele Grabhügel in ihrer Existenz bedrohten bzw. sie tatsächlich zerstörten, nicht gespart; so klagt z. B. der naturschützerisch motivierte Geograph Ludwig Maasjost:

> „Hünengräber wölben in ihrer stillen Erhabenheit die Heide zu sanften Hügeln auf" (Maasjost 1933: 62). „Ehrfurchtslos geht der Dampfpflug über die jahrtausend alten Formen, ja selbst über Hünengräbern hinweg" (Maasjost 1934: 55).

Die Qualität des Geheimnisvollen, die die Wahrnehmung der Grabhügel stets kennzeichnete, steht offenbar in einem direkten Zusammenhang mit der Unkenntnis über die mit ihnen verbundene vorgeschichtliche Kultur. Man wusste (und das hat sich bis heute nur wenig geändert) kaum etwas Genaueres über die Menschen, die die Grabstätten einst errichteten, wenig über ihre Siedlungsplätze und ihre Lebensweise.[114] Geblieben sind nur „die eindrucksvollen, weithin sichtbaren Denkmäler der Urzeit: die Hügelgräber. [...] Sicheres über die Gräber und über das Volk, das sie erbaute, wissen wir noch nicht" (SUFFERT 1936: 23). Das mittelbare Gewahrwerden und die Betonung von Geschichtlichkeit beim Anblick der Bestattungshügel zeigt sich auch in der folgenden Textpassage aus der Beschreibung einer Wanderung in der Stapelager Senne:

> „Bald war der Schapeler erreicht, und wir bereiteten unser Nachtlager auf einem der vielen Hügelgräber. [...] Vor uns lag die ernste, weite Senne mit ihrer Tiefeinsamkeit. Wir waren mit unseren Gedanken zurückgeeilt in jene Zeiten, als hier noch Elen und Mammut und Riesenhirsche weideten und die Heide widerklang von den Hufen der wilden Sennepferde. [...] Was für ein Mensch mag hier bestattet sein? Welche Bedeutung mag er für seine Zeitgenossen gehabt haben?" (KUHLMANN 1927: 60).

„Sinnvolle Gräber", nennt sie Karl Sundergeld im Jahre 1963, „sinnvolle Gräber, die Jahrtausende überdauert haben" und die jetzt, in der „neuen Zeit", „ohne Ehrfurcht vor der Vergangenheit" durchwühlt und zerstört werden (SUNDERGELD 1963: 17). Auch die naturschützerisch engagierte „Arbeitsgemeinschaft zum Schutz der Senne" beklagt im Jahre 1970 „den Verlust der allermeisten Grabhügel in den letzten drei Jahrzehnten" als einen Vorgang, der „eines ‚Kulturvolkes' wahrhaft unwürdig ist!" (ROHLFS 1970: 148). – Im Großen und Ganzen ist von den einst weithin sichtbaren Grabhügeln heute nicht mehr allzu viel in der Senne zu sehen: Kultivierungs- und Baumaßnahmen der Kriegs- und Nachkriegszeit sowie der Übungsplatzbetrieb zerstörten einen Großteil, dichte Kiefernforste verstecken – schützen so aber auch zugleich – den verbliebenen Rest. Das viel gepriesene Gräberfeld in der Stapelager Senne ist fast vollständig durch die seit fünfzig Jahren wühlenden Kettenfahrzeuge zerstört; eine Ortsbegehung

114 Bis heute sind nur die zahlreichen Grabhügel neolithischer bis bronzezeitlicher Kulturen in der Oberen Senne bekannt, „archäologisch nicht nachgewiesen werden konnten bisher die Lage der Siedlungen und Ackerflächen" (WÄCHTER 1999: 203). Auch HARTEISEN (2000: 51) beklagt das diesbezügliche archäologische Forschungsdefizit für den Senneraum.

anhand von Kartenmaterial der 1930er Jahre fällt in dieser Hinsicht ernüchternd aus. Auch in der Wistinghauser Senne überdauerten nur wenige Hügel die Bodenvorbereitungsarbeiten zur Einbringung der heute dort stockenden Kiefern- und Fichtenmonokulturen, und auf dem Gräberfeld in der Heeper Senne baute man die Sennestadt. Im Bereich von Oesterholz blieben mehr Grabhügel erhalten, da der Truppenübungsplatz diese Gegend vor moderner Landkultivation bewahrte und der Übungsbetrieb selbst hier weniger intensiv ist; vor allem ist hier kein Fahrgelände für Kettenfahrzeuge. Seit 1982 ist am Ortsrand von Oesterholz ein von Friedrich Hohenschwert initiierter archäologischer Lehrpfad eingerichtet (vgl. HOHENSCHWERT 1985b: 206–209). Dieser Lehrpfad in der so genannten „Oesterholzer Grabhügelheide" nebst einiger weiterer Grabhügel findet in neuerer Literatur zwar noch Erwähnung,[115] jedoch werden die uralten Sand- und Plaggenhügel heute im Allgemeinen weit weniger als identitätsstiftend für die Senne wahrgenommen, als dies vor 1945 der Fall war.

5.5. Der Diskurs um „germanische Heiligtümer"

Ein bizarrer, bis auf hohe und politisch höchste Ebenen geführter Diskurs um vermeintliche ‚germanische Heiligtümer' in der Senne bewegte seit den späten 1920er Jahren und in der Zeit des Dritten Reichs die Gemüter; in den seither vergangenen 60 Jahren blieb dieses Thema allerdings weitgehend unbeachtet. Im Zuge der völkischen ‚Germanomanie' im Dämmerlicht des Faschismus sind auf die Senne bezogene Vermutungen zur Frühgeschichte auf die Spitze getrieben worden: Man stellte völlig überzogene und geradezu phantastische Interpretationen im Kontext der Senner Grabhügelgruppen an, die eine angebliche Kontinuität mehrtausendjähriger germanisch-deutscher Geschichte behaupteten und die deren vermeintlich hohes kulturelles Niveau in Relation zur als imperialistisch empfunde-

Abb. 50: Wilhelm Teudt, hier etwa 1938, vermutete im Sennesand einen ausgedehnten germanischen Kultkomplex. Seine phantastischen Interpretationen und deren Rezeption in der NS-Zeit führten zu einer ernsthaften Krise der lippischen Bodendenkmalpflege und belegten einige Forschungsfelder bis heute mit Tabus. [Historische Bildersammlung im Institut für Lippische Landeskunde]

nen christlich-romanischen Kulturgeschichte wenn nicht als überlegen, so zumindest doch als gleichwertig betonten. Eine zentrale Rolle spielte dabei der Detmolder Laienforscher Wilhelm Teudt **(Abb. 50)**, dessen zuweilen abstruse Behauptungen und Vermutungen zunächst von der populären heimatkundlichen Literatur übernommen wurden, aber auch wissenschaftliche und vor allem politische Kreise interessierten und zumindest zum Teil überzeugten.

Die schon erwähnten alten Geschichten, dass es in der Senne und besonders in der Oesterholzer Gegend zuweilen spuke, werden auch dem erst unlängst zugereisten, schon relativ betagten und vom ‚Heidnischen‘ faszinierten Expfarrer Teudt zu Ohren gekommen sein. Der phantasievolle und sprachgewaltige ‚Germanenforscher‘ behauptete in seinem damals viel beachteten Werk „Germanische Heiligtümer“ (Teudt 1929) die vormalige Existenz einer germanischen Großanlage zur Durchführung verschiedenster kultischer Rituale und astronomischer Berechnungen in der Senne, die mit den nahen Externsteinen unmittelbar in Verbindung gestanden habe. In unmittelbarer Nähe der Ortschaft Oesterholz vermutete Teudt „Denkmäler der Vorzeit“ im Sennesand, wie sie, laut eines populären Reiseführers von 1938, „in dieser Form und Größe nicht ein zweites Mal bekannt sind“ (Hamkens 1938: 142).[116] Teudt wies der Senneregion um Oesterholz einen zentralen Rang als ‚heiligen Bezirk‘ mitsamt germanischer Gelehrtenschule und an Fixsternen orientierten ‚Ortungslinien‘ zu und zog ernst gemeinte Vergleiche zur bekannten Anlage von Stonehenge in England. Seiner Vermutung nach waren sowohl der umstrittene Ort der ersten Corveyer Klostergründung ‚Hethis‘ als auch der geheimnisumwitterte altsächsische Versammlungsort ‚Marklo‘ hier zu finden. In den Dünen einer mit den Flurnamen Eckelau, Langelau, Lindelau und Königslau bezeichneten Gegend konstruierte er aus einer Konstellation dreier Grabhügel auf einer Düne, auf deren mittlerer Erhebung traditionell auch das Oesterholzer Osterfeuer abgebrannt wurde, ein so genanntes ‚Dreihügelheiligtum‘, umgeben von einem

115 Vgl. Seraphim, Ernst Theodor: Oesterholzer Grabhügelheide. In: *Faszinierende Senne zu Fuß.* Das Wanderbuch für die Senne. Bielefeld 2001.

116 Ein Kapitel im von Carl Friedrich Hauck und Kurt Koerlin 1938 in Bad Pyrmont herausgegebenen *„Weserbergland Teutoburger Wald Wegweiser“* behandelt ausführlich die „Externsteine und die germanischen Heiligtümer in der Senne“. Der Autor dieser Passagen, Freerk Haye Hamkens, war als junger Mann zeitweise Assistent Wilhelm Teudts. Hamkens, mit früherem Namen Wilhelm Schirrmann, blieb Zeit seines Lebens eine umstrittene Gestalt; seine umfangreiche Studie zu den Externsteinen aus dem Jahr 1971, die er Teudt widmete, kann dennoch mit zu den seriösen Arbeiten zum Thema gerechnet werden, wenn auch seine Interpretationen bezweifelt wurden. Zu Hamkens, seinen Thesen und deren Kritik vgl. auch: *Lippische Mitteilungen aus Geschichte und Landeskunde 40* (1971): 277ff; *Lipp. Mitt.* 41 (1972): 396ff und Mundhenk, Johannes: *Forschungen zur Geschichte der Externsteine,* Bd. 1. Lemgo 1980: XVI. Eine Nachlassakte Hamkens lagert im Staatsarchiv Detmold (D 72 Schirrmann-Hamkens).

‚heiligen Hain‘. Unweit hiervon vermutete er eine angeblich 4.000 Jahre alte, ovale ‚Pferdekampfbahn‘ im Dünenbogen des umwallten Langelau, im Lindelau erblickte er einen ‚Thingplatz‘, im Königslau einen ‚Platz zur feierlichen Ausrufung des Heerkönigs‘, im Eckelau einen ‚Rossgarten für fohlenführende Muttertiere‘ (so abstrus genau waren seine Interpretationen weniger Indizien in der Landschaft!) und dazu eine mit dem ganzen Lauenbereich kombinierte, über viele Kilometer eingefriedete ‚Sennetrift‘ bis hin zum – freilich ebenfalls ‚heiligen‘ und uralten – Sennergestüt in Lopshorn **(Abb. 51–54)**.

Einzelheiten der Teudtschen Vorstellungen sollen hier nicht nachgezeichnet werden; interessierten Lesern kann man ihre Lektüre – freilich mit der gebotenen Distanz – als Dokument der Temporalisierung und Mystifizierung der Senne aber durchaus empfehlen. Unterstützt wurde ein Großteil seiner Thesen in seriös erscheinender, naturwissenschaftlicher Form durch bodenkundliche und pollenanalytische Untersuchungen, die Hoyningen (1937) an der Preußischen geologischen Landesanstalt publizierte.[117] Es ist für mich schwer zu beurteilen, wie korrekt und aussagefähig die Untersuchungen Hoyningens in ihrer Durchführung tatsächlich waren; freilich aber ist in der Interpretation der Ergebnisse eine massive, geradezu lächerliche Ideologisierung eindeutig zu erkennen.[118] Hoyningen bestätigt bis ins einzelne Teudts Vermutungen und Thesen (Anlage der Wälle im Langelau circa. 2000 v. Chr., die ovale ‚Rennbahn‘ über Jahrhunderte ohne Vegetation, Aufschüttung eines künstlichen ‚Schiedsrichterhügels‘ etc.), und allein diese Bestätigung war offensichtlich sein Ziel. Ungeachtet dessen werden Hoyningens vegetationskundliche und landschaftsgeschichtliche Befunde bis heute in der maßgeblichen Fachliteratur zur Senne als seriöse Quelle herangezogen (vgl. Schneider 1952: 24; Harteisen 2000: 49).

Abb. 51: Teudts Kartierung der Oesterholzer Lauen: Im Halboval der Dünen des Langelau erkannte der greise Ex-Pfarrer eine vorgeschichtliche Reiterkampfbahn, unmittelbar daneben ein von ihm (und bis heute) so genanntes „Dreihügelheiligtum“. Eine über mehrere Kilometer eingefriedete „Sennetrift“ verband seiner Vermutung nach den Lauenbereich mit Lopshorn, dem „heiligen Gestüt“ der Senner Pferde. [Entn. aus Teudt 1931: 132]

117 Hoyningen, P. F. v.: Langelau und Königslau in der Senne. Bodenkundliche und pollenanalytische Untersuchungen germanischer Stätten. In: *Jahrbuch der Preußischen geologischen Landesanstalt zu Berlin 58*, 1937: 135–185.

118 Zur Kritik an Hoyningen vgl.: Weerth, Karl: Germanische Heiligtümer in Lippe? In: *Mitteilungen aus der lippischen Geschichte und Landeskunde 18* (1949): 47ff.

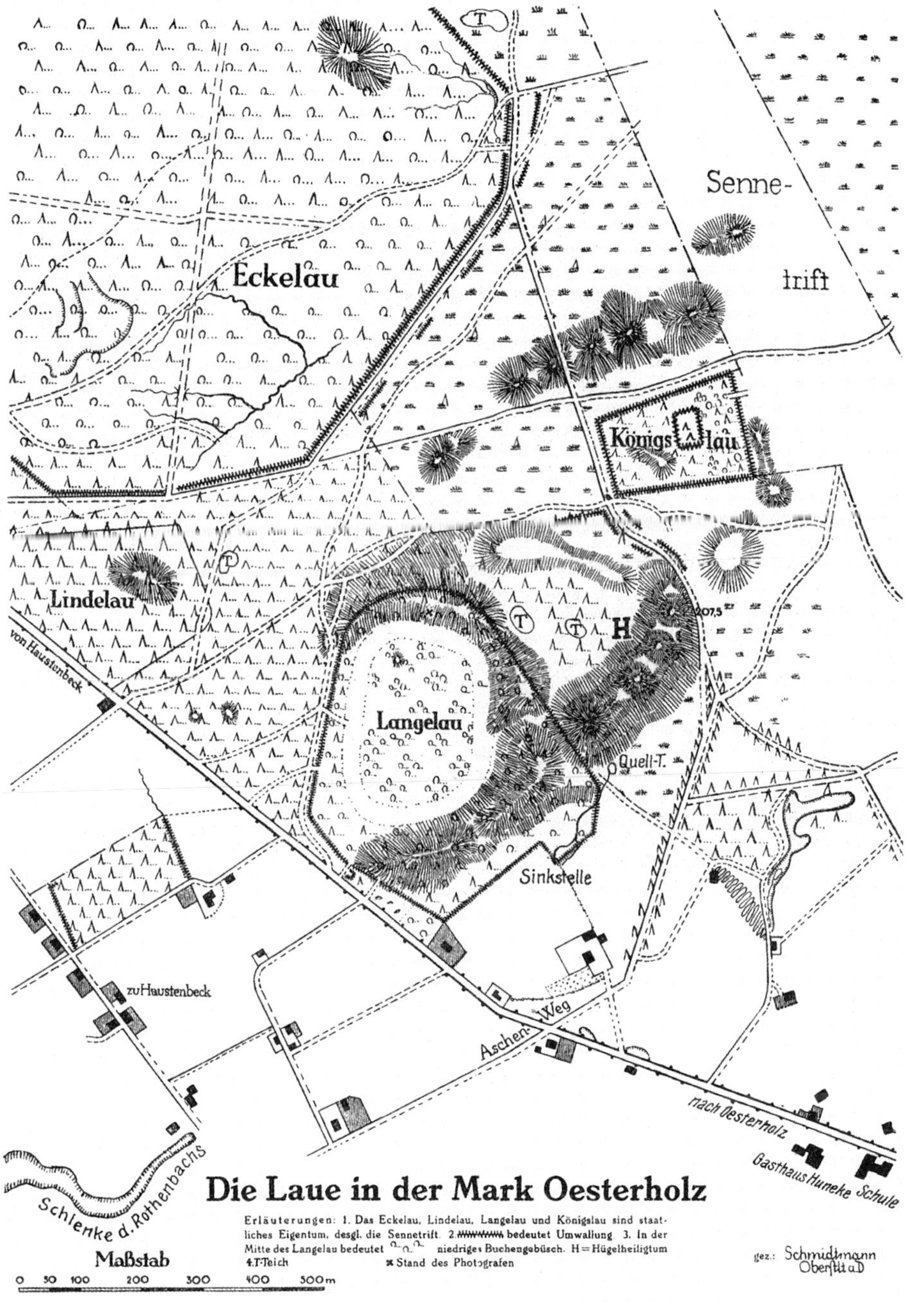

Abb. 46. Karte der Oesterholzer Laue

Wilhelm Teudt (1860–1942) war zunächst Pfarrer in Schaumburg-Lippe, ging 1894 nach Frankfurt und trat dort die Nachfolge Friedrich Naumanns als Leiter der Inneren Mission an. 1908 verzichtete er auf die Rechte und den Titel eines Geistlichen und übernahm die Leitung des „Keplerbundes zur Förderung der Naturerkenntnis", einer Vereinigung, die in erbitterter Gegnerschaft zum Haeckelschen „Monistenbund" stand. 1920 siedelte Teudt anlässlich der französischen Besetzung des Rheinlandes nach Detmold über; hier gründete er den an völkischen Ideologien orientierten „Cheruskerbund" und engagierte sich auch politisch: Im Zusammenhang mit den Reichstagswahlen im Jahre 1924 vertrat er Losungen wie „Für eine starke Regierungsgewalt, gegen die Kriegsschuldlüge, gegen Überfremdung und Klassenkampf".[119] Sein laienwissenschaftliches Interesse hatte er seit Mitte der 1920er Jahre ganz der lippischen Altertumsforschung gewidmet; sein Hauptaugenmerk galt den seit der Romantik geheimnisumwitterten Externsteinen und dem Nachweis ihrer Nutzung als Kultort und astronomische Beobachtungsanlage bereits in vorchristlicher Zeit. In seinem als „Kampf um Germanenehre"[120] apostrophierten Engagement gelang es dem offenbar charismatischen Teudt schnell, Anhänger zu gewinnen und 1928 in der „Vereinigung der Freunde germanischer Vorgeschichte"[121] zusammenzubringen, die in der Folge von Detmold aus die überregional rezipierte Zeitschrift „Germanien. Monatshefte für Vorgeschichte zur Erkenntnis des deutschen Wesens" herausgab.[122] Erstmalig 1929 erschien die in mehreren Auflagen erfolgreiche, bei Diederichs in Jena verlegte und deutschlandweit beachtete Monographie über „Germanische Heiligtümer", in der Teudt neben der „Logik der geschichtlichen, landschaftlichen und sonstigen Tatsachen" auch die Methode des „artgemäßen Empfindens" anwandte.[123] Teudt hatte

Abb. 52: Das „Dreihügelheiligtum" bei Oesterholz im verheideten Zustand. Heute stockt hier ein Kiefernforst, der eine Gesamtsicht auf die drei in Reihe auf einer Düne liegenden Grabhügel nicht mehr möglich macht. [Staatsarchiv Detmold D 72 v. Motz Nr. 869]

Abb. 53 (rechts oben): Mit Luftaufnahmen, bodenkundlichen und pollenanalytischen Untersuchungen versuchten Teudt und seine Anhänger, die Thesen eines „germanischen Kultbezirkes" zu untermauern. Auf dem Foto ist das vermeintliche Rennbahnoval im Langelau zu erkennen. [Staatsarchiv Detmold D 72 v. Motz Nr. 869]

119 Vgl. die Vorbemerkung zum Nachlass Teudts (Staatsarchiv Detmold, D 72 Teudt). – Vgl. auch: HARTMANN, Jürgen: Völkische Bewegung und Nationalsozialismus in Lippe bis 1925. In: *Lippische Mitteilungen aus Geschichte und Landeskunde 60* (1991): 168 f.

120 Vgl.: *Wilhelm Teudt im Kampf um die Germanenehre.* Eine Auswahl von Teudts Schriften. Bielefeld u. Leipzig 1940.

121 Teudts „Vereinigung der Freunde germanischer Vorgeschichte" wies zahlreiche personelle Verflechtungen mit dem völkisch-elitären „Deutschbund" auf, als dessen Tochtergesellschaft sie (laut HALLE 1998: 548) gelten kann. 1938 wurde die Vereinigung umbenannt in „Osningmarkgesellschaft", nach Teudts Tod 1942 in „Wilhelm-Teudt-Gesellschaft". – Vgl. ausf. hierzu: HALLE, Uta: Detmold und die deutsche Vorgeschichtsforschung. In: Niebuhr u. Ruppert (Bearb.): *Nationalsozialismus in Detmold.* Bielefeld 1998: 528–555.

122 Verantwortlicher Schriftleiter der Zeitschrift *„Germanien"* war Oskar Suffert, 1892–1974 (vgl. Abb. 73). Suffert ist vornehmlich bekannt als Direktor des Lippischen Landesmuseums (1934–1957) und als lippischer Naturschutzbeauftragter. Eine seiner Interessen in den 1920/30er Jahren war die Frühgeschichtsforschung; als so genannter Germanenkundler und Mitglied des völkisch-konspirativen „Deutschbundes" bewegte er sich im engsten Umkreis Wilhelm Teudts in der „Vereinigung der Freunde germanischer Vorgeschichte". Der Hang der lippischen Frühgeschichtsforscher zur Senne war auch Suffert eigen; seine Nachlassakte (Staatsarchiv Detmold D 72 Suffert) gibt Auskunft über die verschiedenen Bezüge seiner Biographie zur Senne: der Vorgeschichtsforschung, der Naturkunde, dem Naturschutz und dem Kriegsgefangenenlager Stalag 326 *(vgl. hierzu auch Fußnote 86)*; zu Sufferts Rolle als Naturschutzbeauftragter vgl. OBERKROME, Willi: Suffert und Koch. Zum Tätigkeitsprofil deutscher Naturschutzbeauftragter im politischen Systemwechsel der 1920er bis 1950er Jahre. In: *Westfälische Forschungen 51,* 2001: 443–462.

123 BEYER, Paul u. Erich STUCKEL: *Die Detmolder Vorgeschichtsrichtung.* Eine Würdigung und Inhaltsangabe des Teudtschen Buches „Germanische Heiligtümer". Detmold 1937: 2.

beträchtlichen Anteil an einer ins Esoterische überhöhten Mythologisierung der lippischen Landschaft, des Teutoburger Waldes und der Senne; sein Werk und dessen Rezeption stellt wohl den Höhepunkt dieser allerdings in einer längeren Entwicklung entstandenen Wahrnehmung dar.

Die von der „Vereinigung der Freunde germanischer Vorgeschichte" regelmäßig durchgeführten Vorträge, Tagungen und Exkursionen erfreuten sich immer größerer Beliebtheit: Für die Tagung im Juni 1933 werden etwa 300 Teilnehmer angegeben.[124] Ein begeisterter Teilnehmer, der Leipziger Universitätsprofessor Ernst Bergmann, gibt in Erinnerung dieser Pfingsttagung seinen temporalisierten Phantasien angesichts der von Teudt präsentierten ‚uralten' Sennelandschaft bei Oesterholz Ausdruck:

> „Drei Tage sind wir nun durch die Wälder der Osningmark gezogen. Wir haben gesehen und gelauscht, gesucht und bewundert, nachgedacht und – verehrt. [...] Freunde germanischer Vorgeschichte! Der Frühling ist erwacht! Deutschland ist erwacht! Und nun jenes Dritte, das uns allen besonders innig am Herzen liegt: Die Vorzeit ist erwacht! [...] Wir sind allein auf der Heide, und doch sind Gestalten um uns. Männer am Hügel, die etwas dunkles aus der Erde bergen, vielleicht eine Urne. Still ist der Mittag, die Sonne brennt, weit und breit kein Mensch in der Senne. Unser Auge aber sieht. Es ist offen über die Jahrtausende und sieht, was vormals war. Da kommen sie gezogen, den Aschenweg entlang, ernst und still, denn sie tragen einen Toten. Dort aber erfüllt lautes, fröhliches Leben den Wald. Rosse springen, der Heerruf ertönt die Feststraße hinauf, sie küren einen Herzog in der Königslau, sie üben sich im Waffenspiel."[125]

Teudts Forschungen und Theorien hatten seit Mitte der 1920er Jahre zu einer „ernsthaften Krise der lippischen Bodendenkmalpflege" (HALLE 1998: 528)

---

124 Tagungsbericht zur 6. Tagung der Freunde germanischer Vorgeschichte (6.–8. Juni 1933). In: *Germanien.* Monatshefte für Vorgeschichte zur Erkenntnis des deutschen Wesens 8, 1933: 252.

125 BERGMANN, Ernst: Freier Zugang zum Heiligtum. In: *Germanien.* Monatshefte für Vorgeschichte zur Erkenntnis des deutschen Wesens 8, 1933: 225–228.

126 KIEWNING, Hans: Nochmal zu Teudts These: War Hethis Oesterholz? In: *Mitteilungen aus der Lippischen Geschichte und Landeskunde 14*, 1933: 177–197. – Kiewning war Detmolder Archivdirektor; nach 1933 wurde er wie auch andere seiner Vorstandskollegen im Naturwissenschaftlichen und Historischen Verein beruflichen Repressalien ausgesetzt und musste sein Amt abgeben (vgl. HALLE 1998: 532).

127 Vgl. z. B. das Jahrbuch *Mitteilungen aus der lippischen Geschichte und Landeskunde 14* für das Jahr 1933; fast alle Aufsätze beziehen sich irgendwie auf Teudt, und auch die abgedruckten „Sitzungs- und Ausflugsberichte" von 1930–1932 dokumentieren diese inhaltliche Orientierung.

geführt und eine auch nach seinem Tod nur schwer überwindbare Kluft zur wissenschaftlichen Vorgeschichtsforschung gerissen. Kritiker richteten sich in erster Linie gegen die nicht durch nachprüfbare Ergebnisse verifizierbaren Schlüsse, die Teudt aus seiner bloßen „Intuition" heraus zog und damit eine unwissenschaftliche „Kette von Irrtümern, Widersprüchen, Verdrehungen, Sorglosigkeiten, Übertreibungen und Trugschlüssen" (Kiewning 1933: 196)[126] produzierte. Zwar sah man ihn als „dilettierenden" und „mehr oder weniger beschäftigungslosen alten Herren" an (zit. n. Halle 1998: 531), dennoch beeinflusste dieser „beschäftigungslose alte Herr" – wohl wegen der großen, auch überregionalen Resonanz auf seine ganz im Geist der Zeit liegenden Thesen – für einige Jahre massiv die Gemüter, die Themen und die Veröffentlichungen seiner regionalen Kritiker, die sich in erster Linie im Naturwissenschaftlichen und Historischen Verein für das Land Lippe fanden. Das Vereinsgeschehen und das herausgegebene Jahrbuch ist in den Jahren um 1930 geradezu durchgeistert von Teudts Thesen, auf deren Widerlegung energische Energie verwand wurde.[127]

Abb. 54: Ansicht der vermeintlichen Teudtschen Pferdekampfbahn im Langelau aus Sicht der „Nordkurve": Ein natürlicher halbovaler Dünenbogen umzieht als mögliche Tribüne das Areal, im Innenraum vermuteten der Germanenforscher und seine Anhänger die nach mehreren tausend Jahren noch immer (!) durch die Bodenverdichtung baumfreie Rennbahn. Der obere Bildteil ist ein Foto, das auch bei Teudt abgebildet ist, der untere Bildteil zeigt dieselbe Stelle heute. [Staatsarchiv Detmold D 107 Nr. 95; unteres Foto Roland Siekmann]

Was als Lokalposse begann, geriet nach 1933 auf eine höhere und politisch wirkungsreichere Ebene; Teudt und seine „Detmolder Richtung" wurden jetzt aufgrund der ideologischen Kompatibilität von den Nationalsozialisten protegiert. Sowohl das „Amt Rosenberg für die geistige und weltanschauliche Erziehung in der NSDAP" als auch Himmlers SS-Wissenschaftsorganisation „Ahnenerbe" interessierten sich, zeitweise in regelrechter Konkurrenz zueinander, für Teudts Interpretationen der Bodenaltertümer in Teutoburger Wald und Senne.[128] Zunächst in Zusammenarbeit, später dann unter Entledigung der greisen Person Teudts wollten der NS-Chefideologe Alfred Rosenberg und Himmlers Eliteorganisation die Externsteine zum Nationaldenkmal ausgestalten und ließen in diesem Zusammenhang den Archäologen Julius Andree in den Jahren 1934/35 eine ausführliche Grabung vornehmen. Auch in die Senne strahlten diese Forschungsaktivitäten aus: 1935 untersuchte Hoyningen die Sennelaue, 1937 führte Hans Reinerth, einer der führenden Vorgeschichtsforscher des Dritten Reiches, Ausgrabungen an Senner Grabhügeln und den Wällen des ‚Sternhofes' in Oesterholz durch, und 1939 leitete Reinerth für die Stiftung Ahnenerbe eine Grabung am Langelau.[129]

Bereits im Februar 1933 hatte Teudt in einer Eingabe an die Lippische Landesregierung, die er im Wortlaut auch in seiner Hauszeitschrift „Germanien" abdrucken ließ,[130] einen umfassenden Schutzstatus für Teile des Lippischen Waldes und der Senne gefordert: Die so genannte „Osningmark" sollte als „heiliger Erinnerungshain" geschützt und entwickelt werden, wobei „das gesamte Gebiet vom Donoper Teich bis zu den Externsteinen und von der Grotenburg bis zu den heiligen Stätten von Oesterholz als ‚Osninghain' erklärt werden müßte". Begründet war sein Vorschlag in der „Häufung der in diesem Gebiete gelegenen hervorragenden germanischen Weihestätten", in den günstigen besitzrechtlichen Voraussetzungen („das gesamte Gebiet z. T. staatliches, z. T. fürstliches Eigentum") und in der wenig modernisierten, naturhaften Eigenart des Gebietes („unbelastet von der qualmenden Unruhe moderner Technik"). Teudts Konzept sah vor, die „weitere Besiedlung in dem Senne-Teil" zu verhindern und den Lippischen Wald als „Naturwald mit eingeschränkter Nutzung" zu entwickeln; ausgewählte Bereiche sollten „ganz unberührt bleiben" und so „zum Beispiel eines Urwaldes" werden, aussichtsreiche Berghöhen, die „in früheren Zeiten keinen Wald getragen haben", sollten freigehalten und aufgelichtet werden. Der Oesterholzer Sternhof sollte als Freilichtmuseum ausgestaltet werden und es könne „erwogen werden, ob nicht im Langelau [...] ein Wiederaufleben altgermanischer Spiele zu Roß, zu Wagen und zu Fuß" befördert werden könne (Teudt 1933: 183–185).

So absurd sich Teudts Interpretationen und Ideen über die Sennelaue bei Oesterholz heute lesen, in den 30er Jahren hatten sie unter persönlicher Einschaltung Himmlers tatsächlich zu einer Einschränkung der bereits geplanten Ausweitung des Truppenübungsplatzes geführt, und sogar für das letztlich vollständig umgesiedelte Dorf Haustenbeck hatte sich so noch ein letzter Hoffungsschimmer ergeben: Hans Jürgen Linsen recherchierte für seinen heimatkundlichen Beitrag über „Versuche, Haustenbeck zu retten" einen Briefwechsel aus dem Jahr 1938,[131] in dem ein kulturhistorisch begründeter Schutzstatus für das Gelände thematisiert wird:

> „Die Einbeziehung der vorgeschichtlichen Erinnerungsstätten Eckelau, Langelau usw. in das Übungsgelände hängt mit der Erweiterung des Übungsplatzes in östlicher Richtung zusammen. Im Staatsforst Langelau liegen nach Untersuchungen von Professor W. Teudt die Rennbahn für die kultischen Kampfspiele der Germanen und das sogenannte Dreihügelheiligtum, [...]. Die Denkmäler werden [...] in immer steigendem Maße von sehr vielen Volksgenossen besucht. Der Reichsführer der SS Heinrich Himmler hat für das kommende Jahr umfassende wissenschaftliche Untersuchungen in dem genannten Gelände angekündigt. [...] Dieses für die deutsche Vorgeschichtsforschung so bedeutsame Gebiet muß für jeden Volksgenossen jederzeit zu betreten sein" (zit. n. LINSEN 1991: 61).

In einem anderen Schreiben heißt es dann mit Bezugnahme auf ein Telegramm Heinrich Himmlers:

> „Es ist geplant, die Königsgräber künftig als Nationalheiligtum auszugestalten und dem deutschen Volk in größerem Maße zugänglich zu machen. [...] Die persönliche Beurteilung des Reichsführers SS Himmler bitte ich aus dem mir vor einiger Zeit zugegangenen

128 Zum Komplex der Verstrickung nationalsozialistischer Interessen mit der Detmolder Laienforschung zur Vorgeschichte vgl. auch den jüngst erschienenen Band: HALLE, Uta: *„Die Externsteine sind bis auf weiteres germanisch!" Prähistorische Archäologie im Dritten Reich.* Bielefeld 2002.

129 Zu Reinerths Grabung von 1939 wurde jedoch kein Bericht veröffentlicht; vgl. LEUBE, Achim: Zur Ur- und Frühgeschichtsforschung in Berlin nach dem Tode Gustaf Kossinnas bis 1945. In: *Ethnographisch-Archäologische Zeitschrift 39* (1998): 397.

130 Die Osningmark als heiliger Erinnerungshain. Eine Anregung von W. Teudt. In: *Germanien.* Monatshefte für Vorgeschichte zur Erkenntnis des deutschen Wesens 6, 1933: 183–185.

131 LINSEN, Hans Jürgen: Versuche, Haustenbeck zu retten. In WIEMANN 1991: 61 ff. – Linsen konnte bei seiner Recherche Absender und Adressat des Briefwechsels nur unzureichend ermitteln, da ihm nur Abschriften vorlagen; er vermutet als Absender die Landesplanungsgemeinschaft in Münster. Verwendete Quellen laut Linsen im Staatsarchiv Detmold: D 100 Detmold Nr. 1478; L 80 Id Gr. IV Fach 9 Nr. 10; D 100 Detmold Nr. 1481.

> Telegramm zu ersehen, das folgenden Wortlaut hat: Bitte Sie, ... meinen Standpunkt zu vertreten. Halte Einbeziehung von Langelau und Dreihügelheiligtum als Stätten geschichtlicher und volkskundlicher Bedeutung in einem Truppenübungsplatz für untragbar. Bin überzeugt, daß später niemand eine solche Handlungsweise verstehen würde. Glaube z.B. nicht, daß England die Stätte um Stonehenge in einen solchen Truppenübungsplatz einbeziehen würde. Heil Hitler! Gez. H. Himmler, Reichsführer SS und Chef der Deutschen Polizei" (zit. n. LINSEN 1991: 61f).

Die einheimische Bevölkerung, existentiell bedroht durch die geplante Ausweitung des Übungsplatzes, erfuhr nur gerüchteweise von den umtriebigen Machenschaften der Germanenfreunde um Teudt und Himmler. Obwohl die Diskussion um die Laue für sie ein Stück Hoffnung auf ein mögliches Verbleiben an ihren heimatlichen Hausstellen bedeutete, reagierte sie offenbar skeptisch bis belustigt auf die Theorien über die vorgeschichtlichen Vorgänge in den Dünen zwischen Haustenbeck und Oesterholz. Der letzte Haustenbecker Pfarrer Hans Held gibt in seinen 1975 veröffentlichten Erinnerungen Hinweise hierauf; in einem Absatz seines Buches „Haustenbeck. Auflösung und Abschied", den er „Neue Ungewissheit (Ende 1937)" betitelt, schreibt er:

> „Man erfuhr, daß gegen das Projekt [die Erweiterung des Truppenübungsplatzes; RS] von verschiedenen Seiten Einspruch erhoben war. Die Reichsführung der SS hatte Einspruch erhoben gegen den Ankauf der Oesterholzer Gegend, vor allem das Langelau, wo Professor Teudt aus Detmold allerlei undefinierbare germanische Heiligtümer, Reitbahnen und dergl. entdeckt haben will, von denen die Haustenbecker, und nicht nur sie, wenig hielten. Hagemeier 142 erzählte spöttisch, wie er einer kompletten Omnibusbesatzung, die den Weg nach der germanischen Reitbahn nicht finden konnte, gesagt hätte: ‚Das ist der Weg; wenn sie sich beeilen, können sie noch die Huftritte der Pferde sehen!' Meist kämen sie mit ziemlich langen Gesichtern zurück. [...] Für Haustenbeck trat merkwürdigerweise niemand ein, obwohl es sich da doch um lebendige Menschenschicksale und nicht nur um ein paar umstrittene Sandhügel [...] handelte" (HELD 1975: 35f).

Tatsächlich war dem Einspruch Himmlers Erfolg beschieden: Die Truppenübungsplatzgrenze wurde nicht, wie ursprünglich geplant, bis an die Fürstenallee verlegt. So blieb der Ortschaft Oesterholz mit seinen vermeintlich heiligen und uralten Stätten das gleiche Schicksal wie das des Nachbardorfes Haustenbeck erspart – eine Sache übrigens, über die in Oesterholz bis heute nicht gerne geredet wird. Seit dem Ende der NS-Zeit blieben Teudts Thesen, die in der Lokalpresse und in Heimat- und Reiseführern zunächst große Zustimmung gefunden hatten, von der landes- und heimatkundlichen Literatur weitgehend unbeachtet. Über die Externsteine wurde freilich weiter – wie auch schon zuvor – viel diskutiert und gestritten; dieser bizarre Diskurs ist dokumentiert in einer erstaunlichen Anzahl von mehr oder weniger seriösen Veröffentlichungen, die nebeneinander mehrere Regalmeter ausfüllen mögen. Das Thema der germanischen Heiligtümer in der Oesterholzer Senne allerdings wurde kaum mehr aufgegriffen, zumindest nicht von Seiten der quasi ‚offiziellen' Landeskunde der historisch-naturwissenschaftlichen Vereine und Heimatbünde. Hier bemühte man sich vielmehr um Distanzierung und fachliche Klarstellung zum Zwecke der Selbstreinigung ihrer jetzt mit unseriösem Leumund belegten Disziplin.

Zu nennen ist hier für die unmittelbare Nachkriegszeit insbesondere Karl Weerths Aufsatz über „Germanische Heiligtümer in Lippe?" aus dem Jahr 1949. Weerth, Studienrat und Spross der berühmten Detmolder Bildungsbürgerfamilie, erklärt die Wälle der vermeintlichen germanischen Pferdekampfbahn am Langelau anhand von Forstakten als unspektakuläre Einfriedungswälle aus dem frühen 19. Jahrhundert **(Abb. 55)** und bemerkt zum so genannten Dreihügelheiligtum: „Die drei Aufschüttungen neben dem Langelau sind bronzezeitliche Hügelgräber, die all den übrigen Sennehügelgräbern gleichen, nichts anderes" (WEERTH 1949: 42). Betreffend einer vermeintlich frühgeschichtlichen Sennetrift findet sich im Staatsarchiv Detmold zudem das Manuskript eines ebenfalls 1949 im Naturwissenschaftlichen und Historischen Verein gehaltenen Vortrages von Karl Sundergeld; hierin widerlegt er Teudts Datierung dieser spätmittelalterlichen und frühneuzeitlichen Verbindungstrift zwischen Schlangen-Oesterholz und dem Weidegrund in der Kammersenne (SUNDERGELD 1949).[132] Bereits 1933 hatte der Detmolder Archivdirektor Hans Kiewning seine Zweifel an Teudts Verortung der nebulösen Vorgängergründung von Kloster Corvey (‚Hethis') in der Oesterholzer Senne dargelegt (KIEWNING 1933).

Nach den weitgehend überzeugenden Richtigstellungen der allzu absurden Vorstellungen Teudts wurde die Diskussion um „Heiligtümer in der Senne" kaum mehr öffentlich weitergeführt oder erwähnt. Ausnahmen bestätigen allerdings die Regel; so schreibt der Geograph Peter Schneider 1952

132 SUNDERGELD, Karl: *Ist die Sennetrift altgermanischen Ursprungs?* Unveröffentlichtes Manuskript, ca. 1949 (Staatsarchiv Detmold D 71 Nr. 214).

Abb. 55: Teil der Umwallung am Langelau, um 1930 und heute. Im Gegensatz zu Karl Weerth, der die Aufschüttungen als forstliche Einfriedungswälle aus dem frühen 19. Jahrhundert erklärte, sahen Teudt und Hoyningen hierin 4.000 Jahre alte Bodendenkmäler. [Oberes Foto: Staatsarchiv Detmold D 107 Nr. 95/2; unteres Foto Roland Siekmann]

in seiner geowissenschaftlichen Abhandlung zur Siedlungsgeschichte der Senne ganz unkritisch von Eckelau und Königslau als „etwa um 2000 v. Chr." angelegte „Teile größerer im Walde gelegener Kultstätten" (SCHNEIDER 1952: 24). Zwei Jahre später erschien im Verlag „Hohe Warte"[133] ein Beitrag des Detmolder Bildhauers und ‚Externsteinforschers' Ferdinand Seitz über das „heilige Gebiet" der Oesterholzer Lauen, in dem er Teudts Thesen mit neuen Theorien zu untermauern versucht (vgl. SEITZ 1954). Ebenfalls für die 1950er Jahre, als die Lauen unter der Ägide der britischen Besatzungsmacht erneut von einer Ausweitung des Truppenübungsplatzes bedroht waren, sind weitere Versuche dokumentiert, das Gebiet unter Schutz zu stellen und so vor der abermaligen Erweiterung des Übungsgeländes zu retten. Im Februar 1951 schrieb der Oesterholzer Bürgermeister Kesting an den Kreis-Resident-Officer in Detmold:

> „Betr.: Erweiterung des Truppenübungsplatzes Senne bis an den Aschenweg in Oesterholz. [...] Ferner wird darauf hingewiesen, dass in diesem Gebiet sich zahlreiche Hünengräber befinden. Nach Ansichten des verstorb. Prof. Teudt befand sich dort sogar eine altgerm. Kultstätte. Ich verweise dieserhalb auf das von Teudt herausgegebene Buch „Germ. Heiligtümer". Um diese vorgeschichtlich so wertvollen Stätten zu erhalten, ist schon bei der früheren Erweiterung des Truppenübungsplatzes seitens der deutschen Wehrmacht dieses Gebiet ausdrücklich von der Einbeziehung in den Truppenübungsplatz ausgenommen worden. Bei den demnächst zu erwartenden Truppenübungen mit Panzern usw. wird hier ein Schaden entstehen, der nicht wieder gut zu machen ist."[134]

Man richtete sich von Oesterholzer Seite in dieser Sache 1953 auch an die Untere Naturschutzbehörde in Detmold, von der man sich Fürsprache und Zustimmung erwartete. Freilich bezog sich das Hauptinteresse der Gemeindeverwaltung weniger auf das relativ kleine Gebiet der Lauen selbst, als auf die Verlegung der Übungsplatzgrenze generell: Sie würde auch Gebietsteile betreffen, die bewohnt und bewirtschaftet waren, in denen durch die Verlegung also Existenzen und ökonomische Ressourcen bedroht waren. Doch über das Argument kulturhistorischer Bedeutsamkeit und der entsprechenden Forderung nach Unterschutzstellung waren die Laue als Vehikel

133 Der oberbayerische Verlag „Hohe Warte" ist bezeichnenderweise im politischen Rechtsaußen anzusiedeln und gibt vor allem Schriften aus dem Umfeld der völkisch-sektiererischen „Ludendorff-Vereinigung" heraus.

134 Staatsarchiv Detmold D 100 Detmold Nr. 799.

zu einer möglichen rechtlichen Durchsetzung verwendbar. Unterstützung fand man – wieder einmal – beim umtriebigen Detmolder Museumsdirektor und lippischen Naturschutzbeauftragten, dem ehemaligen Teudt-Vertrauten Oskar Suffert. Zusammen mit Suffert, dem Vorgeschichtsexperten des Lippischen Landesmuseums, Leo Nebelsiek, und dem Oesterholzer Gastwirt Hunecke wurde eine Ortsbegehung organisiert, anschließend dem Landesamt für Vorgeschichte in Münster Bericht erstattet und um Unterstützung dafür geworben, dass der Truppenübungsplatz wieder auf die „rechtmäßige und ursprüngliche Grenze zurückverlegt“ werde möge.[135] In den Korrespondenzen des als ‚unverdächtig‘ geltenden und als Experten hochgeschätzten Leo Nebelsiek in seiner Eigenschaft als Landespfleger für Vorgeschichte taucht das Thema noch einige weitere Male auf, wobei auch deutlich wird, dass Nebelsiek die Annahmen, die rund um die Oesterholzer Laue kursierten, nicht völlig ablehnte. Im Januar 1959 schrieb er in einer offiziellen Stellungnahme, die sich wieder einmal auf Beschwerden über die Einbeziehung der besagten Gegend in den Truppenübungsplatz beziehen:

> „Wenn auch die von Wilhelm Teudt und seinem Kreis dem Gelände um die drei großen Hügel zugewiesene Bedeutung *noch umstritten* ist, so ist doch mit Nachdruck darauf hinzuweisen, daß in dem bedrohten Gelände weit über 50 vorgeschichtliche Hügelgräber liegen.“[136]

In einer weiteren Stellungnahme Nebelsieks im Mai 1966 zu „dem Problem ‚Dreihügelheiligtum‘ und ‚Germanische Rennbahn‘“ spricht er sich gegenüber der Bundesvermögensstelle Paderborn dafür aus, „interessierten Besuchern den Zugang zu diesen Stätten zu ermöglichen“.[137] Davon, dass Nebelsieks Bemühungen nicht erfolglos blieben, zeugt die Tatsache, dass die Gegend weiterhin bewandert werden konnte. In den von Gustav Wiemann vorgeschlagenen und vom Lippischen Heimatbund in den 1980er Jahren dreibändig herausgegebenen „Rundwanderungen im Lipperland“ führt die „Wanderung Nr. 16c: Schlangen-Oesterholz am Born der Vorgeschichte“ auch in die Laue. In der Beschreibung der Wanderroute erwähnt Wiemann die Konstruktion von germanischen Heiligtümern spöttisch als „Hirngespinst nazistischer Pseudoforschung“:

> „Auf dem Gipfelpunkt der Düne beginnt das ‚Dreihügelheiligtum‘, eine großartige Bezeichnung für eine kleine Kette von drei wohlgeformten bronzezeitlichen Plaggengräbern, die den Kamm der Bodenwelle krönen. Wir schreiten nicht über geweihte Erde, sondern über einen weichen, federnden Rohhumusboden [...]. Wir sehen und

spüren nichts von einem Heiligtum, das pseudowissenschaftliche Spinner des ach so jämmerlich zerbrochenen ‚Großdeutschen Reiches' ihren germanischen Vorfahren hier gern untergejubelt hätten, sondern wir genießen die große Stille im Langelau und die erholsame Waldeinsamkeit" (WIEMANN 1988: 163).

Die Teudtsche Wortschöpfung ‚Dreihügelheiligtum' blieb für die Bezeichnung der Grabhügelgruppe erhalten und führt auch noch aktuell als Suchbegriff im Internet zu Ergebnissen. Zwar ist in der landeskundlichen Literatur über die Senne fast nichts mehr hierüber zu lesen, dennoch (oder vielleicht auch deshalb?) sind die Inhalte seiner ‚Oesterholzer These' bis heute unterflächlich virulent und vom Atem eines ‚Geheimwissens' umnebelt. In ‚geoesoterischer' Literatur werden Teudts Vorstellungen bisweilen sogar international reproduziert, wenn ‚Kultstätten', ‚starke Plätze' oder ‚energetische Orte' angepriesen werden.[138] In einer Monographie des anthroposophischen Urachhaus-Verlages spricht Theodor Fuchs im Jahr 1981 von der Oesterholzer Gegend als „Inspirationszentrum in uralter Vergangenheit", vom „heiligen Bezirk um den Kreuzkrug", wohin die „Seher" und „Druiden" sich wandten, wenn sie „mit den führenden Geistern der Kelten und Germanen sprechen wollten" (FUCHS 1981: 44, mit direktem Bezug auf Äußerungen Rudolf Steiners). Nach Fuchs' Ansicht sei darüber hinaus „der Behauptung, das Langelau habe Kampfspielen, das Lindelau der Rechtsprechung, das Eckelau dem Halten heiliger Pferde und das Königslau dem Aufenthalt der Fürsten bei den Kulthandlungen gedient", „nicht zu widersprechen" (ebd.: 54). – Wie gesagt, weitgehend vermeidet die landeskundliche Literatur selbst die Erwähnung des wellenschlagenden Diskurses der 1920er und 1930er Jahre;[139] für die vorliegende Studie ist das Thema umso interessanter, als es einer ganz außerordentlichen Aufmerksamkeit auf die ‚uralte Senne' Ausdruck gibt. Im Interview befragte ich einen Senne-Experten,

---

135 Staatsarchiv Detmold D 100 Detmold Nr. 799.

136 Staatsarchiv Detmold D 107 P Nr. 26, Hv. RS.

137 Staatsarchiv Detmold D 107 P Nr. 26.

138 Vgl. z. B.: KATHOLING, Wilfried: *Heilige Stätten der Heiden und Ketzer.* Ein Führer zu ausgewählten Kultplätzen in Deutschland und Frankreich. Aschaffenburg 1999. – Darüber hinaus finden sich auf zahlreichen „neoheidnischen" Internetseiten Hinweise auf Teudt und die Oesterholzer Laue; insbesondere unter der Adresse „www.externstein.de" finden sich neuerdings umfangreich und mühevoll recherchiert sämtliche altbekannten Hypothesen über den vermeintlichen Kultbezirk in der Senne. Teudts „heilige Ortungslinien" finden als „leylines" auch international in der Szene der „Geomantie" Widerhall. Ganz arge Phantasten ziehen schnurgerade, den Globus umspannende Linien zwischen Oesterholz-Kreuzkrug, Stonehenge, der Cheopspyramide und anderen Kultorten!

der in seinen Publikationen dieses Thema ebenfalls umgangen hatte, im Gespräch jedoch durchaus Verständnis für die hiervon ausgehende „*Faszination*" zeigte:

> [Interviewer: Kennen Sie diesen Diskurs über ‚germanische Heiligtümer' in der Senne?] „*Ja, also, ich hab darüber gelesen und hab die Bücher dann ganz schnell wieder zur Seite gelegt ... weil ... zunächst hatte ich gedacht: ist ja 'ne ganz interessante Sichtweise, und dann hab ich gedacht: total ideologisch geprägt, vergiss' es. [...] Man wollte eigentlich diesen ostwestfälischen Raum auch ... ja ... heute würde man bald sagen: esoterisch aufwerten. Das waren natürlich auch Mythen, die dort entwickelt worden sind, um auch Faszination für den Raum zu wecken. [...] Irgendwo in einer Bibliothek hab ich dann mal über die ‚germanischen Heiligtümer' gelesen ... und das hab ich dann ... das liest sich ja auch interessant, und ich konnte gleich auch verstehen, dass das bestimmte Mitmenschen sicherlich sehr fasziniert. Die gibt's ja heute nach wie vor, diese Menschen, die empfindlich sind oder empfindsam sind ... nur, man darf das natürlich dann nicht missbrauchen. Ich hab auch gar nichts dagegen, dass man Natur sozusagen auch über Mythen und oder Faszination – hab ich ja eben selbst sehr stark auch bemüht sozusagen – dass man das in diese Richtung entwickelt ... nur man sollte dann nicht so tun, als wenn das Wissenschaft wäre*" (Bernd O.).

Ein anderer von mir befragter Senne-Experte bemerkte:

> [Interviewer: Kennen Sie diesen Diskurs aus den 20er/30er Jahren über die Oesterholzer Gegend, Stichwort Dreihügelheiligtum?] „*Ja. Die Bezeichnung gibt's ja heute noch. Ja, das kenn' ich. Also, da ist natürlich die ganze Gegend hier ... ist ja ideologisch überformt worden. Die Externsteine spielten 'ne große Rolle; es gibt ja heute sogar noch Gruppen, die dort noch ihre Sonnenwendfeier abhalten. Und ... das ist nicht zu vermeiden, das war nun eben der Trend der 30er Jahre, da ist die Senne also auch mit rein geraten in dem Teilbereich. Das ist aber in-*

---

139 Neuere Sekundärliteratur zu Wilhelm Teudt existiert zwar, allerdings weitgehend ohne Bezug auf seine Beschäftigung mit der Senne; vgl. u. a.: HELMERT-CORVEY, Theodor: „Germanien – Portrait einer Zeitschrift. In: *Heimatland Lippe 8*, 1987: 258–262; SCHOCKENHOFF, Volker: „Stonehenge" contra „störrische Kuh". Die Externsteine im Spannungsfeld der NS-Germanenkunde. In: *Wir zeigen Profil.* Aus den Sammlungen des Staatsarchivs Detmold. Detmold 1990: 97–115; HALLE, Uta: Detmold und die deutsche Vorgeschichtsforschung. In: Niebuhr, H. und A. Ruppert: *Nationalsozialismus in Detmold. Dokumentation eines stadtgeschichtlichen Projektes.* Bielefeld 1998: 528–555.

zwischen ... nichts davon, was damals behauptet wurde, ist bestätigt worden. [...] Es ist aber auch nicht alles geklärt. Dafür ist zu viel Sand darüber geweht und geflossen im Laufe der Zeit" (Friedhelm G.).

Das Gebiet um die Laue hat bis heute, obwohl innerhalb des Truppenübungsplatzes gelegen und womöglich als Ergebnis der erwähnten Bemühungen Leo Nebelsieks, einen ganz ungewöhnlichen Sonderstatus hinsichtlich des öffentlichen Zugangsrechtes. Am Zugangsweg steht zwar einerseits das bekannte Schild mit der Aufschrift „Danger – military firing area – unbefugtes Betreten verboten", darunter ist allerdings noch ein zweites Schild angebracht, das für dieses spezielle Gebiet eine Ausnahme gestattet: „Drei Hügel Gebiet – Zutritt nur für Fußgänger – Holy hill area – access for pedestrians only – Der Kommandant" **(Abb. 56)**.

Abb. 56: Beschilderung der Truppenübungsplatzgrenze am Zugangsweg zur so genannten „Holy Hill Area" (in der Übersetzung wird aus „drei" sogar „heilig"!). Meines Wissens gibt es an keiner anderen Stelle des militärischen Übungsgeländes eine vergleichbar ausdrückliche Ausnahmeregelung für das öffentliche Zugangsrecht. [Foto Roland Siekmann]

5.6. Alte Wege durch die Senne

Ein weiteres Bezugsobjekt für die nostalgische und temporalisierende Wahrnehmung der Senne ist die Beachtung der Existenz alter Wegtrassen, die die Senne berührten, schnitten und kreuzten; nicht ohne Stolz wurde in der Heimatliteratur immer wieder auf solche „uralten Wege" hingewiesen. Hierbei wirkt wohl das weitgehende Fehlen sonstiger historischer Infrastruktur in der Senne als Ansatzpunkt für die Vielbeachtung gerade dieser kulturhistorischen Spuren; tatsächlich hatten die alten Handelswege durch die weitgehend noch unbesiedelte Gegend in einem zwar geringen, aber doch immerhin gewissen Maß überregionale Bedeutung. Ohne im Einzelnen die mehrfach angestellten Rekonstruktionen der alten Wegtrassen im Sennegebiet nachzuvollziehen, sollen zunächst kursorisch die wichtigsten Erkenntnisse zu diesem Themenkomplex zusammengefasst werden.

Aufgrund ihrer geographischen Lage als flach geneigte Abdachung des Osning-Höhenzuges wird dem Sennegebiet eine relativ bedeutsame Stellung im mittelalterlichen System von Fernhandelswegen zugesprochen, da sich mehrere solcher Verkehrsrouten im südwestlichen Osningvorland sammelten und durch die Senne auf die Gebirgspässe bei Bielefeld (Bielefelder Pass), bei Wistinghausen (Wistinghauser Schlucht), bei Stapelage (Stapelager Schlucht), bei Augustdorf (Dörenschlucht) und bei Horn (Große Egge, Strothetal, Externsteine) zuliefen. „Diese einsame Landschaft war indes ehedem ein *Straßengebiet von hoher Bedeutung*", betont Friedrich Copei, der erste und maßgebliche wissenschaftliche Bearbeiter des Themas (Copei 1938a: 64, Hv. original). Copei bemühte sich um den Nachweis verschiedener mittelalterlicher Verkehrstrassen, die für ihn in den 1930er Jahren noch als sandige Heidewege erkennbar waren und deren geographische Anordnung im Gelände er in Abhängigkeit von naturlandschaftlichen Gegebenheiten rekonstruierte **(Abb. 57)**.[140] Als historische Handelsrouten aus der Zeit vor der Anlage von chaussierten Wegen und Kunststraßen werden in erster Linie der hangparallele „Sennehellweg", die „Cöllnische Landstraße" und der „Frankfurter Weg" genannt; hinzu kommen einige Abzweigungen und regionale Zubringer wie der „Delbrücker Weg" und der „Lippstädter Weg" (ebd.: 68ff). Der leichte, aber stets trockene Sandboden der Oberen Senne, den man sich nach heutigem Empfinden eher als nur mühsam zu durchquerende Beschwernis vorstellt, wird für die Vormoderne als „ehedem im

140 Copei, Friedrich: Heer- und Handelsstraßen im Sennegebiet. In: *Mitteilungen aus der Lippischen Geschichte und Landeskunde* 16, 1938: 163–207 (= Copei *1938a*); Copei, Friedrich: Frühgeschichtliche Straßen der Senne. In: *Mannus. Zeitschrift für deutsche Vorgeschichte* 30, 1938: 64–91 (= Copei *1938b*).

ganzen günstiger Straßenboden" beurteilt (ebd.: 65). Die historischen Wege sind nicht als eindeutig auf einer Linie geführte Trassen vorzustellen, sondern als ein vielfaches Nebeneinander von Parallel- und Schrägspuren, da die Fuhrleute die Spur immer dann wieder wechselten oder neu etablierten, wenn die zuvor Befahrene zu tiefgründig wurde, weil Heidenarbe und Ortsteinschicht vom Druck der Wagenräder durchbrochen waren.

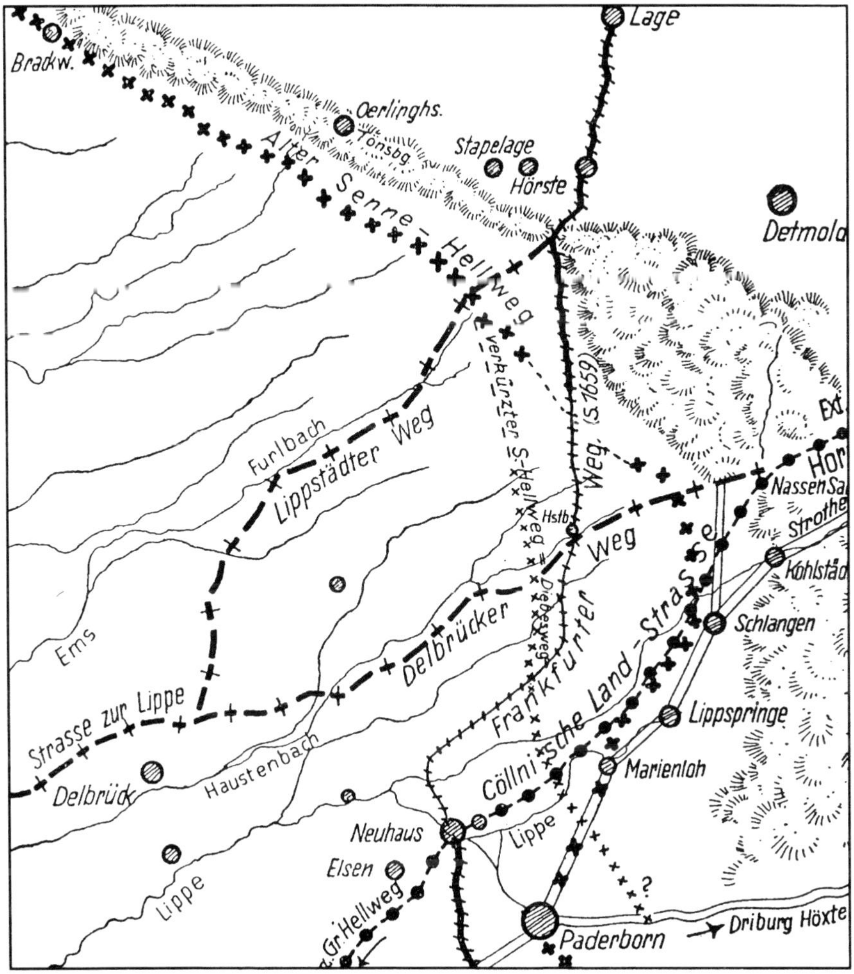

Abb. 57: Kartierung der mittelalterlichen Durchgangsstraßen in der Senne von Friedrich Copei: „Diese einsame Landschaft war indes ehedem ein Straßengebiet von hoher Bedeutung". [Entn. aus Copei 1938a]

„Welch wunderbar-bunte Bilder von ‚fahrendem Volk' mag unsere Senne damals vor 800 Jahren geschaut haben!" ruft ein Senner Heimatchronist begeistert aus, nachdem er anhand der aus dem 12. Jahrhundert stammenden Aufzeichnungen des Abtes Nicolaus aus einem isländischen Kloster die angenommene Route von „Nordlandsmännern" auf ihren „Römerfahrten" nachvollzog und diese dabei auf dem Weg zwischen Minden und Paderborn auch die Senne als einen notwendigen Wegabschnitt passierten (vgl. SCHIRRMANN 1928: 225).[141] Auch Copei betont mit Bezug auf diese mittelalterliche Quelle, dass es für eine mögliche Kontinuität der Benutzung solcher Wege (gemeint ist der so genannte Frankfurter Weg) von Bedeutung sei, „daß wir auf derselben Straße innerhalb der Senne noch 1681 Reisende aus Dänemark, aus Basel und Nürnberg antreffen" (COPEI 1938a: 72). Seit der Veröffentlichung der Copeischen Studie blieben die straßengeschichtlichen Theorien in kaum einer landeskundlichen Darstellung unerwähnt; in der heimatkundlichen Wahrnehmung der Senne wird diese überregionale verkehrsgeographische Bedeutung gerne als ein Gegenbild zur sonstigen Weltabgeschiedenheit der ostwestfälischen Heidelandschaft gezeichnet. Manchmal überinterpretiert man dabei die alten Straßen als Verbindungswege *zwischen* der Senne auf der einen und anderen Kulturräumen auf der anderen Seite; Copei dagegen hatte stets ihren Charakter als Durchgangsstraßen betont. Auch in aktuellen Forschungsarbeiten zur historisch-geographischen Landschaftsanalyse findet sich der Hinweis auf die kulturelle Bedeutung der Fernverbindungswege, die „den Landschaftsraum der Senne bereits in vor- und frühgeschichtlicher Zeit mit anderen Kulturräumen verbunden haben" (HARTEISEN 2000: 51).

Über die relativ unstrittigen Nachweise mittelalterlicher und frühneuzeitlicher Handelswege im Senneraum hinaus wurden stets auch Mutmaßungen über noch ältere, vor- und frühgeschichtliche Wegführungen angestellt, auf die die mittelalterlichen erst aufgebaut hätten. Die augenscheinliche Nähe der Grabhügelfelder zu den Sennehellwegen und den Gebirgspässen ließ sowohl Copei wie auch andere seriöse Landeskundler einen Zusammenhang annehmen:

> „In besonderer Weise kommt darin die bedeutende geographische Lage dieses Gebietes zum Ausdruck: kreuzen und gabeln sich doch hier einige durch die Gestaltung der Landschaft bedingte uralte Fernverbindungswege. Man spricht von Hellwegen. Sie haben nicht nur seit der urgeschichtlichen Zeit Siedlungsplätze miteinander verbunden, von Zeit zu Zeit den Durchzug von Kriegerscharen er-

141 Vgl. auch: *Lippische Blätter für Heimatkunde* 7, 1952: 26.

lebt, sondern auch regelmäßig dem Handel gedient. So gibt es an solchen alten ‚Fernstraßen' außer Siedlungsfunden mit den dazugehörigen Gräberfeldern seit der Zeit um Christi Geburt gelegentlich auch Münzfunde" (HOHENSCHWERT 1969: 26).

„Sie [die meist bronzezeitlichen Erdhügelgräber, RS] bildeten einstmals eine ehrwürdige Zierde der Heidelandschaft zu beiden Seiten des Hellwegs und begleiteten ihn durch die ganze Senne in einer Weise, die den Vergleich mit einer römischen Gräberstraße aufkommen läßt" (ADRIAN in: WASGINDT 1968: 124).

Auch Hans-Jürgen WÄCHTER (1999: 205) vermutet in seinem Aufsatz über den „Einfluss des prähistorischen Menschen auf die Ausbildung der Sennelandschaft" angesichts der linienhaften Reihung von Grabhügeln in der Oberen Senne einen vorgeschichtlichen Verkehrsweg. In Erinnerung an die von der spanischen Verfassung als ‚Canadas Reales' geschützten und oft mehrere hundert Kilometer langen Triften der Transhumanzen, auf denen Viehherden zwischen Sommer- und Winterweiden pendelten, mutmaßt er für die Senne:

„Könnten nicht ähnliche Viehwege durch die obere Senne geführt haben, und wäre es nicht denkbar, dass zumindest ein Teil der bronzezeitlichen Menschen als Wanderhirten ihre Toten entlang dieser Wege sichtbar in Form von Grabhügeln bestatteten? Viehwege könnten als schneisenartiges Offenland durch das Gelände geführt haben. Eine solche Hypothese gewinnt einen gewissen Reiz, wenn man berücksichtigt, dass eben die Linie zwischen Berghang und den Quellen der Sennebäche bereits als Weg der Rentierherden während der Eiszeit in Frage kommt und auch der spätere Hellweg ihr folgt" (WÄCHTER 1999: 205).

Das durchaus nachvollziehbare Gedankenspiel Wächters über die Senne als „schneisenartiges Offenland" erinnert an die Teudtsche Konstruktion einer „Sennetrift", wenn auch Teudt diese im kultischen Kontext den „heiligen Rossen von Lopshorn" zueignete und nicht den Herden von Wanderhirten. Eine Überleitung zur Germanomanie der 1920er und 1930er Jahre macht auch in Zusammenhang mit den alten Wegtrassen in der Senne Sinn, denn nach allem bisher Gesagten überrascht es nicht mehr, dass die vermutete einstige ‚verkehrsgeographische Zentrallage' des Gebietes um Oesterholz freilich auch mit seiner vermeintlich kultisch-zentralen Stellung in der germanischen Vorzeit erklärt wurde. Friedrich Copei[142] **(Abb. 58)** selbst hielt sich dabei allerdings stets auf Distanz zur Weltsicht vieler seiner landeskundlich interessierten Zeitgenossen, zu Teudt, Suffert und anderen der Detmolder „Osningmarkgesellschaft", in deren Zeitschrift „Germanische Welt" 1940 denn auch eine kritische, an völkischer Ideologie überfrachtete Besprechung von Copeis Aufsatz aus der Feder August Meier-Bökes erschien:

Abb. 58: Friedrich Copei, 1902–1945, Pädagoge mit beachtlichem akademischem Hintergrund, war in den 1930er Jahren für einige Jahre Volksschullehrer in Haustenbeck und verfasste in dieser Zeit mehrere siedlungs- und landschaftsgeschichtliche Aufsätze zur Senne; zu Copei siehe auch Fußnote 142. [Historische Bildersammlung im Institut für Lippische Landeskunde]

> „Hinsichtlich der ‚Deutung und Bedeutung' dieser Wegverbindungen, die nach C.[opei] ‚nur den Kraftlinien des Verkehrs und Gesetzen des Bodens' folgen, ist methodisch anzumerken, daß der Verf. [...] die Dinge doch wohl nur einseitig von der Peripherie her sieht, nur die Ausgangs- und Endpunkte der Kraftlinien, die Ziele der Güterverfrachtung (Köln, Frankfurt, Bremen usw.), dementsprechend nur ‚Durchgangsstraßen' erkennt und anerkennt. Wir meinen, daß eine solche einseitig wirtschaftliche, gewissermaßen mittelalterliche bzw. neuzeitliche Sicht grundsätzlich ergänzt werden muß durch eine Betrachtungsweise aus dem besonderen urgeschichtlichen Zusammenhang: aus den Sinngebungen, die sich aus den vielfach andersartigen Bedürfnissen des innervölkischen gemeinschaftlichen Lebens jener Zeit heraus, aus Dingwesen, jahreszeitlichen, totenkultlichen Begehungen, Jahrmärkten usw. ergaben. Wir Heutigen, wir Zeitgenossen ähnlicher Gemeinschaftsbegehungen (Reichsparteitag, Bückeberg usw.), die wir wieder politisch und überwirtschaftlich ‚wir'haft denken lernten, sind der Meinung, daß wir von diesem neuen wissenschaftlichen Forschungsgrundsatz aus im vorliegenden Fall fragen müssen: Wie ist die ‚Gabelung der Sennestraßen bei Schlangen und Oesterholz', das ‚Straßenbündel' im Paderborner Winkel *selbst* und von sich aus zu deuten? Warum die Wegspinne, die Kreuzungspunkte der ostwestlichen und nordsüdlichen Fernachsen, *gerade an dieser Stelle*, wofür die geographischen und verkehrsstrategischen mittelalterlichen Notwendigkeiten doch keine zwingenden Beweise erbringen" (Meier-Böke 1940: 23f; Hv. original).

Wie kaum anders zu erwarten, wurden die Antworten auf die vom Rezensenten gestellten Fragen sogleich von ihm mitgeliefert: Von der „geopolitischen Zentralbedeutung des Osningraumes“ ist die Rede und von Teudts „kultisch-rechtspolitischer“ Herausarbeitung des „Zentralheiligtumsbegriffs“, den er auf die Oesterholzer Gegend mit dem Sternhof und den Sennelauen bezieht. Es ergebe sich, so interpretierte man, aus der Copeischen Arbeit über die Sennestraßen „eine Rechtfertigung der Teudtschen Annahme von Mittelpunktstätten in der Osningmark von den Ergebnissen der Wegeforschung her“ (MEIER-BÖKE 1940: 24). Der ‚Teudtianer‘ Ferdinand Seitz interpretierte 1952 ausgehend von einer tatsächlich sehr auffälligen (weil völlig singulären) kreuzförmig-symbolischen Markierung der Gegend auf Landkarten des 17. Jahrhunderts (vgl. Abb. 13):

> „In der Wegkreuzung uralter Straßenzüge zwischen Langelau und Königslau (Oesterholz), die auf der Gigaschen Karte als ‚Creutzwech‘ gekennzeichnet ist, dürfen wir also einen Platz sehen, an dem sich die Menschen von allen Seiten zusammenfanden, an diesem einen Ort, der mit seiner Umgebung zum bevorzugten Begräbnisplatz ihrer Vorfahren erkoren war und entsprechend dem Ahnenkult als der Aufenthaltsort der Totenseelen galt. Es war ein *heiliger Ort*, der zudem noch durch den ‚Delbrücker Weg‘ mit der 6 Kilometer entfernten bedeutenden Kultstätte der Externsteine in *unmittelbarer Verbindung* stand“ (SEITZ 1954: 19, Hv. original).

Josef Koch, der Verfasser einer maßgeblichen straßengeschichtlichen Studie[143] für den Paderborner Raum, bemerkt im Jahre 1977 kritisch, dass das

142 Friedrich Copei, 1902–1945, war vor der nationalsozialistischen Machtübernahme Dozent an der Pädagogischen Akademie in Kiel und hatte dort als Schüler Eduard Sprangers seine relativ bekannte Theorie vom „fruchtbaren Moment im Bildungsprozess“ entwickelt. Der Sozialdemokrat wurde 1933 aus dem Dienst entlassen und trat anschließend eine Stelle als Volksschullehrer im Sennedorf Haustenbeck an. Copeis Freund und Kollege an der Haustenbecker Volksschule, Hans Sprenger, schreibt 1962 über Copei und den Bezug zur „Germanomanie“ in der Heimatkunde jener Jahre: „Indes war eine bestimmte Art Heimatkunde zu sehr Bestandteil der herrschenden Ideologie geworden, sie wurde zu sehr gebraucht und mißbraucht, die das Herrschaftssystem tragende Gesinnung zu stärken, als daß man sich ungefährdet wissenschaftlich-heimatkundlichen Arbeiten hätte hingeben können. Man mußte sich hüten, einen falschen Ton mitklingen zu lassen, der die Vermutung hätte aufkommen lassen können, man wolle sich an der Verbreitung des Blut- und Bodenmythos beteiligen. [...] An unser Haustenbeck grenzte Oesterholz, wo imaginäre germanische Rennbahnanlagen, heilige Hügel und bauliche Beweise für eine Germanenastronomie lokalisiert wurden. Wir waren gelegentlich Zaungäste bei den Grabungen, Copei wurde auch zu Auskünften aus den Ergebnissen seiner Arbeit aufgefordert, aber er wußte Abstand zu halten und bewahrte seinen guten Namen.“ (Vgl. WEHRMANN, Volker: *Friedrich Copei 1902–1945.* Dokumente seiner Forschungen aus Pädagogik, Schule und Landeskunde. Detmold 1982, hier S. 72.)

143 KOCH, Josef: *Frühe Verkehrsstraßen in der östlichen westfälischen Bucht.* Straßengeschichtliche Untersuchung zur Verkehrslage der Stadt Paderborn. Neuenbeken 1977.

Alter der Sennestraßen „ungebührlich hochgespielt" worden sei und dass es „als erwiesen" anzusehen sei, dass der Durchgangsverkehr in der Senne „kaum vor [...] dem 15. Jahrhundert für den Fahrverkehr von Bedeutung gewesen" ist (Koch 1977: 227):

> „Aus der Rekonstruktion des alten Fahrverkehrs durch die Forscher des 19./20. Jahrhunderts wurden schließlich Schlüsse gezogen, die den frühen [...] Verkehr seit ‚Urzeit' mit dem Senneraum verbanden. Nicht zuletzt waren es die in so reichem Maße nachzuweisenden Spuren einer vorgeschichtlichen Sennebesiedlung, die sich durch Grabhügel und Einzelfunde zu erweisen schienen. Dazu kamen häufige Münzfunde (in den Pässen), die Rückschlüsse auf ein vorgeschichtliches resp. frühgeschichtliches Straßensystem erlaubten. So glaubte man wenigstens. [...] Wen wundert es, wenn für die Zeit der Sachsenkriege Karls des Großen die Senne zum Aufmarschgebiet der fränkischen Wehrmacht gemacht wurde. Auch das glaubte man" (Koch 1977: 186).

Die temporalisierende Wahrnehmung der Senne und ihrer alten Wege als vorgeschichtliche „Mittelpunktstätte" bildet das eine Extrem; ihre nüchterne Beurteilung als siedlungsfreie Ödnis, auf die selbst der frühneuzeitliche Durchgangsverkehr keinen Einfluss hatte, ist das andere:

> „Sandboden und Podsolprofil einerseits, Sümpfe und Moore andererseits ließen die Senne lange Zeit nur zur Durchgangslandschaft mit schwacher oder gänzlich fehlender Besiedlung werden, und auch von den durchlaufenden Fernstraßen gingen keine Impulse aus" (Fuchs 1983: 297).

Entgegen dieser Darstellung schreibt Frank Jendreck in seiner ambitionierten kunstgeschichtlichen Diplomarbeit über „Vorchristliche Kultplätze in Lippe" aus dem Jahr 1990 von „kultureller Befruchtung", die von den Straßen in der Senne ausgegangen sei:

> „Man kann die Senne vielleicht mit einem frühgeschichtlichen Autobahnknotenpunkt vergleichen, der rege Handelsverkehr wirkte kulturell befruchtend auf das abseits der großen Zentren gelegene Lippe. [...] Im Wesentlichen sind es vier große Fernverbindungswege, die sich im Gebiet der Senne treffen oder gabeln, sie machten das Gebiet der Senne zu dem Verkehrsknotenpunkt im nordwestdeutschen Raum schlechthin. [...] Durch den engen überregionalen

> Kontakt mit z. T. weit entfernten Kulturkreisen seit der vorgeschichtlichen Zeit, bedingt durch die verkehrsgünstige Lage am Schnittpunkt der großen Fernverbindungswege, hat sich Lippe sozusagen als Strudelloch kultureller Strömungen erwiesen, in dem viele Einflüsse ihren Niederschlag fanden" (Jendreck 1990: 34, 70).

Der Verfasser versucht in seinem Text, den er als einen „Beitrag zur Entwicklungsgeschichte der Intelligenz" versteht, die „wissenschaftlich gesicherten Erkenntnisse der Vor- und Frühgeschichtsforschung in Lippe zu einem Bild zu verweben, das dem Leser einen Eindruck von Leben und Vorstellungswelt unserer Vorfahren" vermitteln soll (ebd.: 1). Mit diesem Vorhaben und dem Fokus auf vermeintlich ‚kultisch' genutzte Orte reiht sich auch dieser Autor in die lange Reihe von Heimatforschern ein, die seit dem 19. Jahrhundert ähnliche Ziele verfolgten und im steten Spagat zwischen wissenschaftlichem Erkenntnisinteresse und esoterisch-temporaler Begeisterung für das ‚Uralte' in der Landschaft die Senne und besonders die Gegend um Oesterholz als einen Ort ganz beachtlicher frühgeschichtlich-kultureller Bedeutung identifizierten.

5.7. Das „uralte Kulturgut" Senner Pferde

Einen anderen Fixpunkt der temporalisierenden Wahrnehmung der Senner Landschaftsgeschichte und -identität stellen die nach der Landschaft benannten Senner Pferde dar: „Senner – Deutschlands älteste Pferderasse"; dieser Satz leuchtet in großen Buchstaben auf der Homepage „www.senner.de" im Internet und zeugt somit von der Aktualität dieser Wahrnehmung. „Das Sennergestüt war das älteste in der Geschichte der deutschen Pferdezucht", weiß auch ein wissenschaftlicher Beitrag zum Thema (Stolz 1980: 36). Insbesondere drei Aspekte spielen für die Wahrnehmung der bis in die Neuzeit hinein halbwild gehaltenen Senner Pferde eine herausgehobene Rolle: Zum einen wird ihnen eine nicht unerhebliche funktionale Bedeutung für die spezifische Landschaftsentwicklung der Senne zugewiesen, da sie durch Tritt und Verbiss zur Offenhaltung der Heide beigetragen haben **(Abb. 59)**; auf eine mögliche Überbewertung der Rolle der Pferde als Landschaftsgestalter hat allerdings Heike Brenken (2002) hingewiesen. Zum anderen symbolisieren die Senner aufgrund der Art und Weise ihrer Aufzucht und Haltung in der Wildbahn positiv konnotierte Werte wie Freiheit und Wildheit; eine im Sommer 2002 im Westfälischen Freilichtmuseum Detmold

Abb. 59: Sennelandschaft mit Sennerpferden; Ölgemälde von Carl Rötteken und Gustav Quentell, um 1860. Die Rolle der über Jahrhunderte halbwild in der Senne gehaltenen Pferde für die Offenhaltung der Landschaft und als gleichsam identifikatives Symbol einer „uralten" Symbiose zwischen Kultur und Natur wird in der Heimatliteratur stets betont. [Lippisches Landesmuseum, entn. aus WEHRMANN 1979: 125]

Abb. 60: Darstellung der Senner Pferde, bei der die ihnen zugesprochenen Eigenschaften als „wild" und „frei", als „ledig von Zaum und Eisen, nackt und ungeschirrt" zum Ausdruck kommen. Die Szene der Verfolgung eines fremden Pferdes ist offenbar auf der zur Senne hingewandten Hochebene des Winnfeldes im Lippischen Wald zu lokalisieren. Holzstich von L. Koch, 1894. [Westfälisches Freilichtmuseum Detmold, entn. aus MARX und STERNSCHULTE 2002: 94]

präsentierte Ausstellung über „Westfalens wilde Pferde", zu der auch ein umfassender wissenschaftlicher Ausstellungskatalog erschien, warb mit dem attraktiven Titel „... so frei, so stark ..." (MARX u. STERNSCHULTE 2002). Das Titelzitat ist Hermann Löns' Aufsatz „Eine Sennefahrt" aus dem Jahr 1899 entnommen, in welchem er „die freien Senner Pferde" als „ledig von Zaum und Eisen, nackt und ungeschirrt" beschrieben hatte (LÖNS 1899, zit. n. Löns 1923: 112) **(Abb. 60)**. Zum dritten sind die Pferde als ‚uraltes Geschlecht' mithin konstitutiv für die Wahrnehmung der Senne als ‚uralter Landschaft', und zeitweise wurde auch ihnen in diesem Zusammenhang eine ins Mythische verklärte Rolle zuteil. Bis in die Gegenwart werden sie als ein traditionsreiches, „uraltes Kulturgut" (KIPER 2003: 10) beurteilt und in jüngster Zeit auch zunehmend für die Zielvorstellungen des Naturschutzes wiederentdeckt (vgl. RÜTHER 2000).

Als gegenseitig wirksame identifikative Verstärkung wurden der Pferderasse immer wieder ganz ähnliche Eigenheiten zugewiesen, wie sie auch für die Sennelandschaft selbst galten: in grauer Vorzeit entstanden, Bezüge zum Germanischen und Römischen, starke Naturverbundenheit, Wildheit, Freiheit und Genügsamkeit als Wesenszüge. Die Senner galten als zäh, robust, klug, geschickt, hatten einen guten Ortssinn und waren darüber hinaus – sofern sie an den Menschen gewöhnt waren – rührend anhänglich (vgl. STOLZ 1980: 48). Eine eingehende Rückschau auf die Entwicklung des Sennergestüts soll hier nicht stattfinden; hierzu gibt es eine ganze Reihe von längeren und kürzeren Darstellungen, auf die zu diesem Zweck verwiesen werden kann.[144] Ein kursorischer Überblick soll dennoch gegeben werden: Die erste schriftliche Quelle über die Pferde datiert aus dem Jahr 1160, als der Paderborner Bischof Bernhard I. in einer Schenkungsurkunde an das Kloster Hardehausen einige „ungezähmte Stuten" erwähnt. 1493 werden die „wilden perde" in der „Sende" bereits als herrschaftlich-lippischer Besitz erwähnt, 1541 taucht erstmals die Bezeichnung „Senner" für die Pferde des Wildgestütes auf. Als Weide stand ihnen ein vergleichsweise riesiges unbesiedeltes Areal, der Südhang des Lippischen Waldes und die so genannte Kammersenne, zur Verfügung. Erste Gebäude, die mit der Pferdezucht in Zusammenhang standen, sind für das 16. Jahrhundert auf dem Winfeld und am Donoper Teich nachweisbar; im 17. Jahrhundert wurden die Gestütsgebäude nach Lopshorn verlegt. Im Dreißigjährigen Krieg waren die Senner als leistungsfähige Reitpferde begehrt. „Die schönen und dauerhaften Senner Pferde sind allgemein bekannt, und werden auch von Fremden abgeholet", so Wilhelm Gottlieb Levin von Donop 1790 in seiner historisch-geographischen Landesbeschreibung; über die spezielle Art der Pferdehaltung in der Senne berichtet er:

> „Nur im höchsten Nothfall wird den Stuten Nahrung gegeben. Sie suchen sich dieselbe Winters und Sommers im Walde und in der Senne selbst. [...] In den Sommermonathen so wohl, als im Herbst, sind die Stuten so stark von Fleisch, als wenn sie auf dem Stalle gefüttert wären. [...] Im Winter und Frühjahre ist Heide ihre einzige Nahrung, um welche Zeit sie so mager werden, daß ein jeder, dem diese Pferde unbekannt sind, sie für die elendesten Thiere halten würde. Dennoch wird ihnen in diesen dürftigen Zeiten kein Futter gereicht; es sey denn, daß der Schnee so hoch gefallen, daß auch die Spitzen der Heide bedeckt wären, bey welchen Umständen sie in den Ställen zu Lopshorn ernähret werden" (Donop 1790: 177).

Die ökonomische Blütezeit des Sennergestüts war im frühen 19. Jahrhundert, jedoch fand zeitgleich auch eine Entwicklung statt, die den Anfang vom Ende des klassischen halbwilden Charakters der Zucht bedeutete: 1803 wurde zunächst die von Donop beschriebene Winterweide abgeschafft, 1863 wurde die freie Weide ganz unterbunden und ein 38.000 Morgen (immerhin noch 9.500 ha!) großes Areal für die Pferde umzäunt. Die Interessen der Forst- und Agrarkultur hatten sich nach vielfachen Klagen durchgesetzt; schon 1786 waren diese in Hoffmanns Fürstenspiegel erwähnt worden:

---

144 Marx u. Sternschulte 2002; Lackner 1996; *Naturschutzfachliches Leitbild Senne* Bd. 2, 1997: 136ff; Sinne 1995; Stolz 1980; Schwanold 1928 (in: Schirrmann 1928: 232ff); Unger 1915; Führer 1823 (in: Wehrmann 1979: 52ff); Prizelius 1771

> „Diese Stuterei [...] [ist dem] herrschaftlichen Forst durch Vertreten und Abfressen des jungen Anflugs schädlich, würde es in größerer Zahl noch mehr werden und dies zuletzt nachteiligsten Mangel an schon seltenem Holzbedürfnis verursachen, damit also auch den Empfang für die Forstkasse sehr merklich vermindern. Auch [...] ist diese Stuterei den Untertanen am Lippischen Walde und in der Senne sehr lästig. Sie müssen gegen den Wald und gegen die Senne ihre Grundstücke in gutem Abwehrungsstand mit Hecken, Zäunen und Schlagbäumen halten, jährlich dafür neue Arbeit und Kosten anwenden, damit die Senner ihre Feldfrüchte nicht beschädigen“ (zit. n. Stöwer 1973: 17).

1901 entzog man den Sennern schließlich vollkommen die Waldweide; eine Tatsache, die von einem Zeitzeugen als Verlust jener Freiheit interpretiert wurde, die für den „seelischen Adel“ der Tiere konstitutiv gewesen war:

> „Dem in fürstlicher Freiheit aufgewachsenen Senner wurden, einem Kaspar Hauser gleich, die Grundbedingungen zur Entwicklung seines körperlichen und seelischen Adels entzogen“ (Unger 1915: 68, zit. n. Stolz 1980: 58).

1919 endete dann die Sennerzucht unter der Obhut des lippischen Fürstenhauses; im Detmolder Tiergarten wurden einige Pferde noch bis 1935 gehalten. Auf verschiedenen Privatinitiativen beruhend wurde die Zucht der Senner Pferde im kleinen Rahmen fortgesetzt, bis 1945 zunächst wieder in Lopshorn, bis 1950 auf dem Schapeler Hof in der Stapelager Senne **(Abb. 61)**, später auf dem Gut Ottenhausen bei Lage; schließlich begann im Jahre 1971 Karl-Ludwig Lackner in Borgholzhausen mit dem systematischen Wiederaufbau einer Sennerzucht. Auf seine Initiative hin werden die Senner seit 1993 offiziell als bedrohte Tierrasse geführt, es gibt ein Stutbuch zur Sicherung der Zucht, einige Senner Pferde sind heute öffentlich im Freilichtmuseum Detmold und im Naturschutzgebiet Moosheide in der Senne zu bewundern und finden gleichsam zunehmend

Abb. 61: Einer der letzten Senner in den Gestütkämpen von Lopshorn, aufnommen im Februar 1945. [Entn. aus Lackner 1996: 47]

Beachtung in naturschutzfachlichen Projekten. In der einführenden Passage des Kapitels über die Senner Pferde im „Naturschutzfachlichen Leitbild Senne" wird der Bezug zum großen Alter der Rasse einschließlich seiner Mythen hergestellt:

> „In verschiedenen Quellen wiederholen sich aber die Thesen, die Senner seien Nachfahren der tarpanblütigen germanischen Hauspferde oder sie ließen sich auf Pferde der Römer, die orientalisch (arabisch) beeinflußt waren, zurückführen. Die Legende, die Senner stammten von entlaufenen Pferden vor allem römischer Truppen nach der Niederlage in der ‚Varusschlacht' im Jahr 9 nach unserer Zeitrechnung, wird wohl Legende bleiben" (*Leitbild Senne,* Bd. 2, 1997: 136).

Beschreibungen des Sennergestüts aus dem 18. Jahrhundert und aus der dem früheren 19. Jahrhundert (PRIZELIUS 1771, DONOP 1790, FÜHRER 1823) erwähnen allerdings weder Germanen noch Römer im Zusammenhang mit den Senner Pferden. Tatsächlich wurde erst in den romantisierenden Darstellungen des späten 19. und frühen 20. Jahrhunderts wiederholt auf diese vermeintliche Urgeschichte hingewiesen und diese so gleichsam konstruiert. So berichtet im Jahr 1902 der Lehrer und Heimatforscher Adolf Rebbe in einem Aufsatz über „Die Senne. Kulturbilder aus alter und neuer Zeit" vom Senner Pferd,

> „... dessen dunkler Ursprung von manchem auf die ihrer Reiter entledigten Überbleibsel aus der Varusschlacht zurückgeführt wurde; der Stamm sei dann durch einige Hengste, welche Harun al Raschid dem Kaiser Karl dem Großen verehrt habe, aufgefrischt worden" (REBBE 1902: 25).

So manifestieren sich dieser Legende nach die immer wieder beschworenen wichtigsten historischen Ereignisse der Region, die Schlachten der so genannten ‚Altvorderen' gegen die Römer und die Franken, quasi im Blut dieser Pferderasse. Geradezu eine stehende Formel wurde in der Folge die Formulierung: „Ursprung und Geschichte dieses Geschlechts verliert sich in die graue Vorzeit" (SCHWANOLD 1928: 232). Diese Wortwahl findet sich so oder in leichten Abwandlungen in mehreren Texten der Heimatliteratur der 1920er und 1930er Jahre, und auch bis in die jüngste Zeit hielten sich ganz ähnliche Formulierungen als eine immer wiederkehrende Phrase:

> „Seine [des Sennergestüts; RS] Spuren lassen sich weit zurückver-

> folgen, wenn sich auch seine Entstehung im Dunkel der Geschichte verliert" (STOLZ 1980: 36).

> „Der Ursprung und die Geschichte des Senner-Pferdegeschlechts verliert sich in grauer Vorzeit" (SINNE 1995: 3).

> „Der Ursprung dieser ältesten deutschen Pferderasse liegt im Dunkel der Vorzeit" (BIOLOGISCHE STATION SENNE 2000: 22).

Auch bei Wilhelm Teudt, dessen mythisierende Konstruktion eines altgermanischen Kultstätten-Komplexes in der Senne ja u. a. auf der Existenz des „uralten" Gestütes der Senner Pferde gegründet ist, findet sich diese Formel vom „im Dunkel sich verlierenden Ursprung": den „heiligen Rossen von Lopshorn" widmet er ein eigenes Kapitel seiner „Germanischen Heiligtümer" (TEUDT 1931: 117–128). Freilich betrachtet er die Pferderasse als urgermanisch; vehement wehrt er die im Volksmund geläufige These ab, die Senner seien womöglich entlaufene Pferde römischer Legionen:

> „Die Geschichte des Gestüts verliert sich im Dunkel des frühen Mittelalters, von wo aus wir in allen Fällen, wenn es sich nicht um erkennbare Neuerungen der Frankenherrschaft und der Kirche handelt, fragend und suchend den Blick in die germanische Vorzeit zu richten haben. O. von Meysenbug[145] erwähnt eine Sage, die das Pferdegeschlecht der Senne auf die in der Varusschlacht erbeuteten und reiterlos gewordenen römischen Pferde zurückführt! Charakteristisch ist hier wieder die Neigung auch des Volksmundes, ein Germanengut auf fremde Herkunft zurückzuführen. [Vielmehr sei der Gedanke naheliegend,] daß das englische Vollblut eben das von unseren Sachsen dorthin gebrachte und dort hochgezüchtete Sennepferd ist" (TEUDT 1931: 122).

Teudt deutet die Sennerzucht als „Tempelgestüt aus der Heidenzeit" (ebd.: 123) und konstruiert den schon erwähnten Zusammenhang über eine eingefriedete Sennetrift von Lopshorn bis Oesterholz mit der dortigen Reitkampfbahn am Langelau, dem Dreihügelheiligtum und den weiteren vermeintlichen Besonderheiten der Gegend. Schon 1913 hatte Karl Lamprecht in der Lippischen Landeszeitung eine etymologische Auslegung des Landschaftsnamens „Senne" diskutiert, nach der das Wort als „Rossenhain" gedeutet wird, als ein „heiliger Hain", in dem von „Selloi" genannten heidni-

145 MEYSENBUG, Otto v.: Das Sennergestüt. In: *Niedersachsen* 17 (1911).

schen Priestern die Pferdezucht betrieben worden sein soll (LAMPRECHT 1913). Auch wenn solche Phantastereien um die sakrale Bedeutung der Senner Pferde wohl nur Wunschgedanken Teudts und seiner Anhänger waren: Die Annahme, dass wilde Pferde bereits lange vor ihrer ersten Erwähnung aus dem Jahre 1160 im Bereich der Senne lebten und dass sie von der vorgeschichtlichen Bevölkerung, die diese Gegend bewohnte, auch genutzt wurden, muss ganz ohne mythische Verklärung als naheliegende Vermutung gelten. Zudem weisen – und auch das betont die Wahrnehmung der Senner Pferde als „uralt" – Zoologen und Pferdekenner stets auf die Vermutung hin, dass die Rasse von tarpanblütigen Ahnen abstammen könnte. Der vermutlich im 9. Jahrhundert in Deutschland ausgestorbene Tarpan ist die Wildform aller europäischen Kulturpferderassen; eine vergleichsweise nahe Verwandtschaft der Senner mit tarpanblütigen Pferden sei noch heute an der Fellzeichnung erkennbar und wird als augenscheinliches Merkmal oft betont:

> „Morphologische Merkmale der heutigen Senner deuten auf Wildpferdeahnen hin. Ein Teil der Senner trägt als rezentes Merkmal den Aalstrich. [...] Außerdem finden sich bei einigen Pferden während der ersten Lebensjahre Fellfarben, die man eindeutig als Falben ansprechen muß. Diese Pferde zeigen im Sommer- und im Winterfell stark unterschiedliche Tönungen der Grundfarbe" (*Leitbild Senne*, Bd. 2, 1997: 136).

Heike BRENKEN (2002: 79) zweifelt dagegen an der Tarpan-Theorie und hält es für plausibler, dass die Senner von verwilderten Hauspferden – ob nun sächsisch oder römisch – abstammen. Ihrer genetischen Nähe zu wilden oder verwilderten Ahnen wegen und aufgrund der landschaftsgestaltenden Funktion, die man ihnen mit Bezug auf den historischen Offenlandcharakter der Senne zuschreibt, werden die Senner Pferde aktuell vom Naturschutz für die Kulturlandschaftspflege wiederentdeckt: Nicht ganz in „freier Wildbahn" – obwohl in einer Broschüre der zuständigen Biostation als solche beworben –, sondern in einem 15 ha großen umzäunten Gatter im Naturschutzgebiet Moosheide werden seit dem Sommer 2000 wieder Senner in der Senne gehalten.[146] Hier sollen die Pferde, vergleichbar ihren Vorfahren im Wildbahngestüt, sennetypische Landschaftspflege betreiben und auf ‚natürliche' Art und Weise für die Offenhaltung der Landschaft sorgen. Die

146 Zur Formulierung „freie Wildbahn" vgl. BIOLOGISCHE STATION SENNE 2000: 22; zum Beweidungsprojekt vgl. ebenso: RÜTHER, P. u. C. VENNE: Beweidungsprojekt mit Senner-Pferden im Naturschutzgebiet „Moosheide". Erste Ergebnisse. In: MARX u. STERNSCHULTE 2002: 175–182.

wichtigste landschaftsgestaltende Funktion, die den Sennern aktuell zukommt, liegt für Heike Brenken, die einen „essayistischen Ritt durch die Senne" wagte, allerdings in ihrem verbindenden, dem „Panda-Effekt" verwandten Sympathiewert:

> „Das Senner Pferd vermag auf seinem Rücken viele Menschen mit auf die Reise in das nächste Jahrtausend zu nehmen, die sonst wenig miteinander zu tun hätten: Naturschützer, Züchter, Militärs, Tourismusmanager und Pferdemädchen, die sich gleichermaßen für den geschichtsträchtigen und edlen Senner begeistern können" (Brenken 2002: 84).

Der feierliche Auftrieb der Pferde auf die Koppel in der Moosheide mit dem Prinzen zur Lippe als Schirmherrn und Redner wirkte gleichsam wie die Setzung eines Symbols historischer Kontinuität in der Senne, welches wieder einmal auf die Idee von einer naturnahen Urtümlichkeit im Wesen dieser Landschaft verweist. Für die Konstruktion einer historischen und zugleich auch ästhetischen ‚Eigenart der Senne' ist die Wahrnehmung der mit der Landschaft identifizierten Pferderasse als ‚uralt' konstitutiv und stellt ein prägendes Merkmal unter anderen dar.

5.8. Die Heide als Natur- und Urlandschaft: ein willkommenes Missverständnis

Romantiker lieben das Unverfälschte; und wenn etwas, das sie als unverfälscht zu lieben entschlossen sind, tatsächlich gar nicht so unverfälscht ist, wie sie es wähnen, so wird diese Tatsache gerne vergessen oder zumindest nicht weiter hinterfragt. Es wird im Folgenden die These vertreten, dass über viele Jahrzehnte – wohl ohne sich dessen bewusst zu sein – eine falsche kulturhistorische Vorstellung von der Entstehung der Senner Heidelandschaft produziert und immer wieder reproduziert wurde, weil diese Vorstellung als *wünschenswert* erschien; dieses ist als ein weiteres typisches Merkmal der romantisierenden und temporalisierenden Wahrnehmung der Sennelandschaft interpretierbar.

Bis in die 1930er Jahre und zum Teil noch lange darüber hinaus war es allgemeine und weitgehend auch fachliche Lehrmeinung, dass die offene Sennelandschaft quasi der Rest einer fast unberührten und authentischen Urlandschaft sei und dass die gemeine Besenheide die natürliche Vegetation des trockenen Sennesandes darstelle. Immer wieder wurde im landeskundlichen Schrifttum die ‚Ursprünglichkeit' und ‚Naturhaftigkeit' der ‚wilden Heide' betont; von der Möglichkeit einer ehemaligen Bewaldung und der historischen Entwicklung der Heidelandschaft als nutzungsabhängigem Weideland und später auch Plaggenlieferant war dagegen lange keine Rede. Erst in relativ gegenwartsnahen Veröffentlichungen wird es allgemein üblich und als notwendig erachtet, einer heimatkundlich interessierten Leserschaft mitzuteilen, dass nicht die Heide, sondern vielmehr Eichen und Birken und Buchen die ursprüngliche Sennevegetation einst bestimmt hatten (vgl. etwa SCHWERDT 1986: „Die Heide war nicht immer da") und dass diese Urwälder erst durch menschliche Einflussnahme allmählich aufgelichtet und zurückgedrängt worden sind. Beispielhaft für die Ansicht im frühen 20. Jahrhundert seien dagegen zunächst zwei heimatkundliche Textpassagen aus den Jahren 1902 und 1913 zitiert; sie beschreiben die Senne als nacheiszeitlich kaum veränderte Naturlandschaft, deren urtümliche Heidevegetation sich über Jahrtausende ungestört hat entfalten können:

> „Doch die nimmer rastende Natur [...] schuf auch diesem Boden in dem dürren Heidekraut endlich ein Pflanzenkleid. Jahrhunderte und vielleicht Jahrtausende wuchs dasselbe vom Menschen ungestört. [...] Als endlich auch Menschen diesen Teil der Erde ‚erfüllten und sich unterthänig machten', war das Heidekraut eine Art Urwald. Es gehen noch Sagen, dasselbe sei mannshoch gewesen" (REBBE 1902: 15).

> „Hier ist noch vielfach Urnatur, vom dritten Schöpfungstage wenig berührt; hier können wir uns versenken in die Wunder der Urwelt, in Zeiten, von denen kein zerbröckelndes Denkmal, kein vergilbtes Pergamentblatt berichten, wo Mutter Erde, noch allen Lebens bar, dem schöpferischen „Werde!" sehnend entgegenharrte" (LAMPRECHT 1913).

Hatte man tatsächlich nicht über den Zusammenhang von anthropogener Einflussnahme und jenem Landschaftswandel nachgedacht, der erst seit dem 18. Jahrhundert mit der neuzeitlichen Kolonisation der vormals in vielen Bereichen sicher noch licht bewaldeten Hudelandschaft in der Senne ein fast baumloses Offenland hat entstehen lassen? Immerhin hatte man noch bis in das 20. Jahrhundert hinein die praktizierte Heideplaggenwirtschaft und die regelmäßige Beweidung der Flächen vor Augen. War es die noch fehlende Erfahrung, dass die Heideflächen bei einer Aufgabe dieser Nutzungen wieder verbuschen und zuwachsen würden, stellte man sich die Frage nach dem Entstehen des Landschaftsbildes nicht ernsthaft oder wollte man dies vielleicht gar nicht anders als über die Annahme eines ‚Naturzustandes' erklären? – Nun ist Unwissenheit freilich nicht pauschal über Romantisierung begründbar, aber auffällig ist es schon, dass in einem Text aus dem Jahr 1800 von A. Cracau Meyer „Ueber die Lippische sogenannte Senne" das Wissen über eine frühere Bewaldung der Senne sehr wohl (noch) vorhanden war, dass dieses aber in der Folge für einen Zeitraum von fast 140 Jahren aus der landeskundlichen Literatur gänzlich zu verschwinden scheint. Meyer berichtete in den „Lippischen Intelligenzblättern" über eine nicht genauer eingegrenzte

> „frühere Zeit [...], wo die Meilenlang und breite Sennerheide mit großen Waldungen bewachsen war. Daß damals auch der Boden derselben weit fruchtbarer, Statt des Heidekrauts gute Grasarten, Statt des losen Sandes feste gute Erde, Statt der verderbenden Dürre reiche Wasserquellen da gewesen sind, scheint durchaus angenommen werden zu müssen. [...] Noch findet man allenthalben hie und da in der Tiefe der Erde Wurzelstämme alter Eichen, als sichere Urkunde dieser Behauptung" (MEYER 1800, zit. n. WEHRMANN 1979: 16).

Nach heutigem Erkenntnisstand sind Meyers am Ende des 18. Jahrhunderts gezogenen Schlüsse auf die frühere Vegetation und Bodenqualität der Senne durchaus richtig, doch gerieten sie in der Folge offenbar in Vergessenheit. Das weitgehende Verschwinden des älteren, im Jahre 1800 offenbar noch vorhandenen und erfahrbaren Wissens über eine einstige Bewaldung der Senne ist nicht nur über eine *positive Romantisierung* der ‚uralten Heidelandschaft' zu erklären, wie sie in den oben zitierten Textpassagen von REBBE (1902) und LAMPRECHT (1913) zum Ausdruck kommt. Die Ursprünglichkeit der Heidevegetation wurde vielmehr auch im Negativen angenommen, wie eine Passage aus dem ödlandkritischen Bericht des preußischen Regierungsrates Carl Hermann Bitter von 1853 zeigt:

> „Diese vor Jahrtausenden, wie jetzt, unbebauten und unbewohnten Haiden mit ihrem melancholisch düsterem Aeußern sahen dereinst den letzten Kampf gegen die Römer, den Untergang der Legionen des Varus und den Vernichtungszug des Germanicus. Ihr Gewand, damals blutgetränkt, war genau dasselbe, welches es jetzt ist, das Gewand einer großen endlosen Oede" (BITTER 1853: 18).

Bitters Rede vom „Gewand einer großen endlosen Oede" ist quasi als eine *negative Romantisierung* zu deuten, die wohl ebenfalls die Dinge so erscheinen lässt, wie man sie gerne sehen mochte. Ob nun aus positiver oder negativer Perspektive betrachtet, die Annahme der Ursprünglichkeit der Heide fungierte letztlich als ein wichtiger Katalysator für die Popularisierung der romantisierenden Landschaftswahrnehmung und -bewertung. Weil man die Besenheide und die Krüppelbirken für die unbeeinflusst-natürliche Klimaxvegetation der Senne hielt und die charakteristischen weiten Offenlandflächen als Naturzustand dieser Landschaft annahm, so konnte man – aus einer kulturkritischen Weltsicht heraus – eben diesen Zustand der Landschaft umso mehr schätzen. Noch bis weit in das 20. Jahrhundert hinein – und im Alltagswissen verbreitet auch noch bis in die Gegenwart – wurde und wird die offene Heide als wilde und echte und ursprüngliche Natur gesehen. Karl Sundergeld geht 1963 in seinem Aufsatz „Liebe, einsame Senne!" vor lauter romantischer Einlullung soweit, die neolithische und bronzezeitliche Besiedlung der Senne in einen unmittelbaren ästhetischen Zusammenhang mit der „Schönheit" der vermeintlich natürlichen Heide zu stellen:

> „Aber eines Tages hatte die gütige Allmutter Natur der wüsten, nackten Senne ein Kleid angezogen, und noch eins hat sie ihr gleich gegeben und noch ein anderes dabei und jedes in einer anderen Farbe, daß sie auch wechseln konnte, ein grünes, ein rotes und ein braunes Kleid [gemeint ist Heide zu verschiedenen Jahreszeiten; RS]. Als dann der Mensch in die Senne kam, war er trunken von all der Schönheit der Heide, er baute Hütten und machte sich seßhaft" (SUNDERGELD 1963: 17).

Die Annahme der Ursprünglichkeit der Heide war im Laufe der Jahre zur nicht hinterfragten Lehrmeinung geworden. Man kann diesen Umstand als ein durchaus *willkommenes Missverständnis* beurteilen, da in der romantisierenden Wahrnehmung von Landschaft Werte wie Natürlichkeit und Ursprünglichkeit positiv konnotiert werden; ein Erkennen der Senne als eine vom Menschen devastierte ehemalige Waldlandschaft, als Ergebnis latenter anthropogener Umweltveränderung, mutet dagegen eher unromantisch an. So findet sich in der Heimatliteratur der Zwischenkriegszeit noch regelmäßig die Annahme, dass es sich bei der landschaftlichen Ausprägung der Senne um das Relikt einer Naturform handele. Auch Friedrich Copei beruft sich in einem Aufsatz von 1935 über die „Heidesiedlung in alter Zeit" auf einen vielzitierten älteren Bericht[147] und geht in der Folge unkritisch davon aus, dass die Senne „ursprünglich eine mächtige Heide trug", die „seit Jahr-

147 Gemeint ist: KÜSTERMANN: *Geschichte von Augustdorf*. Original 1863, teilweise abgedruckt in: WEHRMANN 1979 und MÜLLER-KÖNIG 1975.

tausenden unberührt war" und die, „wie die ersten Siedler berichteten, oft brusthoch" war: „ihre Stengel waren dick wie Flaschenhälse, so daß man sie mit Beilen abhauen mußte" (zit. n. WEHRMANN 1979: 22 u. 24). In mehreren heimatkundlichen Texten wurde insbesondere der Charakter eines speziellen Landschaftsteils der Trockensenne, der Stapelager Senne (heute Panzerübungsplatz Stapel), als „Ursenne" betont; so formulieren der Gewerbeoberlehrer Meyer und der Justizinspektor Berke in ihren Beschreibungen von Sennewanderungen, die 1928 in der Schirrmann-Monographie veröffentlicht wurden:

> „Gerade dieser Teil unseres Wandergebietes zeigt uns den *ursprünglichen Zustand der Senne*. Zwischen dem Bartholdskrug und dem Schapeler Hof liegt eine größere Zahl von Hünengräbern, aus der Bronzezeit stammend. Inmitten dieser Zeugen ältester Vergangenheit macht die Heide, die sich hier unberührt bis zum Gebirge hinzieht, [...] auf uns einen überwältigenden Eindruck" (MEYER 1928: 282, Hv. RS).

> „Noch einige Minuten, und *die Ursenne* liegt vor uns, die sogenannte Stapelager Senne, die in kilometerweiter Fläche sich allmählich in den Hängen des Teutos verliert. [...] Wir streben auf ein Hünengrab zu, auf dessen Anhöhe wir [...] uns in das fußhohe Heidekraut nuscheln, die Köpfe in Kreisform zusammenstecken, um der unvergleichlich schönen Heideschilderung ‚Frau Einsamkeit' zu lauschen" (BERKE 1928: 291, Hv. RS).

Auf die spezielle Rolle der Grabhügel für die romantisierende Wahrnehmung der Senne wurde bereits ausführlich eingegangen; an dieser Stelle interessiert der temporalisierende Terminus von der ‚Ursenne' und seine Intention von ‚Unberührtheit'. Die Stapelager Senne als ‚Ursenne' wahrzunehmen und sie so zu bezeichnen, zeugt von der Mutmaßung der Autoren: So wie hier hätten wir uns die gesamte Senne in alter Zeit vorzustellen, dies sei das eigentliche, authentische, echte Antlitz der Senne. Woher rührten diese begeisterten Annahmen? – Rudolf HÖCKER (1986) entlarvt in seiner Diplomarbeit über eben diese Stapelager Senne die überschwänglichen Wertungen der 1920er Jahre bezüglich der ‚unberührten Ursenne' als Illusion, indem er einen Bericht über „die Kultivierung der lippischen Senne" aus dem Jahr 1916 dagegen legt; darin heißt es nämlich:

> „In der Stapelager Senne nördlich von Augustdorf wird eine Art Kultivierungsvorarbeit erledigt, insofern nämlich, als bereits seit

einigen Monaten anfangs 80, jetzt noch 20 Gefangene [gemeint sind Kriegsgefangene; RS] das Heidekraut abmähen. Die Hoffmannsche Fabrik in Schötmar verarbeitet es zu Futtermitteln" (FLEEGE 1916: 70).

Höcker folgert, dass in den 1920er Jahren das Heidekraut nach der verjüngenden großflächigen Mahd besonders schön geblüht haben dürfte und so „die hier wandernden Städter zu ihren schwärmerischen Berichten von der ‚Ursenne' animiert" habe (HÖCKER 1986: 28f). Diese Vermutung wird bestätigt von Oskar Suffert, der 1936 im Jahresbericht des Lippischen Heimatschutzbundes über die Stapelager Senne schreibt:

„Heute wird allerdings die Stapelager Senne, abgesehen von den kleinen aufgeforsteten Teilen, anders genutzt: zur Gewinnung von Streu durch Plaggenhieb. Die Heide verträgt den Plaggenhieb sehr gut und blüht auf den abgeernteten Flächen meist schön und gleichmäßig. Dieser Nutzung ist es zu verdanken, daß im Spätsommer der weite rote Teppich nur so wenig unterbrochen ist" (SUFFERT 1936: 19).

Die in der Sache falsche Beurteilung einer Kulturlandschaftsform als Naturlandschaft wurde keineswegs nur im Volksmund, von romantischen Wandervögeln und von der Populärwissenschaft transportiert, sondern noch bis in die 1930er Jahre auch von der landeskundlichen Wissenschaft bestätigt. Die vegetationskundliche Forschung wusste kaum etwas über eine einstige Bewaldung der nordwestdeutschen Sandheiden vor der Einflussnahme des Menschen, welche beginnend in der Frühgeschichte über das ganze Mittelalter bis in die frühe Neuzeit, zunächst allmählich und dann rascher, zur fast völligen Entwaldung dieser Landstriche geführt hatte. Die so genannte ‚Heidefrage' wurde in den ersten Jahrzehnten des 20. Jahrhunderts wissenschaftlich kontrovers diskutiert: Mit Bezug auf die Lüneburger Heide bezeichnet LINDE (1924: 25) die dortige Calluna-Bedeckung als „Zwergurwald" und bezieht zum vegetationshistorischen Diskurs seiner Zeit Stellung:

„Einzelne Forscher meinen denn auch, daß überhaupt im frühesten Mittelalter die ganze Lüneburger Heide ein einziger kaum unterbrochener Wald – namentlich Eichwald – gewesen sei, voll reichen, jungfräulichen Mutterbodens, der erst durch jahrhunderteelange Waldverwüstung, durch sengen und brennen der Hirten, Plaggenhieb und Abbolzung zu öden Heidefeldern geworden sei. E. Krause hat diese Ansicht am schärfsten vertreten, auch Alfred Kirchhoff und andere haben sich angeschlossen. Doch wohl mit Unrecht" (LINDE 1924: 28).

Richard Linde, Autor einer berühmten erdkundlichen Monographie zur Lüneburger Heide, vermutet dagegen vielmehr, dass schon im frühesten Mittelalter „zweifellos die Heide – nicht der Wald – das beherrschende Merkmal" gewesen sei (LINDE 1924: 31) und begründet seine Meinung in erster Linie mit einer Gegenfrage nach dem Ort des Verschwindens der „doch ungeheure[n] Masse fruchtbarsten, schwarzen Waldbodens" und mit der Feststellung, dass im Boden keinerlei Spuren einer ehemaligen Bewaldung zu finden seien (ebd.: 30). Nichtsdestotrotz, die Annahme einer anthropogenen Bedingtheit für die Entstehung einer Heidelandschaft setzte sich in der wissenschaftlichen geobotanischen Literatur zwar in den 1920er und 1930er Jahren durch, wurde jedoch erst langsam allgemeines Bildungsgut. Beispielhaft dafür stehen Ludwig Maasjosts Dissertation über „Landschaftscharakter und Landschaftsgliederung der Senne" von 1933 und ein Aufsatz des gleichen Autors über „Die Senne als Naturlandschaft" von 1934. Wenn Maasjost von „Natur" und „Naturlandschaft" spricht, so geht auch er offenbar noch davon aus, dass die Calluna-Gesellschaften die natürliche Klimaxvegetation der Oberen Senne darstellen: „Die Natur in ihrem ursprünglichen Gewande" unterteilt Maasjost in die Grundformen „Heidezone" und „Kiefernwaldzone" und grenzt diese ab von der „Kulturlandzone" (MAASJOST 1933: 48). Mit einem Superlativ betont er die vermutete Ursprünglichkeit von Teilen der Senne als Heidelandschaft: „Nur in der Senne [...] hat sich noch ein Streifen *echtester* Naturlandschaft erhalten" (MAASJOST 1934: 55, Hv. RS) **(Abb. 62)**.

Der damalige lippische Naturschutzbeauftragte Oskar Suffert veröffentlichte im Jahr 1936 einen Aufsatz über die Stapelager Senne, worin meines Wissens zum ersten Mal (seit A. Cracau Meyer im Jahre 1800!) eine in der Sache richtige Beurteilung der Landschaftsentwicklung der Senner Heide als eine anthropogen beeinflusste Kulturlandschaftsform getroffen wird. Womöglich geschah dies auch als richtigstellende Reaktion auf die Reden von der ‚Ursenne' in der Suffert sicherlich bekannten Schirrmann-Veröffentlichung von 1928. Suffert gibt nicht an, aufgrund welcher Literatur er zu seiner Aussage kommt, doch wird er als naturkundlich sehr interessierter Laie die Fachdiskussionen über die „Heidefrage" wohl verfolgt haben.

> „Wenn auch die großen zusammenhängenden Heideflächen erst durch die landwirtschaftliche Nutzung entstanden sind und früher auch mehr Laubholz dort wuchs, so ist die Stapelager Senne doch nie ein zusammenhängender Wald gewesen" (SUFFERT 1936: 22).

In den 1930er Jahren setzte sich die Annahme einer ehemaligen Bewaldung der Senne dann durch: Pollenanalytische Untersuchungen ergeben

Abb. 62: Blick über die savannenartige Offenlandschaft der Senne, ca. 1910. Zu der Zeit, als die Fotografie als Teil einer Postkartenserie entstand, hielt man jene landschaftliche Ausprägung auch unter Fachleuten verbreitet für natürlich und ursprünglich. [Foto Ernst Topp, Staatsarchiv Detmold D 75-2726]

im Jahr 1937, dass um 2000 v. Chr. ein Eichenmischwald in der Senne – zumindest im Bereich der Eckelau – stockte (vgl. HOYNINGEN 1937: 135–185). Auch Hans Schmidt weiß 1940 in seiner lippischen Waldgeschichte davon, dass ursprünglich „lichte Eichengehölze" die Sennevegetation prägten (vgl. SCHMIDT 1940: 87). Friedrich Copei zitiert aus Schmidts Manuskript bereits 1938 und „rechnet mit der Einwanderung der Heide erst um das Jahr 1500 v. Chr." (COPEI 1938b: 82).[148]

Bezüglich der angestellten Überlegungen zur Wahrnehmung der Sennerheide als ursprüngliche Landschaft und dessen Interpretation als willkommenes Missverständnis darf allerdings nicht der Wandel im Sprachgebrauch des Begriffs ‚ursprünglich' außer Acht gelassen werden. Zwar hielten wohl die allermeisten Autoren vor 1936 die Senne tatsächlich für den Rest einer Urlandschaft, jedoch ist allein der Gebrauch des Wortes ‚ursprünglich' kein hinreichendes Indiz dafür. Vielmehr gingen den Zeitgenossen die Reden von ‚Ursprünglichkeit' und ‚Wildnis' wohl viel leichter über die Lippen als heutigen Landeskundlern, die mit allerlei naturschutzfachlichem Expertenwissen belesen sind. Ein gutes Beispiel für den ambivalenten, ganz uneinheitlichen Gebrauch des Begriffes ‚ursprünglich' bietet ein naturschützerischer Text aus dem Jahr 1910 über den „Naturschutzpark am Donoper Teich". Die damals von den ersten im Heimatschutzbund institutionalisierten Naturschützern als zu gründenden „Lippischen Naturschutzpark" anvisierte Gegend zählt zwar nicht direkt zur Senne, liegt jedoch nur unweit in einem Zwischental des Teutoburger Waldes und ist geprägt vom angewehten Sennesand, in dem der Hasselbach dort tiefe Schluchten erodieren konnte. Frühe Gestütsgebäude der Senner Pferde hatten hier ihren Ort, Hermann Löns besuchte den Donoper Teich auf seiner Sennewanderung, und auch zur angedachten Kulisse eines zukünftigen Großschutzgebietes Senne zählt diese Gegend um den im frühen 17. Jahrhundert angelegten Stauteich.[149] Der Autor des angesprochenen Aufsatzes, Manfred Fuhrmann, stellt einerseits die alten Mischwaldbestände rund um den Teich wohlwissend als forstlich geprägte Waldungen dar, als „ideale(n) Forst, in dem Menschenhand in glücklicher und harmonischer Weise in das freie und schrankenlose Walten der Natur" eingegriffen habe: „Kein Urwald soll dieser Naturschutzpark sein. [...] Der ächte Urwald, die sich selbst überlassene Natur, [...] ist eine grauenhafte Wildnis, [...] ein schauriges Bild wüsten ungebändigten Naturwaltens" (FUHRMANN 1910: 16). Andererseits spricht Fuhrmann drei Seiten weiter dann wieder in höchsten Tönen von „der umgebenden ursprünglichen Natur" (ebd.: 19).

Was die Ursprünglichkeit der Heidevegetation in der Senne betrifft, so lässt zumindest die wissenschaftliche Literatur seit der Nachkriegszeit keine Zweifel mehr an der anthropogen Bedingtheit der Entwicklung einer einstigen Waldlandschaft zu einer Weide- und Heidelandschaft aufkommen. Der Geograph Peter Schneider bezieht sich im Jahr 1952 kritisch auf jene übersteigerte Romantisierung der Heide, die 1928 in der heimatkundlichen Textsammlung Schirrmanns und 1933 in der wissenschaftlichen Monographie Maasjosts noch allgegenwärtig war:

> „Noch vor zwanzig Jahren wurde die Ursprünglichkeit der Senne-Heide immer wieder in Berichten und Arbeiten unterstrichen. Manche dieser Darstellungen wirken heute weit übersteigert. Der Abbau der Heide in den vergangenen Jahrzehnten ist derart rasch vor sich

148 Copei zitiert Hans Schmidts noch ungedrucktes Manuskript als „Detmold 1927". Demnach wäre Schmidts Aussage über die ehemalige Bewaldung der Senne neun Jahre älter als die 1936 veröffentlichte Bemerkung von Suffert.

149 Vgl. zum Donoper Teich: STÖWER, Herbert: Die Natur- und Kulturlandschaft am Donoper Teich. In: *Heimatland Lippe 92*, 1999: 2–7 ; ROHLFS, Kurt: Geschichte des Naturschutzgebietes „Donoper Teich – Hiddeser Bent". In: *Heimatland Lippe 77*, 1984: 302–310; speziell zum „Naturschutzpark Donoper Teich" vgl. verschiedene Beiträge in den Jahresberichten des Lippischen Bundes für Heimatschutz und Heimatpflege, siehe insbesondere die Jahrgänge 1910 (FUHRMANN), 1916 (PECHER), 1920 (WEGNER), 1933 (GOETHE).

> gegangen, daß von dem gelegentlich in der Literatur auftauchenden ‚mannshohen Heidewuchs' heute ebenso wenig mehr zu finden ist wie von den ‚lebensgefährlichen Verirrungen' im grenzenlosen Heidegebiet" (SCHNEIDER 1952: 26).

Während in wissenschaftlichen Veröffentlichungen spätestens seit Schneider ganz kontinuierlich die Heide als eine durch Landnutzung entstandene Kulturlandschaft dargestellt wird, so konnte sich diese Einsicht in der nichtwissenschaftlichen Literatur aber noch nicht gänzlich durchsetzen. Eine Schulheimatkunde aus den 1950er Jahren über „Unser Lipperland" lehrte den Schülern noch über Jahre, dass in der Senne zuerst „nichts als Sand" gewesen sei, dann „das kleine Heidekraut" die „Sandwüste" besiedelt habe bis dass „der Mensch in dieses weite, offene Land" gekommen sei (SÜVERN 1952: 49f). Auch Hermann Schäfer geht im Jahr 1966 in der Zeitschrift des Lippischen Heimatbundes davon aus, dass es sich bei „Heidelandschaften, wie auch unsere Senne, mit sandigem oder steinigem Untergrund und wenig ertragreichen Böden" um „Rückzugsgebiete, d. h. Überbleibsel einer noch nicht in Kultur genommenen vorgeschichtlichen Urlandschaft" handele und dass „durch die Anlage des Truppenübungsplatzes Senne im Jahre 1892 ein größerer Teil der Heide als frühere vorgeschichtliche Urlandschaft erhalten geblieben ist" (SCHÄFER 1966: 18, 97). Freilich ist Schäfers Annahme einer „vorgeschichtlichen Urlandschaft" nicht richtig, aber ganz so falsch ist sie nun auch wieder nicht; vielmehr ist es lediglich der Begriff *Urlandschaft*, der in eine irrige Richtung weist, denn der Beginn des Verheidungsprozesses ist für die Senne tatsächlich schon in vorgeschichtlicher, neolithischer Zeit anzusetzen.[150] Solche offenen Landschaftsteile, die dann Jahrhunderte mittelalterlicher und neuzeitlicher Kultur zumindest einigermaßen unverändert überdauert haben und zu keiner Zeit in intensive Nutzung genommen wurden, sind fraglos äußerst selten und somit etwas Besonderes in Mitteleuropa; nur *natürlich* sind solche Kulturlandschaften eben nicht. Bis in die Gegenwart ist im Alltagswissen vieler[151] dieses Missverständnis nach wie vor verbreitet, obwohl bereits seit vielen Jahren die Landschaftsgeschichte etwa der Lüneburger Heide zu den Standardthemen der Geographie-Didaktik zählt.

---

150 Vgl. übereinstimmend: SCHNEIDER 1952, HOHENSCHWERT 1969, WÄCHTER 1999, HARTEISEN 2000.

151 Der Erfahrungswert, dass Heide oftmals für die natürliche Vegetation der Senne gehalten wird, ergab sich mir aus persönlichen Gesprächen und Seminardiskursen an der Universität.

5.9. „Jammergestalten" oder „prächtiger Menschenschlag": zur Umwertung des Bildes von den Menschen in der Senne

Die Menschen, die in der Senne lebten, gehörten stets mit zum Bild von der Landschaft, im Positiven wie im Negativen. Im Folgenden soll der Blick auf die Beurteilungen und Bewertungen, die die Heimatliteratur bezüglich von Eigenheiten und Besonderheiten der Senner Bevölkerung vorgenommen hat, gerichtet werden. Auch hier ist ein analoger Wahrnehmungswandel zu konstatieren, der im Laufe des 19. Jahrhunderts wirksam wurde und in dessen Folge den zuvor wenig geachteten Sennebewohnern nun wesentlich positivere Eigenschaften zugewiesen wurden. So äußerte der Lehrer Kuhlmann im Jahre 1927 über die von ihm hochgeschätzte Senne:

> „Nicht allein das Vogelleben an Bach und Moor, sondern auch das Pflanzen- und sonstige Tierleben mit seltenen Kostbarkeiten, die landschaftlichen Schönheiten und der *prächtige Menschenschlag* sind es, die uns stets neue Kraft geben, allem Kleinkram und allen Widerwärtigkeiten des Alltags Trotz zu bieten. Möge die Senne noch recht lange von fragwürdigen Kulturerrungenschaften verschont bleiben!" (Kuhlmann 1927: 61, Hv. RS).

Was meint die Rede vom „prächtigen Menschenschlag", den der Bildungsbürger hier in eine Reihe setzt mit der erhaltenswerten Tier- und Pflanzenwelt und der landschaftlichen Ästhetik der Senne? – Blickt man in die Mitte des 19. Jahrhunderts zurück, so findet man in den Beschreibungen der Sennebewohner weniger positive Konnotationen; vielmehr wurden sie in erster Linie als arm, krank, kriminell und liederlich wahrgenommen. In den Kapiteln über die Senne als Armutsregion und als Randlandschaft für Randgruppen sind einige solcher Aspekte bereits angesprochen worden. In den Pastoralberichten lokaler Geistlicher ist bis in die zweite Hälfte des 19. Jahrhunderts immer wieder die Rede von der „Trunksucht der Männer" (Pastor Pählig, Schlangen, 1863), von „Leichtfertigkeit und Unstetigkeit" und einem „knechtischen Sorgengeist und innere[r] Abgestumpftheit" als bestimmenden charakterlichen Eigenschaften; sie berichten von „Holz- und Felddiebstählen" und der skrupellosen „Wilddieberei" (Pastor Sauerländer, Haustenbeck, 1874).[152] Die Berichte des preußischen Regierungsrates Carl Hermann Bitter und des Detmolder Schriftstellers Georg Weerth aus der Mitte des 19. Jahrhunderts beschrieben die Lebensumstände der Menschen eindringlich und zeigten – der eine weniger, der andere mehr – auch Mit-

---

152 Die Pastoralberichte sind zitiert nach Wehrmann 1979: 84–88.

leid mit den Notleidenden, doch lag ihnen dabei die Zuweisung eines ‚prächtigen Menschenschlages' an die Protagonisten des Elends, das sie beschrieben, fern. Der kritische Regierungsrat Bitter hatte bei seiner Inspektion der Sennelandschaft zwar auch Fleiß als zumindest *eine* positive Eigenschaft der armen Leute in der Senne ausgemacht; in erster Linie aber kritisierte er den Lebenswandel der „zerlumpten Jammergestalten", die er antraf, in scharfer Form:

> „Nachlässigkeit, Liederlichkeit, Spiel und Trunk wirken zum Verderben der Gegend eben so nachtheilig ein als der wirkliche Mangel an Einsicht und der fehlende Wille zum Fortschreiten" (BITTER 1853: 47f).

Auch der zugestandene Arbeitsfleiß schien Bitter durch „geistige Sturheit" stets in seinen positiven Auswirkungen verhindert zu sein: „Er regt sich nicht", konstatierte der Agrarreformer über den typischen Sennebewohner – die entsprechende Passage wurde bereits weiter vorne zitiert – und meinte damit nicht, dass dieser grundsätzlich faul sei, sondern dass er nicht in der Lage und auch nicht willens sei, sich modernen Entwicklungen anzupassen (vgl. BITTER 1853: 49). In diesem Sinne versuchte im Jahre 1928 auch der Kustos des Städtischen Museums in Bielefeld, E. Schoneweg, die soziale Not der Senner Bevölkerung von der „volkspsychologischen Seite der Dinge" aus zu erklären:

> „Wir tun hier tiefe Blicke in die heimische Volksseele. Wir sehen das starre Festhalten der Sennebewohner am Althergebrachten, die Ablehnung des Neuen, eine gewisse Schwerfälligkeit, sich auf andere Dinge einzustellen. Wir erkennen den Trieb unserer Landsleute, auf eigener Scholle, auch wenn sie noch so klein ist, selbständig und bodenwüchsig zu bleiben oder zu werden. [Insbesondere für die Fabrikarbeiter aus der Senne gelte:] Sie wollten nicht den ganzen Tag durchhalten, wollten, je nach der Jahreszeit, die Arbeit in der Fabrik nur als Füllarbeit ansehen, während ihnen die Tätigkeit auf dem Lande als Hauptarbeit galt" (SCHONEWEG 1928: 245).

Schoneweg konstatiert den Sennebewohnern (er bezieht sich hierbei nicht auf seine Gegenwart, sondern auf das 19. Jahrhundert) einen „Trieb" zur Selbständigkeit auf „eigener Scholle", der ihre Anpassung an die Verhältnisse in einer modernen Gesellschaft behindere. Wenn dem so gewesen ist, so kann es aber kaum eine „Bodenwüchsigkeit" im Sinne bäuerlicher Familientradition gewesen sein, die die armen Senner in der Senne hielt: Soweit man die damalige Bevölkerungsmehrheit meint, haben derartige Traditionen ohnehin keine große Rolle spielen können, denn ausgenommen einiger Altbauern blickten die Allermeisten tatsächlich kaum auf eine längere Vergangenheit am Ort zurück; die Heuerlings- und Einliegerfamilien waren erst längstens seit dem 18., zumeist dem 19. Jahrhundert in der Senne ansässig. Was allerdings die „eigene Scholle" auch den einfachen Köttern, wenn auch nur im geringen Maße, bot, war wohl das Gefühl von Selbständigkeit und Freiheit; jene Ungebundenheit, die „die Armen in der Senne" trotz aller Not wahrnahmen, ist wohl der Wert, um den es ihnen ging, wegen dem sie gekommen waren und den sie nur schwerlich aufzugeben bereit waren. Der Freiraum Senne war zu *ihrem* Freiraum geworden.

Schon Mitte des 19. Jahrhunderts wurde den Sennebewohnern, die wie gesagt zu dieser Zeit mehrheitlich erst seit ein oder zwei, höchstens seit drei Generationen in dieser Landschaft lebten, eine tiefe charakterliche Verbundenheit, ja eine Abhängigkeit mit und von der kargen Sennelandschaft nachgesagt. So beschrieb der Schlänger Pastor Schmidt im Jahre 1867 die Ausprägung des Senner Menschenschlages in seiner ganzen Ambivalenz als eine Folge des kargen und peripheren Charakters der Landschaft:

> „[Es] findet sich hier, vielleicht eine Folge davon, daß fast jedermann Ackerbau und durch die durchgängige Unfruchtbarkeit und Dürre des Bodens zu angestrengter Tätigkeit und Ausdauer genötigt wird, und infolge der weniger stattfindenden Berührung mit Fremden in und außer Landes eine größere Gradheit, Derbheit und Einfachheit, oder: der hiesige Menschenschlag hat mehr etwas Ursprüngliches und Natürliches, verbunden aber mit den Fehlern und Lastern desselben: Roheit, Eigensinn, Vegnügungssucht und Fleischeslust" (zit. n. Meier 2001: 188).

Die die Menschen in der Senne betreffenden zugewiesenen Charakterisierungen – als ursprünglich und einfach, als derb und roh – wären genauso gut für die Beschreibung der Sennelandschaft selbst geeignet gewesen. Wilhelm Heinrich Riehl, Begründer der Volkskunde und „Deutschlands Soziologe von Wald- und Feld" (Schama 1996: 130), hatte in den 1850er Jahren seine geodeterministischen Theorien über die Korrelation von Landschafts- und Volkscharakter in seinem Buch „Land und Leute" publiziert. Riehl entwickelte eine konservativ-traditionalistische Soziographie, die von der Eigenart einer Landschaft ausging und von dort her die kulturellen und mentalen Besonderheiten ihrer Bewohner beschrieb. Er sah – im Gegensatz zu vielen Agrarreformern seiner Zeit – in unkultivierten und wildnishaften Landschaften eine notwendige Ergänzung zu den bewirtschafteten Ackerlandschaften, und zwar nicht im ökologischen, sondern im sozialen Sinne. Seine größte Sympathie galt dem Wald; doch auch Ödland und Heide hielt er für ein wichtiges Regulativ für den notwendigen Gesamtpool an menschlichen Charaktereigenschaften, die seiner Meinung nach von eben solchen Landschaften evoziert wurden und die es in Anbetracht zunehmender ‚Entfremdung' zu bewahren galt:

> „Haut den Wald um, und ihr zertrümmert die historische bürgerliche Gesellschaft. [...] Nicht bloß das Waldland, auch die Sanddünen, Moore, Heiden, die Felsen- und Gletscherstriche, alle Wildnis und Wüstenei ist eine notwendige Ergänzung zu dem kultivierten Feldland. Freuen wir uns, daß es noch so manche Wildnis in Deutschland gibt. Es gehört zur Kraftentfaltung eines Volkes, daß es die verschiedenartigsten Entwicklungen gleichzeitig umfasse. Ein durchweg in Bildung abgeschliffenes, in Wohlstand gesättigtes Volk ist ein totes Volk. [...] Der ausstudierte Städter, der feiste Bauer des reichen Getreidelandes, das mögen Männer der Gegenwart sein, aber der armselige Moorbauer, der rauhe, zähe Waldbauer, der einsame, selbstgewisse, sagen- und liederreiche Alpenhirt, das sind die Männer der Zukunft" (Riehl 1854, zit. nach einer Ausgabe von 1930: 38).

Riehls Anschauungen hatten starken Einfluss auf die sich um die Jahrhundertwende konstituierende deutsche Heimatschutzbewegung. Seine sympathievolle Fürsprache für einfache und einfachste Landbevölkerungen, die zuvor noch in erster Linie abschätzig betrachtet worden waren, prägte das Menschenbild der deutschen Volks- und Heimatkunde mit. So wurde auch die ländliche Bevölkerung der Senne in den Jahren der populären romantischen Hinwendung zu Natur und Landschaft – frei nach Rousseau – als ein prototypisches Gegenbild zu einer der Natur zunehmend entfremdeten Stadtbevölkerung wahrgenommen. Die bislang fokussierten charakterlichen Mängel rückten in den Hintergrund, Armut wurde in Natürlichkeit uminterpretiert und rohes Gebaren in Urwüchsigkeit. Schlichtheit und Einfachheit des Daseins wurden zu einem Ideal der bildungsbürgerlichen

Abb. 63: „So steht der Heidebauer in seiner Landschaft" lautet die rückseitige Beschriftung dieser Fotografie eines als typisch wahrgenommenen Sennebauern aus den 1930er Jahren. Die Betonung äquivalenter Merkmale von Landschaft einerseits und ihren Bewohnern andererseits ist seit Wilhelm Heinrich Riehls Abhandlung über „Land und Leute" in der populären Volkskunde ein üblicher Topos. [Foto und Originalkommentar Ludwig Maasjost, Archiv Biologische Station Paderborner Land]

Wandervögel und Lebensreformer; begeistert schilderte man jetzt Begegnungen mit Einheimischen, die mühsam eine Karre mit Plaggen durch die Heide schoben. Beinahe erschienen diese jetzt als volkstümliche Naturmenschen, und zumeist ging mit ihrer Beschreibung eine ausdrückliche Distanzierung von „den Stadtmenschen" einher; Stadtmenschen, die – freilich mit Ausnahme des jeweiligen bildungsbürgerlichen Autoren selbst – keine Achtung vor dem kargen Leben der Leute und der Landschaft hätten:

> „Einsam, weitab von der befahrenen Straße lag der Heidehof, der älteste und größte Hof weit und breit. Er war seit Jahrhunderten im Besitze desselben Stammes. Die Einwohner erfuhren nicht viel von den Geschehnissen der großen Welt. [...] Auf dem Heidehofe, der noch immer in der früheren Größe vorhanden ist, sitzt immernoch derselbe Stamm. Der jetzige Besitzer kümmert sich nicht viel um die Stadtmenschen, die oft lärmend durch die Gegend ziehen, seine Wiesen im Bachtal und die junge Kiefern- und Buchenpflanzung zertreten, durch Feuer den Wald gefährden und sein Wild vergrämen. Ruhigen und anständigen Wanderern gönnt er gern die Freuden an der Natur. Ich mag ihn gern, den urwüchsigen, schlichten und geweckten Heidehofbauern" (POLLKLÄSENER 1928: 73).

Während die Städter „lärmend durch die Gegend ziehen", verharrt der „urwüchsige" Sennebauer **(Abb. 63)** „weitab von den Geschehnissen der großen Welt" und „sitzt" auf seinem Hof. Der Begriff des „Stammes" suggeriert eine geradezu naturwüchsige Gesellschaftsformation. Die beschworene Distanz der Senne und ihrer Bewohner zur Stadt, synonym für die Distanz zur modernen Welt, war schon 1872 in Ludwig Altenbernds Heimatlyrik im positiven Sinne angesprochen worden; über den Senner Heidebauern schreibt er: „Fern von der Straße, die der volle, // Der breite Strom des Lebens rollt, // Hängt er an seiner dürren Scholle, // Und nimmt gelassen, was sie zollt" (ALTENBERND 1872). Schlichtheit, Weltfernheit, Bodenverbundenheit und sture Gelassenheit wurden im Heimatschrifttum zum positiven Stereotyp kollektiver Charaktereigenschaften der Senner Bevölkerung. Für Karl Lamprecht sind die Sennebewohner

> „... ernste, stille Naturen, deren ungekünstelte Derbheit das innige, fromme Gemüt nicht zu verdecken vermag. [...] Ihre Sitten und Gewohnheiten sind dieselben wie zu Väterszeiten. [...] Das Leben und Schaffen in der Abgezogenheit übt großen Einfluß auf des Senners Gemüt; er ist sich selbst genug und bewahrt sich jene zentrale Weltanschauung, die der Grundrichtung seines Wesens entspricht, die

den Mittelpunkt alles wahren geistigen Lebens nicht verliert und seine altbewährten festen Grundsätze als Sitte bewahrt" (LAMPRECHT 1913).

Immer wieder wird in der Heimatliteratur vor allem ihr Arbeitsfleiß hervorgehoben; die Menschen im „von einem fleißigen Volk bewohnten Land der Senne" (MIELERT 1925: 100) erscheinen gottergeben ihrem harten, arbeitsamen Schicksal verhaftet. Das Durchhaltevermögen im kargen Lebenswandel und der mühevolle, fast sture Fleiß, der den Sennebewohnern als gleichsam naturhafte Eigenschaft zugewiesen wird, wird in rhetorischer Anlehnung an die Heide als traditioneller Bienenweide zum sprichwörtlichen „Bienenfleiß". Stets wird ein gewisser geodeterministischer Bezug zwischen Mentalität und Landschaft angedeutet. Folgende Passagen mögen diese Wahrnehmung mit mal mehr, mal weniger Pathos dokumentieren:

> „Über dem Leben der Bewohner, das nur Mühe und Arbeit ist, ist es die blühende Heide in ihrer immerwährenden Schönheit, ist es das Vorbild des Fleißes der Bienen wohl und die Kraft des Gebets, was ihnen den Glauben an den neuen Morgen [...] gibt. [...] Mühsam und hart ist das Leben der Heidebauern. Wenn die Sonne aufgeht am Morgen, steht Mann und Frau und Kind bei Hacke, Pflug und Wagen; wenn sie untergeht, schaffen sie immer noch auf dem Felde der Ehre. [...] Ihre Hände sind rauh und steif, wenn sie beim einfachen Mahl sich falten wollen zu stillem Dank und zu stiller Freude dennoch vor der Gabe des Herrn. Sie kennen kaum eine Rast, kaum einen Sonntag und Feiertag, diese bienenfleißigen Heidebauern" (SUNDERGELD 1963: 18).

> „Welchen Schatz diese Zähigkeit und Ausdauer, dieser Fleiß und diese Treue zur Arbeit heute darstellen, weiß der zu würdigen, der Land und Menschen am Sennerand kennt" (WINTER 1964: 355).

> „Die Bewohner [...] sind, bedingt durch den harten Lebenskampf in einer Landschaft mit teils unfruchtbarsten Sandböden, teils schwierigsten steinigen Böden, zu sehr nüchternen Menschen geworden, die all ihre Anstrengungen auf den Alltag und den Broterwerb richten. Für die großartigen und gewaltigen erdgeschichtlichen Vorgänge, die ihre Spuren auch in der herben Landschaft der Senne hinterließen, und für die oft nur bescheidenen Zeugnisse der Geschichte menschlichen Lebens in dieser Landschaft haben sie selten ein waches Auge" (HOHENSCHWERT 1969: 1).

Die positive Imagination der Heide als romantische, naturnahe, geheimnisvolle und altertümliche Landschaftskulisse und die ihrer Bewohner als entsprechend ‚urig' und ‚bodenständig' entwickelte sich in Deutschland seit Beginn des 20. Jahrhunderts zum stereotypen Wahrnehmungsschema. Nicht zuletzt die in der Nachkriegszeit in der Lüneburger Heide inszenierten Heimatfilme hatten der Popularisierung dieser Art von Landschaftswahrnehmung einen enormen Schub verliehen bzw. waren bereits ein Ausdruck dessen gewesen. Heimatfreunde ließen sich auch in der Wirtschaftswunderwelt der 1950er Jahre ihre romantische Senne trotz aller Kultivationen und Landschaftsveränderungen nicht nehmen. Zwar „verfielen immer mehr Heideflächen dem Motorpflug, um blühendem Kulturland Platz zu machen", wie Rudolf Kiepke in einem Aufsatz von 1958 beklagt, trotzdem sieht der Autor die Sennelandschaft auch weiterhin jenseits aller Modernität, nimmt sie als zeitversunken, „verwunschen" und als „wildschön in ihrer Einsamkeit" wahr. Ihre Bewohner begegnen ihm in einem, wie er schreibt, „Bild bukologischer Heiterkeit":

> „Doch auch heute noch führen verschwiegene Pfade zu verwunschenen Seen. Schmale ‚Pättkes' laufen durch den sandigen Heideboden zu gelben Dünen, auf denen Strandhafer verloren im Winde spielt, – zu feuchten Niederungen, wo an bräunlichen Heidetümpeln Moorglöckchen und Sumpfveilchen ihr anspruchsloses Dasein führten. In der Nähe von Dörfern und Gehöften begegnen wir Bildern von bukologischer Heiterkeit. Schafherden durchziehen das Land. Vor Bienenhütten schwirren die Bienen. In den Gärten arbeiten Mädchen und Frauen" (Kiepke 1958: 284f).

Gerade arbeitsame „Mädchen und Frauen" wurden in der (in aller Regel von mehr oder weniger älteren Herren verfassten) Heimatliteratur auffällig oft zur Konstruktion eines positiven Bildes von den Menschen in der Senne herangezogen. Einfach in Wesen und Antlitz stehen sie metaphorisch für die gleichsam als „jungfräulich" wahrgenommene Sennelandschaft und für deren Bewohner, die als natürlicher, schlichter, genügsamer und arbeitsamer Menschenschlag romantisiert werden. Bezüge dieser Art finden sich bereits in Hermann Löns' Beschreibung jenes schlicht-schönen Mädchens, welches „mit den starken braunen Armen eine schwere Karre voll Streu" durch den Sennesand schiebt **(Abb. 64)**, und auch bei dem Sennedichter Ludwig Altenbernd, der 1872 die Heidevegetation erstmals metaphorisch als das Kleid einer einfachen Frau idealisierte. Ein realer Bezug für die gehäufte Beschreibung von weiblichen Sennebewohnern könnte in der sozialgeschichtlichen Tatsache liegen, dass sich im 19. Jahrhundert tatsächlich

Abb. 64: Illustration von Wilhelm M. Busch zu Hermann Löns' Begegnung mit einem armen, arbeitsamen und gleichsam schlicht-schönen Mädchen auf seiner Sennewanderung im Jahr 1899. Der ursprünglich „Eine Sennefahrt" betitelte Aufsatz wurde später stets unter dem Titel „Frau Einsamkeit" publiziert. [Entn. aus Löns, Hermann: Auf heimlicher Pirsch. Balve 1971: 318]

viele Männer als Wanderarbeiter fernab ihrer Familien verdingten und so derweil ein gewisser Frauenüberschuss unter den Sennebewohnern, die an Markttagen oder zum Hausieren die Städte aufsuchten oder die von reisenden Städtern in der Senne angetroffen wurden, herrschte.

Das Stereotyp des ‚Mädchens in der Heide' ist übrigens auch aus den Heide- und Heimatfilmen der Nachkriegszeit bekannt; hier verliebt sich der zugereiste Held zumeist in ein hübsches, einheimisches Mädchen, in die Tochter eines einfachen, allzu störrischen Heidebauern. Die Heidelandschaft selbst wirkt in diesen Filmen ambivalent; gefährlich erscheint sie, wenn in Nachtszenen der Wilddieb und Nebenbuhler unterwegs ist, tagsüber im Sonnenschein wirkt sie heimelig und harmlos wie die gute Stube mit einem hübschen Tischdeckchen. Die Romantisierung der Heidelandschaften als pittoresk und zugleich naturwüchsig, als verniedlichte heile Welt und als schaurig-geheimnisvolle Landschaft hat bis in die Gegenwart überlebt. Trotz der umfassenden Kultivierungs- und Modernisierungsschübe hat sich das Bild von einer als ‚typisch' wahrgenommenen Heidelandschaft kaum verändert in den Köpfen der Menschen erhalten, obgleich es in der realen Landschaft nur noch in seltenen Ausnahmefällen so vorzufinden ist. Eine ästhetische Stellvertreterrolle für die reale Landschaft übernahmen vielfach ihre künstlichen Reproduktionen; sie zieren als postmoderne Zitate einer ländlichen Ästhetik der Vormoderne zuweilen die Reklamebroschüren von Sommerfrischen und die Kulissen von Volksmusikshows und die Rabatten im Vorgarten.

Auch die Produktwerbung nutzt das romantische Heidemotiv für seine Zwecke: Beispielsweise bewirbt eine nahe der Senne beheimatete Brennerei ihr Produkt, einen Wacholderschnaps, auf großformatigen Plakatwänden mit einer in schwarzweiß gehaltenen Fotografie einer ‚typischen' Sennelandschaft mit Heide- und Wacholdervegetation **(Abb. 65)**. Die Motivauswahl und die nichtfarbige Gestaltung der Werbung intendieren das so genannte ‚Althergebrachte', verweisen auf die Tradition und die Naturnähe der dargestellten Landschaft, um so eine positiv empfundene Originalität auf das beworbene Produkt zu übertragen. Eine andere Abbildung der Senne begegnet dem Durchreisenden der Gegenwart auf der Trasse der Autobahn 33, und anders als vor hundert Jahren ist seine Fahrt kaum mehr beschwerlich,

Abb. 65: Werbeplakat einer am Nordwestrand der Senne gelegenen Schnapsbrennerei. Die dargestellte Wacholderheide steht als traditionelles und naturnahes Landschaftsbild für Werte und Qualitäten, die vom Betrachter auf das beworbene Produkt übertragen werden sollen. [Foto Roland Siekmann]

Abb. 66: Hinweisschild an der Autobahn 33 auf die Durchfahrt durch die Sennelandschaft. Die Merkmale einer als vormodern und idyllisch idealisierten Heidelandschaft werden in der auf rasche Wahrnehmung angelegten piktografischen Darstellung betont. [Foto Roland Siekmann]

wenngleich aber vielleicht noch im ähnlichen Maße monoton: Zwar erblickt er keine ‚öde Heide' mehr, dafür erahnt er über die Leitplanken der mehr oder weniger schnurgeraden Autobahn hinweg gleichförmige Äcker und Kiefernforsten. Wie die Senne aber wirklich sein sollte, bzw. wie er sie wahrzunehmen habe, erfährt der Reisende am Rastplatz in der Nähe des Naturschutzgebietes Moosheide. Hier weist ihn ein braunes Schild – einheitlich genormt wie auch anderswo an Autobahnen üblich – auf die landschaftliche Eigenart der Gegend, in der er sich gerade befindet, hin; dargestellt ist die weite Heide und der obligatorische Schäfer, piktographisch vereinfacht und entsprechend schnell wahrnehmbar **(Abb. 66)**.

Einige echte Schäfer betreuen für die Biologischen Stationen die zur Kulturlandschaftspflege angeschaffte Heidschnuckenherde; sie stellen mittlerweile ein viel fotografiertes Motiv dar, finden regelmäßig Erwähnung und Abbildung in den Berichten der lokalen Presse und werden durch diesen medialen Multiplikationseffekt zum assoziativen Synonym des – wie es die Neue Westfälische Zeitung ausdrückte – „klassischen Senne-Idyll" stilisiert.[153] Auch Landschaftspflege und Naturschutz bedienen jenes vormoderne Bild von der Heide und ihrer Wirtschaftskultur, das die Menschen wohl erwarten; warum auch nicht. Der temporale Rekurs auf *früher* oder *damals* ist dem Naturschutzgedanken stets immanent, und besonders die Senne wird als eine Region betrachtet, die solche Qualitäten, welche eher der Vergangenheit zugeordnet werden, auch noch in der Gegenwart aufweist. Zu diesen Qualitäten zählt neben dem Landschaftsbild insbesondere ihre Biotopfunktion für Arten der naturschutzrelevanten „Roten Liste", die sich als quantitatives Kriterium wiederum ganz grundsätzlich auf einen vormodernen oder zumindest vortechnisierten Landschaftszustand als Relation bezieht. Beides, das Bild der Landschaft mitsamt all seiner daran gebundenen Assoziationen und die quantifizierbare Biotop- und Artenausstattung, weist auf eine gewünschte, in der Vergangenheit gründende Kontinuität hin. Allein die Verwendung des kleinen Temporalbegriffes ‚noch' in der sprachlichen Beschreibung kann dies verdeutlichen:

> „Denn ausgerechnet hier [in der Senne; RS] gaukeln *noch* längst verschollene Falter über Heidekraut, Wasserdost und Mädesüß. Brüten *noch* Schwarzkehlchen, Wasseramsel und Eisvogel und [...] laichen *noch* Neunauge, Groppe und Bachforelle. Blühen *noch* Arnika, Lungenenzian und Heidenelke. Ruft *noch* der Moorfrosch aus dem Tümpel am Dünenfuß" (SERAPHIM 1991: 104; Hv. RS)

153 Vgl. *Neue Westfälische Zeitung* v. 28.11.98; siehe bspw. auch die Ausgaben v. 9.6.99 u. 17.10.00 u. 19.12.00

6. Sechstes Kapitel: Die Senne als Naturparadies

Die Bewertung der Senne als ein Landschaftsraum besonderer Selten- und Schönheiten der Flora und Fauna, als eigenartige und schützenswerte Kulturlandschaft einerseits und halbnatürliche, kulturferne Wildnis andererseits ist ganz zweifellos die aktuell bedeutsamste Form ihrer Wahrnehmung. Insbesondere der öffentliche Diskurs über eine etwaige Einrichtung eines Nationalparks hat in den vergangenen Jahren den Fokus auf die Senne in diesem Sinne gebündelt; zahlreiche Aufsätze und Monographien sind seither veröffentlicht worden, und ein Großteil davon bezieht sich auf die Senne als einen naturschutzwürdigen Landschaftsraum. Von der gesteigerten Aufmerksamkeit auf das – so ein neuerer Titel der Regionalliteratur –„Naturparadies Senne" (TEICHMANN 2000) zeugen Wander- und Radwanderführer und farbige Bildbände in den Auslagen von Buchhandlungen, zahlreiche Berichte in der Lokalpresse und den regionalen Sendeanstalten sowie mehrere bundesweit ausgestrahlte Fernsehdokumentationen. Wissenschaftliche Studien und Aufsätze thematisieren die Sennelandschaft, Seminare und Fachtagungen finden statt, Vorträge und Exkursionen locken in die Biologischen Stationen und die Landschaft selbst. Der Vorsitzende des Fördervereins Nationalpark Senne, Ulrich Harteisen, formulierte auf einer Fachtagung zur nachhaltigen Regionalentwicklung:

> „Glasklare Bäche mit faszinierender Waldwildnis, unzugängliche Moore und Sümpfe und wilde Pferde in weiter Heidelandschaft – die Senne, ein ungeschliffener Diamant im Herzen von Ostwestfalen-Lippe" (Förderverein Nationalpark Senne, *Rundbrief* 7, 2002: 3).

Die naturbezogene mediale Aufmerksamkeit macht den Prozess einer öffentlichen Umwertung der Sennelandschaft deutlich, der, angestoßen von Interessengruppen aus dem Naturschutz- und Tourismusbereich, mittlerweile eine gewisse Eigendynamik entwickelt hat. Der Freiraum Senne, der historisch immer wieder neuen Sondernutzungen Raum geboten hatte, soll jetzt mit möglichst breitem Zuspruch als Gebiet zum Schutz von Natur inwertgesetzt werden. Eine öffentlichkeitswirksame, möglichst eindeutige und gründliche Umwertung der Senne zum „Naturparadies“ und „ungeschliffenen Diamanten“ ist dabei die Voraussetzung für eine tatsächliche – wenngleich bis dato noch utopische – großflächige Umnutzung der Landschaft. Trotz aller romantisierender und historisierender Heimatkunde der vergangenen hundert Jahre, die üblicherweise nur einen ohnehin schon landeskundlich interessierten Teil der Menschen erreicht hatte, waren die Bilder und Vorstellungen von der Senne in der regionalen Öffentlichkeit noch lange solche geblieben, die einem ‚Paradies‘ oder ‚Rohdiamanten‘ so gar nicht entsprachen: Ein Großteil der Bevölkerung assoziierte mit dem Landschaftsraum bis vor wenigen Jahren (bzw. auch noch bis heute) wohl zunächst den Truppenübungsplatz, die Kiefernmonokulturen und jenen sprichwörtlichen ‚Zorn Gottes‘, aus dem heraus dieser die Senne als eine unfruchtbare Sandödnis erschaffen habe. Jetzt bemüht man sich intensiv um die Setzung neuer Symbole und Assoziationen, die freilich orientiert sind an traditionellen (Vor-)Bildern einer nostalgischen und naturschönen Sennelandschaft. In einem 1992 vom Westdeutschen Rundfunk produzierten und ausgestrahlten zweiteiligen Dokumentarfilm über die Natur auf dem Truppenübungsplatz Senne leitet der gesprochene Kommentar, nachdem er zuvor eine historische Landschaftsbeschreibung zitiert hat, folgendermaßen ein:

> „Und heute? – Seit der Zeit des Wanderers am Anfang des 18. Jahrhunderts hat sich nur wenig verändert: Die ehemaligen Roggenfelder liegen brach, kein Industrieschornstein, keine Autobahn und kein Telegrafenmast verstellen den Blick in die endlose Weite. Eine Landschaft, wie wir sie in der dichtbesiedelten Bundesrepublik nicht mehr kennen. [...] Zwischen den Schießbahnen konnten sich urwüchsige Landschaften halten, letzte Überlebensräume für Tiere und Pflanzen.“[154]

Nun hat sich tatsächlich in den letzten dreihundert Jahren sehr wohl einiges in der Senne verändert, auch auf dem Gelände des heutigen Truppenübungsplatzes: Die ehemaligen Nutzflächen und jetzigen Ackerbrachen, die die Kamera zeigt, waren zu Beginn des 18. Jahrhunderts womöglich noch nicht einmal in Kultur genommen, die Wälder im Hintergrund sicher noch nicht aufgeforstet, und von „endloser Weite“ kann heute auch auf den größten Freiflächen des militärischen Sperrgebietes nicht mehr die Rede

154 *Nach hundert Jahren Zweisamkeit.* Natur auf dem Truppenübungsplatz Senne. Dokumentarfilm von Michael Blaschke und Ulrich Haufe-Simm, 90 Min., WDR 1992.

sein (auch wenn man auf den Offenflächen der Kammersenne tatsächlich noch eine Ahnung von dem frühneuzeitlichen Landschaftszustand und dem weiten Blick mit tiefem Horizont bekommen kann). Der Kommentartext der Filmdokumentation bedient die Wunschvorstellungen der Zuschauer nach einer heilen Naturwelt, indem er agrarische und infrastrukturelle Veränderungen zunächst negiert und dagegen die ästhetischen Werte der „endlosen Weite“ und der „urwüchsigen Landschaft“ hervorhebt. Imaginationen eines nostalgischen Landschaftsbildes sind nach wie vor auch der naturschützerischen Landschaftsschilderung immanent. Ein im Jahr 2000 erschienener, naturschutzorientierter Landschaftsführer leitet folgendermaßen ein:

> „Zarte Nebelschleier, die sich über Heidebestände legen und einzelne Bäume schemenhaft und irgendwie gespenstisch umhüllen, im Sonnenlicht glitzernde, eng gewundene Mäander schattig kühler Tieflandbäche. Dies verbindet man mit der Sennelandschaft, ebenso wie feuchte Niederungswiesen, romantische Gehöfte, einsame Waldpfade und Moorflächen mit einer spezialisierten Tier- und Pflanzenwelt“ (SCHROEDER u. RÜTHER 2000: 2).

Diese Worte stammen vom Herausgeber des Bandes, dem Präsidenten der „Stiftung Europäisches Naturerbe“ Claus-Peter Hutter, und sind wohl in erster Linie als Wunschdenken zu interpretieren; denn wie gesagt: „man“ – so muss für den verallgemeinernden Plural im mindestens gleichen Maße gelten – verbindet durchaus auch noch anderes mit der Senne als nur das von Hutter gezeichnete Bild der idyllischen, gespenstischen, naturnahen Heide- und Sumpflandschaft, wie sie aus der Droste- und Lönslyrik bekannt ist. Nach wie vor assoziieren viele Menschen beim Stichwort ‚Senne‘ zunächst den unzugänglichen Truppenübungsplatz und die Satellitensiedlung Sennestadt, denken eher an unfruchtbaren Sandboden mit gleichförmigen Kiefernforsten als an eine romantische Naturidylle. Hutter schildert keinen Zustand, sondern vielmehr ein Ziel; die Senne *möge* in erster Linie so betrachtet werden! Zunehmend bedienen auch naturschutzunabhängige Printmedien dasselbe Bild und beteiligen sich konstruktiv an der Umwertung der Landschaft: In einem mit der Titelzeile „Schönheit vor der Haustür“ überschriebenen und mit dem unvermeintlichen Foto eines Heideschäfers illustrierten Artikel meldet beispielsweise die Bielefelder Neue Westfälische Zeitung:

> „Wenn Ostwestfalen und Lipper von ihrer Region erzählen sollen, dann fällt ihnen die Schönheit der Senne ein“ (*NW* vom 19.12.2000).

Meiner Einschätzung nach fallen den Ostwestfalen und den Lippern in solch einem Kontext (nach wie vor) zuerst wohl andere Teilgebiete ihrer Heimat ein, bevorzugt bewaldete und hügelige Gegenden, zugänglichere Landschaften als die Senne, allem voran wohl der Teutoburger Wald mit seinen laubgrünen Buchenwäldern, dem Hermannsdenkmal und den Externsteinen. Die vermeintlich konsensuelle Beurteilung der Senne als eine ›schöne Landschaft‹ wird durchaus nicht per se von der regionalen Bevölkerung geteilt; viele empfinden die Sandgegend nach wie vor als öde und langweilig, oder aber sie ist ihnen kaum bekannt.[155] Dennoch zeugt die zitierte Zeitungsmeldung davon, dass die öffentliche Wahrnehmung der Landschaft sich wandelt und gleichsam auch weiter in diese Richtung gelenkt werden soll. Sowohl im institutionellen wie im ehrenamtlichen Naturschutz weiß man, dass es einer breiten Zustimmung der Bevölkerung und einer starken politischen Lobby bedarf, um den naturschützerischen Anspruch auf die Senne gesellschaftlich zu legitimieren. Erste Schritte einer gesellschaftspolitischen Neubewertung der Sennelandschaft sind bereits getan: Auch auf administrativer Ebene wurde die an Verwaltungsgrenzen seit jeher reiche und zersplitterte Gegend erstmals über die naturschutzorientierte Wahrnehmung als *eine* Region, als *ein* Planungsraum begriffen; dies spiegelt sich bereits in der in den 1970er Jahren initiierten Landschaftsplanung, vor allem aber in der von der Bezirksregierung 1995 in Auftrag gegebenen naturschutzfachlichen Studie „Leitbild Senne“, in Ansätzen zu einer gemeinsamen lokalen „Agenda 21“ der Sennekommunen und in der von einem Förderverein betriebenen Nationalparkplanung.

Sozialgeographisch ausgedrückt stellen Naturschutzgebiete „eine Form der Institutionalisierung des Zugangs zu und der Kontrolle von Raum“ dar. Dabei können unterschiedliche Wahrnehmungen und Wertungen von Natur „als spezifische Form der Raumaneignung verstanden werden. Aus den Naturwahrnehmungen verschiedener Akteursgruppen und Individuen leiten sich unterschiedliche Vorstellungen zur Notwendigkeit und zur Ausgestaltung des Schutzes von Natur ab“. Schon ein raumbezogener öffentlicher Diskurs über Naturschutz und erst recht der konkrete Einrichtungsprozess einer Naturschutzfläche können als „Herstellungsprozess eines sozialen und politischen Raumes“ verstanden werden (Röper 2001: 49). Der „soziale und politische Raum“, über den der regionale Naturschutz gerne verfügen würde, ist weitgehend eben jener kulturhistorisch marginale Freiraum, als den ich die Senne beschrieben habe. Das ist kein Zufall; vielmehr ist der Naturschutz ein ganz typischer Verwerter von verbliebenen Nischen und Freiräumen in der modernen Kulturlandschaft. Denn in aller Regel nur da, wo andere Nutzungen nicht ausreichend ökonomischen Gewinn einzubringen versprechen, bekommt der Naturschutz seine Chance: in relativ unzugänglichen Geländeteilen, in disfunktionalen Nischen zwischen urbanen und agrarischen Räumen, auf Sozialbrachen, in wiedernaturierenden Rohstoffabbaugebieten und auf Abraumhalden, auf ehemaligen Truppenübungsplätzen u.s.w. Diese Regel gilt (Ausnahmen mögen sie bestätigen) weltweit; Alfred Runte hat beispielsweise für die amerikanischen Nationalparks eine ähnliche These aufgestellt, indem er die weltberühmten Reservate als allesamt auf nutzlosem Land entstanden beschreibt (vgl. RUNTE 1979).

So ist es keine Überraschung, dass gerade die wenig fruchtbare, historisch stets für Sondernutzungen in Frage kommende Sennegegend als aussichtsreicher Kandidat für ein flächenhaftes Großschutzgebiet gehandelt wird, und nicht etwa ein Landschaftsbereich auf hochwertigen Lössböden. Der periphere Freiraum Senne könnte über den Naturschutz – also wieder einmal durch eine Sondernutzung – neu inwertgesetzt werden. Die Naturschützer der Region sind bereits gut gerüstet, diese Aufgabe zu übernehmen. Die naturschutzfachlich-ökologische und historisch-geographische Forschung zur Senne hat sich in den vergangenen Jahren erfolgreich bemüht, über natur- und heimatromantische Bewertungen hinausgehend die Notwendigkeit eines großflächigen Naturschutzes wissenschaftlich zu begründen – wenn auch subjektive und normative Aspekte der Beurteilung allen wissenschaftlichen Versuchen einer Objektivierung immanent bleiben. Die bemerkenswerte fachwissenschaftliche Aufmerksamkeit hat eine hervorragende empirische Datengrundlage zur Beurteilung der Senne für die Landschaftsforschung und planung erarbeitet und greifbar gemacht; insbesondere sind hier die „Berichte zur Ökologie der Senne“ von Ernst Theodor Seraphim, die Gutachten und Forschungsberichte der Biologischen Stationen und die Studien von Ulrich Harteisen zu nennen.[156] Die Senne ist mittlerweile wohl eine der ökowissenschaftlich bestdokumentierten Landschaften Deutschlands; neuere Untersuchungen ergaben die Zahl von 5.287 Tier- und Pflanzenarten im Sennegebiet, wovon jede fünfte auf der Roten Liste verzeichnet ist.[157]

---

155 Als zwar unrepräsentatives Sample zum Beleg dieser Aussage dient mir z. B. die Meinung der eigenen lippischen Verwandtschaft (weder Vater noch Mutter schätzen die Senne als besonders ‚schön‘) und der private Freundeskreis, welchem gegenüber ich manchmal nur mit Mühe meine eigene Zuneigung zur Senne begründen kann. Selbst nachdem ich Freunde zu meinen Lieblingsplätzen in der Senne geführt habe, vernahm ich oftmals eine Reaktion wie „im Teutoburger Wald gefällt's mir aber doch besser“ oder ähnlich. Eine quantitative empirische Untersuchung dieser Frage wäre in diesem Kontext sicher interessant.

156 Vgl. SERAPHIM 1978, 1980, 1981, 1995; BIOLOGISCHE STATIONEN SENNE UND PADERBORNER LAND 1997; HARTEISEN 1999, 2000, 2001a, 2001b.

157 Angegebene Artenzahl laut mündlicher Auskunft von Dr. Ute Röder, Biologische Station Lippe.

Aspekte des neueren naturschützerischen Diskurses, der in erster Linie auf Möglichkeiten eines großflächigen Naturschutzes – etwa der Etablierung eines Nationalparks – hinzielt, werden weiter hinten thematisiert. Zunächst sollen die ihm zeitlich vorausgehenden Diskussionen und Aktivitäten von Naturschützern angesprochen werden, denn freilich ist die natur(schutz)bezogene Wahrnehmung der Senne nicht neu, sondern sie ist vielmehr in ihrer Entwicklung konstitutiv verknüpft mit dem im 19. Jahrhundert entstandenen romantisierenden Blick auf die Heidelandschaft, mit der sentimentalen Sennefahrt von Hermann Löns, mit Landschaftsgemälden, Heimatlyrik und Wanderausflügen des regionalen Bildungsbürgertums, mit einer frühen naturschützerischen Aufmerksamkeit, die bereits in den ersten Jahrzehnten des 20. Jahrhunderts wirksam wurde.

6.1. Geschichte des Naturschutzes in der Senne von seinen Anfängen bis in die 1980er Jahre

Neben den naturromantischen Ästhetisierungen und den temporalisierenden Bedeutungszuweisungen an die ‚unberührte Natur' der ‚uralten' Heidelandschaft trat um die Jahrhundertwende zunehmend auch die biologische Artenwelt ins Blickfeld der Senneliebhaber. Mehr und mehr wandernde Naturfreunde, wohl gleichsam mit dem Hermann-Löns-Text und einem Artenbestimmungsbuch im Rucksack, entdeckten die abgelegene, weite Sandlandschaft südlich des Teutoburger Waldes als naturnahen Erholungs- und zugleich auch botanischen Forschungsraum. Der Naturschutz stand zu dieser Zeit noch in den Kinderschuhen und war integrativer Teil des umfassenderen ‚Heimatschutzes', welcher sein Augenmerk zugleich auf heimattypische Baudenkmäler, solitäre Naturdenkmäler und den Gesamteindruck eines traditionellen Kulturlandschaftsbildes richtete. Der Übergang zwischen naturromantischen Sichtweisen (in erster Linie die sinnlich-ästhetische Wirkung der naturhaften Landschaft auf die Psyche des Betrachters) und dezidiert naturschützerischen Perspektiven (in erster Linie die Erhaltung von seltenen Arten und Biotopen) ist weitgehend fließend und kaum trennscharf zu differenzieren.

Nachdem sich im Jahr 1904 unter der Federführung Ernst Rudorffs in Dresden die deutsche Heimatschutzbewegung formiert und organisiert hatte, dauerte es zunächst nicht lange, bis die regionalen Heimatbünde erstmalig auf die Senne als schützenswerten Landschaftsraum aufmerksam wurden. Im Fall des „Lippischen Bundes für Heimatschutz und Heimatpflege“ findet die Senne erstmals in dessen 7. Jahresbericht im ersten Kriegsjahr 1914 Beachtung. In einem Aufsatz über „Heimatschutz und Ödlandkultur“ setzt sich der Mitbegründer und langjährige Vorsitzende des Vereins, der Detmolder Jurist Bernhard Ebert, mit den damals geplanten Arbeiten zur Urbarmachung und Besiedlung von Ödlandflächen der Oberen Senne auseinander:

> „Denn es läßt sich nicht verkennen, daß mit der Urbarmachung von Ödland viel landschaftliche Schönheit und Eigenart verloren geht. Und mancher Freund der Einsamkeit und der unberührten Natur, der gern Erhebung und Belehrung sucht auf den weiten Heideflächen der Senne mit dem mannigfachen Pflanzen- und Tierleben, wird mit Wehmut an die Zeit denken, wo auch dieses letzte Stück jungfräulicher Natur in unserem Lande der Vergangenheit angehört haben wird“ (Ebert 1914: 8).

Interessant ist, dass Ebert trotz des Herausstellens der ästhetischen und ökologischen Qualitäten der Sennelandschaft *nicht* ihren Schutz oder ihre Erhaltung fordert, sondern dass er bereits 1914 von der Unvermeidbarkeit des bevorstehenden Landschaftswandels ausgeht. Als Sprecher des lippischen Heimatschutzbundes zeigt er angesichts der politischen Situation vielmehr „volles Verständnis“ für die „wirtschaftliche Notwendigkeit“ und betont, den „dringenden vaterländischen Kulturwerken“ „keineswegs [...] feindlich oder auch nur mit bangem Bedenken“ gegenüber zu stehen. Statt dessen begnügt er sich mit der Forderung, in „manchen Ecken und Winkeln“ „kleinere Stücke des ursprünglichen Ödlandes“ zu erhalten, während er die „ursprüngliche Schönheit“ der Senne schon jetzt als tendenziell „verloren“ und der „Vergangenheit“ angehörig beurteilt (ebd.: 8–10).[158] Wohl beklagt Ebert jenen ideellen und ästhetischen Verlust, der durch die Urbarmachungen der Heide und der Sümpfe auf Kosten der traditionellen Sennelandschaft entstehe, jedoch verspricht man sich seitens der Heimatschutzbünde bezüglich einer möglichen Erhaltung dieses relativ unkultivierten Landstrichs offenbar kaum einen Erfolg. Zwar wird die Senne prinzipiell

---

158 Wie nach ihm noch viele andere singt Ebert schon in diesem wohl ersten naturschützerischen Text zur Senne das Klagelied vom unmittelbar bevorstehenden Abschied von der alten Sennelandschaft; dieses Lied wird, wie ich zeigen werde, bis in die Gegenwart immer wieder in Variationen auftauchen und vermittelt in der Rückschau beinahe den Eindruck, als sei die Senne als Naturparadies entgegen aller pessimistischer Prophezeiungen letztlich ‚nicht totzukriegen‘. Vgl. dazu auch: Siekmann, Roland: Sterbende Landschaft? Katastrophenrhetorik im naturschützerischen Diskurs über die Senne. In: Uekötter, Frank u. Jens Hohensee (Hrsg.): *Wird Kassandra heiser?* Beiträge zu einer Geschichte der „falschen Öko-Alarme“. Stuttgart 2004.

als schützenswert ob ihrer „jungfräulichen" und „unberührten" Naturhaftigkeit erkannt, dennoch scheinen die lippischen Heimat- und Naturschützer in den Folgejahren kein besonders ausgeprägtes Interesse und Engagement für die Erhaltung dieser Landschaft zu entwickeln.

So wie die Senne geographisch am äußersten Rand der Wirkungsbereiche der jeweiligen Heimatbünde lag und also auch in diesem Fall ein Grenzland zwischen so genannten ‚Heimatgegenden' bildete, so lag sie wohl auch nur am Rande des Interesses der Heimatschützer. Ungleich größeres Engagement verwendete man von lippischer Seite auf die Unterschutzstellung des Donoper Teiches und Hiddeser Bents im Teutoburger Wald, von der mit dem symbolträchtigen Hermannsdenkmal gekrönten Grotenburg und den sagenumwobenen Externsteinen, die den Heimatschützern als Bezugsobjekte regionaler Identität weit eher am Herzen lagen. Bezüglich des Marginalraums Senne fand man sich offenbar von vorneherein damit ab, dass hier andere Nutzungen Vorrang haben, vor denen man als Naturschützer – zwar nicht klaglos, jedoch unvermeidbar – den Hut ziehen muss: die notwendige Landkultivation, der notwendige Wohnungsbau, das notwendige Militär.[159] In den für die Frühzeit des Naturschutzes maßgeblichen regionalen Publikationen taucht die Senne daher zunächst nur selten auf. Nach der zitierten, von großem Verständnis für die Urbarmachung geleiteten Bemerkung Eberts aus dem Jahr 1914 dauert es im Falle der Jahresberichte des lippischen Heimatschutzbundes zunächst weitere zwölf Jahre bis zu einer zweiten Erwähnung der Senne im Jahr 1926.[160]

Von Anbeginn der Entdeckung der Senne zum Zwecke der Freizeitnutzung waren es vor allem auch interessierte Hobbybotaniker und -zoologen

---

159 Für einem vergleichbaren Kontext spricht Ludwig Fischer vom Konzept der „verstehenden Trauer", mit welcher Naturliebhaber dem „unabwendbaren Untergang" einer Kulturlandschaft zuweilen gegenüberstehen: „Verstehende Trauer" beklagt als bildungsbürgerliches Konstrukt den Verlust der Kultur eines vermeintlich ‚einfachen Lebens', nimmt diesen aber zugleich als zivilisationsgeschichtlichen Niedergang hin. Vgl.: FISCHER, Ludwig: Das Feste und das Flüssige. Zur Ideologie und Wahrnehmungsgeschichte des Wattenmeers und der Halligen. In: Busch, Bernd u. Larissa Förster (Bearb.): *Wasser.* Schriftenreihe Forum Bd. 9, Bonn 2000: 624–652.

160 Die angesprochene Erwähnung der Senne im *19. Jahresbericht des Lippischen Bundes für Heimatschutz und Heimatpflege* für das Jahr 1926 lautet: „Wie der Wald in inniger Verbindung mit der Heide steht, so ist es von jeher unser Bestreben gewesen, für den Schutz gefährdeter, den Wald umsäumender Heideflächen einzutreten, wenigstens da, wo nicht eine Umwandlung in Kulturland eine erheblich stärkere Nutzbarmachung in sichere Aussicht stellte. In diesem Sinne haben wir die Bestrebungen der Vereinigung der Sennefreunde in Paderborn, die auf die Erhaltung einer größeren Fläche der Senne gehen, begrüßt. [...] Mit Rücksicht darauf, daß alle Wanderer ein gleiches Interesse daran haben, daß das Landschaftsbild der Senne möglichst unberührt bleibt, haben wir uns gegen die Errichtung eines Erholungsheimes für eine Bielefelder höhere Lehranstalt in der nächsten Nähe der Ölbachquelle bei Stukenbrock ausgesprochen."

Abb. 67: Die alte Riege des Detmolder Turnvereins bei der Rast auf einer Wanderung durch die Stapelager Senne, um 1925. Die Wahrnehmung der Senne als eine schöne und schützenswerte Naturlandschaft war im frühen 20. Jahrhundert vor allem eine Sache des Bildungsbürgertums. [Foto Bachler, Staatsarchiv Detmold D 75-11327]

gewesen, die in der Senne einen geeigneten Raum für ihre Forschungen fanden. Ihre Sicht auf die Landschaft war zum Teil eine andere als die der Löns-bewährten Wandervögel und germanophilen Heimatforscher: Für sie stand nicht so sehr die sinnliche Erfahrbarkeit des ästhetischen Landschaftseindruckes noch die mystische, geheimnisvolle Geschichtsträchtigkeit der Gegend im Vordergrund, sondern das Interesse an der Kenntnis um die Systematik und Typologie bestimmter Pflanzen- und Tierarten:

> „Ein Gebiet, das durch großartige Naturschönheiten fesselt, ist unsere Senne nicht. [...] Mit großem Interesse bewundert besonders der Botaniker die reichhaltige Flora, die ihm viele seltene Vertreter ihrer zarten Kinder vorführt. Die Vogelwelt bietet dem Ornithologen reiche Abwechslung, und der Insektenfreund kommt schier nicht durch mit seinen Beobachtungen" (FLOTTMEIER 1936: 7).

Den bildungsbürgerlichen, naturkundlich und historisch interessierten Heimatforschern und Naturfreunden der ersten Stunden nachfolgend waren etwa seit den 1920er Jahren zunehmend auch weniger exklusive Wochenendausflügler zahlreich zum Wandern und Picknicken in die Senne gekommen, welche wiederum den Vertretern der erstgenannten Elite zuweilen ein Dorn im Auge waren. Als Familien- und Vereinsausflüge in die ostwestfälische Heidelandschaft populärer wurden **(Abb. 67, 68)**, ließ auch der Konflikt zwischen Naturschützern und illustren Ausflugsgesellschaften nicht lange auf sich warten; so ist für das Furlbachtal zu lesen:

> „Bis vor einigen Jahrzehnten lenkte kaum ein Wanderer seine Schritte in diese Gegend. In den letzten Jahren kamen viele hierher, die Einsamkeit und Ruhe liebten. Leider folgten auch vielfach Leute, die für die Schönheiten unserer Senne keinen Sinn hatten. Sie zertraten das Gras in den Wiesen und die jungen Pflanzungen am Hang, gefährdeten durch Feuer den Wald, zerstörten Bänke und Stauwerke und warfen Papierreste und Eierschalen umher. Durch wüstes Lärmen vergrämten sie das Wild. Darum wurde das Furlbachtal in seinen schönsten Strecken für Wanderer gesperrt" (POLLKLÄSENER 1936: 37).

Abb. 68: „Ein Sonntagnachmittag in der Heide." Die Fotografie aus der Oerlinghauser Senne dokumentiert die infolge zunehmender Mobilität sich ausweitende Ausflugs- und Picknickkultur, aus der heraus auch breitere Bevölkerungsschichten die Senne als idyllische Heidelandschaft entdeckten. [Foto und Originalkommentar Ludwig Maasjost, Archiv Biologische Station Paderborner Land]

Ähnlich kritisch äußerte sich der Bielefelder Mittelschullehrer und Naturschützer H. Gottlieb in einem 1928 erschienenen Aufsatz, in dem er das zunehmende öffentliche Interesse an der Senne als populärem Erholungsraum als ebenso verantwortlich für das Verschwinden der „wildwachsenden Senneflora" betrachtet wie die fortschreitenden Landkultivationen:

> „Als die Kultivierung in größerem Umfange einsetzte, und als die Zahl der Sennewanderer immer mehr anschwoll, da war die goldene Zeit der wildwachsenden Senneflora vorbei. Die Umwandlung der Sandflächen und Sumpfgebiete in Äcker und Wiesen entzog den Pflanzen buchstäblich den Boden unter den Füßen, und manches Blumenparadies wurde für immer zerstört. Doch ist die Urbarmachung der Senne, die wir – nebenbei gesagt – aus volkswirtschaftlichen Gründen für nötig erachten, nicht die einzige Ursache des allmählichen Verschwindens vieler Pflanzenarten, sonst müßte ja an den nicht kultivierten Stellen von einer Verringerung des Pflanzenbestandes nach Zahl und Art noch nichts zu merken sein. Leider ist das Gegenteil der Fall. Schuld daran sind erstens all diejenigen Ausflügler und Wanderer, die meinen, in ihren Blumensträußen gerade die nicht häufig vorkommenden Pflanzen heimtragen zu müssen, zweitens jene unsere Mitmenschen, die aus Abneigung gegen regelmäßige Arbeit sich durch den Verkauf von Weiden- und Hülsenzweigen, Blüten von Teichrosen und Küchenschellen auf leichte Art Geld zu verschaffen suchen, drittens diejenigen Sammler, die, um ihre Herbarien zu füllen, auch solche Pflanzen pflücken, die nur noch in wenigen Exemplaren vorhanden sind" (Gottlieb 1928: 37).

Solche Klagen eines Naturschützers über andere Nutzer seines Schutzobjektes scheinen in ihrer Grundstruktur zeitlos zu sein. Schon Ernst Rudorffs Kritik hatte im späten 19. Jahrhundert vehement auf städtische Ausflügler gezielt, und bis heute sehen Naturschützer ‚ihre' Natur durch erholungsuchende Touristen latent gefährdet. Die selbsternannte Elite der Naturliebhaber bemühte sich stets um die Aneignung solcher Areale, die man aufgrund ihrer ästhetischen und ökologischen Ausstattung am liebsten ganz für sich und seine Zwecke allein hätte, und oft bemühte man moralische Kategorien zur Herabsetzung der Interessen der jeweils anderen. In diesem Sinne bemerkenswert ist Gottliebs geradezu kriminalisierender Vorwurf an jene Sennebewohner, die den Touristen gepflückte Pflanzen und Blüten zu Kauf anbieten. Dabei waren die Einheimischen, die mit solchem

Kleinsthandel ihren allzu schmalen Lebensunterhalt etwas aufzubessern trachteten, diejenigen Menschen, denen der Freiraum Senne einschließlich seiner Weidenzweige und Küchenschellen moralisch wohl noch am ehesten ‚gehörte' – eher zumindest doch als dem Bielefelder Mittelschullehrer. Gottliebs Aufsatz zum Naturschutz in der Senne ist in mehrerer Hinsicht aufschlussreich; interessant sind auch die Passagen, in denen er grundsätzlich auf naturschutzethische Begründungen für den Umgang mit der Natur hin reflektiert:

> „Außerordentlich viel ist schon nach dem Kriege in dieser [naturschützerischen, RS] Hinsicht geschehen. Ich sagte, „nach dem Kriege", vielleicht muß man sagen, „infolge des Krieges". Hat diese schwere Zeit nicht dem Worte „Heimat" einen tieferen Klang gegeben und uns den Begriff „Heimat" viel wertvoller gemacht? [...] Warum treiben wir denn überhaupt Naturschutz? Handelt es sich dabei nicht einfach um eine gutgemeinte Modesache? Ist es schließlich nicht ganz gleichgültig, ob ein paar Pflanzenarten verschwinden? [...] Wir Menschen haben überhaupt nicht das Recht, ein Lebewesen ohne Grund zu töten. [...] Geschöpfe ohne Grund vernichten kann nur der, dem es an Ehrfurcht fehlt vor dem großen Weltenmeister, der imstande ist, Keimzellen und winzige Samenkörnchen mit ungeahnten Entwicklungsmöglichkeiten auszurüsten. [...] Haben wir Menschen nicht die Pflicht, unseren Kindern die Heimat, die für uns etwas Hohes, Heiliges ist, möglichst so schön und reich zu übergeben, wie wir sie übernommen haben? Ist es nicht auch unklug, daß wir müßig zusehen, wie die Natur, die für viele Menschen des Zeitalters der Industrie der Jungbrunnen für Leib und Seele ist, immer mehr verödet und verarmt? Zu diesen mehr ideellen Gründen für unsere Naturschutzbestrebungen kommen noch zwei andere. [Als ersten spricht er die wissenschaftliche Aufgabe der Erforschung und Dokumentierung an; als weiteren nennt er den Nachweis,] daß die Natur mit all ihren Lebewesen ein Organismus ist, in dem Harmonie besteht, solange nicht einseitige Eingriffe erfolgen. Wird das Gleichgewicht zerstört [...], so rächt sich das gewiß, wenn oft auch erst nach vielen Jahren. [...] Wahrlich, Naturschutz ist keine Spielerei, es ist eine ernste Angelegenheit für jeden, der sein Volk und sein Land liebt" (Gottlieb 1928: 38ff).

Naturschützerische Begründungen, noch einmal zusammengefasst, liegen für Gottlieb in der *Liebe zur heimatlichen Umgebung*, der *Ehrfurcht vor der Schöpfung* natürlicher Dinge, der *Erholungsfunktion* von Natur für den Menschen, der *naturwissenschaftlichen Forschung* und der Idee von der *Natur als harmonischem Organismus*, also als Ökosystem (ein damals noch nicht gebräuchlicher Begriff). Diese geradezu klassische Begründungsvielfalt ist, abgesehen vom zeitgeistabhängigen Pathos mancher Formulierungen, ebenfalls recht zeitlos und bis heute gültig. Die ‚Heimatliebe' allerdings ist im modernen Naturschutz, zumindest formell, vom ersten auf einen der hinteren Plätze einer virtuellen Rangfolge der Begründungen gefallen; sie ist – den Maßstäben einer zweifelhaften ‚political correctness' folgend – oftmals begrifflich transformiert worden zur weniger pathetischen ‚regionalen Identität', wenngleich der lange Zeit vermiedene Heimatbegriff gegenwärtig auch wieder intensiv diskutiert wird.[161]

Anregungen zu ersten Naturschutzmaßnahmen in der Senne waren außer von den Heimatschutzbünden auch von naturwissenschaftlichen und historischen Vereinen, von Wander- und Verschönerungsvereinen sowie von Jugend- und Wohlfahrtsverbänden gekommen. Naturschutzgebiete konnten zur Weimarer Zeit noch nicht administrativ durch eine sie betreffende Gesetzgebung gesichert werden, waren aber auf privater und kommunaler Ebene möglich. 1920 war im kleinen Land Lippe das reichsweit erste „Heimatschutzgesetz" verabschiedet worden, welches der Durchsetzung naturschützerischer Ziele zuträglich und vom lippischen Heimatschutzbund als ein großer Erfolg seiner Arbeit wahrgenommen wurde.[162] Zwischen 1925 und 1927 wurden die ersten drei Schutzgebiete der Senne eingerichtet; auf Initiative des Bielefelder Naturwissenschaftlichen Vereins wurden die Kipshagener Teiche zwischen Schloß Holte und Stukenbrock unter Naturschutz gestellt, zwei Jahre später folgten auf Initiative des Kulturamtes Paderborn und des Naturschutzvereins Münster der Ramstelbruch nordwestlich von Hövelhof auf 0,75 ha und im lippischen Senneteil das obere Ölbachtal zwischen Oerlinghausen und Augustdorf auf 10 ha (vgl. ROHLFS 1978). Zum Naturschutzgebiet im Ölbachtal sollten laut eines Vorschlages vom Detmolder Nervenarzt Manfred Fuhrmann auch weite Teile der damals bei Ausflüglern beliebten Stapelager Senne gehören. Fuhrmann, langjähriger zweiter Vorsitzender des lippischen Heimatschutzbundes und zu dessen Befremden Gründer einer konkurrierenden „Lippischen Naturschutz Vereinigung", äußerte sich in einer „Denkschrift über die Naturschutzfrage im Lande Lippe" (FUHRMANN 1927) zu dem von ihm angedachten Schutzgebiet in der Stapelager Senne:

---

161 Vgl. *Natur und Landschaft.* Zeitschrift für Naturschutz und Landschaftspflege 9/10, 2003 mit dem Schwerpunktthema „Heimat – ein Tabu im Naturschutz".

162 Vgl. den *13. Jahresbericht des Lippischen Bundes für Heimatschutz und Heimatpflege*, 1920: 3–10.

„In der heutigen Zeit größter wirtschaftlicher Not ist es durchaus gerechtfertigt, daß unser Land soweit wie irgend möglich kultiviert wird. Auch die Heide kann diesem Schicksal nicht entgehen. Aber ist es nun unbedingt notwendig, jedes letzte Stückchen Heide nutzbar zu machen? Ist es nicht unser Pflicht, unseren Enkeln wenigstens ein zusammenhängendes Stück Heide in unversehrtem Zustande zu hinterlassen? – Wir haben lange überlegt, welche Heidefläche als Naturschutzgebiet in unserem Lande am geeignetsten wäre. Schließlich sind wir immer wieder auf dieselbe Gegend zurückgekommen. Wir haben ins Auge gefaßt das herrliche, am Südabhange des Teutoburger Waldes gelegene Heidegebiet in der Stapelager Senne vom Ölbache bis an den Rand des Waldes. Dieses Gebiet ist besonders im Hochsommer zur Zeit der Heideblüte von solcher überwältigender Schönheit, daß unbedingt ein Teil davon unberührt von jeder Art Kultur erhalten bleiben sollte. Sein Reichtum an Hünengräbern größeren und kleineren Umfanges, sowie die vielen dort noch verborgenen Schätze aus der germanischen Vorzeit genügen unseres Erachtens allein schon zu einem solchen Entschlusse" (FUHRMANN 1927: 56f).

Mit dieser Argumentation schlug die „Lippische Naturschutzvereinigung", die mehr oder weniger ein ‚Ein-Mann-Betrieb' Fuhrmanns war, die Stapelager Senne als eines von vier in Lippe einzurichtenden Naturschutzgebieten vor (neben dem Donoper Teich, dem Norderteich und den Externsteinen). Seiner Denkschrift beigefügt sind einige Fotografien aus der Stapelager Senne, u. a. eine kolorierte Ansicht der Heideblüte **(Abb. 69)** und ein Foto,

Abb. 69: Blick in die zeitweilig als „Ursenne" mystifizierte Stapelager Senne. Die Kolorierung des Fotos aus den 1920er Jahren verdeutlicht die damalige Dichte und Flächigkeit der (gerade blühenden) Besenheide auf dem Gelände, das heute als Panzerübungsgelände dient und nur noch wenig Callunabewuchs aufweist.
[Entn. aus FUHRMANN 1927: 49]

Abb. 70: Mit dieser Fotografie illustrierte Manfred Fuhrmann in seiner „Denkschrift über die Naturschutzfrage im Lande Lippe" im Jahr 1927 seine Kritik an der „Verschandelung" der Stapelager Senne durch die Errichtung eines Erholungsheimes, der Keimzelle der heutigen „Jugendsiedlung Heidehaus". [Entn. aus FUHRMANN 1927: 60]

welches die Kritik an der „Verschandelung" der offenen Heidefläche durch ein hier errichtetes Erholungsheim illustriert (es handelt sich dabei um die Keimzelle der heutigen Heidehaussiedlung) **(Abb. 70)**. Auch solche Landschaftsteile der Senne, die *innerhalb* des militärischen Sperrgebietes im paderbornischen Südteil der Senne lagen, wurden schon in den späten 1920er Jahren als ästhetische und ökologische Besonderheiten von Naturfreunden wahrgenommen. So wird in einem Aufsatz aus dem Jahr 1929 ein als „Naturschutzgebiet Sennelager" bezeichnetes Gelände genannt, über das der Autor, wiederum ein Lehrer, schreibt:

> „Wer die Heide erleben will, muß früh aufstehen können. Mit Erlaubnis der Kommandatur des Sennelagers durften wir das weite, einsame, an seltenen Tier- und Pflanzenleben reiche Gebiet des Lagers durchstreifen" (KOHLMANN 1929: 53).

Mit dem Anschwellen der Welle an Kultivierungsarbeiten, die in den späten 1920er und den 1930er Jahren mit moderner Technologie und stärkerer

Abb. 71: Exkursionsgruppe im Mäusegrund, einem Trockental in der Stapelager Senne. Der Geographie-Didaktiker, Naturschützer und Senneexperte Ludwig Maasjost führte seine Studenten immer wieder gerne in diese Landschaft: „Hier lernt man sehen", meinte er. [Foto Ludwig Maasjost, Archiv Biologische Station Paderborner Land]

Intensität über weite Teile der Senne zu rollen ansetzte, wurden vermehrt Stimmen laut, die die bedrohte Natur der Senne zu schützen und zu erhalten begehrten. Der kritische Gegendiskurs zu den Kultivationsanstrengungen schlug sich 1933 auch in einer wissenschaftlichen Arbeit, der ersten akademischen Monographie zur Senne, nieder: Autor dieser Studie und zugleich energischer Fürstreiter der naturschützerischen Fraktion, die sich um einen Erhalt der bislang vergleichsweise unkultivierten Sennelandschaft bemühte, war der spätere Paderborner Geographieprofessor Ludwig Maasjost. Maasjost selbst kam aus der wanderbegeisterten Jugendbewegung und verknüpfte von Beginn an eine heimat- und landschaftsbezogene Leidenschaft mit seiner Wissenschaft, der Geographie und ihrer Didaktik **(Abb. 71)**. Seine Dissertation über „Landschaftscharakter und Landschaftsgliederung der Senne" von 1933 veranschaulicht die noch unverschleierte Verquickung einer naturromantischen Haltung mit der geowissenschaftlichen Landschaftsforschung, wie sie in der ersten Hälfte des 20. Jahrhunderts noch durchaus üblich war. Maasjosts Dissertation und ein zusätzlicher Aufsatz zur „Senne als Naturlandschaft" von 1934 spiegeln mithin deutlich seinen naturschützerischen Impetus und seine modernisierungkritische Haltung gegenüber der Sennekultivierung. Auch Maasjost bringt zunächst – dies ist durchweg allen frühen naturschützerischen Texten zur Senne eigen – ein grundsätzliches Verständnis für die Notwendigkeit solcher Entwicklungen zum Ausdruck: Wie bereits Ebert im Jahr 1914 „dringende vaterländische Kulturwerke" zu Bedenken gibt und Richard Schirrmann in seinem 1928 erschienen Heimatband die „Raumnot" eines nach dem verlorenen Ersten Weltkrieg „zusammengepferchten Volkes" als legitime Begründung dafür ansah, dass selbst Gebiete mit für die Landwirtschaft ungeeigneten Böden unter Siedlungs- und Kultivierungsdruck geraten, so weist auch Maasjost auf diesen Aspekt hin:

> „Gerade in der Gegenwart, wo jedes Stückchen nährende Scholle, jedes Fleckchen grüne Wiese so kostbar ist, wo so viele deutsche Hände auf gesunde Arbeit und sinnvolle Beschäftigung warten, ist die Gefahr der Landschaftsvernichtung besonders groß" (MAASJOST 1934: 55).

Trotz dieser relativierenden Bemerkung wird der junge Geograph aber nicht müde, mehrfach und immer wieder seine ablehnende Haltung gegen die Kultivierungsmaßnahmen zu betonen. Er beurteilt den Wandel von der extensiv genutzten Kulturlandschaft mittelalterlicher und frühneuzeitlicher Ausprägung zu einer intensiv genutzten Kulturlandschaft moderner Ausprägung überaus negativ:

> „Naturlandschaften und Kulturlandschaften kämpfen um den Raum. Aber der Kampf ist einseitig. Die Naturlandschaften werden verdrängt; es entstehen Kulturlandschaften, Gras- und Getreidesteppen" (Maasjost 1934: 55). „Immer mehr verschwinden die Formen der Natur, unendlich fein, unendlich kompliziert, geworden im Laufe von Jahrtausenden [...]. An ihre Stelle treten Formen der Kultur, nüchtern, sachlich [...]. Kulturlandschaft verschlingt Naturlandschaft" (Maasjost 1933: 66).

Maasjost sieht jene Entwicklung, die der Senne mit Ausnahme des Truppenübungsplatzes und einiger Restflächen einen tiefgreifend veränderten Landschaftscharakter bringen wird, voraus und mutmaßt:

> „Nur noch ein Jahrzehnt, höchstens zwei, und die ganze Senne ist verschwunden, und wir haben in Deutschland ein Stückchen Kultursteppe mehr" (Maasjost 1934: 55). „In 20 Jahren soll bei dem Fortschreiten der gegenwärtigen Kultivierung die ganze Heide verschwunden sein" (Maasjost 1933: 65).

Im Text seiner Dissertation werden immer wieder die ideellen Werte der traditionellen Sennelandschaft, zuvorderst der wild anmutenden, unkultivierten, naturnahen und uralten Heide, betont. Deutlich grenzt er diese von ihrem ästhetischen Gegenbild ab; die durch Urbarmachung neu entstehende Landschaft bezeichnet er als „Kultursteppe", ein negativ konnotierter Terminus, der als kulturpessimistisches Synonym für moderne Agrarlandschaften in den 1930er Jahren in naturschützerischen Kreisen verbreitet war. Als Folge der Kultivierungsmaßnahmen erwartet er neben den „Gras- und Getreidesteppen" noch „aufgeforsteten Wald", den er als „düster", „erstickend" und „quadratisch aufgeteilt" beschreibt, und „die wohlgeebnete, baumlose Berieselungswiese" (ebd.: 63 u. 65). Die Heidevegetation der Senne bezeichnet er dagegen als „Naturlandschaft". Es ist dabei nicht eindeutig nachzuvollziehen, ob Maasjost um die damals in der Fachwelt diskutierte ‚Heidefrage' in Hinblick auf die Natürlichkeit dieser Vegetation wusste – ansprechen tut er das Thema zumindest nicht. Möglich ist auch, dass er die Callunaflächen insofern als natürlich bezeichnet, als er die heideerhaltende traditionelle Bewirtschaftungsform als ‚quasi-natürlich' im Sinne von ‚der Landschaft gemäß' unter dem Begriff des Naturhaften subsumiert. Die unmittelbare Abhängigkeit vormoderner Bodenbewirtschaftungsweisen von der natürlichen Ausprägung der Landschaft und die so entstehende Nähe zwischen wirtschaftendem Menschen und bewirtschafteter Natur ließ ihm womöglich diese Form von Kultur als eine harmonische

Fortführung von natürlichen Prozessen erscheinen, denen er auch im ästhetischen Sinn die technisierten Prozesse der Moderne gegenüberstellt:

> „Wo noch vor zwei, drei Jahren in der stillen Heide der stumme Bauer seine Plaggen hackte, wo noch mit magerem Gespann die arbeitsgewohnte Sennebäuerin das dürre Heidekraut heimholte, da hört man das Zucken der Traktoren, das Rasseln der Sämaschinen [...]" (MAASJOST 1933: 66).

Die Topoi seiner Sprache spitzen die Kontraste zwischen der ‚alten Natürlichkeit' und der ‚neuen Künstlichkeit' zu: Adjektive wie „still" und „stumm", „mager" und „dürr" stehen einem mechanischen „Zucken" und „Rasseln" gegenüber. Maasjost befürchtet infolge der Landkultivationen einen Verlust all jener sinnlich-ästhetischen und historisch-temporalen Werte, die ich weiter vorne als Ebenen der Romantisierung der Senner Heidelandschaft angesprochen habe: die angenommene Ursprünglichkeit der Landschaft, die als angemessen empfundene, einfache Lebensweise der Bevölkerung, die historischen Spuren aus frühgeschichtlicher Zeit und die ästhetische Qualität der Erhabenheit der Heidelandschaft **(Abb. 72)**. Infolge der Kultivation der Landschaft sei „alle diese Pracht [...] der Vernichtung preisgegeben" (MAASJOST 1934: 56).

Abb. 72: Vom Bethelschen Heimathof aus neuangelegte Ackerflächen auf dem trockenen Sennesander südlich Augustdorfs in den frühen 1930er Jahren: „Neukultivierung greift immer weiter um sich. Hier eine weite Fläche umgebrochener Heide auf der Hermannsheide." [Foto und Originalkommentar Ludwig Maasjost, Archiv Biologische Station Paderborner Land]

„Noch schlimmer ist es in der Heide. Weite Flächen werden umgebrochen. Ehrfurchtslos geht der Dampfpflug über die jahrtausend alten Formen, ja selbst über Hünengräbern hinweg“ (MAASJOST 1934: 55).

Mit ähnlichem Impetus appelliert der Hövelhofer Lehrer Georg Pollkläsener 1936 in seinem Aufsatz „Schützt unsere schöne Senne“ an die Einsicht der Sennebauern, Teile der noch unkultivierten, nur für die Hude und den Plaggenstich genutzten Flächen quasi aus Privatinitiative heraus in der traditionellen Form, im, wie er sagt: „Urzustande“, zu erhalten. Pollkläseners moralisches Credo bedient sich dabei der schon hinlänglich thematisierten temporalisierenden Terminologie:

„Doch dürfte man von jedem Bauern, der über hundert und mehr Morgen verfügt, soviel Verständnis und Liebe für die Urwüchsigkeit der Landschaft erwarten, daß er ihretwegen zu einem Verzicht bereit wäre und nicht restlos zerstört, was die Natur der Heimat einst schenkte. [...] Hinterlasse auch deinen Erben ein Stückchen Senneland im Urzustande, laß auch deine Nachfahren teilhaben an der Schönheit unserer geliebten Senne! Bewahre treu Vätersitte und Väterart! Habe Ehrfurcht vor den Ruhestätten unserer Vorfahren, die auf weiter Heide seit grauer Vorzeit in Hünengräbern schlummern!“ (POLLKLÄSENER 1936: 46f).

Angesichts der Umwandlung der Sennelandschaft zu Nutzland moderner Prägung fordert auch Maasjost von seinen Zeitgenossen moralische Verantwortung und Einsicht in eine konservative Werteordnung, die den Geist der Kulturkritik des 19. Jahrhunderts atmet:

„Wir dürfen nicht kultivieren um jeden Preis. Es bleibt immer zu überlegen, ob die Werte, die neu geschaffen werden, den Werten gleich sind, die vernichtet werden. [...] Wie sollen wir uns wieder zurückfinden zur Natur, wenn wir sie vernichten?“ (MAASJOST 1934: 55–56).

Für Maasjost gibt es auch im wissenschaftlichen Arbeiten ein Bekenntnis zu gefühlsgeladenen Werthaltungen, die durch die Landschaftsbetrachtung ausgelöst werden können. Die Geographie nach der alten Schule Friedrich Ratzels bleibt nicht bei rationaler Landschaftsanalyse stehen, sondern versteht sich durchaus auch als Vermittler naturbezogener Empfindung.[163] Dies lag freilich auch ganz im Geist der anbrechenden NS-Zeit, in deren ideologischer Weltsicht Wissenschaft, Natur und Emotion ein verwobenes

Verhältnis haben sollten. Andererseits stand Maasjost mit seiner Kritik durchaus nicht auf einer Linie mit der NS-Administration, die im Zeichen der Autarkiepolitik zugleich das Ziel der Ödlandkultivierung ausgegeben hatte. Die Ära des Nationalsozialismus hatte für den Naturschutz in der Senne ambivalente Auswirkungen; auf der einen Seite setzten die Nationalsozialisten die in der Weimarer Republik begonnene Institutionalisierung des Naturschutzes fort und realisierten seine rechtliche Verankerung im Reichsnaturschutzgesetz von 1935. Nachdem diese juristische Grundlage zur Einbeziehung naturschützerischer Ziele in die Flächennutzungsplanung zur Verfügung stand, wurden die wenigen bereits bestehenden Naturschutzflächen in der Senne teilweise ausgeweitet und einige weitere kamen hinzu.[164]

Auf der anderen Seite fanden jedoch gerade in der NS-Zeit, in der zumindest vordergründig dem Naturschutz eine wesentliche gesellschaftliche Bedeutung zugebilligt wurde, tatsächlich auch intensivste Veränderungen der Senner Kulturlandschaft statt. Die allesamt kleinflächigen und verinselten Schutzbereiche konnten kaum ein Gegengewicht zu den großflächig vorgenommenen Bodenmeliorierungen, den Ortsteinbrechungen mit dem Dampfpflug und den systematischen Trockenlegungen weiter Landschaftsteile der feuchten Senne darstellen. Weitergehende Naturschutzforderungen hatten gegenüber solchen ‚vaterländischen Belangen' den Beigeschmack von kleinkariertem Regionalismus. Die Verkehrserschließung des Nordwestteils der Senne und der Bau der Reichsautobahn, die Ausweitung des Truppenübungsplatzes nach Norden hin und die Einrichtung des Nordlagers bei Augustdorf fielen ebenfalls in die Jahre zwischen 1933 und 1938. Während der Kriegsjahre wurden die in der Senne inhaftierten Kriegsgefangenen zu Kultivierungsarbeiten auf dem trockenen Sennesander und in der vernässten unteren Senne gezwungen. Joachim Radkau (2000: 298) schreibt in seiner Umweltgeschichte zu diesem ambivalenten Verhältnis der nationalsozialistischen Administration zur naturnahen Landschaft: „Am allerschlimmsten war in den Augen vieler Naturschützer die vom

---

163 Vgl. Ratzel, Friedrich: *Über Naturschilderung*. München u. Berlin 1923 (erste Auflage 1904).
164 1937: NSG Oberes Furlbachtal auf 17,5 ha und NSG Stadtheide am Stadtrand Paderborns auf 2,5 ha; 1939: NSG Ramstelbruch-West auf 6,5 ha; 1940: NSG Langenbergteich bei Sande auf 1,4 ha (vgl. Rohlfs 1978). Zudem existierte um 1936 ein „Heideschutzgebiet" von insgesamt 175 ha, welches das obere Ölbachtal und Teile der Stapelager Senne umfasste und offenbar dem schon angesprochenen Fuhrmannschen Vorschlag von 1927 entsprach (vgl. Suffert 1936: 15ff). Von diesem relativ großflächigen „Heideschutzgebiet" ist in der Literatur weiterhin nicht mehr die Rede; offenbar bestand es nur kurzzeitig als Erweiterung des 1927 eingerichteten NSG Ölbachtal und wurde bald zugunsten des militärischen Übungsbetriebes in der Stapelager Senne wieder bis auf den engeren Bereich des oberen Ölbaches zurückgenommen.

Arbeitsdienst betriebene Kultivierung von ‚Ödland', vieler kleiner Wildnisse in Moor und Geröll, die bis dahin von den Bauern links liegen gelassen worden waren. Schon in der NS-Zeit erhob sich dagegen wütender Protest. Hitler ordnete 1941 an, daß die Moorkultivierung gestoppt werden sollte, da die Deutschen nun genug Land bekämen".

Für die Senne lassen sich die naturschützerischen Klagen über die fortschreitenden Kultivationen und den Verlust der ‚uralten' Sennelandschaft nur bis zur Mitte der 1930er Jahre in der landes- und heimatkundlichen Literatur nachvollziehen; dann scheinen die Klagen plötzlich zu verstummen. Sehr gut ablesbar ist das an den schon erwähnten Jahresberichten des Lippischen Bundes für Heimatschutz: Auch hier fand die Senne in den frühen 1930er Jahren – wiederum angesichts ihres bevorstehenden „Unterganges" – regelmäßig Erwähnung; im Jahresbericht für 1934 wird diesbezüglich vermeldet:

> „Ein anderes Stück ursprünglicher lippischer Landschaft ist voraussichtlich dem Untergange geweiht. Die wichtigsten und notwendigen Bestrebungen, das letzte Stück Ödland für die deutsche Volkswirtschaft nutzbar zu machen, bringen es mit sich, daß auch Pläne entstehen, die die Vernichtung unserer einzigartigen Sennelandschaft zur Folge haben müssen. Nicht nur die Absicht, Teile der Senne aufzuforsten, löste in dieser Beziehung bei den Freunden der Senne Besorgnisse aus, schwerer noch traf uns die Nachricht, daß die Stadt Bielefeld beabsichtige, im Sennegebiet Rieselfelder anzulegen" (Lippischer Bund für Heimatschutz 1934: 5).

Im folgenden Jahresbericht für 1935 verkündete der Heimatschutzbund, dass man sich bemühe, „einige Teile der Senne im ursprünglichen Zustande zu erhalten, damit auch die Nachwelt sich an dieser eigenartigen deutschen Landschaft erfreuen könne". Da sich die Heimatschützer aber der Schwierigkeit bewusst waren, ertragfähigen Boden[165] von jeglicher Nutzung freizuhalten, stellte man nur bescheidene Ansprüche und hoffte lediglich auf die Erhaltung von Teilbereichen:

> „Es gibt aber in der Senne Teilgebiete, die nur mit unverhältnismäßig hohen Kosten urbar gemacht werden können. Wir haben begründete Aussicht, daß derartige kleinere Gebiete von der Aufforstung oder sonstigen Nutzbarmachung ausgeschlossen bleiben. Wir hoffen, schon im nächsten Jahresbericht von dem Erfolg unserer Bemühungen berichten zu können" (Lippischer Bund für Heimatschutz 1935: 5).

Der für das Folgejahr angekündigte Bericht fiel dann angesichts der überraschend beschlossenen Erweiterung des Truppenübungsplatzes um weite Teile der lippischen Senne (einschließlich des Dorfes Haustenbeck) aber sehr kurz und ernüchternd aus:

> „Von den verschiedenen im Vorjahre nicht vorgesehenen Schwierigkeiten kann hier nicht berichtet werden. Es ist leider zu befürchten, daß auch unsere Senne in irgendeiner Form vaterländischen Belangen dienstbar gemacht werden muß" (Lippischer Bund für Heimatschutz 1936: 5).

Obiges Zitat stellt die zunächst letzte Erwähnung der Senne aus lippischer Heimatschutzperspektive dar. Wie schon an anderer Stelle dargestellt, gab es an der Aufgabe des Dorfes Haustenbeck weniger Kritik als an der Einbeziehung des Dreihügelgebietes in das militärische Übungsgelände. Spätestens seit Kriegsbeginn interessierten dann ohnehin ganz andere Themen als der Schutz der Landschaft; die Ausdehnung des Truppenübungsplatzes auf die letzten großen unkultivierten Flächen der zentralen Senne wurde angesichts der politischen Lage wohl auch weitgehend als nachvollziehbar und notwendig empfunden. In einer der ganz wenigen, vielleicht der einzigen Veröffentlichung, die sich in den Kriegsjahren formal auf Naturschutz in der Senne bezieht (der Aufsatz erschien 1940 in der Zeitschrift „Naturschutz"), erscheint die Naturwelt der Senne wieder als kaum gestort, die Landschaft als romantisch und mystisch-mysteriös. Der Autor des Textes, Rudolf Kiepke, verwendet Passagen seines schon an anderer Stelle zitierten Aufsatzes von 1937 und hebt mit völkischem Pathos auf die Senne als „heiliges Land" ab, in dem „nordischer Heldengesang" erklinge und die „entartete Stadtzivilisation" noch keinen Einzug gehalten habe. Zwar würde „die motorische Kraft der Verkehrswagen unserer Zeit in rasender Hast über die Sennestraßen jagen", jedoch habe die Landschaft „noch genug der alten Wege" (Kiepke 1940: 16). Von Naturschutz ist in diesem Beitrag konkret keine Rede.

In den ersten Nachkriegsjahrzehnten hatte der Natur- und Heimatschutz insgesamt nur wenig gesellschaftliche Relevanz; Bestrebungen des Neuanfangs und der Modernisierung lagen eher im Geist jener Jahre als die der Erhaltung traditioneller Landschaften. Zudem galt die Naturschutzbewe-

165 Die Erfolge des Bodelschwinghschen Kultivierungsprojektes auf der so genannten Hermannsheide (siehe Kapitel „Freiraum für Modernisierung") hatten gezeigt, dass mit modernen Landbaumethoden durchaus auch die vermeintlich unfruchtbarsten Teile der Senne urbar gemacht werden konnten.

gung zu ihrem Leidwesen nach 1945 vielfach als NS-belastet, was gerade in Lippe hinsichtlich der personellen Verflechtungen zwischen Naturschutz einerseits und völkischen Vereinigungen andererseits nicht unbegründet erschien. Dass es aber keinen personellen Neuanfang gegeben hat, manifestiert sich in der Person Oskar Sufferts, der trotz seiner Nähe zu Wilhelm Teudt und dessen Zirkel auch nach 1945 Landesbeauftragter für Naturschutz und Direktor des Lippischen Landesmuseums blieb **(Abb. 73)**. Sufferts Naturauffassung war, so meint der Umwelthistoriker Willi OBERKROME (2001: 457) kritisch, von einer „von esoterischen Momenten durchwirkten Sympathie für die Umwelt der ‚Altvorderen'" gekennzeichnet. Diese Suffertsche Vorliebe äußerte sich auch weiterhin in seinen schon geschilderten Bemühungen, die Laue bei Oesterholz unter Naturschutz zu stellen. Andererseits hatte sich der Fachmann Suffert aber auch weiterentwickelt, und eine Behauptung, sein Verständnis von Naturschutz wäre in erster Linie völkisch begründet, wäre insgesamt wohl kaum haltbar.

Zwar hatte Oskar Suffert die „Sanierung" der manövergeschädigten Sennelandschaft schon bald nach Kriegsende zu einer seiner Aufgaben gemacht, jedoch geschah außer der Aufforstung offener Sandflächen letztlich nicht viel.[166] Auch eine von Ludwig Maasjost 1947 initiierte und gemeinsam mit Suffert und dem Landschaftspfleger des Provinzialverbandes Westfalen, Kreisbaurat Kühn, durchgeführte Besichtigung der Stapelager Senne konnte diese nicht vor den Interessen des Militärs bewahren.[167] Vielmehr fand in der Senne aufgrund ihrer nach wie vor wirksamen Funktion als Frei- und Ergänzungsraum jetzt erst recht eine rasche infrastrukturelle Entwicklung statt. Die außerhalb des Truppenübungsplatzes verbliebenen noch nicht landwirtschaftlich genutzten Ödlandflächen wurden fast restlos aufgeforstet oder zu billigem Bauland für den Wohnungsbau (vielfach zur Unterbringung Ostvertriebener) und für die Ansiedlung von Industrie genutzt. Rückblickend wurde die Phase des nachkriegszeitlichen Aus- und Umbaues der Sennelandschaft aus Sicht des Naturschutzes als „Ausverkauf der Landschaft" bewertet: „Merkantile Staatsbestrebungen, Bevölkerungswachstum und die absolute Hinwendung zu neuen

Abb. 73: Portrait des schon verschiedentlich in dieser Studie erwähnten Senneliebhabers Oskar Suffert, 1892–1974: Suffert tat sich zunächst als enger und völkisch orientierter Anhänger Wilhelm Teudts hervor, später zunehmend als fundierter Naturkundler, Detmolder Museumsdirektor und lippischer Naturschutzbeauftragter. Zu Suffert vgl. auch die Fußnoten Nr. 122 und Nr. 86. [Staatsarchiv Detmold D 75 - 7544]

Techniken sowie reinem Wirtschaftsdenken führten zum Ausverkauf der Sennelandschaft" (HENTSCHEL 1986: 19). Peter Schneider stellt bereits 1950 fest:

> „Der bekannte Umwandlungsvorgang des Landschaftsbildes der verbliebenen Heideflächen hat auch vor der Senne, dem ausgedehnten und lange Zeit isolierten Heidegebiet nicht haltgemacht. In den letzten Jahrzehnten hat diese Entwicklung hier am Rande des Teutoburger Waldes ein Ausmaß angenommen, welches den Bestand der typischen Züge dieser westfälischen Charakterlandschaft ganz und gar in Frage zu stellen droht. [...] Die noch im Sennebuch von 1928 beschriebenen ausgedehnten Heidegebiete, in welchen der Wanderer stundenlang umherziehen konnte, gehören wohl endgültig der Vergangenheit an" (SCHNEIDER 1950: 158 u. 162).

> „Vom Standpunkt des Naturschutzes ist das bedauerlich, aber es bedeutet den Beginn einer neuen Phase im Siedlungsgeschick der Senne. [...] Freilich wird diese Entwicklung auch hier auf Kosten der Reste einer Landschaft geschehen, die sich als eine der letzten mit den geschlossenen Ödflächen mitten im dichten westfälischen Siedlungsgebiet erhalten hatte. Dem Naturschutz wird die Aufgabe zufallen, ein kleines Zeugengebiet zu pflegen, um vom ehemaligen ‚Desertum Sinedi' ein wenig zu erhalten, nicht zuletzt zur Freude der neuesten Sennesiedler, die hier ihre Heimstätte zu finden hoffen" (SCHNEIDER 1952: 40f).

Der Geograph Schneider, der den Modernisierungen grundsätzlich positiv gegenüber stand, forderte, zum Ausgleich ein „hinreichend großes Gebiet ursprünglich anmutender Heide in der Senne" unter Schutz zu stellen (SCHNEIDER 1950: 159). Er schlug dafür ein Gelände südlich Oerlinghausens vor; sein Vorschlag wurde nie umgesetzt, vielmehr entstand einige Jahre später die Oerlinghauser Südstadt als moderne Neubausiedlung. Der Naturschutz in der Senne regte sich jedoch auch im Wirtschaftswunderjahrzehnt zumindest ein wenig: An Schutzgebieten kamen eine Erweiterung des Ölbachtals auf 54 ha (im Jahre 1956) und die Ausweisungen von Apels Teich (2,3 ha, 1958) nordwestlich des Sennelagers und des Heide-

---

166 Vgl.: StA Dt D 72 Suffert Nr. 470.
167 Aus einem Schreiben von Kühn an Suffert vom 9.4.1947 (StA Dt D 72 Suffert Nr. 32): „Herr Dr. Maasjost [...] bat mich, das Gebiet der Stapelager Senne in ihrem Heidecharakter zu erhalten. Ist es Ihnen recht, wenn wir Anfang Mai eine gemeinsame Besichtigung vornehmen?"

sumpfs an der Strothe (2,3 ha, 1959) bei Schlangen hinzu. Auch erste Vorschläge hinsichtlich einer großflächigen Planung wurden gemacht: 1957 regte der weiterhin naturschützerisch aktive Ludwig Maasjost beim Regierungspräsidenten einen „Naturpark Senne“ an; seine Bemühungen verliefen jedoch ebenso ergebnislos im Sennesand wie 1965 die Forderung von Kurt Rohlfs, die Senne in den bestehenden „Naturpark Südlicher Teutoburger Wald / Eggegebirge“ einzugliedern (vgl. ROHLFS 1978: 234). 1963 wiederholte Karl Sundergeld im Schlangener Gemeindeboten die durch die Jahrzehnte häufig gestellte Frage, ob „unsere schöne Senne“ jetzt „sterben“ würde:

> „Stirbt unsere schöne Senne, stirbt unsere Heide, unsere liebe alte Frau Einsamkeit? Leider ja, wenn wir nicht noch Umfassenderes tun, sie vor dem Zugriff der neuen Zeitumstände und Wirtschaft zu retten. [...] Im schönsten Teile des Senneraumes ist der Boden bereits zerpflügt, das Kleid der Heide zerrissen, [...], die Natur zerstört und der Wanderer steht am Rande gesenkten Blicks vor unzugänglichem Raum“ (SUNDERGELD 1963: 20).

„Gibt es noch eine schützenswerte Senne?“, fragte Josef Buschmeier 1968 im westfälischen Heimatkalender und illustrierte seinen Aufsatz mit einem Foto von rauchenden Fabrikschloten, die einige trostlos wirkende Sennekiefern überragen. Zunächst lassen Titel und Illustration des Aufsatzes vermuten, dass hier abermals das Lied vom unmittelbar bevorstehenden Untergang der Senne angestimmt werden sollte. Doch die Vermutung, dass hier eine eindimensionale, pessimistische Weltsicht ihren Ausdruck fand, trügt. Buschmeier gab vielmehr eine sehr differenzierte und erstaunlich weitsichtige Antwort auf die von ihm aufgeworfene Frage:

> „Es gibt Sennefreunde, die resigniert äußern: Die Senne als Landschaft eigener Art gehört unwiederbringlich der Vergangenheit an. Dem muß entgegengehalten werden, daß Wechsel ein Hauptmerkmal der Natur ist. Es kommt nicht darauf an, daß alles so bleibt wie es war. Auch die so gepriesene und viel besungene Heidelandschaft war ein Produkt bäuerlicher Wirtschaftsweise. [...] Moderne Landschaftspflege wird versuchen, eine Formel zu finden, die sowohl dem Anspruch des Menschen nach Lebensmöglichkeit und Erholung gerecht wird, als auch der Forderung des Schutzes von Landschaftsteilen im musealen Sinne. Es erhebt sich die Frage: Gibt es nach der geschilderten Entwicklung überhaupt noch eine im Interesse des Erholungsgedankens schützenswerte Senne? Das Gebiet des

> Truppenübungsplatzes entfällt zur Zeit als Erholungsraum. Es umfaßt zweifellos die schönsten Landschaftsteile der Senne: [...] Die Formen der Landschaft einschließlich der Vegetation sind nur auf einem verhältnismäßig kleinen Teil des Übungsplatzes der Zerstörung durch militärische Übungen ausgesetzt. Für den größeren Teil der Natur bedeutet der Platz Schutz vor dem Zugriff des Menschen" (BUSCHMEIER 1968: 177).

Gegen Ende der 1960er Jahre fanden, wie überall in Deutschland, auch in der Senne naturschützerische Sichtweisen wieder größere öffentliche Beachtung. Getragen von den naturwissenschaftlichen und historischen Vereinen Bielefelds, Lippes und Paderborns, den Wandervereinen, den Naturfreunden und insbesondere der 1966 gegründeten Arbeitsgemeinschaft zum Schutz der Senne (AGSS) verzeichneten die Natur- und Heimatschützer zu Beginn der 1970er Jahre einige Erfolge, so etwa „nach achtjährigem Kampf" die erneute „Sicherung" des zwischenzeitlich „als Wildschweingehege mißbrauchten" Furlbachtals, die Bewahrung der Wistinghauser Senne vor Ansprüchen der Bundeswehr, die Verhinderung der Ausdehnung eines Industriegebiets bis zum Ölbachtal und die Umplanung der neuen Truppenübungsplatz-Ringstraße auf eine Trasse oberhalb der Emsquellen (ROHLFS 1978: 224). Darüber hinaus wurde 1970 das Konzept eines „Naturschutzparkes Senne" von der Arbeitsgemeinschaft entwickelt, welches allerdings zunächst ebenso folgenlos blieb wie ähnliche Ideen ein paar Jahre zuvor. Das Konzept sah die Unterschutzstellung eines großen, zusammenhängenden Bereiches der Senne zwischen Oerlinghausen und Hövelhof vor; in der angestrebten Kulisse des Naturparks enthalten waren u.a. die Landschaftsbereiche Wistinghauser Senne und Bokeler Fenn, die oberen Öl-, Furl-, Bären- und Emsbachtäler, die Moosheide und Teile des Holter Waldes. Zur Begründung dieser Maßnahme wurden der zunehmende allgemeine Landschaftsverbrauch genannt, etwa durch Siedlungs- und Straßenbau, durch großdimensionierte Sandabbaugruben oder für Rieselfelder zur Abwässerreinigung.

Auch Freizeitnutzer, Wochenendhäuser und „wild wuchernde" Zäune waren den Naturschützern ein Dorn im Auge (ebd.: 148). In diesem Sinne kritisierte der Heimatschützer und Jäger Friedrich-Wilhelm Schröder „Kraftfahrer, die mit ihren Autos in die entlegensten Waldschneisen" der Senne vordringen, Tische und Stühle aufbauen, Fuß- und Federball spielen, „das Kofferradio auf vollste Lautstärke" stellen, um anschließend „Dosen und Flaschen, Papier und sonstigen Unrat" zu hinterlassen. Es müsse unter dem Aspekt des Natur- und Landschaftsschutzes möglich sein, so Schröder, all denen, die „von den Schönheiten dieser [...] sicherlich einmaligen Landschaft“ nichts „ahnen“ würden und denen es „lediglich um ein paar sensationelle Anblicke“ wie einem Panzerwrack gehe, klar zu machen, dass hier „kein Rummelplatz“ sei (Schröder 1972: 149). Das Konzept eines „Naturschutzparkes Senne“ betonte neben ihrem Wert als naturnahe Erholungslandschaft insbesondere auch den „hohen wissenschaftlichen Wert“ der Senne, wobei sogar die Wissenschaften selbst mithin zum Opfer der Landschaftsveränderungen erklärt wurden: Der Abbau von Sanddünen „schade“ der Geologie, der regulierende Eingriff in die Bachtäler „erschwere die Arbeit“ der Geographie. Ferner sei die Senne für die biologischen Wissenschaften von höchstem Interesse, und die Prähistorie beklage „den Verlust der allermeisten Grabhügel in den letzten drei Jahrzehnten – ein Vorgang, der eines ‚Kulturvolkes‘ wahrhaft unwürdig“ sei (Rohlfs 1970: 148).

Mit den 1970er Jahren war insgesamt mehr Schwung und Intensität in den Senner Naturschutz gekommen. Eng verbunden sind die konkreten Bemühungen um die Erhaltung verbliebener naturnaher Flächen seit dieser Zeit mit der Person Ernst Theodor Seraphims, der in zahlreichen Aufsätzen vor allem eine Verwissenschaftlichung des Naturschutzes und der ökologischen Forschung zur Senne betrieb. Deutlich wird das an der verwendeten Sprache, an der Vermeidung von offensichtlicher Subjektivität und dem spürbaren Streben nach Wertfreiheit und Rationalität. Seraphims Aufsätze enthalten in der Regel eine ungleich geringere Dichte an belletristischen Topoi und adjektivischen Bewertungen der Sennelandschaft, als sie beispielsweise noch der Sprache der Wissenschaftler Maasjost oder Schneider eigen waren. Bei ihm sind kaum Passagen zu finden, die einer persönlichen Begeisterung oder Ablehnung unmittelbaren Ausdruck geben. Seraphim – später ob seiner Allgegenwart in Diskussionen über die Senne freundlich mit dem Spitznamen ‚der Sennepapst‘ ausgestattet – argumentierte meist im fachsprachlichen Jargon und bewertete die Landschaft streng nach ökologischen Kriterien:

> „Daher wäre es angebracht, in der Senne neben anderen Gebieten gerade auch Klimaxgesellschaften [...] als Naturschutzgebiete zu erhalten. Andererseits ist es eine Tatsache, daß der größte Artenreichtum – und damit ein besonders komplexes Wirkungsgefüge von hoher ökologischer Wertigkeit – nicht in der Klimaxgesellschaft, sondern erst in dem ihr zugeordneten Gesellschaftsring erreicht wird. Ein Gesellschaftsring umfaßt [...] außer der Klimaxgesellschaft des betreffenden Standortes auch die Ersatzgesellschaften, die als regressive Sukzessionen an ihre Stelle treten können, und die Initial- und Folgestadien primär und sekundär progressiver Sukzessionsserien, die zu ihr wieder hinführen“ (Seraphim 1980: 206).

Der sich hier abzeichnende Wandel der naturschützerischen Kommunikation über die Senne ist paradigmatisch für einen allgemeineren Wandel des Naturschutzes; er ist Ausdruck seiner zunehmenden Professionalisierung und Akademisierung, dabei zugleich auch Ausdruck einer gewissen Abkehr vom eigenen naturschutzhistorischen Fundament, dem emotional-sinnlichen Bezug zu Natur und Landschaft. Kritisch bemerkt Rudolf HÖCKER (1986: 69), dass „der zeitgenössische institutionelle Naturschutz" über die Dokumentation seriöser „Kompetenz", die der „Nachvollziehbarkeit und damit Angreifbarkeit durch den Laien weitgehend entzogen" ist, eine Ausweitung seiner „Verfügungsgewalt über Land und Produktionsweisen" zu legitimieren versuche. Höcker, das muss man dazu wissen, richtete diese Kritik am Naturschutz in erster Linie gegen die Tendenz der Einzäunung von Flächen, denen mit der Unmöglichkeit des freien Zuganges weitgehend die kulturelle Lebendigkeit entzogen wurde.[168] Auf der anderen Seite ist es natürlich ein gutes Recht des Naturschutzes, seine ohnehin nur mäßige „Verfügungsgewalt" ausbauen zu wollen; über die eigene Professionalisierung im fachwissenschaftlich-politischen System der administrativen Landschaftsplanung erreichte man tatsächlich größere Erfolge.

Ausgehend von der Erkenntnis, dass die bestehenden Naturschutzgebiete in der Senne viel zu klein und verinselt seien und sich aufgrund von Grundwasserabsenkungen und dem Eintrag von Stickstoffen und Phosphaten in ihrer Qualität veränderten, schlug Seraphim 1972 die Erweiterung bestehender und die Ausweisung neuer Naturschutzflächen in der Senne vor. Auf der Basis seines Vorschlages kam es 1974 zur einstweiligen Sicherstellung der Moosheide mit den Emsquellen nordöstlich der Ortschaft Hövelhof, des späteren und bis heute größten Naturschutzgebietes in der Senne. 1973 wurden in den Sennegemeinden auf Initiative der AGSS, der auch Seraphim angehörte, rund 5.000 Unterschriften gesammelt, verbunden mit der Forderung, für die gesamte Senne einen für alle Gemeinden und

168 Die im Fach Landschaftsplanung verfasste und von K. H. Hülbusch betreute Diplomarbeit Rudolf Höckers mit dem Titel *„Die immer neue Inwertsetzung eines Gebietes mit geringer natürlicher Produktionsgunst"* aus dem Jahr 1986 zählt m. E. mit zu den interessantesten Schriften, die in den vergangenen Jahrzehnten zur Senne verfasst wurden. Da sie leider nicht veröffentlicht wurde, ist sie kaum bekannt und auch nur schwer einsehbar. Höcker befasst sich beispielhaft mit der Stapelager Senne, jenem Abschnitt der Oberen Senne, der paradigmatisch als „Ursenne" und „Panzerübungsgelände" schon an vielen Stellen dieser Studie Erwähnung fand. Höckers reflektierte Sichtweise auf diesen Senneteil mit den bis heute weiten Offenlandflächen, den Ruinen und Ackerbrachen des alten Schapeler Hofes und dem NSG Ölbachtal, seine zeitgemäßen Interpretationen landschaftshistorischer Aspekte und seine kritische Perspektive auf den Naturschutz machen die Schrift zu etwas Besonderem unter der Vielzahl an heimatkundlichen und regionalwissenschaftlichen Veröffentlichungen zur Senne. Eine größere Leserschaft wäre der Arbeit durchaus zu wünschen gewesen.

sonstigen planenden Instanzen verbindlichen Landschaftsplan aufzustellen, um den „unentbehrlichen" Freizeit- und Erholungsraum Senne gegen die „Verplanung" als Bauland und Industriestandort und gegen „Verwüstung" durch Sandgruben, Abwasserverrieselung und Mülldeponierung zu sichern (RP DETMOLD 1986: 19f). Aufgrund neuer politischer Rahmenbedingungen in Gestalt des Bundesnaturschutzgesetzes von 1976 und der in ihm verankerten Instrumentarien des Natur- und Landschaftsschutzes im Zeichen neuer Rationalität wurden, wie von Seraphim und der AGSS gefordert, vom Regierungspräsidenten 1977 die Aufträge zur Erarbeitung der die Senne betreffenden Landschaftspläne erteilt.

1978 errechnete man für den Senneraum einen Anteil von Naturschutzgebieten an der Gesamtfläche von knapp 0,4% und erklärte zunächst zum Ziel, bis 1990 den Bundesdurchschnitt, der damals bei 0,9% lag, zu erreichen. Ein großer Schritt in diese Richtung war 1979 die Ausweisung des bis heute größten Naturschutzgebietes in der Moosheide mit einer Fläche von insgesamt 441 ha. Zwischen 1978 und 1981 erschienen unter Seraphims redaktioneller Leitung die vom Bielefelder Naturwissenschaftlichen Verein herausgegebenen dreibändigen „Beiträge zur Ökologie der Senne". Die Aufsatzsammlung wurde als „grundlegende naturwissenschaftliche Darstellung eines Raumes" rezipiert, der „in Gefahr ist, verbraucht zu werden" (BÜCHNER 1982: 59). Seraphim selbst macht darin Vorschläge zur Ausweisung weiterer und zur Erweiterung bestehender Naturschutzgebiete, darunter das Augustdorfer Dünenfeld, das Schlänger Ried, den Erdgarten im Ostenland und den Finteich im Friedrichsdorfer Drumlinfeld. 1986 standen nach neuen Schutzgebietsausweisungen, die weitgehend diesen Vorschlägen folgten, insgesamt gut 575 ha Landschaft und somit knapp 2% der Gesamtfläche der Senne unter Naturschutz.

Seit 1975 wurde eine weitere Naturschutzorganisation in der Senne aktiv, die Gemeinschaft für Naturschutz Senne (GNS). Im Gegensatz zur auch personell etablierteren AGSS entsprach die GNS eher dem Zeitgeist der 70er Jahre: Die Mitglieder waren jung, oft ‚langhaarig', und sie standen für die neue Generation an Naturschützern, die einige Jahre später über das Label ‚grün' definiert werden sollte. In den Jahren um 1980 hatte die kritische Ökologiebewegung in Deutschland ihre Hochphase; naturschutzsensible Sichtweisen wurden populär und weitgehend pessimistische Schlagworte wie „Waldsterben" und „Landschaftsverbrauch" bestimmten den öffentlichen Diskurs, der sich im Gegensatz zum zunehmend verwissenschaftlichten Fachdiskurs auch wieder einer emotionalisierten Sprache bediente. So betitelte Martin BÜCHNER (1982) seinen Aufsatz mit der Frage „Stirbt unsere Senne?", Klaus CONRADS (1978) fragte „Verstummt der Ortolan in der Senne?" und Michael GRABENSTRÖER (1980) wählte die Überschrift „Die Senne – Eine Landschaft verliert ihr Gesicht". Grabenströer schreibt, dass die Senne „schon immer arm dran" gewesen sei, doch jetzt sei „es kurz vor zwölf", und „zu retten bleibt nicht mehr viel". Als Naherholungsgebiet blute sie „langsam aber sicher aus", denn Freizeitparks und Wochenendhäuser „fressen die Landschaft" (ebd.: 37ff).

> „Bagger zerreißen die typische Dünenlandschaft auf der Suche nach Sand, dem wertvollen ‚Gold der Senne'. Die ‚Wasserköpfe' Städte dürsten nach immer mehr köstlichem Naß, Senne-Wasser, eigentlich viel zu kostbar, um damit Maschinen zu kühlen. Das Militär schießt sich seit 1892 auf die Senne ein. Statt einer ‚Oase der Ruhe' findet der Besucher Trubel in einer immer stärker angekurbelten Freizeitindustrie. Die einst so typischen Sennewege verschwinden unter Asphaltdecken. Noch mehr Verkehrsstränge – so die geplante Autobahn A 33 zwischen Bielefeld und Paderborn –, Lebensnerven der Industriegesellschaft, zerstören die Lebensnerven einer außergewöhnlichen Landschaft" (GRABENSTRÖER 1980: 37).

Da war es wieder, das alte Lied vom bevorstehenden Untergang der Senne. Was für ein Unterschied zur Senne-Rezeption der 1990er und 2000er Jahre! Da nämlich wird die Senne in Zeitungsartikeln, heimatkundlichen Aufsätzen und Monographien fast ungebrochen als kaum zerstörtes Naturparadies wahrgenommen, welches in Nordrhein-Westfalen, ja in Deutschland oder gar in Europa seinesgleichen suche. In einem neueren naturschutzorientierten Landschaftsführer wird festgestellt:

> „Die Senne ist deutschland-, ja europaweit im Gespräch. In den letzten Jahren ist [...] die Erkenntnis gewachsen, dass in der Senne und in den angrenzenden Bereichen des Teutoburger Waldes eine Landschaft erhalten geblieben ist, die nicht nur für den Naturschutz äußerst wertvoll ist, sondern auch für den Fremdenverkehr, die Wasserwirtschaft und andere Bereiche von öffentlichem Interesse überregionale Bedeutung hat" (SCHROEDER u. RÜTHER 2000: 5).

Was war passiert? Wie konnte die vermeintlich „sterbende" Senne, für die noch kurze Zeit zuvor (wie seit nunmehr fast 90 Jahren immer wieder) Grabreden gehalten wurden, plötzlich in der Wahrnehmung der Naturschützer so erblühen? – Als Antwort ist schlicht festzustellen, dass das Objekt der Betrachtung gewechselt wurde: Seit Mitte der 1980er Jahre richtet sich der naturschützerische Fokus zunehmend auf den bis dahin kaum beachteten Truppenübungsplatz. Noch Seraphims „Beiträge zur Ökologie der Senne" hatten Anfang der 1980er Jahre die Naturausstattung des über 120 qkm großen Sperrgebietes nur am Rande erwähnt (vgl. SERAPHIM 1981: 240), und nur ganz wenige Hinweise fanden sich bislang in der Heimatliteratur, die – wie 1972 Friedrich-Wilhelm Schröder in seinen „Bildern aus der Senne" – eine Hoffnung auszudrücken wagten, dass „eines Tages so große Truppenübungsplätze wie heute nicht mehr benötigt werden und die Senne zumindest teilweise dem Naturfreund wieder uneingeschränkt offen steht" (SCHRÖDER 1972: 154). Jetzt, seit etwa 1985, wurde das militärische Übungsgelände dagegen immer öfter als „Rückzugsgebiet für viele seltene Tier- und Pflanzenarten" und als „besonders reizvoll und schützenswert" wahrgenommen (VOITHENBERG u. BAUMANN 1986: 305). 1986 veranstaltete die Bezirksregierung Detmold eine öffentlichkeitswirksame Wanderausstellung mit dem Titel „Die Senne – Landschaftsplanung schützt und entwickelt einen Naturraum", in der ausdrücklich auch die Natur *innerhalb* des militärischen Sperrgebiets zentrale Beachtung fand. Zur Ausstellungseröffnung, zu der auch Vertreter des Militärs erschienen waren, bemerkte der damalige Regierungspräsident Walter Stich:

> „Wir sind sensibler geworden gegenüber den Belangen der Umwelt. Die früher so öde und trist empfundene Senne erscheint uns heute besonders reizvoll und schützenswert. Dementsprechend sehen wir die Schutzausweisungen als notwendiger denn je an" (RP DETMOLD 1986: 5).

Schon bald darauf kam es zur Gründung eines „Arbeitskreises Naturschutz auf dem Truppenübungsplatz Senne", der sich aus Vertretern des ehrenamtlichen Naturschutzes, der höheren Landschaftsbehörde, der Liegenschaftsverwaltung als Besitzerin des Geländes und des Militärs als dessen Nutzer konstituierte. Ziele dieser Kooperation des institutionellen und ehrenamtlichen Naturschutzes mit dem jetzt als „Landschaftsschützer in Uniform" auftretenden Militär waren die wissenschaftliche Erfassung des Status quo der Naturausstattung, die Erarbeitung einer Konzeption von kurz- bis mittelfristigen Maßnahmen zur Steuerung von Sukzession und Nutzung, der Aufbau eines Sennearchivs und die konkrete Durchführung von Maßnahmen der Biotoppflege und des Artenschutzes auf dem Truppenübungsplatz. Für deren Koordination und Durchführung wurde die „Arbeitsgruppe Landschaftspflege und Artenschutz" (ALA) ins Leben gerufen; diese unterhält seit 1987 eine Heidschnuckenherde zur Pflege und Verjüngung der Heide- und Magerrasenflächen auf dem Truppenübungsplatz.

Der eingeschlagene Weg einer auf Erhaltung der Heidelandschaft abzielenden Kulturlandschaftspflege fand – neben einer verbreiteten Zustimmung – auch Widerspruch. In seiner auf die Senne bezogenen Diplomarbeit artikulierte der Landschaftsplaner Rudolf Höcker bereits 1986 einen Dissens, der einige Jahre später die Nationalpark-Diskussion begleiten wird, indem er sich zum Ziel setzte, „nicht ein Plädoyer für die Restauration alter Wirtschaftsweisen" zu leisten, sondern „einen Beitrag zur Diskussion um mögliche Ansatzpunkte für eine Landschaftsplanung, die sich nicht in die Rolle des Pflegers und Verwalters musealer Kulturlandschaftsbilder fügt" (Höcker 1986: 1). Mit den naturschützerischen Erfolgen der 1970er und 1980er Jahre, der gesteigerten gesellschaftlichen Aufmerksamkeit und seiner administrativen Unterstützung hatte sich der Naturschutz nun auch mit Kritik auseinanderzusetzen: „Die Erfolgsbilanz des Naturschutzes besteht heute [...] vielfach in der stolzen Verkündung der ständig steigenden Geldbeträge, die dieses staatliche ‚Biotopmanagement' verschlingt" (ebd.: 1).

6.2. Der neuere naturschützerische Diskurs: Wildnis oder Kulturlandschaft in der Senne?

Auf die Senne bezogene naturschützerische Initiativen, Aktivitäten und Veröffentlichungen häuften sich nun. Ende der 1980er Jahre wurden erste Vorschläge hinsichtlich der Einrichtung eines Nationalparks in der Senne gemacht; bald darauf wurde eine Bürgerinitiative unter Mitwirkung mehrerer Universitätsprofessoren und anderer etablierter Personen gegründet, und beinahe frappierend schnell kam es zur einstimmigen Absichtserklärung des nordrhein-westfälischen Landtages, in der Senne nach einem Militärabzug einen Nationalpark auszuweisen.[169] In der Rückschau überrascht zunächst die erstaunlich schnelle Entwicklung von der Idee, die Senne als Kulisse für ein Großschutzgebiet der Kategorie Nationalpark vorzuschlagen, bis zur einstimmigen Entscheidung des Landtages, den Truppenübungsplatz im Falle eines Abzuges der britischen Streitkräfte für diesen Zweck zu reservieren; die Idee entstand am Ende der 1980er Jahre, der Beschluss datiert bereits aus dem Jahr 1991. Das weltpolitische Klima dieser Jahre war geprägt von dem Fall der Mauer, der Auflösung des Ostblocks und dem Ende des so genannten ‚kalten Krieges'; das Feindbild vom bedrohlichen Osten, das die Qualität der Truppenpräsenz und die Quantität ihrer Übungsplätze in Westdeutschland begründet hatte, verschwand zunehmend aus

169 Landtag von Nordrhein-Westfalen: Einrichtung des Nationalparks Senne. Plenarprotokoll 11/26, Düsseldorf 1991: 3296–3302.

den Köpfen. Aus dieser Stimmung heraus entstand die Forderung nach einem Nationalpark in der Senne; in den ersten Jahren war sie noch von der Hoffnung geprägt, ein Abzug der britischen Rheinarmee sei realistisch und könnte unmittelbar bevorstehen. Zu einem wesentlichen Teil war die Initiative, die sich um 1990 für einen Nationalpark Senne einsetzte, inhaltlich linkspolitisch an die Friedensbewegung angebunden und eher antimilitärisch geprägt **(Abb. 74)**.

Abb. 74: Ein von der „Gemeinschaft für Naturschutz Senne" in den 1990er Jahren in Umlauf gebrachter Aufkleber für einen Nationalpark, der freundlich aber bestimmt einen Abzug des Militärs aus der Senne fordert. [Archiv Roland Siekmann]

„Diese Nationalparkinitiative war dann ja Ende der 80er Jahre, die hat ja auch, glaub ich, 'ne ganz wichtige Rolle für diesen Beschluss gespielt, ne. Die ha'm ja im Zuge von Perestroika dann noch mal Lunte gerochen, jetzt da noch mal aktiv zu werden ... Nationalpark, also eben auch mit der Hoffnung: Jetzt werden Truppen abgebaut, auch in Deutschland, ne, vielleicht gehen die Briten auch, und da probieren wir jetzt noch mal, 'n Nationalpark hinzubekommen. Und ich denke, das hat 'ne ganz wichtige Rolle auch für diesen Landtagsbeschluss auch gespielt, ne, diese Initiative, wo dann auch Zehntausende dann da 'ne Demo mitgemacht haben ... oder Tausende waren's, glaub ich, weiß ich gar nicht genau. Aber das wird 'ne Rolle gespielt haben, auf jeden Fall" (Axel H.).

„Es kam die Friedensbewegung. Im Übungsplatz wurden ja auch Atomwaffen gelagert. Jeder wusste es, und keiner durfte es wissen. Dass sie abgezogen worden sind, das ist zugegeben worden. Also, die lagerten hier: am Diebesweg, oberhalb vom Diebesweg, hinter dem Wasserwerk Paderborn. Das wussten wir alle. Und da wurde Ostern hinmarschiert, soweit man zugelassen wurde. Ich selbst bin niemals mitgegangen, das liegt mir nicht, ich habe 'ne andere Waffe. Aber gut, dass es diese Sache gab. [...] Und das hat natürlich den Blick auf den Übungsplatz auch gerichtet" (Friedhelm G.).

Mit der Hoffnung auf einen möglichen Abzug des Militärs kombinierte sich der Wunsch nach einer raschen Schutzgebietsausweisung nach Vorbild der letzten DDR-Regierung; diese hatte – quasi im Handstreich – als eine der letzten Amtshandlungen umfangreiche Flächen ihres Territoriums als Nationalparke und Biosphärenreservate ausgewiesen. Nach dem Beispiel dieser Entwicklung wurde der Begriff des Nationalparks, wie Friedhelm G. in der folgenden Passage andeutet, „*aus einem allgemeinen Verständnis heraus*" zum Codewort der Forderung nach großflächigem Naturschutz auch in der Senne erhoben. Weniger ging es damals darum zu überlegen, was sich im naturschutzfachlichen Sinn mit dieser Schutzkategorie verbindet.

> „*Dieser Nationalparkgedanke lag nahe. Der ist auch mit gefördert worden durch die Wende 1989/90 in Mitteldeutschland, wo ja eine ganze Reihe von Übungsplätzen, die nicht mehr genutzt wurden ... oder auch nicht Übungsplätzen, aber wertvollen Naturbereichen, zum Beispiel Elbsandsteingebirge oder Sächsische Schweiz ... durch die letzte Regierung noch unter Naturschutz gestellt worden sind, und zwar zu Nationalparken. Ohne Kenntnis, was da nun wirklich ist, was da schützenswert ist, sondern mehr so aus 'nem allgemeinen Verständnis heraus, nicht: Das ist zu schade, eine andere Nutzung zu erfahren, das machen wir zum Nationalpark. Das hat hier natürlich 'ne Anregung auch gegeben. Obgleich das Wort Nationalpark auch vorher schon gefallen ist, aber es wurde dem nicht so nachgegangen. Man sah jetzt auch mehr Chancen. Wir wussten ja damals noch nicht, dass ESFOR gegründet würde, wir wussten nicht, dass in Jugoslawien sich die Geschichte so entwickeln würde*" (Friedhelm G.).

Es gelang überraschend schnell, für die Nationalparkidee im nordrhein-westfälischen Landtag Rückendeckung zu bekommen; die Beschleunigung des Prozesses der politischen Lobbybildung sieht Klaus L. im Zusammenhang mit der Popularität eines positiv besetzten Ökothemas zur Wahlkampfzeit:

> „*Ich meine, dass diese Geschichte irgendwann in die Landtagswahlkampfzeit reingefallen ist und dadurch sehr stark gepusht worden ist. Letztendlich brauch ich für so 'ne Geschichte immer Leute, die das pushen, die das politisch pushen. Und wenn ich die richtigen Leute habe, die hinter dem Thema stehen, dann ist der Weg nach Düsseldorf recht kurz. Dann heißt es mal eben so ... dann geht irgendjemand aus Bielefeld hin und sagt: So, liebe Leute in Düsseldorf, liebe SPD, beschließt doch mal eben; das hilft uns hier in der Region, das ist 'n klares Zeichen für die*

Region ... und letztendlich: Beschließen kann man's erstmal. Was dann danach passiert, ist 'ne andere Geschichte" (Klaus L.).

Trotz oder vielleicht auch gerade wegen des raschen Erfolges des einstimmigen Landtagsbeschlusses wurde in den Folgejahren versucht, die Nationalparkinitiative zu entpolitisieren. Man empfand das links-grüne Image der Bürgerinitiative als Ballast für die weitere Popularisierung und tatsächliche Durchsetzung der visionären Idee eines Nationalparks in der Senne:

„*Es war nämlich unglückseligerweise so: Die Grünen in Augustdorf hatten das Thema adaptiert, muss man schon sagen. Das Thema Nationalpark. Und damit hatten sie natürlich alle anderen politischen Kräfte gegen sich. Das ist ja immer tödlich, wenn eine Partei ein Thema des Naturschutzes für sich reklamiert. Dann sind die anderen im gleichen Augenblick dagegen. Also, wenn man es nicht schafft, gleich 'ne breite Mehrheit zu kriegen, muss man furchtbar vorsichtig sein, mit politischen Parteien zu agieren.*" *[...]* „*Wir haben also ganz eindeutig erreicht, dass wir nicht mehr als parteipolitisch gebunden angesehen werden.*" *[...]* „*Und vor allen Dingen hat sich rumgesprochen, und das halte ich für entscheidend: dass wir nicht drauf drängen, dass das Militär abzieht. Ähm ... wir würden's natürlich begrüßen, wenn die's tun, aber wir werden keine Feindschaft aufbauen zu dem Militär. Wär' ja verrückt*" (Hans D.).

Zu Beginn der 1990er Jahre brachte nicht nur die Nationalparkdiskussion der Senne öffentliche Aufmerksamkeit, sondern auch das Jubiläum des Truppenübungsplatzes, der 1992 in seinen ältesten Teilen seit genau einhundert Jahren bestand. Aus diesem Anlass erschienen zwei Veröffentlichungen; eine umfangreiche Chronik zur Geschichte des Übungsplatzes (Piesczek 1992) und der naturschutzfachliche Band „Truppenübungsplatz Senne – Militär und Naturschutz" (RP Detmold 1992: 1). Auch die Militärs gaben sich mittlerweile mehr und mehr das öffentlichkeitswirksame Image von ‚Naturschützern in Uniform'; eine Rolle, in die sie wohl eher zufällig und unabsichtlich gerutscht waren. Eine zunächst rein übungstechnisch motivierte Landschaftspflege zur Offenhaltung der großflächigen Schießbahnen[170] hatte sich in Zusammenarbeit mit der ALA zur naturschützerisch-motivierten Kulturlandschaftspflege der Sandtrockenrasen und Heideflächen des Sperrgebietes entwickelt. Diese Art von Maßnahmen hatten zusammen mit der Existenz von vielen nicht oder kaum genutzten verwildernden Restflächen den Truppenübungsplatz Senne – wie man jetzt erkannte – zur „bedeutendsten zusammenhängenden naturschutzwürdigen Fläche Nordrhein-Westfalens" (RP Detmold 1992: 1) werden lassen.

1992 wurde die „Biologische Station Senne“ zum Zweck der Erforschung, der Entwicklung und zum Schutz der Sennelandschaft außerhalb des Truppenübungsplatzes gegründet; zwei Jahre später folgte die Gründung der „Biologischen Station Paderborner Land“ als für den Naturschutz auf dem Truppenübungsplatz zuständige Institution.[171] 1993 führte der Deutsche Rat für Landespflege einen Kongress über „Truppenübungsplätze und Naturschutz“ durch; in diesem Rahmen erschien vom Bielefelder Biologieprofessor Sigmar Breckle ein vielbeachteter Aufsatz mit dem Titel „Gedanken zur Konzipierung eines Großschutzgebietes in der Senne“, in dem erstmals ein „Urwald Senne“ als Schutzziel im Sinne von großflächig prozessgeschützter Landschaft thematisiert wird. Breckle empfiehlt, den Hauptteil der Flächen der natürlichen Sukzession zu überlassen; seiner Meinung nach sei populationsbiologisch eine Mindestgröße von 10.000 ha für diese Kernzone erforderlich, nur auf einem kleinen Teil könnten historische Nutzungsformen weiter imitiert werden (vgl. BRECKLE 1993). Im selben Jahr veröffentlichte Andreas Wulf seine vieldiskutierte Studie über einen „Urwald Senne“ (WULF 1993); er spricht sich darin für einen Nationalpark als prozessgeschützten, im Entwicklungsziel unbewirtschafteten Eichen-Birken-Kiefern-Wald aus. Forderungen eines vermeintlich modernen Naturschutzes standen jetzt im Raum und damit auch die Diskussion von völlig neuartigen Schutzzielen: Der Prozessschutz wurde zum hohen Ziel für die einen, zum Reizwort für die anderen. 1994 fand in Hövelhof eine vom nordrhein-westfälischen Ministerium für Umwelt, Raumordnung und Landwirtschaft organisierte Fachkonferenz statt, die sich inhaltlich schwerpunktmäßig auf den Truppenübungsplatz bezog. Aus dieser Konferenz, die in der Veröffentlichung „Naturschutz in der Senne“ (RP DETMOLD 1994) dokumentiert ist, ging die Anregung zur Erstellung eines naturschutzfachlichen Leitbildes für die Senne hervor.

Im Verlauf der 1990er Jahre wurde die Senne unter Naturschutzexperten mehr und mehr bundesweit bekannt. Das Bundesamt für Naturschutz

170 Neben der militärisch-funktionalen Begründung der Landschaftspflege gab es auch ästhetisch-motivierte Begründungen seitens des Militärs: „Zum Ende der 70er Jahre bekam u. a. die Pflege der großen, offenen Grasflächen eine größere Bedeutung. In zunehmenden Maße forderte die Truppe die Auflockerung der eintönigen Landschaft durch blühende Felder und andere Strukturen“ (RP DETMOLD 1992: 43).

171 Zwischen beiden Biologischen Stationen entwickelte sich in den Folgejahren ein schwelender Konflikt, der sich inhaltlich als ein schwer zu durchschauendes Amalgam aus der Konkurrenz räumlicher und personeller Zuständigkeit, naturschutzfachlicher Uneinigkeit und zwischenmenschlicher Enttäuschung darstellt. Dieser Konflikt wurde in den Interviews mit befragten Senneexperten zwar teilweise thematisiert, seine Darstellung aus sowohl inhaltlichen wie persönlichen Gründen jedoch für die Publikation ausgelassen. Der Konflikt zwischen den beiden Biostationen ist mithin mittlerweile weitestgehend geklärt.

und Naturschutzverbände wie der Naturschutzbund Deutschland (NaBu), die Stiftung Europäisches Naturerbe (Euronatur) oder die Föderation für Natur- und Nationalparke (FöNaD) schalteten sich in den naturschützerischen Diskurs über die Senne ein, bezogen inhaltlich Stellung und starteten auch eigene Projekte. Bislang hatte eine Wiederbewaldung der Senne außer Breckle und Wulf nur wenige Fürsprecher in der Region gehabt; jetzt meldeten sich plötzlich mehr und mehr Naturschutzexperten von außen und empfahlen ebenfalls einen prozessgeschützten Urwald. Das Bundesamt für Naturschutz bescheinigte der Senne in einem 1997 erschienenen Papier „überregionale Bedeutung" und schlägt für den Fall eines Abzugs des Militärs die Entwicklung eines großflächigen Waldschutzgebietes bzw. Waldnationalparks im Nordteil des Sperrgebiets auf 100 – 120 qkm und den Erhalt der Heidelandschaft großflächig auf 50 – 60 qkm im Südteil vor.[172] Während im Nordteil natürliche Prozesse ungehindert ablaufen können sollen, würde eine gepflegte Heidelandschaft im Süden auch als ökologisch sinnvolle Besiedlungsquelle für den Norden gebraucht.

Der NaBu forderte 1996 in einem Positionspapier die Ausweisung eines mindestens 10.000 ha großen Nationalparks in der Senne, in dem als vorrangiges Schutzziel Laubmischwälder der Tiefebene auf Sandböden in ihrer natürlichen Dynamik entwickelt werden sollen.[173] Diese Art Wald stelle als Ökosystem einen repräsentativen Teil der Naturlandschaft Deutschlands dar, der jedoch praktisch verschwunden sei. Ähnlich war die Position der FöNaD, für die Hans Bibelriether in einer Studie über Nationalparke und nationalparkwürdige Flächen in Deutschland feststellte, dass bodensaure Laubmischwälder mit Eichendominanz auf nährstoffarmen Sandböden sowie Buchenwälder der westlichen Mittelgebirge noch nicht im bestehenden deutschen Nationalpark-System vertreten seien. Als eines von fünf Gebieten genüge die Senne den Erfordernissen und Kriterien für einen Nationalpark, welcher möglichst bald auf 12.000 ha bis 20.000 ha eingerichtet werden sollte; zwei Drittel der Fläche sollten zusammenhängend der natürlichen Dynamik überlassen bleiben, der Erhalt und die Pflege kulturbedingter Ökosysteme solle nur auf kleiner Fläche stattfinden.[174] Viele Senner Natur- und Heimatschützer konnten dieser überregional debattierten Idee eines

---

172 Finck, P. et al: *Naturschutzfachliche Landschafts-Leitbilder.* Rahmenvorstellungen für das nordwestdeutsche Tiefland aus bundesweiter Sicht [= Schriftenreihe für Landschaftspflege und Naturschutz 50/1]. Bundesamt für Naturschutz, Bonn-Bad Godesberg 1997.

173 Naturschutzbund Deutschland (Hrsg.): *Großflächige Waldnaturschutzgebiete – Urwälder von morgen.* 1996.

174 Bibelriether, Hans (Bearb.): *Studie über bestehende und potentielle Nationalparke in Deutschland* [= Angewandte Landschaftsökologie 10]. Bundesamt für Naturschutz, Bonn-Bad Godesberg 1997.

prozessgeschützten Waldes in der Senne gar nicht viel abgewinnen, wollten sie doch ‚ihre' Senne in erster Linie großflächig als traditionelle Heidelandschaft erhalten wissen.

Neben solchen internen Meinungsverschiedenheiten geriet der Naturschutz in der Senne gegen Ende der 1990er Jahre auch unter anderweitigem öffentlichen und politischen Beschuss. 1997 war das Erscheinungsjahr des „Naturschutzfachlichen Leitbildes Senne", einer von der Bezirksregierung in Detmold in Auftrag gegebenen und von den beiden zuständigen Biologischen Stationen erarbeiteten Fachstudie, die eine naturschutzfachliche Bewertung der Sennelandschaft hinsichtlich der Kriterien Naturnähe, Regenerierbarkeit und Gefährdung vornahm. Das ‚Senneleitbild' hatte visionären, vorschlagenden, also keineswegs verbindlichen Charakter; gleichwohl erregte es große Aufmerksamkeit und stürmischen Protest vor allem bei Landwirten der Sennekommunen, da es ihnen mit seinem amtlichen, professionellen Charakter als Verlautbarung mit konkreter Planungsfunktion erschien **(Abb. 75)**. Plötzlich rückte die bislang nur marginal beachtete Naturschutzpolitik in einen lokalpolitischen Brennpunkt. In erster Linie

Abb. 75: Ende der 1990er Jahre protestierten Landwirte aus der Senneregion gegen geplante bzw. von ihnen befürchtete naturschutzfreundliche Entwicklungen in der Landschaftsplanung. Plakate wie das abgebildete waren durchaus häufig und dokumentieren einen allerorts schwelenden Interessenkonflikt zwischen Landschaftsnutzern und Landschaftsschützern. [Foto Roland Siekmann]

wurde dem Leitbild fehlende Abstimmung mit anderen Interessengruppen vorgeworfen; ein Vorwurf, dem mit dem Argument, eine naturschutzfachliche Studie betrachte seinen Untersuchungsgegenstand eben zunächst naturschutzfachlich, begegnet wurde. Als Ziel hatten die Bearbeiter vor Augen, dass „vor der Erreichung eines zukünftigen möglichen Nationalparks“ zunächst „die ureigenen Qualitäten der Sennelandschaft“ ermittelt, geschützt und entwickelt werden müssten (Leitbild Senne 1997: Vorwort). Das Leitbild war als ökologische Studie naturwissenschaftlich angelegt, doch wurde in der Einleitung auch auf die Subjektivität von Naturschutzbegründungen hingewiesen:

> „In einem Leitbild werden Zielaussagen gemacht, welche Biotoptypen in dem jeweiligen Planungsraum erhalten, entwickelt bzw. wiederhergestellt werden sollen. Die Begründungen dieser Aussagen entziehen sich einer rein naturwissenschaftlichen Herleitung. Sie sind subjektiv geprägt“ (Leitbild Senne 1997: 3).

Sollte die Senne als Relikt einer ganz bestimmten und eigenartigen vormodernen Kulturlandschaft entwickelt und geschützt werden, oder sollte man die mögliche Chance zur Entwicklung einer auf ihre Art gleichsam eigenartigen Sekundärwildnis in der Senne nutzen, also die eigendynamische Natur eines wildenwachsenden Eichen-Birken-Kiefern-Mischwaldes schützen? So ließe sich verkürzt eine Grundsatzfrage zum Naturschutz in der Senne zusammenfassen, die in den 1990er Jahren die Gemüter erregte. Dabei ist diese Grundsatzfrage durchaus nicht allein bezeichnend für die Senne; sie wurde vielmehr wohl in den meisten Diskussionen dieser Jahre über deutsche Schutzgebiete in ähnlicher Weise gestellt. Sie thematisiert den Leitbildkonklikt zwischen Wildnisbefürwortern und Kulturlandschaftspflegern, zwischen Öko- und Anthropozentrikern, zwischen (in ihrem Selbstverständnis) ‚ganzheitlich‘ denkenden, ‚modernen‘ Naturschützern auf der einen und Arten- und Heimatschützern alter Fasson auf der anderen Seite. Die Kulturlandschaft, gleichsam als Symbol für Vergangenheit, steht gegen den Urwald, der als Wildnis symbolisch eher auf die Zukunft verweist. Auf einer Fachtagung der Natur- und Umweltschutzakademie des Landes Nordrhein-Westfalen (NUA) mit dem Thema „Naturlandschaftspflege: Sukzession contra Erhalten“ erwähnt Wilfried Stichmann die Senne als „das Paradebeispiel“ für diesen naturschutzinternen Leitbildkonflikt:

> „Kulturlandschaft – Aufforstung – Sukzession? Natürlich wird vieles nur im konkreten Einzelfall zu entscheiden sein, aber bitte doch nicht durch emotional geführte Gruppenkämpfe, sondern auf Basis

> fachlich diskutierter und ausgereifter Zielvorstellungen und Kriterien. Das Paradebeispiel für Auseinandersetzungen, die jetzt bereits laufen, liefert uns die Senne im Bereich des Truppenübungsplatzes. Ich selbst hoffe, dass wir dort künftig einmal ein echtes Großnaturschutzgebiet haben werden. Wem aber soll dieser Raum gehören? Einer historischen Kulturlandschaft, wie sie im vorigen Jahrhundert bei Einrichtung des Truppenübungsplatzes bestand, oder dem Urwald der Zukunft?“ (STICHMANN in: BURGGRAAFF 1999: 89)

Den Aspekt des Sukzessionsschutzes brachte die gedankliche Planung eines potentiellen Nationalparks in der Senne automatisch mit sich; einem Nationalpark ist die an amerikanischen Naturschutztraditionen orientierte Idee des Prozessschutzes immanent, da die international gültigen IUCN-Kriterien für Nationalparke einen prozessgeschützten Flächenanteil von mindestens 75 % zwingend vorschreiben. Wer also einen Nationalpark fordert, muss demnach einverstanden sein, drei Viertel der Fläche relativ unbeeinflusst sich entwickeln zu lassen. Die Existenz einer solchen Vorschrift über das Ausmaß an erwünschtem Wildwuchs hat wohl auch einige Befürworter eines Nationalparks in der Senne zunächst überrascht; denn ihr typischer Charakter als offene Landschaft, ihre kulturgeschichtlich bedingte Ausprägung und ästhetische Eigenart scheint tatsächlich durch ein Nationalparkkonzept bedroht zu sein. Viele möchten eher die ‚alte westfälische Heidelandschaft' als zentrales Schutzziel verwirklicht sehen, welche aber einer großflächigen Landschaftspflege, also stetiger regelnder Eingriffe in die natürliche Sukzession, bedürfte. Für die Liebhaber einer eigendynamischen, wilden Natur dagegen ist die Idee vom ‚Urwald‘ in einem Nationalpark Senne reizvoll. Für sie wird die Senne zur raumgewordenen Hoffnung, eine zwar sekundäre, aber dennoch fast echte Wildnis mitten im dichtbesiedelten Nordrhein-Westfalen zu etablieren. Und dabei steht gar nicht unbedingt das Endprodukt – besagter Urwald – im Zentrum des Interesses, sondern gleichsam auch der lange Weg dahin: der Prozess der Verwilderung.

Nachdem mit dem Landtagsbeschluss von 1991 die Aussichten auf einen Nationalpark in der Senne gewachsen schienen, begann sich der Konflikt um die Ausrichtung des Naturschutzes in der Senne inhaltlich zu formieren. Besonders mit dem Erscheinen des vieldiskutierten Buches von Andreas Wulf über einen „Urwald Senne“ wurden die naturschützerischen Leitbilddifferenzen deutlich und der Konflikt zugespitzt: Wulf favorisiert eine völlig ungesteuerte Sukzession und also eine Wiederbewaldung der Senne und geht dabei scharf in Front mit solchen Naturschutzbestrebungen, die einen am historischen Vorbild der Heidelandschaft ausgerichteten Kulturlandschaftsschutz anstreben. Er spricht sich deutlich gegen großflächige

Kulturlandschaftspflege aus und fordert die Entwicklung eines bodensauren Eichen-Birken-Waldes in einem zukünftigen prozessgeschützten Nationalpark (vgl. WULF 1993). Andreas Wulfs Veröffentlichungen dieser Jahre (neben der Monographie erschienen noch einige Aufsätze) können als stellvertretend für eine ökozentrische Naturschutzethik gelesen werden; die kulturhistorische und ästhetische Wertigkeit einer offenen Heidelandschaft wird von ihm weniger hoch eingeschätzt als der Wert der Natürlichkeit einer eigendynamischen Vegetationsentwicklung. Wulf sieht durch fortgesetzte, nutzungsimitierende Kulturlandschaftspflege auch das Prinzip der Nachhaltigkeit im Umgang mit Natur und Landschaft verletzt:

> „Der Naturschutz setzt heute eine nicht-nachhaltige und deshalb nicht-standortangepaßte Wirtschaftsweise ohne ökonomischen Zwang fort" (WULF 1993: 51).

Einem Naturschutz, der die Erhaltung oder gar die Wiederausdehnung der Heideflächen fördert, macht er den Vorwurf, sich eindimensional an den Konstrukten der Artenvielfalt und Roten Listen auszurichten. Der Naturschutz dürfe nicht weiter „so tun, als ginge es nach wie vor nur um die Rettung mancher Arten und Landschaftsbilder" (WULF 1995: 41 f). In diesem Zusammenhang weist er darauf hin, daß die Roten Listen auf einer Artenausstattung basieren, die für die Senne im Zustand ihrer größten Naturferne typisch war (vgl. ebd.: 36), für einen Landschaftszustand, der das Ergebnis eines jahrhundertelangen „Raubbau[s] in der Natur" (WULF 1993: 51) darstellte. Kulturlandschaftspflege komme im Fall der Senne – nach jahrzehntelanger Extensivierung infolge des Übungsplatzbetriebes – einer relativen „Intensivierung der Landnutzung" gleich, die nach seiner Auffassung nicht im Interesse eines wohlverstandenen Naturschutzes sein könne.

> „Mit dem Auftreten des organisierten Naturschutzes wurde also die Landnutzung wieder intensiviert, nachdem [...] auf vielen Flächen eine Extensivierung erfolgt war und die Sukzession dort über Jahrzehnte weitgehend ungestört ablaufen konnte. [...] Die Zielsetzung des Naturschutzes erfordert [...] eine am historischen Vorbild orientierte Intensivierung der Landnutzung. Biotopoptimierung in der Senne bedeutet in erster Linie Kampf gegen die Sukzession. [...] Dabei übersieht [der Naturschutz], daß die Natur mit der Sukzession eine Selbstoptimierungs-Strategie verfolgt" (WULF 1994: 37 f).

Wulfs naturschützerische Perspektive ist eine betont unromantische; aus der naturwissenschaftlich-ökologischen Analyse der Vegetationsentwicklung ergibt sich für ihn als Schlussfolgerung, dass die Natur der Senne nicht etwa – dem „Bambi-Syndrom“ (vgl. BRÄMER 1998) entsprechend – bedauert werden müsse, sondern dass vielmehr Vertrauen in ihre regenerative Stärke zu setzen sei:

> „Die Natur ist nicht suizidgefährdet, sie bedarf keiner ständigen Therapie durch den pflegenden Naturschutz. Natur kann auch sehr schnell neu entstehen. Natürliche Prozesse sind nicht ausrottbar wie einzelne Arten“ (WULF 1995: 40).

Ein anderer, ungleich prominenterer Naturschutzexperte, der sich wiederholt für einen prozessgeschützten Waldnationalpark in der Senne aussprach, ist Hans Bibelriether. Bibelriether gilt als *die* Kapazität des Naturschutzes in deutschen Nationalparken; er initiierte und leitete seit den 1960er Jahren den für Deutschland wegweisenden Nationalpark im Bayerischen Wald. Er bearbeitete federführend eine von der „Föderation der Natur- und Nationalparke Europas, Sektion Deutschland“ (FöNaD) durchgeführte „Studie über bestehende und potentielle Nationalparke in Deutschland“ (BIBELRIETHER 1997). Auch diese Studie stellt für die Senne als normative Bewertungsgrundlage den Wert der Natürlichkeit im Sinne von Prozessdynamik in den Vordergrund. Ein kulturhistorisch gewachsener, eigenartiger Charakter wird der Landschaft als Bewertungsgrundlage für ihre Nationalparkwürdigkeit hier zumindest nicht ausdrücklich zugestanden. Bibelriether befürwortet die Einrichtung eines Nationalparks in der Senne mit dem Ziel, über großflächigen Prozessschutz einen potentiell-natürlichen Eichen-Birken-Mischwald zu entwickeln; der großflächigen Erhaltung der Heide- und Trockenrasenflächen durch eingreifende Landschaftspflege steht er kritisch gegenüber. Die Senne wird in ihrer ökologischen Bedeutung als zusammenhängender Biotopkomplex beschrieben, dessen naturschutzrelevantes Kriterium der Seltenheit zunächst auf den Raum Nordrhein-Westfalens bezogen wird:

> „Die Senne ist der bedeutendste, zusammenhängende Biotopkomplex des Bundeslandes Nordrhein-Westfalen. [...] Die Senne [stellt] die nährstoffärmste Landschaft des Bundeslandes dar. [...] Die Errichtung eines Nationalparks Senne wird befürwortet. [...] Die Senne [bietet] eine hervorragende Möglichkeit, auf relativ großer, zusammenhängender Fläche die Wiederentstehung von Waldökosystemen zu ermöglichen, die einst für Teile des Nordwestdeutschen Tieflandes charakteristisch waren und heute kaum noch vorhanden sind. [...] Einem Gebiet, dem die natürliche Entwicklung von Eichenwäl-

dern des Tieflandes von Beginn an ermöglicht wird, käme im europäischen Vergleich eine Vorreiterrolle zu. Es hätte damit *internationale Bedeutung*" (Bibelriether 1997: 300, 302; Hv. original).

Anstelle der bislang stets nur als landes- oder bundesweit betonten Bedeutung als Naturschutzraum bescheinigt Bibelriether der Senne – im Text bei ihm optisch hervorgehoben – gar *internationale* Bedeutung im Falle der Etablierung eines prozessgeschützten Nationalparks. Womöglich versucht er über diesen rhetorischen Kunstgriff, die heimischen Naturschützer bei ihrem Lokalstolz ‚zu packen'. Die Studie schlägt die Senne neben vier anderen Gebieten in Deutschland zur Errichtung eines weitgehend prozessgeschützten Nationalparks vor:

> „Im Ergebnis wird festgestellt, daß nur fünf Gebiete [in der BRD; RS] für die Schaffung von Nationalparken geeignet [...] sind: Hainich, Kellerwald, Nordschwarzwald, Senne, Stechlinseegebiet" (Bibelriether 1997: 339). „Empfehlung: Ein Nationalpark sollte bald errichtet werden. Dabei müßte festgelegt werden, den überwiegenden Teil der Fläche (mindestens 75%) zusammenhängend innerhalb eines relativ kurzen Zeitraums der natürlichen Dynamik zu überlassen, [...]. Erhalt und Pflege kulturbedingter Ökosysteme darf nur auf kleiner Fläche stattfinden" (Bibelriether 1997: 302).

Dennoch bleibt eine Vielzahl der einheimischen Naturfreunde bei ihrer Meinung, dass eine derartige Entwicklung, wie Wulf und Bibelriether sie vorschlagen, nicht akzeptabel sei. Seraphim (2001: 58) spricht von der „Gefahr der Wiederbewaldung", die „nicht das Ziel der Nationalparkausweisung sein" könne; er zählt die derzeitig etwa 40% Offenlandflächen mit Heiden, Magerrasen und Mooren auf dem Truppenübungsplatz nach wie vor zu den „wertvollsten Lebensräumen". Einem Park – und dieser Wortteil sei auch dem Begriff Nationalpark immanent – könne laut Seraphim „nichts Schlimmeres geschehen, als dass man ihn sich selbst überlässt, so dass er verwildert".

Welche naturschützerische Ausrichtung die befragten Naturschutzexperten bevorzugen, wird in den folgenden Unterkapiteln thematisiert. Beim Blick auf neuere naturschützerisch motivierte Broschüren, Internetseiten und Publikationen zur Senne fällt schon oberflächlich auf, dass offenbar ein Kompromisskonzept des ‚sowohl-als-auch' verfolgt werden soll: Neben den unvermeidlichen Bildern einer sennetypischen Offenlandschaft tauchen jetzt immer häufiger auch solche Fotografien auf den Titelseiten auf, die den Wildnis-Charakter der Senne und die ‚ungebändigte' Natur insbesondere der Erosionsschluchten der Sennebäche betonen. Die Fotos des naturschützerisch engagierten Paderborner Hobbyfotografen Dave Lubek, die auch die Publikationen des Fördervereins Nationalpark Senne zieren, zeigen in erster Linie verwilderte, scheinbar unzugängliche Natur **(Abb. 76)**, und auch das Umschlagfoto eines neuen Wanderführers mit dem Titel „Faszinierende Senne" fokussiert einmal nicht die weite violett-blühende Heide, sondern eine buchenwaldbestandene Düne mit sichtbarem Totholzanteil.

Abb. 76: Mit dieser und anderen Arbeiten des engagierten Naturfotografen Dave Lubek, der seine den ‚Wildnis'-Aspekt betonenden Motive hauptsächlich in den zum Prozessschutz vorgesehenen Bachtälern findet (vgl. auch Abb. 80 u. 81), wirbt auch der „Förderverein Nationalpark Senne" in verschiedenen Broschüren und auf seiner Internetseite für seine naturschützerischen Ziele. [Foto Dave Lubek]

6.3. Der Disput um die offene Sennelandschaft: Meinungen über Schutzkategorien und ästhetische Qualitäten

Wie für die Geschichte der Wahrnehmung der Sennelandschaft im Allgemeinen spielen auch für den spezifisch naturschützerischen Diskurs die weiten, unbewaldeten Flächen der Senne eine wichtige Rolle. Ob man es nun als ‚öde' abwertete oder als ‚erhaben' romantisierte, das Offenland galt zu allen Zeiten als typisch und charakteristisch für die Senne, als ihr traditionelles, sogar als ihr – wie bereits gezeigt – vermeintlich ursprüngliches Erscheinungsbild; und auch im neueren Naturschutzdiskurs spielt es eine zentrale Rolle im Streit um den anzustrebenden Umgang mit der Landschaft. Sollte man die offene Sennelandschaft in einem möglichen Großschutzgebiet mit pflegerischem Aufwand weitgehend erhalten oder sie der natürlichen Dynamik überlassen? Das Wildnisleitbild ‚hands off' kontrastiert hier krass mit den Leitbildern der historischen Kulturlandschaft und des Artenschutzes, die jeweils aktiver, eingreifender Landschaftspflege bedürfen.

Als Sigmar Breckle und Andreas Wulf im Jahr 1993 den Gedanken vom „Urwald Senne" mit ihren schriftlichen Beiträgen in die breitere Diskussion brachten und damit Plädoyers für einen an amerikanischen Leitbildern ausgerichteten ökozentrischen Prozessschutz in der Senne lieferten, galten ihre Meinungen zunächst als Einzelstimmen einer Minderheit. Eine vollständig bewaldete Senne als naturschützerisches Entwicklungsziel schien zu unrealistisch und verwegen zu sein, um tatsächlich ernst genommen zu werden. Als aber im weiteren Verlauf der nun losgetretenen Diskussion vielen Naturschützern und Senneliebhabern bewusst wurde, dass internationale Kriterien für Nationalparke tatsächlich einen sehr weitgehenden Prozessschutz vorsehen, war das Entsetzen über die Vorstellung, die Heide und die Magerrasen der Senne ‚einfach verbuschen' zu lassen, groß. Denn nach wie vor werden gerade diese Offenbereiche der Landschaft sowohl von den allermeisten Laien wie auch von den Naturschutzexperten selbst hochgeschätzt und ihre Erhaltung mehrheitlich befürwortet. Im Folgenden finden Interviewtranskripte zu diesem Themenbereich Beachtung; einerseits geht es um naturschutzfachliche Fragen, Begründungen und Argumentationen und ihre normativen Hintergründe, andererseits um naturschutzpolitische Strategien. Axel H. sieht hier *„eine Grundfrage des Naturschutzes"* angesprochen:

> *„Es ist schwer. Es ist wirklich schwer, diese Diskussion, ne. Also irgendwo ist das 'ne Museumslandschaft, die wir da erhalten, ne, und ob diese Arten da dauerhaft sowieso 'ne Chance haben ... Aber da sind wir wirklich bei 'ner Grundfrage des Naturschutzes, bei der man lange diskutieren*

kann. Und da geht's einfach darum: was wollen wir, ne. Und wichtig ist halt, dass der Naturschutz sich immer diese Frage stellt und auch bereit ist, da mal drüber nachzudenken. Also auch die Fähigkeit zur Selbstkritik, ne, das eigene Tun auch als Naturschützer da mal zu hinterfragen. Daran sind ja meiner Meinung nach die Jäger gescheitert, weil die das eben nicht gemacht haben vor 10 Jahren, als diese Jagdkritik immer höher kam. Da waren sie halt nicht bereit, mal drüber nachzudenken: was machen wir da überhaupt ... da offensiv drüber nachzudenken. Und im Moment schwappt ja diese Welle auch auf den Naturschutz über, die Kritik wird ja immer höher, für 'ne Großtrappe eine Millionen im Jahr auszugeben. [...] Aber nichtsdestotrotz, die Kritik ist einfach da und dieser Kritik muss sich der Naturschutz aber auch stellen. Und dazu gehört auch zu überlegen: Heidelandschaft ist ein riesiger Aufwand, die so zu erhalten; ob man da nicht auch andere Konzepte entwickeln muss, ne" (Axel H.).

Der Naturschützer Axel H. reflektiert eine „*Grundfrage des Naturschutzes*“, die sich aus der Diskussion über die Zukunft der Senne ergibt: „*Was wollen wir?*“ Er spricht kritisch die Frage nach der Nachhaltigkeit von aufwendigen und teuren Pflegemaßnahmen an, die eine „*Museumslandschaft*“ künstlich erhalten. Dieser Kritik stehen die Argumente des Artenschutzes und einer allgemeinen, auf das Ästhetische zielende Beliebtheit der Heidelandschaft gegenüber; angesprochen auf einen großflächigen Prozessschutz reagiert Hans D.:

„*Aber wir wären ja im hohen Maße töricht ... Also ich hab da ja nun zweimal Leute reingeführt; und diese Sennelandschaft begeistert die Menschen so, dass Sie auch 'ne Akzeptanz hinkriegen über die offene Heide. Die haben Sie nicht mehr, wenn Sie die da natürlicher Sukzession überlassen, und ... die ist in 20 Jahren verwaldet. Also, das können'se nicht machen. Das ist auch politisch dumm. Außerdem wär's natürlich ein Jammer um die spezifischen Arten, die sich da nun inzwischen in der klassischen Heidelandschaft wohlfühlen*“ (Hans D.).

Hans D. weist in dieser Passage auf die für ihn an erster Stelle stehende Frage der politischen Durchsetzbarkeit hin; dem zugrunde liegt die pragmatische Überlegung, dass erst ein in seinen Zielen von einer Bevölkerungsmehrheit legitimierter Naturschutz ein stärkeres politisches Gewicht bei der Debatte über die Ausweisung von – zumal großflächigen – Naturschutzflächen bekommt. Freilich versucht er dabei auch, eigene Bedürfnisse durch jene einer breiten Mehrheit zu legitimieren. Seine Annahme, dass eine größere öffentliche Akzeptanz und Unterstützung besser *„über die offene Heide hinzukriegen"* sei, da diese viele Menschen *„begeistere"*, zielt der naturschutzethischen Begründung nach auf ein Argument aus dem Bereich der Landschaftsästhetik. Dem erst nachgeordnet *(„außerdem wär's …")* nennt Hans D. den *„Jammer um die Arten"*, also das im Naturschutz zumeist zentrale, artenschützerische Argument für die Erhaltung der offenen Flächen. Auch Bernd O. bewertet den Artenschutz allein als ungeeignet, um dem *„Normalbürger"* den Naturschutz schmackhaft zu machen:

> *„Nee, ich glaub, das [der Artenschutz; RS] ist auch kein Argument. Das ist für den Normalbürger überhaupt kein Argument. Das behaupte ich mal. Weil er das gar nicht wahrnimmt, die Artenvielfalt. Diese Landschaft wirkt ja eher strukturarm, sie wirkt eher homogen; also die Vielfalt, die sieht man nur, wenn man ganz nahe ran geht und genau hinkuckt. Ja, was macht den Reiz aus? Also … ich mein, ich kann jetzt einmal so aus meiner ganz persönlichen Sicht … Es ist durchaus ein Genuss, in einer Landschaft weit schauen zu können. Das ist für mich immer wieder, auch wenn ich an andere Landschaften in Polen denke oder so: Ich genieße es einfach, weite offene Landschaften zu haben"* (Bernd O.).

Auf der anderen Seite finden Artenschutzbegründungen auch weiterhin Zustimmung bei den befragten Experten. Als einerseits quantitativ messbares wissenschaftliches Instrument für die Bewertung bestimmter Biotop- und Landschaftstypen bleibt das Paradigma des Artenschutzes ein unverzichtbarer Bestandteil des Naturschutzes; als andererseits ethisches Argument verweist es auf das Gleichheitsprinzip und den Grundsatz des demokratischen Schutzes von Minderheiten – hier betreffend der Flora und Fauna.

> *„Nee, die Artenschutzbegründungen sind auch ganz klar nachzuvollziehen. Es sind natürlich Lebensräume, die bedroht sind, nicht nur landesweit, sondern eben auch bundesweit, ob man jetzt diese Trockenheiden oder diese Feuchtstandorte, Niedermoore usw. nimmt. Ist ganz klar, dass Artenschutzgründe da 'ne wesentliche Rolle spielen und Maßnahmen zur Erhaltung da im Moment auch wichtig sind"* (Axel H.).

> *„Also 'ne Landschaft definiert sich nicht nur von den natürlichen Lebensräumen her, sondern auch vor allen Dingen hier in Mitteleuropa natürlich sehr stark von den kulturbetonten Lebensräumen her. Wenn man Landschaftsschutz betreiben will, gehört Kulturlandschaftspflege automatisch mit dazu. Bei der Senne gibt es zwei gute Gründe, Kulturlandschaftspflege zu betreiben: Der eine ist, dass die Heideflächen und auch*

> *die offenen Gras- und Sandflächen, was so diese traditionellen alten bäuerlichen Kulturlandschaftstypen sind; das sind schon Zentren der Artenvielfalt, sowohl was Pflanzen und Tiere angeht. Und für mich als Biologe ist es ein Argument zu sagen: Ich will solche Lebensräume erhalten, weil ich bestimmte Pflanzen und Tiere hier auch halten will. Die auch eben zu unserer Geschichte auch dazugehören*" (Volker P.).

Die früher fast unangefochtene Stellung der Artenschutzargumentation ist innerhalb des Naturschutzes, wie in mehreren Gesprächen deutlich wurde, jedoch nicht mehr unumstritten. Kritik wird insbesondere in folgender Passage von Bernd O. formuliert:

> „*Was noch entscheidend ist: Es ist meiner Ansicht nach dem Naturschutz überhaupt nicht zuträglich, absolute Vorstellungen zu äußern. Es gibt nicht einen richtigen Weg im Naturschutz. Das ist 'ne unbedingte Erkenntnis, die man ja auch aus anderen Wissenschaftsbereichen mal annehmen sollte. Das ist ein Problem, meiner Ansicht nach, vieler Naturschützer, die dann aus der Artenschutzbetrachtung in den Naturschutz hinein ... also diese Autodidakten im Naturschutz ... der Ornithologe, der nur seine spezifische Gattung sieht, nur den großen Brachvogel oder dann die Kleinsäuger und die Fledermäuse und die Pilze, ... die sehen ja die Landschaft immer aus der Sicht ihrer Artengruppe. Das ist ein weitverbreitetes, großes Problem, wenn man mit Naturschützern zu tun hat*" (Bernd O.).

Für viele Artenschützer kollidiert die Vorstellung der Verbuschung und Wiederbewaldung von Offenbereichen der Senne mit ihren jeweiligen, ganz speziellen Partikularinteressen. Doch nicht nur die Spezialisten für Offenlandarten möchten die Heiden und Magerrasen erhalten, auch vielen Laien und ‚normalen' Spaziergängern ist die Vorstellung einer bewaldeten Senne ästhetisch eher unangenehm: Manch einer stellt sich wohl einen monotonen und artenarmen Kiefernforst vor, gerade so, wie sie die größten Teile der schon jetzt bewaldeten Senne ausmachen. Solche als unattraktiv empfundenen Waldbereiche werden kaum als ästhetisches Adäquat zur offenen Heide empfunden. Ein natürlich nachwachsender, prozessgeschützter Wald hätte allerdings ein anderes Erscheinungsbild und eine andere ökologische Qualität:

> „*Man hat halt auch unterschiedliche Vorstellungen vom Urwald, ne. Man darf sich natürlich nicht die waldbestandenen Flächen jetzt vorstellen und im Gegensatz dazu die offenen Heideflächen. Na ja. Ich weiß*

auch nicht, ob wir da immer mit diesen Arten argumentieren können und sollten, ne" (Axel H.).

Der Artenschutz hat als Leitmotiv des Naturschutzes in den vergangenen Jahren insgesamt an Argumentationskraft und Popularität verloren, nicht zuletzt auch weil er in der öffentlichen Diskussion stetig den Angriffen der Wildnisbefürworter mit ihrem „Hände-weg-Leitbild" ausgesetzt war. So formulierte Wulf in seinem „Urwald Senne" zwar eine Extremposition, doch war die Kritik am einseitig betriebenen Kulturlandschafts- und Artenschutz nicht aus der Luft gegriffen und Ausdruck einer allgemeinen naturschutzethischen Neuorientierung. In der Folge stehen Naturschützer heute unter einem gewissen Rechtfertigungsdruck dahingehend, nicht mehr ausschließlich traditionell-artenschützerisch für ihre Sache zu argumentieren, um nicht unzeitgemäß zu wirken. Zwar befürwortete keiner der Interviewpartner einen großflächigen Prozessschutz, um so mehr bemühten sie sich aber um solche Argumente, die jenseits des Artenschutzes für eine Erhaltung der offenen Flächen sprechen.

„*Die Kulturlandschaftspflege ist in der Tat museal. Sie ist auf ein Landschaftsbild fixiert von, was weiß ich, 1850 oder so, und das wird natürlich auch mit viel Aufwand statisch gehalten. Und ... damit wird natürlich die Dynamik in der Natur einfach aufgehalten ... und dieses Bild eben fixiert. Aber ich denke, es hat trotzdem eine Berechtigung, es zu machen, weil – und da würde ich auch nicht so sehr mit reinen Artenschutzgesichtspunkten argumentieren – weil ich denke, dass es auch Sinn macht, Landschaft museal zu erhalten. Man hat eine gewisse Verpflichtung, denke ich, auch Zustände zu dokumentieren, die irgendwann wichtig geworden sind für die Entwicklung eben eines gesamten Raumes ... für ein Bild, was entstanden ist ... für auch ein Selbstverständnis von Menschen. Und da sollte man in jedem Fall versuchen, eben durchaus museal, bestimmte Bereiche so zu pflegen ... ja: wie es damals geschehen ist. Über den Umfang, finde ich, kann man reden. Ich denke, dass es nicht wirklich in einem ganz großen Umfang in Zukunft möglich und sinnvoll sein wird. Aber man sollte es trotzdem versuchen*" (Ulrike W.).

Ulrike W. greift in ihrer Aussage die gängige Kritik an der Kulturlandschaftspflege zunächst auf; sie benutzt die typischen Begriffe dieser Kritik („*museal*", „*statisch*", „*fixiert*", „*Dynamik aufhalten*") und distanziert sich von einer ausschließlich am Artenschutz orientierten Argumentationsstrategie. Ihre Rede fokussiert vielmehr eine kulturhistorische und soziale Dimension der Begründung für die Erhaltung des Offenlandes. Sie spricht nicht von Natur als dem Schutzgut, sondern reflektiert auf ein „*Bild*", um das es ginge, welches zu schützen sei aus zwei Gründen: Erstens als Aufgabe der historischen Dokumentation eines Landschaftszustandes und zweitens für das, wie sie sagt, „*Selbstverständnis von Menschen*". Gemeint ist hierbei die Identifikation der Bevölkerung mit der visuellen und historischen Ausprägung ihres regionalen Lebensraumes; das Offenland der Senne erscheint als ein Bild von Heimat, als ein Bestandteil landschaftlicher und regionaler Identität, das manch einer so bewahrt haben möchte, wie er es kennt oder sich doch zumindest vorstellt. Selbst wenn die Imagination einer typischen Sennelandschaft gar nicht der Kenntnis der realen Landschaft entstammte, so wäre sie doch über Heimatliteratur und Fotografien und Gemälde vermittelt. Von der Vorstellung eines Bildes von der Senne geht auch Klaus L. in der folgenden Gesprächspassage aus:

> „*Ich würd' auch heute immer noch sagen ... wenn du mir sagst: Such 'n Foto raus zur Senne, würd' ich immer sagen, ist das irgendwas mit weiten Sandflächen, Trockenrasen und sowas in dem Bereich. Was also gerade auch in der Diskussion um den Nationalpark für mich sehr lange 'n Problem war. In der fachlichen Diskussion ist es sicherlich auch 'n Problem ... aber auch jetzt so von meiner Vorstellung her hatt' ich da schon erstmal so ... so gewisse Schwierigkeiten mit, ne. Hab auch immer noch gewisse Schwierigkeiten damit, weil ich denke, ... dass man mit Sicherheit nicht vollständig die Senne verbuschen lassen kann, auch aus Naturschutzgründen das nicht tun darf, und insofern wird es sicher auch irgendwo Probleme geben, ob man denn den Kriterien eines Nationalparkes genügen kann, und das ist dann auch einfach 'ne Frage der Zonierung, es ist 'ne Frage, welches die Kernbereiche des Nationalparkes sind. Es klingt auch im Förderverein Nationalpark Senne immer wieder die Diskussion an: Wollen wir überhaupt 'n Nationalpark, oder wollen wir 'n Biosphärenreservat? Beim Biosphärenreservat hätt' ich die Diskussion nicht, da hätt' ich dann keine Legitimationsprobleme*" (Klaus L.).

Klaus L. macht deutlich, dass als landschaftsästhetischer Maßstab für die Anforderungen an den Naturschutz in der Senne ein Bild, ein Foto, vielleicht ein Gemälde, jedenfalls eine Imagination in Frage kommt. Er selbst geht – übrigens keinesfalls aufgefordert vom Interviewer – von einer vorgestellten Fotografie aus, um darzulegen, dass man „*die Senne nicht verbuschen lassen*" sollte: Er imaginiert die Senne als ein weites, offenes Heideland. Der Schutz eines typischen Bildes begründet demnach die Offenhaltung der Landschaft; dem – zumindest sprachlich – erst nachgeordnet nennt der Naturschützer Klaus L. „*auch Naturschutzgründe*", mit denen wohl Artenschutzargumente gemeint sind. Weiterhin weist er auf die naturschutzinternen Probleme bezüglich der Schutzkategorie hin, die sich aus dem Kontext der Offenlanddiskussion ergeben: Mit „*Kriterien des Nationalparkes*" meint er das 75-Prozent-Gebot der IUCN, dass auf drei Vierteln der Gesamtfläche eines Nationalparks Prozessschutz vorsieht, also die leidige „Verbuschung" impliziert.[175] Klaus L. deutet an, dass aufgrund dieser Problematik auch unter den Naturschützern innerhalb des Fördervereins für einen Nationalpark an der Eignung der Schutzkategorie Nationalpark gezweifelt wird und dass intern auch über andere Möglichkeiten zur „*Legitimation*", wie L. es formuliert, von Offenland und dessen Erhaltung nachgedacht wird. Um „*Legitimationsprobleme*" für eine weitreichende Kulturlandschaftspflege in einem Großschutzgebiet Senne zu umgehen, werden verschiedene Strategien und Konzepte angedacht: Eine Möglichkeit ist der Austausch der angestrebten Schutzkategorie; statt eines prozessschutzorientierten Nationalparks könnte als Alternative auch ein Biosphärenreservat in Frage kommen; dazu drei Gesprächspassagen:

> „*Ich halte es für sehr ... ähm ... diskussionsbedürftig, welche Formen der Großschutz hier mal haben kann. Und ich werde mich auch vor zu schnellen Aussagen da hüten wollen. Nationalpark ist 'ne ausgesprochen hoch besetzte Kategorie, hat aber, wenn sie ernst genommen werden will, hohe Anforderungen, die mit Sicherheit diese ganzen musealen Geschichten nicht berücksichtigen würden. Ich denke, man sollte darüber nachdenken – unter anderem im Übrigen auch aus Akzeptanzproblemen in der Bevölkerung – ob man einen großflächigen Kulturlandschaftsschutz anstreben sollte, der dann natürlich auch ausgedehnte Kernflächen hätte, die sich selbst überlassen bleiben. Wie zum Beispiel in Biosphärenreservaten. Aber das ist für uns noch nicht ausdiskutiert. Wir legen uns da auch noch nicht frühzeitig fest, weil wir letztlich noch mehr nachdenken müssen darüber*" (Ulrike W.).

> „*Ähm, ... ja, Nationalpark ... ist lange Jahre für mich 'ne ... sagen wir mal: die beste Schutzgebietsform gewesen. Wäre es gewesen, wenn das Militär mal abgezogen wär'. Bin mir aber in den letzten ... naja, ein bis zwei Jahren möchte ich mal sagen, nicht mehr sicher, ob der Grundgedanke, der hinter 'nem Nationalpark steht, wirklich auf die Senne exakt zutrifft. Der Nationalparkbegriff ist ja auch immer 'n bisschen schwierig:*

175 Der Begriff „*verbuschen lassen*" ist deutlich negativ belegt; er wird in erster Linie zur Kritik des Vorgangs der Sukzession verwendet, intendiert ähnliche Wertungen wie „zuwuchern" oder „verkrauten" in der Sprache des auf Ordnung bedachten Kleingärtners.

> *Man kann sich an den IUCN-Kriterien orientieren, das also auch sehr eng auslegen, dann wäre Nationalpark also 'n Gebiet, wo der Mensch sich richtig zurückzieht, die Natur Natur sein lässt. Das ist 'ne harte Definition. Wenn man sich in Europa mal umkuckt, was im Ausland vor allen Dingen unter Nationalpark läuft, dann wird der doch manchmal sehr aufgeweicht. In England zum Beispiel werden unter Nationalparke Gebiete verstanden, da würd' man hier sagen: Das ist ganz klassisch 'n Biosphärenreservat, da wird Kulturlandschaft geschützt, und die ist auch da eben Schutzziel*" (Volker P.).

> *„Ich kann mir genauso gut aber auch vorstellen – nur ist das hier noch nicht richtig diskutiert worden im Raum –, dass für die Senne 'n Biosphärenreservat 'ne passende Schutzgebietskategorie ist. Allerdings wäre da die Kulisse sehr viel weiter zu ziehen, und das ist nur möglich unter Einbeziehung der Landwirtschaft. Landwirtschaft wär' im Nationalpark vollkommen draußen; im Biosphärenreservat wäre die Landwirtschaft voll drin, wäre auch ganz entscheidende Kraft. Und das muss die Landwirtschaft allerdings selber entscheiden, ob sie das wollen oder nicht, und das muss die Region hier selber entscheiden*" (Volker P.).

Auch wenn von den Befragten – in meinem unrepräsentativen Sample sogar mehrheitlich – die an Kulturlandschaftserhaltung orientierte Schutzkategorie des Biosphärenreservates bevorzugt angestrebt wird, so stellt sich doch das Problem der öffentlichen Durchsetzbarkeit. Große Einigkeit herrscht nämlich in der Einschätzung, dass für einen großflächigen und langfristigen Naturschutz in der Senne der zustimmende Rückhalt in der Bevölkerung unverzichtbar ist. Um diese Zustimmung zu erreichen, scheint der populäre und sehr positiv besetzte Terminus ‚Nationalpark' als griffiger PR-Titel für ein Naturschutzprojekt in der Senne weitaus erfolgversprechender und wirksamer als der des relativ unbekannten ‚Biosphärenreservates':

> *„Das Biosphärenreservat, der Begriff, der ist erst seit 1998 im Naturschutzgesetz verankert. Und wenn man ihn von der Begrifflichkeit analysiert, dann würde die Senne als eine Kulturlandschaft natürlich ideal in diese Schublade passen. Dennoch ist er als Begriff überhaupt nicht etabliert, und ich glaube, man kann mit ihm auch schlecht für Naturschutzideale Werbung machen, für Naturideale überhaupt. Der Begriff ist einfach nicht gängig in der Bevölkerung, also hier in Deutschland nicht. Und mit dem Nationalparkgedanken verbindet man im weitesten Sinne etwas Positives für die Natur*" (Bernd O.).

Eine andere Möglichkeit zur Handhabung des Zielkonfliktes bezüglich der Wald-Offenlandverteilung in der Senne unter Beibehaltung der Forderung nach einem Nationalpark ist die strategische Überlegung, über eine Erweiterung der insgesamt angestrebten Schutzfläche die geforderten 75 % Prozessschutzanteil innerhalb einer dann ohnehin waldreicheren Gebietskulisse zu erreichen: durch eine Ausweitung des angestrebten Nationalparkareals um Bereiche des benachbarten Teutoburger Waldes (Lippischer Wald).

> *„Tja, wenn man das Gebiet nimmt, was jetzt diskutiert wird, mit dem Bereich Egge und Teutoburger Wald, wo da Waldflächen mit dabei sind, dann könnten diese 75 % realistisch sein. Wenn man jetzt nur den Bereich Truppenübungsplatz nimmt, wie er heute da ist, dann wär' 75 % meiner Meinung nach 'n bisschen hoch. Dann könnt's wirklich Probleme geben. Weil dann der Bereich Heidelandschaft natürlich noch wesentlich höher ist. Und bei diesen Flächen haben wir dann eben diese Diskussion: Wo soll's hingehen, wie erhalten wir diese Flächen, wollen wir sie erhalten? Und wenn wir diesen Bereich Egge mit hinzunehmen, haben wir Bereiche, die sehr gut sich selbst überlassen bleiben könnten mit dabei, ne, und dann könnte das so grade hinkommen mit diesen 75 %"*(Axel H.).

> *„Der Lippische Wald gehört in diesem Teilabschnitt dazu, und damit nehmen wir den Druck, damit heben wir das Argument der Pessimisten auf. Das verteilt sich dann"* (Friedhelm G.).

> *„Diese 75 % kriegen wir überhaupt nur hin, wenn wir den Lippischen Wald dazu nehmen. Sonst können 'se das vergessen."* [Interviewer: Dann müssen Sie den Förster vom Lippischen Wald aber noch dazu kriegen, dass er seinen Wald nicht mehr bewirtschaftet.] *„Natürlich, natürlich, ja ja. Also da sitzt sicherlich noch 'ne Menge Zündstoff drin. Aber den Lippischen Wald brauchen wir dazu. Ist völlig klar. Und gegen Geld ... wird das ja zu machen sein, nicht"* (Hans D.).

Auf die Nachfrage hin bestätigt Hans D. ein Problem (*„'ne Menge Zündstoff"*) dieses strategischen Tricks zur Erhaltung des Offenlandes der Senne in einem Nationalpark, und er deutet darüber hinaus auch eine mögliche Lösung an. Erstens sind die Besitzverhältnisse im Bereich des Lippischen Waldes (Privatbesitz) andere als die im Bereich des Sperrgebietes der Senne (Staatsbesitz), und zweitens bedeutet das 75 %-Gebot nicht nur Bewaldung in irgendeiner Form, sondern sie fordert einen sehr weitgehenden Nutzungsverzicht innerhalb dieser dann prozessgeschützten Waldbereiche. Spätestens an dieser Stelle wird auch der finanzielle Aspekt des Themas wichtig: Nur ein Flächenankauf oder eine Entschädigung („*gegen Geld*") könnte wohl den Eigner zum Nutzungsverzicht bewegen. Bezüglich einer Realisierung solcher Pläne äußert Ulrike W. Zweifel und Bedenken:

> „*Wobei ich befürchte, dass das eben auch nach hinten losgehen kann. Die Bevölkerung weiß schon, was Nationalpark bedeutet, und da kann man denen auch nichts vormachen. Und Nationalpark auf eine Fläche zu beschränken, die wirklich nutzungsfrei sein kann ... also realistisch nutzungsfrei sein kann, ... die erscheint mir einfach zu klein. Die Idee des Fördervereins, da die lippischen Wälder dazuzunehmen, die einfach in Privatbesitz sind, ... ähm ... kann ich überhaupt nicht nachvollziehen, solange diese Frage nicht geklärt ist. Und ich persönlich bin auch der Meinung, dass der Prinz von Lippe mit Sicherheit nicht verkaufen wird.*" [Nachfrage: Geht es da auch um ökonomischen forstwirtschaftlichen Nutzen, der da 'ne Rolle spielt?] „*Ja ... ach, der wird's auch nicht tun. Warum sollte er das? Ich denke, dass – und darum halten wir uns da auch ja bewusst noch diese Diskussion ganz offen – dass da wirklich auch noch mehr Erfahrung gesammelt werden sollte. Und dass es einfach nachteilig ist, sich jetzt frühzeitig ohne Not auf Kategorien festzulegen*" (Ulrike W.).

Neben der Erweiterung der Schutzkulisse um Bereiche des Lippischen Waldes wurden in den Interviews noch zwei weitere Möglichkeiten angesprochen, wie man unter Beibehaltung der Forderung eines Nationalparks die Offenlandflächen der Senne erhalten könnte. Eine Variante könnte geradewegs über die Abschaffung der Geltung der internationalen Kriterien für mitteleuropäische Nationalparke funktionieren. Man bemüht sich seitens des Fördervereins aktiv um eine juristische Angleichung der gesetzlichen Nationalparkkriterien[176] an die Realitäten mitteleuropäischer Kulturlandschaften, also auch an verschiedene Formen anthropozoogen gestalteter Offenlandschaften:

176 Nachdem im Jahr 2002 das neue Bundesnaturschutzgesetz in Kraft getreten ist, laut welchem zwar auch von Menschen stark beeinflusste Landschaften als so genannte Entwicklungs-Nationalparks ausgewiesen werden können, andererseits aber die Prozessschutzidee gerade auch diesem Konzept gestärkt immanent bleibt, bleibt abzuwarten, wie die ausschlaggebende Ländergesetzgebung mit den Rahmenvorschriften des Bundes in der Praxis verfährt. Möglich sind differenzierte, einen jeweiligen Nationalpark separat betreffende Parlamentsgesetze, in denen auf die spezifischen Verhältnisse vor Ort eingegangen werden könnte (vgl. Belz 2002: 29ff).

> *„Ja, und aus dem Grunde sind wir ja auch aktiv geworden. Wir haben in unserem Beirat auch einen Juristen, einen emeritierten Professor, und der hat also auch schon einiges unternommen, und das ist auch Gegenstand von Beratungen: Ein Konzept zu entwickeln, das für Mitteleuropa anwendbar ist. Wenn wir das streng nehmen, was international gilt, dann dürfte es in ganz Mitteleuropa keine Nationalparke geben. Der Mensch ist überall drin gewesen, und die Spuren sieht man, wenn man einen Blick dafür hat. Das muss relativiert werden. Wir können nicht kanarische oder sibirische Verhältnisse zugrunde legen, oder aus dem Kongo“* (Friedhelm G.).

Friedhelm G. macht hier energisch klar, dass für ihn ein großflächiger Sukzessionsschutz in der Senne nicht in Frage kommt. Der Vergleich der Senner Kulturlandschaft mit *„dem Kongo“* als Synonym für echte Wildnis lässt keinen Zweifel an seiner Haltung: Die eigendynamische Entwicklung wilder Natur sollte nur da zugelassen werden, wo sie ohnehin schon bestimmend ist, aber nicht in solchen Landschaften, wo über Jahrhunderte kulturell Einfluss auf Gestalt und Ausstattung genommen wurde. Eine weitere Idee zur Umgehung des weitgehenden Prozessschutzgebots für Nationalparke ist folgende:

> *„Also Prozessschutz da, wo es sinnvoll ist. Da müssen wir uns ... und da werden wir uns – wenn nicht ich, dann meine Nachfolger – durchsetzen, da einen vernünftigen Weg zu finden. Es gibt ja, ich verrate damit jetzt kein Geheimnis, es gibt ja die Möglichkeit, wenn das [Gelände] mal frei wird, nur den Teil auszuweisen als Nationalpark, in dem hinreichend viel Wald dem Prozessschutz überlassen werden kann. Und 25% als Offenland. Was darüber hinaus Offenland ist, kann man als Naturschutzgebiet ausweisen; und da darf man pflegen von morgens bis abends“* (Friedhelm G.).

Auch darüber, wer überhaupt wie viel Kulturlandschaft pflegen könnte bzw. zu pflegen imstande wäre, gibt es unterschiedliche Meinungen. So wird – wie gezeigt – einerseits trickreich überlegt, eine Möglichkeit der Erhaltung des Offenlandes in einem Nationalpark Senne zu finden; ander erseits scheint man sich aber weitgehend einig darüber zu sein, dass die Offenhaltung des aktuell noch recht großen Anteils offener Flächen auf dem Truppenübungsplatz allein durch Pflege schier unmöglich wäre, dass sie quantitativ schlichtweg kaum leistbar ist. Das verdeutlicht die Aussage von Volker P., die dem Inhalt nach auch von anderen Interviewpartnern bestätigt wurde:

Abb. 77: Die Beweidung mit Schafen (hier auf ehemaligen Ackerflächen bei Haustenbeck) ist eine Möglichkeit der Kulturlandschaftspflege, die im historischen Sinne als ‚landschaftstypisch' gilt und im gewissen Maße noch immer profitabel sein kann. Allerdings wäre eine Pflege aller Senner Offenflächen mit dieser ‚musealen' Methode wohl kaum leistbar. [Foto Roland Siekmann]

> „*Und ich finde, dieser Streit oder diese Meinungsverschiedenheit, die oft grad' hier auch in der Senne vorgetragen wird: Soll das alles Urwald werden oder soll es alles Heidelandschaft werden, ... das erledigt sich sowieso von selber einfach über die Leistbarkeit, diese Kulturlandschaftstypen zu pflegen. Das ist 'n unheimlicher Aufwand, das muss organisiert sein, das muss finanziert sein, und ... die Flächengröße, in der sich das abspielt ... das reguliert sich von selber, meiner Meinung nach. Es kann nicht viel mehr als bisher gepflegt werden, das ist organisatorisch, so wie ich das einschätze, gar nicht möglich. [...] Ob diese Offenlandflächen alle auf Dauer in der Größe erhalten werden können, wag' ich zu bezweifeln*" (Volker P.).

Am konkretesten wird Bernd O., der in der Konsequenz von nur noch „*wenigen hundert Hektar*" Heidelandschaft spricht, die er nicht museal, sondern ökonomisch rentabel – etwa durch Schafbeweidung **(Abb. 76)** – zu erhalten wünscht:

„*Wobei ich keineswegs der Anhänger bin: Wir müssen 3.000 oder 4.000 Hektar Heidelandschaft erhalten, das halte ich für illusorisch. Ich denke schon, dass Heide, da sie ja nicht mehr gekoppelt ist an landwirtschaftliche Nutzung ... oder nur noch bedingt gekoppelt ist ... man kann sie sehr wahrscheinlich nur auf wenigen hundert Hektar erhalten, und dann nicht museal, sondern wirklich durch Landwirtschaft. Eben eine Form der Landwirtschaft, die durchaus auch interessant ist, die Nahrungsmittel hervorbringt, die auch gekauft werden*“ (Bernd O.).

Der naturschützerische Disput um ‚Urwald versus Heide in der Senne‘ hat in den letzten Jahren insgesamt an Schärfe verloren. Wie in vielen gesellschaftspolitischen Diskursen scheinen sich die Extrempositionen mehr und mehr aufzulösen; Kompromissmodelle und Zonierungskonzepte beherrschen die Diskussionen:

„*Was mich besonders stört ist die ... Also im Naturschutz wird immer ... naja, man könnte von Konfrontation der Begriffe sprechen: Es gibt die Kulturlandschaftspflege und es gibt den Prozessschutz, und dazwischen gibt's nichts. Das ist Unsinn. Natürlich laufen auch in der Kulturlandschaft Prozesse ab. Das sind auch evolutive Prozesse. Da passen sich natürlich Pflanzenarten an bestimmte Nischen an, und Tierarten ebenso*“ (Bernd O.).

Interessant ist die Einschätzung eines Gesprächspartners, der den Disput um Wald oder Heide als generationsspezifischen Diskurs interpretiert, indem er auf die Frage, ob er seine eigene (eher den Prozessschutz favorisierende) Meinung für mehrheitsfähig und durchsetzbar hält, antwortet:

„*Ach ... ähm ... Mehrheiten ändern sich. Und mein Eindruck ist, dass an dieser alten Heidelandschaft eher die Leute hängen, die auch noch große Heideflächen kennengelernt haben, meinetwegen in ihrer Jugend, und die werden einfach immer älter und auch nach und nach seltener.*“ [Interviewer: Gibt's denn keine jüngeren Leute, die Heide mögen?] „*Ja, das gibt's auch, ich kann mich auch für die Heide begeistern, das ist überhaupt keine Frage. Aber es gibt doch auch 'ne ganze Menge Leute – und ich glaube auch gerade unter den jüngeren Leuten kommen ziemlich viele nach – die auch viel übrig haben für so'n unberührten Wald. Interessanterweise ist es so, dass die Naturschutzbewegung, sagen wir mal die Leute ohne wissenschaftliche Ausbildung, die den ehrenamtlichen Naturschutz heutzutage vielleicht nicht mehr dominieren, aber die noch relativ häufig sind, dass die auch gerade so'n Hang zu solchen*

Konzepten haben, mit denen ich damals dafür plädiert habe: Mehr Wald zuzulassen, weniger einzugreifen. Diese Argumentation mit dem Energie-, Wasser- und Stoffhaushalt der Landschaft, wo ja letztendlich bei rauskommt: Wenn man die Natur sich selbst überlässt, dann optimiert sie sich automatisch. Die stößt auf sehr viel Verständnis bei Leuten, die so ganzheitliche Ideen verfolgen, die schon immer das Gefühl hatten: Wenn der Mensch eingreift, dann kann nichts Gutes dabei entstehen. Ich vertrete diese Ansicht nicht mehr in der extremen Weise, aber gerade so holistisch orientierte Leute, die sind für das sehr aufgeschlossen. Und die sind nicht selten. Wer mal in Amerika war und da die Nationalparks besucht hat, der – ist mein Eindruck bisher – der hat sowieso nicht mehr viel für Heidepflege übrig. Also, sind viele, die dann schnell umschwenken und sagen: Also so wie da drüben ... Wilderness-Gebiete ..." (Gregor S.).

Ein weiterer Aspekt des Themas ist die Interpretation der durch Pflege zu gewährleistenden Offenhaltung der Landschaft als Ausdruck eines ökonomisch begründeten Interesses der Naturschutzorganisationen selbst. Die arbeitsintensiven Maßnahmen zur Entbuschung und Beweidung der Kulturlandschaft werden in erster Linie von den Biologischen Stationen durchgeführt bzw. von ihnen delegiert. Es leuchtet ein, dass für einen Prozessschutz nach der ‚Hände-weg-Methode' kaum Projektmittel ähnlichen Umfangs beantragt werden könnten; Projektmittel, auf die die Organisationen zur Finanzierung ihrer Mitarbeiter Jahr für Jahr angewiesen sind. Kurz, die aktive Landschaftspflege dient somit auch der eigenen Existenzsicherung. Dazu äußert sich Axel H.:

„*Dass die Natur sich selber entwickeln kann, ja, das ist natürlich dann so bei der Senne 'ne sehr heiß diskutierte Frage. Weil im Moment sind natürlich noch Naturschutzvereine und -verbände da, die davon profitieren, im Landschaftsbereich Senne aktiv zu sein, und dieser Prozessschutz würde das natürlich dann eben so'n bisschen aufheben. Zumindest in Teilbereichen. [...] Und da gibt das die unterschiedlichen Interessen. Die einen, die vom Vertragsnaturschutz irgendwo leben und davon profitieren, und die anderen, die sagen: Nee, wir müssen die Flächen, die sich selbst überlassen bleiben auch ausweiten können, vielleicht auch bestehende Heideflächen*" (Axel H.).

Albrecht K., der dem zeitgenössischen Naturschutz in früheren Jahren einmal vorgeworfen hatte, er sehe seine wichtigste Aufgabe in der Ausweitung seiner eigenen Verfügungsgewalt, führt auf diese Bemerkung hin angesprochen im Gespräch aus:

> *„Das ist noch viel schlimmer, als ich damals geahnt habe* [lacht]. *Ja doch, den Eindruck hab ich nach wie vor, ne. Wobei ich damals nicht geahnt hab, wie handfest und konkret die Interessen dahinter sind. Ich dachte damals, dass wäre mehr so ... ja, ... um Macht zu demonstrieren und Macht auszuweiten. Aber dass da ganz konkret auch so Existenzsicherung dahintersteht, das war für mich in der Form noch nicht so klar. Gab's vielleicht in der Extremform damals noch gar nicht. Scheint so'ne Spezialität der Biologischen Stationen jetzt zu sein, ne"* (Albrecht K.).

Bei der subjektiven Bewertung der Schutzwürdigkeit sind mit den *ökologischen* Argumenten (Artenschutz), den *kulturhistorischen* Argumenten (Heimatbild) und den *ökonomischen* Argumenten (Tourismus, Existenzsicherung) stets *ästhetische* Argumente verwoben, die auf bestimmte Qualitäten und Eigenarten der Offenlandschaft der Senne verweisen. Die landschaftsästhetische Argumentation steht zunächst in engem Zusammenhang mit der kulturhistorischen Begründung für die Erhaltung eines traditionellen Heimatbildes, jedoch spielen – so nehme ich an – auch noch weitere landschaftsästhetische Aspekte in den Hinterköpfen eine Rolle. Was könnten, über das bereits Gesagte hinaus, diese hochgeschätzten Qualitäten von offener Landschaft sein, die nicht wenige Naturschützer und Heimatfreunde in der Konsequenz sogar ein Verbleiben des Militärs in der Senne bevorzugen lassen, da dieses eine großflächige Offenhaltung zu garantieren verspricht? Woher rühren nach Meinung der Befragten diese landschaftsästhetischen Normen, worüber konstituieren sich die Positivwertungen der offenen Sennelandschaft? – In den Interviews wurde im Anschluss an die fachliche Argumentation immer auch auf diese Fragen hin reflektiert; die im Folgenden zitierten Gesprächspassagen entstanden in der Regel als Antworten auf meine konkrete Nachfrage danach, wie es denn wohl komme, dass das Offenland der Senne so beliebt ist:

> *„Ich denke, das haben wir auch Herrn Löns mit zu verdanken, also diese Verklärung von Natur, dass man 'n Bild von Natur hat, was man auch gerne herstellen möchte. Das ist einfach positiv besetzt, es gibt die Lüneburger Heide, die in der Bevölkerung <u>sehr</u> positiv besetzt ist, mit den Kutschfahrten ... und die blühende Heide hat halt 'ne Faszination irgendwie für die Menschen. Und ich glaube, das steckt immer noch so'n bisschen in den Menschen drin, dass uns 'n düsterer Wald weniger sympathisch ist als 'ne Fläche, die offen ist, wo ab und zu mal 'n paar Sträucher sind, die wir überblicken können. Das sind, glaub ich, auch noch zum Teil die Urinstinkte, die da 'ne Rolle spielen"* (Axel H.).

In dieser Gesprächspassage spricht Axel H. zwei mögliche Ursachen für die allgemeine Beliebtheit der offenen Heide- oder Magerrasenlandschaft an: Erstens nimmt er an, dass solche Vorlieben erlernt und übernommen werden und romantisierten, vorgefertigten Vorstellungen folgen; er nennt das „*Verklärung*". Zweitens vermutet Axel H. quasi angeborene Neigungen, was er mit dem Terminus „*Urinstinkte*" und der Erklärung „*das steckt in den Menschen drin*" ausdrückt. Er nennt somit zwei Kategorien zur Erklärung des Phänomens der Beliebtheit von offener Heide- oder Magerrasenlandschaft; die biologische Dimension der Anlage und die soziale Dimension der Romantisierung. Auffällig ist bei der Analyse der Gesprächspassagen zu diesem Thema insgesamt, dass der Aspekt der Romantisierung, also die Reflexion auf die „*Verklärung von Natur*", in den Interviews kaum angesprochen wurde. Der andere Aspekt hingegen, das Motiv der „*im Menschen drinsteckenden Urinstinkte*", wird bei fast allen Gesprächen zu diesem Kontext wieder auftauchen. Auch für Friedhelm G. ist es, wie er sofort mit erhöhter Lautstärke einwirft, „*kein Wunder!*", dass Offenland bei den Menschen sehr beliebt ist: Auch er vermutet die Wirksamkeit desselben Phänomens, welches Axel H. als „*Urinstinkte*" bezeichnet hat; seine Begründung orientiert sich weitgehend an der Evolutionstheorie:

> „*Kein Wunder! Der Mensch stammt aus der Savanne. Das ist uraltes Erbe. Der Mensch pfeift und singt, wenn er im Walde ist, weil er Angst hat. Der Mensch flieht aus dem Walde. Nur wenn es gar nicht anders geht, dann wird er durch die Stärkeren in den Wald verdrängt.*" [Interviewer: Aber für gewöhnlich wird in Deutschland doch an den Wochenenden eher Wald aufgesucht?] „*Ja, aber nicht der dichte, finstere Wald, wo Rotkäppchen dem Wolf begegnet. Sondern die Parklandschaft, das ist das Ideale. In den Subtropen oder den Tropen sind's also die Galeriewälder, da sind's also auch offene, halboffene Landschaften, nicht ganz offene, mit Akazien und was weiß ich, Affenbrotbäumen. Das Auge möchte Abwechslung haben. Der Mensch ist ja auch so gebaut. Er richtet sich auf, er ist aufgerichtet, er lebt aufgerichtet und hat damit seinen Blick erweitert. Im Verhältnis zu dem noch auf vier Füßen laufenden Affen. Und das ist auch, dieser aufrechte Gang, das ist etwas ganz Typisches für Lebewesen, die ... Sehen Sie sich die Känguruhs an, auch so Aufrechtgehende ... können Sie allgemein verfolgen für Lebewesen, deren Lebensraum eine offene bis halboffene Landschaft ist. Sei es, um ihre Beute schneller zu sehen, oder um rechtzeitig zu verschwinden*" (Friedhelm G.).

Ein „*uraltes Erbe*" aus der Entwicklungsgeschichte der Menschheit bedingt es dieser Erklärung nach, dass wir uns noch heute an offenen Landschaften erfreuen; allerdings, wie Friedhelm G. einschränkt, weniger um diese Flächen zu betreten, als sie zu überblicken:

> *„Es ist der Blick, der rein geht. Der Mensch nicht. Der geht da nicht weit rein. [...] Das ganz offene Land, dafür sind wir überhaupt nicht eingerichtet. Das sind die Lebewesen mit den Ohren, diesen Riesenohren ... die sind biologisch ganz anders ausgestattet als wir. Wir Menschen gehören ja biologisch keiner Extremgruppe an. Wir sind nicht optimal für dieses und nicht optimal für jenes, wir kommen aber überall einigermaßen zurecht*" (Friedhelm G.).

Die ästhetische Qualität des weiten Blickes vom schützenden Waldrand über eine offene Fläche thematisiert in diesem Kontext auch Hans D.:

> *„Naja, es ermöglicht ja einmal weite Blicke, ne. Also das hab ich jetzt noch gedacht, als ich drin stand und über die Heidefläche hinweg kuckte weit hoch in den Teutoburger Wald. Und der weite Blick ist ja etwas, was wir wollen. Wie ja interessant ist, dass die Randzonen zwischen Wald und freier Landschaft diejenigen sind, die bevorzugt für die Naherholung angenommen werden. Das ist nicht der Wald selbst. Und es ist auch nicht die reine Feldflur. Es ist die Möglichkeit, rauszuschauen in die Landschaft ... mit Wald im Rücken also. Tja! Das sind wahrscheinlich im Archaischen angesiedelte Vorlieben. Das könnte ich mir denken*" (Hans D.).

In seiner Rede vermutet auch Hans D. die Möglichkeit des „*weiten Blickes*" als „*archaische Vorliebe*" für die Konstitution einer bis heute wirksamen landschaftsästhetischen Bevorzugung; dies sei „*etwas, das wir wollen*". Der Wald taucht als Gegensatz zum Offenland nur als Wald*rand* auf, in dessen Nähe man sich aufhält und von dem aus man schaut. Ganz ähnlich erscheinen diese Motive auch bei Albrecht K., der zwar zunächst auf die ästhetisch-romantische Übereinkunft der Bewertung einer „*melancholischen*" Landschaft verweist, dann aber auch die entwicklungsbiologische Dimension betont:

> *„Ooch, ich denke, dass die Offenlandbereiche so 'ne ähnliche Ausstrahlung wie Moore vielleicht haben, so'n bisschen was Melancholisches vielleicht. Aber ich denke auch, dass man sich groß fühlt in'ner Landschaft, die man überblicken kann, ne. Und Wald hat ja auch was Einengendes und was Beengendes. Und ich denke ... also der Mensch soll ja aus der Steppe kommen und aus diesem ... also mit dem Wald im Rücken, in den*

> *er sich zurückziehen kann, und mit der Steppe vor Augen. Und ich denke, dass das wahrscheinlich auch genetisch noch verankert ist, dass man sich in solchen Landschaften wohl fühlt, ne. Wo man beides hat*" (Albrecht K.).

Die Vermutung eines „*Urinstiktes*", des im „*Archaischen*" begründeten „*uralten Erbes*", drückt Albrecht K. – etwas weniger pathetisch – über die Formulierung „*genetisch verankert*" aus. Die offenbar allgemein feststellbare Vorliebe für einen weitreichenden Überblick über die Landschaft interpretiert er auf dieser Grundlage als ein bis heute wirksames subjektives Wohlgefühl: „*... dass man sich groß fühlt*"! Er bewertet Offenland, im Gegensatz zum Wald, positiv als nicht „*beengend*". Die ästhetische Qualität des Weiten und „*nicht Einengenden*" ist auch für Sven B. wichtig, der in seiner Stellungnahme ausdrücklich nur für sich selbst sprechen und nicht verallgemeinern will:

> *„Das kann jetzt natürlich schon 'ne frühkindliche Prägung sein. Ich hab grundsätzlich mit weiten Landschaften ... bin selbst in so einer Landschaft groß geworden ... also die Alpen seh' ich mir zwar ganz gerne an, aber für 'n ganzen Urlaub krieg' ich in irgend so 'nem Tal irgendwann Platzangst. [...] Wobei jetzt die Weite in der Senne, da kommt jetzt natürlich dazu, dass man eigentlich, soweit das Auge reicht, keine ... fast keine Verbauungen oder sonstige zivilisatorischen Einrichtungen hat. Sondern relativ ... ja: ‚relativ unberührt' muss man ja in Anführungszeichen sagen ... relativ unberührte Landschaft, ja. Das ist auf jeden Fall 'n Faktor, den man auf jeden Fall da hat*" (Sven B.).

Mit seinem zweiten Satz bringt Sven B. einen Aspekt zur Sprache, der auf eine ganz bestimmte Qualität der sennetypischen Weitsicht anspielt: auf das weitgehende Fehlen „*zivilisatorischer Einrichtungen*" und die „*relative Unberührtheit*", die ein Betrachter angesichts der offenen Heide- und Magerrasenflächen empfinden kann. Dieser Aspekt der relativen Zivilisationsferne taucht auch in anderen Gesprächspassagen auf; so weisen zwei Interviewpartner in ihren Aussagen ausdrücklich darauf hin, dass offene Landschaft nicht pauschal gleich offene Landschaft ist und dass es vor allem der Nutzungs- und Kultivierungsgrad ist, der Differenzen der ästhetischen Wahrnehmung begründet und „*das Besondere*" ausmacht:

> *„Na ja, das Besondere daran ist ja nun nur die Art der Vegetation. Es ist nicht der Weizenschlag oder die Zuckerrübe, sondern es ist hier die Heide, oder es ist Bentgras und Pfeifengras. Das ist der Unterschied. Und das ist ... die Birke und ... das ist das Moor ... das sind andere Lebensräume als die reine Kulturlandschaft*" (Friedhelm G.).

„Ja gut, aber es gibt ja ... Also, solche Offenländer, die betreten werden dürfen, die gibt es ja auch gar nicht, ne. Es gibt ja nur die Agrarlandschaften, wo die inzwischen zu neunzig Prozent asphaltierten Feldwege durchführen, das ist ja keine Alternative“ (Albrecht K.).

Von Bedeutung für die ästhetische Landschaftsbewertung sind also bestimmte qualitative Unterschiede zwischen den sennetypischen Offenflächen einerseits und den ja ebenfalls weitgehend offenen und übersehbaren normalen Agrarlandschaften andererseits. Zum einen bildet die andersartige Vegetationsausstattung eine entscheidende Differenz (größere Naturnähe als in der *„reinen Kulturlandschaft“*), zum zweiten kommt jener Aspekt hinzu, den Albrecht K. anspricht: die (vermeintlich) freie Betretbarkeit der Landschaft in Abgrenzung zu gewöhnlichen Agrarlandschaften. Der Topos der ‚freien Betretbarkeit‘ hat einerseits konkret-funktionale, andererseits auch mittelbar-ästhetische Bedeutung. In der Senne sind die Offenlandbereiche tatsächlich größtenteils militärisches Sperrgebiet und somit im extremen Maße *nicht* betretbar, dennoch kann dieses auf den ersten Blick ‚nutzlos daliegende‘ Offenland – etwa in der Stapelager Senne oder in der

Abb. 78: Die ästhetische Qualität des Blickes aus dem Schutz der Bäume über die offene bis halboffene Heidelandschaft wird von den Interviewten als „im Archaischen verwurzelte Vorliebe“ oder ähnlich interpretiert: „das steckt in uns drin“. Das Foto stammt aus einer Heimatkunde für Grundschulen aus den 1960er Jahren und bildet die ‚typische Sennelandschaft‘ ab.
[Foto Buschmeier, entn. aus: *Unsere lippische Heimat*, Lemgo 1967.]

Kammersenne – einem Betrachter eher das Gefühl vermitteln, es *sei* frei betretbar; eher jedenfalls als gradlinige Äcker und rechtwinklig verkoppelte Weiden, die für jeden Betrachter offenkundig erkennbar Privatbesitz darstellen, auf dem ‚Betreten verboten!' gilt. Womöglich spielt hier die Assoziation der ‚freien Heide', der alten zaun- und grenzenlosen Allmende, mit hinein.

Festzuhalten ist, dass die relative Unkultiviertheit eine spezifische Qualität der offenen Flächen der Senne darstellt; freilich wäre ein sukzessive verbuschendes, sich selbst überlassenes Gelände im Vergleich noch unkultivierter, dennoch würden sich dort die verschiedenen genannten Qualitäten nicht miteinander verbinden: Die Qualität des *weiten Blicks* und die der *Zivilisationsferne* bzw. *Unkultiviertheit* und die der *freien Betretbarkeit* sind in ihrer Kombination an extensiv genutztes oder gepflegtes Offenland wie Heide- oder Magerrasenflächen gebunden. Alle diese Qualitäten wurden in den Interviews positiv beurteilt; hinzu kamen die Assoziationen einer „*im Archaischen verwurzelten Natürlichkeit*" des menschlichen Aufenthaltes in der Offenlandschaft und diejenigen Assoziationen, die in eine nicht ganz so ferne Vergangenheit weisen: die mehrfach angesprochen Bezüge zu Tradition und zum Heimatbild, zum vorbildhaften Kulturlandschaftszustand des 19. Jahrhunderts **(Abb. 78)**. Quasi zusammenfassend soll noch eine Gesprächspassage wiedergegeben werden, in der Bernd O. gleich mehrere der genannten Aspekte und Qualitäten anspricht:

> „*Und natürlich: Landschaften, die nicht in üblicher Weise kultiviert sind ... also es ist eben doch noch ein deutlicher Kontrast zu einer offenen Maisackerfläche. [...] Und man hat bei Heide noch den Eindruck: Das ist so – in Anführungsstrichen – doch noch ‚was Gutes'. Also, das ist jetzt natürlich in's Unreine gesprochen. Aber man fühlt sich wohl. Also ich hab mich da immer wohl gefühlt, und ich glaube, das geht ganz vielen Leuten so. Es wird als ‚schön' empfunden; warum als ‚schön'? – Es sind natürlich bestimmte Farben, Strukturen, Einzelbäume, also der Blick wird auch gefangen, man kann sich orientieren. Hier kann man den Teutoburger Wald als Kulisse sehen, das ist der Osten ... dort öffnet es sich weit. [...] Und das Phänomen der Angst, das ist hier zwar weniger, aber so 'ne Fläche birgt überhaupt keine Gefahr. Also sie kann gefahrlos betreten werden normalerweise, man kann durchlaufen, es ist überhaupt keine Angst vorhanden. Wenn ich dagegen z. B. an Wälder denke, wo sich Leute, die überhaupt keinen Bezug zum Wald haben ... die könnten schon wieder denken: naja, da verlauf ich mich, wenn die Wälder dicht werden, dann weiß ich doch gar nicht mehr, wo's lang geht. Und diese Flächen, die sind ... das sind angstfreie Räume*" (Bernd O.).

Trotz gradueller Unterschiede in Begründung und Gewichtung befürworteten alle Befragten eine zumindest teilweise Offenhaltung der Senne durch Pflege. Die extreme Gegenposition eines „Urwaldes“ scheint innerhalb der Senner Naturschutzszene rar geworden zu sein; so gibt sich auch ein als Fürsprecher der Prozessschutzidee bekannter Experte aus dem Gespräch über ästhetische Aspekte heraus weniger radikal:

> [Interviewer: Kennst du die Faszination der Weite für dich persönlich auch? Deine naturschützerische Argumentation steht dem ja entgegen.] *„Ja klar, ja, natürlich, auf jeden Fall, klar! Ja, meine Argumente stehen dagegen – allerdings muss ich sagen, dass ich das, was ich damals geschrieben hab ... da hab ich also versucht, diese ästhetische Komponente völlig auszublenden. Und hab versucht, das Ganze möglichst strikt naturwissenschaftlich aufzuziehen, also die naturwissenschaftlichen Argumente auszuwerten. Ich hatte ja damals argumentiert mit Energie-, Stoff-, Wasserhaushalten, diesen Geschichten; und da spielt natürlich das Landschaftsbild dann keine Rolle. Also, genießen tue ich diese Weite auf jeden Fall auch, keine Frage, auch in anderen Gegenden. Also ich gehe gern auf Berge zum Beispiel und kuck' von Bergen runter. [...] Also, wenn man so anfängt im naturwissenschaftlichen Bereich, dann hat man ja noch diese etwas naive Vorstellung, dass man relativ objektiv argumentieren kann im Naturschutz. Und ich hatte damals den Eindruck: Wenn ich diese Objektivität bewahren will, dann muss ich diese subjektive Komponente rauslassen. Dass es im Naturschutz natürlich nicht funktioniert mit der Objektivität, allgemein nicht, auch wenn ich mich nur mit Arten befasse, das ist mir später bewusst geworden. Aber damals hab ich das einfach so gesehen“* (Gregor S.).

Fassen wir kurz zusammen: Trotz der Einigkeit, die grundsätzlich über eine Erhaltungswürdigkeit der für die Senne charakteristischen Offenlandflächen besteht, sind gute Begründungen für einen ästhetischen, am Leitbild der ‚historischen Kulturlandschaft‘ orientierten Naturschutz weiterhin gefragt. Mit der Forderung nach einem Nationalpark (dem Förderverein gehören mit einer Ausnahme alle Befragten an) hat man die Position des Leitbildes ‚Urwald‘ quasi automatisch und unabsichtlich soweit gestärkt, dass nun Strategien zur Abwendung der Folgen einer Nationalparkregelung nach IUCN-Norm gesucht werden. Diese strategischen Überlegungen laufen auf vier Möglichkeiten hinaus: (1.) der Austausch der geforderten Schutzkategorie: Biosphärenreservat statt Nationalpark, (2.) der Versuch juristischer Einflussnahme auf Inhalte und Normen der Schutzkategorie Nationalpark, (3.) die Erweiterung der angestrebten Gebietskulisse um bereits bewaldetes Gelände und (4.) die Herausnahme von zu pflegenden Offenlandflächen aus der Gebietskulisse.

Insgesamt zeigen die Interviews, dass verschiedene Ebenen der Begründung für naturschützerische Maßnahmen zur Offenhaltung der Landschaft bemüht werden. *Artenschutzbegründungen* beziehen sich auf den Schutz der offenlandspezifischen und kulturabhängigen Tier- und Pflanzenarten und ihrer Biotope, die in modern geprägten Agrarlandschaften nicht oder kaum mehr vorkommen, in der Senne aber aufgrund der seit vielen Jahrzehnten weitgehend aufgehaltenen bis rückentwickelten Kulturlandschaftsgenese und der relativen Ungestörtheit im großflächigen Sperrgebiet überleben konnten. Allerdings machten mehrere der Befragten deutlich, dass sie ausschließlich artenschutzorientierte Begründungen nicht für hinreichend halten; *landschaftsästhetische Begründungen* sollten demnach eine zunehmend wichtige Rolle für die Naturschutzplanung in der Senne spielen. Insbesondere für die Befürwortung von Maßnahmen zur Offenhaltung der Heide- und Magerrasenflächen haben ästhetische Begründungen argumentative Signifikanz; sie gelten als gewichtige Argumente für die öffentliche Durchsetzbarkeit naturschützerischer Belange, da man sich auf die allgemeine Beliebtheit von als schön empfundenen Landschaftsbildern besser stützen kann als auf die Existenz der ein oder anderen seltenen Art. Es ist insgesamt auffällig – gerade auch wenn man die Passagen über „archaische Bedürfnisse" betrachtet –, wie stark die Befragten eigene Empfindungen und subjektive Werthaltungen über deren Transformation zum vermeintlich Objektiven legitimieren wollen.

Die am Ästhetischen orientierten Argumente für die Erhaltung der Offenlandbereiche sind ihrerseits unterteilbar in weitere Begründungsebenen, die untereinander gleichwohl nicht trennscharf sind, sondern vielmehr Berührungspunkte und Querverbindungen aufweisen. Auf *kulturhistorischer Ebene* zielt man auf die Erhaltung eines gewachsenen Landschaftsbildes und einer historischen Eigenart der Landschaft: Offene Bereiche der Senne erscheinen als Relikte der „alten westfälischen Heidelandschaft", bieten gleichsam die auch touristisch attraktive Möglichkeit einer erfahrbaren Museumslandschaft einschließlich der Imitation traditioneller Landbewirtschaftungsformen. Auf *sozialpsychologischer Ebene* argumentiert man für Erhaltung eines bestimmten Landschafts- und Heimatbildes als Identifikationsobjekt für die regionale Bevölkerung; zu zielen ist dabei auf ein solches Bild der Heimat, das vermutbar erwünscht und am traditionellen Landschaftsbild (vgl. kulturhistorische Ebene) orientiert ist. Auf einer *archaisch-biologischen Ebene* vermutet man die genetische Verankerung einer menschlichen Affinität zu Offenlandschaft; der Naturmensch erscheint für die Landschaftsbetrachtung als Ahne des modernen Menschen. Auf einer von dieser biologischen Dimension unabhängigen *sinnlich-assoziativen Ebene* argumentiert man für die Möglichkeit des weiten und genussvollen Blickes über unbewaldetes, aber zugleich nicht intensiv agrarisch genutztes Offenland; subjektives Wohlgefühl ergibt sich dabei durch Assoziationen von Naturnähe und Freiheit.

6.4. Abgesperrte Landschaft oder erlebbarer Freiraum: über Naturschutz, Naturerleben und Zukunftserwartungen

Wenn es um naturgeschützte Gebiete geht, treffen, wie so oft, auch in der Senne die Interessen der Naturschützer scheinbar komplementär auf die von Erholung Suchenden und anderen Freizeitnutzern. Die einen wünschen sich die Landschaft als einen öffentlich zugänglichen Freiraum, in dem sie sich der Natur nahe wähnen und sich zugleich auch vergnügen können; die Landschaft zu durchwandern, mit dem Rad zu durchfahren oder sonstwie zu nutzen, etwa in ihr zu lagern und zu picknicken, Sport zu treiben oder Ähnliches ist ihr Wunsch. Die anderen hingegen wünschen eine Landschaft, die zu jenem geringen prozentualen Flächenanteil in Deutschland gehören sollte, der sich möglichst unberührt von Menschen entwickeln können sollte – ausgenommen freilich dem gezielten und professionellen pflegerischen Eingriff seitens der Naturschützer selbst. Im Bildband über das „Naturparadies Senne" wird ausdrücklich zwischen „Naturfreunden" und „Naturkonsumenten" differenziert:

> „Will man den Menschen noch Natur vor Ort erleben lassen, so ist es sinnvoll, ihn aus besonders schützenswerten Teilbereichen der Senne heraus zu halten und nur partiell die Möglichkeit zum Naturerlebnis zuzulassen. Der Naturfreund wird dies akzeptieren, der Naturkonsument nicht" (Teichmann 2000: 215).

Die naturschutzethische Frage, inwieweit eine zu schützende Landschaft zugleich auch ein für die Öffentlichkeit erlebbarer Erholungsraum sein kann oder sollte, ist eine der ganz zentralen Fragen für den naturschützerischen Umgang mit Natur und Landschaft und für die Konzeptionierung von Schutzgebieten. Zwar stellt die Naturerlebnis suchende Öffentlichkeit einerseits eine wichtige Lobby für die politische Durchsetzbarkeit von Naturschutzzielen dar, jedoch erscheint sie zugleich auch latent als ein Problem und eine Bedrohung für den Naturschutz:

> [Interviewer: Wovor muss man die Sennelandschaft denn schützen?]
> *„Vor Erholung suchenden Menschen. Die alle diese schöne Landschaft genießen wollen. Die alle irgend etwas in dieser Landschaft veranstalten wollen: grillen, zelten, Mountainbike fahren, reiten ... ich weiß nicht was. Jeder will etwas, und es ist ein* <u>*riesiger*</u> *Druck. Also, diese uns umgebende Landschaft – also jetzt nicht die Senne, sondern darüber hinaus –, die ja wirklich also angefüllt ist mit Menschen bis zum Rand ... bis zum Rand, also wirklich. Wir erleben das immer wieder, dass in der Moosheide beständig an jedem Wochenende sich Aussiedler versammeln, in großen Gruppen, hundert Leute, die sich da treffen wollen, irgendwo draußen, 'n bisschen was zusammen essen wollen und ... zusammen sein wollen. Auch Musik machen, tanzen und sowas. Und sie haben überhaupt keine Möglichkeit dazu, nirgendwo! Und es zieht sich mir wirklich die Seele zusammen, wenn ich diese Leute dann bitten muss, diese Fläche zu verlassen. Weil ... es ist ... die sagen dann ja auch: Ja wo sollen wir denn hin? – Ja, ich sag' dann: Könnten Sie sich nicht mal um Sportflächen bemühen? Aber ... das ist völlig unrealistisch“* (Ulrike W.).

Für die Naturschützerin stellt sich die Freizeitnutzung von schützenswerter Landschaft als ein ambivalentes Problem dar. Ihre persönliche Betroffenheit bezüglich dieser Problematik drückt sie über die Formulierung *„es zieht sich mir wirklich die Seele zusammen“* aus: Auf der einen Seite befürchtet und beobachtet sie einen zu großen (*„riesigen“*) Besucherdruck auf die Landschaft, der artenschutzorientierten Naturschutzzielen entgegen steht; manchmal wird in Gesprächen dafür auch der Terminus *„Besucheransturm“* gebraucht. Andererseits scheint es ihr aber durchaus sympathisch und nachvollziehbar zu sein, dass Menschen *„irgendwo draußen“* in der Natur *„zusammen sein wollen, auch Musik machen, tanzen und sowas“*. Dieser innere Konflikt, der hier ganz persönlich angesprochen wird, ist inhaltlich übertragbar auf einen allgemeinen naturschützerischen Konflikt. Das Debakel ist, dass einerseits die Natur konsequent vor den vielfältigen Nutzungsansprüchen der Menschen – dazu gehören mithin auch vermeintlich ‚sanfte‘ Freizeitnutzungen – geschützt werden soll; andererseits identifizieren viele Naturschützer einen mangelhaften individuellen Naturbezug als Grundproblem eines letztlich auch gesamtgesellschaftlich mangelhaften Umgangs mit Natur und Landschaft. Diesem Mangel versucht man von Seiten der Naturschutzorganisationen über ‚Umweltpädagogik‘ oder ‚Naturerlebnispädagogik‘ beizukommen und entgegenzuwirken.

> *„Ich als Umweltpädagoge sehe natürlich den Nationalpark als die ideale Lösung, weil die natürlich auch den Mensch da irgendwo im Konzept mit*

> *beinhaltet. Das heißt den Menschen zu zeigen: Warum wollen wir die Natur überhaupt schützen? Was ist denn daran so wertvoll? Also nicht beim Naturschutzgebiet einfach 'n Zaun drumrum machen: ‚Hier wird Natur geschützt' ... und keiner erklärt den Menschen warum und wieso. Sondern mit den Menschen gemeinsam denen zu zeigen: Das wollen wir erhalten, weil ... weil es so besonders ist ... weil hier noch Tiere und Pflanzen vorkommen, die woanders nicht mehr da sind, ne. Und deswegen ist für mich dies Nationalparkkonzept sehr sympathisch von der Idee her. Natürlich gibt's dann auch die Kernzone, wo man vielleicht nur mit 'm Feldstecher reinkucken kann, und wo's dann gezielt mal Führungen gibt, ne. [...] Man kann Natur nicht theoretisch erklären. Bei uns ist ja wirklich das Problem, dass das alles sehr kopflastig ist. Man kann mit Schulklassen zu 'nem Teich hingehen und denen sagen: Da ist grad 'n Grünfrosch, ne. Und da ist Froschlaich, ne. Ich kann aber auch den Kindern sagen: Holt euch doch mal 'n Frosch, fasst den mal an ... dies Gefühl, ne. Und das bleibt! Also nicht die Theorie oder wenn ich denen sage: Das ist Quercus robur, sondern: Mach mal die Augen zu und fass die Eiche an. Das ist was ganz anderes, es über die Sinne zu erleben, weil das sind Eindrücke, die einfach bleiben. Wo 'n positives Verhältnis zu Natur aufgebaut wird. Und da müssen wir auch ansetzen, ne“* (Axel H.).

Der Naturschützer Axel H. spricht sich für die Schutzkategorie Nationalpark aus, da in diesem Konzept Umweltpädagogik als ein fester Bestandteil der Öffentlichkeitsarbeit integriert wäre. Die Umweltpädagogik arbeitet vor allem mit der didaktischen Methode der ‚originalen Begegnung', einem schon alten Konzept aus der Schulheimatkunde im neuen Gewand, welches über das unmittelbar-sinnliche, positive Naturerlebnis auf der Handlungsebene letztlich dazu führen soll, dass das lernende Individuum aus sich selbst heraus Achtung vor ökologischen Zusammenhängen und ihrer Materialisierung, der Landschaft und ihrer Biotope, entwickelt. Eine solche in eigener Erfahrung und dazu begleitend vermittelter Sachkenntnis begründete ‚Achtung vor Natur' wiederum würde sich – im Idealfalle jedenfalls – derart auswirken, dass sie auf zunächst individueller, letztlich aber auch gemeinschaftlicher Ebene zu schonendem Umgang mit der Umwelt führen könnte. Einen Naturschutz, der Naturerfahrung verhindert, sieht Axel H. daher kritisch:

> *„Im Prinzip denk ich, müssen wir solche Naturerfahrung irgendwo ermöglichen können. Dass auch mal 'n Frosch angefasst wird. Mittlerweile ist es ja schon schwierig für die Grundschulen, Froschlaich zu holen, in die Schulklasse zu holen und da die Entwicklung vom Frosch zu beobach-*

> *ten. Aus Artenschutzgründen! Das halte ich für den total falschen Weg, ne. Also da ist dann überhaupt keine Beziehung mehr zu diesen Tieren vorhanden, und dann wird sich auch nicht für den Schutz eingesetzt. Für mich ist dieser alte Naturschutzspruch ... der hat immer noch seine Gültigkeit: Was man nicht kennt, schützt man nicht, ne. Das ist einfach so*" (Axel H.).

In diesem Zusammenhang sprach ich Axel H. auch darauf an, ob geführte Exkursionen, wie sie für die Umweltpädagogik in Nationalparken üblich sind, in ihrer Eindrücklichkeit seiner Meinung nach der Qualität eines persönlichen Naturerlebnisses entsprechen können:

> „*Gut, da sind wir alle unterschiedlich, alle Individuen, und es kann für den einen wirklich interessant sein, im Rahmen einer Exkursion von 'ner guten Leitung an die Natur heran geführt zu werden. Für andere ist das einfach kein Zugang zur Natur. Der muss da alleine rein gehen, der muss sich da hinsetzen, morgens um fünf Uhr, muss dann hören wie die Vögel langsam anfangen zu singen, ne. Um diesen Eindruck auch ... die Gerüche die da sind ... da sind wir halt alle unterschiedlich.*" (Axel H.).

Axel H. deutet an, dass geführte Exkursionen in der Regel nicht gerade zu den intensivsten Landschaftserlebnissen gehören; er scheint aus eigener Erfahrung „*die Gerüche*" und „*diesen Eindruck*" zu kennen, die nur alleine und nur zu ungewöhnlicher Zeit erlebbar sind, weniger aber im Rahmen eines quasi ‚beaufsichtigten Naturerlebnisses'. Die Möglichkeit individueller, ungleich eindrücklicherer Naturerlebnisse ist in einem Nationalpark allerdings recht eingeschränkt; es sei denn, der jeweilige Naturfreund setzt sich über die vom Naturschutz vorgegebenen Regeln hinweg. – In einem anderen Interview kam das Gespräch auf die heideromantisch infizierten Wandervögel, die zu Beginn des 20. Jahrhunderts begeistert in Gruppen durch die Senne zogen; in diesem Kontext erläutert Friedhelm G. aus seiner Sicht den Unterschied zwischen kollektivem und individuellem Naturerleben:

> „*Ja, sicher, es ist die Flucht aus der Stadt in's offene Land hinaus. Wie intensiv die nun damals wirklich Natur wahrgenommen haben, das ist 'ne andere Frage. Die haben da ihr Liedchen gesungen und hatten dann alle Vögel und alles, was sonst noch empfindlich ist, längst verscheucht. Die kamen da an mit ihrem ... als Trupp! Es sei denn mal der Einzelne. Aber so als Bewegung, als Jugendbewegung, das spielte sich ja immer in der Gruppe ab. Egal aus welcher Richtung, ob das nun christliche Pfadfinder waren oder ob es sich um Sozialisten handelte ... immer in der*

Gruppe. Und da wird dann die Natur in der Tat nur noch romantisch wahrgenommen – das heißt wirklichkeitsfremd wahrgenommen. Echtes Naturerlebnis ist nur möglich, wenn man ganz alleine da ist. Vielleicht zu zweit, aber alles andere ist schon störend. Das kann jeder erleben, der sich irgendwo mal hinsetzt, und da nun wirklich eine halbe Stunde sitzt, bis die Erschütterungen des Bodens, die er ausgelöst hat, von den Tieren die da drin sind nicht mehr wahrgenommen werden. Dann kommen die raus. Dann kommen auch die Mäuse oder … was weiß ich was … oder die Blindschleichen oder Eidechsen, die kommen dann raus. Und die Vögel kommen auch wieder an, die Käfer krabbeln plötzlich herum. Der Mensch ist ein Trampeltier“ (Friedhelm G.).

Für viele Naturschützer ist es ein Dilemma, auf der einen Seite individuelle Naturerfahrungen für notwendig und förderlich zu erachten, auf der anderen Seite aber als verantwortliche Landschaftswächter Menschen aus den ihnen anvertrauten Schutzzonen hinausverweisen zu müssen, um störanfällige ökologische Strukturen der Tier- und Pflanzenwelt zu schützen:

„*Und dann ist es so, dass die Menschen wirklich mit … ja … ihrem Freizeitbedürfnis in die Flächen drücken. Und das ist überhaupt nicht zu kontrollieren, das ist sehr schwierig. In der Moosheide machen wir ja an Wochenenden ganz konzentrierte Wächtertätigkeit, aber man hat von morgens bis abends auch zu tun. Man scheucht die Leute von den Flächen runter, und die nächsten kommen und sitzen da wieder. Obwohl es im Norden einen Bereich gibt, der dafür eingerichtet ist, wo man also lagern und grillen kann und so etwas.*“ [Interviewer: Was wäre denn eigentlich schlimm daran, wenn man die Leute dort kampieren ließe? Einerseits bemüht man sich doch darum, die Flächen künstlich offen zu halten, und das passiert doch letztlich durch kampierende Leute auch, oder?] „*Richtig. Aber es ist ganz einfach so, dass die Flächen diese hohe ökologische Wertigkeit haben, dadurch, dass sie eben wirklich nicht intensiv genutzt werden. Und intensive Freizeittätigkeiten haben dann einfach auch diese Folgen: Es wird kein Bodenbrüter mehr 'ne Brut hochkriegen, es wird keine Feldgrille mehr da sein. Alle diese empfindlichen Arten, die letztlich darauf angewiesen sind, in gewisser Weise ungestört zu sein, werden sich also zurückziehen*“ (Ulrike W.).

In größeren Naturschutzgebieten, die zugleich ein für den Tourismus attraktives Erholungs- und Freizeitgebiet darstellen, versucht man über Zonierungen und Konzepte der Besucherlenkung beide Ansprüche ‚unter einen Hut‘ zu bekommen. In Waldlandschaften (und die meisten Kernzonen von Nationalparken und Biosphärenreservaten sind Waldbereiche) ist eine Lenkung vergleichsweise einfach: Die meisten Naturtouristen gehen oder radeln in aller Regel nur da, wo ihnen Wege angeboten werden. Nur in relativ seltenen Fällen werden einzelne Besucher in Waldbereiche ‚eindringen', die abseits von Wegen liegen. Bezogen auf die offene, zum Betreten geradezu einladende parkartige Sennelandschaft wäre es nach Einschätzung von Ulrike W. aber unrealistisch zu erwarten, dass die Freizeitnutzer derartige „Spielregeln" einhalten würden:

> *„Ich denke mir, dass das Problem darin liegt, dass auf der einen Seite dieses starke Bedürfnis der Menschen da ist, diese Naturerfahrung zu machen, auf der anderen Seite aber man eben nicht die reglementierte Form akzeptieren will und dann die Einsamkeit sucht. Und das ist eben bei einer bestimmten Masse von Besuchern dann so, dass es letztlich zu einer großen Vernutzung führt; es sei denn, man akzeptiert Spielregeln. Und ... ähm ... das ist ... im Augenblick erscheint es mir nicht sehr wahrscheinlich. [...] Und letztlich kann das auch nur in den Köpfen der Leute stattfinden, weil, ich wüsste nicht, wenn man eben von Zäunen absieht, wie man die Senne schützen sollte. Sie schützt sich nicht selbst. Auch in den Waldbereichen nicht; das sind ja immer lückige Wälder"* (Ulrike W.).

Die Senne „*schützt sich nicht selbst*", sagt die Naturschützerin. Zugespitzt formuliert könnte man interpretieren, dass ihr Bild von der Senne als einer wehrlosen, schutzbedürftigen Landschaft jener Art von Naturwahrnehmung entspricht, wie sie Rainer BRÄMER (1998) mit dem Begriff des „Bambi-Syndroms" beschrieben hat. Das Bild vom Freizeitnutzer der Landschaft ist dabei das eines störenden, sich nicht an Regelungen haltenden „*Vernutzers*"; das diesem gegenüberstehende Eigenbild vom Naturschützer ist das eines Helfers und Retters in der Not. Auch wenn sie den absperrenden Zaun als Schutzmaßnahme nur zurückhaltend erwähnt, so macht Ulrike W. doch gleichzeitig deutlich, dass es nach ihrer Überzeugung eigentlich keine andere wirklich wirksame Schutzmaßnahme für die Natur der Senne gäbe. Die nur vorsichtige Erwähnung einer Umzäunung hat ihren Grund: An Absperrungen und Verboten manifestiert sich jene Kritik am Naturschutz, die ihm zuweilen ‚menschenfeindliche' Tendenzen vorwirft:

> *„Naja, die Naturschützer sind ja auch tendenziell immer so'n bisschen menschenfeindlich eingestellt und ha'm ja die Menschen immer gerne woanders als in den Naturschutzgebieten."* [Interviewer: Sie haben mal geschrieben, dass Sie den Zaun als Markenzeichen des modernen Naturschutzes ansähen. Würden Sie das immer noch so sagen?]

> *„Also dadurch, dass ich viel mit dem amtlichen Naturschutz in der Zwischen-zeit zu tun hab, kann ich die Beweggründe für solche Dinge besser verstehen. Aber akzeptieren kann ich's immer noch nicht, und seh's im Prinzip eigentlich immer noch so. Also, in den Köpfen der Naturschützer ist immer noch das Bild vorhanden, dass man, wenn man die Natur erhalten will, den Menschen im Grunde ausschließen muss."* (Albrecht K.)

Deutlich wird jenes Bild, welches Albrecht K. „*in den Köpfen der Naturschützer*" verortet und als „*tendenziell so'n bisschen menschenfeindlich*" kritisiert, beispielsweise in einem Aufsatz über den „*Nationalpark Senne. Naturreservat oder Naherholungsgebiet*" aus dem Jahr 1991: Die Autoren zeichnen darin die düstere Vision eines „*unkontrollierten Einfalls von Touristen*", die sich „*wochenlang*" und in „*langen Konvois*" über „*die Straßen im südlichen Ostwestfalen*" wälzen würden, und kritisieren scharf jenen „bundesrepublikanischen Freiheitsdrang", der auch vor Verbotsschildern nicht halt mache. Zur Abwehr solcher „*Unverbesserlicher*" und ihrer „*Auswüchse*" empfehlen sie eine Umzäunung: „*Für besonders sensible Teile des NP Senne wäre das eine überlegenswerte Möglichkeit der Sicherung*" (Heppel u. Vogel 1991: 64f). Auch Seraphim warnt vor Freizeitnutzern in einer vom Militär verlassenen Senne:

> „Die Realisierung des Nationalparks würde freilich nicht bedeuten, daß sich jedermann nach eigenem Gutdünken in der Senne bewegen, die Landschaft mit Fahrzeugen oder zu Pferde durchstreifen, Jagdhütten oder Wochenendhäuser bauen, zelten oder Grillen dürfte, um nur einige beliebte Freizeitbeschäftigungen des Konsumenten ‚Mensch' zu nennen. Ohne auch künftig geltende Einschränkungen würde in kurzer Zeit alles verloren gehen, was die Schönheit und Eigenart der Landschaft sowie die Vielfalt der Arten und Lebensräume, kurz, was den besonderen Wert der Sennelandschaft bedingt" (Seraphim 1999: 17).

Als Beitrag zur Lösung des Nutzungskonfliktes zwischen Naturschutz und Öffentlichkeit gilt, wie bereits angedeutet, gemeinhin das Konzept der Zonierung; es wird in Großschutzgebieten wie Nationalparken oder Biosphärenreservaten zur Besucherlenkung und zur qualitativen Differenzierung von Schutzflächen seit Jahren angewandt und gilt daher als erprobt und erfolgreich. Ein Zonierungskonzept sieht räumlich differenzierte Kern-, Puffer- und Randzonen vor, in denen jeweils unterschiedliche Bestimmungen für das Verhältnis von Naturschutz und anderen Landschaftsnutzungen gelten. In den Rand- und Pufferzonen soll interessierten Besuchern Naturerleben ausdrücklich ermöglicht werden; entsprechend wirbt auch der

‚Förderverein Nationalpark Senne' in einer Broschüre optimistisch für diese Möglichkeit, wohl auch um so dem latenten Vorurteil der ‚Menschenfeindlichkeit' entgegenzutreten:

> „Jeder Nationalpark ist für die Bevölkerung auf Rad- und Wanderwegen zugänglich. [...] Nationalparke schließen den Menschen nicht aus, im Gegenteil: Natur erleben, Natur erforschen und Natur verstehen sind ausdrücklich erwünscht. Die Stille weiter Heideflächen genießen, dem Plätschern der Sennebäche lauschen, die Heidelerchen im Singflug beobachten, die feuchte Kühle der Waldmoose am Boden spüren, den aromatischen Gagelstrauch riechen, einen Urwaldriesen begreifen, die Senne erleben" (Belz 2002: 37).

„Lediglich", so fährt der Text der Broschüre fort, „lediglich ökologisch besonders sensible Bereiche (Kernzonen)" würden „auch weiterhin gesperrt bleiben" (ebd.: 37). Kernzonen sind diejenigen Gebietsteile, in denen sich die Natur bei weitestgehender Zurückhaltung aller menschlichen Nutzungsinteressen und Maßnahmen der Sukzessionssteuerung frei entwickeln können soll: Totalreservate, Tabuzonen, kleine Wildnisse. Die Wortwahl „*lediglich*" ist an dieser Stelle allerdings nicht unbedingt angemessen und wohl eher werbesprachlich zu interpretieren, da der Begriff ein Verhältnis von erlebbarem Raum zu nicht betretbarem Raum zumindest intendiert, welches vermutlich nicht der Realität entspräche: In Nationalparken sollen nach internationalen Kriterien und dem deutschen Naturschutzgesetz mindestens 75 Prozent der Gesamtfläche in dieser Weise geschützt werden; in Biosphärenreservaten dagegen wären flächenanteilig kleinere Kernzonen vorgesehen. Auch für einen Nationalpark Senne stellt man sich Tabubereiche vor, die sich – wie gegenwärtig schon infolge des ‚Schutzes' durch das Militär – frei und unter weitgehendem Ausschluss der Öffentlichkeit naturnahe entwickeln können:

> „*Also in die Kernzone dürfen wir keine Leute reinlassen, da dürfen 'se vielleicht mal reinkucken! Ich denke, dass ... es ist ja völlig utopisch zu glauben, wir könnten solche Gebiete heute völlig vom Menschen abschotten; das schaffen wir nicht. Wir können eigentlich nur das politisch Machbare wollen und tun, um wenigstens das zu erreichen*" (Hans D.).

Praktisch in einem Atemzug spricht sich Hans D. für die Einrichtung von streng geschützten, „*abgeschotteten*" Kernzonen in der Senne aus, relativiert aber sofort wieder seine Erwartung hinsichtlich der Machbarkeit einer solchen Abschottung. Sein Zusatz „*das schaffen wir nicht*" impliziert zwar, dass er dies theoretisch für sinnvoll hielte; im Weiteren gibt sich D., der in erster Linie naturschutzpolitischer Funktionsträger und nur begrenzt Naturschutzpraktiker ist, allerdings betont pragmatisch: „*Wir können eigentlich nur das politisch Machbare wollen …*“. Hans D. favorisiert ein liberales Nationalparkkonzept, welches über geschickte Zonierungen und Wegeführungen sowohl den strengen Schutz von Natur in Ruhebereichen ermöglicht, aber zugleich den Erholung suchenden Menschen interessante Landschaftsteile zum Durchwandern oder Durchradeln anbietet. Auch Friedhelm G. hält es für notwendig, in einem zonierten Großschutzgebiet öffentliche Erlebnisräume zu schaffen:

> „*Dafür muss gesorgt werden von denen, die planen. Das darf nicht irgend so ein Planer sein, sondern das müssen intime Kenner dieses Raumes sein. Und die auch die Absicht haben, den Menschen teilhaben zu lassen*“ (Friedhelm G.).

Mit den „*intimen Kennern dieses Raumes*“ meint er wohl freilich auch sich selbst; nur wenigen Wissenschaftlern und Naturschützern wurde in den vergangenen Jahrzehnten das Privileg zuteil, sich außerhalb des Übungsbetriebes auf den Flächen des Truppenübungsplatzes umzusehen und so tatsächlich die Möglichkeit einer „*intimen*“ Kenntnisnahme zu bekommen. Auch Bernd O. hat solcherlei privilegierte Erfahrungen in der Senne machen können; er betont in seinen diesbezüglichen Aussagen besonders den Aspekt des persönlichen Naturerlebnisses:

> „*Es ist faszinierend, so etwas alleine zu erleben. Also sozusagen auch ungestört zu sein. Ich reise ja auch viel durch die Gegend und suche meinetwegen Nationalparke auf, und dann ist man immer in der Gruppe, man wird geführt. Und das war also für mich natürlich … das war ein Privileg, über so lange Zeit. Ich hatte also über drei Jahre die Möglichkeit, diesen Truppenübungsplatz alleine zu begehen. Und ich war immer alleine unterwegs, ich hab häufig nachts übernachtet so im Schlafsack, und … eben natürlich diese sinnliche emotionale Wahrnehmung ist dadurch ganz stark geworden. Das ist bis heute auch so.*“ [Interviewer: Gehen sie heute auch noch rein, mittlerweile ohne die Sondergenehmigung?] „*Ja, also … ab und zu … Also ich fahre erstmal viel Fahrrad auf den ganz normalen Straßen, aber ich erlaube es mir auch jedes Jahr einige Male, zum Beispiel die Bachtäler langzuwandern. Das ist also auch möglich, weil natürlich selbst diese Rangecontrol nicht in diese Bereiche eindringt. Die steigen ja auch eher selten aus ihren Autos raus. Und das sind Bereiche, wo's keine Wege gibt, wo man sozusagen*

> *in Waldläufermanier dann sich durchschlägt. Und wenn man das kennt, dann kann man das machen. Die meisten Leute würden das gar nicht machen, weil sie ja Angst haben, sich zu verlaufen. [...] Nee, also, ich übertreib das aber auch nicht, und ich halte das auch nicht für sinnvoll, jetzt sozusagen nur weil ich den Raum gut kenne da jetzt immer ‚einzudringen'. Dennoch hab ich's auch einigen Leuten mal gezeigt"* (Bernd O.).

Die Erfahrung, alleine draußen inmitten des Truppenübungsplatzes übernachtet und sich „*in Waldläufermanier*" dort „*durchgeschlagen*" zu haben, ist sowohl wichtig und prägend für das von Bernd O. individuell wahrgenommene Bild von der Landschaft, als auch für sein Selbstbild als Naturkenner. Eine solche Erfahrung erinnert zwar an jene idealisierte Mensch-Natur-Beziehung aus dem Dunstkreis von Lederstrumpf und Wandervogel, ist aber gleichsam auch eine ganz reale Form der individuellen Aneignung von Erfahrungswissen über Natur und Landschaft. Und freilich lauschte auch der Fragesteller neidvoll den Beschreibungen der Sennetouren des Bernd O., die an späterer Stelle noch in einigen Auszügen angesprochen werden. Die Tatsache, dass er auch noch später, ohne ausdrückliche Genehmigung den Truppenübungsplatz privat „*jedes Jahr einige Male*" betritt, um die Natur in diesen abgesperrten Bereichen der Senne zu erleben, ist kein Einzelfall: Mehrere der interviewten Naturschutzexperten berichteten mir von ähnlichen illegalen Wanderungen (einige Aussagen hierzu werden ebenfalls weiter hinten wiedergegeben). Wer sich also auskennt, weiß die offenbar nur geringe Gefahr des ‚Erwischtwerdens' einzuschätzen; das würde in einem Nationalpark kaum anders sein, wobei die Abschreckungsfunktion eines militärischen Sperrgebiets ungleich stärker wirkt als die eines Naturschutzareals. Im Großen und Ganzen ist daher wohl allen Naturschützern klar, dass es niemals eine völlig abgeschottete Senne als Naturschutzgebiet geben wird.

Wenn in fachlichen Stellungnahmen zum Zukunftsprojekt ‚Nationalpark Senne' gesprochen und um Unterstützung geworben wird, wird auch seitens des Naturschutzes stets betont, dass ein solches Schutzgebiet große ökonomische Chancen für den Tourismus in der Region biete und dass Besucher also durchaus willkommen seien. Hierauf sprach ich Albrecht K. an:

> [Interviewer: Es wird in der Nationalparkdiskussion von den Naturschützern immer betont, dass sie dafür sind, dass da Menschen rein kommen ...] „*Ja, weil sie gemerkt haben, dass ihnen sonst politisch auch die Felle davon schwimmen. Dass sie die Gemeinden einbeziehen müssen und so weiter, ne. Die haben auch gelernt. Und ... [wird lauter] ... ich mein,*

die sind ja auch nicht schlecht, die Leute. Wenn ich da 'nen Job hätte, würd' ich genauso handeln, ne. Aber ich finde, so'n bisschen mehr Selbstreflexion und 'n bisschen kritischeres Betrachten dessen, was sie da tun, würd' ihnen ganz gut zu Gesicht stehen. Und nicht immer so arrogant mit dem wissenschaftlichen Anspruch da aufzutreten: ‚So muss das sein, und nur wir wissen wie das laufen muss'. Und damit ganz andere und durchaus legitime Interessen ... die so zu verdecken. Das find ich halt nicht schön, ne" (Albrecht K.).

Das „*legitime Interesse*" der Öffentlichkeit, an den landschaftlichen Schönheiten der Senne teilzuhaben und diese nicht nur einigen privilegierten Naturschützern zu überlassen, wurde in den Interviews grundsätzlich von allen befragten Naturschützern anerkannt. Freilich besteht die Möglichkeit, dass es sich dabei zum Teil um Lippenbekenntnisse im Sinne einer ‚political correctness' gehandelt haben könnte, da ja einige Interviewpartner zugleich den Verbleib des Militärs, also den extremen Ausschluss der Öffentlichkeit, bevorzugen würden. Der relativ naturschutzkritische Albrecht K. dagegen geht so weit, den öffentlichen Anspruch der Erholung als wichtiger einzustufen als einen strengen Naturschutz; auch für den Preis, dass die Landschaft dadurch, wie er sagt, „*entzaubert*" würde:

„*Also, ich würde mir eine Senne wünschen, die ... von der die Menschen in der Region mehr haben als im Moment noch. Ich find' das zwar auch faszinierend, mir dann auf irgendwelchen Studien im Fernsehen das anzukucken, was es da für seltene Tierarten gibt, und würde mir natürlich auch wünschen, dass man das auch erhalten kann; aber das wäre für mich nicht das prioritäre Ziel, für das ich dann in Kauf nehmen würde, dass auf alle Zeiten die Menschen da ausgeschlossen werden aus der Senne. So nicht.*" [Interviewer: Was sollen denn die Menschen von der Senne haben können? Da kann man sich ja unterschiedliche Dinge vorstellen; ich nehme nicht an, Sie meinen die Ausweisung neuer Gewerbegebiete?] „*Nein, ich meine schon, dass das Gebiet 'n Schutzstatus haben sollte, dass man da auch mit der Wohnbebauung nicht reingeht. Aber es muss einfach 'ne gewisse Infrastruktur für sanfte Erholung da stattfinden, so Fahrradtourismus, Wandertourismus und solche Dinge. Das würde sicher auch die Senne dann entzaubern in vieler Hinsicht. Das wäre dann so 'n bisschen wie in der Lüneburger Heide. Aber ich denke es gibt 'n starken Druck auf solche Gebiete hier, und ich find' das in Ordnung; find' das ist 'n berechtigter Anspruch.*" [Interviewer: Wäre das denn Ihre Erwartung, dass es so wird wie in der Lüneburger Heide?] „*Nein, so intensiv nicht, aber so ... eben dass dann da die Papier-*

> *körbe sind und die Planwagen dadurch fahren, und, was weiß ich, dann 'ne Trachtengruppe auftritt, und solche Dinge mein ich. Nicht in der Intensität wie in der Lüneburger Heide. Das nicht*" (Albrecht K.).

Albrecht K.'s Meinung zur konfliktreichen Beziehung zwischen Naturschutz und öffentlichem Naturerleben hebt sich von den Äußerungen anderer Gesprächspartner ab. Wegweisend hierfür könnten – wie er übrigens auch selbst vermutet – vielleicht seine persönlichen Kindheitserinnerungen sein, auf die im nachfolgenden Abschnitt über die biographischen Erfahrungen der Naturschützer noch genauer eingegangen wird: Albrecht K. hatte einen eigentlich abgesperrten Landschaftsteil der Senne durch die räumliche Nähe seines Elternhauses als seinen Kinderspielplatz erlebt, als einen frei zugänglichen Abenteuerraum. Er assoziiert mit der Senne dementsprechend zunächst ihre Funktion als ein Freiraum:

> [Interviewer: Wenn Sie einfach mal irgendwelche Begriffe assoziieren, die die Senne für Sie charakterisieren ... versuchen Sie das mal zu tun!] „*Sehr viel unreglementierter Raum ... ja: Freiheit (lacht)!*" [Interviewer: Interessant, dass Sie die Assoziation von ‚Freiheit' auf einen Bereich beziehen, wo ein Zaun drum 'rum ist; wo man also gerade auch ‚Unfreiheit' assoziieren könnte.] „*Ja, na gut, das sind wahrscheinlich die Kindheitserinnerungen. Also ich hab das immer als 'nen Raum erlebt, in dem eben ... man viel unreglementierter sich bewegen kann als in der Agrarlandschaft, ne. Wo wirklich jeder Quadratmeter eben 'nem Eigentümer zugeordnet ist, mit dessen Erscheinen man in jedem Moment rechnen muss, wenn man die Wege verlässt*" (Albrecht K.).

Seine Sympathie für die Senne als einem wenig reglementierten und offensichtlich nicht im Privatbesitz befindlichen Freiraum steht durchaus in der kulturgeschichtlichen Tradition, die im Kapitel über den ‚Freiraum Senne' thematisiert worden ist; gemeint ist der Charakter und die historische Funktion der Gegend als Niemandsland und als gemeine Allmende, ihre Wahrnehmung als ein quasi öffentlicher Raum. Krass zur Assoziation der „*Freiheit*", die Albrecht K. dieser Landschaft eben nicht nur traditionell, sondern auch aus eigener Erfahrung ganz subjektiv zuordnet, kontrastiert die autoritäre, aussperrende Funktion des Truppenübungsplatzes. Auch ein streng reglementiertes, in weiten Teilen nicht frei betretbares Großschutzgebiet würde in diesem Sinne nicht unbedingt der eigenartigen, gewachsenen Qualität der Senne als öffentlicher Raum entsprechen. Zwar ist es völlig unzweifelhaft, dass bestimmte Arten der Flora und Fauna besser ungestört von durch die Gegend streifenden Besuchern gedeihen, jedoch fällt Albrecht K. in diesem Kontext auch ein Gegenbeispiel zu der gängigen These ein, dass Natur vor allem nur über das Fernhalten von Menschen zu schützen sei:

> „*Ich meine, wir haben in anderen Naturschutzgebieten – jetzt im Kreis Höxter – Bereiche, wo der Naturschutz verzweifelt versucht hat, Spaziergänger aus 'nem bestimmten Bereich eines Kalkmagerrasens herauszuhalten. Und das nicht geschafft hat, über Jahrzehnte. Die übrigen Bereiche, die sind brach gefallen, weil keine Bewirtschaftung mehr stattgefunden hat. Und es hat sich gezeigt, dass genau die Arten, die die Naturschützer schützen wollten, jetzt noch in den Bereichen sind, die viel betreten werden (lacht). Also im Grunde doch vergleichbar, zwar in 'ner völlig anderen Landschaft, aber ... gelegentlich gibt es sowas, ja, aber das kann man sicher nicht verallgemeinern*" (Albrecht K.).

Entscheidend für die Bewertung des Effektes eines möglichen Besucherdrucks auf die Naturausstattung der Landschaft ist die Einschätzung des quantitativen Ausmaßes der erwartbaren Besucherzahlen: Ist tatsächlich von einem gewaltigen Touristenansturm in einem zukünftigen Großschutzgebiet Senne auszugehen, oder ist eher mit einem durchaus handhabbaren öffentlichen Interesse zu rechnen? – Die Klagen über einen zu großen Besucherdruck auf die Landschaft bezogen sich bislang auf Erfahrungen aus den (vergleichsweise kleinen) Naturschutzgebieten am Rande des Truppenübungsplatzes, etwa dem NSG Moosheide. Bei der möglichen Einrichtung eines Großschutzgebietes im bisherigen militärischen Sperrgebiet würde der Flächenanteil an naturgeschützter, dann aber auch für Besucher besser zugänglichen Landschaft um ein Vielfaches erhöht. Es ist eine hypothetische und schwer einschätzbare Frage, wie sich die Besucherzahlen auf dem dann sehr weitläufigen Gebiet entwickeln würden: Würden sie vergleichbar bleiben mit den Erfahrungen aus den jetzigen Naturschutzgebieten, oder wären sie in der Relation geringer, da keineswegs so viel mehr Naturtouristen zu erwarten wären, wie der Anteil an Naturschutzfläche sich erhöht hätte? Was erwarten die Experten?

> [Interviewer: Würden Sie denn einen großen Touristenansturm erwarten? Es wird ja immer so 'n bisschen als Gespenst an die Wand gemalt, dass es so wie in der Lüneburger Heide werden könnte.] „*Ja, es wird aus zweierlei Sicht an die Wand gemalt, einmal als Gespenst und einmal als Chance. Ist natürlich beides ... es ist beides mit drin, also auch im Nationalpark. Eine der wichtigen Aufgaben von National-*

parken ist ja Besucherinformation und dass da Besucher eben erleben sollen, was eben 'nen Nationalpark ausmacht. Das andere ist natürlich, dass man es zumindest gut lenken muss, das klappt in den meisten Großschutzgebieten aber ganz gut. Also, richtig Angst hätt' ich davor nicht, richtig Bedenken hätt' ich nicht, wenngleich man natürlich von vorneherein drauf achten muss, dass nicht der Massentourismus hier gefördert wird, sondern schon qualitätvoller Tourismus" (Volker P.).

Hohe Besucherzahlen auch „*als Chance*" für den Naturschutz zu begreifen, ist eine andere Sicht der Dinge. Wenn auch Menschen in Naturschutzgebieten einen gewissen qualitativen Schaden anrichten mögen: der politischen Durchsetzbarkeit und ökonomischen Rentabilität eines Naturschutzvorhabens ist eine große Zahl erwartbarer Naturtouristen förderlich. Diesen naturschutzpolitischen Aspekt betont auch Hans D.:

[Interviewer: Würden Sie in der Senne einen großen Besucherdruck erwarten?] „*Ja! Wenn ich mir die Besucherzahlen anderer Nationalparke ankucke, dann ist ja überall ein erheblicher Besucherdruck. Und wir dürfen ja nicht vergessen, dass wir hier in der Nähe des Ruhrgebietes, in einem dichtbevölkerten Bereich leben. So dass also viele Menschen natürlich den Blick drauf richten können.*" [Interviewer: Macht Ihnen diese Erwartung eher gute oder eher ungute Gefühle?] „*Es macht mir zunächst mal ungute Gefühle, wenn ich daran denke, dass das Militär abziehen könnte, ohne dass wir gewappnet sind. Andererseits ... ist das 'n dickes Argument, mit dem man die Gemeinden überzeugen kann. Mit einem Großschutzgebiet hätten ja die Gemeinden etwas Einmaliges zu bieten. Sie würden sich nicht in eine Konkurrenz zu anderen Gemeinden begeben, die eben auch irgendein Industrie- und Gewerbeansiedlungsgebiet anzubieten haben. [...] Und wenn die Gemeinden nun endlich mal kapieren würden, dass das eine unendliche wirtschaftliche Chance für sie ist ... die sie wahrnehmen müssen ... dann wären wir ja schon 'ne ganze Ecke weiter. Und da müssen wir hinzielen. Also ich bin da ganz sicher, dass da permanent Busse anrollen*" (Hans D.).

Hans D. kann einer Vielzahl an Naturtouristen, die seiner Erwartung nach „*permanent*" in „*Bussen anrollen*" werden, also durchaus Positives abgewinnen; das Argument der ökonomischen Rentabilität eines Nationalparks ist besonders den Anrainergemeinden gegenüber verwendbar. Auch Bernd O. teilt die Erwartung eines großen Besucherandrangs und sieht diese weniger kritisch als viele andere Naturschützer; er begrüßt vielmehr einen möglichen Tourismus als regionalen Standortvorteil und Chance für den Naturschutz in der Senne und gibt in diesem Sinne ein ausführliches Statement gegen *„isolierenden Naturschutz"* ab:

> [Interviewer: Würden Sie in einem Nationalpark Senne einen großen Touristenansturm erwarten?] *„Ja, das würde ich erwarten. Das hängt natürlich sehr stark vom Marketing ab. Marketingkonzepte sind ganz entscheidend für den Erfolg touristischer Regionen. [...] Und ich garantiere Ihnen: Wenn Sie die Senne entsprechend vermarkten auf touristischen Messen, gerade in den Ballungsräumen Ruhrgebiet, Berlin, Hamburg, Bremen, dann können sie hier ganz viele Leute hinziehen."* [Interviewer: Das finden Sie erstrebenswert, verstehe ich das richtig?] *„Nein, nein, ich sag das zunächst mal wertfrei. [...] Also wenn die, die in einer solchen städtischen Agglomeration leben wie zwischen Dortmund, Bochum und Essen, wenn die am Wochenende die Möglichkeit haben, mal zu entfliehen und die offene Sennelandschaft zu erleben, das wird absolut attraktiv für die sein! – Jetzt zur zweiten Teilfrage: Ist das erstrebenswert? Es kann natürlich nicht erstrebenswert sein, sozusagen hier einen Massentourismus mit all den negativen Eigenschaften auf die Beine zu stellen. Ich glaube aber, es ist erstrebenswert, viele Menschen ... über die Anzahl muss man sich dann ... ja da kann man sicherlich reden, wie man das auch managed ... aber das ist ... für den Naturschutz ist es wichtig, auch viele Menschen anzusprechen. Denn ein großes Schutzgebiet – und ich spreche ruhig mal von einem Entwicklungsnationalpark Senne – das wird nur getragen in einem Land wie Nordrhein-Westfalen, wenn es für viele Menschen offen und attraktiv ist. Und dann muss man sich im Klaren sein, dass man hier eine Infrastruktur aufbaut: Das beginnt dann bei klassischen Infrastruktureinrichtungen eines Nationalparks, also Umweltbildung, Informationszentrum, Wegenetz usw. Geht aber dann hinaus in die Dörfer und Städte, die entsprechende Kapazitäten für Übernachtung vorbereiten müssen. Und mit einer solchen Infrastruktur könnte man die Sennelandschaft erneut inwertsetzen. Und zwar in einer ganz anderen Qualität eben: Die Senne ist nicht mehr landwirtschaftlich genutzter Raum, sie ist nicht mehr militärisch genutzter Raum, sondern sie ist sozusagen Potential für einen Tourismus in Ostwestfalen-Lippe. Und sie wertet damit die Region auf ... also Naturschutz als Standortfaktor für die Region OWL. Das ist durchaus meine persönliche Vision. Denn ich glaube, isolierter Naturschutz, wo man sagt: Das ist die Senne, da ist noch 'n Zaun drum 'rum, und das ist alles ganz toll da, da können wir euch auch mal Bilder zeigen ... das funktioniert nicht. Nationalpark Senne wird nur dann gelingen, wenn er auch sozusagen ... ja: im Bewusstsein der Bevölkerung erlebbar sein wird, und*

> *zwar ganz konkret erlebbar. [...] Also, das ist meine Vorstellung: Attraktive Angebote auf der einen Seite, aber dennoch weite Bereiche unberührt lassen. Und dann werden die Leute auch nur die Gebiete annehmen, die man ihnen zeigt. Weitgehend: Es wird immer Leute geben, die auch in die Kernzonen vorstoßen, das kann man nicht verhindern, aber ich bin davon überzeugt, dass man das gut steuern kann. Das kostet aber Geld, darüber muss sich jeder im Klaren sein*" (Bernd O.).

Dem Plädoyer von Bernd O. für einen öffentlich erlebbaren Naturschutz in der Senne jenseits des Massentourismus würden allerdings wohl nicht alle Naturschützer zustimmen. Einigen wird vielmehr mulmig zumute bei der Erwartung eines (zu) großen Besucherdruckes auf eine als Nationalpark geschützte Sennelandschaft:

> [Interviewer: Ist für die große Senne denn auch so ein Druck wie auf das Naturschutzgebiet Moosheide zu erwarten?] „*Ach, das ist ... das wird noch zunehmen! Mit der Attraktivität des Namens Senne, dann noch mit einem Großschutzetikett versehen ... also: Man muss doch nur die Besucherzahlen im Bayerischen Wald sehen ...*" [Interviewer: Ist der Bayerische Wald eine geeignete Vergleichsgröße für die Senne?] „*Gut, es ist ganz einfach ein lange funktionierender Nationalpark. Und das sind einfach Millionenzahlen. Und der Bayerische Wald schützt sich selbst durch seine Unzugänglichkeit in bestimmten Bereichen. Und da ist es auch sehr gut gelöst worden mit der Besucherlenkung. Ich weiß nicht, wie wir das in der Senne mit dem vorhandenen Bewusstsein wirklich hinkriegen sollen, wenn man nicht große Bereiche richtig abzäunen will*" (Ulrike W.).

Ulrike W. hält einen Vergleich mit den starken Besucherzahlen im Nationalpark Bayerischer Wald für angemessen, und nicht nur sie benutzt dieses erfolgreichste deutsche Großschutzgebiet als Vergleichsgröße; auf Tagungen und in Fachgesprächen über die Zukunft und Konzeptionierung des Naturschutzes in der Senne findet der Bayerische Wald immer wieder Erwähnung. Die Naturschützerin zweifelt aber zugleich – anders als etwa Bernd O. – an der Möglichkeit einer vergleichbar erfolgreichen Besucherlenkung, die die Freizeitnutzer tatsächlich aus den Kernzonen der geschützten Landschaftsbereiche heraushalten würde. Sie gibt zwar zu verstehen, „*nicht große Bereiche richtig abzäunen*" zu wollen, deutet zwischen den Zeilen aber zugleich an, dass solcherlei Maßnahmen ihrer Einschätzung nach wohl nötig sein würden, wenn der Naturschutz eines Tages das Militär als erstrangigen Nutzer der Senne beerben würde. Sie stellt in die-

Abb. 79: Panzerwrack in den heidegeprägten Dünen der für die Öffentlichkeit nahezu unzugänglichen „Schwarzen Berge" bei Schlangen. Naturschützer bewerten den Status quo großer Senneteile als militärisches Sperrgebiet unterschiedlich; manche sehen zunächst dessen zuverlässige Schutzfunktion für die Natur und Landschaft, anderen ist die Möglichkeit öffentlichen Naturerlebens – freilich in vom Naturschutz reglementierter Form – wichtiger. [Foto Jan-Ole Janssen]

sem Zusammenhang klar, dass eine solche Entwicklung ihr gar nicht gefallen würde und zieht eine andere gedankliche Konsequenz:

> *„Ich hoffe, dass in zwanzig Jahren die Briten noch da sind. Das würde mir sehr gut gefallen unter dem Gesichtspunkt, dass sie also ihre militärische Nutzung nicht intensivieren, sondern sich immer weiter auf die virtuellen Übungsmöglichkeiten zurückziehen und den Platz in Ruhe lassen."* [Interviewer: Weil die Briten den besten Schutz im Sinne einer Abschirmung der Landschaft gewährleisten?] *„Ja. Ja, nur deshalb. Aus der Erfahrung, die wir mit der Landschaftswacht in der Moosheide haben, ist es unglaublich schwierig, diese offene Landschaft zu schützen, die sich nicht selbst schützt, wie ein hoher Berg oder so etwas"* (Ulrike W.).

Mit ihrer Meinung, dass der Status quo als militärisches Sperrgebiet **(Abb. 79)** letztlich auch aus Naturschutzsicht das Beste für die Senne wäre, steht Ulrike W. unter den Naturschützern nicht alleine:

> *„Auch damals hatte ich aber auch schon immer die Meinung, dass man im Grunde genommen so 'nen guten Schutz wie durch das Militär privat oder eben auch durch 'ne Schutzgebietsverwaltung nicht hinkriegen kann. Ich kenne da 'ne ganze Reihe an Großschutzgebieten in Deutschland, hab mir in den letzten zehn Jahren auch einiges angekuckt. [...] Und das kann auch 'ne Rangertruppe oder was auch immer ... 'ne Gruppe, die Kontrolle ausübt und die regelmäßige Gebietsüberwachung macht ... kann nicht das leisten, was das Militär hier leistet"* (Volker P.).

Auf meine Nachfrage hin präzisiert Volker P., aus welchen Gründen er einen Verbleib des Militärs in der Senne bevorzugen würde: in erster Linie als nachhaltigen Schutz vor möglichen anderen Nutzungsinteressen, die in ihrer landschaftsschädigenden Wirkung weit über den (seiner Ansicht nach noch handhabbaren) Andrang von Nationalparkbesuchern hinaus gehen würden:

> [Interviewer: Ist denn wirklich die Gefahr für die Natur und die Landschaft so groß, wenn die Leute da durchlaufen und nur ein ganz kleiner Teil von denen die Wege verlässt?] *„Nein. Da seh' ich auch keine Gefahr drin. Das Militär hat auch zweierlei Funktion da; einmal natürlich richtig direkt, dass also Leute dadurch abgehalten werden und wissen: Das ist Übungsgelände und da kann auch 'n Blindgänger rumliegen, und wenn die mich erwischen, muss ich Strafe zahlen und sowas alles. Das schreckt natürlich ab. Und das andere ist, dass auch für alle anderen, die da mal, wenn das Gebiet frei wäre ... irgendwelche Ideen entwickeln könnten, wie man die Fläche nutzen kann ... ich sag mal, einer der Finanzierungen aufgestellt, um irgend 'nen Freizeitpark aufzumachen da ... die werden natürlich durch das Militär auch eher abgeschreckt, weil dadurch klar ist: Da ist Militär und da kommt auch überhaupt nix anderes hin. Wenn das 'n anderen Status hätte, dann wird es auch schwieriger sein, da andere Begehrlichkeiten abzuwenden, als wenn das 'n reinen Militärstatus hat"* (Volker P.).

Bernd O. spricht sich gegen eine Fortdauer der militärischen Nutzung aus, begründet seine Meinung und erläutert in diesem Kontext die Idee eines „*integrativen Naturschutzes*", der in Inhalt und Ziel einer abschirmenden „*Segregation*" entgegen steht:

> [Interviewer: Was halten Sie denn von dem naturschützerischen Argument, dass der Status quo mit dem Militär eigentlich am besten für die Senne sei?] *„Gut, dieses Argument, das muss man vielleicht*

auch differenziert betrachten. Wenn man natürlich die Senne in der jetzigen, gegenwärtigen Landschaftsqualität so erhalten möchte, dann ist sicherlich das Militär ein sehr effektiver Schutz. Nur, was bedeutet das? Das bedeutet zum einen, dass der Mensch eigentlich diese faszinierende Landschaft nicht erleben kann ... das halte ich für ein ganz großes Defizit, so kann Naturschutz nicht funktionieren. [...] Und deswegen glaube ich, der Mensch muss teilhaben können, und muss auch begreifen können, was da so wertvoll ist. Denn ansonsten wird die Senne sowieso irgendwann verschwinden, aus anderen Gründen. Wenn es nicht gelingt ... wenn es dem Naturschutz nicht gelingt, Akzeptanz und Bewusstsein zu schaffen für diese Qualität einer siedlungsfreien Landschaft mit bestimmten Lebensräumen, dann hat der Naturschutz keine Basis in der Gesellschaft. Wenn die Gesellschaft nicht dazu reif ist, solche Räume sich zu leisten, dann hat die Senne in der jetzigen Qualität keine Zukunft. Das Militär kann man nicht zum Schutz von großen Reservaten benutzen. Dass es bis jetzt diese Funktion hatte, ist ein Zufall. [...] Ich bin fest davon überzeugt und Anhänger eines integrativen Naturschutzes: Nicht die Segregation kann das Ziel sein, sondern wirklich die Integration von solchen Qualitäten in menschliche Nutzungskonzepte. Dann muss man sich auch von bestimmten Artenschutzargumenten verabschieden" (Bernd O.).

In diesem Zusammenhang interessierte mich die Frage, was für eine Zukunft die Experten für die Senne realistisch erwarten. Zu Beginn der 1990er Jahre hatte es noch so geschienen, als würde die Umsetzung des naturschützerischen Ziels ‚Nationalpark' eine Frage überschaubarer Zeit sein. Rasch war es zum Beschluss des nordrhein-westfälischen Landtages gekommen, die Senne für den Fall eines Abzugs des Militärs für diesen Zweck zu reservieren, und zudem erschien ein solcher Abzug vor dem historischen Hintergrund des Endes des Kalten Krieges durchaus als absehbar. Solche frühe Hoffnung auf eine unmittelbar bevorstehende Großchance für den Naturschutz flaute in den Folgejahren, als zunehmend klarer wurde, dass die Britische Rheinarmee keineswegs plant, die Senne in absehbarer Zeit zu verlassen, allerdings ab. Ich fragte meine Gesprächspartner also stets nach ihrer derzeitigen Erwartung, was sich in weiteren zehn oder zwanzig Jahren in der Senne in Bezug auf das Thema Großschutzgebiet ereignen würde oder könnte. Die Antworten fielen sehr unterschiedlich aus; deutlich wurden neben den *Erwartungen* wieder auch die persönlichen *Wünsche* der Gesprächspartner.

> [Interviewer: Welche Erwartung haben Sie; wie ist das in zwanzig Jahren, ist dann ein Nationalpark da oder ist der nicht da?] „*In zwanzig Jahren ist der da, ja. Gut, also ich meine, als Naturschützer muss man irgendwie auch mit Utopien umgehen können, und für mich ist es einfach so ... jetzt, wo ich die Senne kennengelernt hab, muss da irgendwas in dieser Richtung passieren. Es ist einfach einzigartig, diese Landschaft, und, naja, es gibt immer wieder Rückschritte durch das Militär meiner Meinung nach, durch starke Eingriffe, und ich bin der Meinung, das ist dauerhaft eben nicht geeignet, das Gebiet so zu erhalten. Und deswegen engagiere ich mich ja auch in diesem Nationalpark-Förderverein und da in dem Beirat, um eben jetzt damit anzufangen, für diesen Tag X sich vorzubereiten*" (Axel H.).

Ganz anders als Axel H., der „*Rückschritte*" durch „*starke Eingriffe*" durch das Militär kritisiert und der die Verwirklichung eines Nationalparks in den nächsten Jahrzehnten wünscht und erwartet, äußert sich ein anderes Mitglied desselben Fördervereins:

> [Interviewer: Was erwartest du denn, was passiert? Ist in zwanzig Jahren ein Großschutzgebiet da?] „*Ich hoffe, dass in zwanzig Jahren die Briten noch da sind. Das würde mir sehr gut gefallen unter dem Gesichtspunkt, dass sie also ihre militärische Nutzung nicht intensivieren, sondern sich immer weiter auf die virtuellen Übungsmöglichkeiten zurückziehen und den Platz in Ruhe lassen*" (Ulrike W.).

Es mutet zunächst überraschend an, dass Naturschützer, die einerseits in einem Nationalpark-Förderverein engagiert sind, sich auf der anderen Seite für einen Verbleib des Militärs und damit implizit gegen eine baldige Einrichtung eines Nationalparks in der Senne aussprechen:

> [Interviewer: Was ist denn deine Erwartung: Was ist in zwanzig Jahren, ist da ein Nationalpark oder was entsprechendes da oder nicht?] „*Also, einschätzen kann ich's nur sehr schwer. Jetzt so rein gefühlsmäßig ... nach der augenblicklichen Gefühlslage könnt ich mir auch vorstellen, dass noch sehr lange der Truppenübungsplatz ist. Ich weiß aber auch, dass es im Endeffekt politische Entscheidungen sind und dass im Extremfall sogar mal von einem Tag auf'n andern sich das ändern kann. Ist vielleicht auch 'n bisschen der Wunsch Vater des Gedankens, weil ich schon der Meinung bin, dass unter den derzeitigen Konstellationen Truppenübungsplatz die beste Lösung ist. Für eben dieses Gebiet des Truppenübungsplatzes, also im Sinne des Naturschutzes*" (Volker P.).

Volker P. formuliert seine Erwartung explizit über seinen „*Wunsch*" (als, wie er sagt, „*Vater des Gedankens*"): Die beste Lösung „*im Sinne des Naturschutzes*" ist seiner Meinung nach eine Beibehaltung des Status quo. Die auf den ersten Blick paradox wirkende Situation, dass Naturschützer in der Öffentlichkeit auf einen Nationalpark hinarbeiten, gleichzeitig aber im persönlichen Gespräch einen Verbleib des Militärs in der Senne wünschen, erklärt sich, wie gesehen, in erster Linie über die Einschätzungen zur Leistbarkeit einer konsequenten Abschirmung von Besuchern und zur Leistbarkeit einer großflächigen Offenhaltung des Geländes; in diesen Punkten erwarten einige vom Status eines militärischen Sperrgebiets (mit integriertem Naturschutz) mehr Wirksamkeit als von einem Großschutzgebiet. Auf der anderen Seite engagiert man sich dennoch im Förderverein für einen Nationalpark, denn dessen erstrangige Zielsetzung ist im Verständnis vieler nicht die *möglichst baldige* Einrichtung eines Großschutzgebietes, sondern die hinreichende Vorbereitung auf einen *eher langfristig* zu erwartenden „Tag X", an dem dann ein ausgereiftes naturschützerisches Großschutzkonzept – und kein anderes Nutzungskonzept – die militärische Aneignung des Freiraums Senne beerben würde. Eine andere Haltung bezüglich seiner Zukunftserwartung formuliert Albrecht K.; er trennt seinen eigenen Wunsch ausdrücklich von seiner Erwartung und betrachtet die Bestrebungen anderer Naturschützer kritisch:

> [Interviewer: Was haben Sie denn für eine Erwartung, was passieren wird? Was wird in zwanzig Jahren sein?] „*Ich erwarte, dass sich nicht viel ändern wird. Die Naturschützer sind ja auch ... bestehen ja zum großen Teil auch aus 'ner relativ starken Fraktion, hab ich den Eindruck, die sagen, dass die Art von restriktiver Kontrolle, wie sie das Militär ausübt, überhaupt von keiner zivilen Organisation zu leisten sein wird. Und die sagen: Das beste, was der Natur passieren kann, ist ja dass das Militär dableibt. Also ich gehöre nicht zu dieser Richtung. Aber ich denke schon, dass das Militär dableiben wird, aber dass trotzdem der Naturschutz durch die FFH-Ausweisung so schrittweise ... und über das europäische Recht seine Ansprüche da noch mehr einbringen wird. Aber eine grundsätzliche Veränderung und gar sowas wie 'nen Nationalpark erwarte ich eigentlich nicht.*" [Interviewer: Und Sie schätzen es so ein, dass unter den Naturschützern gegenwärtig die Pro-Militär-Fraktion die stärkste ist?] „*Ich hab gelegentlich den Eindruck, jaha*" (Albrecht K.).

Dieser Eindruck, den Albrecht K. hier formuliert, wurde mir insgesamt durch die Gespräche mit den Senner Naturschutzexperten bestätigt. Obgleich mein Anspruch keineswegs sein kann, diesbezüglich quantitative Aussagen zu treffen, so waren es doch auch in meinem Sample etwa die Hälfte der Befragten, die ähnlich der oben bereits zitierten Stellungnahmen dazu tendierten, eine Zukunft mit dem Militär einem etwaigen Großschutzgebiet persönlich vorzuziehen. Andere hingegen sprachen sich eindeutig für die Forderung eines Nationalparks aus und verbanden damit die Einschätzung, dass der Naturschutz mit seinen langjährigen Erfahrungen mit Zonierungskonzepten durchaus fähig sei, die Sennelandschaft in einem Großschutzgebiet zu sichern:

> [Interviewer: Sind Sie denn dafür, dass ein Nationalpark eingerichtet würde?] *„Ja, eindeutig.“* [Auch mit dieser Schutzkategorie?] *„Nationalpark, ja.“* [Und was sagen Sie zu der Position, der Status quo mit Militär sei der beste?] *„Ja, das ist mehr eine Frage der persönlichen Einschätzung. Sagen wir mal, der Optimist neigt eher dazu zu sagen: Warum nicht, wir schaffen das. Was in anderen Gebieten möglich ist, was dort sich bewährt hat, was inzwischen akzeptiert wird von der Bevölkerung und was auch nicht den Bach runtergeht, was auch nicht durch Besucherdruck zerstört wird ... Da hat es sich bewährt; warum soll das nicht hier auch möglich sein? Das ist also mehr eine Frage es ist der Pessimist, der sagt: Ja, so wie's jetzt ist ...“* (Friedhelm G.).

„... ist es doch am besten“, wollte Friedhelm G. wohl den Pessimisten unter den Naturschützern in den Mund legen. Die Optimisten hingegen lassen sich auch dadurch nicht von ihrem Ziel der Einrichtung eines Nationalparks abbringen, dass die britische Armee derzeit keineswegs den kurz- oder mittelfristigen Plan zu haben scheint, ihren Truppenübungsplatz in der Senne aufzugeben und stattdessen sogar große Summen in neues technisches Übungsgerät investierte:

> [Interviewer: Halten Sie einen Abzug des Militär überhaupt für absehbar? Immerhin haben die doch gerade wieder viel investiert.] *„Also, diese Investitionen ... die Engländer ... also, ich glaub' Shaw hat mal gesagt: Neun von zehn Militärs sind schwachsinnig. Also dass die Beschlüsse, die da fallen, unterlegt sind mit langfristigen wirtschaftlichen Überlegungen, das glaub ich nicht. Das ist ja 'ne sehr hierarchisch geordnete Einrichtung, und ich denke, wenn das denen morgen nicht mehr passt, dann hauen die ab. Und die Investitionen, die sie gemacht haben, die sitzen ja im Wesentlichen auch in der Elektronik, und die können sie ja auch mitnehmen, ne. [...] Außerdem könnte man ja Folgendes tun: Man könnte das Gebiet unter Schutz stellen und Befreiun-*

gen für die militärische Nutzung erteilen. Wenn wir 'ne Schutzsatzung bauen, müssen wir 'ne Nationalparkplanung in der Schublade haben. Wir müssen das Gebiet unter Schutz stellen und sagen: Aber für die militärische Nutzung erteilen wir 'ne Befreiung. Wenn dann das Militär abzieht, dann klappt die Falle zu" (Hans D.).

Auch Bernd O. gehört zu den Optimisten, die ein Ende der militärischen Nutzung der Senne zumindest für möglich halten. So wie der Naturschützer Volker P. seinen persönlichen Wunsch nach einem Verbleib des Militärs in der Senne als konstitutiv auch für seine Erwartung erkannte (er sprach vom „*Vater des Gedankens*"), so vermutet umgekehrt auch der Naturschützer Bernd O., dass in seinem Glauben daran, es könne „*von heute auf morgen möglich*" sein, „*natürlich auch sehr viel Wunsch*" stecke:

[Interviewer: Ist es überhaupt realistisch zu erwarten, dass das Militär die Senne verlässt?] „*Ja ... gut, da jetzt 'ne Aussage Ja oder Nein zu treffen, dass geht weniger. Ich sag aber mal: Ich kann's mir aber vorstellen! Weil ich glaube, dass wir derzeitig in einer – vor allen Dingen politischen – Situation leben, die ganz schnell gravierende Veränderungen mit sich bringen kann. [...] Also, da verändern sich eben geopolitische Situationen, die natürlich auch das Militär wirklich in Frage stellen. Ob man 'ne große Armee braucht ... also, die ökonomischen Fragen, die mit der Aufrechterhaltung einer Armee zusammenhängen, die sind vielleicht letztendlich entscheidend, ob man sich solche großen Armeen und Truppenübungsplätze langfristig leistet. Also wenn es gelingt, zum Beispiel auch in einem vereinten Europa, wirklich eine solide Friedenspolitik aufzubauen, dann haben wir vielleicht keine Wehrpflichtarmee mehr, sondern nur eine kleine Berufsarmee, die auch nicht überall große Truppenübungsplätze benötigt. Und dann kann es von heute auf morgen möglich sein, dass die Senne einer zivilen Nutzung übergeben wird. [...] In diesem Glauben steckt natürlich auch sehr viel Wunsch. Also, das wäre mein Wunsch. Dennoch bin ich jetzt nicht derjenige, der glaubt, das passiert in zwei Jahren oder so*" (Bernd O.).

6.5. Biographische Spuren: zum persönlichen Natur- und Landschaftsbezug von Senne-Experten

Die beiden folgenden Unterkapitel stellen weniger die Landschaft selbst als den Landschaftsbezug einiger Senne- und Naturschutzexperten in das Zentrum der Betrachtung. Bei den Interviews ergaben sich immer wieder thematische Passagen darüber, wie und auf welche Weise der jeweilige Gesprächspartner zu seinem Engagement im Naturschutz gekommen ist, wie sein Interesse an Landschaft sich entwickelt hat und wann und warum gerade die Senne in den Mittelpunkt dieses Interesses gerückt ist. Mehrheitlich erinnerten sich die Befragten in diesem Kontext an ihre Kindheit und Jugendzeit, an konkrete Personen, auf deren Einfluss sie selbst ihr spezifisches Interesse zurückführen; und sie erinnerten sich an ihre ersten Begegnungen mit der Senne und an bestimmte Lieblingsplätze in der Landschaft. Vor Beginn der Befragungen hatte ich solche Aspekte nur als eher nebensächlich in meinem Leitfaden für die Gesprächsführung vermerkt; doch bereits in den ersten beiden Interviews bemerkte ich, dass gerade dieser Themenbereich die Befragten offenbar besonders ansprach, dass oftmals sogar mit Freude erzählt wurde. Daraufhin positionierte ich solche Fragen, die auf biographische Aspekte der Genese des Natur- und Landschaftsbezuges abzielten, als zentrale Glieder meines Interviewleitfadens. Bis auf eine Ausnahme antworteten alle Befragten, wie mir schien, gern und offen auf meine Fragen oder Gesprächsanstöße zu diesem Thema.

Gabriela CHRISTMANN (1992: 189) untersuchte in einer Studie „die subjektiven Deutungsmuster von Akteuren in Ökologie-Gruppen" unter der Leitfragestellung: „Wie schildern aktive Umwelt- und Naturschützer ihren Weg zum Engagement? Welche Hintergründe und Motive führen sie für ihr Engagement an?" In der Analyse ihrer anhand qualitativer Interviews durchgeführten Untersuchung konstruiert Christmann zwei Gruppen: zum einen solche Naturschützer, die sich selbst als „schon immer" oder „schon sehr früh" für Natur und Landschaft sensibilisiert sehen, und zum anderen solche, die sich als „zunächst nicht" in diese Richtung orientiert beurteilen, dann aber im Erwachsenenalter naturschutzbezogenes Expertentum entwickelten. Christmann differenziert noch eine Reihe an Untergruppen, für die als Kriterien jeweils spezifische Entwicklungswege zum Engagement gelten, so etwa der Kontakt zum Naturschutz über Studium oder Beruf, der über politisches Engagement oder der über Bekannte und Freunde (vgl. CHRISTMANN 1992: 202f). Für meine Untersuchung und speziell die Frage nach der biographischen Konstitution eines Interesses an Natur und Landschaft spielt eine quantitative Zuordnung zu solchen Gruppen keine Rolle; Aussagen hierüber wären aufgrund des viel zu kleinen Samples ohnehin wenig aussagekräftig. Freilich sind die von Christmann beschriebenen „Typen" auch in meinen Interviews wiederzufinden und es ist wohl eine Mehrheit, die zur Gruppe der „in ihrer Selbstwahrnehmung früh oder schon immer Sensibilisierten" zu rechnen wäre. Aber mich interessieren viel mehr die Geschichten selbst, die dahinter stehen; die Beschreibungen von empfundenen Schlüsselerlebnissen, von Anstoßpunkten, die die Befragten für sich selbst als konstitutiv für ihren Naturbezug empfinden.

Meine ‚erzählgenerierend' ausgerichteten Interviewfragen zielten sowohl auf den generellen als auch auf den speziellen Natur- bzw. Landschaftsbezug ab; insbesondere interessierte mich natürlich der jeweilige Bezug zur Senne. Definierte man ‚Natur- und Landschaftsbezug' als ‚Einstellung zu Natur und Landschaft', fasste ihn also unter dem sozialpsychologischen Begriff der Einstellung, so hätte man laut Christmann mit Schwierigkeiten bezüglich der Zugänglichkeit solcher Aspekte in Interviews zu rechnen: „Einstellungen enthalten [...] häufig keine spezifische Erinnerung auf die Erwerbssituation, sind außerdem meist sehr schwer thematisierbar und dem reflektiven Bewußtsein nur schwer zugänglich. Dennoch wirken sie gleichsam ‚unbewußt' als ‚Motive' in Form spezifischer Weil-Zusammenhänge" (Schütz u. Luckmann 1979: 266, zit. n. Christmann 1992: 190). Die Konstitution und Prägung des jeweiligen Naturbezugs wäre demnach nur schwer von den Befragten sprachlich reflektierbar; meine Erfahrungen in den Gesprächen waren andere. Viele der Befragten reflektierten relativ rasch auf eigene Kindheitserlebnisse usw., denen sie selbst eine konstitutive Wirkung auf ihre Einstellung und ihren Bezug zu Natur zuschreiben. Freilich mag dieses mit der Verbreitung einer psychologischen Allgemeinbildung zusammenhängen, deren geläufige Thesen heute den meisten Menschen, so sicher auch den größtenteils akademisch gebildeten Senne-Experten, geläufig sind: Eine Mutmaßung, dass „da doch was in der Kindheit gewesen sein muss", liegt nahe und lädt zur Konstruktion mehr oder weniger bemühter Zusammenhänge ein. Da allerdings auch ich als ‚Analyst' und ‚Verwerter' der Interviews lediglich mit psychologischer Halbbildung beschlagen bin, maße ich mir nicht an, an den mir gegenüber gemachten Äußerungen allzu sehr ‚herumzuanalysieren'. Mir erschienen die Aussagen in aller Regel authentisch, was freilich einer Interpretation nicht widerspräche, die die thematisierten biographischen Zusammenhänge als Ausdruck der Konstruktion eines Selbstbildes der Befragten ansieht.

In der Darstellung der Gesprächspassagen dieses Themenbereichs bleibe ich jeweils über einige Absätze bei einer Person, um Zusammenhänge nachvollziehbar zu machen. Besonders an dieser Stelle stellte sich das Problem der zugesicherten Wahrung der Anonymität; mehrfach mussten neben den Namensänderungen auch Auslassungen im Interviewtranskript vorgenommen werden. Die Reihenfolge, in der die Personen und ihre Geschichten im Folgenden auftauchen, ist übrigens relativ willkürlich gewählt und daher ohne Bedeutung. – Volker P., Jahrgang 1962, ist als diplomierter Biologe professionell mit dem Naturschutz in der Senne beschäftigt; er hat die Region erst relativ spät durch seinen Beruf kennen gelernt. Sein grundsätzlich enger Bezug zu Natur und Landschaft entwickelte sich ganz unabhängig von der Senne am Ort seines Aufwachsens:

> *„Ich hatte 'n Biologielehrer, das ist der Herr P., der ist inzwischen verstorben, der ist auch in Naturschutzkreisen hier in Westfalen sehr bekannt. Der hat mich schon 'n bisschen inspiriert, schon in den ersten Gymnasialjahren. Und dann hab ich das aber mehr so alleine oder mit einigen wenigen Freunden gemacht. Hatte auch ehe schon immer 'n Zugang dazu. [Seine Heimatstadt; RS] liegt ja auch nahe am Solling. In der Jugend, in der Schulzeit bin ich sehr oft mit Freunden am Wochenende losgezogen. Sind samstags losgewandert in 'n Solling, haben 'nen Schlafsack mitgenommen, haben abends 'n Feuer gemacht, irgendwo 'n paar Würstchen gegrillt und übernachtet und am nächsten Tag wieder zurück. Also wir war'n früher auch schon sehr viel so ... ähm ... draußen unterwegs. Dadurch kriegt man schon 'n Gefühl dafür. Und auch wenn man jetzt viele Dinge im Einzelnen nicht kennt, und Sachen, die man erst im Studium kennen lernt, nicht richtig einschätzen kann, aber ... 'n Grundgefühl kriegt man schon durch sowas“* (Volker P.).

Für Volker P. spielen persönliche Naturerlebnisse eine ausschlaggebende Rolle in der Entwicklung eines dem kognitiven Interesse am Naturschutz zugrunde liegenden sinnlichen Zugangs zu Natur und Landschaft. Die Ausbildung eines solchen *„Grundgefühls“* für das *„Draußensein“* als Triebfeder für sein später professionalisiertes Interesse sieht er in prägenden Aspekten seiner Jugendzeit; einerseits in Erlebnissen auf Wanderungen allein oder in Gesellschaft, andererseits durch die personale Vermittlung von Interesse durch eine konkrete *„inspirierende“* Person, dem Biologielehrer seiner Gymnasialzeit. Dagegen sieht er durch seine akademische Ausbildung als Diplombiologe nur wenig wegweisenden Impetus für sein jetziges intensives naturschützerisches Engagement angelegt:

> *„Im Studium selber wird man ja in Biologie eher auf 'ne wissenschaftliche Karriere vorbereitet, also auf 'ne Hochschulkarriere würd' ich sogar sagen. Oder 'ne Forschungskarriere auf jeden Fall, und wenn man dann so mehr in den praktischen Naturschutz gehen will, muss man sich schon 'n bisschen selber drum kümmern, vor allen Dingen Kontakte außerhalb*

der Hochschule suchen. Das kriegt man über die Hochschule nur sehr schlecht. Und da ich im ... ja, mein Hauptstudium hab ich in Göttingen gemacht, aber als ich zurück nach Bielefeld kam und Diplomarbeit geschrieben hab, hab ich da Kontakte so aufgenommen. Weil ich auch wusste, dass ich in die Richtung irgendwie gehen will" (Volker P.).

Erst gegen Ende seines Studiums wurde für Volker P. der Wunsch konkret, als Biologe im praktischen Bereich des Naturschutzes arbeiten zu wollen. Seiner Selbsteinschätzung nach hatten weder der Kontakt mit der wissenschaftlichen Ökologie noch der in den 1970er und 1980er Jahren gesellschaftspolitisch populäre Einfluss von öffentlich agierenden Naturschutzverbänden den Anstoß zu seiner Berufswahl gegeben:

„Also nein, der Anstoß kam nicht so sehr aus dem ... na ja: organisierten Naturschutz, sondern mehr aus 'ner Begeisterung für ... ja, für wildlebende Tiere und Pflanzen, die ich selber hatte. Und eine der wenigen Möglichkeiten, damit also ständigen Kontakt zur Natur zu haben, ist ja im praktischen Naturschutz zu arbeiten. Alle anderen Berufsbilder in der Biologie haben da ja relativ wenig mit zu tun" (Volker P.).

„Nein, nein, politisch bin ich gar nicht organisiert. Und auch naturschutzpolitisch ... so die klassischen Aufgaben, die Naturschutzverbände die ersten Jahre so gemacht haben, also sagen wir mal: über hohe Mitgliederzahlen politischen Druck auszuüben und bestimmte Sachen erreichen zu wollen ... da hab ich zwar auch ab und zu mitgemacht, aber das war nicht das antreibende Moment, was mich nachher dazu bewegt hat, hier im Naturschutz 'ne Tätigkeit zu suchen. Das war mehr die reine Begeisterung für ... für das Draußen eben" (Volker P.).

Die bereits früher geprägte *„Begeisterung"*, jenes *„Grundgefühl"* für *„das Draußen"*, welches er *„selber hatte"*, hat demnach in erster Linie seine Berufswahl geleitet – weniger politische und weltanschauliche Überzeugungen oder wissenschaftliche Interessen. Volker P. sieht sich dementsprechend bis heute als ein Praktiker unter den Naturschützern, der am liebsten draußen im Gelände arbeitet. Die Senne, sein jetziges Arbeitsfeld und gleichsam der Raum, auf den sich sein professionelles Expertentum hauptsächlich bezieht, kannte er als Heranwachsender noch nicht. Den Landschaftsnamen „Senne" hatte er wohl als Kind schon gehört, den *„gab es schon"*, wie er formuliert, aber er assoziierte damit in erster Linie nur den Truppenübungsplatz:

> [Interviewer: Was sagte Dir denn damals der Name „Senne"?] *„Das, was ich damit ... Truppenübungsplatz sagte das. Also das, was ich ... sogar später in der Zeit, als ich in Bielefeld studiert hab ... da wusste ich zwar, dass in der Senne 'n bedeutender Landschaftsraum ist, dass er von Sand geprägt ist, dass da auch einiges an interessanten Pflanzen und Tieren vorkommt, aber 'ne richtige Vorstellung davon hatte ich nicht. Und damals dachte ich sogar auch noch, dass sich das sowieso weitgehend auf'm Truppenübungsplatz abspielt und von daher auch nicht so ... so zugänglich ist. Durch die ersten Exkursionen an der Uni in Bielefeld hab ich die Senne auch nicht kennen gelernt. Das kam eben erst nachher durch das Engagement bei der [Naturschutzorganisation, RS]"* (Volker P.).

Erst über den Beruf kam der engere Bezug zur Senne zustande. Volker P. bezeichnet dies als einen *„Zufall"*; war die Anstellung bei einer Naturschutzorganisation im Bereich der Senne doch zunächst nicht mehr als ein brauchbarer Nebenjob für einen botanisch interessierten Biologiestudenten:

> *„Das war'n Zufall damals, da suchte [eine Naturschutzorganisation, RS] jemand, der 'ne botanische Kartierung macht für'n geplantes Naturschutzgebiet, im Wehrbachtal ist das, inzwischen NSG geworden, das liegt südlich von Stukenbrock. Und da hatte mich jemand gefragt, ob ich das nicht machen will, so nebenbei, und das hab ich dann gemacht. Und da waren meine ersten Aktivitäten automatisch in der Senne hier. Und da bin ich 'n bisschen hangen geblieben. Das war auch damals noch auswechselbar, das hätte nicht die Senne sein müssen. Ich bin auch ... hänge auch noch sehr am Weserbergland, wo ich da herkomme. Das find' ich auch landschaftlich 'ne unheimlich schöne Gegend und hätte mir da auch genauso gut damals vorstellen können, was zu machen. Aber da ich in Bielefeld gewohnt hab und die Senne vor der Haustür lag und ich da durch einzelne Aktivitäten so reingerutscht bin, hat sich das eben so ergeben"* (Volker P.).

In die Naturschutzarbeit in der Senne ist Volker P. also *„reingerutscht"* und ist dort *„hängen geblieben"* – ein *„auswechselbarer Zufall"* seiner Biographie, der sich *„eben so ergeben"* hat. Anders, nämlich viel enger, sind die biographischen Verknüpfungen einiger anderer Interviewpartner mit der Sennelandschaft. Sie hatten bereits ihre Kindheit und Jugend in Senne- oder direkt angrenzenden Gemeinden verbracht, und hierin liegt in ihrem Fall offenbar ein starker Impetus ihres heutigen naturschützerischen Engagements für diesen Landschaftsraum begründet: So wuchs etwa Gregor S.,

Jahrgang 1968, mitten in der zentralen Senne auf; er studierte später Landschaftsplanung und arbeitet aktuell in der behördlichen Landespflege. Er erwähnt mehrfach seinen Vater als jene Person, über die er einen besonderen Bezug zu Flora und Fauna der Sennelandschaft bekam:

> „*Das ging mehr so über die Tiere. Mein Vater, der kennt auch einiges so an ... was so häufige Arten sind, so Greifvögel und Wild und so. Und wir sind früher ziemlich oft auch schon auf 'm Truppenübungsplatz unterwegs gewesen, also er und ich. Bereich Lopshorn ziemlich häufig zum Beispiel. Er [der Vater; RS] hat auch 'ne relativ ... also er ist kein aktiver Naturschützer ... aber hat auch 'ne relativ enge Bindung hier zu dem Senneraum, weil er da aufgewachsen ist. Hat dann immer so Stätten seiner Kindheit gezeigt, und dadurch kam für mich auch so'n ... so'n Bezug zu der Landschaft. Weil ich die Erfahrung gemacht hab: Das sind Stätten, die mein Vater schon erlebt hat als Kind ... hat so'ne Bindewirkung gehabt. Na, und dann auch die Naturbeobachtungen, die wir da zusammen gemacht haben. Auf jeden Fall auch sehr prägend*" (Gregor S.).

Gregor S. konstruiert aus gemeinsamen Vater-Sohn-Erlebnissen in der Natur quasi einen genealogischen Bezug zur Landschaft: „*Stätten*" (ein altertümlicher und romantisch anmutender Begriff für Örtlichkeiten, der so in der Allgemeinsprache kaum mehr üblich ist) der eigenen Kindheit und gleichsam der des Vaters sind für den Sohn symbolisch aufgeladen; so entstand für ihn eine spezielle „*Bindewirkung*" zur Landschaft. Die familiare Rückbesinnung reicht dabei nur eine Generation zurück, da der Vater seinerseits keineswegs einer alteingesessenen Familie entstammt, sondern erst als Kind Ostvertriebener in der Nachkriegszeit in die Senne kam. Für die Idee einer verwandtschaftsbezogenen ‚Verwurzelung' mit Landschaft ist demnach durchaus keine mehrere Generationen weit reichende Kontinuität notwendig. Gregor S. verbrachte freilich vor allem seine eigene Kindheit und Jugend in der Senne, hat die Landschaft „*durch's Spielen*" kennen gelernt:

> „*Die Gegend kennen gelernt hab ich eben als Kind durch's Spielen. Später bin ich dann auch hier im Augustdorfer Reitstall geritten, bin ziemlich viel herumgekommen, grade so im Stapelraum, bis nach Stukenbrock rüber und nach Hörste. Hab da auch schöne landschaftliche Erlebnisse gehabt und ich denke, dass das auch so'n bisschen meine Beziehung hier zu der Gegend geprägt hat*" (Gregor S.).

Gregor S. fallen im Laufe des Gesprächs noch weitere biographische Aspekte ein, an denen entlang er die Entwicklung seines Naturbezuges für sich selbst – vielleicht ein wenig bemüht – zu rekonstruieren versucht:

> „*Ah, da fällt mir noch 'ne Geschichte ein, Beziehung zu Natur, ist vielleicht auch noch ganz interessant: So mit 10 Jahren, glaub ich, hab ich das erste Mal angefangen mit Gartenarbeit, also so nicht besonders intensiv, aber ich hab angefangen, alle möglichen Pflanzen, die mich interessierten, zu sammeln. Hab nie systematisch bestimmt, aber immer mal irgendwas, was mich interessiert hat, vermehrt. Einfach nur irgendwo was gesammelt, was ich schön fand, gepflanzt, beobachtet. Hab hier auch zum größten Teil den Garten angelegt. Ja, das ist vielleicht auch noch so eine Beziehung zu Natur im weitesten Sinne. Und da fällt mit noch so'n Strang ein: Mein Großvater war Landwirt, der hat mir in dem Bereich ziemlich viel beigebracht, Heu machen und solche Geschichten, und ich denke, das war auch ziemlich prägend für mich, also für meine Beziehung zu dieser Landschaft. […] Und mir fällt aber grad noch ein Punkt ein, der vielleicht auch ganz wichtig ist: Ich hab damals schon, mit vierzehn sagen wir mal, fremde Pferde betreut von anderen Leuten, aber relativ eigenverantwortlich, hab dann selbst vier eigene Shetlandponys gehabt, hab da so'n bisschen Weidemanagement betrieben, mit allem was dazugehört*" (Gregor S.).

Die biographischen Bezuge zu Natur und Landschaft, die Gregor S. selbst als konstitutiv wahrnimmt, haben ländlichen und dabei zugleich auch aktiven Charakter: das Reiten, das Gärtnern, der landwirtschaftende Großvater, die Pflege von Ponys. Da er seine Kindheit in der Senne verbrachte, sind für ihn diese doch offenbar als positiv erlebten Aktivitäten konkret mit eben der Landschaft verknüpft, in der sie stattfanden. Auch Albrecht K., Jahrgang 1957, ausgebildeter Landschaftsplaner und heute in einer für den Agrarbereich zuständigen administrativen Behörde tätig, wuchs in der Senne auf. Gefragt nach seinem Bezug zur Senne antwortet er:

> „*Ja, die lag bei mir vor der Tür. Also, ich bin … Heidehaus, ist das 'n Begriff? Da hat mein Vater gearbeitet, der war da Heimleiter. In unmittelbarer Nähe von der Stapelager Senne. Das war also unser Spielplatz, die Stapelager Senne*" (Albrecht K.).

Das Kinderspielrevier von Albrecht K., sein „*Spielplatz*", war die Stapelager Senne in ihrer Ausprägung als Panzerübungsgelände einerseits, aber auch mit dem einsamen, heute nur noch an Grundmauern erkennbaren Schapeler Hof („*da sind wa als Kinder noch hingegangen und ha'm uns Kartoffeln geholt…*") und dem tief eingeschnittenen Oberlauf des Ölbaches. Albrecht K.

wuchs als Sohn des Heimleiters einer der in der Senne so zahlreichen Einrichtungen der Resozialisierung auf; diese liegt abseits ‚normaler' Wohnsiedlungen direkt am Rand des Truppenübungsgeländes. Die Geschichte des Hauses bzw. des Geländes und seiner Nutzungsweisen ist typisch für die Senne; Albrecht K. fasst diese Geschichte selbst kurz zusammen:

> „*Da stand bis nach dem Kriege ein Haus, ein Landschulheim der berufsbildenden Schulen Bielefeld. Das ist ein Haus gewesen ... muss um die Jahrhundertwende gebaut sein. Und das war also das Gebäude, was nach'em Krieg da stand, und ... da sind dann Flüchtlinge aus der damaligen sowjetischen Besatzungszone untergebracht worden. Und die ha'm dann angefangen, sich da Häuser zu bauen. Und als dann die Grenze dichtgemacht wurde 1961, als keine Flüchtlinge mehr kamen, ist das dann in ein Heim für öffentliche Fürsorgeerziehung umgewandelt worden*" (Albrecht K.).

Direkt angrenzend zu diesem Heimkomplex liegt das als solches seit der Nachkriegszeit genutzte Panzerübungsgelände Stapel. Meiner Frage, die dahin tendiert, diesen Sperrbereich des Truppenübungsplatzes aufgrund der Intensität der militärischen Aktivitäten als etwas ungeeignet für einen Kinderspielort zu halten, entgegnet Albrecht K. mit der Erinnerung an Abenteuerspiele und die subjektive Normalität dieses Zustandes:

> „*Ich hab den Eindruck, das* [gemeint sind die Truppenübungen; RS] *war sogar intensiver! Da sind die nicht auf gelenkten Bahnen gefahren, so wie heute, sondern kreuz und quer. Ja, und wir ha'm da zwar gespielt, aber es war auch immer so mit Angst besetzt, weil, wenn da 'n Panzer ankam, ha'm wir uns versteckt. [...] Also, manchmal ha'm Soldaten uns auch mitgenommen, dann durften wir mit den Panzern auch mitfahren. Ja, nee, also das war keine Sperrzone, ha'm wir nie so empfunden, ne*" (Albrecht K.).

Für den kleinen Albrecht stellte dieser abgesperrte, landschaftsgeographisch und kulturhistorisch sehr typische Bereich der Oberen Senne also gerade *keine* Sperrzone dar; in seiner kindlichen Wahrnehmung der Landschaft handelte es sich eher um einen abenteuerlichen Freiraum. Er erinnert sich auch an frühe Versuche landschaftsplanerischer Unternehmungen, die in seiner vertrauten Umgebung stattfanden, und er selbst leitet sein späteres professionelles Interesse an Landschaft von solchen frühen Erfahrungen ab:

> *„Hmm ... also irgendwann bin ich mal mit 'nem Eimer rumgelaufen mit ... hab Eicheln gesammelt. Und hab Eichen da in der Stapelager Senne, Eicheln in 'n Boden gesteckt. Und hatte so 'ne Vision, dass ich irgendwann mir vorgestellt hab, dort Obstbäume zu pflanzen. Also die Stapelager Senne so als ... arkadische Landschaft. Irgendwie solche Vorstellungen, die hab ich aus irgendwelchen Gründen schon früh gehabt. Und wahrscheinlich hängt das damit zusammen, so Interesse an der Landschaft und auch an Gestaltung, denk ich mal“* (Albrecht K.).

Jahre später, im Rahmen der schriftlichen Abschlussarbeit seines Studiums, beschäftigte er sich noch einmal eingehend mit seiner engeren Kindheitsheimat, der Stapelager Senne. Sein Impetus zum Verfassen dieser Arbeit gründete im Zusammenhang zwischen Landschaft und eigener Biographie, also in einem räumlichen Identitätsbezug. Die Lektüre des reflektierten und engagierten Textes lässt ahnen, dass Albrecht K. einiges von dem, was man landläufig ‚Herzblut‘ nennt, in das Projekt gesteckt hat.

> *„Und dann im Studium Landschaftsplanung ist mir, als wir dann anfingen über Landschaft zu reflektieren, aufgefallen, was das Besondere ist. Das war mir bis dahin nicht aufgefallen, ist ja klar: Wo man aufwächst, das hält man ja für das Normale. Und, weil der Professor, bei dem ich damals studiert hab ... da ha'm viele damals so gearbeitet, ein Stück Landschaft zu beschreiben und kulturhistorisch aufzuarbeiten, was dort geschehen ist, um daraus eventuell ... ja, Konsequenzen für die Planung zu ziehen. Beziehungsweise um zu lernen, typische Planungsfehler zu vermeiden. Und da hab ich mich dann halt gerne mit diesem Stück Landschaft und damit auch so mit meiner Vergangenheit und Biographie so'n bisschen auseinander gesetzt“* (Albrecht K.).

Obwohl auch Ulrike W., Jahrgang 1948, am südlichen Rand der Feuchtsenne aufgewachsen ist, verweist sie im Interview nur vergleichsweise wenig auf die Kindheit als wichtige prägende Phase für ihre spätere Biographie als Naturschützerin. Zwar sei sie *„auf einem Bauernhof groß geworden“* und *„das war schon recht naturverbunden, das Leben in der Kindheit“*; doch für die Ausbildung ihres naturschützerischen Engagements spielten ihrer eigenen Einschätzung nach eher die politischen 1970er und 1980er Jahre, die große Zeit der Ökobewegung, eine entscheidende Rolle. Ihr Interesse und Engagement setzte demnach mehr an einer gesellschaftskritischen und naturschutzpolitischen Ebene, erst zweitrangig an einer emotional-sinnlichen Ebene an. Dennoch ist auch der Konstitution ihres Expertentums der lokalräumliche Faktor einer *„konkreten Heimat“* immanent:

> *„Es ging dann ganz konkret um diese Landschaft, und zwar hab ich mich engagiert in einer Initiative gegen ein Flurbereinigungsverfahren. In Bornholte, das liegt von Verl noch 'n bisschen näher eigentlich zur Senne hin. Das stand an, und 'n bisschen durch Zufall hab ich dann mal die Pläne zu Gesicht bekommen ... und fand das so furchtbar, dass sich wirklich meine konkrete Heimat so verändern sollte, dass ich dachte: Da muss man doch irgend etwas gegen unternehmen“* (Ulrike W.).

Axel H. wiederum, Jahrgang 1966, Umweltpädagoge, hat die Senne erst auf professionellem Weg kennen gelernt; er ist im Münsterland aufgewachsen und hatte bereits ein längeres Engagement im Naturschutz hinter sich, als er im Kontext seines Studiums Näheres von der Senne als einem besonderen Naturraum hörte. Später bekam er dort – wie auch Volker P. quasi durch Zufall – eine Arbeitsstelle im Naturschutzbereich. Zuvor hatte er die Senne hauptsächlich aus negativ geprägten Erzählungen seines Großvaters gekannt:

> *„Also ich ... man kennt die Senne, ne. Mein Opa war, glaub ich, damals da und der kannte noch diesen Spruch, ne. War da irgendwo stationiert oder so, und kannte auf jeden Fall die Senne von eigener Anschauung, sagt man da ja so schön: ziemlich nahe am Boden. Und dieser Spruch ... warte mal: ‚der Herrgott schuf in seinem Zorn die Senne nahe Paderborn‘, ne. Das ist halt so dieser alte Soldatenspruch. Die da mal ihren Dienst tun mussten, reden halt nicht besonders positiv von der Senne, sondern eher so. Es war halt nicht 'ne schöne Zeit meistens, die man da verbracht hat; wenn man da rumrobben muss und Krieg spielen“* (Axel H.).

Seine ersten Assoziationen zur Sennelandschaft, die einer trostlosen Sandödnis für den Soldatendrill, hatte Axel H. zunächst ohne konkrete Anschauung als ein sozial konstruiertes Negativ-Image übernommen (*„man kennt die Senne, ne ...“*). Er identifizierte die Senne als militärisches Sperr- und Übungsgebiet, dem er zunächst eher ablehnend gegenüber stand. In seiner Schilderung deutet sich eine pazifistische Geisteshaltung an; seine offenbar von nur wenig Sympathie bestimmte Beziehung zum Militär (*„Krieg spielen ...“*) lässt ihn später auch zum Kritiker derjenigen naturschützerischen Meinung werden, die ein Verbleiben des Militärs in der Senne bevorzugt.

> *„Also, ich wusste schon, dass da 'ne große Heidelandschaft ist, ne, also das ist eigentlich so bekannt von der Senne. Man stellt sich immer sehr viel mit Sand vor, Panzer, Heide. Das sind so die drei Sachen, die einem*

> *einfallen, oder die mir auch eingefallen sind damals. Als ich ‚[Naturschutzorganisation] Senne' gehört hab, hab ich auch erstmal so diese drei Sachen da assoziiert. Und dann eben diese Urwalddiskussion, Urwald Senne, anhand dieses Buches, war also schon ganz interessant. Ich war aber noch nicht in der Senne gewesen, ne. Das war also dann erst durch meine Tätigkeit bei der [Naturschutzorganisation]*" (Axel H.).

Axel H. schildert, wie sich sein altes Bild von der Senne („*Sand, Panzer, Heide*") über wachsende naturschutzfachliche Kenntnisse verändert. Das von ihm erwähnte Buch über den „Urwald Senne" – gemeint ist der vieldiskutierte Band von Andreas Wulf – hatte er im Kontext seines Studiums kennen gelernt. Dass dem heutigen Umweltpädagogen dieses Buch als ein wichtiger Anlass für sein Interesse an der Senne einfällt, zeigt, dass sein ‚neuer' Bezug zum Landschaftsraum eher von theoretisch-kognitiver Ebene seinen Ausgang nahm als von der Ebene unmittelbarer Landschaftserfahrung:

> „*Ja, wir hatten das im Studium mal kurz behandelt, so Waldentwicklung, ne, das Bild vom Menschen von der Natur. Also da war gerade diese Diskussion, und zwar war '92 das Buch von dem Andreas Wulf erschienen, und das wurde bei uns auch im Studium behandelt. Dass da also jemand gesagt hat: Nee, ist eigentlich falsch, dass die Naturschützer da rausgehen mit ihren Freischneidern und zerstören die Natur, in Anführungszeichen, ne ... sondern man sollte eigentlich der natürlichen Waldentwicklung da Möglichkeit geben. Und das war ganz interessant. Und eben mit dieser Erfahrung dann auch bei der [Naturschutzorganisation, RS] anzufangen, war also auch 'ne ganz interessante Geschichte*" (Axel H.).

Seinen grundlegenden sinnlich-emotionalen Naturbezug sieht Axel H. von der Sennelandschaft unabhängig im Kindheits- und Jugendalter geprägt. Nach dem Initial für sein Naturschutzengagement und -interesse befragt, antwortet er:

> „*Es kam schon über die Vogelkunde, ne. Also da hat mein Opa, glaub ich, auch 'ne wichtige Rolle gespielt. Der hat also 'n parkähnlichen Garten und eben 'ne sehr enge Verbindung zur Vogelwelt gehabt auch. Viele Nistkästen, und dann Jungvögel großgezogen und die dann auch ... ja, handzahme Meisen, die kamen dann auf die Schulter geflogen und sowas. Und das hat mich als Kind glaub ich schon ziemlich geprägt, ne*" (Axel H.).

Axel H. führt die Prägung seines Naturbezugs und die Konstitution seines Interesses am Naturschutz auf die Vogelkunde zurück, welche für ihn mit der Person seines Großvaters und besonders eindringlichen Naturerfahrungen (etwa die handzahme Meise auf seiner Schulter) verknüpft ist. Dem folgte eine typische Biographie eines Naturschützers mit dem Engagement in verschiedenen Vereinen und der späteren Professionalisierung des Interesses in praktischen und akademischen naturbezogenen Ausbildungen:

> *„Also ich bin mittlerweile, glaub ich, 15 Jahre beim BUND, Bund für Naturschutz Deutschland, und bin dann ziemlich früh bei der Kreisgruppe aktiv gewesen. Ich hab '89 erst 'ne Lehre als Landschaftsgärtner gemacht und dann wollte ich den Bereich Landespflege auch studieren. Das hat sich dann ziemlich schnell nach einem Semester zerschlagen, weil da mit Umwelt und Naturschutz eigentlich nichts war. Das war im Studienführer noch ganz nett beschrieben, aber in der Praxis kam da nicht sehr viel in dem Bereich. Ja also, im BUND hab ich sehr viel gemacht, auch über den damaligen DBV, Deutscher Bund für Vogelschutz, Vogelkartierungen ehrenamtlich gemacht“* (Axel H.).

Einen seiner ersten anschaulichen Eindrücke von der Senne bekam Axel H. auf einer geführten Exkursion durch das Gebiet des Truppenübungsplatzes. Er nahm, mit bereits botanisch geschultem Auge, vor allem den Reichtum seltener Arten in der Flora der Trocken- und Feuchtheiden wahr. Eine Pflanzenspezies beeindruckte ihn dabei besonders und wurde quasi zu einer persönlichen Metapher für die botanischen Qualitäten der Senne:

> *„Oder die Feuchtheiden, mit dieser riesigen Fläche von Gageln, also das fand ich schon beeindruckend. Ich hab mal 'ne Diplomarbeit über ein Naturschutzgebiet geschrieben, auch ein ehemaliges Hochmoor, und da hatten wir noch zwei, drei Sträucher Gageln, ne. Ich bin dann in die Senne gekommen und: bis zum Horizont 'ne Fläche voll mit diesem Gagelstrauch! Und das ist dann schon 'n bisschen was anderes, ne. Also, das war schon beeindruckend“* (Axel H.).

Auch Joachim M., Jahrgang 1940, kam über die Ornithologie zum Naturschutz.[177] Er wuchs in Paderborn auf und lernte in seiner Jugend von einem älteren Hobbyornithologen die Vogelkunde und die Sennelandschaft kennen. Heute engagiert er sich ehrenamtlich in verschiedenen Funktionen für Belange des Naturschutzes in der Senne. M. erzählt über seine Jugenderlebnisse:

„Ich bin so seit meinem 15. Lebensjahr unterwegs in der Senne, und zwar hatte ich einen ... einen Lehrer. Der war Vogelexperte, und zwar der Vogelexperte in Paderborn. Und ich bin immer mit zwei Freunden ... mit 'm Fahrrad sind wir sonntags immer losgefahren, in die Senne rein. Damals konnte man noch relativ ungehindert dann rein“ (Joachim M.).

Jener Vogelexperte, den Joachim M. heute mit Hochachtung *„mein Lehrer“* nennt, war durchaus nicht sein Schullehrer, sondern, wie er auf meine Nachfrage erklärt, ein *„pensionierter Eisenbahner“*, der sich der interessierten Kinder annahm: Eine besondere (weil freiwillige) Beziehung zwischen den Jugendlichen und dem Erwachsenen entstand:

„Lehrer mein' ich insofern, als er mein Lehrer war, was Ornithologie anbetrifft. Der Typ selber ... ich weiß gar nicht mehr, wie ich den damals kennengelernt habe. War 'n pensionierter Eisenbahner oder sowas. Also, der so als Hobby, aber als wirklich ausfüllendes Hobby, diese Vogelkunde hatte. Das Hobby hab ich von ihm. Also, er hat gelehrt, was man so wissen muss. Ein ganz ungewöhnlicher Mensch. Und hat uns damals sehr fasziniert. Wir waren also drei Freunde und sind dann also eigentlich jeden Sonntag mit 'em Fahrrad da raus gewesen, und ... da war'n hier diese Tallewiesen noch. Da ging noch nicht diese Autobahn, diese Schnellstraße durch: Brachvogelgebiet und Kiebitzgebiet. Früher war das ein riesiges zusammenhängendes Wiesengebiet, durch das also die Lippe mäanderte, wenn man so will. Und das war also ein unheimlich reichhaltiges Gebiet an Vögeln, und da haben wir dann viel gemacht. Und von da aus, da ist der Diebesweg; fährt man also praktisch drei Kilometer, dann ist man in der Senne. Also, wenn wir das da abgegrast hatten, dann fuhren wir also weiter und kuckten da noch: Raubvögel ... kletterten in die Bäume hoch ... beringten dann die Jungvögel“ (Joachim M.).

177 Die Ornithologie spielte nicht nur eine wichtige Rolle in der Institutionalisierungsgeschichte des deutschen Naturschutzes, sie war und ist gleichsam auch oft für die jeweils persönliche Sozialisation zum Naturschützer von Bedeutung. Die sinnliche Freude am Gezwitscher sowie das kognitive Wissen um die Systematik und die Kenntnis der artspezifischen Kennzeichen der Vogelwelt ist vielen Naturliebhabern und -schützern eigen. Oft geht dieses Interesse auf Kindheit und Jugendzeit zurück und wirkt von hier ausgehend konstitutiv für einen späteren naturschützerischen Impetus. Diese subjektiven Entwicklungen spiegeln sich mithin auch in der Verbandsgeschichte von Naturschutzorganisationen wider: So wie beispielsweise der „Deutsche Bund für Naturschutz“ historisch aus einer Ornithologenvereinigung hervorgegangen ist, so war auch die „Gesellschaft für Naturschutz Senne" in den ersten zwei Jahren ihrer Existenz noch als „Vogelschutzgruppe Senne“ benannt.

Die Exkursionen der Jungs mit ihrem „*Lehrer*" führten damals schon regelmäßig in das militärische Sperrgebiet hinein:

> „*Ja, in die Randbereiche. Also, das war noch nicht so streng, wie's dann wurde, als die Engländer ja nun dies NATO-Mandat kriegten. Vorher war's also ... wann war das: 1955 bis 56 ... war's relativ einfach, da noch reinzukommen. Es gab keine Rangecontrol und sowas alles.*" [Interviewer: War das denn unüblich, das zu tun, oder war das damals für viele Leute aus Paderborn noch so, dass man da spazieren ging?] „*Nö, war unüblich. Weil eben der Truppenübungsplatz da war, weil man die Gefährdung nicht richtig einkalkulieren konnte und so. Aber dieser Lehrer war nun erstens so ein begnadeter Ornithologe und zweitens kannte der sich nun auch seit Jugend in dieser Senne aus. Und wir fuhren dann also immer raus und ... kuckten nach Vögeln dann ...*" (Joachim M.).

Das Interesse und die Umstände, die den jugendlichen Joachim M. in die Senne führten, waren zunächst fast ausschließlich auf die Ornithologie fokussiert. Die Senne war nicht als Landschaft Thema seiner Erfahrung, sondern war die Kulisse seiner Erlebnisse und Erfahrungen:

> „*Ja, mit fünfzehn nimmt man die Landschaft einfach wahr und hat also keine ... sagen wir mal: Landschaftsbindung. Obwohl diese Landschaft insofern so faszinierend war, weil also alles, was ich so über Natur gelernt habe, ich eigentlich da so erfahren habe: Spuren sehen, Bäume bekucken, Nester finden. Und das war natürlich in der Senne mit diesem Sandboden ... auch in den Flusstälern, wo ja immer viel Spuren sind ... oder auf den Hochflächen, wo Sand ist ... unheimlich gut zu lernen*" (Joachim M.).

Noch heute, fast ein halbes Jahrhundert später, wandert Joachim M. zusammen mit alten und neuen Freunden auf den ornithologischen Pfaden seiner Jugend; weiterhin auch innerhalb des Truppenübungsplatzes. Der jungenhafte Spaß am Abenteuerlichen wirkt dabei für ihn offenbar weiterhin als Motiv und Anreiz:

> „*Und jetzt sind wir so vier, die also nach wie vor da in der Senne unterwegs sind. Und da wir sie sehr gut kennen: eigentlich immer unauffindbar!" (lacht)* [Interviewer: Sie gehen also auch heute noch in die gesperrten Bereiche rein?] „*Ja, natürlich, ja ja.*" [Interviewer: Das hab ich schon öfter gehört: Man müsse halt nur wissen, wo entlang

> die Rangecontrol fährt, oder?] „ ... *und man bewegt sich dann überwiegend in den Flusstälern, die sind sowieso nicht einsehbar. [...] Der offizielle Erlaubnisweg, um in die Senne hereinzukommen, ist ja sehr beschwerlich, sehr kompliziert, und wenn man nicht irgendwelche Forschungsarbeiten da macht, dann ist es also schwierig. Und unsere natürlichen Gegner sind also nicht nur das Militär oder die Rangecontrol, sondern auch der Forst, die es natürlich auch nicht sehr gern sehen, wenn sie seit drei Uhr auf 'm Hochsitz gehockt haben und da um fünf Uhr da so'n paar Jungs durchtapsen und alles verjagen im weiten Umfeld (lacht). Nachempfindbar, aber ... insofern muss man da einfach so'n Weg finden; also offiziell kann man nicht rein*" (Joachim M.).

Ein anderer vorzüglicher Kenner des Raumes ist der Geograph Bernd O.; er ist zwar nicht sehr weit entfernt von der Senne aufgewachsen, hatte jedoch in Kindheit und Jugend zunächst kaum einen Bezug zu dieser Landschaft. Wie viele andere identifizierte er die Senne in erster Linie über den militärischen Sperrbereich:

> [Interviewer: Was bedeutete denn damals „Senne" für Sie?] „*Das hieß eigentlich für mich Truppenübungsplatz. Also, ich hab die Senne in meiner Kindheit und Jugend eigentlich nicht bewusst besucht. [...] Die Senne hab ich also, na man kann sagen bis zu meinem 25. Lebensjahr ... das war zwar so'n Raum, der mir bekannt war, aber ich hab ihn nicht näher besucht. Das war für mich vor allen Dingen 'n gesperrter Bereich, der vielleicht irgendwie faszinierend ist, aber: kann man sowieso nicht rein, also uninteressant*" (Bernd O.).

Auch für Bernd O. hatte sich ein allgemeiner Landschafts- und Naturbezug in seiner Kindheit und Jugendzeit ausgebildet, anders als bei Joachim M. aber gänzlich unabhängig von der Senne:

> „*Das ist völlig unabhängig von der Senne gewachsen. Ich denke, da sind natürlich die Grundlagen in der Kindheit schon gelegt. Also meine Eltern haben eben 'ne gewisse Naturverbundenheit, mein Vater eben ein Pfadfinder, und in dieser Bewegung groß geworden, und hat natürlich seine Kinder entsprechend erzogen. Er hat sozusagen diese pfadfinderische Leidenschaft eben als Vater an uns weitergegeben. Wir waren jedes Wochenende im Wald unterwegs, und haben dann auch nicht so – ich sag' mal: Kilometerwandern – sondern interessante Routen, irgendwas finden, suchen ... also Wald als Erlebnisraum und auch offenes Feld. Aber das war sehr stark eben so in Richtung Eggegebirge und Teuto-*

> *burger Wald und auch noch Richtung südlicheres Eggegebirge ... diese Ecken, die kannte ich also bestens*" (Bernd O.).

Als prägende Person für den Natur- und Landschaftsbezug des Sohnes taucht hier der Vater auf, ein offenbar leidenschaftlicher Pfadfinder. Als Vorbild vermittelte er via personalem Lernen Werte und Normen, die dem späteren Interesse des Sohnes an Landschaft zugrunde liegen könnten. Üblicherweise sind bis in die Lebensjahre der Adoleszenz solche familiären Bindungen für die Ausbildung von Interessen wichtig; später folgt dann oft eine Phase, in der man entweder alleine oder zusammen mit Freunden diesen Interessen nachgeht:

> „*Es gab bei uns im Ort so eine Jugendclique, wo dann tatsächlich auch Wandern eine Bedeutung hatte. Wir sind also dann mit fünfzehn-sechzehn-siebzehn so immer in unserer Clique auch in 'n Wald gegangen. Gut, durchaus auch mit 'm Ziel, da beim Bauernkamp irgendwo anzukommen und da dann sich gemütlich noch hinzusetzen und auch Spaß zu haben. Aber irgendwie ist das dann doch übertragen worden: Also wir sind wirklich am Wochenende losgezogen und haben ... meinetwegen auch draußen Camping gemacht, oder ... ja: eng verbunden mit der Natur die Freizeit verbracht. Und das war 'ne Gruppe von zwanzig Leuten, und das hat eben durchgehalten bis zum Beginn des Studiums*" (Bernd O.).

Sein Interesse an Natur und Landschaft ist für Bernd O. seit seiner Jugendzeit weniger auf spezielle Gebiete oder auf spezielle Arten der Flora und Fauna fokussiert gewesen als mehr auf das – wie er es nennt – „*Phänomen Landschaft*" in einem allgemeineren Sinne. An dieser Stelle macht er in seiner Selbstwahrnehmung eine Differenz zu vielen anderen Naturschützern aus:

> „*Ne, also, diese Entwicklung ... da unterscheide ich mich von vielen Naturschützern. Ich bin also weder Ornithologe, also damit hab ich gar nichts am Hut. Mich haben zwar im Nachhinein durchaus bestimmte Artengruppen mal fasziniert, aber für mich ist eigentlich das Phänomen Landschaft immer interessant gewesen. Also dieses Spiegelbild der historischen Entwicklung. Also das Zusammenspiel von Mensch und Natur, das hat mich immer fasziniert. Vor allen Dingen auch Landnutzung. Und deswegen hab ich auch zum Beispiel nicht Biologie studiert. Also für mich war nie so wichtig das Thema: Was macht die Artengruppe oder das einzelne Tier in der Landschaft, sondern: Wie entsteht dieses*

> *Gesamtgebilde. Also Ökologie als Landschaftsökologie. Aber eben auch unter Einbezug des Menschen und seiner Geschichte*" (Bernd O.).

Bernd O. leistete nach einem Geographiestudium seinen Zivildienst eher zufällig bei einer Naturschutzorganisation in der Senne ab. In dieser Zeit entwickelte sich durch intensive Erfahrungen in der Landschaft sowohl sein Expertentum bezüglich dieser Gegend als auch ein emotionaler Bezug zu ihr:

> „*Plötzlich hieß es irgendwann: Wir haben 'n Projekt von der Bezirksregierung, wir sollen den Truppenübungsplatz kartieren. Und du bist doch Geograph, kannst du das nicht mal machen? Und ich hatte eigentlich als Geograph diese landschaftsplanerische Arbeit oder Kartierarbeit im großen Umfang noch gar nicht gemacht, aber hab gesagt: O.k., ich mach das. Und dann hab ich mich da eingearbeitet, mir die Kartenunterlagen besorgt, dann hab ich 'ne Begehungserlaubnis bekommen, erstmal für ein Jahr, für den Rest des Zivildienstes. Und dann konnte ich quasi über ein Jahr immer dann, wenn nicht geschossen wurde, auf dem Truppenübungsplatz arbeiten. Ich hab dann im Zivildienst nichts anderes mehr gemacht als zu kartieren. Ich hab dann 60 Kilometer Bachtäler auf dem Truppenübungsplatz also absolut detailliert abgelaufen. Ich denke, wie kaum einer vorher, vielleicht die Förster oder so. Da hatte ich tatsächlich die Möglichkeit ... zum Beispiel den ganzen Sommer '92: Da hab ich mich nur im Gelände aufgehalten, das war also wirklich faszinierend. Und ich war immer alleine unterwegs, hab häufig nachts übernachtet so im Schlafsack und ... eben diese sinnlich-emotionale Wahrnehmung ist dadurch ganz stark geworden. Das ist bis heute auch so*" (Bernd O.).

Bernd O. bezeichnet seine Erfahrungen, die er in geradezu archaisch-naturhaften Situationen in der Senne (nachts allein in der weiträumig unbesiedelten Landschaft des Truppenübungsplatzes) gemacht hat, selbst als „*ganz stark*" und als „*sinnlich-emotional*"; solche Erlebnisse wurden ihm zu Kristallisationspunkten einer engen Landschaftsbeziehung. Die Möglichkeit, dieserart Erfahrungen in den abgesperrten Landschaftsbereichen überhaupt zu machen, ist – wie O. es auch selbst empfindet – ein besonderes Privileg. Ganz anders verhält sich das bei einem anderen Naturschutzexperten, dessen Biographie als Beispiel für naturschützerisches Engagement ohne konkreten und emotionalen Landschaftsbezug zur Senne stehen kann: Der Geograph Klaus L., Jahrgang 1968, lebt erst seit wenigen Jahren in der Region und kennt die Sennelandschaft in Relation zu manchem anderen seiner Naturschutzkollegen bis heute nur recht wenig aus eigener Anschauung:

> [Interviewer: Hast Du denn irgendwelche Lieblingsplätze in der Senne?] „*Nee, da muss ich ehrlich gesagt sagen: So gut kenne ich dann die Senne – grad was jetzt auch Ortsbezeichnungen anbetrifft – viel zu wenig. Was auch so'n Problem für meine Arbeit ist, wo ich eben mit vielen Leuten zu tun hab, die seit fünfzig, sechzig Jahren die Senne kennen. Die kennen da jeden Weg und jede Straßenkreuzung und jeden Grashalm, so ungefähr ... da hab ich einfach so, was topographische Eckpunkte anbetrifft, zumindest Schwierigkeiten. Da bin ich einfach noch nicht lange genug bei dem Thema dabei*" (Klaus L.).

Auch L. war in seiner Jugend zunächst bei einer Vogelschutzgruppe, später engagierte er sich ehrenamtlich bei einer anderen Naturschutzorganisation und stieg dort bis in eine leitende Führungsposition auf der Landesebene auf. Mittlerweile ist er selbständig im Bereich der Umweltforschung tätig. Zur Senne kam er auf professionellem Wege im Kontext der Gründung des Fördervereins Nationalpark Senne:

> [Interviewer: Wie bist Du denn auf dieses Senne-Thema gekommen?] „*Ja, weil ich halt hier sitze und örtlich damit halt schon irgendwie 'n bisschen betroffen bin. Und damals in der Entstehungsgeschichte des Fördervereins mitgearbeitet habe, also mit bei der Vorbereitung der Gründung des Fördervereins dabei war. Ich bin auch im wissenschaftlichen Beirat. Also, da gibt's 'ne etwas längere Hintergrundgeschichte: Die Gründung wurde über 'nen längeren Zeitraum versucht, die ging ursprünglich aus von ... ja, insbesondere einem Mitglied der Grünen ... und ist glaub ich dann zweimal gescheitert, weil einfach irgendwie zu sehr das grüne Etikett an diesem Verein hing. Und dann bin ich eben auch angesprochen worden, weil zu der Zeit war ich noch im Landesvorstand als stellvertretender Landesvorsitzender. Bin ich dann angesprochen worden, weil das natürlich auch 'ne landesweit bedeutsame Thematik ist. Bin ich dann angesprochen worden, ob ich dann da nicht mal irgendwie eingreifen kann oder kucken kann, wie man denn jetzt so'n Verein vernünftig gründen kann*" (Klaus L.).

Wenn er auch im ersten Satz obiger Passage den Terminus „*betroffen*" verwendet, so wird doch klar, dass Klaus L. einzig aufgrund seiner professionellen Kompetenz in Kontakt mit der Senne kam. Und auch hier trat er weniger in Kontakt mit der Landschaft selbst, als mit einer auf sie bezogenen Institution. Der Kontext, in dem L. die Senne kennen lernte, war in erster Linie ein naturschutzpolitischer; er betont mehrfach die passive Rolle, „*angesprochen worden*" zu sein. Aufgewachsen ist Klaus L. etwa 50 km westlich der Senne; er bezeichnet sich selbst, rustikal ausgedrückt, als „*bodenständiger Münsterländer, mit Emswasser getauft, ja, auch wenn die Ems in der Senne entspringt*“. Umso interessanter ist es, dass auch er im weiteren Gespräch eine von der professionellen, naturschutzpolitischen Ebene losgelöste persönliche Zuneigung zur Sennelandschaft konstruiert. Er führt diese Zuneigung auf landschaftsästhetische Gemeinsamkeiten zurück, die die Senne mit der Landschaft seiner Kindheit und der Gegend seiner ersten naturschützerischen Erfahrungen hat:

> „*Und natürlich ist schon so'ne gewisse Parallele zum Landschaftsraum in Warendorf da, wo ich mich eben so in meiner Jugend sehr intensiv mit dem Landschaftsraum auseinander gesetzt hab. Und da auch sehr viel auch ehrenamtliche Arbeit gemacht habe. Da war natürlich schon sowas wie 'ne Parallele zum Senneraum gegeben. Wenn ich mir die Ems-Sanddünen irgendwo im Warendorfer Bereich anschaue: Da ist die Landschaft, im Kleinformat natürlich, schon so'n bisschen vergleichbar mit der Senne. Aber wirklich nur im Kleinformat! Und man hatte ja immer so im Hinterkopf: Da gibt's irgendwo so'n bisschen weiter weg, hinter der Kreisgrenze (lacht) ... da gibt's dann die große Senne. Und ich glaube, wir haben früher da mal, damals noch vom Deutschen Bund für Vogelschutz aus, 'ne Exkursion in die Senne gemacht*“ (Klaus L.).

In Naturschutzkreisen hatte Klaus L. zwar schon früh von den ökologischen Besonderheiten der Senne gehört, aus eigener Anschauung kannte er die Landschaft jedoch kaum. „*Die große Senne*“ nennt er das Gebiet „*da hinter der Kreisgrenze*“ in Erinnerung seiner naturschützerischen Jugendjahre. Von erster Kenntnisnahme an war für ihn die Senne ein Gebiet botanischer Seltenheiten, und beinahe erscheint sie als naturschützerischer Mythos:

> „*Ja gut, so nebenbei hat man immer mal so was mitgekriegt, grad eben aus Naturschutzgründen. Weil das einfach ... ja, grad wenn man sich mit irgendwelchen Pflanzenarten beschäftigt, dann heißt es doch immer wieder: Grad die Seltenen, die kommen dann in der Senne vor*“ (Klaus L.).

Ganz anders kam die Verbindung zur Sennelandschaft für Friedhelm G. zustande. Im Jahr 1928 in Ostpreußen geboren und aufgewachsen gehört G. noch der Vorkriegsgeneration an. Er ist ein ausgesprochen guter Kenner der Senne; in verschiedensten Gremien engagiert er sich seit Jahrzehnten zu unterschiedlichen Sachfragen mit Bezug auf diesen Landschaftsraum. Er kam erstmals als Siebzehnjähriger nach Ostwestfalen:

„Also, Westfalen ist für mich eine zufällige Zuflucht gewesen. Ich bin Ostvertriebener. Meine Familie ist durch den Krieg zerstört worden. Ich bin mit dem Rest [...] hierhin gekommen; wir hatten hier Verwandtschaft in der Senne. Und haben dann dort Hilfe bekommen“ (Friedhelm G.).

Friedhelm G. erinnert sich, obgleich das Geschehen über ein halbes Jahrhundert zurückliegt, ohne lange zu überlegen an das exakte Datum seines ersten Kontaktes zur Senne:

„Ja, am 30. Januar 1945 ist der Rest unserer Familie als Flüchtlinge hierhin gekommen, nach Senne I. Und dann hat die Senne für mich ... war also Zuflucht eigentlich. Und ist dann in der nächsten Zeit erstmal auch Nahrungsquelle geworden. Ich hab meine Familie ernährt, mit Schwarzhandel, mit Speck von den Bauern, mit Raucherkaten ... ich hab Pilze gesammelt; kannt' ich mich aus“ (Friedhelm G.).

G. betont in der Schilderung seines ersten Kontaktes mit der Senne zweierlei: erstens die Zufälligkeit dieses Kontaktes und zweitens den zunächst völlig unromantischen, vielmehr ganz existentiellen Bezug zur Landschaft. Die Senne tritt für ihn weder als Naturraum botanischer Besonderheiten noch als irgendwie ästhetisierte Landschaftskulisse in Erscheinung, sondern zunächst als *Zuflucht* und *Nahrungsquelle*. Von gewisser Bedeutung für das intensivere Kennenlernen der Landschaft könnte seine Kompetenz als Pilzsammler (*„... kannt' ich mich aus“*) gewesen sein.[178] Seine schon in Ostpreußen angeeigneten vegetationskundlichen Kenntnisse wandte G. auch in der Senne ganz praktisch bei der Pilzsuche an, wobei er gleichzeitig auch schon einen aufmerksamen Blick auf andere seltene Exemplare der Flora richtete:

„Ja. Ja. Ich habe Pilze erstmal gesammelt, um die Familie zu ernähren. Damals gab es die noch, reichlich. Die Ostdeutschen waren noch nicht alle hier, die sammeln ja die Pilze weg, die sind ja gute Pilzkenner. Der Pfifferling ist ja dadurch ausgestorben, dass die Ostdeutschen hier sess-

178 Auf die nicht unwesentliche Funktion des Pilzesammelns als Kulturmuster für einen gesteigerten Natur- und Waldbezug in den ersten Nachkriegsjahren weist auch eine volkkundliche Studie über „Die Deutschen und ihr Wald“ (LEHMANN 1999) hin: Vornehmlich Ostvertriebene hatten die Gewohnheit des Pilzesammelns zum Zweck der Selbstversorgung mit Lebensmitteln aus der Natur in den Westteil Deutschlands importiert; hier galt Pilzesammeln zuvor eher als unüblich und gefährlich. Die gesteigerte Frequenz des Pilzsuchens in der Nachkriegszeit hat in einigen Regionen zu einer Gefährdung und sogar zum lokalen Aussterben einiger Pilzarten geführt.

> *haft wurden. Also, so war das damals. Und da hab ich dann schon die ersten Pflanzen hier gefunden, die ich auch in Ostpreußen schon gekannt hatte. Ich hatte ja dort schon einen Pflanzengarten mir selbst angelegt. Das war schon da. Mein Vater war mehr zoologisch orientiert. Das war allein aus mir selbst heraus gekommen. Aber die Natur war ja da. [...] Es gab ganz hervorragende [Pflanzen; RS], gerade in der Ecke, wo ich lebte. Da war so'n abgeholztes Erlen-Birken-Eichen-Gehölz, mit sehr nassen Stellen auch darin, und da war also noch der Sonnentau. Und da gab es auch sonst noch 'ne ganze Reihe ... heute Rote-Liste-Arten. Damals gab's ja die Rote Liste noch nicht ... war aber doch auch was Besonderes: Raritäten, die dort heute alle nicht mehr zu finden sind; entweder ist es entwässert worden oder es ist euthrophiert*" (Friedhelm G.).

Friedhelm G. betont mehrfach, dass sein Interesse an Natur und Landschaft bereits entwickelt war, als er als Siebzehnjähriger in die Senne kam: „*Das war schon da.*" Er sieht die Prägung seines engen Naturbezugs im Beruf des Vaters und im damit zusammenhängenden Lebensumfeld seiner ostpreußischen Kindheitsheimat begründet:

> „*Ich komme aus 'm Forsthaus. Sowas prägt einen Menschen natürlich sehr stark. Es ist nicht die Senne, die mich geprägt hat, sondern es ist mein Elternhaus. In dem ich allerdings viel zu kurz gewesen bin; ich bin mit 15 Jahren Soldat geworden. Trotzdem, diese 15, 16 Jahre in einem ostpreußischen Forsthaus, die prägen einen Menschen. Und das war für mich maßgeblich. Einem Städter fällt das wesentlich schwerer, oder er kriegt nicht diesen sehr intimen Kontakt zur Natur. [...] Ich bin mit 15 Jahren schon mit der Flinte im Wald gewesen, um 'n Dachs zu schießen, oder mein erstes Reh auch, also: Hege. Jagd als Form der Hege eines Bestandes. Und ich habe dazu heute noch enge innere Beziehungen; ohne irgendwie der Jagd nachzugehen, das tue ich nicht mehr. [...] Ich wollte eigentlich in die Forstlaufbahn; nach dem Kriege waren aber die ostdeutschen Forstbeamten aus gutem Grunde alle hierhin geflüchtet, und der Beruf, die höhere Laufbahn, die nach dem Abitur dann ja in Frage gekommen wäre, die stand einem nicht offen. Und dann hab ich Biologie studiert, ne. Das ist also ein Ausweg gewesen, der aber nicht schlecht war*" (Friedhelm G.).

Neben der Prägung und Sozialisation durch das naturnahe Umfeld des Elternhauses vermutet Friedhelm G. noch eine über jegliche Sozialisation hinausgehende, quasi genetisch angelegte Neigung für seine enge und interessierte Naturbeziehung. Weiter oben hat er sein spezielles botanisches

Interesse mit den Worten „*das war allein aus mir selbst heraus gekommen*" analysiert; die in der folgenden Passage auftauchende Formulierung „*das sitzt in einem drin*" leuchtet schlaglichtartig eine von ihm vermutete biologische Dimension des Naturbezugs aus:

> „*Um den Weg zur Natur zu finden, gehört natürlich einmal so etwas dazu wie ... am optimalsten Forsthaus, Bauernhof auch vielleicht. Die andere Voraussetzung ist eine entsprechende Veranlagung. Das sitzt in einem drin. Das können Sie bei jedem Kind beobachten: Das eine Kind fasst jeden Frosch und jede Spinne an, und das andere schreit ‚iiih' und ekelt sich sein ganzes Leben lang davor. Das ... das ist angeboren. Das ist auch ein Element, das eine Rolle spielt. Das ist ein Faktor, der eine Rolle spielt, denn nicht jeder Förstersohn wird hinterher ... nicht?*" (Friedhelm G.).

Dass sich seine inhaltliche Beschäftigung mit Natur und Landschaft, sein professionelles und ehrenamtliches Forschungsinteresse später sehr stark auf die Senne fokussierte, betont Friedhelm G. mehrfach als einen Zufall. Er sieht sein Interesse grundsätzlich eher als sach- und themenbezogen, weniger als ortsbezogen oder sennespezifisch an:

> „*Herr Siekmann, ich hätte hinkommen können wo immer; ich hätte mich immer vertieft in den Lebensraum ... auch in das soziologische oder soziale Umfeld. Hätte mich immer interessiert. Ich bin ein ausgesprochener Generalist, einer der wenigen, die es noch gibt, aber die immer nötiger sind und immer mehr gebraucht werden*" (Friedhelm G.).

Hans D., ebenfalls Jahrgang 1928, ist seit rund dreißig Jahren im ehrenamtlichen Naturschutz tätig. Er hat sein Engagement in erster Linie stets auf den politischen Bereich der Naturschutzarbeit gelenkt, ob in Bürgerinitiativen oder im Landschaftsbeirat der Bezirksregierung. Er ist weder Spezialist für Botanisches noch ein ausgesprochener Experte bezüglich der Sennelandschaft, jedoch hat er sein Engagement in den letzten Jahren in besonderer Weise auf die Nationalparkinitiative hin ausgerichtet. In der folgenden Passage schildert D. seinen biographischen Zugang zum Naturschutz:

> „*Also, ich muss ... das ist ein ganz komischer Weg zum Naturschutz gewesen. Ich habe seit 40 Jahren im Norden Hessens eine Jagd und habe gesehen, in welch' gravierender Weise dort das Artensterben eingesetzt hat. Zunächst durch die intensive landwirtschaftliche Bewirtschaftung,*

> *durch Waldsterben, wer weiß was alles. Und habe versucht, in dieser Jagd Naturschutz zu treiben. Und habe dann gemerkt, dass man so als Alleinunterhalter völlig auf verlorenem Posten steht: Die Bauern haben mich ausgelacht und ... ich hab nichts erreicht. Dann hab ich witzigerweise einen guten Freund, der ist Leiter eines Landesstraßenbauamtes gewesen, ist jetzt pensioniert, mit dem ich mich natürlich ständig gestritten habe. Und der mir irgendwann gebeichtet hat, dass die Naturschutzverbände ihnen fürchterliche Schwierigkeiten machen. Und deswegen hab ich dann in Bielefeld den [Naturschutzverein] gegründet, den's ja heute noch gibt und der eigentlich erfolgreich ist. Um 'ne Waffe zu haben ... im Naturschutz*" (Hans D.).

Auf meine Nachfrage hin, wie er zur Jagd – die seinem naturschützerischen Engagement also vorausgegangen war – gekommen sei, erinnert sich Hans D. an länger zurückliegende prägende Momente und Personen seiner Kindheit:

> „*Das ist natürlich 'ne ganz schwierige Frage. Ich bin schon als Kind, obwohl ich in der Stadt groß geworden bin, immer mit einem befreundeten Förster rausgegangen. Der war wohl schon pensioniert und wohnte in unserer Gegend. Daher hab ich dieses Urbild eines Försters mit weißem Wallbart. Wie man so als Kind plötzlich irgend 'n Idol hat. Und dann bin ich mit dem rausgegangen. Und wenn unsere Familie sich sonntags morgens zum Frühstück traf, war ich schon – auch alleine – immer im Wald gewesen. Also das ist einfach 'ne ... 'ne starke Neigung*" (Hans D.).

Seinen Bezug zu Natur und Landschaft, speziell zum Wald, sieht also auch Hans D. in seiner Jugend begründet. Und auch für ihn ist das Interesse daran von einer ganz speziellen Person gefördert bzw. initialisiert worden: Der „*Förster mit weißem Wallbart*" fungierte als geradezu idealtypisches „*Idol*" zur Förderung einer (als bereits vorhanden vorausgesetzten) „*starken Neigung*". Sein späteres Engagement für die Senne hat dagegen nur wenig mit einer besonderen persönlichen Verbundenheit mit dieser speziellen Landschaft zu tun; die Senne war erst viel später im Kontext seiner naturschutzpolitischen Tätigkeit in sein Blickfeld gerückt: „*Wenn Sie sich so intensiv mit Naturschutz befassen, dann stoßen Sie natürlich über kurz oder lang drauf.*" Hans D. ist in Bielefeld aufgewachsen und hatte schon als Kind und Jugendlicher die Sennelandschaft gekannt; als frühesten Kontakt zur Senne erinnert er ein Jugendzeltlager:

> *„Ich bin ja noch ... gehöre ja noch zu denen, die noch Pimpf waren. Pimpf, das waren die Zehn- bis Vierzehnjährigen bei der Hitlerjugend. Dazu gehörte ich ja noch, in den Jahren ... ich bin ja '28 geboren, '38 wurde die Hitlerjugend Pflicht-HJ. Da musste also jeder rein. Und dann hab ich so als vielleicht Elfjähriger auch Zeltlager in der Senne mitgemacht.“* [Interviewer: Wo genau hat das denn stattgefunden?] *„Ja, ich suche die Stelle ... das hieß ... ich wollte Friedhelm G. mal danach fragen, der kennt ja die Senne wie seine Westentasche. Und ich wollte ... hab so sentimentale Bindungen an diesen Ort, hab auch Fotos aus der Zeit noch. Würde ich gerne mal aufsuchen“* (Hans D.).

Abgesehen von dieser singulären *„sentimentalen Bindung“* durch das Erlebnis des Zeltlagers hat die Sennelandschaft bei Hans. D. zunächst ambivalente, eher negative Eindrücke ausgelöst:

> *„Also, die typische Sennelandschaft hat mich früher sogar etwas bedrückt, muss ich Ihnen sagen. Hm ... die Heideflächen mit den eingestreuten Wacholdern ... hatte ja was Schwermütiges“* (Hans D.).

Interessant ist an dieser Schilderung der *„typischen Sennelandschaft“*, dass sich Hans D. möglicherweise weniger an tatsächliche Landschaftseindrücke aus der Senne erinnert, als vielmehr an ein idealtypisches Bild, welches er vor allem über Fotografien der Lüneburger Heide kannte. Denn Heideflächen *„mit den eingestreuten Wacholdern“* hat es selbst zu Zeiten seiner Kindheit nur recht wenig in der Bielefeld zugewandten Senne gegeben; der Wacholder war nie ein ausgeprägt häufiger Sennebaum. Vielleicht ist es die Folie einer Ideallandschaft, die in seiner Erinnerung zur vermeintlichen Wirklichkeit wird. Freilich ist diese Interpretation nur eine Mutmaßung; jedenfalls empfand D. die Senne als, wie er sagt, *„schwermütig“*. Den Eindruck hat er bis heute noch immer, doch hat er ihn mittlerweile positiv umgewertet; aus einstiger *„Bedrückung“* wurde ein *„großes und schönes Erlebnis“*:

> *„Das hab ich, glaub ich, damals* [als Elfjähriger im Zeltlager; RS] *wohl noch nicht empfunden. Aber später, wenn ich mit 'em Fahrrad mal durch die Senne fuhr, dann ... ich bin dann auch später, um die Lüneburger Heide mal kennen zu lernen, dort gewesen. Und habe da genau dasselbe empfunden. Witzigerweise heute überhaupt nicht mehr! Ich bin vor kurzem noch wieder auf 'm Truppenübungsplatz gewesen, mit 'ner ganz kleinen Gruppe. Ist für mich inzwischen ein großes und schönes Erlebnis. Hat mit Bedrückung nichts mehr zu tun.“* [Interviewer: Und

würden Sie erklären, wo das Gefühl damals herrührte?] „*Ja, es ist 'ne gewisse Öde, nicht. Gewisse Öde und Einsamkeit. Ich glaub, daran liegt es. Schwer zu sagen, nicht, aber: nun ja*“ (Hans D.).

Die Ausbildung eines dem späteren Engagement in Naturschutz zugrunde liegenden allgemeinen Naturbezugs hat sich bei den Interviewpartnern laut ihrer Selbsteinschätzungen vornehmlich in den jeweiligen Kindheits- und Jugendtagen vollzogen. Diese Tatsache ist motivationspsychologisch natürlich keine Neuigkeit; interessant sind die qualitativen Einzelheiten und Eigenheiten der Biographien. So tauchen in den Erzählungen oftmals Personen auf, denen von den Befragten eine besondere Rolle in der Entwicklung ihres eigenen Interesses an Natur und Landschaft zugewiesen wird. Solche Personen mit Idol- oder Vorbildfunktion übertrugen Interessen und Fachwissen auf die späteren Naturschutzexperten oder förderten zumindest einen bereits vorhandenen Impetus zur Erlangung solchen Wissens. Die lernpsychologisch sehr einprägsame Wirkung von personalem Lernen entsteht dadurch, dass der Einfluss von Leitfiguren gleichsam kognitiv als auch emotional wirkt. Leitfiguren können der eigenen Familie entstammen (Vater und Großvater tauchen in den Gesprächen mehrfach auf) oder auch von außerhalb der Familie kommen (der Biologielehrer, der „*pensionierte Eisenbahner*“, der „*Förster mit weißem Wallbart*“).

Weiterhin ist die häufige Nennung des spezifischen Zugangs zu Natur über den Bereich der Ornithologie auffällig; diese Naturschutztradition aus dem 19. Jahrhundert setzt sich offenbar auch bis in die junge Generation von Naturschützern fort. Einige Verweise der Befragten bezüglich der Sozialisation ihres Naturbezuges zielen auf ihre ländliche Herkunft, in einem Fall auch auf eine genetische Anlage einer solchen Neigung. Der Sennelandschaft begegneten die Befragten aus ganz unterschiedlichen Perspektiven: Einige wuchsen in der Region auf und kennen die Landschaft von Kindheit an, andere sind später hierher zugezogen, wieder andere lernten die Senne erst über ihr professionelles oder ehrenamtliches Engagement im Naturschutz kennen. Es scheint, dass späteres Interesse und Engagement durchaus keine enge räumlich-biographische Verwurzelung voraussetzt, wenngleich diese natürlich möglich und dem Prozess der persönlichen Aneignung einer Landschaft förderlich sein kann. Auch Umwertungsprozesse fanden statt: Einige Gesprächspartner erinnerten ein zunächst eher negatives Vorurteil über die Senne, welches durch die geläufigen Assoziationen von Ödnis und Truppenübungsplatz geleitet war; sehr bald wurden diese Assoziationen dann aber durch naturschutzfachliche Kenntnisse überlagert und umgewertet. Um konkrete und persönliche Bezüge zur Sennelandschaft geht es auch im folgendem Kapitel.

6.6. „Das ist der Kontrast zur Alltagslandschaft“: zur Aneignung individueller Lieblingsorte in der Senne

In den Interviews befragte ich meine Gesprächspartner stets auch nach ihren persönlichen topographischen Vorlieben, nach ihren jeweiligen ‚Lieblingsorten‘, nach bestimmten Plätzen oder Landschaftsteilen in der Senne, die ihnen aus irgendwelchen Gründen ‚etwas Besonderes‘ bedeuten, mit denen sie ‚etwas verbinden‘, die sie ‚besonders schätzen‘. Mich interessierte, ob und auf welche Weise und mit welcher Begründung sich die jeweiligen Experten einer bestimmten Örtlichkeit auch emotional genähert haben. So unterschiedlich die individuellen Zugänge zur Senne sind, so verschieden sind auch die Vorgänge, die zur Ausprägung einer emotionalen Bindung an konkrete Orte führen. Während bei den Befragten, die bereits ihre Kindheit in der Senne verbrachten, die Lieblingsplätze oft nach wie vor innerhalb eben dieser Kindheitsheimat verbleiben, so ist bei den Befragten, deren Zugang zur Senne sich über professionelles Interesse oder Engagement entwickelte, eine Konzentration der Ortsvorlieben in den jeweiligen Arbeits- und Einsatzbereichen überwiegend. Ortsbindung konstituiert sich hier eher über den Arbeitsalltag und über kognitive Spezialkenntnisse, dort eher über private, länger zurückliegende Erlebnisse. Zumindest in der Tendenz lässt sich aus den Aussagen der Befragten eine solche biographisch begründbare Differenzierung der Ortsvorlieben vermuten. Blicken wir ins Detail; beispielsweise berichtet Volker P., der erst über seinen Beruf als Biologe die Senne kennen gelernt hatte, davon, dass es ihm auch privat vor allem jenes Gebiet angetan habe, welches er als Schutzgebiet professionell zu betreuen hat: die Moosheide, ein Naturschutzgebiet rund um die Emsquellen und deren Oberlauf, hauptsächlich bestockt mit naturverjüngtem Kiefernwald auf dünig-sandigem Grund, dazu Offenlandbereiche mit Heide und Magerrasen, auf denen neuerdings auch einige Senner Pferde eingekoppelt sind.

> *„Durch die intensive Beschäftigung hier vor Ort, vor allen Dingen mit der Moosheide, mag ich die Moosheide natürlich sehr gerne. Ja, die Moosheide ist mir über die ganze ... da arbeite ich jetzt wirklich seit ... kenn ich schon weit über zehn Jahre ... ist mir von daher einfach an's Herz gewachsen. Mir tut's auch richtig weh, wenn ich sehe, da schmeißt einer größere Mengen Müll weg oder so oder da liegt wieder irgendwie was. Das kann ich gerade in der Moosheide nicht so gut haben. Das Gebiet ist ansonsten auch sehr vielfältig, das mag ich auch daran. Ich selber bin botanisch sehr interessiert und hab meine ersten richtig interessanten botanischen Funde oder Exkursionen, die ich so auf eigene*

> *Faust gemacht hab, auch in der Moosheide gemacht, hier in der Senne, und das war eins der ersten Gebiete, die ich richtig gut kennen gelernt hab hier. Das verbindet mich wahrscheinlich damit*“ (Volker P.).

Während Volker P. zu Beginn seiner professionellen Tätigkeit der Kontakt zur Senne noch als „*zufällig*“ und „*auswechselbar*“ erschienen war, spricht er mittlerweile von „*an's Herz gewachsen*“, von „*innerer Verbundenheit*“ und von „*Verwurzelung*“. Besonders die Moosheide, der Ort seiner „*ersten richtig interessanten botanischen Funde*“, ist Volker P., einem Schatzgräber gleich, auch emotional nahe gekommen. Es tut ihm „*richtig weh*“, wenn sich jemand in dieser Gegend achtlos verhält; sein affektiver Bezug zu diesem Ort verstärkt die Tendenz, Verantwortlichkeit zur quasi-persönlichen Beleidigung zu transformieren. Aufgrund seiner gewachsenen Bindung zur Landschaft mag er sich nur ungern vorstellen, seine Arbeitsstelle zu wechseln:

> „*Ich arbeite jetzt acht Jahre bei dem Verein, das verbindet einen dann natürlich schon 'ne Menge mit den Gebieten, also mit den Naturschutzgebieten, die man sehr gut kennt. Und das könnt ich mir jetzt nicht mehr so einfach vorstellen, sagen wir mal: die Arbeitsstelle zu wechseln, einfach nur weil mich ein anderes Gebiet auch noch interessiert. Du würd' ich schon sagen, dass ich hier inzwischen doch ... stark mit verwurzelt bin*“ (Volker P.).

Volker P. bezieht sein Verbundenheitsgefühl auf den konkreten Bereich seines eigenen naturschützerischen Wirkens, auf ein Naturschutzgebiet außerhalb des Truppenübungsplatzes. Obwohl die Landschaftsbereiche der ökologisch wertvolleren Kernzonen innerhalb des Sperrgebietes für viele Naturschützer und Biologen die eigentlichen ‚Highlights‘ der Senne darstellen, ist ihm dennoch ‚sein‘ Gebiet wichtiger. Weniger die ökologische Qualität als vielmehr sind die Quantität des unmittelbaren persönlichen Kontaktes und die professionelle Verantwortlichkeit sind offenbar starke Aspekte für die persönliche Aneignung eines Areals als Lieblingsort.

> „*Mit dem Truppenübungsplatz selber ... den find ich zwar landschaftlich sehr schön ... und auch fachlich natürlich interessant. Aber da ich da sehr selten bin, hab ich so 'ne innere Verbundenheit damit jetzt nicht. Die hab ich mit der Moosheide sehr viel stärker*“ (Volker P.).

Neben der Moosheide erwähnt Volker P. noch ein zweites Gebiet, welches er „*gerne mag*“, mit dem er aber auf professioneller Ebene nicht beschäftigt ist: „*die Landschaft um Oesterholz*“. Neben Argumenten, die inhaltlich aus dem fachsprachlichen Jargon eines beruflichen Naturschützers stammen („*kleinräumig strukturiert*", „*vielfältig*"), begründet er seine Vorliebe mit der nostalgischen Wahrnehmung einer scheinbar „*stehen gebliebenen Zeit*" beim Anblick dieser Gegend:

> „*Ja, ich mag – das ist aber auch erst in den letzten zwei, drei Jahren so entstanden – ich mag die Landschaft um Oesterholz, also ganz auf der anderen Seite des Truppenübungsplatzes ... mag ich sehr gerne. Weil es ... weil es mich landschaftlich, als ich das Gebiet so'n bisschen näher kennen gelernt hab, sofort sehr angesprochen hat. Oesterholz ist 'n sehr kleinräumig strukturiertes Gebiet, es ist auch nicht besonders groß, die Ecke, die ich jetzt so meine ... aber ist eben sehr kleinräumig, von den Lebensräumen her, sehr vielfältig. Und vermittelt so'n bisschen den Eindruck, als wär da die Zeit noch 'n bisschen mehr stehen geblieben als jetzt hier, in den Bereichen der Senne westlich vom Truppenübungsplatz*" (Volker P.).

Ähnlich wie bei Volker P. ergab sich auch bei Friedhelm G. eine besondere Bindung an bestimmte topographische Orte der Senne durch die engagierte naturschützerische Betätigung in diesem Bereich. Er nennt ebenfalls zuerst die Moosheide als einen persönlichen Lieblingsort:

> „*Ich bin besonders gerne in der Moosheide. Im Übungsplatz stört mich die Erinnerung an den Krieg. Ich bin besonders gerne in der Moosheide, weil ich selber mitgewirkt habe daran, dass das Naturschutzgebiet zustande gekommen ist. Weil ich einen Pflegeplan entworfen habe für dies Naturschutzgebiet, der auch inzwischen schon weitgehend verwirklicht worden ist. [...] Einmal, weil ich natürlich viele Erinnerungen damit verbinde, aber auch deshalb, weil man dort zu jeder Jahreszeit sehr schön wandern kann. Der Sand nimmt ja ... wird ja nicht lehmig, wird ja nicht schmutzig ... man kommt immer mit sauberen Schuhen nach Haus. Und es sind wunderschöne Partien da, durch die Dünen, auch dieser Mischwald, ist ja nicht nur Kiefer. Und die Kiefer, die dort wächst, ist nicht angepflanzt, sondern die ist zum größten Teil durch Naturverjüngung dort hingekommen*" (Friedhelm G.).

Friedhelm G. betont sachlich die Gründe, die ihm den genannten Landschaftsbereich zu einem Lieblingsort werden ließen: sein aktives Mitwirken bei der Unterschutzstellung, die biologische Ausstattung, die immer sauberen Schuhe. Er benutzt dabei keine Begrifflichkeiten, die wie „innere Verbundenheit" oder „Verwurzelung" eine stärkere emotionale Bindung suggerierten. Friedhelm G. ist es wichtig zu betonen, dass die persönliche Aneignung eines bestimmten Ortes, die sich über interessengeleitete, insbesondere über die professionelle Beschäftigung mit diesem Ort ergibt, nicht automatisch zu einem Gefühl von Heimatlichkeit führe. Mit einer relativierenden Aussage weist er darauf hin, dass es – zumindest für ihn – verschiedene Ebenen der Vertrautheit mit einer Landschaft gebe, die unterhalb seines Verständnisses von Heimat anzusiedeln seien:

> „*Ich wäre in jeder anderen Landschaft auch in diesem Sinne heimisch geworden, so dass ich mich da besser auskenne als die meisten anderen. Aber das ist dadurch nicht Heimat. Heimat ist was anderes*" (Friedhelm G.).

Die Betonung einer Differenz von Landschafts*kenntnis* einerseits und Heimat*gefühl* andererseits gründet für Friedhelm G. in seiner biographischen Erfahrung des Verlustes von ‚echter' Heimat durch sein Schicksal als Ostvertriebener in der Nachkriegszeit. Im weiteren Gesprächsverlauf, welcher im Kontext dieser Studie allerdings keinen Niederschlag finden kann, reflektierte er ausführlich diese Erfahrung und differenzierte sie eindeutig von der lediglich durch Interesse und Expertentum entstandenen Bindung zur Senne. Gregor S. hingegen ist mitten in der Senne aufgewachsen, und seine Lieblingsorte liegen weiterhin im nächsten Umkreis seiner Kindheitsheimat. Als topographische Orte, an denen ihm etwas Besonderes liegt, nennt er:

> „*Die Stapelager Senne auf jeden Fall, der Schapeler Hof, die Ruine. Als weitere Ruine Schloss Lopshorn mit dem Gestütskamp dabei. Das Furlbachtal, die Moosheide, den Lippischen Wald angrenzend mag ich auch sehr gerne. Haustenbeck find ich ganz interessant, die Ruinen. Krähenlau ist auch 'ne sehr schöne Ecke. Das Haustenbachtal ... ja, das waren die wichtigsten Sachen*" (Gregor S.).

Gregor S. zeigt sich als Kenner auch von Gegenden, die zwar innerhalb der Sperrzone liegen, die er aber auch ohne offizielle Zugangsberechtigung gut zu kennen scheint: „*Man muss halt wissen, welchen Weg die Rangecontrol nimmt*", sagt er. Auffallend ist an seiner Aufzählung die Häufung von Orten, die Ruinen und Hofstellen ehemaliger Besiedlung enthalten: der alte Schapeler Hof in der Stapelager Senne, das einstige Jagdschloss Lopshorn, das Mitte der 1930er Jahre aufgegebene Dorf Haustenbeck; er erwähnt allein dreimal konkret den Begriff Ruine. Auf meine Nachfrage hin, welche Bedeutung für ihn solche verlassenen, wüsten Orte haben, antwortet er:

> *„Ähm, ja, jetzt wird's interessant. Ja, das sind Gebiete, Bereiche mit denen Geschichten verbunden sind, Geschichten von Menschen. Mm ... ich hab das noch nie so reflektiert, das war auch immer mehr so 'ne emotionale Sache bisher. Vielleicht komm ich ja drauf ... was hat das? – Ja, es hängen Geschichten von Menschen dran, und die Beziehung zu mir ist wahrscheinlich so, dass ich viele von den Menschen auch kenne und dadurch selbst auch so 'ne Beziehung zur Landschaft kriege. Also das ist irgendwie 'n verbindendes Element. Also, ich bin jetzt keiner, der so 'ne Sehnsucht danach hätte, wieder im letzten oder vorletzten Jahrhundert zu leben, das auf keinen Fall. Es ist auch nicht so, dass ich dann von alten Zeiten träume, wenn ich an den Ruinen bin. Es ist auch nicht so, dass mich der Zerfall begeistert. Ich assoziiere dann damit Geschichten von Menschen, und auch von der Landschaft natürlich, alte Landnutzungen ... verbinde damit Bilder, die ich mal gesehen hab, die projiziere ich dann auf solche Gegenden. Und das verbindet mich dann mit der Landschaft. Aber was jetzt das verbindende Element ist, das kann ich gar nicht genau sagen“* (Gregor S.).

Bemerkenswert ist an dieser Passage besonders das, wovon Gregor S. sich ausdrücklich distanziert: Er „*träume nicht von alten Zeiten*“ und habe „*keine Sehnsucht*“ danach; es scheint, als wolle er auf keinen Fall in den Verdacht geraten, ein sentimentaler Romantiker zu sein, der womöglich vom „*Zerfall begeistert*“ ist. Während für Gregor S. die Ruinen der ehemaligen Hausstellen eher positive Assoziationen einer Verbundenheit mit der Landschaft und den hier einst lebenden Menschen bewirken, so ist bei Axel H. eher das Gegenteil wirksam: Er nennt zwar ebenfalls Haustenbeck als die für ihn interessanteste topographische Örtlichkeit der Senne, jedoch überwiegt bei ihm eine negative Werthaltung, da er die mit den Ruinen verbundenen Schicksale der zwangsweisen Vertreibung aus den Häusern nachvollzieht.

> *„Also ich find Haustenbeck, den ganzen Bereich Haustenbeck sehr interessant, was zum Teil zusammenhängt mit: Wir haben bei uns [in der Naturschutzorganisation; RS] zwei Leute gehabt, die sich sehr stark mit der Geschichte auch beschäftigt haben. Und die eine Frau hat also noch diese Umsiedlung miterlebt, ist da also als Kind groß geworden. Und mit der sind wir also des öfteren da gewesen, und die hat dann von früher erzählt, und es gibt da auch noch so alte Bilder wie's früher aussah, Haustenbeck, und dann eben auch der Haustenbach, dieses Tal, tief eingeschnitten ... also, ist schon interessant, die Gegend da.“* [Interviewer: Was genau ist da das Interessante?] *„Ähm, ja, also ... ich sag*

> *mal: Heute wäre sowas wahrscheinlich nicht mehr möglich gewesen. Gut, bei Garzweiler haben wir's vielleicht demnächst wieder, dass ein ganzes Dorf komplett umgesiedelt wird. Das fand ich schon irgendwo beängstigend, dass für solche Aktionen ... und gerade für mich als jemand, der Zivildienst gemacht hat, war das also schon sehr negativ besetzt, ne ... dass also Menschen ihre Heimat aufgeben mussten für ein militärisches Übungsgelände. Also komplett alles raus, tschüss, und wird zerbombt, wird also willkürlich zerstört und wird auch kein Halt gemacht vor 'ner Kirche. Gut, der Friedhof ist in Resten noch erhalten, aber im Prinzip wird alles weggewischt, alles, was an Spuren da ist. Und gerade die Leute in der Senne, das hab ich so in den letzten fünf Jahren mitbekommen, sind also sehr heimatverbunden, ne. Und es gibt ja heute noch diese Initiative der Haustenbecker, die also einmal im Jahr noch hinfahren und sich dann die Ruinen ankucken und zum Friedhof gehen und so weiter. Und diese enge Verknüpfung fand ich also schon sehr beeindruckend, ne. [...] Wenn man die Schilderungen von den Leuten hört, die da aufgewachsen sind oder die's noch kennen, wie's halt bewohnt gewesen ist, und die dann auch von ihrer Heimat schwärmen, und wenn man dann sieht: es ist zerschossen worden und so weiter, dann ist es erstmal was Negatives“* (Axel H.).

Auch für Joachim M., der als Junge mit einem älteren Hobbyornithologen die Senne durchstreifte, zählen die ehemaligen Hausstellen zu den von ihm bevorzugten Orten auf seinen Wanderungen durch die Senne. Die ehemaligen Gärten und Hofbäume haben die Jahre überdauert, die Präsenz dieser Vergangenheit erscheint ihm *„faszinierend“*:

> *„Wir kennen Stellen, wo die ganzen alten Aprikosenbäume noch stehen. Wo wir im Herbst also hingehen und essen fünf verschiedene Aprikosensorten. Also das ist schon faszinierend. Oder wenn man meinetwegen 'ne Kastanie sieht, weiß man ja meist ... da sind auch noch 'n paar alte Steine ... das ist schon faszinierend. Also um Haustenbeck herum zum Beispiel, das ist ja so 'ne Region“* (Joachim M.).

Begeistert erzählt M. von der geradezu leiblichen Aneignung (*„fünf verschiedene Aprikosensorten„*) der sich in der Landschaft manifestierenden Vergangenheit rund um die Wüstung Haustenbeck. Seine größte landschaftliche Vorliebe sind aber die Täler der Sennebäche; die seit vielen Jahrzehnten weitgehend verwildernden Kastentäler vermitteln für ihn am stärksten den Eindruck von Natürlichkeit und Ursprünglichkeit, und genau das scheint es zu sein, was ihn am meisten beeindruckt:

„Eigentlich ... diese Urstromtäler, also diese Bach-, diese Kastentäler, die sind ja ... das ist ja so eine Oase der Ruhe, nicht! Und die sind ja Urwald, nicht, die Bäume sind reingestürzt durcheinander, man muss da drüber. Man geht ... wir gehen häufig durch die Flussbetten, also mit Gummistiefeln. Das, find ich, ist eigentlich so das, was die Leute sich erträumen auch“ (Joachim M.).

Joachim M. ist kein ausgebildeter Spezialist für Natur- und Landschaftsfragen, sein naturschützerisches Engagement ist aus seinem Hobby der Ornithologie erwachsen. So benutzt er zur Beschreibung der von ihm hochgeschätzten Bachtäler schon mal Begriffe, die ein ausgewiesener Experte so nicht benutzen würde, da sie streng genommen nicht ganz korrekt sind (etwa *„Urstromtäler“* oder *„Urwald“*). Doch gerade diese etwas archaisch anmutende Begriffswahl drückt seine subjektive Wahrnehmung der Unberührtheit und Naturhaftigkeit dieser Landschaftsteile besonders prägnant aus. Auch die Abgeschiedenheit und die Ruhe, die er auf seinen Wanderungen durch die Bachtäler empfindet, sind für ihn wichtige Faktoren der sinnlichen Naturerlebnisse in der Senne. Er schildert sein Erleben als sehr emotional und als geradezu meditativ: *„Die Ruhe strömt in einen rein“*, sagt er.

„Und da ist dann ja auch so: Man ist ja dann 20 oder 10 Meter unter der Heideoberfläche, ist ja so ’n Kastental. Und das ist absolut ruhig, windstill, man hört jeden Laut. Das ist also ganz faszinierend. Das ist eigentlich so meine Lieblingslandschaft da. [...] Ruhe, Einsamkeit, Vielfalt, Ungestörtsein ... wenn ich an unsere Wanderungen denke, das ist einfach so ’ne richtige Erholung, ne. Man wandert dann morgens los, und die Ruhe dieser Senne und die Ruhe dieser Flusstäler, die strömt in einen rein. Das ist einfach ... ist einfach da, ne. Das ist einfach ein Traum, das ist so“ (Joachim M.).

Die Erosionstäler der Sennebäche **(Abb. 80, 81)** haben auch auf Bernd O. die stärkste Faszination ausgeübt, als er im Kontext von landschaftsökologischen Kartierungsarbeiten im Truppenübungsplatz unter anderem auch sämtliche Bäche abgelaufen hat. Er hat dabei nicht nur die ökologische Ausstattung als Experte wahrgenommen, sondern hat den Eindruck von Wildheit und Zivilisationsferne, der sich besonders in diesen Bereichen der Senne seit der Aufgabe der Nutzungen eingestellt hat, auch intensiv und emotional erlebt:

„Die Bachtäler sind ja die Bereiche, die sehr naturnah ausgeprägt sind, in denen ja in vielen Bereichen seit 60 Jahren keine Nutzung mehr

Abb. 80: Aus dem Interview mit Bernd O.: „Die Bachtäler haben auf mich eine besondere Faszination ausgelöst. Das hat wirklich was so mit Emotionen zu tun. Wenn man im Sommer ... es ist warm, man durchschreitet so dieses fließende klare Wasser, man hat die Füße im Sand ... das ist ... ist natürlich was anderes. Man nimmt dann sinnlich unwahrscheinlich stark wahr. Und das Licht bricht sich im Erlenlaub. Also das sind wirklich Eindrücke!“
[Foto Dave Lubek]

Abb. 81: Aus dem Interview mit Joachim M.: „Diese Urstromtäler, also diese Bach-, diese Kastentäler, die sind ja ... das ist ja so eine Oase der Ruhe, nicht! […] Man wandert dann morgens los, und die Ruhe dieser Senne und die Ruhe dieser Flusstäler, die strömt in einen rein. Das ist einfach ... ist einfach da, ne. Das ist einfach ein Traum, das ist so." [Foto Dave Lubek]

stattgefunden hat, und wo man eigentlich sehr schön die Sukzession studieren kann. Also, wenn man an Haustenbeck denkt, wo vorher dann Wiesen waren, eben Flößwiesen, Grünlandnutzung, und dann aber die letzten 60 Jahre einfach wieder Natur Natur sein konnte. Und diese Prozesse, die faszinieren natürlich auch. Wenn man da entlang wandert und sieht dann hier noch 'n Seggenriet, da schon wieder Hochstaudenflur, da erste Erlen und an bestimmten Stellen hat man schon wieder einen geschlossenen Erlenbruchwald oder durchfluteten Erlen-Eschen-Auwald, das ist natürlich faszinierend. Und das hat bei mir dann endgültig auch die Faszination für diesen Landschaftsraum ausgelöst. 60 Kilometer ohne Siedlung, ohne angrenzende landwirtschaftliche Nutzung, einfach in einer für mein damaliges Erleben ... und auch heute würde ich das sagen: in einer absolut herausragenden ökologischen Qualität. Nicht nur was die chemisch-biologische Gewässergüte betrifft, sondern auch was das Landschaftsbild betrifft. Also, da war unmittelbarer Einfluss des Menschen nicht mehr spürbar. Und das ist natürlich wirklich etwas außerordentlich Wertvolles, diese Prozesse, die da ablaufen. [...] Die Bachtäler haben auf mich eine besondere Faszination ausgelöst. Das hat wirklich was so mit Emotionen zu tun. Wenn man im Sommer ... es ist warm, man durchschreitet so dieses fließende klare Wasser, man hat die Füße im Sand ... das ist ... ist natürlich was anderes. Man nimmt dann sinnlich unwahrscheinlich stark wahr. Und das Licht bricht sich im Erlenlaub. Also das sind wirklich Eindrücke!" (Bernd O.)

Während die obige Passage aus einem anderen Gesprächskontext stammt, so nennt Bernd O. auf meine konkrete Frage nach seinen Lieblingsorten erwartungsgemäß noch einmal die Bachtäler; insbesondere das Haustenbachtal beschreibt er als für ihn „*unglaublich erlebnisintensiv*". Auch ein zweiter „*wichtiger Eindruck*" von der Sennelandschaft hat für ihn besondere Bedeutung: der visuelle Eindruck der Weite beim Blick über die ebene Senne zum Teutoburger Wald hin:

„Ja, also da gehört auf jeden Fall das mittlere Haustenbachtal dazu, also richtig das durchströmte Haustenbachtal im ehemaligen Zentrum des Dorfes, wo man noch erleben kann ... die großen Brunnenkresse-Röhrichte, Übergänge in Hochstaudenflur und dann in Teilbereichen schon dieser lichtdurchflutete Erlen-Auwald. Das ist so einer meiner Lieblingsbereiche. Dieses klare Wasser, was im Sand eben die Rippelmarken bildet ... ästhetisch außerordentlich reizvoll, unglaublich erlebnisintensiv. Und dann aber auch durchaus so der Landschaftseindruck: Die weite,

ebene Senne geht so über in den Teutoburger Wald. Also dieses Erlebnis – vielleicht auch als Geograph – naturräumliche und kulturräumliche Grenzen. Also diese Grenzerfahrung auch. Ich könnte jetzt noch viele, viele Orte nennen, aber das sind so die beiden zentralen wichtigen Eindrücke" (Bernd O.).

Auch Sven B. nennt auf die Frage nach seinen Lieblingsorten in der Senne zunächst die Bachtäler. Aber mit größerer sprachlicher Intensität beschreibt er anschließend die offenen Landschaftsteile und die ästhetischen Qualitäten der Weite und Abgeschiedenheit, die er hier empfand:

„*Was heißt Lieblingsorte ... ja, es gibt schon bestimmte Lieblingsorte. Also erstmal überhaupt die Bachbereiche, fast alle, also wenn ich jetzt nicht gerade von den Staubereichen ausgehe, die es ja auch teilweise in den Sennebächen gibt, ne, ... die Bachtäler. Aber sicherlich auch die Bereiche wie zum Beispiel die Margaretenhöhe, ein Bereich so im Herzen der Senne. Da ist jetzt natürlich auch sehr viel Heidelandschaft, aber nicht nur. Da hat man 'nen Blick weit in die Senne. Wo man so die Landschaft erlebt, die Weite, wenn man da steht, die Ruhe. Man sieht dann am Horizont den Teutoburger Wald, den Höhenzug des Teutoburger Waldes. Den Blick und totale Ruhe! Also, da dringt eigentlich gar kein Verkehrslärm hin und Übungslärm in der Regel auch nicht, weil, wenn man im Platz ist, ist das außerhalb der Schießzeiten. Diese Bereiche gehören auf jeden Fall dazu*" (Sven B.).

Inhaltlich ganz ähnlich äußert sich auch Hans D. zu seinen landschaftlichen Vorlieben in der Senne. Gerade die Kombination und räumliche Nähe der tief eingeschnittenen, verwilderten Täler mit den offenen Ebenen (er verwendet den Topos der „*freien Landschaft*"), macht für ihn jenen Reiz aus, den er als „*zauberhaft*" und „*hinreißend*" empfindet:

„*Ja, also ... zauberhaft sind ja diese Bachtäler! Da sehe ich mich auch wieder am Rande eines solchen Bachtales, mit Bewuchs in der Aue und mit dem Blick in die freie Landschaft. Das kann man an vielen Stellen dann festmachen. Also, das wäre jedenfalls ein klassischer Ort, an dem ich mich wohl fühlen würde. Den Wald im Rücken ... die Bachtäler dort ... und dann mit Blick in die freie Landschaft rein. Ist ja hinreißend! Aber wann komme ich da schon rein ... und dann sind meistens andere Leute dabei*" (Hans D.).

Landschaftsästhetische Theorien werden bestätigt durch Hans D.s Beschreibung eines „*klassischen Ortes*" zum „*Wohlfühlen*": weiter Ausblick, Nähe von Wasser und Bäumen, verstärkte Reliefenergie, die ästhetische Vielfalt an der Grenze zweier Landschaftsbereiche. Sein abschließender Seufzer, nur allzu selten an solchen Orten in der Senne allein gewesen zu sein, unterscheidet seine Landschaftserfahrung von der Albrecht K.s: Letzterem nämlich war die weite Stapelager Senne mit dem Panzerübungsgelände ein Kinderspielplatz und Abenteuerfreiraum gewesen, und dieser Bereich der offenen Trockensenne ist ihm bis heute persönlicher Favorit geblieben. Speziell haben es ihm jene Bereiche der Stapelager Senne als „*besondere Orte*" angetan, die Rudimente bronzezeitlicher Grabhügel aufweisen:

> „*Die Stapelager Senne, ja. Und davon eben so diese oberen Sandterrassen, von denen aus man so den schönen Blick hat dann über das westfälische Tiefland. Und wo diese alten Hünengräber sind; das sind schon besondere Orte da oben für mich.*" [Interviewer: Gab es von den Hünengräbern dort noch mehr zu sehen in Ihrer Kindheit?] „*Die sind immer mehr abgeflacht jetzt. Ich denke, die haben sich über Jahrhunderte relativ gut gehalten und sind erst durch diesen Panzerbetrieb zerwühlt worden. Die sind ja nicht aus diesem gelben Sand, sondern die sind ja aus Plaggen zusammengetragen worden, ne. Und, wenn man da gräbt, sieht das schon anders aus, das Substrat, als wenn das 'ne Sanddüne ist. Und die Vegetation ist auch anders. Also von daher denk ich schon, dass das welche sind, im oberen Bereich, da oberhalb vom Schapeler.*" [Interviewer: Wussten Sie das denn als Kind schon?] „*Dass das steinzeitliche Gräber sind, das wurde schon erzählt, ne. Das hatte dann natürlich was Geheimnisvolles. Und auf diesen Hügeln wuchsen natürlich ... wuchsen auch besonders viele Blaubeeren und Preiselbeeren, das war ja auch anders als auf den Sanddünen, ne*" (Albrecht K.).

Die Aura des Geheimnisvollen und Anmutigen, die die Grabhügel der Senne in der Wahrnehmung der älteren Heimatliteratur lange umgab, wird von heutigen Experten kaum empfunden oder zumindest nur selten betont; lediglich Albrecht K. verweist im Zusammenhang seiner persönlichen Ortsvorlieben hierauf. – Abschließen soll dieses Kapitel eine Passage aus dem Interview mit Klaus L., der die sandigen und kargen Halboffenlandschaften der Senne besonders mag:

> [Interviewer: Was ist denn das, was an den Offenlandflächen so attraktiv ist?] „*Jetzt aus anthropozentrischer Sicht oder aus Naturschutzsicht?*" [Interviewer: Beides.] „*Aus anthropozentrischer Sicht ... weiß ich nicht, da müsst ich dann an mein eigenes Gefühl appellieren. Keine*

> *Ahnung, weiß ich nicht, da hab ich mir ehrlich gesagt noch nicht so viel Gedanken drüber gemacht. Also für mich persönlich ist es schon so, was grad Sandflächen und offene Flächen angeht, das ist schon so für mich irgendwie etwas, was so'n bisschen Heimatgefühl vermittelt. Also knüppeltrockener Sandboden, das ist für mich meine Heimat. Wie gesagt, da [im Münsterland, wo er aufwuchs; RS] gibt's vielleicht so kleine Sandkästen, die an die Senne erinnern mögen. Also das ist überhaupt nicht vergleichbar. Aber gerade so trockene Flächen, Magerrasen, mit Kiefern bestanden und so weiter, also das ist so mein Heimatlandschaftsraum und insofern ist es für mich persönlich interessant, sowas in 'ner großen Größenordnung zu sehen.*" [Interviewer: Meinst Du, Du würdest das anders sehen, wenn du aus 'ner fruchtbareren Gegend kommen würdest?] „*Ja ... ich weiß schon, dass es viele Leute gibt, die sagen: Kiefern, um Gottes Willen, wie sieht das denn aus? Und wo ist denn hier der Wald, und wo ist denn hier was Grünes, so dies saftige Grün, wo ist das denn hier alles? Das ist doch 'ne ausgedörrte Landschaft. Aber vielleicht ist es auch gerade das, was den Reiz dieser Landschaft ausmacht. Oder gerade in einer Zeit, wo die Landschaft intensiv genutzt ist, und damit ja auch fruchtbar ist, oder fruchtbar gemacht worden ist, eine Landschaft zu haben, die völlig unfruchtbar ist: Das macht sicherlich auch irgendwo den Reiz aus; das ist der Kontrast zur Alltagslandschaft*" (Klaus L.).

Die Nachfrage von Klaus L. zu Beginn dieser Passage („*Jetzt aus anthropozentrischer Sicht oder aus Naturschutzsicht?*") verdeutlicht die Trennung, die in den Köpfen mancher Naturschützer zwischen der fachlichen und der mehr persönlichen Bewertung bestehen kann. Das „Naturschutzfachliche" ist dabei in Klaus L.s Überzeugung zunächst einmal jenseits vom „Anthropozentrischen" anzusiedeln, sonst würde er wohl nicht unmittelbar zwischen beiden differenzieren. Der Mensch L. entscheidet sich aber dann, an sein „*Gefühl zu appellieren*", um eine Antwort auf die Frage zu finden, über die der Experte L. sich „*ehrlich gesagt noch nicht so viel Gedanken*" gemacht hat. Er denkt dann laut darüber nach, was das sandige Offenland für ihn interessant macht; Kindheitserinnerungen an eine ähnlich empfundene Landschaft fallen ihm ein und am Ende beschreibt er mit einer schönen Formulierung, was den Reiz der Sennelandschaft für ihn und wohl auch viele andere ausmacht: „*Das ist der Kontrast zur Alltagslandschaft*".

7.

Siebtes Kapitel: Zusammenfassung und Schluss. Über Eigenart und Eigenartigkeit der Senne

Ausgehend von theoretischen Erörterungen zu den Forschungsfeldern Landschaft, Landschaftsgeschichte und Landschaftswahrnehmung (Kapitel II) wurde in den empirischen Hauptteilen der Studie (Kapitel III bis VI) der kulturhistorischen Entwicklung der Sennelandschaft und der ihrer spezifischen Wahrnehmung durch die regionale Landes- und Heimatkunde sowie des Naturschutzes nachgegangen. Der theoretische Ansatz einer hermeneutischen Sozialgeographie versucht nicht, anders als die traditionelle Geographie, die Bedeutung von Landschaft ausschließlich in der Landschaft selbst zu finden; der hermeneutisch – das heißt verstehend – arbeitende Wissenschaftler versucht vielmehr, die Bedeutung einer Landschaft von Einstellungsmustern und menschlichen Äußerungen über sie abzuleiten. Nicht in erster Linie das *räumliche* Konstrukt eines ‚Landschaftsraumes Senne' stand also im Zentrum der Forschung, sondern vielmehr auch das *ästhetische* Konstrukt einer ‚Sennelandschaft'; doch freilich liegt für den kulturwissenschaftlich vorgehenden Geographen der größte Reiz auch darin, beides – die Spuren in der Landschaft und die Spuren in der Sprache – in seiner Analyse miteinander zu kombinieren. Die im einleitenden Kapitel zu Beginn der Studie aufgeworfenen Fragen zielten – noch einmal gebündelt formuliert – darauf ab, in der Analyse herauszufinden und darzustellen, welche Themen den Diskurs über die Senne zu welcher Zeit bestimmten und warum das so war. Neben einer Darstellung der Kulturgeschichte der Landschaft selbst sollte erläutert werden, wer wann was mit welcher Motivation über die Senne äußerte und damit aktiv zu der sozialen Konstruktion einer ‚eigenartigen Landschaft' beitrug. Die Forschung stützte sich zum einen auf die Analyse landeskundlicher Literatur, zum anderen auf qualitative Interviews mit Experten, die im aktuellen naturschützerischen Diskurs über die Senne involviert sind.

Zur Annäherung an die Bestimmung von ‚Eigenarten' der Senne geht diese Studie über den üblichen, im Natur- und Landschaftsschutz gebräuchlichen Begriff der Eigenart einer Landschaft insofern hinaus, als dass hierunter nicht nur natur- und kulturlandschaftliche Ausprägungen der Landschaft etwa in Physiognomie, Vegetation und Funktion gefasst werden, sondern dass mit einem betont geisteswissenschaftlichen Begriff von Eigenart gearbeitet wird, der diese auch in ihrer sozialen Konstruiertheit begreift. Unter einer so verstandenen landschaftlichen Eigenart fallen nicht nur vermeintlich objektive Zustände und Entwicklungsprozesse der Kulturlandschaft, sondern gerade auch dem Diskurs über die Senne inhärente Wahrnehmungsmuster, d.h. subjektive wie kollektive Bilder und Imaginationen, Typen und Topoi der Beurteilung, die der Gegend einen Charakter, bestimmte Wesenszüge und somit eine Identität als landschaftlicher „Psychotop“ zuschreiben. Für die Analyse einer in diesem Sinne verstandenen landschaftlichen Eigenart war der Blick also nicht nur auf die Landschaft selbst zu richten, sondern vielmehr auf die Geschichte ihrer Wahrnehmung: auf die Stilmerkmale, Veränderungen und Kontinuitäten dieser Geschichte, auf die ideellen und auch jeweils biographischen Hintergründe, die konkrete Personen zu bestimmten Wahrnehmungen und Äußerungen anregten. In bewusster Anlehnung an die Wortbedeutung im Sinne von ‚seltsam‘ und ‚ungewöhnlich‘ begreife ich die *Eigenart* der Senne im Verein mit ihrer *Eigenartigkeit*, wobei letztere auch auf jenen ‚Mythos Senne‘ abzielt, der immer wieder in der Literatur produziert und reproduziert wurde.

Die Recherche, Sichtung und ausschnittweise Analyse der heimat- und landeskundlichen Literatur zur Senne macht einen methodischen Hauptteil der Studie aus. Die Arbeit in Bibliotheken und Archiven brachte dabei eine große Anzahl spannender Themen und Einzelaspekte zutage; mögliche Ansatzpunkte für vertiefende Einzelforschungen wären an mehreren Stellen gegeben, da trotz der breiten Anlage dieser Studie freilich nicht alle Aspekte hinreichend behandelt werden konnten. Bei der Analyse der umfangreichen Regionalliteratur (historische Landschaftsbeschreibungen, Heimatliteratur, landeskundliche Fachaufsätze und Archivalien sowie naturschützerische Gutachten und Werbebroschüren) fiel mir aber auf, dass – manchmal auch nur zwischen den Zeilen – immer wieder ähnliche und verwandte Themenbereiche zur Senne angesprochen wurden. Bestimmte Eigenarten scheinen latent, wenn auch in der Konjunktur ihrer Beachtung zeitgeistabhängig schwankend, wahrgenommen und zugleich konstruiert worden zu sein. Meine Absicht, die Kommunikation über die Sennelandschaft aus drei Jahrhunderten sinnvoll zu systematisieren, führte im Arbeitsschritt der Kategorisierung zu einer Differenzierung in drei thematische Bereiche, die in einzelnen Kapiteln dargestellt und diskutiert wurden:

1. Die mal wertfreie, mal negative, jedenfalls aber historisch kontinuierliche Wahrnehmung der Senne als randständige Peripherie der kulturell stärker inwertgesetzten Umgegenden. Diese Wahrnehmung spiegelt sich zum einen in Nicht-, Spezial- und Sondernutzungen der Landschaft, zum an-

deren in konkreten sprachlichen Beurteilungen hinsichtlich dieser Eigenart. Die zur Senne als Peripherie gehörigen Funktionen und Bewertungen fasse ich unter dem Stichwort ‚*Freiraum*' (vgl. Kapitel IV).

2. Die in Folge eines wirkungsreichen Wahrnehmungswandels im 19. Jahrhundert jetzt (auch) positive Beurteilung der Senne als eine schöne, erhabene und uralte Naturlandschaft, als romantisierte Idylle und geradezu landschaftlicher Mythos. Im analysierten Schrifttum weisen eine Vielzahl an Diskursen, Themen und Formulierungen auf diese unter dem Titel ‚*Ästhetisierung der Landschaft*' zusammengefasste Wahrnehmungskategorie hin (vgl. Kapitel V).

3. Die Wahrnehmung der Senne als ein schützenswerter Naturraum aufgrund seiner Funktion als Rückzugshabitat für seltene Komplexe der Flora und Fauna und dementsprechend als Vorrangfläche für den Naturschutz. Als Stichwort dieser ökologischen und gleichsam auch ästhetischen Kategorie fungiert der Terminus ‚*Naturparadies*' (vgl. Kapitel VI).

Freilich ist die Aufgliederung in drei Wahrnehmungskategorien insofern artifiziell und nur ein methodisches Arbeitsmittel, als dass ein starker innerer und kausaler Wirkungszusammenhang zwischen den einzelnen Kategorien besteht. Auf diesen noch einmal hinzuweisen und ihn sprachlich zusammenzubringen ist eine Aufgabe dieser Schlusspassagen. So liegt es auf der Hand, dass die Wahrnehmung der Senne als schützenswerter Naturraum stark korreliert mit ihrer Ästhetisierung als romantische Landschaftskulisse; denn natürlich ist der naturschützerischen Sichtweise immer auch der ästhetische Blick immanent. Die Konstruktion eines „Naturparadieses Senne" ist aber gleichsam nur *eine* Ausprägung ihrer positiven Wahrnehmung, die seit dem 19. Jahrhundert eigentlich stetig – zumindest in bestimmten Kreisen des Bürgertums – Konjunktur hatte; dennoch erschien es aufgrund der aktuellen Bedeutsamkeit gerade dieser Wahrnehmungskategorie sinnvoll, sie in einem Kapitel explizit zu behandeln. Neben der historischen Darstellung auf die Senne bezogener Naturschutzaktivitäten wurde die Untersuchung daher auch methodisch auf aktuelle Entwicklungen hin fokussiert; der gegenwartsnahe naturschützerische Diskurs, der die Senne als ein mögliches zukünftiges Großschutzgebiet diskutiert, wurde anhand qualitativer Interviews mit involvierten Experten thematisiert und bildet somit neben der Literaturanalyse einen zweiten methodischen Hauptteil der Studie.

In den Interviews interessierten nicht nur die fachlichen Debatten, sondern im besonderen Maße auch persönliche Wünsche, Werthaltungen und Erfahrungen der Befragten bis hin zu biographischen Zusammenhängen des jeweils persönlichen Landschaftsbezuges. Trotz dieser thematischen Orientierung auf betont subjektive Aspekte hin wurden die befragten

Experten dennoch nicht als Gegenstand der Forschung begriffen, wie das etwa bei ethnographischen Studien über eine bestimmte soziale Gruppe (in diesem Fall die der Naturschützer) der Fall wäre; mir dienten sie in erster Linie als Informanten über Aspekte des eigentlichen Forschungsgegenstandes, denn die Sennelandschaft selbst bzw. ihre Wahrnehmung blieb stets das bindende Glied und der Kern des Interesses. Die Senne sollte gemäß der im Theoriekapitel angestellten Überlegungen als ein ‚landschaftlicher Psychotop' untersucht und beschrieben werden; nicht nur – aber freilich auch – als physische Tatsache, sondern insbesondere in Hinblick auf zugeschriebene und projizierte Bedeutungsinhalte und Sinnsysteme, auf kulturelle Konstrukte aus dem ästhetisch-emotionalen Bereich ihrer subjektiven und kollektiven Wahrnehmung.

Die in den Hauptkapiteln der Studie näher ausgeführten Aspekte zur Wahrnehmung der Sennelandschaft sollen im Folgenden noch einmal zusammenfassend nachgezeichnet in einen synoptischen Gesamtkontext gebracht werden. Zuvor sei noch einmal ein Fragenkomplex wiederholt, der den Beginn der Studie markierte: Was ist das für eine Landschaft, die Senne, was macht sie überhaupt zu einer Landschaft? Welche inneren Zusammenhänge gibt es zwischen den kulturgeschichtlich scheinbar ambivalenten Wahrnehmungen dieser Gegend? Wann und wieso fand eine Umwertung der Landschaft statt und was überhaupt wurde umgewertet? Welche Aspekte, welche Nutzungen, welche Geschichte und Geschichten, welche Bilder und Vorstellungen, welche ästhetischen Stimmungen und assoziativen Bedeutungen wurden dieser Landschaft zugeordnet? Wie erscheint sie im heimatkundlichen Schrifttum durch die Jahrhunderte, wie erscheint sie aktuell? Worum geht es im Naturschutz, worüber reden die Naturschützer und was haben sie persönlich mit der Senne zu tun?

Als ein zentraler Ausgangspunkt für die Wahrnehmungsvielfalt, die allein schon eine Eigenart und Eigenartigkeit der Senne ausmacht, muss zunächst die spezifische naturlandschaftliche Ausprägung dieser Landschaft gelten. Der trockene Sandboden einerseits und die vernässten Sumpfgegenden andererseits hatten bis weit in die Neuzeit hinein eine ungewöhnlich ausgeprägte und über lange Zeit sehr konstante, nur von wenigen Ausnahmen durchbrochene Siedlungsleere bedingt. Der zur Bodenkultur wenig brauchbare Untergrund bot den Menschen kaum Anreiz, sich das Gebiet als Kulturraum anzueignen; so entwickelte sich über Jahrhunderte eine spezielle Eigenart der Senne als kulturferne Peripherie. Eine temporäre und lokalräumliche Ausnahme bildet offenbar die Wahrnehmung von einigen Bereichen der Oberen Senne zu prähistorischer Zeit: Während die südwestlichen und zentralen Senneteile auch im Meso- und Neolithikum gemieden wurden, ist für die dem Teutoburger Wald zugewandte Obere Senne womöglich sogar eine relative Bevorzugung als Lebensraum anzunehmen, da hier Landschaftsausprägungen vorzufinden waren, die den neolithischen Menschen ihrem Kulturstand entsprechende praktische Vorteile boten: die warme und trockene Südlage am Hang des Osnings, die relativ offenen und überschaubaren Landschaftsbereiche im vergleichsweise lichten Eichen-Birken-Wald der Ebene, die leicht bearbeitbaren Böden und die Nähe von frischem Wasser in den Quellschluchten der Sennebäche.

Interessanterweise wird von Anthropologen ziemlich genau diese Kombination von landschaftlichen Voraussetzungen als konstitutiv für die Ausbildung modernen landschaftsästhetischen Empfindens angenommen: Eine kulturelle Umwertung von biologischen Dimensionen der Landschaftsbewertung veränderte demnach die Wahrnehmung ‚praktischer' Landschaft zu ‚schöner' Landschaft. Allerdings stellt sich die Frage, ob eine Theorie, nach der Werturteile über Landschaft dem Menschen quasi genetisch und unabhängig vom Sozialen zu eigen sind, nicht dadurch entkräftet wird, dass – im beispielhaften Fall der Senne – nach dem technischen Fortschreiten der Kultur (insbesondere der Entwicklung metallener Bodenbearbeitungsgeräte) auch die Obere Senne als Siedlungsraum über Jahrhunderte und sogar Jahrtausende gemieden und später wenig positiv als Ödnis empfunden wurde. Offen bliebe allerdings auch die Frage, ob ein Zeitgenosse etwa des Mittelalters, der zwar außerhalb der Senne siedelte, die Gegend aber zwecks Viehhude manchmal betrat oder vom Osning aus überblickte, die spezielle Eigenart der relativ offenen und ebenen Landschaft nicht dennoch als ‚positiv' oder ‚schön' empfand – ganz unabhängig vom praktischen Nutzen, der über die Möglichkeit der Nutzung als Hude- und Jagdgebiet ja zudem stetig bestand. Hierzu gibt es freilich keine Quellen; dennoch neige ich zu der Annahme, dass die massiven Abwertungen der Senne als öde, schlimm und erbärmlich usw., die aus Quellen des 18. und 19. Jahrhunderts bekannt sind, keineswegs eine Aussage darüber liefern, dass auch schon *vor* dieser Zeit so oder ähnlich geurteilt wurde. Die angesprochenen Negativwertungen sind vielmehr als interessenorientiert und zeitgeistabhängig zu beurteilen, da sie einer Epoche entstammen, in der eine an neuen ökonomischen Paradigmen orientierte Modernisierung der Agrarlandschaft das mittelalterliche System bäuerlicher Kulturlandschaften abzulösen begann und ein anderer, in diesem Sinne wertender Blick auf Landschaft sich durchsetzte.

Im mittelalterlichen und frühneuzeitlichen System der Land- und Landschaftsnutzungen hatte die Senne durchaus ihre Funktionen; die für die umliegenden Anrainer frei zugängliche Hudelandschaft im Grenzbereich mehrerer territorialer Machtbereiche trennte und verband zugleich. Für Angehörige der unteren Gesellschaftsschichten stellte die große, faktisch herrschaftsfreie Allmende einen Bereich der relativ freien Verfügbarkeit jenseits tatsächlich durchgesetzter besitz- und nutzungsrechtlicher Ansprüche dar. Das in seiner großen Ausdehnung vergleichsweise unkontrollierte, nutzungsrechtlich wohl nur weitgehend theoretisch den Landeshoheiten als Forst- und Jagdbanngebiet zugeeignete „Niemandsland" bot mit den Resten des zunehmend verheidenden Eichenwaldes noch ausreichend nahrhaftes Futter für das hierher geführte Weidevieh. Als klassisches Hinterland war die Senne nicht nur eine Pufferzone für herrschaftliche Grenzgerangel, sie war auch ein Freiraum für subversive Aktivitäten wie etwa der Wilderei und Schmugglei, war Fluchtraum für gesellschaftlich wenig anerkannte Personengruppen wie offenbar den immer wieder aus den umliegenden Regionen vertriebenen und sanktionierten Gruppen von Roma und Sinti. Die Beschreibung der Senne gewissermaßen als soziale Nische soll keineswegs sozialromantisch anmuten, denn *gerne* hielten sich wohl auch die meisten der angesprochenen Personengruppen nicht in der abseitigen, kulturfernen Peripherie auf; die ‚Nischennutzer' waren vielmehr hierzu gezwungen, da sie in anderen, fruchtbareren Landesteilen unwillkommen, besitz- oder rechtlos waren. Dennoch ist die historische Funktion der Senne als ökonomischer und zugleich sozialer Freiraum als eine spezifische Eigenart dieser Landschaft anzusprechen, vor allem auch weil sich eben diese Eigenart weiterhin auch in verschiedenen neuzeitlichen Raumnutzungen manifestiert: in der systematischen Ansiedlung von Landlosen im Zuge der inneren Kolonisation im 17. und 18. Jahrhundert, in der planvollen Externalisierung bestimmter gesellschaftlicher Randgruppen im Bereich der Sozialtherapie und Strafinternierung, in der Nutzung als Truppenübungsplatz, in der Nutzung als billigem Baugrund für den (sozialen) Wohnungsbau und in flächenintensiven formellen sowie informellen Freizeitnutzungen wie etwa dem Segelfliegen und dem Crossmotorradfahren. Auch ihre spezielle Funktion als Raum ungewöhnlicher Landschaftsausprägungen und flächengroßer Halbwildnisse ist und war in diesem Sinne stets von Belang: So wie der jenseits agrarökonomischer Intensivnutzungen verharrende Freiraum in der Senne historisch etwa die Aufzucht der bis ins 19. Jahrhundert noch halbwild lebenden Senner Pferde auf großer Fläche ermöglichte, so ist er als ökologischer Freiraum in der Gegenwart von zentraler Bedeutung für den Naturschutz.

Die jahrhundertelange Nutzung als Hudeland hatte eindrückliche Auswirkungen auf die Landschaftsentwicklung der Senne; ohne die offenbar nach wie vor relativ regelmäßige Beweidung mit Vieh und (in der Kammersenne) Pferden wäre der nach der Bronzezeit weitestgehend entsiedelte Raum wieder zugewachsen und es hätte sich sukzessive ein geschlossener Sekundärwald ausgebildet. Durch den extensiven, jedoch stetigen Verbiss und Tritt konnte die ohnehin nur relativ karge Vegetation des nährstoffarmen Sandbodens kaum ausreichend regenerieren und es verfestigte sich – mithin auch durch Podsolidierungsprozesse – schon im Mittelalter jene bereits viel früher angelegte Heidedominanz in der nach wie vor noch als lichtbewaldet vorstellbaren Vegetation, die mehr und mehr zum Kennzeichen dieser Landschaft werden würde. Erst mit der im Zuge der Inneren Kolonisation landesherrlich initiierten Neuanlage von Hofstellen und Kotten zu historisch relativ später Zeit im 17. und 18. Jahrhundert und der damit einhergehenden Einführung bzw. Intensivierung der Heideplaggenwirtschaft – freilich aber auch durch vermehrte Holzentnahme – wurde der Nutzungsdruck so groß, dass die Senne in weiten Bereichen nun nahezu völlig entwaldete. Zu Beginn des 19. Jahrhunderts war ein Grad der Verheidung und ein Ausmaß baumloser Flächigkeit erreicht, der die Wahrnehmung der Landschaft als schier endlose öde Wüste entstehen ließ – zunächst im negativen, später dann auch im positiven Sinne einer romantischen Sicht: Man nahm den offenen Landschaftscharakter der Senne mit ihren riesigen Heideflächen bald als ‚ursprünglich' wahr. Innerhalb weniger Generationen scheint das Wissen über eine einst stärkere Bewaldung offenbar verloren gegangen zu sein, denn noch zur Zeit der Ansiedlung der ersten Kolonate muss der Anteil solcher Flächen, die von Bäumen und Büschen geprägt waren, unübersehbar höher gewesen sein, da weite Strecken bis dahin nur ungleich extensiver und nicht zum Zwecke der Plaggen- und Holzentnahme genutzt worden waren. Obgleich eine Quelle aus dem Jahre 1800 noch von Eichenstümpfen im Sennesand berichtet und der Autor diesbezüglich auch – wie man heute weiß: richtige – Mutmaßungen über einen vormals höheren Bewaldungsgrad anstellte, wurde es im 19. Jahrhundert zur allgemeinen Lehrmeinung, dass die flächige Verheidung der Senne ein natürlicher und ursprünglicher Zustand sei. Dies ist ein besonders merkwürdiger Punkt: Wie konnte man, mit der noch praktizierten Weide- und Plaggenwirtschaft vor Augen, den Tatbestand der massiven anthropozoogenen Einflussnahme auf die Vegetation auch in der Fachwelt so lange übersehen? Dass die landschaftsgeschichtlich falsche Einschätzung bis weit ins 20. Jahrhundert hinein Bestand haben konnte, interpretiere ich als ein willkommenes Missverständnis, welches im Zuge der Umwertung und Romantisierung der Sennelandschaft unhinterfragt blieb: Wohl unbewusst wollte man ihr Erscheinungsbild – quasi einer romantischen Logik des Vergessens folgend – gar nicht anders erklären. Die nostalgische Temporalisierung als kaum veränderte Urlandschaft korrespondierte mit einer zunehmenden Identifikation dieser Landschaft mit frühgeschichtlich-völkischen Aspekten und hatte somit konstitutiven Anteil an jenem dramatischen Wahrnehmungswandel, der die Senne jetzt positiv als urtümliche

Naturidylle und vermeintlich lebendige Kulisse der Vergangenheit ansah. Ursprünglichkeit und Authentizität wurden zum wichtigen Wesensmerkmal einer als arkadisch imaginierten Sennelandschaft, die so auch Projektionsraum für allerlei Mythos bot.

Insbesondere auch in Hinblick auf die Lokalisierung der legendären Varusschlacht hatte die regionale Landesgeschichtsschreibung seit dem 18. Jahrhundert die Senne thematisiert; ansonsten hatte die von Herrschaftsgrenzen durchzogene Peripherie zunächst nur wenig Beachtung und Erwähnung in den Chroniken der umliegenden Regionen gefunden. Große Aufmerksamkeit fanden in diesem Kontext die Grabhügel vorchristlicher Kulturen, die äußerst zahlreich in der Oberen Senne entlang des Osnings vorhanden und in der offenen Heidelandschaft oftmals weithin sichtbar waren. Sie entwickelten sich im Verlauf des 19. Jahrhunderts zu einer Art Identitätsmerkmal der Senne, zu Symbolen der Hinwendung zu jener taciteischen Vorzeit, die der ganzen westfälischen Region zwischen Weser, Ems, Ruhr und Lippe die gesuchte Geschlossenheit in einer rückwärts gewandten territorialen Identitätssuche zu bringen versprach. Die geistesgeschichtliche Anbindung der regionalen Landschaftswahrnehmung an allgemeinere romantisierende Tendenzen betonte mit der ‚uralten Senne' ein Wesensmerkmal neben anderen, die der ambivalenten Kategorie der romantischen Erhabenheit zugeordnet werden können: uralt, zeitvergessen, unübersehbar, weit, düster, menschenleer und geheimnisvoll. Der populärer werdende romantische Landschaftsblick wertete zudem den Aspekt der Unkultiviertheit kulturkritisch im Sinne natürlich-unkünstlicher Schönheit auf und interpretierte die reale Armut der Bewohner in vermeintlich authentische Schlichtheit um. Landschaftsmaler entdeckten die Senne als Motiv erhabener Landschaftsästhetik, erste Heimatlyrik über das einfache und raue, aber scheinbar naturnahe Leben in der als weltfern wahrgenommenen Gegend entstand und trat in Konkurrenz zu der seit der frühen Neuzeit verbreiteten Negativwahrnehmung der Landschaft. Noch kurz zuvor hatte die Senne in erster Linie als meidenswerte Ödnis, als Verkehrs- und Modernisierungshindernis und als das mehr oder weniger bemitleidenswerte Armenhaus Westfalens gegolten, das bislang lediglich ‚Jammergestalten' Raum geboten hatte. In eben diesem Kontext waren mit frühsozialistisch motivierten Gegenwartsschilderungen und medizinischen sowie agrarplanerischen Gutachten auch die ersten ausführlichen Abhandlungen über die Senne entstanden (SCHMIDT 1830, WEERTH 1845, BITTER 1853).

Zeitgleich zu einer allmählichen Verbesserung der Lebensverhältnisse in der zweiten Hälfte des 19. Jahrhunderts durch neue Methoden der Landbewirtschaftung und einem allgemeinen Anstieg des Lebensstandards nach der Industrialisierung kam um die Jahrhundertwende im Bildungsbürgertum der umliegenden Städte ein zunächst leises Interesse an der Erhaltung jener ‚typischen Sennelandschaft' auf, die jetzt um so mehr die nostalgische Assoziation landschaftlicher Vergangenheit evozierte. Zur Zeit des Wandervogels war die Senne eines der beliebtesten Ziele von Ausflüglern und Heimatliebhabern der Umgegenden, die die angesichts der Lüneburger Heide neu entstandene populäre Wertschätzung von Heidelandschaft teilten und – wie auch der von ihnen verehrte Heidedichter und Naturschützer Hermann Löns selbst – auf die Sennelandschaft übertrugen. Gerade auch das Bewusstsein der Vergänglichkeit dieser Landschaftsform trug zu ihrer Romantisierung bei: Die These liegt nahe, dass der erste Höhepunkt der Heideromantik in eine Zeit fällt, in der die Heidelandschaft bereits als Kontrast zur intensiver genutzten Umgegend erlebt wurde und zugleich augenfällige Veränderungen diese als nostalgisch erfahrene Idylle bedrohten. Konkreter naturschützerischer Impetus ist zwar seit mindestens 1914 für die Senne belegbar, blieb allerdings in der Aufmerksamkeit der Heimatforscher insgesamt zurück hinter dem gesteigerten Interesse an Frühgeschichtlichem, welches besonders in den 1920er und 1930er Jahren in der Senne allzu bunte Scheinblüten trieb und im wabernden Germanenkult kulminierte. Die Aufladung der Landschaft mit historischen Symbolen und Insignien völkischer Bedeutung, so etwa die Konstruktion vermeintlicher ‚germanischer Heiligtümer' im Sennesand, ist zwar ein vergessenes bzw. verdrängtes Kapitel der regionalen Landschaftswahrnehmung, stellt aber dennoch ein ganz paradigmatisches Beispiel für die Imagination dieser Gegend als ‚uralt' und ‚ursprünglich' dar.

Die Wahrnehmung der Senne als ein ‚Naturparadies' war der romantischen und nostalgischen Aufmerksamkeit der Wanderfreunde und Germanenkundler in den ersten Jahrzehnten des 20. Jahrhunderts zwar stets immanent, stand jedoch noch nicht im Vordergrund. Erste Naturschützer nahmen die Senne gewiss schon seit der Frühzeit der Heimatschutzbewegung als schützenswerten und heimattypischen Landschaftsraum wahr, betrachteten sie aber anderen (Wald-)Gebieten regional-identifikativer Bedeutung nachgeordnet und zeigten zunächst durchweg Verständnis für die Notwendigkeit einer großflächigen Kultivation weiter Teile dieser ausgesprochenen Peripherie. Frühe naturschützerische Alarmrufe hinsichtlich eines bevorstehenden ‚Verlorengehens' der Sennelandschaft implizierten nicht zwangsläufig die Forderung nach Gegenmaßnahmen. Für einen vergleichbaren Kontext spricht Ludwig Fischer vom Konzept einer „verstehenden Trauer", mit welcher Naturliebhaber dem „unabwendbaren Untergang" einer Kulturlandschaft zuweilen gegenüberstehen: Verstehende Trauer beklagt als bildungsbürgerliches Konstrukt den Verlust der Kultur eines vermeintlich einfachen Lebens, nimmt diesen aber zugleich als zivilisationsgeschichtlichen Niedergang hin (vgl. FISCHER 2000: 624–652). Erst als die Ödlandkultivationen in den 1920er und 1930er Jahren mit dem Einsatz von dampfkraftbetriebenen Tiefpflügen intensiver wurden, begannen auch solche Stimmen lauter zu werden, die den Fortbestand der als naturhaft wahrgenommenen Senne und eine Unterschutzstellung zumindest von Teilbereichen der Landschaft forderten. Allerdings hatten solche Forderungen kaum Auswirkungen auf den Fortgang der massiven Umgestaltung der Landschaft; bis in die jüngere Vergangenheit hinein mussten sich Naturschützer mit wenigen kleineren Schutzgebieten und der weitgehend resignativen Wiederholung ihrer Klage über das latente ‚Sterben' der Sennelandschaft begnügen.

Die fortschreitenden Meliorationen der Heideflächen und Trockenlegungen der Sümpfe wurden in der ersten Hälfte des 20. Jahrhunderts zu einem bedeutenden Anteil von unter Zwang arbeitenden Kriegsgefangenen und von arbeitslosen, jugendlichen und behinderten Insassen der verschiedenen sozialtherapeutischen Einrichtungen geleistet, die in einer auffällig überproportionalen Dichte in der Senne eingerichtet worden waren. Auch diese wiederholte Externalisierung von gesellschaftlichen Randgruppen aus den regionalen Zentren in den peripheren Freiraum Senne hinein ist dabei als eine Eigenart dieser Landschaft zu interpretieren: Die Marginalisierung dieser Personengruppen steht äquivalent zur Marginalisierung der Landschaft. In diesem Zusammenhang sind auch andere Randnutzungen zu sehen: Von größtem und wirkungsreichstem Belang ist die Nutzung als Truppenübungsplatz, die auf den ökonomisch relativ unrentablen Heideflächen schon seit den 1890er Jahren eine ganz typische neue Inwertsetzung des minderbewerteten Ödlandes der Armuts- und Grenzregion Senne darstellte. Der Truppenübungsplatz wurde in seiner bislang über hundertjährigen Existenz weitgehend zu einem Synonym für die Senne, von der er nach mehreren Erweiterungen bereits seit den 1930er Jahren beinahe die Hälfte der Fläche einnimmt. Durch den Übungsbetrieb wurde eine Vielzahl an Maßnahmen zur kulturellen Aneignung der Senne als Siedlungs- und Agrarfläche wieder zurückgenommen[179] und es entstand in der südlichen Senne erneut ein völlig siedlungsfreier Raum mit Schießbahnen, Panzertracks und Ruinen – wieder ein Freiraum jenseits gesellschaftlicher Normalität, der vom Militär teilweise auch künstlich ausgestattet wurde mit Insignien einer romantischen Landschaft. Eine andere Form der Inwertsetzung der billigen, nach Aufgabe der Plaggendüngung völlig nutzlosen Heideflächen war in der Nachkriegszeit ihre Verwendung für den sozialen Wohnungsbau; insbesondere auch den Flüchtlingen aus ehemaligen deutschen Ostgebieten wurde die Senne nach dem Zweiten Weltkrieg als ein Freiraum für die Neuansiedlung zur Verfügung gestellt. In dem Bielefeld zugewandten Nordteil der Senne fand über viele kleinere und einige große Wohnungsbauprojekte seit den 1950er Jahren eine Zersiedelung und Suburbanisierung der Landschaft statt, die den eigenartigen, gleichsam verachteten als auch romantisch gepriesenen Charakter der Senne als kaum kultivierten, verheideten Freiraum in diesen Bereichen zu dem einer so genannten ‚Allerweltslandschaft' veränderte. Gerade hier, im vom Wohnungsbau, von der Industrie und der modernisierten Agrarwirtschaft genutzten Nordteil, setzten in den 1960er Jahren dann auch die Initiativen von Naturschützern an, die eine ‚Rettung' der sennetypischen Landschaft forderten; den ökologisch wesentlich intakteren, vom Militär genutzten Südteil der Senne hatten die Naturschützer der 1960er und 1970er Jahre kaum im Blick.

Erst als zum Ende der 1980er Jahre die Auflösung von Truppenübungsplätzen aufgrund der weltpolitischen Veränderungen überhaupt diskutierbar wurde, rückte dieser Bereich der Senne rasch ins Zentrum der naturschützerischen Aufmerksamkeit. Durch die viele Jahrzehnte währende weitgehende Abschottung gegen landschaftsmodernisierende Entwicklungen war hier eine Senne erhalten geblieben, die – zumindest in Teilbereichen – den fachökologischen, aber auch den romantischen und nostalgischen Wahrnehmungsschemen entsprach: Die Wesensmerkmale einer uralten, seltenen, weitläufig verheideten und versumpften, menschenleeren und naturnahen Landschaft, in der scheinbar die Zeit stehen geblieben war, waren hier konserviert. Im Gegensatz zur ‚Allerweltslandschaft' der nördlichen Senne fanden Naturschützer hier eine „Bilderbuchlandschaft"[180] vor: Ökologische und naturschutzfachliche Untersuchungen kamen zu derartig positiven Bewertungen, dass bald Forderungen nach einem Nationalpark

179 In diesem Zusammenhang – der Rücknahme kultureller Maßnahmen auf dem Truppenübungsplatz – wäre bezüglich der Wahrnehmung der Senne noch ein besonderer Aspekt anzusprechen: Betrachtet man an die Aus- und Umsiedlung der ehemaligen Bewohner der Siedlungen Haustenbeck, Hövelsenne etc. und sieht zugleich deren regelmäßige Zusammenkünfte und Besuche der zu Ruinenstätten verfallenen Ortschaften, so drängt sich die Titulierung einer eigenartigen Wahrnehmung der Sennelandschaft als ‚verlorene Heimat' geradezu auf. Diese sehr spezielle, gleichsam hochinteressante Wahrnehmungsform wurde in dieser Studie nur am Rande erwähnt, obwohl sie von großer Bedeutung ist. Für eine angemessene Darstellung dieses Aspektes wäre eine Untersuchungsmethode zu wählen, die den ohnehin schon breiten Rahmen dieser Studie gesprengt hätte: Es müssten, um differenziert und dicht in dieses Thema einzusteigen, ausführliche biographische Interviews mit den noch lebenden ehemaligen Bewohnern geführt werden. Vielleicht kann dieser Verweis als Anregung für andere interessierte Sozialgeographen, Historiker oder Ethnologen dienen, was insbesondere deshalb wünschenswert wäre, da die Anzahl jener Menschen, die mit unmittelbaren Erinnerungen an ihre ‚verlorene Heimat' in der Senne Auskunft geben könnten, immer weniger wird.

180 Der Begriff der „Bilderbuchlandschaft" wird in einer aktuellen Broschüre der Stiftung Europäisches Naturerbe (EURONATUR) verwendet: „Die Sicherung der Bilderbuchlandschaft Senne und der angrenzenden Naturgebiete ist uns eine wichtige Aufgabe."

im Raum standen und auch rasch administrative Zustimmung fanden. Das Interesse des Naturschutzes an der funktionalen Aneignung der Sennelandschaft in seinem Sinne ist dabei als eine weitere Sondernutzung des ökonomisch unrentablen Freiraumes interpretierbar; die These vom Naturschutz als kultureller Verwerter solcher Landschaftsräume, in denen sich gerade wegen des Ausbleibens anderer intensiver Nutzungsansprüche eine naturnähere Landschaftsausprägung erhalten konnte, ist weitgehend allgemeingültig. Ein Nationalpark etwa in einer fruchtbaren Bördelandschaft ist nahezu undenkbar, in einer peripheren Gegend wie der Senne dagegen ist er geradezu naheliegend. Der deshalb relativ chancenreiche Naturschutz bietet insofern die Möglichkeit einer neuen Form der kulturellen Aneignung und Inwertsetzung der Senne, die ihrer historischen Eigenart als Freiraum für Sondernutzungen durchaus entspricht.

Auch für den sozialgeographisch beschreibbaren Prozess einer Regionalisierung auf die Senne hin, also der Postulierung und Herstellung einer regionalen räumlichen Einheit unter einem bestimmten sozialen Organisationsprinzip, ist der Naturschutz von Bedeutung. Bislang hatte die Gegend stets den Grenz- und Schnittbereich verschiedener Zuständigkeitsbezirke gebildet und wurde jenseits einiger heimatkundlicher und landschaftsgeographischer Betrachtungen nicht als eigenständige Region im Organisationssinn wahrgenommen. Mit dem ‚Landschaftsplan Sennelandschaft' und dem ‚Naturschutzfachlichen Leitbild' wurde die Senne in den 1990er Jahren erstmals auf administrativer Ebene als zusammengehörige Region begriffen. Über weitere naturschutzbezogene Konzeptionen der Regionalentwicklung – wie etwa der 1999 ins Leben gerufenen Regionalvermarktungsmarke ‚Senne Original' für Produkte der einheimischen Landwirtschaft – soll die Senne gegenwärtig als gemeinde- und kreisübergreifende Region konstruiert und nach außen dargestellt werden; hinsichtlich einer ökonomischen Sicherung von Ressourcen in Form von europäischen Leader-Geldern ist die ‚Region Senne' zuletzt knapp gescheitert. Noch wirksamer und konstruktiver in diesem Sinne wäre freilich – wie angestrebt – eine Konzeptionierung als weithin populäres Großschutzgebiet, etwa als Nationalpark oder Biosphärenreservat. Heute schon, nach nur wenigen Jahren der öffentlichen Kommunikation über dieses Thema, gilt die Senne schon als bundesweit bekanntes ‚Naturparadies', und in einigen Jahren wird diese Wahrnehmung womöglich die seit einem Jahrhundert an erster Stelle wirksame Assoziation ‚Truppenübungsplatz' ersetzt haben. Ob und inwiefern ein Abzug des Militärs überhaupt zur Disposition steht, ist dabei sekundär. Sowohl in der Außen- als auch in seiner Selbstwahrnehmung *hat* sich der Naturschutz die Senne bereits angeeignet und sie mit einer neuen gesellschaftlichen Bedeutung aufgeladen; auch wenn das Militär langfristig in der Senne bliebe, hätte es der öffentlichen Erwartung zu entsprechen und die Rolle des ‚Naturschützers in Uniform' (weiterhin) zu übernehmen.

Im naturschützerischen Diskurs über die Senne – speziell im Nationalparkdiskurs – formulieren sich stellvertretend für allgemeinere naturschutzethische Diskussionen freilich verschiedene Meinungen; insbesondere für den naturschutzinternen Disput über das zu verfolgende Entwicklungsleitbild – dichotomisiert auf Kulturlandschaft oder Wildnis – stellte die Senne zuletzt ein in der Fachliteratur vieldiskutiertes ‚Paradebeispiel' dar. Mittlerweile halten sich diesbezügliche Polarisierungen bei den Naturschützern vor Ort allerdings in Grenzen: Zwar handelt es sich bei ‚Sukzessionsschutz' und ‚Landschaftspflege' in der Theorie um konträre Philosophien, jedoch tritt eine diesbezügliche Divergenz im Gespräch mit Naturschützern nur weniger scharf hervor, da die emotionalen Basiserfahrungen einzelner Personen hinsichtlich ihres Naturbezuges so unterschiedlich nicht sind. Vielmehr zeichnen sich zunehmend Konsenspotentiale ab und zur Lösung des scheinbaren Konfliktes werden ‚Sowohl-als-auch-Strategien' favorisiert. Eine ‚objektive' und theoretisch homogene Legitimationsbasis für sein Handeln ist für den Naturschutz ohnehin unmöglich herstellbar: Es gibt nicht *die* Lösung oder *den* Weg im Naturschutz, vielmehr kann dies nur Ergebnis eines sozialen Diskurses sein, die Naturschützer tun gut daran, sich davor zu bewahren, sich – wie zumindest zeitweise geschehen – in Werturteildilemmas zu zermürben. Ohnehin beziehen sich die persönlichen Vorlieben der befragten Naturschutzexperten durchweg *zugleich* auf die pflegebedürftigen, offenen Kulturlandschaftsbereiche wie *auch* auf die verwildernden Bachläufe, die mit ihrer linienhaften Struktur allerdings keinen allzu großen Flächenanteil ausmachen.

Mit der Forderung nach einem Nationalpark hat man angesichts geltender internationaler Normen (75% Prozessschutzanteil in Nationalparken, also letztlich Bewaldung) nicht unbedingt diejenige Schutzkategorie gewählt, die sowohl den eigenen Vorlieben als auch der historischen Eigenart der Senne in allen Bereichen angemessen wäre; daher versucht man nun, diesem Dilemma durch Tricks und konzeptionelle Änderungen zu begegnen. Ein Nationalparkkonzept ist, wie die Interviews offenbaren, auch unter Mitgliedern des ‚Fördervereins Nationalpark Senne' umstritten; man neigt um der Erhaltung des sennetypischen Offenlandes Willen auch zu anderen Schutzkonzepten, so etwa dem eines Biosphärenreservats. Die Popularität und Prägnanz des werbewirksamen Codewortes ‚Nationalpark' soll derweil aber zunächst nicht aufgegeben werden. Einige Naturschützer bevorzugen zur nachhaltigen Sicherung des naturräumlichen Potentials insgeheim durchaus auch einen längerfristigen Verbleib des Militärs und somit eine Aufrechterhaltung des derzeitigen Status quo als Sperrgebiet.

Auch ein anderer naturschutzethischer Grundkonflikt wird am Beispiel der Senne deutlich: Ist Natur für oder gegen Menschen zu schützen? Gerade für die ehemals gemeine Allmende Senne mit ihrem historisch gewachsenen Charakter als ‚herrenloses Niemandsland' – als ein quasi traditionell öffentlicher Raum – ist diese Frage interessant. Die Senne hat in dieser Hinsicht bislang eine hochgradig ambivalente Entwicklung durchlaufen; so ist die Existenz des Truppenübungsplatzes zwar gewissermaßen eine direkte und kausale Folge dieser historischen Eigenart, andererseits hat seine Einrichtung und Nutzung diese Charakteristik über hundert Jahre insofern in ihr Gegenteil verkehrt, als sie den Freiraum zu Sperrraum werden ließ. Sollte man sich in Zukunft an der ‚alten Eigenart' der freien Zugänglichkeit oder an der ‚neuen Eigenart' der Abschottung orientieren? Wie strikt sollte also ein Schutzkonzept für die Senne sein? Ist die in der Landschaft unmittelbar erfahr- und erlebbare ‚Liebe zur Natur', wie der Naturschützer Hubert Weinzierl[181] es postulierte, nicht die eigentliche historische Wurzel des Naturschutzes? – Das bleibt eine offene Frage auch unter den befragten Naturschützern: Manche würden die Natur der Senne gerne isoliert belassen, sie nur wenigen Privilegierten (zu denen freilich auch sie selbst gehören könnten) zugänglich machen; andere argumentieren gerade mit dem legitimen Anspruch der Öffentlichkeit auf die Möglichkeit des Naturerlebens, da erst diese dem Naturschutz politische Durchsetzungsfähigkeit und gesellschaftliche Relevanz geben würde.

Die persönlichen Biographien der Senneexperten zeigen, auf wie unterschiedliche Weise sich ein enger Bezug zu einer bestimmten Gegend entwickeln kann. Die emotionale Aneignung einer Landschaft kann sowohl in der Kindheit begründet sein, ebenso kann sie sich auch erst im Erwachsenenalter – etwa über den professionellen Bereich – vollziehen. Den einen war die Senne schon Kindheitsheimat und damit Ort früher Naturerfahrungen, andere lernten die Landschaft erst später über ihren Beruf kennen; über die intensive Beschäftigung vor Ort hat manche/r trotzdem eine Empfindung wie ‚Verwurzelung' – etwa mit einem zu betreuenden Naturschutzgebiet – entwickelt. Ein grundlegenderer, allgemeinerer Bezug zu Natur und Landschaft hat sich dagegen gemäß der Selbsteinschätzungen der Gesprächspartner in allen Fällen schon in Kindheit und Jugend entwickelt und kann daher völlig unabhängig von der späteren Neigung zur Senne sein. Offenbar sind für die Konstitution des Naturbezuges weniger konkrete Landschaften wichtig als vielmehr konkrete Personen, die als Vorbilder und Auslöser von

181 „Denn Naturschutz ist letztlich eine Frage der Liebe." Zit. n.: Weinzierl, Hubert: Leitbild Wildnis. In: Bayerische Akademie für Naturschutz und Landschaftspflege (Hrsg.): *Schön wild sollte es sein*. Laufen 1999: 64.

Interesse fungierten; so waren es etwa Familienmitglieder, Lehrer oder bestimmte Personen aus der Nachbarschaft, die den Kindern oder Jugendlichen naturbezogene Aktivitäten oder Wissensbestände nahe brachten. Die meisten späteren Naturschützer haben ihre ganz persönlichen Geschichten und Erinnerungen an frühe Wanderunternehmungen oder ornithologische Beobachtungen, die sie als prägend für ihr späteres Interesse werten.

Solche Gesprächspassagen, in denen die befragten Experten persönliche Natureindrücke und -erlebnisse schildern, sind insofern besonders interessant, als dass der eigene Naturbezug in der naturschutzfachlichen Selbstdarstellung im Allgemeinen allzu oft unter den Tisch fällt. Infolge der Professionalisierung und Akademisierung des Naturschutzes, die seit den 1970er, insbesondere seit den 1980er Jahren in Deutschland einsetzten, sind es viele Naturschützer heute eher gewohnt, in ökowissenschaftlichem Vokabular die Quantifizierbarkeit von Biodiversitäten und andere scheinbar objektive Qualitäten von schützenswerter Natur zu betonen, anstatt auch vermeintlich banale Aussagen zu treffen wie: „Ich finde diese Landschaft schön, ich fühle mich wohl darin, ich will sie deshalb erhalten." Solche Aussagen wären, so meine ich, keinesfalls diskreditierend für das ökowissenschaftliche Fachwissen eines Naturschützers; vielmehr entsprächen sie der emotionalen und historischen Basis ihres Genres. Vielleicht aber befürchten einige auch, mit solcherart subjektiven und ‚unprofessionellen' Aussagen ihr Privileg, welches sie von den ‚normalen Naturfreunden' unterscheidet – nämlich sich als einzige und aus ‚rein wissenschaftlichen' Gründen in besonders attraktiven Landschaftsteilen frei bewegen zu dürfen – anfechtbar zu machen. In den Interviews kam zur Sprache, dass einige Naturschützer durchaus auch ganz privat die militärisch abgesperrten Gebietsteile der Senne für persönliche Naturerlebnisse nutzen. Ebenso wurde in einigen Naturschilderungen deutlich, dass das ästhetische Eindruckspotential der Landschaft – und zwar ganz unabhängig von fachlichen Biotopbewertungen – durchaus einen großen Einfluss auf die jeweils subjektive Wahrnehmung hat. Insgesamt steht als Befund zu vermuten, dass die wirklichen Motive von Naturschützern in aller Regel weniger mit objektiven Einsichten der Ökologie, dafür sehr viel mehr mit subjektiven Prägungen und Einstellungen, mit Biographie, Erinnerungen und Emotionen zu tun haben und dass also affektive Bezüge zu Natur und Landschaft zumindest latent fachliche Zielvorstellungen beeinflussen. Auffällig sind darüber hinaus die Geschlossenheit und Deutlichkeit, mit der nahezu alle Befragten die verbreitete Vorliebe für offene Landschaften, insbesondere für solche, die jenseits intensiver Monokulturen zu verorten sind, mit archaischen Urinstinkten erklären und somit eine Objektivierung – mithin auch eine Temporalisierung – der eigenen emotionalen Präferenz vornehmen.

Inwieweit aber eine Offenhaltung der großen Freiflächen des Truppenübungsplatzes für den Naturschutz überhaupt leistbar wäre, ist eine andere Frage. Manche Befragte zweifeln an den Möglichkeiten und Kapazitäten der zu organisierenden Landschaftspflege, manche würden diese Aufgabe ohnehin am liebsten beim Militär belassen, andere stehen der Leistbarkeit optimistischer gegenüber und wieder andere wollen die Ausdehnung der Offenflächen auf eine rentable pflegerische Kapazität hin orientiert reduzieren. Eine weitgehende sukzessive ‚Verbuschung' der Heiden und Magerrasen hin zu einem flächengroßen ‚Urwald Senne' scheint jedenfalls bei den regionalen Naturschützern rund zehn Jahre nach dem Aufkommen dieser vielfach diskutierten Idee nicht mehr zur Debatte zu stehen: Und sei ein auf über hundert Quadratkilometern geschlossener bodensaurer Sekundärurwald mit Eichen und Birken noch so selten in Europa – die Senne muss, das scheint Konsens zu sein, zumindest in hinreichend großen Bereichen eine offene Landschaft bleiben! Tatsächlich entspräche dies sowohl einer historischen Eigenart als auch einer ästhetischen Eigentümlichkeit dieser Landschaft, die nur so im heimatlichen Vokabular wohl als ‚unsere Senne' apostrophierbar bliebe. Ulrich Harteisen, der derzeitige Vorsitzende des Nationalpark-Fördervereins, verwendet den Begriff einer „landschaftlichen Identität" der Senne, welche zu bewahren die Aufgabe einer sinnvoll gesteuerten Landschaftsentwicklung sei; dabei unterscheidet er jene Sennebereiche, die innerhalb des Truppenübungsplatzes liegen, von jenen außerhalb der militärischen Sperrzone. Da die Kulturlandschaftsentwicklungen beider Bereiche seit mindestens einem halben, in weiten Teilen sogar seit über einem Jahrhundert stark differieren, sei ein aus historisch-geographischer Perspektive bestimmbares „Schutzgut Historische Kulturlandschaft Senne" fast ausschließlich nur noch auf dem Truppenübungsplatz zu finden (vgl. HARTEISEN 2000).

Eine kulturlandschaftspflegende Offenhaltung der ökologisch und ästhetisch wertvollen Freiflächen des Truppenübungsplatzes könnte zwar ein Abbild eines historischen Landschaftszustandes herstellen und erhalten, jedoch blieben die aktuell als Schießbahnen und Panzerübungsgelände genutzten Landschaftsbereiche als streng naturgeschützter und nur stark eingeschränkt betretbarer Raum kulturell relativ unbelebt und tatsächlich museal kulissenhaft – ein Preis, den zu zahlen aber naturschutzethisch wohl vertretbar wäre. Die naturschützerische Sehweise bleibt dennoch nur eine unter anderen aus der in dieser Studie aufgezeigten perspektivischen Vielfalt des Blickes auf die Sennelandschaft; aktuell ist sie mithin die reizvollste. An einer eigentümlichen und historischen Identität der Landschaft haben die traditionsreiche offene Heide als auch die anderen naturnahen und naturschützerisch relevanten Lebensräume zweifelsohne großen Anteil; allerdings wäre es nicht hinreichend, eine ‚landschaftliche Identität' einseitig auf ökologische Aspekte hin zu reduzieren. Die Kulturgeschichte der Senne als Landschaft, also als Biotop wie auch als Psychotop, hat im Ergebnis des Zusammenwirkens natürlicher Gegebenheiten mit gesellschaftlichen Nutzungen, sozialen Bedürfnissen, interessenorientierten Handlungs- und Sehweisen sowie ästhetischen und ideologischen Projektionen ein bestimmtes ‚Landschafts-Image' entstehen lassen; hierzu zählen auch andere, gleichsam traditionsreiche und sennetypische Eigenarten, die jenseits einer ‚normalen Allerweltslandschaft' aus Siedlung, Arbeit, Verkehr und Agrarwirtschaft zu verorten sind. Provokant gesagt: kreuz und quer und mit wenig Rücksicht auf Bodenbrüter durch die Heide wandernde und lagernde Menschen, flächenintensive Sondernutzungen und zuweilen informelle Beanspruchungen des Raumes zu Freizeitzwecken – so auch Geländefahrzeuge, die lärmend den Sand aufwühlen – gehören genauso zu einer gewachsenen Eigenart des Freiraumes Senne wie der erst in den vergangenen Jahrzehnten naturhaft-verwilderte Bachlauf und die Möglichkeit des ästhetischen Erlebens eines weitgespannten Horizontes über einer stillen, scheinbar nutzlosen Ebene. Was man davon landschaftsplanerisch weiterhin ermöglichen will, ist und bleibt Ansichtssache.

Von den drei Hauptkategorien der durchgeführten Analyse zur Kulturgeschichte der Wahrnehmung der Sennelandschaft, die ich unter den Stichworten ‚Freiraum', ‚Ästhetisierung' und ‚Naturparadies' differenziert habe, scheint mir die Kategorie ‚Freiraum' die weitreichendste und umfassendste zu sein. So wie die Differenzierung nur ein analytisches Arbeitsmittel war, so ließe sich umgekehrt die ambivalente Wahrnehmungsvielfalt auch synthetisch unter einen Oberbegriff fassen; geeignet bliebe hierfür der Aspekt des Freiraumes: Er könnte am ehesten zur Beschreibung eines Gesamtbildes dienen, denn die Eigenarten und Eigenartigkeiten der Wahrnehmung dieser Landschaft sind in nahezu allen Belangen auf ihre Charakteristik als landschaftliche Peripherie, als ein Freiraum jenseits kultureller Normalität zurückführbar. Neben der Funktion als Grenzraum und Restfläche für allerlei Sondernutzungen, neben ihrer Wahrnehmung als herrenlose Allmende, als unfruchtbare Ödnis, als gleichsam soziale Nische und Zwangsheimat marginalisierter Personengruppen etc. – all dies wurde ohnehin schon unter der Kategorie Freiraum angesprochen – könnten auch die beiden anderen Kategorien aufgelöst und subsumiert werden: Auch die ästhetisierenden Positivwertungen beziehen sich auf die weite, freie, uralte und nur extensiv genutzte Heidelandschaft, auf die sonderbare Geschichte dieser Gegend und die Vielzahl von Geschichten, deren tatsächliches oder erfundenes Stattfinden fern der umliegenden konsolidierten Zentren hier in der abseitigen Senne angesiedelt wurde. Sämtliche ästhetischen Merkmale, die der Senne in positiver Weise als typisch und eigenartig zugewiesen wurden, sind verbunden mit ihrer historischen Kulturferne und deren Folgen für das Landschaftsbild, mit ihrem „Kontrast zur Alltagslandschaft“: die Weitläufigkeit und Menschenleere, die Schlichtheit und Einfachheit, die fehlende Modernität und die anmutende Zeitlosigkeit. Den Wandervögeln war die Senne Freiraum für ihre Flucht ‚aus grauer Städte Mauern‘, den Zivilisationskritikern für ihre Sehnsucht nach Vormoderne und naturhafter Wildnis, den zuweilen ‚germanophilen‘ Heimatkundlern für ihre nach Identitätsstiftung strebenden Projektionen regionaler Vergangenheit. Und auch die kulturelle Funktion der Senne als Naturparadies (womöglich als ein diesbezüglich institutionalisiertes Schutzgebiet) ist eine weitere Funktion ihrer historischen Charakteristik als Freiraum außerhalb der normalen, gewöhnlichen Kulturlandschaft; diesmal als Freiraum für Natur.

8. Achtes Kapitel: Verzeichnis der Literatur

Das Verzeichnis der Publikationen und Aufsätze, die verwendet bzw. auf die verwiesen wurde, ist aufgeteilt in zwei Abschnitte: In einem ersten Teil „Allgemeine Literatur“ wird in alphabetischer Ordnung diejenige Literatur aufgeführt, die in grundsätzlicher, nicht regionalspezifischer Weise die Themen Landschaftsgeschichte und Landschaftswahrnehmung behandelt und auf deren Grundlage vor allem die Theoriekapitel dieser Studie fußen. In einem zweiten Teil „Literatur und Quellen mit Sennebezug“ werden sämtliche Schriften aufgeführt, die in konkretem Bezug zur Senne stehen; sie erscheinen in chronologischer Ordnung. Zur weiteren Ordnung dieser Liste gelten bei Publikationen des gleichen Jahrgangs die Kriterien, dass zunächst die Monographien und dann die Aufsätze oder Artikel aufgeführt werden; die Monographien bzw. Aufsätze eines Jahrganges sind schließlich alphabetisch nach Autoren geordnet. Bei Herausgebermonographien werden in der Regel die einzelnen Beiträge und Autoren nicht angeführt; lediglich in einigen Fällen wird auf bestimmte Aufsätze verwiesen, insbesondere natürlich dann, wenn hieraus zitiert wurde.

8.1. Allgemeine Literatur

AMANN, Christof: Landschaft – ein Widerspruch? In: Haberl, Helmut u. Gerhard Strohmeier (Hrsg.): *Kulturlandschaftsforschung.* Wien u. New York 1999: 31–35.

APPLETON, J.: *The Experience of Landscape.* London 1975.

BARTHELMESS, Alfred: *Landschaft. Lebensraum des Menschen.* Probleme von Landschaftsschutz und Landschaftspflege geschichtlich dargestellt und dokumentiert. Freiburg u. München 1988.

BECK, Rainer: Die Abschaffung der Wildnis. Landschaftsästhetik, bäuerliche Wirtschaft und Ökologie zu Beginn der Moderne. In: Konold, Werner (Hrsg.): *Naturlandschaft – Kulturlandschaft.* Die Veränderung der Landschaften nach der Nutzbarmachung durch den Menschen. Landberg 1996: 27–44.

BIRNBACHER, Dieter (Hrsg.): *Ökophilosophie.* Stuttgart 1997.

BÖHME, Gernot: *Natürlich Natur.* Über Natur im Zeitalter ihrer technischen Reproduzierbarkeit. Frankfurt 1992.

BÖHME, Gernot: Die Physiognomie einer Landschaft. In: *Geographische Zeitschrift 2,* 1999: 98–104.

BÖHMER, Hans Jürgen: Beim nächsten Wald wird alles anders. Wildnis und Prozeßschutz: Diskussionsstand und Ideengeschichte. In: *Politische Ökologie 59,* 1999: 14–17.

BORK, Hans-Rudolf: *Landschaftsentwicklung in Mitteleuropa.* Wirkungen des Menschen auf Landschaften. Stuttgart 1998.

BORCHERDT, Christoph: Über verschiedene Formen der Sozialbrache. In: Ruppert, W. (Hrsg.): *Zum Standort der Sozialgeographie.* Regensburg 1968: 143–154.

BOURASSA, Steven C.: *The Aesthetics of Landscape.* London and New York 1991.

BRÄMER, Rainer: Das Bambi-Syndrom. Vorläufige Befunde zur jugendlichen Naturentfremdung. In: *Natur und Landschaft 5,* 1998: 218–222.

BRÄMER, Rainer: Landschaft zu Fuß erleben. Brauchen wir gesondert ausgewiesene Naturerlebnisgebiete? In: *Natur und Landschaft 2,* 1998: 47–54.

BRÄMER, Rainer: *Was ist eine schöne Landschaft?* Marburg 1996.

BUNZEL-DRÜKE et al: Wald, Mensch und Megafauna. Gedanken zur holozänen Naturlandschaft in Westfalen. In: *LÖLF-Mitteilungen 4*, 1995: 43–51.

BURGGRAAFF, Peter: *Fachgutachten zur Kulturlandschaftspflege in Nordrhein-Westfalen.* Münster 2000.

BURGGRAAFF, Peter: *Kulturlandschaftspflege – Sukzession contra Erhalten.* Recklinghausen 1999.

BURGGRAAFF, Peter u. Klaus-Dieter KLEEFELD: *Historische Kulturlandschaft und Kulturlandschaftselemente.* Bad Godesberg 1998.

BURRICHTER et al: Die potentielle natürliche Vegetation. Begleittext zum *Geographisch-landeskundlichen Atlas von Westfalen,* 4. Lieferung, Dbl. 1, 1988.

CHRISTMANN, Gabriela B.: Wege in Ökologiegruppen. Oder: Das Vokabular von „Weil"-Motiven bei Akteuren der Umweltbewegung. In: *BIOS – Zeitschrift für Biographieforschung und oral history 2*, 1992: 189–212.

DANIEL, Ute: Clio unter Kulturschock. Zu den aktuellen Debatten der Geschichtswissenschaft. In: *Geschichte in Wissenschaft und Unterricht 48*, 1997: 195–219.

DÄUMEL, Gerd: Landschaftspflege gegen Landschaftsverlust. Zum Problem der Sozialbrache. In: *Landschaft & Stadt 2*, 1972: 89–95.

DUPKE, Thomas: *Hermann Löns. Mythos und Wirklichkeit.* Hildesheim 1994.

EICHBERG, Henning: Stimmung über der Heide. Vom romantischen Blick zur Kolonisierung des Raumes. In: Großklaus, Götz u. Ernst Oldemeyer (Hrsg.): *Natur als Gegenwelt.* Beiträge zur Kulturgeschichte der Natur. Karlsruhe 1983: 197–234.

ESER, Uta u. Thomas POTTHAST: *Naturschutzethik.* Baden-Baden 1999.

ESER, Uta u. Thomas POTTHAST: Bewertungsproblem und Normbegriff in Ökologie und Naturschutz aus wissenschaftsethischer Perspektive. In: *Zeitschrift für Ökologie und Naturschutz 6*, 1997: 181–189.

ESER, Uta: *Der Naturschutz und das Fremde.* Ökologische und normative Grundlagen der Umweltethik. Frankfurt u. New York 1999.

EWALD, K. C.: Traditionelle Kulturlandschaften. Elemente und Bedeutung. In: Konold, Werner (Hrsg.): *Naturlandschaft – Kulturlandschaft.* Die Veränderung der Landschaften nach der Nutzbarmachung durch den Menschen. Landsberg 1996: 99–119.

GARZ, Detlef u. Klaus KRAINER: *Qualitativ-empirische Sozialforschung.* Opladen 1991.

FELDMANN, Reiner: Historisch gewordene landschaftliche Vielfalt als Voraussetzung für eine artenreiche Pflanzen- und Tierwelt. In: *Natur- und Landschaftskunde Westfalen 14*, 1978: 3–8.

FELDMANN, Reiner: Sekundäre Lebensräume und ihre Bedeutung als ökologische Ausgleichsflächen. In: *Natur- und Landschaftskunde Westfalen 13*, 1977: 117–122.

FINKE, Lothar: Natur- und Umweltschutz. Zur Problematik der Abgrenzung und des Selbstverständnisses. In: *Natur- und Landschaftskunde 33*, 1997: 1–12.

FINKE, Peter: Landschaftserfahrung und Landschaftserhaltung. Plädoyer für eine ökologische Landschaftsästhetik. In: Smuda, Manfred (Hrsg.): *Landschaft.* Frankfurt 1986: 266–298.

FISCHER, Hubertus: Naturwahrnehmung in Mittelalter und Neuzeit. In: *Landschaft & Stadt* 3, 1985: 97–110.

FISCHER, Ludwig: Das Feste und das Flüssige. Zur Ideologie und Wahrnehmungsgeschichte des Wattenmeers und der Halligen. In: Busch, Bernd u. Larissa Förster (Hrsg.): *Wasser* [=Schriftenreihe Forum Bd. 9], Bonn 2000: 624–652.

FISCHER-HÜFTLE, Peter: Vielfalt, Eigenart und Schönheit der Landschaft aus der Sicht eines Juristen. In: *Natur und Landschaft* 5, 1998: 239–244.

FITZTHUM, Gerhard: Die Wildnis ruft. Über die Spezies der wildgewordenen Outdoor-Sportler. In: *Politische Ökologie* 59, 1999: 39–40.

FLITNER, Michael: Konstruierte Naturen und ihre Erforschung. In: *Geographica Helvetica* 3, 1998: 89–95.

FLUSSER, Vilém: *Die Revolution der Bilder.* Mannheim 1995.

FÖRSTER, Uwe: Harde, Riede, Moose. Landschaftsnamen in der BRD, wie sie entstanden und was sie bedeuten. In: *Frankfurter Allgemeine Zeitung* vom 24.11.1995.

FRIESEN, Hans u. Eduard FÜHR (Hrsg.): *Neue Kulturlandschaften.* Cottbus 2001.

FROHMANN, Erwin: Die Archetypen der Landschaft – ihre äußeren und inneren Bilder. In: *Natur und Landschaft* 4, 1997: 202–206.

GILDEMEISTER, Richard: Zur Frage der Betretbarkeit von Landschaft. In: *Natur und Landschaft* 4, 1985: 144–147.

GORISSEN, Ingmar: *Die großen Hochmoore und Heidelandschaften in Mitteleuropa.* Siegburg 1998.

GRÖNING, Gert u. Joachim WOLSCHKE-BULMAHN (Hrsg.): *Die Liebe zur Landschaft.* Teil I: Natur in Bewegung. Zur Bedeutung natur- und freiraumorientierter Bewegungen der ersten Hälfte des 20. Jahrhunderts für die Entwicklung der Freiraumplanung. München 1986.

GRÖNING, Gert u. Ulfert HERLYN (Hrsg.): *Landschaftswahrnehmung und Landschaftserfahrung.* Texte zur Konstitution und Rezeption von Natur als Landschaft. München 1990.

GROSSKLAUS, Götz u. Ernst OLDEMEYER (Hrsg.): *Natur als Gegenwelt.* Beiträge zur Kulturgeschichte der Natur. Karlsruhe 1983.

GROSSKLAUS, Götz: Der Naturtraum des Kulturbürgers. In: Großklaus, Götz u. Ernst Oldemeyer: *Natur als Gegenwelt.* Beiträge zur Kulturgeschichte der Natur. Karlsruhe 1983: 169–196.

GUNZELMANN, Thomas: *Die Erhaltung der historischen Kulturlandschaft.* Bamberg 1987.

HABERL, Helmut u. Gerhard STROHMEIER (Hrsg.): *Kulturlandschaftsforschung.* Wien u. New York 1999.

GUDERMANN, Rita: *Morastwelt und Paradies.* Ökonomie und Ökologie in der Landwirtschaft am Beispiel der Meliorationen in Westfalen und Brandenburg (1830–1880). Paderborn 2000.

HALTERN, Utz: Landschaft und Geschichte. In: Korzus, Bernard (Bearb.): *Das malerische und romantische Westfalen.* Aspekte eines Buches. Münster 1974: 199–210.

HAMPICKE, Ulrich: Der Preis einer vielfältigen Kulturlandschaft. In: Konold, Werner (Hrsg.): *Naturlandschaft – Kulturlandschaft.* Die Veränderung der Landschaften nach der Nutzbarmachung durch den Menschen. Landsberg 1996: 45–76.

HARD, Gerhard: *Landschaft und Raum.* Aufsätze zur Theorie der Geographie, Bd. 1. Osnabrück 2002.

HARD, Gerhard: Geographie als Spurenlesen. Eine Möglichkeit, den Sinn und die Grenzen der Geographie zu formulieren. In: *Zeitschrift f. Sozialgeographie 1/2,* 1998: 2–11.

HARD, Gerhard: *Spuren und Spurenleser.* Zur Theorie und Ästhetik des Spurenlesens in der Vegetation und anderswo. Osnabrück 1995.

HARD, Gerhard: Zu Begriff und Geschichte der „Natur" in der Geographie des 19. und 20. Jahrhunderts. In: Großklaus, Götz u. Ernst Oldemeyer (Hrsg.): *Natur als Gegenwelt.* Beiträge zur Kulturgeschichte der Natur. Karlsruhe 1983: 139–167.

HARD, Gerhard: Brache als Umwelt. Bemerkungen zu den Bedingungen ihrer Erlebniswirksamkeit. In: *Landschaft und Stadt 4,* 1975: 145–153.

HARD, Gerhard: „Landschaft". Folgerungen aus einigen Ergebnissen einer semantischen Analyse. In: *Landschaft und Stadt 2,* 1972: 77–89.

HARD, Gerhard: *Die „Landschaft" der Sprache und die „Landschaft" der Geographen.* Bonn 1970 [= Hard 1970 a].

HARD, Gerhard: Der „Totalcharakter der Landschaft". Re-Interpretation einiger Textstellen bei Alexander v. Humboldt. In: Beiheft zur *Geographischen Zeitschrift:* Alexander von Humboldt. Eigene und neue Wertungen der Reisen, Arbeit und Gedankenwelt. Wiesbaden 1970: 49–73 [= Hard 1970 b].

HARD, Gerhard: Das Wort Landschaft und sein semantischer Hof. Zu Methode und Ergebnis eines linguistischen Tests. In: *Wirkendes Wort 19,* 1969: 3–14.

HARD, Gerhard: Geographie als Kunst. Zur Herkunft und Kritik eines Gedankens. In: *Erdkunde 18,* 1964: 36–341.

HARTKE, Wolfgang: Die Sozialbrache als Phänomen der geographischen Differenzierung der Landschaft. In: *Erdkunde 10,* 1956: 257–269.

HASSE, Jürgen: Zum Verhältnis von Raum und Gefühl in der Anthropogeographie. In: *Geographische Zeitschrift 2,* 1999: 61–83.

HASSE, Jürgen: Sozialgeographie an der Schwelle zur Postmoderne. Für eine ganzheitliche Sicht jenseits wissenschaftstheoretischer Fixierungen. In: *Zeitschrift für Sozialgeographie 1/2,* 1999: 20–29.

HASSE, Jürgen: Zum Verhältnis von Raum und Körper. Aspekte einer geographischen Anthropologie. In: *Geographica Helvetica 2,* 1998: 51–59.

HASSE, Jürgen: *Mediale Räume.* Oldenburg 1997.

HASSE, Jürgen: *Ästhetische Rationalität und Geographie.* Oldenburg 1993.

HASSE, Jürgen: Reproduzierte Natur. In: *Praxis Geographie 2,* 1992: 6–8.

HEILAND, Stefan: *Naturverständnis: Dimensionen des menschlichen Naturbezugs.* Darmstadt 1992.

Hoffmann, Detlef u. Karl Ermert (Hrsg.): *Landschaftsbilder, Landschaftswahrnehmung, Landschaft.* Die Rolle der Kunst in der Geschichte der Wahrnehmung unserer Landschaft. Loccum 1986.

Huber, Andreas: Unheimliche Heimat. In: *Geographica Helvetica 1*, 1998: 30–36.

Hunziker, Marcel: *Einstellungen der Bevölkerung zu möglichen Landschaftsentwicklungen in den Alpen.* Dissertation Eidgenössische Forschungsanstalt Birmensdorf 2000.

Jeggle, Utz: Landschaft, Landschaftswahrnehmung, Landschaftsdarstellung. In: Hoffmann, Detlef u. Karl Ermert (Hrsg.): *Landschaftsbilder, Landschaftswahrnehmung, Landschaft.* Die Rolle der Kunst in der Geschichte der Wahrnehmung unserer Landschaft. Loccum 1986: 7–29.

Kemper, Anne: *Unverfügbare Natur.* Ästhetik, Anthropologie und Ethik des Umweltschutzes. Frankfurt 2001.

Knaut, Andreas: *Zurück zur Natur!* Die Wurzeln der Ökologiebewegung. Bonn 1993.

Knaut, Andreas: Der Landschafts- und Naturschutzgedanke bei Ernst Rudorff. In: *Natur und Landschaft 3*, 1990: 114–118.

Konold, Werner (Hrsg.): *Naturlandschaft – Kulturlandschaft.* Die Veränderung der Landschaften nach der Nutzbarmachung durch den Menschen. Landsberg 1996.

Krenzlin, Anneliese: Die Entwicklung der Gewannflur als Spiegel kulturlandschaftlicher Vorgänge. In: Nitz, Hans-Jürgen (Hrsg.): *Historisch-genetische Siedlungsforschung.* Darmstadt 1974: 108–135.

Küster, Hansjörg: *Geschichte des Waldes.* Von der Urzeit bis zur Gegenwart. München 1998.

Küster, Hansjörg: *Geschichte der Landschaft in Mitteleuropa.* Von der Eiszeit bis zur Gegenwart. München 1995.

Lehmann, Albrecht: *Von Menschen und Bäumen.* Die Deutschen und ihr Wald. Reinbek 1999.

Lehmann, Albrecht: Wald. Über seine Erforschung aus Volkskundlichen Fachtraditionen. In: *Zeitschrift für Volkskunde 1*, 1996: 32–47.

Lenz, Gerhard: *Verlusterfahrung Landschaft.* Über die Herstellung von Raum und Umwelt im mitteldeutschen Industriegebiet seit der Mitte des neunzehnten Jahrhunderts. Frankfurt 1999.

Leser, Hartmut: Der ökologische Natur- und Landschaftsbegriff. Überlegungen zu seiner Bedeutung für Nutzung, Planung und Entwicklung des Lebensraums. In: Zimmermann, Jörg (Hrsg.): *Das Naturbild des Menschen.* München 1984: 74–117.

Liedtke, Herbert: Landschaften und Landschaftsnamen in Westfalen. Begleittext zum *Geographisch-landeskundlichen Atlas von Westfalen*, Lieferung 9, Dbl. 1, 1997.

Linde, Richard: *Die Lüneburger Heide* [= Monographien zur Erdkunde 18]. Leipzig 1924 (zuerst 1904).

Loidl-Reisch, Cordula: *Der Hang zur Verwilderung.* Die Anziehungskraft der Verwilderung und ihre Bedeutung als Träger illusionistischer Freirauminszenierungen. Wien 1986.

LÖNS, Herrmann: *Land und Leute.* Über Natur und Heimatschutz [= Texte aus dem Nachlass]. Dresden 2001.

MACHATSCHEK, Michael u. Peter KURZ: *Hecken.* Geschichte und Ökologie. Anlage, Erhaltung und Nutzung. Graz 2001.

MAKOWSKI, Henry: *Nationalparke – Schatzkammern der Natur, Kampfplätze des Naturschutz.* Neumünster 1997.

MAKOWSKI, Henry u. Bernhard BUDERATH: *Die Natur dem Menschen untertan.* Ökologie im Spiegel der Landschaftsmalerei. München 1983.

MEUSER, Michael u. Ulrike NAGEL: Das ExpertInneninterview. Wissenssoziologische Voraussetzungen und methodische Durchführung. In: Friebertshäuser u. Prengel (Hrsg.): *Handbuch Qualitative Forschungsmethoden in der Erziehungswissenschaft.* Weinheim u. München 1997: 481 – 491.

NOHL, Werner: Zur Rolle des Nicht-Sinnlichen in der landschaftsästhetischen Erfahrung. In: *Natur und Landschaft 7/8,* 1990: 366 – 370.

NOHL, Werner: Erlebniswirksamkeit von Brachflächen. In: Bierhals et al: *Brachflächen in der Landschaft.* Vegetationsentwicklung, Auswirkungen auf Landschaftshaushalt und Landschaftserlebnis, Pflegeverfahren. Darmstadt 1976.

OETTERMANN, Stephan: *Das Panorama.* Geschichte eines Massenmediums. Frankfurt 1980.

PFISTER, Christian: *Das 1950er Syndrom: Der Weg in die Konsumgesellschaft.* Bern 1995.

PICHT, Georg: *Der Begriff der Natur und seine Geschichte.* Stuttgart 1989.

PINTSCHOVIUS, Joska: *Heidschnucken und Donnerbesen.* Lüneburger Landschaften. Wien 2001.

RADKAU, Joachim: Zwanzigstes Jahrhundert – ein Jahrhundert des Naturschutzes? Historische Reflexionen zu hundert Jahren Naturschutz. In: *Jahrbuch für Naturschutz und Landschaftspflege 53,* 2001: 287 – 300.

RADKAU, Joachim: *Natur und Macht.* Eine Weltgeschichte der Umwelt. München 2000.

RADKAU, Joachim: Zur angeblichen Energiekrise des 18.Jahrhunderts: Revisionistische Betrachtungen über die „Holznot". In: *Vierteljahrsschrift für Sozial- und Wirtschaftsgeschichte 73,* 1986: 1 – 37.

RAFFELSIEFER, Marion: *Naturwahrnehmung, Naturbewertung und Naturverständnis im deutschen Naturschutz.* Eine wahrnehmungsgeographische Studie unter besonderer Berücksichtigung des Fallbeispiels Naturschutzgebiet Ohligser Heide. Dissertation, Gesamthochschule Duisburg 1999.

RATZEL, Friedrich: *Über Naturschilderung.* München u. Berlin 1904.

RIEHL, Wilhelm Heinrich: *Land und Leute.* Zuerst 1853, zit. wird nach: Riehl, Wilhelm Heinrich: Die Naturgeschichte des deutschen Volkes. Leipzig 1930.

RITTER, Joachim: Landschaft. Zur Funktion des Ästhetischen in der modernen Gesellschaft. In: Ders.: *Subjektivität.* Frankfurt 1974.

RÖHRS, Volker: *Politische Implikationen der Landschaftsplanung.* Legitimationsprobleme der Naturschutzpolitik. Berlin 1998.

Röper, Monika: Institutionalisierungspfade von Naturschutzgebieten. Drei Fallbeispiele und ein Modell. In: *Geographica Helvetica 1*, 2001: 34–56.

Rucht, Dieter: Ökologische Frage und Umweltbewegung im Spiegel der Soziologie. In: *Kölner Zeitschrift für Soziologie und Sozialpsychologie, Sonderheft 38*, 1998: 404–429.

Runte, Alfred: *National Parks*. The American Experience. Lincoln u. London 1979.

Schaksmeier, Ulrike: Landschaft als Ort der Heimat. In: *Natur- und Landschaftskunde 35*, 1999: 17–22.

Schama, Simon: *Der Traum von der Wildnis*. Natur als Imagination. München 1996.

Schemel, Hans-Joachim: Naturerfahrungsräume. Flächenkategorie für die freie Erholung in naturnahen Landschaften. In: *Natur und Landschaft 2*, 1997: 85–91.

Scherzinger, Wolfgang: *Naturschutz im Wald*. Qualitätsziele einer dynamischen Waldentwicklung. Stuttgart 1996.

Schmidt, Götz: Moderne Landschaften. Ein Versuch, die Dynamik auch in modernen Kulturlandschaften wieder zu entdecken. In: *Arbeitsergebnisse 50*, 2001: 14–20.

Schmitz, Hermann: Der Gefühlsraum unter anderen Raumstrukturen. In: *Geographische Zeitschrift 2*, 1990: 105–115.

Schröder, Inge: Born to be wild. Das (Un)Zivilisierte im Menschen aus anthropologischer Sicht. In: *Politische Ökologie 59*, 1999: 22–23.

Schweppe-Kraft, Burkhard: Naturschutzstrategien aus ökonomischer Sicht. In: *Natur und Landschaft 2*, 1998: 55–63.

Schwind, Martin: Sinn und Ausdruck der Landschaft (original 1950). In: Paffen, K.: *Das Wesen der Landschaft*. Darmstadt 1973.

Seel, Martin: *Eine Ästhetik der Natur*. Frankfurt am Main 1991.

Sieferle, Rolf Peter: Entstehung und Zerstörung der Landschaft. In: Smuda, Manfred (Hrsg.): *Landschaft*. Frankfurt 1986: 238–265.

Simmel, Georg: Philosophie der Landschaft (1913). In: Gröning, Gert u. Ulfert Herlyn (Hrsg.): *Landschaftswahrnehmung und Landschaftserfahrung*. München 1990.

Slobodda, Siegfried: *Pflanzengemeinschaften und ihre Umwelt*. Heidelberg u. Wiesbaden 1988.

Smuda, Manfred (Hrsg.): *Landschaft*. Frankfurt 1986.

Speich, Daniel: Wissenschaftlicher und touristischer Blick. Zur Geschichte der „Aussicht“ im 19. Jahrhundert. In: *Traverse. Zeitschrift für Geschichte 3*, 1999: 83–99.

Stichmann, Wilfried: Wege zum Schutz und zur Erhaltung der Eigenheit und Vielfalt der freien Landschaft in Westfalen. In: *Natur- und Landschaftskunde Westfalen 14*, 1978: 27–32.

Stichmann, Wilfried: Die Wahrung von Eigenheit und Vielfalt heimischer Landschaften in ökologischer, historischer und ästhetischer Sicht. In: *Natur- und Landschaftskunde Westfalen 14*, 1978: 1–2.

Stichmann, Wilfried: Gehölze in der Feldflur als Ansatz einer ökologisch-historischen Landschaftsinterpretation. In: *Natur- und Landschaftskunde Westfalen 13*, 1977: 109–116.

Stichmann, Wilfried: Heidelandschaften, Zeugen jahrhundertelanger Waldverwüstung. In: *Naturkunde in Westfalen 1,* 1965: 19–25.

Stilgoe, John R.: *Common Landscape of America.* New Haven 1982.

Strauss, Anselm: *Grundlagen qualitativer Sozialforschung.* München 1991.

Trepl, Ludwig: Die Landschaft und die Wissenschaft. In: Konold, Werner (Hrsg.): *Naturlandschaft – Kulturlandschaft.* Die Veränderung der Landschaften nach der Nutzbarmachung durch den Menschen. Landsberg 1996: 13–26.

Trepl, Ludwig: *Geschichte der Ökologie.* Vom 17. Jahrhundert bis zur Gegenwart. Weinheim 1994.

Trommer, Gerhard: Psychotyp Wildnis. In: *Politische Ökologie 59,* 1999: 10–12.

Trommer, Gerhard: Verantwortung für Natur und Landschaft. In: *Natur und Landschaft 10,* 1997: 431–435.

Trommer, Gerhard: *Wildnis.* Die pädagogische Herausforderung. Weinheim 1992.

Trommer, Gerhard: *Natur im Kopf.* Die Geschichte ökologisch bedeutsamer Naturvorstellungen in deutschen Bildungskonzepten. Weinheim 1990.

Valsangiacomo, Antonio: *Die Natur der Ökologie.* Zürich 1998.

Werlen, Benno: Landschaft, Raum und Gesellschaft. Entstehungs- und Entwicklungsgeschichte wissenschaftlicher Sozialgeographie. In: *Geographische Rundschau 47,* 1995.

Wilson, Edward O.: *Biophilia.* Cambridge 1984.

Winiwarter, Verena: Auf der Suche nach den Landschaften des Mittelalters. In: Haberl, Helmut u. Gerhard Strohmeier (Hrsg.): *Kulturlandschaftsforschung.* Wien u. New York 1999: 57–65.

Wittfogel, Karl August: *Die natürlichen Ursachen der Wirtschaftsgeschichte.* Tübingen 1932.

Wöbse, Hans Hermann: *Landschaftsästhetik.* Über das Wesen, die Bedeutung und den Umgang mit landschaftlicher Schönheit. Stuttgart 2002.

Wöbse, Hans Hermann: Landschaftsästhetik. Gedanken zu einem zu einseitig verwendeten Begriff. In: *Landschaft und Stadt 13,* 1981: 152–160.

Wormbs, Brigitte: *Über den Umgang mit Natur.* Landschaft zwischen Illusion und Ideal. Basel u. Frankfurt 1975.

Zimmermann, Jörg (Hrsg.): *Das Naturbild des Menschen.* München 1982.

Zimmermann, Jörg: Zur Geschichte des ästhetischen Naturbegriffs. In: Zimmermann, Jörg (Hrsg.): *Das Naturbild des Menschen.* München 1982: 118–154.

8.2. Literatur und Quellen mit Sennebezug (chronologisch)

bis 1899:

LIPPISCHE REGESTEN, bearbeitet von O. Preuß u. A. Falkmann. Neudruck der Ausgabe Lemgo u. Detmold 1860. Osnabrück 1975.

RAVENSBERGER REGESTEN, bearb. von Gustav Engel [= 7. Sonderveröffentlichung des Historischen Vereins für die Grafschaft Ravensberg]. Bielefeld 1985.

LIPPISCHE SENNE. Hof- und Personalsachen, Hude, Gemeinheiten usw, 1471–1809. Staatsarchiv Detmold L 22.

SENNE-SACHEN. Alte Akten über Hude, Plaggenhieb, Bienenstände, Sandwehen usw., 1629–1917. Staatsarchiv Detmold L 92 o.

FÜRSTENBERG, Ferdinand v.: *Monumenta Paderbornensia*. Paderborn 1683; deutsche Übersetzung: Franz Joseph Micus: Denkmale des Landes Paderborn. Paderborn 1844.

KÜSTER, Anton Henrich: Diarium Lippiacum [= Handschrift von 1757]. In: Verdenhalven, Fritz u. Hanns-Peter Fink (Bearb.): *Das Diarium Lippiacum des Amtmanns Anton Henrich Küster* [= Lippische Geschichtsquellen Bd. 22]. Detmold 1998.

CLOSTERMEIER, Christian Gottlieb: Entwurf einer historisch-geographischen Beschreibung des Lippischen Landes 1786. In: Stöwer, Herbert (Bearb.): *Lippische Landesbeschreibung von 1786* [= Lippische Geschichtsquellen Bd. 5]. Detmold 1973.

WEDDINGEN, Peter Florenz: Bemerkungen bey einer Hin- und Herreise durchs Paderbornische. In. *Westphälisches Magazin zur Geographie, Historie und Statistik*, Bd. 4, Heft 15 u. 16, Dessau und Leipzig 1788: 284–293 (zit. n. Wehrmann 1979: 21).

DONOP, Wilhelm Gottlieb Levin: *Historisch-geographische Beschreibung der Fürstlichen Lippischen Lande*. Faksimiledruck der 1790 in Lemgo erschienenen 2. Auflage, Einführung und Ergänzungen von Herbert Stöwer [= Lippische Geschichtsquellen Bd. 12]. Lemgo 1984.

EWALD, Johann Ludwig: Die Sandheide. In: *Fantasieen auf der Reise, und bei der Flucht vor den Franken*. Berlin 1797.

MEYER, A. Cracau: Über die Lippische sogenannte Senne. In: *Lippische Intelligenzblätter*, 3. Stück, Lemgo 1800: 21–23.

FÜRSTIN PAULINE ZUR LIPPE: Reisetagebücher 1799–1818. In: Niebuhr, Hermann (Bearb.): *Eine Fürstin unterwegs* [= Lippische Geschichtsquellen Bd. 19]. Detmold 1990.

RÜSS, Carl Theodor: *Versuch einer Geographie des Königreichs Westphalen für den Bürger und Landmann, auch zum Gebrauch in Bürger- und Landschulen*. Marburg u. Frankfurt 1810.

WEISSER, Karl Friedrich: Reisetagebuch. Abdruck in: Sandow, Erich: Eine Reisebeschreibung aus dem Jahre 1821. In: *Heimatland Lippe 57*, 1964: 60–67.

SCHMIDT, Josef Hermann: *Gutachterlicher Bericht* an das Königl. Preußische Hohe Ministerium der Geistlichen-, Unterrichts- und Medicinalangelegenheiten und die Königliche Hochlöbliche Regierung zu Minden über das Europäische Sommerfieber mit Besonderer Bezugnahme auf die Epidemie, welche im Jahre 1827 in den flachen Moorgegenden des Kreises Paderborn geherrscht hat. Paderborn u. Arnsberg 1830.

CÖLLN, Friedrich Wilhelm v.: *Historisch-geographisches Handbuch des Fürstenthums Lippe.* Leipzig 1829.

MELM, Christian Friedrich: Über die Cultur der Senne, insbesondere Augustdorfs (3 Teile). In: *Lippisches Magazin für vaterländische Cultur und Gemeinwohl 46, 47* u. *48,* Jg. 1836.

PIDERIT, W.: Berathung der Dorfschaft Haustenbeck. In: *Lippisches Magazin für vaterländische Cultur und Gemeinwohl 25,* Lemgo 1840.

FREILIGRATH, Ferdinand u. Levin SCHÜCKING: *Das malerische und romantische Westfalen.* Barmen u. Leipzig 1841.

WEERTH, Georg: Die Armen in der Senne. In: Püttmann, Hermann (Hrsg.): *Deutsches Bürgerbuch für 1845.* Darmstadt 1845: 266–271.

LÜNING, Hermann: Die Lage der Weber und Spinner im Ravensbergischen. In: *Das Westphälische Dampfboot.* Eine Monatsschrift. Bielefeld, Dezember 1845. Neudruck: Glashütten 1972: 496–515.

ROSENKRANZ, Georg Joseph: Die Stuckenbrocker Senne. In: *Zeitschrift für vaterländische Geschichte und Alterthumskunde,* Münster 1849: 345–355.

BITTER, Carl Hermann: Bericht über den Nothstand in der Senne zwischen Bielefeld und Paderborn, Regierungsbezirk Minden, und Vorschläge zur Beseitigung desselben, aufgrund örtlicher Untersuchungen ausgestellt. Handschrift, Berlin 1853; abgedruckt im *Jahresbericht des Historischen Vereins für die Grafschaft Ravensberg 64,* 1966: 1–108.

KÜSTERMANN, Ernst Friedrich: *Geschichte von Augustdorf* [Handschrift von 1863, Staatsarchiv Detmold D71 Nr. 656; teilw. abgedruckt in: Müller-König 1975 u. Wehrmann 1979].

ALTENBERND, Ludwig: Die Senne. In: *Frühlingsblüthen und Herbstblätter.* Gedichte. Detmold 1872.

BÖMERS, Carl: *Haideblume.* Ein Sang von Lenz und Liebe. Berlin 1872.

SCHMIDT, Gustav: *Sagen aus dem Teutoburger Walde und seiner Umgebung.* Lemgo 1891.

(o.V.): Die Senne. In: *Lippische Landeszeitung* vom 21. 8. 1891. Wiederabdruck in: *Schlänger Bote* 173, 1995: 16–17.

LÖNS, Hermann: Eine Sennefahrt. In: *Illustrierte Halbmonatsschrift für Geschichte, Landes- und Volkskunde, Sprache, Kunst und Literatur Niedersachsens,* 5. Jg., Bremen 1899.

SCHWANOLD, Heinrich: *Das Fürstentum Lippe.* Das Land und seine Bewohner. Detmold 1899.

FRICKE, Wilhelm: Im Osning. In: Schröder, Ludwig (Hrsg.): *Aus Westfalen.* Bunte Bilder von der roten Erde. Leipzig 1899.

1900 – 1918:

GIESELER, A. u. W. PETRI: *Heimatkunde der Provinz Westfalen.* Nach natürlichen Landschaften unter besonderer Berücksichtigung der geologischen und wirtschaftlichen Verhältnisse. Bielefeld u. Leipzig 1901.

REBBE, Adolf: Oesterholz und Haus Gierken am Rande der Senne. In: *Fürstlich Lippischer Kalender auf das Jahr 1901.* Detmold 1901: 29–34.

REBBE, Adolf: Die Senne. Kulturbilder aus alter und neuer Zeit. In: *Fürstlich Lippischer Kalender auf das Jahr 1902.* Detmold 1902: 15–29.

SCHMIDT, P.: Die Ravensberger Senne früher und jetzt. In: *Ravensberger Blätter für Geschichts-, Volks- und Heimatkunde 1,* 1902: 4–7; 2, 1902: 11–12; 3, 1902: 17–18; 4, 1902: 22–24.

TÜMPEL, H.: Ein Ausflug in die Senne. In: *Ravensberger Blätter für Geschichts-, Volks- und Heimatkunde 5,* 1902: 29–30.

TÜMPEL, H.: Zwei alte Schilderungen der Senne. In: *Ravensberger Blätter für Geschichts-, Volks- und Heimatkunde 9,* 1906: 67.

BOHNENKAMP, H.: *Kleine Heimatkunde der Provinz Westfalen.* Im Anschluß an die größere Heimatkunde von G. Schulze für die Hand der Schüler bearbeitet. Minden 1906.

(o. V.): Die Zukunft unserer Senne. In: *Lippische Landeszeitung Nr. 258 b* vom 2.11.1907.

PRÜMER, Karl: *Unsere westfälische Heimat und ihre Nachbargebiete.* Landschaftliche und bauliche Schönheiten – Landesgebiete – Städte und Ortschaften – Sitten und Gebräuche – Sagen – Landwirtschaft – Industrie. Leipzig 1909: 106–108.

RITTINGHAUS, Ludwig: In der Senne. In: *Wandervogel.* Monatsschrift für deutsches Jugendwandern 2, 1911: 41–42 u. 4, 1911: 89–94.

LAMPRECHT, Karl: Die westphälisch-lippische Streusandbüchse. In: *Lippische Landeszeitung Nr. 91* vom 5.4.1913 u. Nr. 113 vom 27.4.1913.

LINDENBERG, Paul: *Durchs Lippische Land.* Bilder aus Vergangenheit und Gegenwart. Detmold 1913.

EBERT, Bernhard: Heimatschutz und Ödlandkultur. In: *Jahresbericht des Lippischen Bundes für Heimatschutz und Heimatpflege 7,* 1914: 8–10.

ENGELS, W.: Die Senne und ihre Fahrenden Gesellen. In: *Bielefelder Fahrende Gesellen.* Zur Weihe der Schildmännerei ihres Landheims in der Senne. Bielefeld 1914: 3–6.

OESTERHAUS, Wilhelm: Zur Urbarmachung der Senne. In: *Lippische Landeszeitung Nr. 71* vom 25.3.1915.

(o.V.): Urbarmachung und Kultivierung der Lippischen Senne. In: *Lippische Landeszeitung Nr. 42* vom 19.2.1915.

(o.V.): Kriegsgefangene und lippische Sennekultur. In: *Lippische Landeszeitung Nr. 56* vom 8.3.1915.

(L.): Die Urbarmachung der lippischen Senne. In: *Lippische Landeszeitung Nr. 57* vom 9.3.1915.

(L.): Nochmals die Urbarmachung der lippischen Senne. In: *Lippische Landeszeitung Nr. 79* vom 6. 4. 1915.

FLEEGE, F. A.: *Die Kultivierung der lippischen Senne.* Detmold 1916.

EBERT, Bernhard: Die Senne und ihre Urbarmachung. In: *Lippischer Dorfkalender auf das Jahr des Heils 1916:* 105–108.

(M.): Die Kultivierung der Lippischen Senne als Kriegsaufgabe. In: *Fürstlich Lippischer Kalender auf das Jahr 1916:* 89–95.

(o.V.): Die Besiedlung der Senne. In: *Fürstlich Lippischer Kalender auf das Jahr 1917:* 100.

1919–1932:

LAMPRECHT, Karl: Ein Höhlenbewohner in der lippischen Senne. In: *Lippische Landeszeitung Nr. 130* vom 14. 5. 1919.

VONDERBECK, Th.: Die Urgeschichte der Senne. In: *Lippische Landeszeitung Nr. 119* vom 25. 5. u. *Nr. 123* vom 30. 5. 1923.

MIELERT, Fritz: *Westfalen.* Münsterland – Industriegebiet – Sauerland – Siegerland [= Monographien zur Erdkunde 30]. Bielefeld u. Leipzig 1925.

FUHRMANN, Manfred: *Denkschrift über die Naturschutzfrage im Lande Lippe.* Hrsg. von der Lippischen Naturschutzvereinigung. Bielefeld 1927.

KUHLMANN, Heinz: Sennewanderung. In: *Der Ravensberger.* Bielefeld 1927: 60–62.

SCHIRRMANN, Richard (Hrsg.): *Unsere Senne* [darin u. a.: DEPPE, A.: Die Erdgeschichte der Senne (6–28); MICHELS, P.: Die Wasserverhältnisse bei Paderborn in der Senne (31–35); GOTTLIEB, H.: Naturgeschichtliches von Pflanzen (36–59); POLLKLÄSENER, G.: Von Naturerscheinungen (60–62); SCHWANOLD, H.: Menschengeschichtliches (128–151); RICHTER: Geschichte des Kreises Wiedenbrück (166–186); SCHONEWEG, E.: Notjahre in der Senne während der Wirtschaftskrise unserer Heimat vor 75 Jahren (238–245); BERKE, E.: Das obere Furlbachtal (289–292).] Staumühle 1928.

POLLKLÄSENER, G.: Unglücksboten aus der Vogelwelt. In: *Der Ravensberger.* Bielefeld 1928: 73–74.

WIEHR, Herbert: Der Sennhof. Eine Reichsheimstätten-Siedlung. In: *Der Ravensberger.* Bielefeld 1928: 115–121.

TEUDT, Wilhelm: *Germanische Heiligtümer.* Beiträge zur Aufdeckung der Vorgeschichte, ausgehend von den Externsteinen, den Lippequellen und der Teutoburg. Jena 1929 (zit. wird aus der 2. Aufl. 1931).

ROHLMANN: Naturschutzgebiet Sennelager. In: *Der Ravensberger*. Bielefeld 1929: 53–54.

BACHLER, Karl: Verborgene Heideschönheit. Eine Sennewanderung (um 1930). In: Bachler, Gerhard: *Mein Vater war ein Wandersmann.* Lemgo 1986: 75–77 [= Bachler 1930 a].

BACHLER, Karl: Landschaft und Naturschönheiten Lippes. In: Stein, Erwin (Hrsg.): *Das Land Lippe* [= Monographien deutscher Landschaften, Bd. IV]. Berlin 1930: 39–50 [= Bachler 1930 b].

POLLKLÄSENER, G.: Der Kampf ums Dasein in der Heide und im Moor. In: *Der Ravensberger.* Bielefeld 1930: 84.

ROHLMANN: Nordlandsgäste in der Senne. In: *Der Ravensberger.* Bielefeld 1930: 81.

STRATENWERTH, Gerhard: *Die Sigmarshofer.* Umschulung jugendlicher Erwerbsloser von der Industrie zur Landwirtschaft [= Sonderdrucke des Monatsblattes Bethel-EL, Heft 8]. Bielefeld 1931.

REHM, Heinrich: Die Senne. In: *Der Ravensberger.* Bielefeld 1932: 87–88.

(K. B.): Durch freiwilligen Arbeitsdienst zum eigenen Heim. In: *Der Ravensberger.* Bielefeld 1932: 59–61.

1933–1945:

MAASJOST, Ludwig: *Landschaftscharakter und Landschaftsgliederung der Senne.* Emsdetten 1933.

ADRIAN, Walther: *Steinzeitliche Funde aus dem Naturschutzgebiet Kipshagen und ein Überblick über die steinzeitliche Besiedlung der Senne* [= Sonderabdruck aus dem VI. Jahresbericht des Naturwissenschaftlichen Vereins für Bielefeld und Umgebung]. Bielefeld 1933.

KIEWNING, Hans: Nochmal zu Teudts These: War Hethis Oesterholz? In: *Mitteilungen aus der lippischen Geschichte und Landeskunde 14,* 1933: 177–197.

TEUDT, Wilhelm: Die Osningmark als heiliger Erinnerungshain. In: *Germanien.* Monatshefte für Vorgeschichte zur Erkenntnis des deutschen Wesens 6, 1933: 183–185.

MAASJOST, Ludwig: Die Senne als Naturlandschaft. In: *Natur und Heimat 1,* 1934: 55–57.

HERPEL, Martin: *Germanische Religion* [= Volk und Wissen Bd. 9; thematisiert und abgebildet werden die „Kultstätten" bei Oesterholz]. Berlin 1934.

COPEI, Friedrich: Heidesiedlung in alter Zeit. In: *Siedlung und Wirtschaft.* Zeitschrift für das gesamte Siedlungs- und Wohnungswesen, 17. Jg., Heft 12, Berlin 1935 [= Copei 1935 a].

COPEI, Friedrich: Zur Siedlungsgeschichte der Senne. Unveröff. Manuskript 1935, abgedruckt in: Wehrmann, Volker: *Friedrich Copei.* Dokumente seiner Forschungen aus Pädagogik, Schule und Landeskunde. Detmold 1982 [= Copei 1935 b].

MAASJOST, Ludwig: Die Senne. Charakterlandschaften und formbildende Kräfte. In: *Lippische Landeszeitung Nr. 55* vom 6. 3. 1935.

BÄUERLICHE BEZUGS- UND ABSATZGENOSSENSCHAFT HÖVELHOF (Hrsg.): *Aus der Geschichte der Senne* [darin u. a.: FLOTTMEYER, F.: Das Bild der Landschaft; POLLKLÄSENER, G.: Schützt unsere schöne Senne]. Hövelhof 1936.

COPEI, Friedrich: Milch und Honig in der Senne. In: *Lippischer Kalender,* Detmold 1936.

SUFFERT, Oskar: Das Heideschutzgebiet in der Stapelager Senne. In: *Jahresbericht des Lippischen Bundes für Heimatschutz und Heimatpflege 29,* 1936: 15–23.

BRUDER, Willi: In und um Schlangen: Germanische Heiligtümer. In: *Lippische Staatszeitung Nr. 239* vom 19. 9. 1937.

COPEI, Friedrich: Die alten Sennekrüge. In: *Lippischer Kalender,* Detmold 1937 [abgedruckt in Wehrmann 1979: 31 – 42].

HOYNINGEN, P. F. v.: Langelau und Königslau in der Senne. Bodenkundliche und pollenanalytische Untersuchungen germanischer Stätten. In: *Jahrbuch der Preußischen geologischen Landesanstalt zu Berlin 58*, 1937: 135–185.

KIEPKE, Rudolf: Die Senne. In: *Heimat und Reich.* Monatshefte für westfälisches Volkstum 6, 1937: 231 f.

RÜSEWALD, Karl u. Wilhelm SCHÄFER: Das Heidesandgebiet. In: Dies.: *Geographische Landeskunde Westfalens.* Paderborn 1937: 81–87.

COPEI, Friedrich: Heer- und Handelsstraßen im Sennegebiet. In: *Mitteilungen aus der Lippischen Geschichte und Landeskunde 16*, 1938: 163–207 [=Copei 1938 a].

COPEI, Friedrich: Frühgeschichtliche Straßen der Senne. In: *Mannus. Zeitschrift für deutsche Vorgeschichte 30*, 1938: 64–91 [=Copei 1938 b].

HAMKENS, Freerk Haye: Externsteine und die germanischen Heiligtümer in der Senne. In: Hauck, Carl Friedrich u. Kurt Koerlin: *Weserbergland Teutoburger Wald Wegweiser.* Bad Pyrmont 1938: 116–142.

SCHWIER, Heinz: Durch Osning und Senne. In: *Natur und Heimat*, 1938: 12–16 u. 46–48.

SCHMIDT, Hans: *Lippische Siedlungs- und Waldgeschichte.* Detmold 1940.

SPRENGER, Hans: *Haustenbeck. Ein Buch der Erinnerung.* Detmold 1939.

KIEPKE, Rudolf: Die Senne. In: *Naturschutz 1*, 1940: 16–17.

MEIER-BÖKE, August: Schrifttum über die Sennelaue. In: *Germanische Welt 4*, 1940: 21–25.

PLASSMANN, J. O.: Der Name der Senne. In: *Germanien.* Monatshefte für Germanenkunde 6, 1940: 226–229.

WEITERE QUELLEN insbesondere zur Thematik der „germanischen Heiligtümer in der Senne“: Nachlass Wilhelm Teudt [StADt D 72 Teudt], Nachlass Oskar Suffert [StADt D 72 Suffert], Nachlass Freerk Haye Hamkens [StADt D 72 Schirrmann-Hamkens], Nachlass Ulrich v. Motz [StADt D 72 v. Motz], Materialien zur Zeitschrift „Germanien“, zur „Vereinigung der Freunde germanischer Vorgeschichte“ und zur lippischen Vorgeschichtsforschung [StADt D 107 P u. StADt L 115 E].

1946 – 1959:

WEERTH, Karl: Germanische Heiligtümer in Lippe? In: *Lippische Mitteilungen aus Geschichte und Landeskunde 18*, 1949: 26–61.

SUNDERGELD, Karl: *Ist die Sennetrift altgermanischen Ursprungs?* Manuskript ca. 1949, Staatsarchiv Detmold D 71 Nr. 214.

SCHNEIDER, Peter: Um die Erhaltung der Sennelandschaft. In: *Naturschutz in Westfalen*, 1950: 158–162.

(o. V.): Reisen durch Lippe in alten Zeiten. Vor 150 Jahren durch die Senne zum Teutoburger Wald. In: *Lippische Landeszeitung* vom 6. 1. 1950.

GEMEINDEVERWALTUNG SENNE I (Hrsg.): *Senne I in Vergangenheit und Gegenwart. Ein Heimatbuch* [darin u. a.: VORMBROCK, K.: Die Not der Spinner in der Senne (92–95); MEISE, H.: Der Senneboden und seine Geschichte (97–107); KUHLMANN, H.: Naturschutz in Senne I (109–112)]. Bielefeld 1951.

SUFFERT, Oskar: Der Senne Sand. In: *Lippischer Kalender 1951.* Detmold 1951: 80–83.
SCHNEIDER, Peter: *Natur und Besiedlung der Senne.* Münster 1952.
SCHNIEDERTÜNS, Phillipp (Hrsg.): *Hövelhof.* Paderborn 1952.
SÜVERN, Wilhelm: Die Senne. In: Ders.: *Unser Lipperland.* Ein Heimatland für die Jugend. Bielefeld u. Hannover 1952: 49–51.
(W. M.): Blick in die Senne vor 800 Jahren. Bunte Bilder vom „fahrenden Volk" gaben der Heide das Gepräge. In: *Lippische Blätter für Heimatkunde 7,* 1952: 26.
MEIER-BÖKE, August: Sennefahrt. In: *Wandern und Bergsteigen 3,* 1953: 5.
WEGMANN, Ludwig: *Der Teutoburger Wald.* Münster 1955.
WEGEMANN, Georg: Die Sennekultstätten bei Oesterholz-Kohlstädt. In: Ders.: *Aufsätze zur lippischen Geschichte.* Manuskript, Detmold 1956.
KÜCHEMANN, Friedrich: *Die Umgestaltung der Sennelandschaft durch Wasserentnahme und -rückführung der Stadt Bielefeld.* Examensarbeit, Bielefeld 1957.
KIEPKE, Rudolf: Von der Senne zur Weser. In: Bours, Ursula (Hrsg.): *Bilder aus Westfalen.* Impressionen und Profile. Honnef 1958: 285–295.
BERTELSMANN, Lene: Herbst-Impressionen in der Senne. In: *Westfälischer Heimatkalender 13,* 1959: 84–90.
KLÖNNE, A.: Senneland – gestern und heute! Ziel der Himmelfahrts-Sternwanderung des Eggegebirgsvereins. In: *Eggegebirgsbote 134,* 1959: 1–3.
WEITERE QUELLEN zur „Einrichtung von Naturschutzgebieten in der Senne und insbesondere Oesterholz" in den 1950er Jahren: Staatsarchiv Detmold D 100 Detmold Nr. 799.

1960 – 1969:

SUFFERT, Oskar: Biologische Heimatforschung in Lippe. In: *Jahresbericht des Lippischen Bundes für Heimatschutz und Heimatpflege 34,* 1959/60: 7–25.
MEISE, Heinrich: Erinnerungen an die Senne. Wie ich eine Landschaft lieben lernte. In: *Brackweder Heimatblätter 4,* 1960: 56–61.
FRANZMEIER, Otto: Forsthaus Hartröhren. In: *Heimatland Lippe 56,* 1963: 64–70.
FRANZMEIER, Otto: Jagdschloß Lopshorn und das Sennergestüt. In: *Heimatland Lippe 56,* 1963: 212–218.
(o.V.): Abschied vom ältesten Sennehof. Mit der Stätte Schapeler schwindet ein Bild der Beschaulichkeit und Ruhe. In: *Lippische Blätter für Heimatkunde 1,* 1963.
SUNDERGELD, Karl: Liebe einsame Senne! In: *Der Gemeindebote 18,* Schlangen 1963: 16–20.
WINTER, Hans: Erhaltung der Heideflächen im Gebiet des Truppenübungsplatzes Senne. In: *Heimatland Lippe 56,* 1963: 75–76.
WINTER, Hans: Die Senne-Randgebiete. In: *Landkreis Detmold: Geschichte, Landschaft, Wirtschaft.* Oldenburg 1964: 355.
WENDT, Hermann: *Das ehemalige Amt Falkenberg.* Geschichte der Gemeinden Berlebeck, Fromhausen, Heiligenkirchen, Holzhausen, Hornoldendorf, Oesterholz-Haustenbeck. Lemgo 1965.

HEWIE: Das ist die Poesie unserer schönen Heide. Loblieder auf den einmaligen Zauber in der Sennelandschaft. In: *Lippische Blätter für Heimatkunde 3*, 1965: 10 – 11.

JAHNKE, Werner: An der Senne. In: *Heimatland Lippe 58*, 1965: 174 – 178.

REICHOW, Hans Bernhard: 10 Jahre Sennestadt. Planung und Aufbau. In: *Deutsche Bauzeitschrift 1*, 1965.

STRATMANN, Franz: Die Märzunruhen 1848 im Senneland. In: *Heimatblätter der Glocke Nr. 159* vom 29./30. Mai 1965: 633.

SCHÄFER, Hermann L.: Die Senne im Wandel des Naturgefühls. In: *Heimatland Lippe 59*, 1966: 17 – 19 u. 95 – 98.

(o. V.): Die Senne. In: *Unsere Lippische Heimat.* Ein Lese- und Arbeitsbuch für die Volksschulen der Kreise Detmold und Lemgo. Hrsg. vom Allgemeinen Lippischen Lehrerverein. 2. Aufl., Lemgo 1967.

WASGINDT, Horst (Bearb.): *Sennestadt. Geschichte einer Landschaft.* Bielefeld 1968.

BUSCHMEIER, Josef: Die Sennelandschaft im Umbruch. Gibt es noch eine schützenswerte Senne? In: *Westfälischer Heimatkalender*, Münster 1968: 176 – 177.

SCHNEIDER, Peter: Die Sandlandschaft der Senne. In: *Topographischer Atlas NRW.* Bonn-Bad Godesberg 1968: 304 – 307.

WILMS, Wilhelm: Vom Werte unserer Senne. In: *Der Minden-Ravensberger.* Bielefeld 1968: 84 – 87.

HOHENSCHWERT, Friedrich: *Die Lippische Senne. Landschaft.* Ur- und frühgeschichtliche Besiedelung. Detmold 1969.

WIEMANN, Heinz (Hrsg.): *Lanchel, Colstidi, Astanholte.* Beiträge zur Geschichte der Ortschaften Schlangen, Kohlstädt und Oesterholz-Haustenbeck. Schlangen 1969.

DRÖGE, Adolf: Heimat zwischen Wald und Heide. In: Wiemann, Heinz (Hrsg.): *Lanchel, Colstidi, Astanholte.* Beiträge zur Geschichte der Ortschaften Schlangen, Kohlstädt und Oesterholz-Haustenbeck. Schlangen 1969: 9 – 13.

ROHLFS, Kurt: Was wird aus der Moosheide? In: *Heimatland Lippe 62*, 1969: 117 – 119.

ROHLFS, Kurt: Aus der Tätigkeit der „Arbeitsgemeinschaft zum Schutz der Senne im Westfälischen und Lippischen Heimatbund“. In: *Heimatland Lippe 62*, 1969: 233 – 234.

1970 – 1979:

PETER, August Wilhelm: Die Senne. In: Ders.: *Lippe. Eine Heimat- und Landeskunde.* Detmold 1970: 43 – 54.

ROHLFS, Kurt: Naturschutzpark Senne? In: *Heimatland Lippe 63*, 1970: 147 – 151.

FRÖHLICH, Manfred u. Bernhard OLDERSDORF: Die Sandlandschaft der Senne. Eine hydrographisch-morphologische Skizze. In: *Natur und Landschaftskunde in Westfalen 4*, 1972: 101 – 106.

HORSTMEYER, Dieter: Die natürliche Vegetation der Senne und ihr kulturbedingter Wandel. In: *Natur und Landschaftskunde in Westfalen 4*, 1972: 107 – 112.

SCHRÖDER, Friedrich-Wilhelm: Bilder aus der Senne. In: *Heimatland Lippe 65*, 1972: 149 – 154.

Seraphim, Ernst Theodor: Aufgabe, Eignung und Nutzung der Naturschutzgebiete der Senne. In: *Natur und Landschaftskunde in Westfalen 4*, 1972: 123–132.

Maasjost, Ludwig: Die Senne. In: Ders.: *Südöstliches Westfalen*. Berlin u. Stuttgart 1973: 81–91.

Seraphim, Ernst Theodor: Erholungswert und Natur der Sennelandschaft nebst Vorschlägen zu ihrer Erhaltung. In: *Heimatland Lippe 66*, 1973: 57–81.

Katholische Filialkirchengemeinde Hövelsenne (Hrsg.): *Hövelsenne. Geschichte einer Kirche und ihrer Gemeinde* [darin u. a.: Buschmeier, Johannes: Die Landschaft und ihre Entwicklung (7–11); Brinkmann, Bernhard: Staumühle (12–17)]. Hövelsenne 1974.

Heselhaus, Clemens: Die Autoren des „Malerischen und romantischen Westfalen". In: Korzus, Bernard (Bearb.): *Das malerische und romantische Westfalen*. Aspekte eines Buches. Münster 1974: 143–197.

Rohlfs, Kurt: Landschaftsrahmenplan Senne. In: *Heimatland Lippe 67*, 1974: 119–120.

Held, Hans: *Haustenbeck. Auflösung und Abschied*. Oesterholz-Haustenbeck 1975.

Müller-König, Rohtraut: *Geschichte der Gemeinde Augustdorf 1775–1975*. Augustdorf 1975.

Rohlfs, Kurt: Die Augustdorfer Sennelandschaft. In: *Heimatland Lippe 68*, 1975: 144–150.

Bertelsmann, Lene: Stimme einer Landschaft. In: *Der Minden-Ravensberger*, Bielefeld 1976: 92–93.

Koch, Josef: *Frühe Verkehrsstraßen in der östlichen westfälischen Bucht*. Straßengeschichtliche Untersuchung zur Verkehrslage der Stadt Paderborn. Neuenbeken 1977.

Maasjost, Ludwig: Die Senne. In: Ders.: *Paderborn*. Das Bild der Stadt und ihrer Umgebung. Paderborn 1977: 189–197.

Schröder, Friedrich-Wilhelm: In der Kammersenne. In: *Heimatland Lippe 70*, 1977: 106–109.

Seraphim, Ernst Theodor: Die Senne. Begriff und räumliche Abgrenzung im Rahmen der Landschaftsplanung und -entwicklung. In: *Westfalen und Niederdeutschland, Bd. I*. Münster 1977: 123–135.

Hohenschwert, Friedrich: *Ur- und frühgeschichtliche Befestigungen in Lippe*. Lemgo 1978.

Kittel, Erich: *Heimatchronik des Kreises Lippe*. Köln 1978.

Seraphim, Ernst Theodor (Hrsg.): *Beiträge zur Ökologie der Senne, 1. Teil* [= Berichte des Naturwissenschaftlichen Vereins für Bielefeld und Umgegend – Sonderheft]. Bielefeld 1978.

Conrads, Klaus: Verstummt der Ortolan in der Senne? In: *Der Minden-Ravensberger*, Bielefeld 1978: 62–63.

Rohlfs, Kurt: Landschaftsschutz und Landschaftspflege in der Senne. Rückblick und Ausblick. In: Seraphim, Ernst Theodor (Hrsg.): *Beiträge zur Ökologie der Senne, 1. Teil*. Bielefeld 1978: 217–237.

Wehrmann, Volker: *Die Senne in alten Ansichten und Schilderungen*. Detmold 1979.

HOHENSCHWERT, Friedrich: Untersuchungen an Hügelgräbern der Lippischen Senne. In: *Kölner Jahrbuch für Vor- und Frühgeschichte.* 1979: 77–88.

ROHLFS, Kurt: Aus der Tätigkeit der „Arbeitsgemeinschaft zum Schutz der Senne im Westfälischen und Lippischen Heimatbund“. In: *Heimatland Lippe 72,* 1979: 91.

1980 – 1989:

SERAPHIM, Ernst Theodor (Hrsg.): *Beiträge zur Ökologie der Senne, 2. Teil* [= Berichte des Naturwissenschaftlichen Vereins für Bielefeld und Umgegend – Sonderheft]. Bielefeld 1980.

GRABENSTRÖER, Michael: Die Senne. Eine Landschaft verliert ihr Gesicht. In: *Der Minden-Ravensberger.* Bielefeld 1980: 37–39.

SAX-DEMUTH, Waltraut: Die Senne: „Wüstes Land“ ist ein stark bedrohter Reichtum der Natur. In: *Westfalen-Blätter 43,* Beilage zum Westfalen-Blatt Nr. 81 vom 4. 4. 1980.

SERAPHIM, Ernst Theodor: Grundlagen und Erwartungen eines ökologisch begründeten Naturschutzes in der Senne. In: Ders. (Hrsg.): *Beiträge zur Ökologie der Senne, 2. Teil.* Bielefeld 1980: 197–211.

STOLZ, Gerd: Das Fürstlich Lippische Sennergestüt zu Lopshorn. In: *Lippische Mitteilungen aus Geschichte und Landeskunde 49,* 1980: 33–62.

WIEMANN, Gustav: Wandervorschlag: Durch die Augustdorfer Heide ins NSG Furlbachtal. In: *Heimatland Lippe 73,* 1980: 242–247.

SERAPHIM, Ernst Theodor (Hrsg.): *Beiträge zur Ökologie der Senne, 3. Teil* [= Berichte des Naturwissenschaftlichen Vereins für Bielefeld und Umgegend – Sonderheft]. Bielefeld 1981.

SERAPHIM, Ernst Theodor: Vorschläge zur Ausweisung ökologisch wertvoller Biotopkomplexe der Senne als Naturschutzgebiete. In: Ders. (Hrsg.): *Beiträge zur Ökologie der Senne, 3. Teil.* Bielefeld 1981: 239–320.

SEIDENSTICKER, H.: Die Einsamkeit wollte ich haben. Gedanken zur Senne, einer der schönsten Landschaften der Region. In: *Kurspiegel Bad Lippspringe 18,* 1981: 12–13.

FUCHS, Theodor: *Arminius und die Externsteine.* Der Kampf um die Geistesfreiheit Europas [darin 44 ff. über den „heiligen Bezirk“ bei Oesterholz]. Stuttgart 1981.

BÜCHNER, Martin: Stirbt unsere Senne? In: *Der Minden-Ravensberger.* Bielefeld 1982: 58–59.

FUCHS, Gerhard: Ravensberger Land und Senne. Zwei Landschaften am Teutoburger Wald bei Bielefeld. Unterschiede der Raumentwicklung und Raumfunktion. In: Heineberg, Heinz u. Alois Mayr (Hrsg.): *Exkursionen in Westfalen und angrenzenden Regionen.* Paderborn 1983: 295–303.

HISSMANN, Josef: Der Spuk im Hövelhofer Forst. In: Ders.: *Paderborn. Sagen, Legenden, Geschichten aus Stadt und Land.* Göttingen 1983: 149–152.

SERAPHIM, Ernst Theodor u. H. F. GORKI: Natur- und Kulturlandschaft zwischen Oberems und Lipper Bergland. In: Heineberg, Heinz u. Alois Mayr (Hrsg.): *Exkursionen in Westfalen und angrenzenden Regionen.* Paderborn 1983: 313–329.

Niemeyer, Helmut: Aus der lieben Heimat. Georg Weerths „Die Armen in der Senne". Versuch, eine versäumte Lektion nachzuholen. In: *„Fortwährende Schlacht mit abwechselndem Glück". Grabbe-Jahrbuch 1984.* Emsdetten 1984: 92–97.

Gürtler, Rudolf (Bearb.): *Mitte der Senne.* Schloß Holte-Stukenbrock. Ein Heimatbuch. Gütersloh 1985.

Hohenschwert, Friedrich: Hügelgräberfeld in der Stapelager Senne. In: Ders. (Bearb.): *Der Kreis Lippe,* Teil 2: Objektbeschreibungen [= Führer zu archäologischen Denkmälern in Deutschland 11]. Stuttgart 1985: 104–106.

Hohenschwert, Friedrich: Archäologischer Lehrpfad Oesterholz. In: Ders. (Bearb.): *Der Kreis Lippe,* Teil 2: Objektbeschreibungen [= Führer zu archäologischen Denkmälern in Deutschland 11]. Stuttgart 1985: 206–209.

Müller-Hengstenberg, Herbert: Die lippische Sennegrenze und ihre alten Schnatzeichen. In: *Lippische Mitteilungen aus Geschichte und Landeskunde 54,* 1985: 149–156.

Regierungspräsident Detmold (Hrsg.): *Naturschutz und Landschaftspflege im Regierungsbezirk Detmold:* Wanderausstellung „Die Senne. Landschaftsplanung schützt und entwickelt einen Naturraum" [darin u. a.: Seraphim, Ernst Theodor: Einführung in die Senneausstellung (7–17); Hentschel, Hermann: Betrachtungen zur Sennelandschaft (18–20).] Detmold 1986.

Höcker, Rudolf: *Die immer neue Inwertsetzung eines Gebietes mit geringer natürlicher Produktionsgunst.* Diplomarbeit Gesamthochschule Kassel 1986.

Sprenger, Reinhard: *Landwirtschaft und Bauern des Senneraumes im 16. Jahrhundert.* Paderborn 1986.

Schwerdt, Gisela: Die Heide war nicht immer da. Der Mensch hat das Bild der Sennelandschaft verändert. In: *Der Minden Ravensberger 58,* 1986: 62–63.

Voithenberg, Erdmute von u. Udo Baumann: Die Senne. Landschaftsplanung schützt und entwickelt einen Naturraum. In: *Heimatland Lippe 79,* 1986: 299–308.

Wasgindt, Horst: Die Senne im Jahre 1865. In: Ders. (Hrsg.): *Romantisches Ostwestfalen-Lippe.* Bilder und Berichte. Kultur und Geschichte. Bielefeld 1986: 109–111.

Fleischhack, Ernst: *Literatur über die Senne und ihre lippischen Ortschaften.* Detmold 1987.

Pieper, Volker u. Michael Siedenhans: *Die Vergessenen von Stukenbrock.* Die Geschichte des Lagers in Stukenbrock-Senne von 1941 bis zur Gegenwart. Bielefeld 1988.

Wasgindt, Horst u. Hans Schumacher: Bielefeld Senne. *Siedlungsgeschichtliche Dokumentation mit Beiträgen zur Volkskunde und Heimatgeschichte.* Bielefeld 1989.

Beckmann, Karl: „Desertum Sinedi" – Siedlungen in der Senne zwischen 800 und 1400. In: *Jahresbericht des Historischen Vereins für die Grafschaft Ravensberg 77,* 1989: 23–44.

Sinne, Arno: Truppenübungsplatz und Naturoase. In: *Die Warte* (meine Kopie leider ohne Datum, ca. 1989).

Wiemann, Gustav: *Runderwanderungen im Lipperland, Bd. 3* [darin u. a.: Vom Augustdorfer Heidekrug zum Naturschutzgebiet Ölbachtal (10–15); Schlangen-Oesterholz am Born der Vorgeschichte (161–168)]. Detmold 1988.

1990–1999:

JENDRECK, Frank: *Vorchristliche Kultplätze in Lippe.* Ein Beitrag zur Entwicklungsgeschichte der Intelligenz. Diplomarbeit, Fachhochschule Bielefeld 1990.

SCHOCKENHOFF, Volker: Schätzen oder „errechnen"? Replik auf einen untauglichen Versuch zur Errechnung der Totenzahlen des Kriegsgefangenenlagers Stukenbrock. In: *Lippische Mitteilungen aus Geschichte und Landeskunde 59,* 1990: 289–302.

WIEMANN, Heinz (Hrsg.): *Schlangen, Kohlstädt, Oesterholz, Haustenbeck.* Beiträge zur Geschichte, Bd. 1. Schlangen 1991.

HEPPEL, Thomas u. Johannes VOGEL: Nationalpark Senne. Naturreservat oder Naherholungsgebiet? In: Finke, Peter (Hrsg.): *Natur verstehen, Natur erhalten.* Bielefeld 1991.

SERAPHIM, Ernst Theodor: Vom Truppenübungsplatz zum Nationalpark? In: Finke, Peter (Hrsg.): *Natur verstehen, Natur erhalten.* Bielefeld 1991.

HÜSER, Karl u. Reinhard OTTO: *Das Stammlager 326 (VI K) Senne 1941–1945.* Sowjetische Kriegsgefangene als Opfer des Nationalsozialistischen Weltanschauungskrieges. Bielefeld 1992.

PIESCZEK, Uwe (Hrsg.): *Truppenübungsplatz Senne.* Zeitzeuge einer hundertjährigen Militärgeschichte. Chronik, Bilder, Dokumente [darin u. a. Beiträge von: GÖBEL, Walter *und* MINSTER, Klaus]. Paderborn 1992.

REGIERUNGSPRÄSIDENT DETMOLD, OBERFINANZDIREKTION MÜNSTER, BRITISCHE RHEINARMEE (Hrsg.): *Truppenübungsplatz Senne. Militär und Naturschutz.* O. O. 1992.

BANGERT, Helene u. Ursula LÜBKEMANN: Sand – eine Wüste wird kultiviert. In: Braun, Axel u. Albrecht Steinecke: *Natur & Kultur.* Den Teutoburger Wald neu entdecken. Bielefeld 1992: 25–29.

WULF, Andreas: *Urwald Senne.* Neue Wege im Naturschutz. Paderborn 1993.

MEHRMANN, Hildegard: *Das ehemalige Haustenbeck in der Senne.* Lage 1993.

BRECKLE, Siegmar-W.: Gedanken zur Konzipierung eines Großschutzgebietes am Beispiel „Nationalpark Senne". In: Deutscher Rat für Landespflege (Hrsg.): *Truppenübungsplätze und Naturschutz.* Bad Godesberg 1993.

BEZIRKSREGIERUNG DETMOLD, BIOLOGISCHE STATION SENNE, BIOLOGISCHE STATION PADERBORNER LAND (Hrsg.): *Naturschutz in der Senne.* Tagungsbericht der regionalen Fachkonferenz in Hövelhof im Juni 1994.

RÜTHER, Peter u. Christel SCHROEDER: Die Senne – eine Landschaftseinheit als kulturgeschichtliches Erbe. In: *Bericht des Naturwissenschaftlichen Vereins für Bielefeld und Umgegend 35,* 1994: 247–268.

WULF, Andreas: Heute Truppenübungsplatz – morgen Nationalpark? Die Senne in NRW. In: *Nationalpark 83,* 1994: 35–39.

BUSCHMEIER, Johannes: *Straßen und Wege in Hövelhof.* Namen, Natur und Landschaft, Geschichte. Paderborn 1995.

MÖLLER, Leopold: *Die Senne. 20 Jahre Kampf gegen die Ausweitung des Truppenübungsplatzes Senne 1954–1974.* Manuskript [Lipp. Landesbibl. Detmold L 5265], Hörste 1995.

SINNE, Arno: *Die Wildpferde der Senne.* Erinnerung an eine berühmte Pferderasse. Manuskript, o. O. 1995.

TILETSCHKE, Frigga u. Christel LIEBOLD: *Aus grauer Städte Mauern.* Bürgerliche Jugendbewegung in Bielefeld 1900–1933. Bielefeld 1995.

AHREND, Rüdiger: Konflikte zwischen Naturschutz und Freizeitverhalten in der Senne am Beispiel des NSG Moosheide. In: Mayr, Alois u. Klaus Temlitz (Hrsg.): *Bielefeld und Nordost-Westfalen.* Münster 1995.

HARTEISEN, Ulrich: Der Natur- und Kulturraum der offenen Sennelandschaft. In: *Die Warte 87,* 1995: 5–10.

SERAPHIM, Ernst Theodor: Obere Senne und Lippischer Wald. 190 qkm unbesiedelter und landwirtschaftlich nicht genutzter Freiraum im nördlichen Westfalen. In: Mayr, Alois u. Klaus Temlitz (Hrsg.): *Bielefeld und Nordost-Westfalen.* Münster 1995.

WULF, Andreas: Neue Wege im Naturschutz. In: *LÖBF-Mitteilungen 4,* 1995: 35–42.

LACKNER, Karl-Ludwig (Hrsg.): *Die Senner.* Borgholzhausen 1996.

HALLE, Uta: Die Ausgrabung des Grabhügels am „Hülstaler Tor" bei Oesterholz / Gem. Schlangen im Jahre 1937. In: *Lippische Mitteilungen aus Geschichte und Landeskunde 65,* 1996: 69–87.

HÖLTKE, Werner: Der Schapeler. Leben und Untergang eines alten Sennehofes in Oerlinghausen. In: *Lippische Blätter für Heimatkunde 1,* hrsg. von der Lippischen Landeszeitung, Detmold 1996.

LINCKE, Günter: In der Senne. In: *Kurspiegel Bad Lippspringe 6,* 1996: 13–14.

OBERKROME, Willi: Heimatschutz und Naturschutz in Lippe und Thüringen 1930–1960. Strukturen und Entwicklungen. In: Frese, M. u. M. Prinz (Hrsg.): *Politische Zäsuren und gesellschaftlicher Wandel im 20. Jahrhundert.* Paderborn 1996: 419–438.

RÜTHER, Peter u. Christel SCHROEDER: Naturschutzgebiet Moosheide. Von der Schonheit der Sennelandschaft. In: *Heimat-Jahrbuch.* Gütersloh 1996: 133–140.

SERAPHIM, Ernst Theodor: Die Senne – Wüste oder Paradies ? In: *Kreis Paderborn.* Oldenburg 1996: 22–23.

BIBELRIETHER, Hans (Bearb.): *Studie über bestehende und potentielle Nationalparke in Deutschland* [= Angewandte Landschaftsökologie 10]. Bonn-Bad Godesberg 1997.

BIOLOGISCHE STATIONEN SENNE U. PADERBORNER LAND: *Naturschutzfachliches Leitbild Senne.* Im Auftrag der Bezirksregierung Detmold bearbeitet von Peter Rüther, Christel Schroeder, Gerhard Lakmann, Ansgar Reichmann u. Klaus-Jürgen Conze, vorgelegt im September 1997.

FLEISCHHACK, Ernst: Drei vergessene und verschollene Senne-Romane. In: *Heimatland Lippe 90,* 1997: 23–31.

HARTEISEN, Ulrich: Die Bedeutung historischer Kulturlandschaften für den Naturschutz, dargestellt am Beispiel der Senne, Nordrhein-Westfalen. In: *Kulturlandschaft 2,* 1997: 70–76.

TORNEDE, Dirk u. Tamas HARRACH: Naturschutz auf dem Truppenübungsplatz Senne. Eine Synopse divergierender Entwicklungskonzepte. In: *Berichte des Naturwissenschaftlichen Vereins für Bielefeld und Umgegend 38*, 1997: 231–248.

WÄCHTER, H. Jürgen: Zur Berücksichtigung des sozio-ökonomischen Systems bei der Planung von Großschutzgebieten in der Senne. In: *Berichte des Naturwissenschaftlichen Vereins für Bielefeld und Umgegend 38*, 1997: 249–286.

KIPER, Thomas u. Peter RÜTHER u. Christel SCHROEDER: Senne. *Die Natur mit dem Rad erleben.* Bielefeld 1998.

HALLE, Uta: Detmold und die deutsche Vorgeschichtsforschung. In: Niebuhr, H. u. A. Ruppert: *Nationalsozialismus in Detmold.* Dokumentation eines stadtgeschichtlichen Projektes. Bielefeld 1998: 528–555.

TEGTMEIER-BREIT, Annegret: Geschichten doch auch des Schauderns wert. Zur sozialen Lage der lippischen Landbevölkerung. In: Pilzer, Harald u. Annegret Tegtmeier-Breit (Hrsg.): *Lippe 1848.* Von der demokratischen Manier eine Bittschrift zu überreichen. Detmold 1998.

TORNEDE, Dirk u. Tamas HARRACH: Effizienzkontrolle von Heidepflegemaßnahmen. Erste Ergebnisse von Dauerbeobachtungsflächen auf dem Truppenübungsplatz Senne. In: *Naturschutz und Landschaftsplanung 30*, 1998: 205–210.

WIEMANN, Heinz (Hrsg.): *Schlangen, Kohlstädt, Oesterholz, Haustenbeck.* Beiträge zur Geschichte, Bd. 2 [darin u. a.: SERAPHIM, Ernst Theodor: Die Eigenart der Sennelandschaft bei Schlangen unter besonderer Berücksichtigung ihrer Flora und Vegetation (9–17)]. Schlangen 1999.

AUbE e. V. (Hrsg.): *Nationalpark Senne: Chance für die Region oder Hemmfaktor?* Tagungsbericht, Bielefeld 1999.

HARTEISEN, Ulrich: Die Bedeutung historischer Kulturlandschaften für den Naturschutz. Die historische Kulturlandschaft Senne als Beispiel. In: *Göttinger Naturkundliche Schriften 5*, 1999: 105–149.

KOCH, Heinrich und Gunter STRATMANN: *Das Dreieck in der Senne.* Vom Ödland zur Sennestadt. Bielefeld 1999.

MADSACK, Guido: Die „Lippischen Teiche" in der Senne – eine Spurensuche. In: *Natur und Heimat 1*, 1999: 15–24.

PACZIAN, Werner: Von Panzern geschützte Natur. In: *TAZ Nr. 5928* vom 2. 9. 1999.

SCHEEF, Vera: Die Senne in der bildenden Kunst des 19. Jahrhunderts. In: Wiemann, Heinz (Hrsg.): *Schlangen, Kohlstädt, Oesterholz, Haustenbeck.* Beiträge zur Geschichte (Bd. II). Schlangen 1999.

WÄCHTER, H. Jürgen: Zum Einfluss des prähistorischen Menschen auf die Ausbildung der Sennelandschaft – Modell einer Landschaftsentwicklung. In: *Bericht des Naturwissenschaftlichen Vereins für Bielefeld und Umgegend 40*, 1999: 171–237.

2000 – 2003:

GUDERMANN, Rita: *Morastwelt und Paradies.* Ökonomie und Ökologie in der Landwirtschaft am Beispiel der Meliorationen in Westfalen und Brandenburg (1830–1880). Paderborn 2000.

HARTEISEN, Ulrich: *Die Senne.* Eine historisch-ökologische Landschaftsanalyse als Planungsinstrument im Naturschutz. Münster 2000.

HILS, Claudio: *Red Land – Blue Land.* Mit Beiträgen von Rolf Schönlau u. Anna Eifert-Körnig. Ostfildern 2000.

OTTO, Reinhard: *Das Stalag 326 (VI K) Senne* – ein Kriegsgefangenenlager in Westfalen [= Westfalen im Bild. Dokumente zur Zeitgeschichte, Heft 11]. Münster 2000.

SCHROEDER, Christel u. Peter RÜTHER: *Senne und Teutoburger Wald.* Natur entdecken und erleben. Stuttgart 2000.

TEICHMANN, Ludwig u. Siegfried WOLF: *Naturparadies Senne.* Paderborn 2000.

BIOLOGISCHE STATION SENNE: *Natur und Kultur der Senne in 12 Stationen.* Hövelhof 2000.

FLEISCHHACK, Ernst: Ludwig Altenbernd – ein Dichter aus Augustdorf. In: *Heimatland Lippe 93,* 2000: 139–142.

FREVERT, Sylvia: Die älteste Pferderasse Deutschlands. In: *Pferdezeitung 57,* 2000.

RÜTHER, Peter: Ein altes Kulturgut der Senne – die Senner Pferde. In: *Ilex 1,* 2000: 16–17.

WÄCHTER, H. Jürgen: Was bedeutet die Nichtigkeit der Nationalparkverordnung Elbtalaue für die Großschutzgebietsplanung in der Senne? In: *Ilex 1,* 2000: 18–19.

BECKMANN, Karl u. Rolf KÜNNEMEIER: *Brackwede.* Stationen einer 850-jährigen Geschichte. Bielefeld 2001.

KIPER, Thomas (Hrsg.): *Faszinierende Senne zu Fuß.* Das Wanderbuch für die Senne. Bielefeld 2001.

GUDERMANN, Rita: Miasmen und Meliorationen. Die Debatte über die Not der Spinner in der Senne 1830 – 1880. In: Jakubowski-Tiessen, Manfred (Hrsg.): *Dünger und Dynamit.* Beiträge zur Umweltgeschichte Schleswig-Holsteins und Dänemarks. Neumünster 2001: 137–154.

HARTEISEN, Ulrich: Die Sennelandschaft – ein herausragendes Natur- und Kulturerbe in Westfalen. In: *Westfälische Forschungen 51,* 2001: 463–482 [= Harteisen 2001 a].

HARTEISEN, Ulrich: Spurensuche: Die Landschaft – ein Spiegelbild historischer landwirtschaftlicher Nutzungsformen. Die Senne in Ostwestfalen vom 18. bis zum 20. Jahrhundert. In: Ditt, Karl et al (Hrsg.): *Agrarmodernisierung und ökologische Folgen.* Westfalen vom 18. bis zum 20. Jahrhundert. Paderborn 2001: 329–369 [= Harteisen 2001 b].

HALLE, Uta: „Der Reichsführer SS wird sich für positive Ergebnisse an den Externsteinen stark interessieren." Die Mittelalterarchäologie im Spannungsfeld nationalsozialistischer Forschung und Propaganda. In: *Mitteilungen der Arbeitsgemeinschaft für Archäologie des Mittelalters und der Neuzeit 12,* 2001.

MEIER, Burkhard: Kulturgeschichtliche Momentaufnahmen aus dem Senneraum. Festvortrag anlässlich „1150 Jahre Oesterholz". In: *Heimatland Lippe 94,* 2001: 186–190.

OBERKROME, Willi: Suffert und Koch. Zum Tätigkeitsprofil deutscher Naturschutzbeauftragter im politischen Systemwechsel der 1920er bis 1950er Jahre. In: *Westfälische Forschungen 51*, 2001: 443–462.

RÜTHER, Peter u. Mathias VOGT: Wildbahn Senner Pferde. Ein Projekt für Naturschutz, Landschafts- und Heimatpflege. In: *Heimatland Lippe 94*, 2001: 183–186.

SERAPHIM, Ernst Theodor: Ein Nationalpark in der Senne. Vorteile für die Natur und den Menschen. In: *Der Minden-Ravensberger.* Bielefeld 2001: 55–59.

SIEKMANN, Roland: Uralte Senne. Zur Konstruktion landschaftlicher Eigenart und der Beachtung frühgeschichtlicher Aspekte in der Heimat- und Landeskunde. In: *Lippische Mitteilungen aus Geschichte und Landeskunde 70*, 2001: 273–319.

HENNIGS, Annette: *Gesellschaft und Mobilität.* Unterwegs in der Grafschaft Lippe 1680 bis 1820. Bielefeld 2002.

MARX, Cordula u. Agnes STERNSCHULTE (Hrsg.): *„... so frei, so stark ..." Westfalens wilde Pferde* [= Schriften des Westfälischen Freilichtmuseums Detmold, Bd. 21]. Essen 2002.

KIPER, Thomas (Hrsg.): *Rückkehr der Senner Pferde.* Die älteste deutsche Pferderasse kommt in ihre Heimat zurück. Bielefeld 2003.

BELZ, Holger: *Nationalpark Senne.* Stand der Diskussion – Antworten auf zentrale Fragen. Broschüre des Fördervereins Nationalpark Senne, Bad Lippspringe 2002.

BRENKEN, Heike: Das Pferd als Landschaftsgestalter. Ein essayistischer Ritt durch die Senne und einige freche Behauptungen. In: Marx, Cordula u. Agnes Sternschulte (Hrsg.): *„... so frei, so stark ..." Westfalens wilde Pferde* [= Schriften des Westfälischen Freilichtmuseums Detmold, Bd. 21]. Essen 2002: 75–84.

KNEPPE, Cornelia u. Elke TREUDE: Landwehren in Lippe: Ihre Geschichte und ihre Erforschung. In: *Lippische Mitteilungen aus Geschichte und Landeskunde 71*, 2002: 61–91.

HARTEISEN, Ulrich: Truppenübungsplatz Senne. Landschaftsentwicklung, Kulturlandschaftspflege und Entwicklungsperspektiven. In: Konold, W. u. B. Burkard (Hrsg.): *Offenland und Naturschutz* [= culterra 31]. Freiburg 2003: 71 – 106.

SIEKMANN, Roland: Sterbende Landschaft? Katastrophenrhetorik im naturschützerischen Diskurs über die Senne. In: Uekötter, Frank u. Jens Hohensee (Hrsg.): *Wird Kassandra heiser?* Beiträge zu einer Geschichte der „falschen Öko-Alarme". Stuttgart 2003.